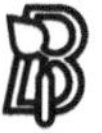

Band 10 der Reihe:
industrial design – graphic design
Herausgegeben von Hans Wichmann

Hans Wichmann
Florian Hufnagl

Künstler-
plakate

Frankreich/USA
Zweite Hälfte
20. Jahrhundert

Unter Mitwirkung von:
Corinna Rösner

Springer Basel AG

Der vorliegende Band entstand in Zusammenarbeit mit der Neuen Sammlung, Staatliches Museum für angewandte Kunst, München, auf der
Grundlage der gleichnamigen Ausstellung.

CIP-Titelaufnahme der Deutschen Bibliothek

Künstlerplakate : Frankreich/USA. Zweite Hälfte
20. Jahrhundert. Hans Wichmann ; Florian Huf-
nagl. Unter Mitw. von: Corinna Rösner. – Basel ;
Boston ; Berlin : Birkhäuser, 1991
(Industrial design – graphic design ; Bd. 10)
ISBN 978-3-0348-6406-0
NE: Wichmann, Hans; Hufnagl, Florian; GT

© Springer Basel AG 1991
Ursprünglich erschienen bei Die Neue Sammlung 1991
Softcover reprint of the hardcover 1st edition 1991
Staatliches Museum für angewandte Kunst
Bild- und Satzspiegel, Einband und Umschlag:
Mendell & Oberer, Graphic Design, München
Aufnahmen: Eberhard Lantz und Sophie-Renate
Gnamm, beide München
Layout: Hans Wichmann
Satz und Druck: Wagner GmbH, Nördlingen
Reproduktionen: Repro-Center, München
ISBN 978-3-0348-6406-0   ISBN 978-3-0348-6405-3 (eBook)
DOI 10.1007/978-3-0348-6405-3

Inhalt

Vorwort

Dieses Buch will primär verdeutlichen, daß die Trennung der Kunst unseres Jahrhunderts in einzelne Kunstsparten ihrem Verständnis zuwiderläuft.
Zum Wesen der modernen Kunst gehört vielmehr die Grenzüberschreitung in vielfältigem Sinne, dabei auch die Spartenüberschreitung. Dies soll hier am Beispiel des Künstlerplakats expliziert werden. Als sekundärer Anreiz für die Abfassung des Buches fungierte der Wunsch, aus den bedeutenden Plakatbeständen der Neuen Sammlung erneut einen Teilbereich zu veröffentlichen, und zwar den des Künstlerplakats, dem im letzten Jahrzehnt neben dem japanischen und polnischen Plakat besondere Aufmerksamkeit gewidmet worden war.
Dabei handelt es sich um Plakate, die nach der Definition von Herbert Fritz Lempert, Köln, – dem großen Sammler dieser Spezies – von »Künstlern für einen besonderen Anlaß speziell entworfen worden sind«. Unter »Künstler« verstand man bildende, freie Künstler, nicht Graphic Designer. Natürlich ist dabei die Grenze fließend.
Aus internationaler Vielfalt werden in diesem Band ausschließlich französische und amerikanische Plakate der Zeit nach 1945 wiedergegeben, von denen mehr als 50% zwischen 1980 und 1990 erworben werden konnten. Sie stammen von den bedeutenden Malern dieser Nationen, die das Bild der klassischen Moderne und ihrer Überschreitung in den USA dokumentieren. Fast alle diese Künstler haben sich erst nach 1945 verstärkt mit dem Druck von Plakaten als Lithographie, Serigraphie oder in anderen Techniken auseinandergesetzt. Zugleich waren sie auch in anderen Bereichen der angewandten Kunst tätig, haben Bücher illustriert, Buchumschläge gestaltet, haben modelliert, Glasfenster, Keramik oder Möbel entworfen, waren bildhauerisch tätig oder drehten Filme. Ihr jeweiliges Werk ist infolgedessen nicht mehr in einem Spezialmuseum für Malerei oder angewandte Kunst zu subsumieren.
Den Plakaten eines Künstlers – sie sind in den Blöcken Frankreich bzw. USA alphabetisch geordnet – ist seine Vita vorangestellt, in der stets auf die Arbeit im Bereich angewandter Kunst, unter besonderer Berücksichtigung der Plakatgestaltung, hingewiesen wird. Bei dem einzelnen Plakat ist der Anlaß und die Stellung im Œuvre neben den reinen Sachangaben, weiterhin die jeweilige Einbettung in der Literatur verzeichnet. Damit wird der Rahmen üblicher Plakatpublikationen überschritten.
Der Dank der Verfasser gilt auch bei dieser Veröffentlichung der Mitarbeit von Dorothea Eichenauer M.A., Michaela Schneider M.A., Dr. Josef Straßer und Karin Uhl M.A., die an Materialsammlung, Objektbehandlung und der Erstellung von Viten beteiligt waren. Um die definitive Abfassung der Texte hat sich Dr. Corinna Rösner erneut verdient gemacht, ihr gilt in gleicher Weise Dank wie Sophie-Renate Gnamm und Eberhard Lantz für die Anfertigung der Aufnahmen. Verbunden sind wir daneben Pierre Mendell und Klaus Oberer für die Gestaltung von Einband und Umschlag.
Das Buch und die damit verbundene Ausstellung belegen die Tatsache, daß die moderne bildende Kunst nur mehr als Ganzes, nicht in Sparten,

sinnvoll interpretierbar ist. Sie verweisen damit auf die Zukunft der in
München und Nürnberg geplanten Museumsbauten.
Der Beschluß von Staatsminister Hans Zehetmair, freie und angewandte
Kunst unseres Jahrhunderts dort unter einem Dach zusammenzuführen,
entspricht nicht nur dem grenzüberschreitenden Wesen der modernen
Kunst, sondern dient auch der Forschung und setzt international neue
Akzente.

Hans Wichmann
Starnberg, im November 1990

Hans Wichmann
Grenzüberschreitungen
Bemerkungen zu einem Axiom der modernen bildenden Kunst

Kunstsparten und ihre Überschreitungen
im 20. Jahrhundert

Es ist eine sattsam bekannte Tatsache, daß sich mit dem Ausklang des
achtzehnten Jahrhunderts die Künste gegeneinander absondern.[1] Dieser
Vorgang ist verbunden mit Reflexion und Diskussion. Wer kennt nicht
die Ausführungen Lessings in seinem »Laokoon«[2], in denen er sich gegen die damals übliche Kunstauffassung »ut pictura poesis« wendet,
und die anschließende Kontroverse etwa mit dem Hallenser Professor
Christian Adolf Klotz[3].
Die intellektuelle Wirkung ist weitreichend; denn ein Vierteljahrhundert
später, 1798, schrieb Goethe in der Einleitung der von ihm herausgege-
benen »Propyläen«: »Eines der vorzüglichen Kennzeichen des Verfalls
der Kunst ist die Vermischung der verschiedenen Arten derselben. Die
Kunst selbst sowie ihre Arten sind untereinander verwandt, sie haben
eine gewisse Neigung, sich zu vereinigen, ja sich ineinander zu verlieren,
aber eben darin besteht die Pflicht, das Verdienst, die Würde des echten
Künstlers, daß er das Kunstfach, in welchem er arbeitet, von anderen
abzusondern, jede Kunst und Kunstart auf sich selbst zu stellen und sie
aufs möglichste zu isolieren wisse.«[4]
Äußerungen dieser Art begleiten den Versuch, eine sogenannte Neuge-
burt der Kunst aus der antiken Klassik herleiten zu wollen.[5] Noch hundert
Jahre später werden sie als gängige Allgemeinauffassung etwa im Mey-
erschen Konversationslexikon unter dem Schlagwort »Kunst« subsu-
miert.[6] Aber in diesem Zeitraum, dem 19. Jahrhundert, hatte sich die
»Isolierung der Künste«[7] gegeneinander durchgesetzt und dies trotz einer gewissen Gegenbewegung, einer etwas schwächlichen zwar, die,
philosophisch vor allem von Schlegel[8] und Schelling[9] getragen, der Romantik eigen war[10] und in der Hegelschen Kritik[11] untersank, um in Richard Wagner[12] und Semper[13], also im Historismus, ihre neuen Verfech-
ter zu finden. Sie strebten nach einer Verbindung der Künste von Dichtung und Musik, von darstellender, ausübender und bildender Kunst.
Begünstigt durch Kunstgeschichte und Museumswesen[14] wurden die
Sparten dieser bildenden Kunst: Baukunst, Bildhauerkunst, Malerei, Graphik und Kunstgewerbe besonders verfestigt, um im 20. Jahrhundert einerseits purifiziert, zum anderen überschritten zu werden. Diese »Grenzüberschreitungen« sind zweifellos ein wichtiges Axiom der modernen
Kunst. Sie zeichnen sich in unterschiedlichster Weise mit wechselnden
Inhalten ab.
Da wäre als ein Beispiel einfacher Art die spartenüberschreitende Bemü-
hung des Künstlers zu nennen. Diese hat es sicher in der Geschichte
immer gegeben, aber kaum verbunden mit Postulaten und Zusammen-
schlüssen, wie wir sie aus Wien, München, Paris, London, vor allem aus
der letzten Aufgipfelung des Historismus, der Art Nouveau, kennen oder
aus Gruppierungen der Sezessionen.[15] Da begannen Maler oder Bildhauer alles zu gestalten: Häuser, Sofakissen, Gartenbänke, elektrische
Leitungen, Kaffeekannen, Schnapsflaschen. In Wien etwa war die Devise

ausgegeben worden: »Wir kennen keine Unterscheidung zwischen ›hoher Kunst‹ und ›Kleinkunst‹, zwischen Kunst für die Reichen und Kunst für die Armen. Kunst ist Allgemeingut.«[16] Das könnte man sozial nennen, man kann darin auch Ansätze zur Verwirklichung des damals so erstrebten »Gesamtkunstwerks« sehen oder eine totale Ästhetisierung des Alltags. Auf jeden Fall ist es der Ausdruck proklamierter Grenzverwischung zwischen den Kunstsparten. Diese Tendenz ist von nun an mit unterschiedlicher Ideologisierung aus der Kunst unseres Jahrhunderts nicht mehr wegzudenken. Sie hat im messianischen Werkbund, im Bauhaus, in der IX. Triennale in Mailand 1951, die unter dem Motto »Einheit der Künste« stand, bis hin zu »Alchimia« oder »Memphis«, die den Spieß verkehren, Nachfolge gefunden.[17]

Aber es erfolgt nicht allein eine Öffnung zu wechselseitiger Durchdringung der von normativer Ästhetik bestimmten Sparten bildender Kunst, sondern »die Grenzen beginnen auch gegen andere Gebiete hin zu verfließen«[18]. So innerhalb des 19. Jahrhunderts im Landschaftsgarten: zwischen Kunst und Natur,[19] oder zwischen Architektur und Konstruktion. Nach der Jahrhundertwende ist eine Hinneigung zur Technik- und Maschinenwelt, also zu einer menschlich autonom gewordenen Realität, zu beobachten, die sich als Anregerin zwischen die ehemalige Natur und das Subjekt schiebt und vor allem seit den zwanziger Jahren starkes Gewicht erhält.[20]

Grenzüberschreitung im Sinne der Ablösung vom tradierten Werkbegriff erfolgt auch zu den darstellenden Künsten, etwa bei den Aufführungen der Züricher Dadaisten zwischen 1916 und 1919 im »Cabaret Voltaire« mit den Schriftstellern Hugo Ball, Emmy Hennings, den Malern Hans Arp, Hans Richter, Marcel Janco und den Dichtern Richard Huelsenbeck und Tristan Tzara.[21]

Mit den »Happenings«, erfunden von Allan Kaprow und George Segal, wird dann etwa 40 Jahre später, seit der Mitte der fünfziger Jahre, der Betrachter durch lebendig gemachte Pop Art, also durch Darstellung, in ein Ereignis einbezogen, das ihm ein schockierendes Erlebnis vermitteln soll. Dadurch werden zugleich die Grenzen zur außerkünstlerischen Wirklichkeit überschritten.[22]

Mit dem Auftreten der Dadaisten, vor allem aber mit Marcel Duchamp, erfolgt eine Sprengung des Vereinbarungsbegriffs »Kunst«. Man transferiert sie in neue Zonen, erstreckt sie auf Felder, die der materiellen Scheinhaftigkeit, der strukturellen Endgültigkeit, der formalen Intuition und selbst der Anschaubarkeit entbehren können.[23] Das ist bereits bei den vor dem Ersten Weltkrieg gezeigten »ready mades« oder »objets trouvés« Duchamps der Fall, bei Objekten, die, aus dem Trivialgebrauch herausgelöst, in eine andere Sphäre gehoben, völlig neue dekuvrierend-überraschende Assoziationen auszulösen in der Lage sind.

Infragestellung tradierter Grenzziehungen ist vor allem der amerikanischen Kunst nach dem Zweiten Weltkrieg eigen.[24] Hier treffen kontrovers die siegreichen USA mit dem geschwächten, tradierten Europa, gegenstandslose und gegenstandsbezogene Malerei, vor allem aber eine neue

Bewertung und Betrachtung von sogenannter Hoch- und Trivial-Kunst
aufeinander. Aber nicht wie damals um 1900 in Wien oder München
sollte der Alltag im werkbündlerischen Sinne »veredelt« werden, sondern die von breiten Massen herausgebildete Konsum- und Warenwelt
wurde als die uns umgebende und betreffende Wirklichkeit unter der
Warhol'schen Devise »All is pretty« zum ironischen Vorwurf.
Diese sich in der Pop Art niederschlagende Bildwelt mit der zynischen
Offenlegung der Trivialität unserer sozialen Wirklichkeit zeitigte wiederum starke Wirkung in Europa, trug sie doch dazu bei, die junge, sich
mit Sinnfragen herumschlagende Generation, besonders in Italien, anzu-
fechten. So schrieb der große Mentor dieser Generation Ettore Sottsass
1981 resigniert: »Am Ende dieser zehn oder fünfzehn Jahre des Debattie-
rens und der allgemeinen Aufregung glaube ich nun allerdings, daß wir
damit nicht sehr weit gekommen sind. Mir scheint, wir sind alle etwas
ermüdet, und zwar selbst jene, die viel jünger sind als ich; ich will nicht
behaupten, wir wären enttäuscht, aber etwas mißtrauisch und argwöhnisch gegenüber der realen Wirkung unseres alten ideologischen Elans
sind wir vielleicht doch. Mißtrauisch und argwöhnisch gegenüber den
alten konzeptuellen Methoden und möglichen Resultaten intellektueller
Handlungen . . .«[25]
Auch diesen konzeptuellen Methoden, vor allem den sogenannten
Ideenvorschlägen, die ihren Widerruf in sich tragen oder der stetigen
Mitwirkung bedürfen, ruht grenzüberschreitendes Wesen inne. In ihnen
gewinnt der Zeitfaktor eine Bedeutung, der in der kinetischen Kunst zu
einem entscheidenden Akteur wird. Grenzüberschreitungen ergeben
sich weiterhin dort, wo die Vorstellung des Bildes als ein geschlossenes
System preisgegeben wird. Dies ist dann der Fall, wenn die Kunst einen
sehr charakteristischen Faktor unserer heutigen Welt, den wissenschaft-
lich-technischen, als Prozeß nachvollzieht. Er entsteht, wenn der Künstler sich an der »Spur« seines eigenen Handelns wieder zurückinspiriert
(nach Gehlen).[26]
Überschritten und erweitert wird auch die Verwendung tradierter Materialien; denn unübersehbar ist die Zahl neuer Kombinationen unterschiedlichster Stoffe zur Erzeugung eines Bildwerks, die häufig optisch,
taktil, ja über den Geruchssinn suggestiv den Betrachter gefangen neh-
men. Da wird Fettes mit Stumpfem, Synthetisches mit Organischem,
Sprödes mit Glattem, Banales mit Kapriziösem vermengt zu neuen Mate-
rieimpressionen – anziehend, ekelnd, gleißend, abstoßend – zusammen-
geführt. Es vereinigen sich Alltagsprodukte des täglichen Bedarfs – Ma-
schinen- und Geräteteile, Stoffetzen und Papiere – zu neuen Bildwelten,
und schemenhafte Menschenbilder bilden in diesen Ensembles – diesen
Environments – die Korrelate. Damit ergibt sich ganz zwangsläufig eine
Änderung des Realitätsbegriffs, eine Réalité nouvelle, die auf der physischen und geistigen Industrie- und Wissenschaftskultur als Zwischen-
welt basiert. In ihr dominiert die Kommunikation, die Vermarktung, die
Vermischung der Sparten durch Kommunikation, natürlich auch die der
Künste, deren Verfransung, wie Adorno feststellt, »fast stets von einem

Griff der Gebilde nach außerästhetischer Realität begleitet ist«[27].
Von besonderem Interesse ist daneben die seit den sechziger Jahren
verstärkt zu beobachtende Vermengung von zweckbehafteter Objektwelt
mit »Kunst«. Banalste Dinge werden in der Kunstszene zentraler, teils
ironisierter Bildgegenstand. Natürlich ergaben sich Rückkoppelungsef-
fekte auf den produktästhetisierenden Berufsstand der Designer. Er wird
verunsichert; denn wer will schon eine verlachte und verachtete Gegen-
standswelt, die zudem noch sofort vom Parvenü besetzt wird, »gestalten«. »Good design«, »Gute Form« oder das Ideal der Shaker werden in
Frage gestellt. Zugleich begann Design neue Bereiche zu okkupieren;
denn die Grenzen zur freien Kunst waren fließend und durchlässig ge-
worden, ebenso wie die Grenzen des Design selbst, in dem sich neue
Disziplinen einzurichten begannen. Sie waren zuvor mehr den banalen,
kurzfristig-interessanten Bereichen des Lebens zugeordnet worden, wie
etwa der Schneiderei, der Haarbetreuung, dem Bereiten von Süßwaren
oder dem Binden von Blumen. Design wurde damit eine breite Plattform,
auf der Hair-Design etwa mit Objektkunst des New Realism unmittelbar
zu kommunizieren vermochte.[28]
Wie schon zuvor in unserem Jahrhundert die Maschinenwelt, die Photographie oder das Dekorationswesen, beginnt in den siebziger Jahren das
Design in Teilbereichen die freie Kunst anzuregen, ja zu ihr hinüberzu-
wechseln; denn viele Arbeiten etwa von Sottsass oder Mendini haben
mit Design nichts mehr zu tun, also mit einer Disziplin, die den Massen-
bedarf des Menschen erträglich machen kann, sondern stellen Environments als Derivate des Design dar. Ihrer Zweckbehaftung enthoben, sind
sie in geglückten Fällen Träger von freikünstlerischen Botschaften.
Dies sind einige Andeutungen von »Grenzüberschreitungen« innerhalb
der modernen Kunst. Es ist ein ungemein interessanter Bereich, der nicht
nur an den Rändern zu beobachten ist, sondern strahlenförmig, bis zum
Kern der Botschaften, die Kunst zu vermitteln in der Lage ist, vordringen
kann. Diese Grenzverwischung, die zugleich Spiegel gewandelten Denkens, ja Empfindens und vor allem gesellschaftlichen Verhaltens ist, ist
ein Wesensmerkmal moderner Kunstäußerung. Sicher irrte Goethe in
seiner zu Beginn zitierten Auffassung, ist doch die moderne Kunst, und
damit ein breiter Teilbereich unserer Kultur ebenso wie viele andere sie
bedingende Daseinsfelder ohne dieses Mischen, Vermengen und Ver-
netzen undenkbar. Sie reflektiert darin eigentümlicherweise ein entschei-
dendes, zur Synthese drängendes biologisches Prinzip.

Grenzüberschreitungen – Gesamtkunstwerk

Im 19. Jahrhundert wird alles darstellungswürdig, damit auch beinahe
gleichwertig. »Wir malen Götter und Madonnen, Heroen und Bauern, so
wie wir griechisch, byzantinisch, maurisch, gotisch, florentinisch, à la
Renaissance, Rokoko bauen … Da ist keine Mitte, keine Hauptgattung,

kein Hauptgericht zwischen all den Zuspeisen, Süßigkeiten, Zuckerbäckereien, unter denen die Tafel seufzt ...«[29] Es fehlt bei diesem Schwelgen die Höhung, eine Aufgipfelung, und das Streben nach dieser schlägt sich in einem Hang zum Gesamtkunstwerk[30] nieder, der die sich isolierenden und dadurch zugleich in einem dialektischen Bezug stehenden Kunstströmungen durchzieht. Hinzu gesellt sich in diesem 19. Jahrhundert in allen dominierenden Staaten ein verwandter politischer Vorgang: Ausgrenzung durch Nationalismus, dialektische Beziehung im Vormachtstreben und erstrebte Überhöhung in einem »nationalen Dom«, der sich bei Schinkel ebenso abzeichnet wie im Wagnerschen Nibelungen-Zyklus – völkisch, germanisch.

Dieser Hang zur Höhung gedieh vor allem als theoretisches Gebilde einerseits auf dem Boden der Abgrenzung der Künste und Kunstsparten gegeneinander, andererseits auf einer Egalisierung der Wertigkeiten und schwoll sehnsuchtsvoll bis zur Jahrhundertwende an, um bis heute unser Begleiter zu bleiben, immer bemüht, den Widerspruch zu lösen.[31]

Liest man Äußerungen der Protagonisten, etwa bei Charles Fourier[32] beginnend, über Philipp Otto Runge[33], Richard Wagner[34], Wassily Kandinsky[35], Bruno Taut[36], Antonin Artaud[37] oder Joseph Beuys[38], so sind sie, vereinfachend[39], von einem teils messianischen Überschwang erfüllt oder aber von der Lust an Destruktion. Immer haftet ihnen die Verwischung der Grenzen zwischen dem ästhetischen Gebilde und der Realität an, im ersten Fall mit der Absicht, unsere Wirklichkeit durch die Ballung der Künste im Gesamtkunstwerk zu überhöhen, sie also zu ästhetisieren, oder aber im zweiten Fall, sie zu dekuvrieren, indem Kunst in die Banalität des Alltäglichen hinabgebracht wird.

Die meisten Reformbewegungen des 19. und 20. Jahrhunderts, ausgehend von Owen Jones oder John Ruskin über William Morris, die Arts and Crafts-Bewegung[40] bis zu Werkbund[41], Bauhaus[42] oder »Gläserne Kette«[43], neigen dem Typus des höhenden, veredelnden Gesamtkunstwerks zu, sozial ausgerichtet, bündisch, ein wenig mönchisch, natürlich auch ideologisch. Die zweite Gruppe, etwa Dadaisten, Futuristen (Marinetti) oder »Memphisten«[44] trachten den tradierten Kunst- oder Designbegriff zu sprengen. Nach ihrer Vorstellung sind sie durchaus sozial, vielleicht ein wenig aggressiver oder hier und da zynisch. Auch unter diesem Impetus verbirgt sich Ideologie, dieser oder jener Art.

Der Hang oder das Streben nach dem Gesamtkunstwerk – in ihrer vielleicht reinsten Form mit der Absicht unternommen, »der Kunst ihren höchsten Rang durch Vereinigung verschiedener Gattungen wiederzugeben«[45] – zielen und deuten auf Grenzüberschreitungen. Aber darin erschöpft sich dieses für die bildende Kunst des 20. Jahrhunderts so charakteristische Phänomen in keiner Weise.

Von weitreichender Bedeutung ist die Öffnung der verschiedenen Disziplinen für Anregungen anderer Kunstsparten. So entstehen Wechselbezüge, die nicht nur die jeweiligen Sparten bereichern, sondern auch neuartige Realitätsfelder erschließen. Vor allem wurde die Verkrustung, entwickelt aus dem Wunsch nach Abbildlichkeit und schmückender Behag-

lichkeit, aufgebrochen. Dem Hineingreifen der funktionalen Konstruktion in das Bauwesen verdanken wir die entscheidende Strukturierung der heutigen rar gewordenen Architektur.[46] Die Hereinnahme der Collage[47] in die Bildwelt der Malerei, das tätliche Verletzen der Fläche[48] oder ihre Bestückung hin zur Dreidimensionalität durch Integrierung malfremder Elemente ist zugleich ein Akt der Befreiung von ideologischer Verfestigung, damit auch von der Befangenheit in Dimensionen und räumlich-zeitlichen Konstanten. Das gleiche gilt für die Bildwerke, Objekte, die wir tradiert als Skulpturen oder Plastiken zu benennen pflegen. In sie ist wohl das meiste »Spartenfremde« eingeflossen: banale, kunstfremde Realität des zweckbehafteten Dingarsenals, Literarisches neben visueller und taktiler Ausstrahlung, auch den Geruchssinn anrührende Impressionen (Beuys), Reklameelemente. Sie werden zu autonomen Skulpturen oder Environments assembliert und montiert – verfremdet. »Montage heißt aber soviel wie den Sinn der Kunstwerke durch eine seiner Gesetzlichkeit entzogene Invasion von Bruchstücken der empirischen Realität stören und dadurch Lügen strafen.«[49]
Aber kehren wir zurück zum »Gesamtkunstwerk«: seine Visionen und seine angestrebte Verwirklichung waren zweifellos der Impulsgeber für die Grenzverwischung der Kunstsparten in unserem Jahrhundert. Dabei wurde durch seine Vorreiter, vor allem durch Philipp Otto Runge und Richard Wagner, die Rolle des Rezipienten in neuer Weise akzentuiert und ins Spiel gebracht. Beide Künstler wollten in diesem ein jeweils bestimmtes Wirkungsmoment erzielen. Während der erste ihm die Universalität gedanklicher Reflexionen erfahrbar machen will, zielt der andere auf die Vermittlung der Totalität sinnlicher Wirkung.[50] Damit entsteht die für die moderne Kunst so typische, sich in diesem Sinne abwechselnde Bewegung. Sie sollte im Wien der Jahrhundertwende, vielleicht im Sinne eines schwelgerischen Hedonimus, zur schönsten Scheinblüte entfaltet werden, wurde doch dort eine möglichst weitreichende Ästhetisierung aller Lebensbereiche angestrebt. Der Konsument sollte geschmacksbewußt leben, sowie dies – vielleicht ein wenig strenger – auch der Werkbund propagierte, bei dem ebenfalls jeder Gegenstand seinen klar definierten Platz innerhalb seines »Heilplans« besaß – einem Gesamtkunstwerk entsprechend.[51] Die Ideologisierung, die diesem »Bel design«[52] zugrundelag, hatte sich auch nach dem Zweiten Weltkrieg kaum verändert. Sie begann erst durch die Erfahrung von Grenzüberschreitungen, vor allem durch die amerikanische Pop-Art, zusammenzubrechen; denn diese stellte eine totale Grenzverwischung dar. »Komposition, Vermittlung, Gleichgewicht, Harmonie und Hierarchien, eben die Bedingungen des ›Bildleibes‹, sind außer Kraft gesetzt ... Dieser umfassende Exodus aus den überkommenen Bezirken der Malerei kannte keine europäischen Beispiele ... Die Grenzüberschreitung, deren vielfältige Aspekte im Ansatz deutlich werden, wurde die absolut gesetzte ungeheuerliche Strategie des neuen Bildkonzeptes; sie setzte sich unbeschadet aller Unterschiede in den verschiedensten Werken und Richtungen durch.«[53] Unter ihrem Ansturm, der Kritik an der Warenwelt

und ihres schönen Scheins, und der darin empfundenen Provokation begann vor allem bei italienischen Designern der Exodus in eine konzeptuelle Askese, die folgenlos den Rezipienten davon zu überzeugen trachtete, daß »interessenloses Wohlgefallen« nicht dem Sinn des Seins entsprechen könne,[54] um schließlich auf einem Nebenweg entzweckte, also unbrauchbare Designobjekte wieder der Kunst zu implantieren.[55] Auf diesem Wege entstand ein besonders interessanter Kreislauf der Grenzüberschreitung, dessen Weg schemenhaft von dem Hang zum Gesamtkunstwerk begleitet wurde und wird.

Grenzüberschreitung: Konsequenzen für ein Museum moderner Kunst

»Aus den alten Kirchen, Schlössern, Palästen strömen seit dem Ende des 18. Jahrhunderts endlose Scharen vereinzelter Kunstwerke, Bruchstücke eines sie einst übergreifenden Zusammenhangs, von ihrem Mutterboden losgerissen in die Heimatlosigkeit des Kunstmarktes, in die prunkvollen Obdachlosenasyle öffentlicher und privater Museen.
Die ›museale Situation‹ entsteht. Ihr Vermittler wird der Kunsthändler. Sie wird begleitet und gestützt durch eine Kunstbetrachtung, die auf das Vereinzelte gerichtet diese späte und unnatürliche Trennung der Künste als gegeben hinnimmt und auch am vereinzelten Werk noch das Untrennbare, das ›Was‹ von dem ›Wie‹, den ›Inhalt‹ von der ›Form‹ trennt.
In den Museen wird die Trennung der Künste verewigt. Was ursprünglich Teil eines Gesamten war, erscheint jetzt in verschiedenen ›Abteilungen‹, in grausamer Zerstückelung. Es kann geschehen, daß die Tafeln desselben Altars in einer ›Gemäldegalerie‹, die Skulpturen in einer ›Plastiksammlung‹, Gerät und ornamentale Teile in einem ›Museum für Kunstgewerbe‹ ihr Asyl finden ...
Eine Kunstwissenschaft, die – im Sinne des ›Trennungsdenkens‹ des 19. Jahrhunderts – die Künste in einzelne Kunstgattungen zerspaltet, sanktioniert die unnatürliche museale Situation, statt sie als unvermeidlichen Notstand zu betrachten, und nimmt zur Grundlage ihrer historischen Darstellungen eine Betrachtung nach einzelnen Künsten, die ursprüngliche Einheit auch dort noch zerfällend, wo sie in Werken der Vergangenheit noch besteht.«
Dies schrieb 1948 Hans Sedlmayr, der ehemalige Ordinarius für Kunstgeschichte der Münchner Universität[56], und zweifelsohne hat er mit dieser Feststellung bis heute recht. Kunstgeschichte und Museen befinden sich noch durchaus in einer analytischen, für das 19. Jahrhundert charakteristischen Phase. Eine vergleichende Kunstwissenschaft über Sparten und Kulturen hinweg gibt es noch nicht.
Transponiert man diese Situation auf die moderne Kunstäußerung, also auf die unseres Jahrhunderts, so ist sie – wie aus den vergangenen Abschnitten zu entnehmen – absurd, weil sie dem Wesen gerade dieser

von Grenzüberschreitungen in starkem Maße bestimmten Kunstäußerung besonders widerspricht.
Eine Zusammenschau und Zusammenführung gerade der modernen bildenden Künste ist deshalb nicht allein für die wissenschaftliche Lehre, sondern in gleichem Maße für das Museum, den Ort der Veranschaulichung, geboten. Dies gilt insbesondere für die Zusammenführung von freier und angewandter Kunst des 20. Jahrhunderts, weil sie sich über weite Strecken in einem Zustand der Verzahnung befinden und in großen Bereichen ohne unmittelbare Konfrontation oder Zusammenordnung nicht mehr interpretierbar sind.
Fragt man nach Gründen, welche die Trennung in Sparten innerhalb von Kunstwissenschaft und Museum begünstigen, so ist dafür die längst bekannte Divergenz aller Lebensbereiche innerhalb des 19. Jahrhunderts, die schon Hegel charakterisierte[57], verantwortlich. Vor allem versetzte man die Kunst – unter der man das zweckfreie Werk verstand – in den Vorhof der »Heiligkeit« mit Hilfe der dafür errichteten Museumstempel. Zweckbehaftete und zweckfreie Kunst werden von nun an scharf getrennt, eine Tendenz, die bis in unser Jahrhundert, ja bis heute, fortwirkt. Das Kunstwerk wird geradezu am Kontrast der res artificiales definiert und die »Herausgehobenheit der Kunst aus dem Gewöhnlichen des menschlichen Daseins« betont.
Martin Heidegger beispielsweise setzt es ab vom »Dinghaften«, das für ihn »das Leblose der Natur und des Gebrauchs« ist.[58] Romano Guardini stellt fest, » ... daß es (das Kunstwerk) wohl Sinn hat, aber keinen Zweck. Es ist weder um eines technischen Nutzens, noch eines ökonomischen Vorteils, noch einer didaktisch-pädagogischen Unterweisung und Besserung, sondern um der offenbarenden Gestalt willen da.«[59] Und Hans Sedlmayr schreibt: »Das Wesen solcher Werkzeuge, solcher ›res artificiales‹, erschöpft sich in einem partikulären Zweck. Das aber ist beim wahren Kunstwerk eben gerade nicht der Fall.«[60] Mit Überlegungen dieser Art wurde und wird aber das Gebrauchsding aus der Verantwortung entlassen.
In vorangegangenen Jahrhunderten und Epochen war dies anders, erstreckte sich doch die transzendierende Anteilnahme des Menschen auch auf die Gebrauchsdinge. Aristoteles[61] etwa und nach ihm die Scholastiker bezeichneten als wesentlich für ein Kunstwerk: recta ratio factibilium, die rechte Einsicht in das Machbare, eine Aussage, die sich mühelos auf alle Dinge der Wirklichkeit übertragen läßt. Und Thomas von Aquin sagt: »Ein Wirkliches wird wahr genannt, sofern es das erfüllt, worauf es hingeordnet ist«[62] oder an anderer Stelle: »Jeder Künstler zielt darauf hin, dem Kunstwerk die beste Verfassung zu geben, nicht zwar die schlechthin beste, sondern die beste auf den Zweck. Und wenn mit solcher Verfassung ein Mangel verbunden ist, so kümmert das den Künstler nicht. So macht der Künstler eine Säge zum Sägen aus Eisen, damit sie zum Sägen geeignet ist. Er denkt nicht daran, sie aus Glas zu machen, das gewiß ein schöner Stoff ist, weil eine derartige Schönheit dem Zweck hinderlich wäre.«[63] Diese Grundhaltung den Dingen gegenüber

faßt Rosario Assunto für den Menschen des Mittelalters wie folgt zusammen: »Als opus artificiale, das geschaffen war, um bestimmte Lebensbedürfnisse zu bestreiten, unterschied sich das Kunstwerk nicht von Kleidung und Gerät. Auch diese sollten schön anzuschauen sein, aber nur unter der Bedingung, daß ihre Anschaubarkeit nicht der Funktion, für die sie bestimmt sind, schadet. Ebenso wie die Kleidung und Gerät ist die Anschaubarkeit des Kunstwerkes im Mittelalter der außerkünstlerischen Funktion zugeordnet, für die es bestimmt ist. Sie wird als eine Anschaubarkeit der Funktion selbst begriffen, insofern sich diese schon in der einfachen, anschaulichen Form des Gegenstandes ausdrückt. Mit anderen Worten, im Mittelalter war die Kategorie des Kunstschönen nicht von der Kategorie des Nützlichen unterschieden, sie war vielmehr durch diese bedingt«.[64] Und auch Goethe wußte noch – wie ein Gespräch am 24. September 1827 mit Eckermann erweist – um das rechte Wesen eines Gebrauchsdinges. So kennzeichnete er einen schlichten Binsenkorb folgendermaßen: »Er kommt der Antike nahe; denn er ist nicht allein so vernünftig und zweckmäßig als möglich, sondern hat auch dabei die einfachste gefälligste Form, so daß man also sagen kann: Er steht auf dem höchsten Punkt der Vollendung.«
Äußerungen dieser Art helfen, die menschliche Objektwelt, der auch Kunstwerke angehören, richtiger zu sehen; denn die Dinge standen – wie die Gedankenwelt des Mittelalters und ihre Gesamtkunstwerke zeigen – einst in enger Kommunikation, da sie alle einem finalen Zweck unterlagen. Die bei dieser Wesensbestimmung des Kunstwerks so häufig apostrophierte Entsprechung von wahrem Kunstwerk und wahrem Menschen ist letztlich auf die Beziehung sehr vieler Dinge zum Menschen übertragbar; denn die »Wahrheit« auch eines gewöhnlichen Dinges liegt in seiner physischen und psychischen Nutzungsstiftung begründet, die dem rechten Menschen gerecht werden muß. Hätte der Mensch die Dinge in diesem seelisch-geistigen Bezugsfeld belassen – nur dieses verleiht den Dingen ein Wesen –, müßte er mit Sicherheit nicht unter seiner heute autonom gewordenen Dingwelt in gleichem Maße leiden.
Diese kursorischen Bemerkungen deuten an, daß die nur künstlich aufgebaute Trennung zwischen den verschiedenen Bereichen der Objektwelt zumindest gelockert werden und dort fallen sollte, wo sie ursprüngliche Einheiten zerstört oder unverständlich macht; zugleich führt uns der Begriff des Wesens oder Charakters eines Dinges in die Zone der Entscheidungskriterien.
Hannah Arendt hat sicher recht, wenn sie feststellt: »Sofern ein Gegenstand überhaupt in die Welt der Dinge eingeht, transzendiert er bereits die Sphäre des nur Zweckdienlichen, durchbricht, gleichsam auf eigene Faust, den ihm vom menschlichen Gebrauchtwerden diktierten Zweckprogressus ad infinitum. In dieser Dingwelt kann der Maßstab seiner Trefflichkeit nicht mehr die bloße Nützlichkeit sein; hier entscheidet sein Aussehen über seine Vortrefflichkeit. Und dieses Aussehen ist, platonisch gesprochen, nichts anderes als die mögliche Entsprechung an das eidos oder die idea, an das vorgestellte Bild ...«[65]

Der Grad der Transzendierung eines Dinges oder die Annäherung an das eidos bestimmt folglich seine Gestaltqualität und verleiht ihm zugleich durch Transfiguration beständiges Wesen. Danach sollten letztlich alle Dinge, die in ein Museum eingehen, gemessen werden.

Der Prozeß der Isolierung der Künste wird, wie oben skizziert, von einem unterschichtigen Vereinigungsstreben, einem Hang zum Gesamtkunstwerk, nach Reform und Wiederbesinnung begleitet. Träger waren vor allem Künstler des 19. und 20. Jahrhunderts, die durch Gründungen von Reformbewegungen oder durch insistierendes Handeln, eben durch Grenzüberschreitungen, die Gräben intellektueller Analyse überbrückten und in Bereiche neuer Realität hinüberführten. Die Synthese der Künste, unter einem neuen Bild des Dinges, entspricht der heutigen integrierten, zukunftsweisenden Sicht unserer Umwelt.

Will man das Wesen moderner Kunst in einem zukünftigen Museum explizieren, so ist die Vereinigung der Kunstsparten freier und angewandter Kunst unter einem Dach unerläßlich. Die Kommunikation zwischen angewandter Graphik und Malerei, zwischen Photographie und Photorealism, zwischen Designobjekten und Skulpturen im Werk auch nur eines Künstlers, etwa zwischen Keramikarbeiten und Plastik oder Buchkunst und Gemälde, erschließt sich nur in dieser Gesamtschau. Einzelne Phasen wie etwa Art Nouveau, weite Bereiche der Art Déco, der Werkstättenbewegungen bis zu »Alchimia« und »Memphis« oder nationale Strömungen, etwa Italiens der unmittelbaren Nachkriegszeit[66] oder die der amerikanischen Pop Art, sind ohne ein Zusammengehen von freier mit angewandter Kunst und Design nicht mehr zu veranschaulichen. Nur die Konstituierung eines Museumstyps dieser Art ist in der Lage, die Grenzüberschreitungen der modernen Kunst zu verdeutlichen, und damit ein für ihr Verständnis unerläßliches Axiom.

Das Künstlerplakat als Grenzüberschreitung

Das Plakat ist als Spezies des Bildes schlechthin Grenzüberschreitung. Im ausgehenden 19. Jahrhundert auftauchend[67], durchbricht es die Schranke zwischen freier und angewandter Kunst, und damit zugleich den ideologisch verhärteten Limes zwischen »ethisch-sozialer« und »ästhetisch-kapitalistischer« Weltsicht – die einen befriedigend, die anderen entlastend. Als Künstlerplakat schiebt es sich als zweckbehaftetes Kunstwerk zwischen die Fronten. Von England ausgehend, wird es in Frankreich formal kultiviert, um seinen Siegeszug in der Welt anzutreten. Von Anbeginn begleitet es hohe museale Aufmerksamkeit, wird doch das Plakat als »Kunst auf der Straße« bezeichnet[68].

Grenzüberschreitung gegenüber dem Kunstwerk liegt bereits im Wesen des Plakats begründet; denn Sinn und Ziel transzendieren die reine Nützlichkeit in keiner Weise. Die Nützlichkeit ist völlig kunstfremder, rein wirtschaftlicher Natur, und darin sondert sich das Plakat von zweckbehafte-

ten Objekten des sogenannten Kunstgewerbes ab, weil bei diesen –
nochmals die Überlegungen Hannah Arendts aufgreifend – die Ästhetik
schon bei der Zielsetzung und Sinngebung die Nützlichkeit bei weitem
übersteigt. Und dennoch war es dem Plakat möglich, von Anfang an die
pure Nützlichkeit der Stunde zu überschreiten, weil trotz banaler Sinngebung die Zweckdienlichkeit durch künstlerische Mittel bei der Umsetzung transzendiert wurde. In diesem sich öffnenden Spalt zwischen Sinn
und Form konnte sich Unterschiedlichstes einlagern, entstand ein grenzüberschreitendes Experimentierfeld. In ihm erfolgt die Erprobung unterschiedlicher künstlerischer Möglichkeiten, ausgehend von der Dominanz
der Fläche, der Verbindung von Schrift und Bild, extremer Kompositions-
prinzipien[69], von Kombinationen mit photographischen Wiedergaben,
die Erprobung hoher Farb- und Lichtintensität, die Montage von Elemen-
ten unterschiedlichster Art etc.
Das »schreiende Bild«[70] wird dadurch zum Anreger extremer Kunstrich-
tungen. In Verein damit ergab sich aber auch eine stetige Auseinandersetzung mit der Sinngebung und dem Zweck. Er konnte ästhetisiert, ent-
larvt, pervertiert, ironisiert oder negiert werden, jeweils unter Einsatz der
adäquaten künstlerischen Mittel. Folge davon war ein ständiges Chan-
gieren auch der Realität bzw. der Bezugsebene zum Betrachter hin.
Die Geschichte des Plakats zeigt aber zugleich, daß nach den Anfängen
des Plakats als Künstlerplakat mit großen Malernamen wie Toulouse-
Lautrec, Honoré Daumier, Pierre Bonnard, Edouard Manet, Maurice Denis, Jan Toorop, James Ensor, Gustav Klimt oder Wassili Kandinsky sich
sehr rasch – bereits zwischen 1900 und 1910, vor allem in Deutschland
und der Schweiz – eine professionelle Gruppe von Plakatentwerfern oder
Graphic Designern herauszubilden begann[71]. Sie setzte auf dem Feld der
Plakatwerbung, dort vor allem bei dem Warenplakat – auf der Basis einer
gemäßen Syntax –, neue Maßstäbe und ließ daneben das Künstlerplakat
als unprofessionell erscheinen.
Das Künstlerplakat rutschte damit in eine Randposition. Es wurde dem
graphischen Werk des jeweiligen Malers, Bildhauers oder Architekten
zugeschlagen, weniger der Sparte Plakat, und in den zwanziger bis sechziger Jahren zumeist in Ausstellungen und Museen dann gezeigt, wenn
es galt, die »Kunst, die sich nützlich macht« durch bekannte Künstlerna-
men aufzuwerten, oder aber man sparte es bei stolzer Funktionsbewußt-
heit als dilettantisch aus.
Erst in den letztvergangenen Jahrzehnten wird zögernd das Künstlerplakat aufgrund seiner experimentierfreudigen Grenzüberschreitung als
Quelle und Bestätigung spezieller Strömungen der freien Kunst herangezogen, damit in verstärktem Maße der Verzahnung von freier und angewandter Kunst Beachtung geschenkt. Dies vor allem deshalb, weil nicht
nur Plakate von einzelnen Künstlern Anregungen durch die allgemeinen
Bedingungen des Metiers des Plakatentwurfs empfingen, sondern darüber hinaus Strömungen und Richtungen der modernen freien Kunst.
Sie gingen insbesondere vom Waren- und Sachplakat aus.[72] So sind
beispielsweise surreale und chromatische Elemente, solche der Mon-

tage oder betonten Flächigkeit mit durch das Plakat herausgebildet worden.

Gewiß empfingen Pop Art und Minimal Art, Photorealism, Kinetik, vor allem aber die neue figurative Malerei mit ihrer Dingmagie etwa im Sinne Domenico Gnolis entscheidende Impulse durch das Plakat, also durch angewandte Kunst beziehungsweise Graphic Design. Natürlich schlagen sich diese Aussagen auch im Künstlerplakat nieder. Es ist in diesen Fällen ein Wechselbezug, ein Überschreiten der Spartengrenzen in doppeltem Sinne gegeben.

Auch dem Künstlerplakat unterliegt dominant der Sinn der Werbung oder der der Information, also ein Zweck, obwohl auch diese Grenze in manchen Künstlerplakaten besonders der Pop Art überschritten wird, kann doch dort durchaus das Plakat seinen Zweck verlieren. Es wechselt zur freien künstlerischen Äußerung hinüber. Generell kann man aber den weitaus überwiegenden Teil der Künstlerplakate der Zweckgruppe der sogenannten Kulturplakate zuordnen[73]. Mit ihnen wird zumeist für Ausstellungen, Konzerte, Festivals oder Sportveranstaltungen (Olympiaden) geworben. Unter ihnen dominiert jedoch die Eigenwerbung der Künstler, damit das Plakat für eigene Ausstellungen in Museen oder Galerien. Der Name und eine Arbeit etwa von Léger, Matisse, Rauschenberg oder Warhol werben dann natürlich am stärksten für den Anlaß. Hier nähert sich die Zweckbestimmung in zwangloser und glücklicher Weise der formalen Aussage des Künstlers an, wobei es gilt, in allen Teilen bis hin zur Typographie und der Überwachung des Reproduktionsverfahrens den Bedingungen des Plakats zu entsprechen.

Bei Künstlerplakaten dieser Art findet eine Identifizierung mit der Person statt, mit ihrer Handschrift und Eigenart, eine Voraussetzung, die zweifelsohne in Spannung zu der Vervielfältigungsfähigkeit des Plakats tritt, die wiederum geradezu darauf zielt, die Exklusivität des Unikats zu durchbrechen. Hierin ist Löschung der Personalität zu sehen, welche die tradierte bürgerliche Vorstellung vom Original ad absurdum führt und etwa von Andy Warhol mit seiner »factory« angestrebt wurde[74]. Sie konnte mit Hilfe des Plakats vorzüglich realisiert werden. Auch in diesem Bereich also eine Verwischung der Grenzen zwischen den Künsten, die in gleicher Weise zwischen künstlerischer und Objekt-Realität zu beobachten ist. Infolgedessen besitzen Künstlerplakate einen besonderen Reiz. Sie sind zwar mit diesseitigen Zwecken behaftet, die nach Ansicht mancher Kunstinterpreten den Eintritt in den Kreis des Kunstwerks verhindern, lassen aber diese Feststellungen in vielen Fällen als irrig erscheinen. Plakate großer Künstler, etwa die von Picasso oder Braque, sind in der Lage, Theoreme dieser Art, aber auch sogenannte klassische Vorstellungen des Graphic Design zu entkräften. Obwohl gerade bei den originalsten Künstlerplakaten, bei denen also der Künstler den gesamten Entwurf bis hin zur Beschriftung selbst konzipierte, die letztgenannte zumeist den tradierten Anschauungen von »guter« Typographie widerspricht, atmen sie mehr als »angewandte« Kunst. Sie werden zu Botschaftsträgern ebenso wie etwa die Gemälde des Künstlers und überwinden die Kategorien. Somit öffnen sie Begrenzungen und setzen Maßstäbe jenseits der Sparten.

Will man dieses für die moderne Kunst genuine Element der Grenzüberschreitung in einem Museum sinnvoll explizieren, so ist es unerläßlich, die Kunstsparten von freier und angewandter Kunst zusammenzuführen.

Anmerkungen

1 Vgl. u.a. Sedlmayr Hans, Verlust der Mitte. Salzburg 1948, 80 ff. – Weidlé Wladimir, Die Sterblichkeit der Musen. Stuttgart 1958, passim – Hofmann Werner, Das irdische Paradies. München 1960, 254 ff.

2 »Laokoon oder über die Grenzen der Malerei und Poesie«. Entstanden noch in der Breslauer Zeit Lessings, erschienen 1766.

3 Christian Adolf Klotz (1738–1771), ab 1763 »Professor der Beredsamkeit« in Halle.

4 Goethes Werke. Hamburger Ausgabe 1953, Bd. 12, 49.

5 Vgl. u.a. Lingner Michael, Der Ursprung des Gesamtkunstwerkes aus der Unmöglichkeit »Absoluter Kunst«. In: [Kat. Ausst.] Der Hang zum Gesamtkunstwerk. Kunsthaus Zürich. Aarau 1983, 53.

6 6. Aufl. 11. Bd. Leipzig/Wien 1905, 805.

7 Kapitelüberschrift in Hans Sedlmayrs »Verlust der Mitte«, vgl. Anm. 1, S. 80.

8 Vgl. u.a. Über das Studium der griechischen Poesie. Hrsg. von P. Hankamer. Godesberg 1947, 47.

9 Vgl. u.a. Schlußbetrachtung der in Jena 1802/03 gehaltenen Vorlesung »Philosophie der Kunst«: »Ich bemerke nur noch, daß die vollkommenste Zusammensetzung aller Künste, die Vereinigung von Poesie und Musik durch Gesang, von Poesie und Malerei durch Tanz, selbst wieder synthesirt die componirteste Theatererscheinung ist, dergleichen das Drama des Alterthums war, wovon uns nur eine Karrikatur, die Oper geblieben ist, die in höherem und edlerem Styl von Seiten der Poesie sowohl als der übrigen concurrirenden Künste uns am ehesten zur Aufführung des alten mit Musik und Gesang verbundenem Dramas zurückführen könnte« (zitiert nach Schelling F. W. J., Philosophie der Kunst. Darmstadt 1976, 380).

10 Vgl. u.a. die hinterlassenen Schriften von Philipp Otto Runge (Hinterlassene Schriften. Bd. 1–2. Göttingen 1965).

11 Vgl. Vorrede von Georg Wilhelm Friedrich Hegel zu seiner »Phänomenologie des Geistes« 1870 (Theorie Werkausgabe Frankfurt 1970 ff., vor allem III 11–67).

12 Vgl. die Schriften von Richard Wagner »Das Kunstwerk der Zukunft« 1849, »Oper und Drama« 1851 (etwa in der Ausgabe: Wagner Richard, Ausgewählte Schriften. Hrsgg. v. D. Mack. Frankfurt 1966).

13 Vgl. Semper Gottfried, Der Stil in den technischen und tektonischen Künsten oder praktische Ästhetik. 1860–63 (Nachdruck Mittenwald 1977) – ders., Kleine Schriften 1884.

14 »In den Museen wird die Trennung der Kunst verewigt. Was ursprünglich Teil eines Ganzen war, erscheint jetzt in verschiedenen ›Abteilungen‹, in grausamer Zerstückelung. Es kann geschehen, daß die Tafeln desselben Altars in einer ›Gemäldegalerie‹, die Skulpturen in einer ›Plastiksammlung‹, Gerät und ornamentale Teile in einem ›Museum für Kunstgewerbe‹ ihr Asyl finden« (Sedlmayr Hans, Verlust der Mitte, wie Anm. 1, S. 89).

15 Vgl. u.a. Wichmann Hans, Von Morris bis Memphis. Textilien der Neuen Sammlung. Basel 1990, 413 Anm. 35 und 36 – Zu Sezessionen vgl. Wichmann Siegfried, [Kat. Ausst.] Secession. Europäische Kunst um die Jahrhundertwende. Haus der Kunst. München 1964.

16 Zitiert nach Hofmann Werner, Gesamtkunstwerk Wien. In: [Kat. Ausst.] Der Hang zum Gesamtkunstwerk. Kunsthaus Zürich. Aarau 1983, 88.

17 Vgl. u.a. Wichmann Hans, Italien: Design 1945 bis heute. München/Basel 1988.

18 Sedlmayr Anm. 1, S. 92.

19 Vgl. Hallbaum Franz, Der Landschaftsgarten. München 1927.

20 Vgl. u.a. Gehlen Arnold, Zeit-Bilder. 2. Aufl. Frankfurt/M. 1965, 190 – Sedlmayr Hans, Die Kunst im Banne der Technik. In: Der Tod des Lichts. Salzburg 1964, 170 ff.

21 Vgl. u.a. Haftmann Werner, Malerei des 20. Jahrhunderts. München 1954, 246 ff. – Thomas Karin, Bis Heute. Köln 1975, 102.

22 Becker Jürgen u. Wolf Vostell (Hrsg.), Happening, Fluxus, Pop Art, Nouveau Réalisme. Eine Dokumentation. Reinbek 1965 – [Kat. Ausst.] Happening und Fluxus. Kunstverein. Köln 1970 – Nöth W., Strukturen des Happenings. Hildesheim 1972 – Henri Adrian, Total Art – Environment, Happenings and Performances. New York 1974.

23   Brockhaus Enzyklopädie 10. Bd., Wiesbaden 1970, 757.

24   Vgl. u. a. Growe Bernd, Tradition und Exodus – Die amerikanische Malerei im Blick auf Europa. In: [Kat. Ausst.] Amerikanische Malerei 1930–1980. Whitney Museum of American Art, New York. Haus der Kunst, München 1981, 195–212 (dort insbesondere 211/212).

25   Sottsass Ettore, Für eine neue Ikonographie. In: Design ist unsichtbar. Wien 1981, 649.

26   Gehlen Arnold, Zeit-Bilder. Frankfurt 1960. 2. Aufl. Frankfurt 1965, 192.

27   Adorno Theodor W., Die Kunst und die Künste. In: Ohne Leitbild. Parva Aesthetica. Frankfurt 1967. 4. Aufl. 1970, 189.

28   Vgl. Wichmann Hans, Italien: Design 1945 bis heute. München/Basel 1988, 8 ff. (insbesondere 24 ff.).

29   Vischer Friedrich Theodor, Kritische Gänge. Bd. 1. Tübingen 1844, 210.

30   Titel einer von Harald Szeemann 1983 in Zürich, Düsseldorf und Wien durchgeführten Ausstellung.

31   Vgl. Löwith Karl, Von Hegel zu Nietzsche. 1941, 150, 152, 201, 202, 212.

32   Charles Fourier (1772–1837) entwarf ein umfassendes System des utopischen Sozialismus in Form einer förderativen, unmittelbar auf Frieden und Glück gerichteten Vereinigung kleiner, sich selbst genügender Gemeinschaften. Vgl. u. a. Bebel August, Charles Fourier. Stuttgart 3. Aufl. 1907.

33   Philipp Otto Runge (1777–1810) vgl. u. a.: Hinterlassene Schriften 1940–1941. Neudr. Bd. 1–2. Göttingen 1965 – Farbenkugel oder Construktion des Verhältnisses aller Mischungen der Farben zueinander, und ihrer Affinität: nebst einer Abhandlung über die Bedeutung der Farben in der Natur. Hamburg 1810. Neudr. Mittenwald 1977. 2. Aufl. 1979 = Kunstwissenschaftliche Studientexte 5.

34   Richard Wagner (1813–1883) vgl. u. a.: Sämtliche Schriften und Dichtungen. Volksausgabe in 16 Bdn. 6. Aufl. Leipzig (1911) – Strobel Otto, König Ludwig II. und Richard Wagner: Briefwechsel. Bd. 1–5. Karlsruhe 1936–1939 – Kunze Stefan, Richard Wagners Idee des »Gesamtkunstwerks«. In: Beiträge zur Theorie der Künste im 19. Jahrhundert. Bd. 2. Frankfurt a. M. (1972) = Studien zur Philosophie und Literatur des 19. Jahrhunderts 12/2.

35   Wassily Kandinsky (1866–1944) vgl. u. a.: Kandinsky Wassily (Hrsg.), Der blaue Reiter. München 1912 – Wassily Kandinsky: Die gesammelten Schriften. Hrsg. v. K. Roethel und Jelena Hahl-Koch. Bern 1980 – Grohmann Will, Wassily Kandinsky: Leben und Werk. 2. Aufl. (Köln 1961).

36   Bruno Taut (1880–1938) vgl. u. a.: Taut Bruno, Die Stadtkrone. Jena 1919 – Der Weltbaumeister: Architektur – Schauspiel für symphonische Musik: dem Geiste Paul Scheerbarts gewidmet. Hagen 1920 – Bruno Taut, Die Auflösung der Städte. Hagen 1920 – [Kat. Ausst.] Die Gläserne Kette: visionäre Architektur aus dem Kreis um Bruno Taut, 1919–1920. Museum Leverkusen, Schloß Morsbroich, Akademie der Künste. Berlin 1963.

37   Antonin Artaud (1896–1948) vgl. u. a.: Artaud Antonin, La pèse-nerfs 1927, dt. Die Nervenwaage. Berlin (1961) – ders., L'art et la mort 1929, dt. Die Kunst und der Tod: Neue Rundschau 3, 1961 – ders., Au pays des Tarahumaras 1945, dt. Die Tarahumaras: revolutionäre Botschaften. München 1975 – Œuvres complètes d'Antonin Artaud. Paris 1956 ff.

38   Joseph Beuys (1921–1989) vgl. u. a.: Beuys Joseph, Zeichnungen I, 1949–59: Gespräch zwischen Joseph Beuys und Hagen Lieberknecht. Köln (1972) – ders., Eintritt in ein Lebewesen: Kunstforum 29, 1978, Nr. 5 – Adriani Götz, Winfried Konnertz u. Karin Thomas, Joseph Beuys: Leben und Werk. Köln 1981 – Similias similibus: Joseph Beuys zum 60. Geburtstag hrsgg. v. Johannes Stüttgen. Köln 1981.

39   Vgl. Marquard Odo, Gesamtkunstwerk und Identitätssystem. Überlegungen im Anschluß an Hegels Schellingkritik. In: Der Hang zum Gesamtkunstwerk. Aarau 1983, 40 ff. Dieser arbeitet mit vier Kategorien: Das direkte positive Gesamtkunstwerk, das direkte negative Gesamtkunstwerk, das indirekte extreme Gesamtkunstwerk und das indirekte nicht extreme Gesamtkunstwerk.

40   Vgl. Wichmann Hans, Von Morris bis Memphis. Textilien der Neuen Sammlung. Basel 1990, 11 u. 413 Anm. 30–36.

41   Zur Werkbundbewegung vgl. Lit. bei Wichmann Hans, Industrial Design. Unikate. Serienerzeugnisse. Die Neue Sammlung. Ein neuer Museumstyp des 20. Jahrhunderts. München 1985, 99, Anm. 2.

42   Wingler Hans, The Bauhaus. Weimar, Dessau, Berlin, Chicago. Cambridge, Mass. 1969 – Bauhaus-Archiv-Museum. Sammlungskatalog. 3. Aufl. Berlin 1987 (dort Bibliographien über das Bauhaus und ihre Künstler).

43   [Kat. Ausst.] Die Gläserne Kette: visionäre Architekturen aus dem Kreis um Bruno Taut, 1919–1920. Museum Leverkusen, Schloß Morsbroich und Akademie der Künste Berlin. Berlin 1963 – [Kat. Ausst.] Der Hang zum Gesamtkunstwerk. Aarau 1983, 343 ff.

44   Nach der 1981 konstituierten Designer-Gruppe »Memphis«. Vgl. Wichmann Hans, Italien: Design 1945 bis heute. München/Basel 1988, 22, 31 Anm. 106.

45   Vgl. Lingner Anm. 5, S. 53.

46   Vgl. u. a. Wichmann Hans (Hrsg.), System-Design Fritz Haller. München/Basel 1989, 19 ff.

47   Vgl. u. a. Seitz W., The Art of Assemblage. New York 1961 – Janis Harriet u. R. Blesh, Collage. Philadelphia 1962 – Wescher H., Cinquante ans de collage. St. Etienne 1964 – Aragon L., Les collages. Paris 1965 – Wescher Herta, Die Collage. Geschichte eines künstlerischen Ausdrucksmittels. Köln 1968 – [Kat. Ausst.] Collagen aus sechs Jahrzehnten. Frankfurter Kunstverein. Frankfurt a. M. 1968.

48   U. a. bei Lucio Fontana; vgl. u. a. Schulz-Hoffmann Carla, [Kat. Ausst.] Lucio Fontana. Staatsgalerie moderner Kunst, München 1983.

49   Adorno Anm. 27, S. 189.

50 Nach: Lingner Michael, Der Ursprung des Gesamtkunstwerkes aus der Unmöglichkeit »Absoluter Kunst«. Zur rezeptionsästhetischen Typologisie-
rung von Philipp Otto Runges Universalkunstwerk
und Richard Wagners Totalkunstwerk. In: [Kat.
Ausst.] Der Hang zum Gesamtkunstwerk. Kunsthaus Zürich. Aarau 1983, 65 ff.

51 Nach: Hofmann Werner, Gesamtkunstwerk
Wien. In: [Kat. Ausst.] Der Hang zum Gesamtkunstwerk. Kunsthaus Zürich. Aarau 1983, 88/89.

52 Carlo Guenzi (geboren 1941) benutzt diesen
Begriff in abwertendem Sinne, ebenso François
Burkhardt. Vgl. C. G., Überfluß und Mangel. Indu-
striedesign in Italien. In: [Kat. Ausst.] Design als
Postulat am Beispiel Italien. IDZ. Berlin 1973, 50 u.
53 f.; Burkhardt François, Zur Rezeption des italienischen Design in der Bundesrepublik. In: [Kat.
Ausst.] Möbel aus Italien. Design Center. Stuttgart
1983, Anm. 40.

53 Growe Bernd, Tradition und Exodus – Die ame-
rikanische Malerei im Blick auf Europa. In: [Kat.
Ausst.] Amerikanische Malerei 1930–1980. U. a.
Haus der Kunst. München 1981, 211 u. 212.

54 Vgl. Wichmann Hans, Italien: Design 1945 bis
heute. München/Basel 1988, 17 ff.

55 Besonders durch Arbeiten der Gruppen »Alchimia« und »Memphis« und ihrer internationalen Epi-
gonen.

56 Sedlmayr Hans, Verlust der Mitte. Salzburg
1948, 88–89. Vgl. auch: Dilly Heinrich (Hrsg.) Alt-
meister moderner Kunstgeschichte. Berlin 1990,
266–288.

57 Nach Hofmann Anm. 1, 261 (Ort Hegel-Zitat).

58 Holzwege. Frankfurt/M. 1950, 8.

59 Über das Wesen des Kunstwerks. Tübingen/
Stuttgart 3. Aufl. 1950, 28.

60 Der Tod des Lichtes. Salzburg 1964, 139.

61 Nikomachische Ethik IV, 4.

62 Quaestiones disputatae de veritate I, 2.

63 Summa theologica Teil I, questio 91, articulas
3.

64 Die Theorie des Schönen im Mittelalter. Köln
1963, 27–28 – Zu den wenigen bedeutenden Kunst-
historikern, die zweckbehaftete Objekte der Kunst
nicht abwerteten, sondern dem Kunstgewerbe sogar einen »höheren Grad der Kunst« beimaßen, gehört Alois Riegl (1858–1905); vgl. seine »Historische Grammatik der bildenden Künste«. Hrsgg. von
K. M. Swoboda und O. Pächt. Graz/Köln 1966, 254.

65 Vita activa. Stuttgart 1960, 161/162 (Piper-Pa-
perback).

66 Die IX. Triennale in Mailand stand unter dem
Motto: »Einheit der Kunst«. In dieser und den folgenden Triennalen bestimmt die Thematik »Design« und die Frage nach seinem Sinn immer stärker diese Ausstellungen.

67 Das erste erfolgreiche, einen künstlerischen
Rang besitzende Plakat entwarf der Engländer Fred
Walker 1871. Das Plakat trug den Titel »The Woman
in White«. Der sich heute in der Tate Gallery, Lon-
don, befindende Entwurf wurde von W. H. Hooper in
Holz geschnitten.

68 1896 zeigte Justus Brinckmann im Hamburger
Museum für Kunst und Gewerbe die erste deutsche
Plakatausstellung von internationaler Breite. Seine
Tochter Maria Brinckmann schrieb im Nachwort
u. a.: »Jedem soll die Kunst zugänglich sein, jedem
soll sie Erhebung und Freude gewähren; nicht nur
denjenigen, die ihre Werke kaufen können oder Zeit
haben, sie in Galerien aufzusuchen. Um diesen
Zweck zu erreichen, muß die Kunst auf die Straße
gehen und wie von ungefähr den Arbeitsweg der
vielen Tausenden kreuzen, welche ihr nicht Zeit
noch Geld schenken können. Diese hohe ethische
Aufgabe der Kunst erfüllen die für nüchterne
Zwecke erfundenen Plakate – wenn sie gute Plakate
sind ...«

69 Vor allem angeregt durch japanische Komposi-
tionsprinzipien wie: die spontane Bewegung, die
bildbestimmende Diagonale, das angeschnittene
Objekt und der asymmetrische Bildaufbau, das Mu-
ster- und Grundprinzip. Vgl. dazu u. a.: Wichmann
Siegfried, Japonismus. Ostasien – Europa. Begeg-
nungen in der Kunst des 19. und 20. Jahrhunderts.
Herrsching 1980.

70 Terminus Hans Sedlmayrs; vgl. Anm. 56, 128.

71 Vgl. Wichmann Hans, [Kat. Ausst.] Warenplakate von der Jahrhundertwende bis heute. Die
Neue Sammlung. München 1981, 6 ff.

72 Vgl. Wichmann Anm. 71, passim.

73 Vgl. u. a. Müller-Brockmann Josef, [Kat. Ausst.]
Das kulturelle Plakat. Kunstgewerbemuseum. Zürich 1974.

74 Vgl. u. a. Feldman Frayda u. Jörg Schellmann,
Andy Warhol. Prints. München/New York 1989 –
[Kat. Ausst.] Andy Warhol Retrospektive. Museum
Ludwig, Köln. München 1989.

Florian Hufnagl / Corinna Rösner
Zum französischen Künstlerplakat nach 1945

1901 malte Pablo Picasso das Bild »Das blaue Zimmer«, auf dem im
Hintergrund das Plakat »May Milton« (1895) von Henri Toulouse-Lautrec
erscheint. Dieses für das Genre der Künstlerplakate fast programmatisch
zu nennende Gemälde umfaßt mit Toulouse-Lautrec und Picasso die
beiden herausragenden Exponenten des französischen Künstlerplakates.
Toulouse-Lautrec, der sich angeregt durch das Plakat »France Champagne« (1891) von Pierre Bonnard dem Steindruck zuwandte und in weniger als zehn Jahren etwa 400 Lithographien zeichnete, entwarf innerhalb dieses Œuvres 31 Plakate[1] – meist in Zusammenhang mit Varieté-
oder Kabarettveranstaltungen. Im Verein mit den Arbeiten Bonnards
wurden sie zu »Meilensteinen in der Geschichte der Plakatkunst«[2] und zu
Inkunabeln des Künstlerplakats.[3]
Dennoch entfaltete sich das Künstlerplakat des 20. Jahrhunderts im fran-
zösisch geprägten Kulturraum erst nach 1945. Die Gründe für das Nicht-
fortführen des eben erst Begonnenen sind nicht eindeutig.
Die großen Künstler der »klassischen Moderne« Frankreichs, deren
Hauptwerke ja vorwiegend in der ersten Hälfte des 20. Jahrhunderts entstanden, – Picasso, Braque, Léger, Chagall u. a. – widmeten sich erst
nach der Jahrhundertmitte dem Plakat.
Die wenigen Ausnahmen fallen dabei kaum ins Gewicht. So zeichnete
Chagall 1933 eine Skizze für das Plakat seiner Ausstellung in der Kunsthalle Basel.[4] Matisse entwarf 1937 ein Plakat für den Salon des Indépen-
dants,[5] Dufy 1939 eines für den Salon des Artistes Décorateurs sowie im
gleichen Jahr für eine Ausstellung französischer Kunst in Kaunas, Li-
tauen.[6] Die vor 1945 entstandenen Plakate Picassos sind sämtlich dem
Bereich der Reproduktionsplakate zuzuordnen – also Plakaten, die lediglich ein Werk des Künstlers wiedergeben, aber nicht auf Originalentwür-
fen basieren.[7] Sonia Delaunays Plakatentwürfe entstanden ohne Auftrag,
aus Experimentierlust, abstrakte Farbkompositionen mit farbig gemalten
Buchstaben kombinierend.[8]
Viele der genannten Künstler befaßten sich jedoch durchaus mit angewandter Kunst – man denke etwa an die Dekorations- und Kostümentwürfe von Picasso, Braque, Matisse oder Cocteau für Diaghilews »Ballets
Russes«, an die Teppichkartons von Arp und Léger, die Stoffentwürfe
von Dufy und Sonia Delaunay – um nur einige Beispiele zu nennen. Aber
dem Medium Plakat als eigenständige Aufgabe konnten die französi-
schen Avantgardisten offenbar zunächst nichts abgewinnen.
Dafür lassen sich mehrere Gründe anführen.
Einerseits war ihnen wohl der Utilitarismus des Warenplakats fremd.
A. M. Cassandre, den Blaise Cendrars den »Regisseur der Straße«
nannte, definierte die Grenze zwischen freier Malerei und Warenplakat
folgendermaßen: »Die Malerei ist Selbstzweck, das Plakat ist nur ein
Kommunikationsmittel zwischen Kaufmann und Publikum, etwas wie ein
Telegraphist: es äußert keine Botschaften, es übermittelt sie nur; man
fragt es nicht um seine Meinung – man erwartet von ihm nur eine klare,
kraftvolle, präzise Kommunikation.«[9] Das Plakat, das »von Leuten gese-

hen werden muß, die sich nicht bemühen, es zu sehen«,[10] konnte den
großen Neuerern des Sehens nur wenig bieten.
Wenn aber das Plakat, das für Waren wirbt, uninteressant war, wie stand
es dann mit demjenigen, das für die Kunst oder den Künstler selbst
wirbt?
Auch für dieses gab es im Frankreich der ersten Jahrhunderthälfte an-
scheinend so gut wie keinen Bedarf. Erst nach 1945 wurden Plakate für
Kunstausstellungen zur großen Aufgabe der bildenden Künstler.
Singuläre Erscheinungen waren die Plakate, die Jacques Jaujard, stell-
vertretender Direktor der französischen Staatsmuseen, seit 1927 entwerfen ließ, um das Publikum auf die großen Ausstellungsveranstaltungen
im Louvre, Petit Palais und in der Orangerie der Tuilerien aufmerksam zu
machen. Dabei handelte es sich jedoch um Reproduktionsplakate, die
ausgestellte Kunstwerke wiedergaben.[11] Es dauerte – von den oben genannten Plakaten Chagalls, Matisses und Dufys abgesehen – etwa zwanzig Jahre, bis diese Anregung, nach Ende des Zweiten Weltkrieges, aufgegriffen und weiterentwickelt wurde. Der dritte Grund ist möglicherweise ein technischer. Zwar befaßten sich viele Maler und Bildhauer in
der ersten Jahrhunderthälfte mit Druckgraphik. Man denke etwa an die
auf Anregung des Verlegers und Kunsthändlers Ambroise Vollard entstandenen Illustrationszyklen Chagalls und Braques. Jedoch gehörte die
Farblithographie nicht zu den von ihnen verwendeten Druckverfahren.
Bevorzugt wurden Radierung, Kaltnadel und Aquatinta – häufig in Kombination – sowie der Holzschnitt.[12] Die Lithographie findet sich selten,
und dann als Schwarzweißdruck.
Überhaupt ist festzustellen, daß es in Frankreich zwischen den Anfangs-
jahren des 20. Jahrhunderts und dem Ende des Zweiten Weltkrieges
kaum farbige Druckgraphiken gab.[13] Die alten Werkstätten, die in den
1890er Jahren die Farblithographie in Zusammenarbeit mit Künstlern
wie Toulouse-Lautrec zu ihrer ersten Blüte geführt hatten, mußten
schließen bzw. widmeten sich rein kommerziellen Aufgaben: so druckte
Mourlot Frères Weinetiketten, Anzeigen und Gemäldereproduktio-
nen ...[14]
Erst nach einem Hiatus von etwa einem halben Jahrhundert wurde die
Lithographie neu entdeckt. Das geschah fast gleichzeitig durch Picasso,
Braque, Chagall und Léger.
Chagalls Farblithographien zu »Four Tales from the Arabian Nights«
(New York 1948) entstanden 1945/46 noch im amerikanischen Exil.[15]
Nach Frankreich zurückgekehrt, begann er 1950 seine Zusammenarbeit
mit dem Lithographenmeister Charles Sorlier in der Druckerei von Fernand Mourlot. »The appeal of both his unbridled use of color and his
widely accepted subject matters insured for Chagall an audience far be-
yond that of any of his contemporaries.« Seine zahlreichen Lithographien und Plakate wurden in den fünfziger und sechziger Jahren zu
»icons in the homes and offices of the postwar bourgeoisie«.[16]
Braque arbeitete auf Anregung seines Galeristen Aimé Maeght seit 1942
mit dem lithographischen Verfahren, bis 1945 meist in der Druckerei

Mourlots. 1947 entstand sein erstes Plakat als Farblithographie für eine
Ausstellung bei Maeght.[17] Die Intensität der Auseinandersetzung mit dieser neu entdeckten Technik schildert Mourlot: »Das ziemlich ungewöhn-
liche Innere unserer alten Druckerei und der Besuch bei Druckern überhaupt gefielen Braque, der ohne Zögern ganz Paris durchquerte, um
einige Retouchen zu machen. Seither verwendete Braque für seine litho-
graphierten Plakate vor allem Umdruckpapier. Er ließ sich die Probedrucke vorlegen und gab die Erlaubnis zum Druck oft erst nach zahlreichen Korrekturen.«[18]
Léger, dessen Blatt »La vase« (1927) zu den wenigen französischen Farblithographien der ersten Jahrhunderthälfte gehört, kehrte 1946 aus den
USA nach Paris zurück und begann sein Buchwerk »Cirque«, das mit
Farblithographien illustriert war und bei Tériade erschien (1950).[19] Auch
er arbeitete dazu in der Druckerei Mourlots. Sein erstes Plakat – für eine
Retrospektive der Jahre 1905–1946 im Musée National d'Art Moderne –
erschien 1949.[20]
Matisse entwarf sein erstes Plakat (»Ce dessin me plaît«) – nach dem
erwähnten Vorläufer von 1937 – bereits 1945, für eine Ausstellung seiner
Zeichnungen in der Galerie Maeght.[21] Auch Picasso fand erst spät, im
Winter 1944/45, zur Lithographie, ebenfalls bei Mourlot. In kürzester Zeit
eignete er sich das Verfahren an, erprobte es, experimentierte, forderte
den Druckern Erweiterung der technischen Möglichkeiten ab und erweiterte somit die Ausdrucksmöglichkeiten entscheidend. Koschatzky be-
merkt über die Tätigkeit Picassos: »Bei Mourlot entstehen die entscheidenden Werke der modernen Lithographie. Picasso schafft in Paris in
wenigen Monaten über 100 Blätter, besessen von der Variationsmöglich-
keit der Zustände, der Mischung von Verfahren, den Aquarell-, Feder-,
Schaber-, Wisch- und Spritztechniken.«[22]
1948 druckte Mourlot das erste, als solches konzipierte Plakat Picassos:
für eine Ausstellung von Keramiken und anderen handwerklichen Er-
zeugnissen in Vallauris. Von den 475 Picassoplakaten, die Czwiklitzer[23]
verzeichnet, stammen immerhin 55 Plakate von Picasso selbst; hinzu
kommt eine leider nicht zahlenmäßig aufgeführte Gruppe, die auf Origi-
nalentwürfen basiert – in diesem Medium das umfangreichste Œuvre
eines französischen Künstlers.
Die unmittelbar nach 1945 durch wenige Protagonisten der »klassischen
Moderne« eingeleitete Entwicklung führte in den sechziger Jahren zu
einem wahren Druckgraphik-»Boom« und mit ihm zu einer Blüte des
Künstlerplakats.
Mehrere Faktoren kamen nun zusammen. Diese Künstler hatten die Farb-
lithographie als eigenständiges künstlerisches Medium entdeckt. Die
Druckerei Mourlot trug ihr hohes technisches Wissen bei. Die alten
Avantgardisten Chagall, Picasso, Braque, Léger und Matisse galten in-
zwischen dem gebildeten Publikum unumstritten als sammelwürdige
Klassiker. Diese Gesellschaftsschicht erkannte Künstlergraphiken und
-plakate als erschwinglichen Luxus – Drucke, aber zugleich eben auch
Originale. Das sicherte bestimmt den raschen Erfolg und führte zu einer

Ausweitung des Marktes für Druckgraphiken und Künstlerplakate in nie gekanntem Ausmaß.

Transmissionsriemen der Entwicklung waren anfangs vor allem der Verleger Tériade und der Galerist und Verleger Aimé Maeght, die beide eng mit der Druckerei Mourlot zusammenarbeiteten. Tériade regte – wie Jahrzehnte zuvor Vollard – zahlreiche »livres d'artiste« an und edierte sie. Darüber hinaus bot er den Lithographien der Avantgardekünstler mit seiner künstlerisch-literarischen Zeitschrift »Verve« ein angesehenes Publikationsorgan. Zugleich wurden die dort veröffentlichten Lithographien aber auch in gesonderter, signierter und limitierter Auflage verkauft.[24]

Aimé Maeght, der seine Galerie 1945 eröffnete und das Ausstellungsbegleit-Periodikum »Derrière le Miroir« seit 1946 publizierte, ließ für jede Ausstellung eigens ein Künstlerplakat entwerfen, das zunächst fast ausschließlich bei Mourlot, später vielfach in der Imprimerie Arte von Adrien Maeght, dem Sohn des Galeristen, gedruckt wurde. Auch diese Lithographien wurden gleichzeitig im Zustand »avant la lettre«, signiert und in limitierter Auflage, ediert.[25]

Neben Maeght waren auch andere Pariser Galerien an dieser Entwicklung in den späten vierziger und den fünfziger Jahren beteiligt. Zu nennen sind etwa die Galerien Pierre Bérès, Berggruen & Cie, Louis Carré, René Drouin, Louise Leiris (Kahnweiler), Lucie Weill (»Au Pont des Arts«) und die »Maison de la Pensée Française«.[26]

All diese stellten vorrangig die großen Vorkämpfer der klassischen Moderne aus: außer den bereits Genannten auch Cocteau, Arp, Le Corbusier, den Surrealisten André Masson, Max Ernst und Joan Miró. Sie gehörten zu den jetzt international anerkannten Künstlern, die bereits in der ersten Hälfte des Jahrhunderts Hauptwerke geschaffen hatten und nun Bekanntheit und Beliebtheit durch das Entwerfen von Plakaten vergrößerten. Dabei handelte es sich vorwiegend um Plakate für Ausstellungen – entweder in privaten Galerien oder in staatlichen bzw. städtischen Häusern – und für kulturelle Veranstaltungen, wie z. B. Musikfestivals oder Sportereignisse. Sodann um Touristikplakate oder – relativ selten – um politische Plakate, meist für internationale Organisationen. Das Warenplakat spielte keine Rolle. Dieselben Aufgaben gelten in ähnlicher Gewichtung bis heute für das französische Künstlerplakat.

Dem Vorbild der »Alten Meister« folgten, etwa seit Mitte der fünfziger Jahre, nahezu uneingeschränkt die nachfolgenden Künstlergenerationen, die zwar das Erscheinungsbild von Künstlergraphik bzw. Künstlerplakat, nicht aber die Erscheinungsform selbst veränderten. Allen voran Jean Dubuffet (*1901), der erst gegen Ende des Zweiten Weltkrieges zu malen, auszustellen und Plakate zu entwerfen begann. Mit seiner »Art Brut« wurde er einer der bedeutendsten Vertreter der figurativen Malerei Frankreichs in der Nachkriegszeit.

Allmählich beherrschten jedoch die Protagonisten der nicht-geometrischen, nicht-konstruktivistischen abstrakten Malerei die französische, d. h. die Pariser Kunstszene. Die einzelnen Strömungen dieses Stils versuchte die Kunstkritik durch verschiedene Bezeichnungen schlagwortartig zu charakterisieren: Lyrische Abstraktion, Informel, Tachismus, gestische Malerei usw. Parallel dazu entwickelten in den Vereinigten Staaten Pollock, de Kooning, Kline und Motherwell das »Action Painting« bzw. den »Abstract Expressionism«.

Für die sogen. »Ecole de Paris« sind vor allem anzuführen: Maurice Estève (*1904), Serge Poliakoff (*1900 oder 1906–1969), Alfred Manessier (*1911) und Nicolas de Staël (1914–1955) für die etwas gemäßigtere Richtung der Abstraktion; für das Informel die in Paris lebenden Deutschen Hans Hartung (1904–1980) und Wols (1913–1951), Jean Bazaine (*1904), Pierre Soulages (*1919), Jean Fautrier (*1897) und Georges Mathieu (*1921). Sie alle pflegten in tradierter Weise Druckgraphik und Künstlerplakat.

Zur Gegenrichtung des »Nouveau Réalisme«, der die beginnenden sechziger Jahre prägte, gehörten neben Yves Klein (1928–1962) u. a. Arman (*1928), Martial Raysse (*1933) und der Schweizer Jean Tinguely (*1925). Die meisten dieser Künstler wandten sich allerdings nicht bzw. nur beiläufig oder erst spät der Druckgraphik, und damit auch dem Medium Plakat zu. Anders dagegen die Protagonisten der Op Art, wie z. B. Victor Vasarely oder Yaakov Agam. Auch diese hatten in Reaktion auf die lyrisch-gestische Abstraktion ihren Anfang genommen, jedoch nicht dem Gegenständlichen sich zuwendend, sondern in Weiterentwicklung von Konstruktivismus, konkreter Kunst und Bauhaus-Lehren. Psychophysiologische Wahrnehmungsgesetze, Farbe in Bezug zu Licht, Raum, Bewegung und Zeit, Farbwechselwirkungen wurden zu zentralen Themen. Sowohl in ihren »freien« Druckgraphiken als auch bei ihren Plakaten versuchten diese Künstler die Farbvibrationen und Bewegung oder Raum suggerierenden Effekte in die Graphik zu transferieren.

Gegen die unterschiedlichen Ausprägungen der Abstraktion, Intellektualisierung, Entkörperlichung, Vergeistigung und Entmaterialisierung entstand, im Laufe der siebziger Jahre, kulminierend seit etwa 1980, eine neue Wendung zum Figurativen, sinnlich Greifbaren, zu einer »lesbaren«, unmittelbar verständlichen Ikonographie, deren Bildzeichen – wie im Falle der französischen »Figuration Libre« – häufig dem Trivialen entlehnt sind: Graffitis, Comic Strips, Science Fiction-Filmen und ähnlichem. Dieser »Rückkehr zur Malerei«, auch zum Staffeleibild,[27] entspricht eine neuerliche Hinwendung zum Plakat. Bezeichnenderweise taucht bei diesen von moderner Konsumideologie geprägten und zugleich mit ihr lustvoll spielenden Künstlern nun erstmals wieder das Warenplakat als Aufgabe des Künstlerplakats auf, das seit Bonnards »France Champagne« (1889) und Toulouse-Lautrecs »La Chaîne Simpson« (1896) keiner künstlerischen Aufmerksamkeit mehr für würdig erachtet wurde.

Neubeginn, Aufstieg und Verbreitung des Künstlerplakats in Frankreich sind somit unlösbar mit der Neubewertung der Künstlerdruckgraphik verbunden. Mit ihr wurde aus der ehemals intimen »Kunst der Mappe« eine »Kunst an der Wand«.

Anmerkungen

1   Weill Alain, Plakatkunst International. Berlin 1985, 34.

2   Barnicoat John, Das Poster. München/Wien/Zürich 1972, 26.

3   Vgl. auch Das frühe Plakat in Europa und den USA. Ein Bestandskatalog. Bd. 2. Frankreich und Belgien. Berlin 1977.

4   Mourlot Fernand, Die Kunst im Plakat. Paris 1959, Taf. 13.

5   Weill (Anm. 1), 355.

6   Mourlot (Anm. 4), Taf. 27 u. 28.

7   Vgl. Czwiklitzer Christoph, Pablo Picasso. Plakate 1923–1973. München 1981, 9.

8   Vgl. Barten Sigrid, [Kat. Ausst.] Sonia Delaunay 1885–1979. Museum für Gestaltung und Museum Bellerive. Zürich 1987, Nr. 130–135.

9   Nach Weill (Anm. 1), 198.

10   Cassandre, nach [Kat. Ausst.] Ferdinand Hodler und das Schweizer Künstlerplakat 1890–1920. Kunstgewerbemuseum. Zürich 1984, 22.

11   Mourlot (Anm. 4), 8 f.

12   Vgl. Koschatzky Walter, Die Kunst der Graphik. München 1980^5, 76, 79, 80, 150 ff.

13   Castleman Riva, Prints of the 20th Century. London 1988, 85, 91 f., 94–95.

14   Ib., 92.

15   [Kat. Ausst.] The Artist and the Book 1860–1960 in Western Europe and the United States. Museum of Fine Arts. Boston 1961, 42 – Güse Ernst Gerhard (Hrsg.), [Kat. Ausst.] Marc Chagall. Druckgraphik. Westfälisches Landesmuseum. Münster, 205 f.

16   Castleman (Anm. 13), 94.

17   [Kat.] Derrière le Miroir et Affiches. Maeght Editeur. Paris 1971, 12.

18   Mourlot (Anm. 4), 13.

19   [Kat. Ausst.] Hommage à Tériade. Centre National d'Art Contemporain, Paris [1973]. Rheinisches Landesmuseum, Bonn. Köln 1978, 92–93.

20   Mourlot (Anm. 4), Taf. 31.

21   Ib., Taf. 38.

22   Koschatzky (Anm. 12), 193.

23   Wie Anm. 7.

24   Vgl. Hommage à Tériade (Anm. 19), 45 u. passim; Koschatzky (Anm. 12), 34.

25   Vgl. Derrière le Miroir et Affiches (Anm. 17) – Arte. Adrien Maeght Imprimeur. Bd. 1 (1964–1971) – 2 (1972–1977). Paris 1985–1989 – [Kat. Ausst.] A proximité des poètes et des peintres. Centre de Création Contemporain, Tours. Paris 1986.

26   Zu Heinz Berggruen s. Rewald Sabine, Paul Klee. Die Sammlung Berggruen im Metropolitan Museum of Art, New York, … Stuttgart 1989, 12–13. – Zu Leiris/Kahnweiler: Assouline Pierre, L'homme de l'art. D. H. Kahnweiler 1884–1975. Paris 1988. – Zu Carré: Laclotte Michel, Petit Larousse de la Peinture. Paris 1979, Bd. 1, 291. – Zu Weill: [Kat. Ausst.] Succession Weill – Quillardet. Hôtel Drouot. Paris 1987.

27   Vgl. Carla Schulz-Hoffmann, in: [Kat.] Staatsgalerie moderner Kunst. Ein Rundgang durch die Sammlung. München 1987, 180–181.

Künstler und Werke

Yaacov Agam
(eigentl. Jacob Gipstein)

11.5.1928 Rishon-le-Zion/Palästina – lebt in Paris und Israel

Der Sohn eines Rabbiners studierte in Jerusalem bei dem ehem. Bauhausschüler M. Ardon, seit 1949 in Zürich bei J. Itten und M. Bill sowie S. Giedion, denen er die eingehende Kenntnis der Formen- und Farbenlehre sowie der geistigen Prinzipien des Bauhauses verdankt. Seit 1951 in Paris ansässig, experimentierte er mit beweglichen Bildern und wurde zu einem Wegbereiter der Kinetischen Kunst, neben anderen Vertretern dieses Stils wie Soto, Calder, Bury oder Vasarely (erste große, internationale Gruppenausstellung »Le Mouvement«, Paris 1955).

Agams Œuvre ist durch planvolle Grenzüberschreitungen zwischen den Kunstgattungen und die Aufhebung der Trennung zwischen »freier« und »angewandter« Kunst gekennzeichnet. So schuf er neben kinetischen Reliefs, Tast- und Tonbildern, Skulpturen (seit 1966) sowie monumentalen Plastiken im öffentlichen Raum u.a. auch Wand- und Deckendekorationen, Fenster und als Gesamtkunstwerk verstandene Environments (z.B. Salon d'Agam, Elysée-Palast, 1972–1974).

Konzeptionen für Simultantheater, Experimente mit Film, Musik, Video und Holographie belegen Agams Streben nach Erweiterung der künstlerischen Ausdrucksmöglichkeiten ebenso wie seine Entwürfe für Teppiche, Uhrenkollektionen und die seit den siebziger Jahren meist für Ausstellungen gestalteten Plakate.

Auch wenn Agam sein Schaffen durch die jüdisch-religiöse Geisteswelt beeinflußt sieht, muß er aufgrund der erwähnten künstlerischen Prägung der mitteleuropäischen Kunst zugerechnet werden und vertritt – seit vierzig Jahren der französischen Avantgarde verbunden – die eng mit Paris verknüpfte Stilrichtung der Op Art.

Lit. u. a.: Leymarie Jean u. a., Agam. Paris 1972 = Cnacarchives 8 – Metken Günter, Agam. New York 1974 – [Kat. Ausst.] Agam. Isetan Museum of Art. [Tokio] 1989 [dort weit. Lit.].

3ème festival international de la peinture, 1971

Bei seinen Plakaten versuchte Agam die farbig vibrierende Wirkung der polychromen kinetischen Reliefbilder in die Zweidimensionalität zu transformieren – ähnlich wie bei seinen »freien« Graphiken, Lithographien, Serigraphien, Gouachen und Teppichentwürfen der siebziger und achtziger Jahre. Das 1968–1970 konzipierte Werk »Pa'am (Once upon a time)«, von dessen vielen möglichen Ansichten dieses Plakat eine wiedergibt, war die erste dreidimensionale Druckgraphik das Künstlers; »Pa'am« wurde mit Unterstützung des Serigraphen Caza entwickelt und in 150 Exemplaren gedruckt. Zur Technik heißt es in der Zeitschrift »Nouvelles de l'estampe«: »tirée initialement à plat, elle est mise en relief par pliage et collage sur une base en carton elle-même montée sur un cadre en balsa, le résultat final étant donc tout à fait comparable aux tableaux prismatique d'Agam.«

Siebdruck (15–20 Farben); 65 × 51 cm
Bez. l. u.: YAACOV AGAM (Israel) GRAND PRIX 1970 »PAAM«
Auftragg.: Château-Musée de Cagnes-sur-Mer, Frankreich
Druck: Michel Caza
Inv. Nr. 2977/82
Lit. u. a.: Nouvelles de l'estampe 1972, Nr. 5, 24–25 m. Abb. – [Kat. Ausst.] Agam. Stedeljik Museum. Amsterdam 1973, Nr. 74 u. 78 m. Abb. [»Pa'am«] – [Kat.] Künstler Plakate. 1980. Galerie für Moderne Kunst und Plakatkunst H. F. Lempert. Bonn 1979, Nr. 8 m. Abb.

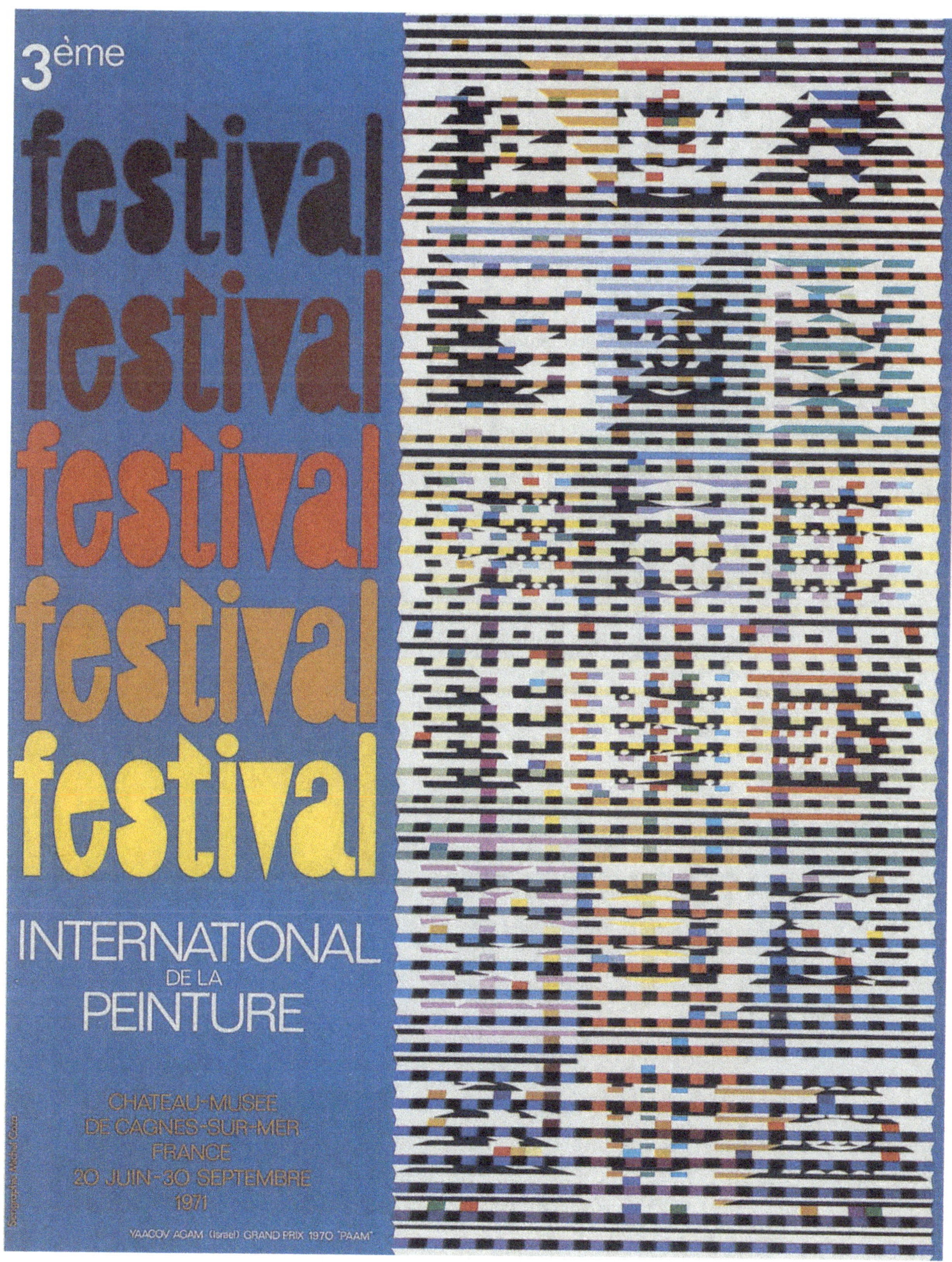

3ème
festival
festival
festival
festival
festival
INTERNATIONAL
DE LA
PEINTURE
CHATEAU-MUSÉE
DE CAGNES-SUR-MER
FRANCE
20 JUIN-30 SEPTEMBRE
1971
YAACOV AGAM (Israel) GRAND PRIX 1970 "PAAM"

Arman (eigentl. Armand Fernandez)

17.11.1928 Nizza – lebt in Paris, Vence und
New York
Studierte seit 1946 an der Ecole Nationale
d'Art Décoratif in Nizza und 1949/51 an der
Ecole du Louvre in Paris. Nach anfänglich
surrealistischen Bildern entstanden seit
1954 unter Eindruck einer Ausstellung von
Werken Kurt Schwitters' die ersten »La-
chets« (Stempelbilder), die 1958 ihre Weiterentwicklung in den »Allures« (Farbabdrucke verschiedener Gegenstände) fan-
den. Seit 1959 arbeitet Arman fast ausschließlich an dreidimensionalen Objekten. Die »accumulations« (Anhäufungen)
und »poubelles« (Müllskulpturen) sind
seine spezielle Ausdrucksform des »nouveau réalisme« – einer Gruppe, die Arman
1960 gemeinsam mit Yves Klein, Jean Tinguely, César und Hains in Mailand gründete.
Seine Plakate, seltene Beispiele für das
graphische Schaffen des Künstlers, sind in
ihren Motiven eng mit seinem plastischen
Œuvre verbunden, werden jedoch dem
Medium entsprechend in die Zweidimensionalität umgesetzt.

Lit. u. a.: Thomas Karin u. Gerd de Vries, DuMont's
Künstlerlexikon von 1945 bis zur Gegenwart. Köln
1977, 93 – Darmstaedter Robert, Künstlerlexikon
von der Antike bis zur Gegenwart. Stuttgart 1979,
40 – Osborne Harold (Hrsg.), The Oxford Companion to Twentieth Century Art. Oxford 1981, 21 –
Smith V. Barbington (Hrsg.), Dictionary of Contemporary Artists. Santa Barbara 1981, 14.

Arman – Accumulations Renault, 1969

Die »Accumulations Renault« bilden im Schaffen
Armans einen Schwerpunkt. Die »Anhäufungen«
von gleichen und verwandten Versatzstücken aus
der Produktion der Automobilfirma Renault zu
Skulpturen oder in Kunstglas eingegossenen Bildern beginnen 1967 mit dem für die Expo Montreal
geschaffenen Objekt »accumulations spirale
no. 101«. Eine mehrjährige Tätigkeit in der Firma
schloß sich an; die dabei entstandenen Objekte
wurden auf Ausstellungen u. a. in Düsseldorf und
Paris gezeigt. Die »accumulations« werden auf dem
Plakat durch die unendliche Reihung des Namens
des Künstlers und des Werktitels graphisch umgesetzt und durch das stilisierte Firmensignet des Au-
toherstellers überschnitten.
Lithographie (gelb, orange, schwarz);
74,8 × 47,8 cm
Auftragg.: Musée des Arts Décoratifs, Paris
Druck: Imprimerie Arte Adrien Maeght, Paris
Inv. Nr. 38/74
Lit. u. a.: [Kat. Ausst.] Arman. Accumulations Renault. Kunstverein für die Rheinlande und Westfa-
len. Kunsthalle. Düsseldorf 1969 – Arte. Adrien
Maeght Imprimeur. Vol. 1. Affiches 1964–1971. Paris 1985, Abb. 107.

ARMAN accumulations Renault
22 mai – 28 juillet 1969
Musée des Arts Decoratifs 107 rue de Rivoli Paris

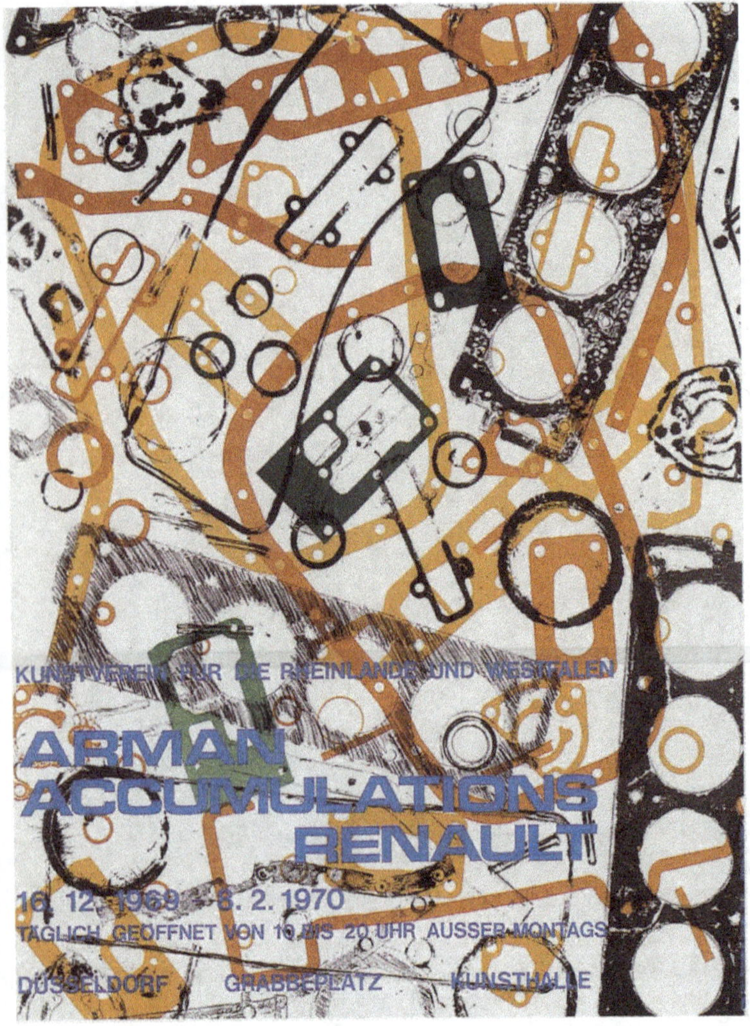

Amnesty, 1977

Aus dem Namen der 1961 von dem englischen
Rechtsanwalt P. Benenson gegründeten Organisation zum Schutz der Menschenrechte, Amnesty International, entwickelte Arman 1977 ein typogra-
phisches Plakat, bei dem er stilistisch auf seine vor
allem in den fünfziger Jahren verwendete Technik
der »Stempelbilder« und »Farbabdrucke« zurückgreift.
Siebdruck (rot, schwarz); 75 × 50,5 cm
Bez. r. u.: Arman
Auftragg.: Amnesty International
Inv. Nr. 618/84
Lit. u. a.: [Kat.] Künstler Plakate. 1980. Galerie für
Moderne Kunst und Plakatkunst H. F. Lempert. Bonn
1979, 109 m. Abb.

Accumulations Renault, 1969

Das Plakat gibt einen graphisch überarbeiteten Ausschnitt des Objekts »accumulations Renault
no. 125« von 1968 wieder, das auf der Ausstellung
in Düsseldorf gezeigt wurde. Es ist ein signifikantes
Beispiel aus dieser Werkgruppe, die in Verbindung
mit dem französischen Automobilhersteller entstand.
Lithographie (mehrfarbig); 80 × 59,5 cm
Auftragg.: Kunsthalle, Düsseldorf, Deutschland
Inv. Nr. 482/87
Lit. u. a.: [Kat. Ausst.] Arman. Accumulations Renault. Kunstverein für die Rheinlande und Westfa-
len. Kunsthalle. Düsseldorf 1969 – [Kat.] Künstler
Plakate. Nr. 4. Galerie für Moderne Kunst und Plakatkunst H. F. Lempert. Bonn 1986, Nr. 101 m. Abb.
[dort 1970 dat.].

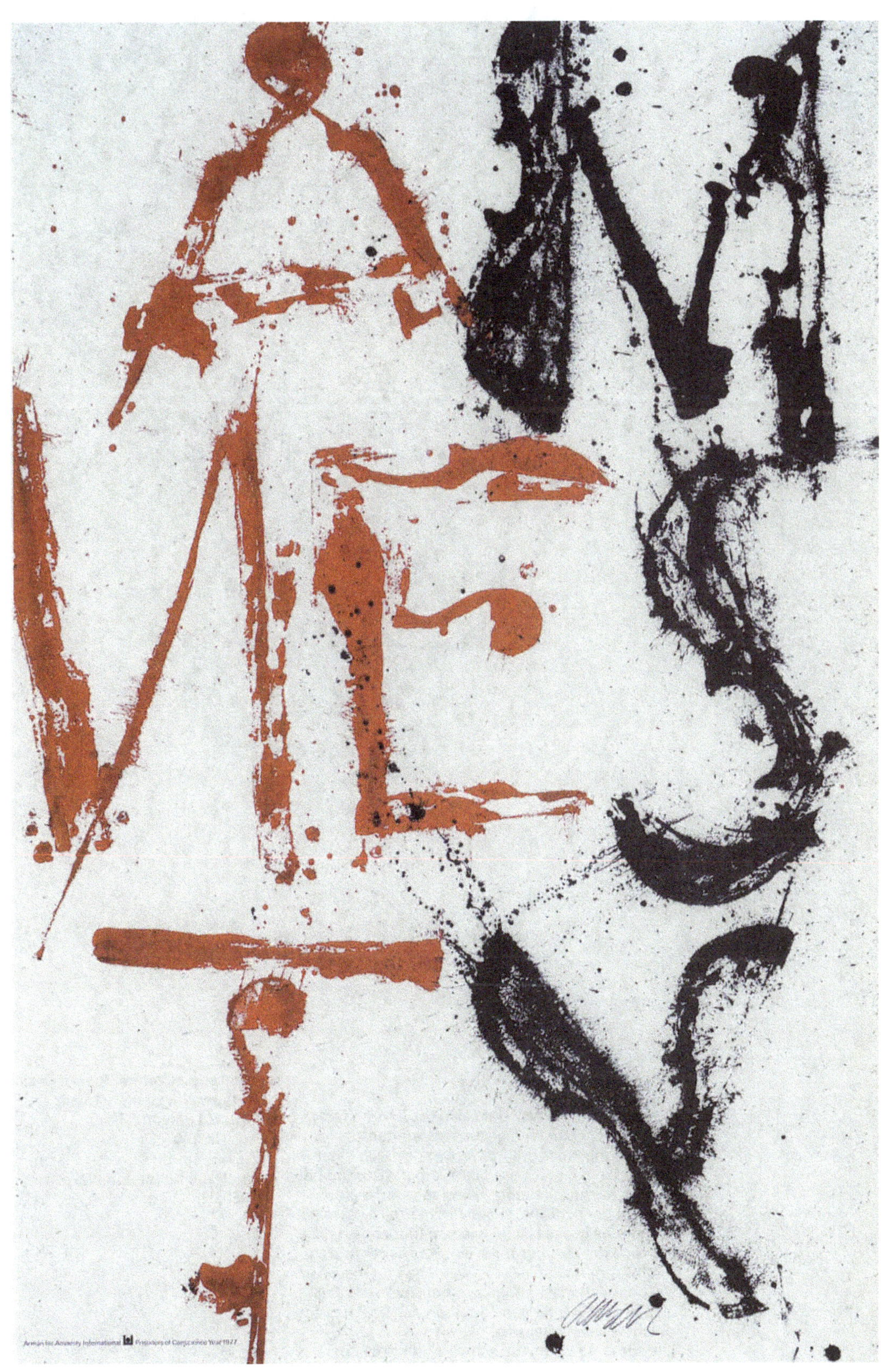

Armin for Amnesty International Prisoners of Conscience Year 1977

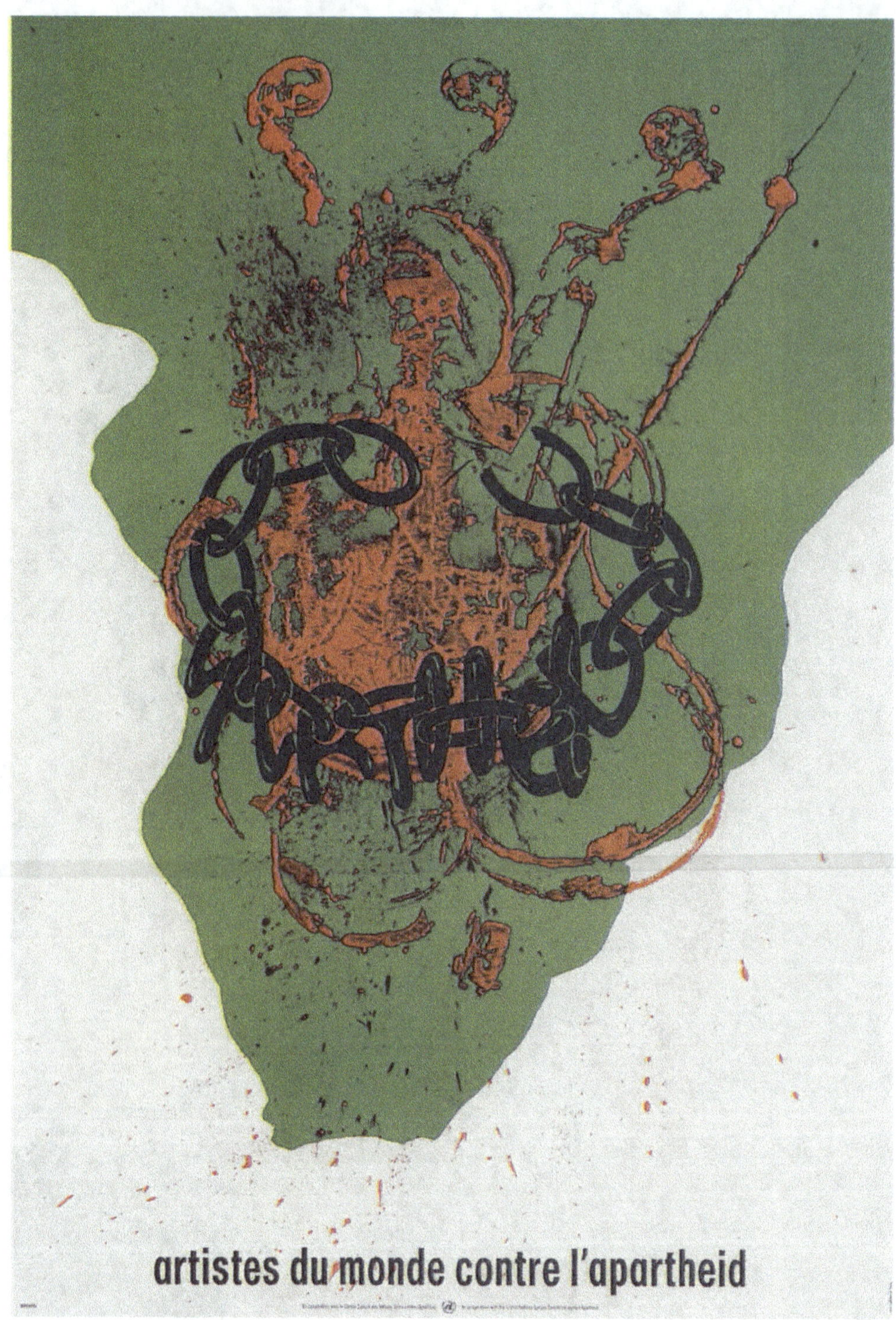

Contre l'apartheid, 1983

Der Bildhauer Arman, der seine Skulpturen fast
ausschließlich mit realen, unveränderten Ge-
brauchsobjekten aufbaut, verwendet bei diesem
Entwurf rein graphische Mittel, um die Aussage des
Plakats zur Anschauung zu bringen: Auf weißem
Fond ist der südliche, schädelartige Teil Afrikas als
homogene grüne Fläche wiedergegeben, auf die
mit Hilfe der Photographie ein zerrissener Ketten-
ring projiziert wird. Rote Farbstriche und -flecke im
Stil des »action painting« symbolisieren die Kraft
und Gewalt, die für das Zerreißen der Ketten aufge-
bracht werden müssen.
Lithographie (grün, rot, schwarz); 85 × 60 cm
Bez. l. u.: ARMAN

Auftragg.: Comité Special des Nations Unies contre
l'Apartheid, Genf, Schweiz
Druck: Lafayette, Paris
Inv. Nr. 474/87
Lit. u. a.: [Kat.] Künstler Plakate. Nr. 3. Galerie für
Moderne Kunst und Plakatkunst H. F. Lempert. Bonn
1983, Nr. 117 m. Abb.

Arman

Hans (Jean) Arp

16.9.1888 Straßburg – 7.6.1966 Basel
Hans Arp hatte bedeutenden Anteil an
mehreren künstlerischen Bewegungen vor
allem der zwanziger und dreißiger Jahre in
Deutschland, der Schweiz und Frankreich.
So war er u.a. Mitinitiator der Dada-Bewe-
gung, schloß sich in Paris den Surrealisten
an und gehörte zu den Gründern der
Gruppe »Abstraction-Création« (1932). Er
begann früh, abstrakt zu arbeiten, mit dem
Ziel einer »elementaren« bzw. »konkreten«
Kunst, zunächst mit geometrischen, seit
Ende der zwanziger Jahre meist mit sogen.
biomorphischen Formen. Grundelemente
waren dabei die »bewegten Ovale, Sinnbil-
der der ewigen Verwandlung und des Wer-
dens der Körper« (Arp 1955). Weitere Bild-
figuren, die in einem metamorphotischen
Prozeß ineinander übergehen konnten,
waren u.a.: »Blatt«, »Torso« und »Vase«.
Diese Grundthemen und -formen bestimmten Arps Schaffen sowohl in der
Dichtung als auch in der Malerei, Bildhauerei, Graphik und in der angewandten
Kunst. Auf diesem Gebiet war Arp seit
etwa 1914/15 tätig; er entwarf u.a. abstrakte Textilien und Tapisserien, Wanddekorationen sowie – seit 1950 – architektur-
gebundene Monumentalreliefs, daneben
auch Silbergeräte, Taufbecken und Taber-
nakel.
Einen besonderen Schwerpunkt bildeten
Illustrationen (Holzschnitte, Lithographien
u.a.) zu eigenen Gedichten und Werken
des Freundeskreises. Zu nennen sind etwa
T. Tzaras »Vingt-cinq poèmes« (1918) sowie »Dreams and Projects« (1952), »Vers le
blanc infini« (1960) und »Le soleil recerclé«
(1966) mit eigenen Texten. Großzügig
schwingende, organisch-abstrakte Formen
sind für Arps Graphiken ebenso charakteristisch wie für seine monumentalen Reliefs
und zeichnen auch seine Plakate aus, die
alle der Zeit nach dem Zweiten Weltkrieg
angehören.

Lit. u. a.: Watts Harriett, [Kat. Ausst.] Hans Arp und
Sophie Taeuber-Arp. Herzog August Bibliothek.
Wolfenbüttel 1988 [dort weit. Lit.] – Wichmann
Hans, Von Morris bis Memphis. Textilien der Neuen
Sammlung. Ende 19. bis Ende 20. Jahrhundert. Ba-
sel 1990, 438 [dort weit. Lit.].

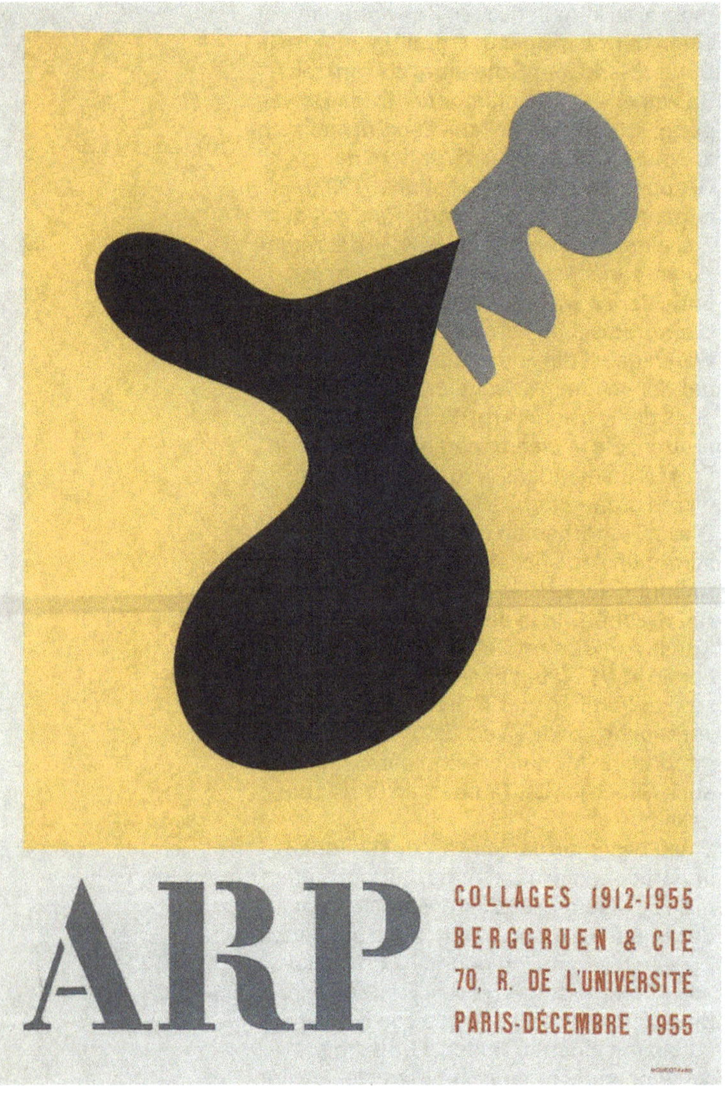

Arp – Collages, 1955

Basiert auf der Collage »Presque vase et fleurs«
(34,5 × 29,5 cm) von 1954. Arp, der sich seit 1912
mit Collagen befaßte, stellte hier wiederum eines
seiner zentralen Motive dar: die Vase, deren aus-
schwingende Fläche zu der zackig bewegten Form
des Blumenstraußes kontrastiert. Dieses Wechsel-
spiel sowie der Gegensatz zwischen offenen und
geschlossenen, perforierten und homogenen Flächen ist signifikant für das Spätwerk des Künstlers
(vgl. auch sein Plakat von 1962).
Lithographie (gelb, schwarz, grau); 67 × 47,3 cm
Auftragg.: Galerie Berggruen & Cie, Paris
Druck: Mourlot, Paris
Inv. Nr. 42/56
Lit. u. a.: [Kat. Ausst.] Arp. Collages. Galerie Berggruen & Cie. Paris 1955, 21 m. Abb. – Sailer Anton,
Das Plakat. München 1965, 190 m. Abb. – Wichmann Hans, Industrial Design. Unikate. Serienerzeugnisse. Die Neue Sammlung. Ein neuer Museumstyp des 20. Jahrhunderts. München 1985, 339
m. Abb.

Hans Arp und Armin Hofmann (Schrift)
Hans Arp, 1962

Arp entwarf das Plakatmotiv für die Ausstellung in
der Basler Kunsthalle als graphische Variante des
1917 gestalteten Reliefs »Erwachen«. Es war zu-
gleich Titelblatt des Ausstellungskatalogs. Der
Schriftblock des Plakats sowie die Gestaltung des
Katalogs wurden von Armin Hofmann konzipiert.
Siebdruck (mehrfarbig); 127,5 × 90,5 cm
Bez. l. u.: Hans Arp
Auftragg.: Kunsthalle, Basel, Schweiz
Druck: Wassermann AG, Basel
Inv. Nr. 2686/82
Lit. u. a.: [Kat. Ausst.] Hans Arp. Kunsthalle. Basel
1962, Titelblatt.

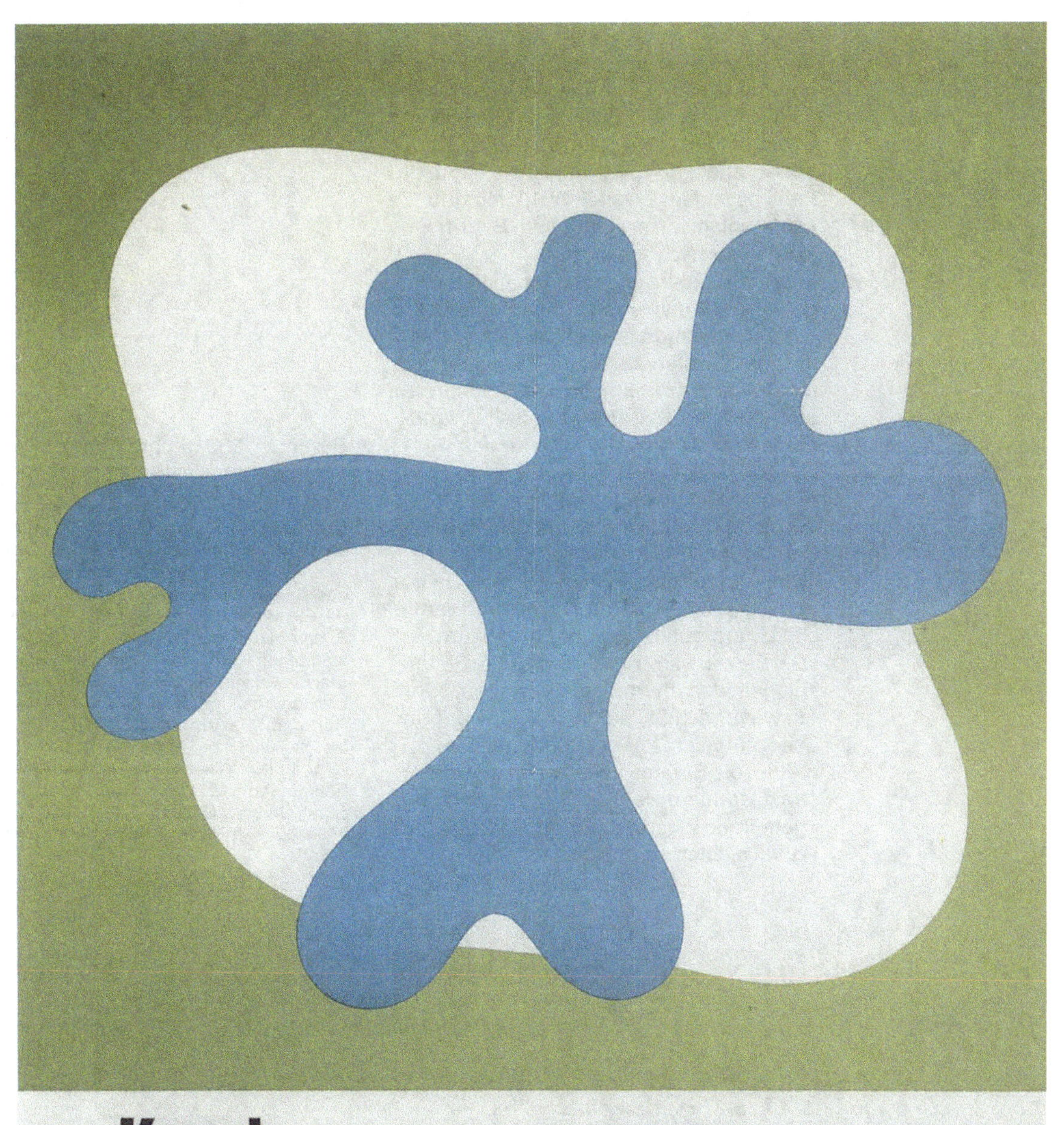

Kunst
halle
Basel
Hans
Arp
2.Juni
15.Juli

Jean Bazaine

21.12.1904 Paris – lebt in Paris
Nach Anfängen auf dem Gebiet der Bildhauerei studierte Bazaine seit 1924 Malerei
an der Académie Julian. Von Bonnard und
Gromaire angeregt, zählt sein Werk zu den
bedeutendsten Äußerungen der Ecole de
Paris nach dem Zweiten Weltkrieg und
kann schlagwortartig mit dem Begriff »Informel« bezeichnet werden.
In seinem Œuvre nimmt aber auch die angewandte Kunst einen hohen Stellenwert
ein. So entstand bereits 1937 sein erstes
farbiges Glasfenster für eine Kapelle. Später entwarf Bazaine neben zahlreichen wei-
teren Kirchenfenstern keramische Wanddekorationen, Mosaike, u.a. für das
Unesco-Gebäude in Paris (1959), und
Buchillustrationen, beispielsweise für
»Croyant Nomber« von Claude Esteban
(1971). Seit 1949 gestaltete er in Zusammenhang mit seinen Ausstellungen in der
Pariser Galerie Maeght Plakate und zahlreiche Lithographien für das Periodikum
»Derrière le Miroir«. Auch diese Arbeiten
spiegeln den rhythmisch bewegten, spontan wirkenden Stil seiner in langwierigem
Schöpfungsprozeß entstandenen Gemälde, die Bazaine selbst nicht als abstrakt, sondern als Transfigurationen der
»geheimen innersten Struktur sämtlicher
Wirklichkeiten« erachtet.

Lit. u.a.: [Kat. Ausst.] Jean Bazaine. Kestner-Gesellschaft. Hannover 1962 – [Kat. Ausst.] Bazaine. Musée de Metz. Metz 1972 – Bengy Jean de u. Jean-
Luc Daval, [Kat. Ausst.] Bazaine. Galeries Nationales
du Grand Palais. Paris 1990.

Bazaine, 1953 (rechte Seite)

Für seine zweite Einzelausstellung bei dem Pariser
Galeristen Aimé Maeght entwarf Bazaine 1953 dieses Plakat, von dem zusätzlich 300 numerierte und
signierte Exemplare vor der Schrift gedruckt wurden. Außerdem gestaltete er zwei Lithographien für
das die Ausstellung begleitende Periodikum »Derrière le Miroir«, Nr. 55/56 (1953). In Farbigkeit und
Bildaufbau ist das Plakat den ebenfalls 1953 entstandenen Gemälden »Chicago« und »Indian Sum-
mer« nahe verwandt.
Lithographie (mehrfarbig); 69 × 53 cm
Auftragg.: Galerie Maeght, Paris
Inv. Nr. 26/56
Lit. u. a.: [Kat.] Derrière le Miroir et Affiches. Maeght
Editeur. Paris 1971, 50 m. Abb. – [Kat. Ausst.] Bazaine. Galeries Nationales du Grand Palais. Paris
1990, 65, 69 m. Abb. [»Chicago«, »Indian Sum-
mer«].

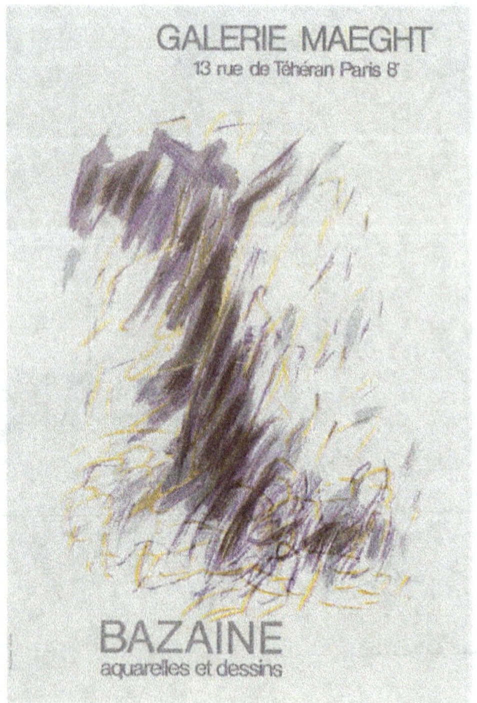

Bazaine – Aquarelles et dessins, 1968

Als Plakat für die Ausstellung von Aquarellen und
Zeichnungen Bazaines in der Galerie Maeght, Paris,
fand eine gleichzeitig auch in 150 Exemplaren
»avant la lettre« gedruckte Lithographie Verwen-
dung. Die Ausstellung wurde begleitet von einer
Ausgabe des Periodikums »Derrière le Miroir«,
Nr. 170, deren Titelabbildung ebenfalls das Plakat-
motiv wiedergibt.
Lithographie (mehrfarbig); 66 × 48 cm
Auftragg.: Galerie Maeght, Paris
Druck: Imprimerie Arte Adrien Maeght, Paris
Inv. Nr. 2941/82
Lit. u. a.: Derrière le Miroir 1968, Nr. 170, Titelblatt –
[Kat.] Derrière le Miroir et Affiches. Maeght Editeur.
Paris 1971, 126 m. Abb. – Arte. Adrien Maeght Im-
primeur. Vol. 1. Affiches 1964–1971. Paris 1985,
Abb. 63.

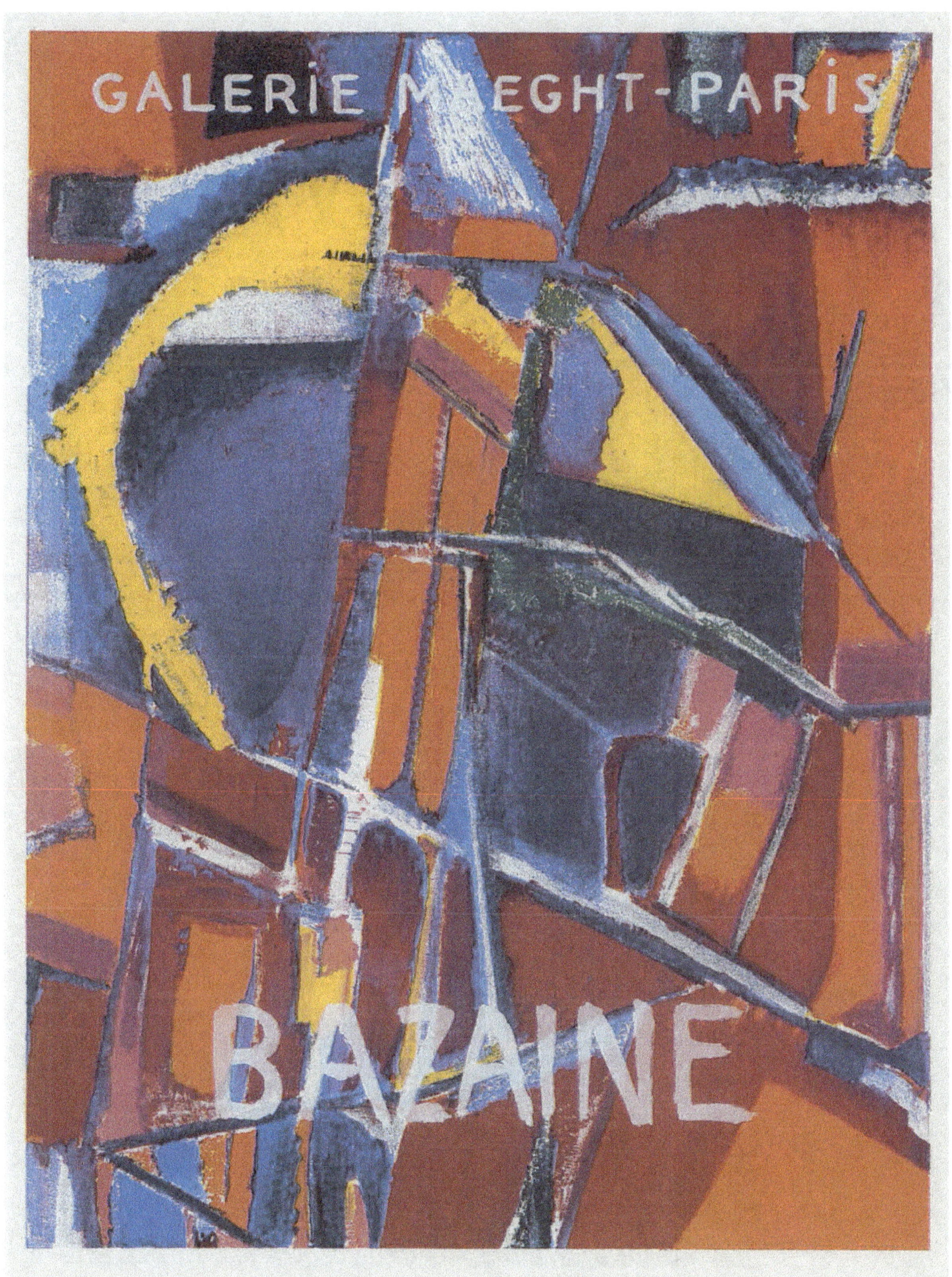
GALERIE MAEGHT-PARIS
BAZAINE

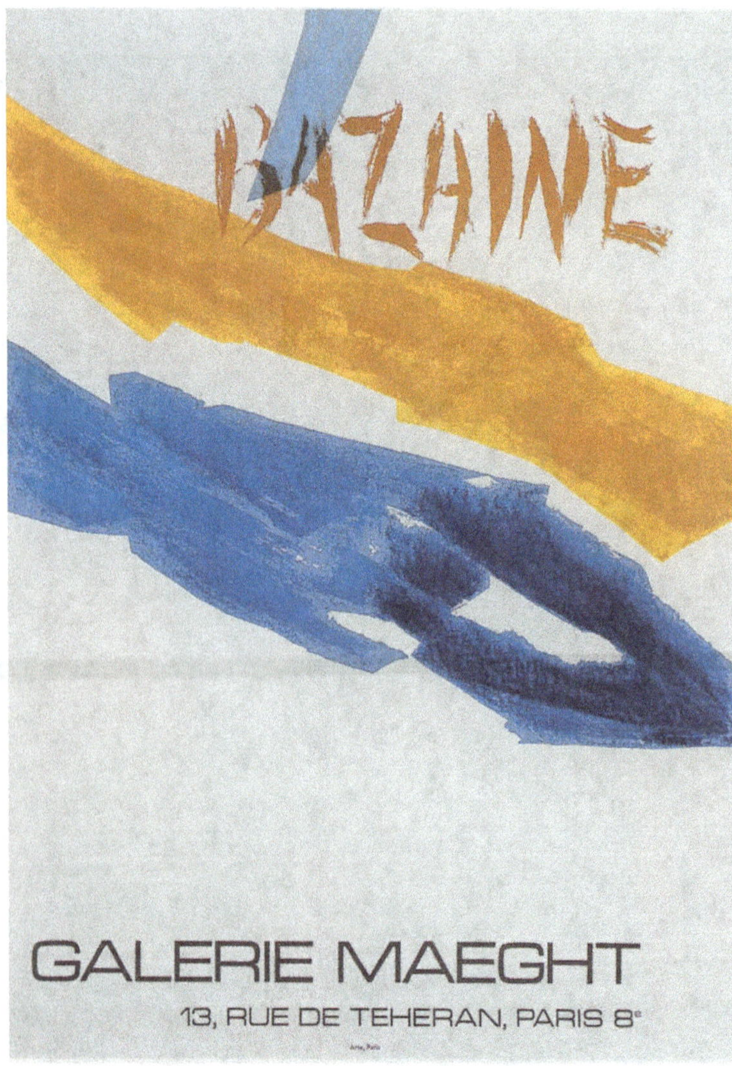

Bazaine – Galerie Maeght, 1975

Ein Ausschnitt des 1975 entstandenen, in der Ausstellung gezeigten Gemäldes »Naissance« (Öl auf Leinwand, 97 × 195 cm) lag diesem Plakatentwurf zugrunde, der in zwei Größen (64 × 42 cm und 160 × 120 cm) gedruckt wurde. Die Ausstellung wurde von Nr. 215 des Periodikums »Derrière le Miroir« begleitet.
Offset (mehrfarbig); 64 × 41,8 cm
Auftragg.: Galerie Maeght, Paris
Druck: Imprimerie Arte Adrien Maeght, Paris
Inv. Nr. 28/75-4
Lit. u. a.: Derrière le Miroir 1975, Nr. 215, Abb. 14 [»Naissance«] – Arte. Adrien Maeght Imprimeur. Vol. 2. Affiches 1972–1977. Paris 1989, Abb. 282 – [Kat. Ausst.] Bazaine. Galeries Nationales du Grand Palais. Paris 1990, 113 m. Abb. [»Naissance«].

Bazaine – Galerie Maeght, 1972 (oben)

Für die Ausstellung seiner jüngsten, 1971–72 geschaffenen Ölgemälde und Aquarelle in der Galerie Maeght, Paris, gestaltete Bazaine dieses Plakat, das auch in den Maßen 160 × 120 cm gedruckt wurde. Begleitet wurde die Ausstellung von Nummer 197 des Periodikums »Derrière le Miroir« (1972), die weitere sieben Original-Farblithographien des Künstlers enthält.
Lithographie (mehrfarbig); 74 × 53,5 cm
Auftragg.: Galerie Maeght, Paris
Druck: Imprimerie Arte Adrien Maeght, Paris
Inv. Nr. 7/73-4
Lit. u. a.: Arte. Adrien Maeght Imprimeur. Vol. 2. Affiches 1972–1977. Paris 1989, Abb. 180.

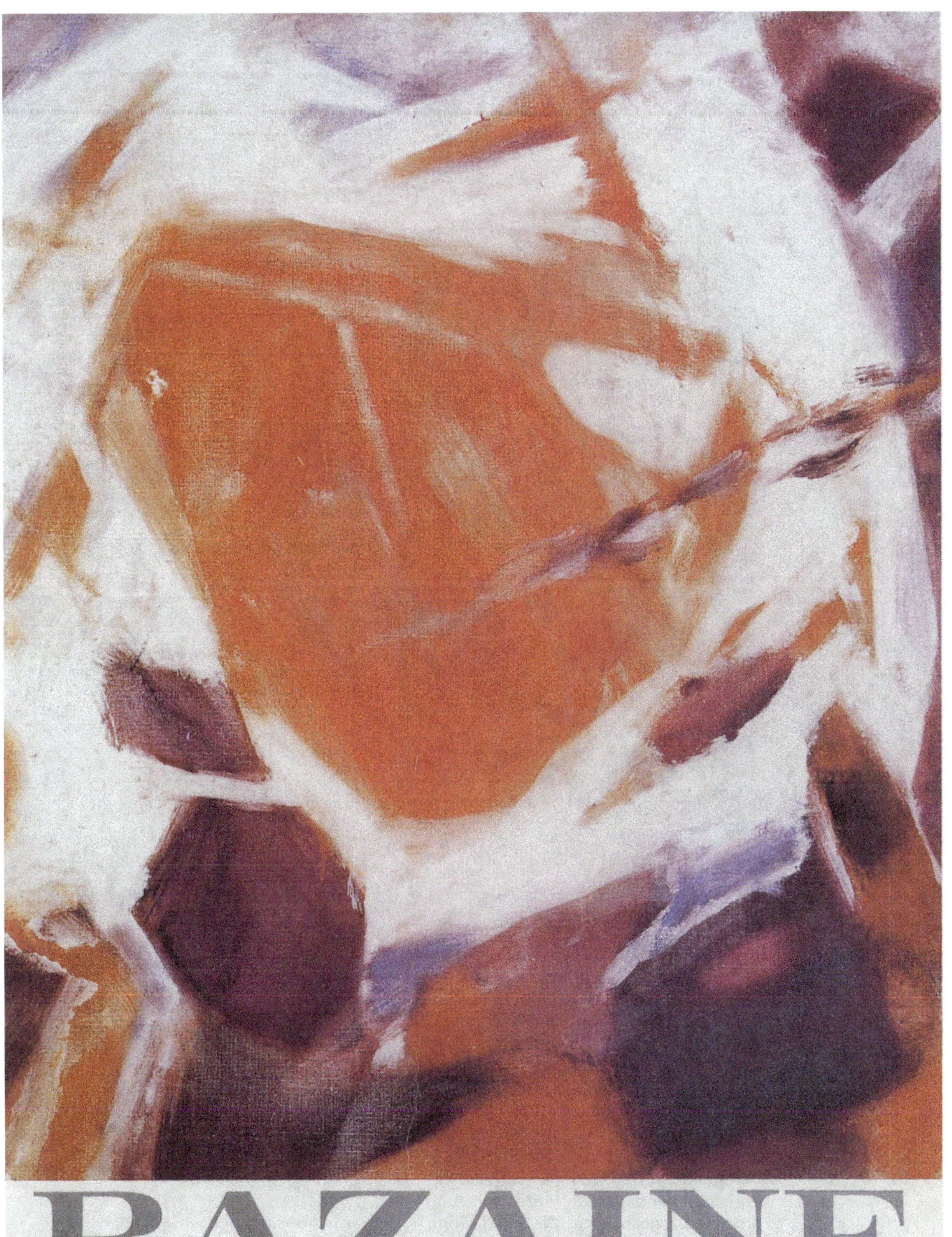

BAZAINE
GALERIE MAEGHT
13 rue de téhéran, 75008 paris

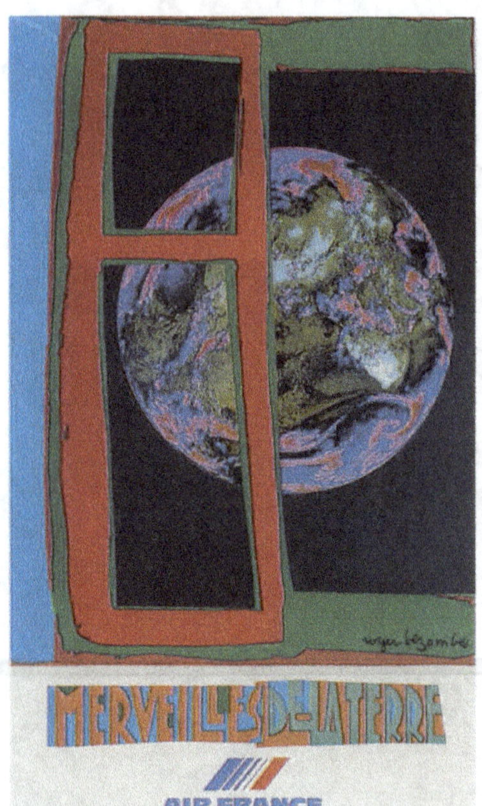

Air France – Merveilles de la Terre, 1980

Das Plakat gehört zu einer Serie von insgesamt 16 Plakaten, die Roger Bezombes für die französische Fluggesellschaft »Air France« entwarf. Dieses Unternehmen hatte schon zuvor Aufträge an bekannte Plakatkünstler (u. a. Cassandre, Savignac, Carlu) vergeben sowie 1967 von Georges Mathieu und 1971 von Raymond Pages umfangreiche Plakat-Serien gestalten lassen. Da Luftverkehrsplakate in ihrer Thematik relativ begrenzt sind – meist bilden die Zielorte das Hauptmotiv –, gab man Bezombes mit »Vie du Monde« ein sehr weitgefaßtes Thema. Dem Künstler blieb dadurch größerer Spielraum für seine unkonventionellen, collageartigen Entwürfe, die mit ihrer anspruchsvollen, häufig symbolisierenden Umsetzung der Bildtitel die Phantasie beflügeln.
Offset, Siebdruck (mehrfarbig); 100 × 60 cm
Bez.: r. u.: roger bezombes
Auftragg.: Service Publicité et Créativité d'Air France
Druck: Mourlot, Paris
Inv. Nr. 1007/83
Lit. u. a.: Alastair Allen, Roger Bezombes: Air France. Eine neue Serie Luftverkehrsplakate: Graphis 37, 1982, Nr. 218, 500, 501, Abb. 4, 8.

17. 1. 1913 Paris – lebt in Paris
Schüler von Maurice Denis an der Pariser Ecole des Beaux-Arts. Seine Studienreisen, die ihn nach Nordafrika und in den Vorderen Orient führten, übten einen nachhaltigen Einfluß auf seine Kunst aus. Bezombes widmete sich nicht nur der Malerei, sondern auch den angewandten Künsten. Er entwarf Wandbilder, u. a. für das Rathaus in Algier oder die Maison de la Radio in Paris, Bühnenbilder für französische und amerikanische Ballette, Medaillen, Gobelins und Aubusson-Teppiche, Vasen für die Manufaktur in Sèvres sowie monumentale Keramiken als Fassadenschmuck. In den fünfziger Jahren intensivierte Bezombes seine Beschäftigung mit der Druckgraphik. Seither sind auch zahlreiche Plakate entstanden, u. a. für die »Floralies« (1959) oder für die Air France (1980–1981).

Lit. u. a.: Cailler Pierre, Roger Bezombes 1913. Genf 1960 – [Kat. Ausst.] Roger Bezombes. Musée des Beaux-Arts. Nancy 1970.

Air France – Méditerranée, 1980

Der Fisch auf diesem Plakat charakterisiert mit seinen großen blauen Augen die ehemals klaren Gewässer des Mittelmeers, während die Schmetterlinge wohl die Idee des Fliegens, vielleicht auch die Vergänglichkeit – im Sinne der Vanitas-Stilleben – andeuten.
Offset, Siebdruck (mehrfarbig); 100 × 60 cm
Bez. r. u.: roger bezombes
Auftragg.: Service Publicité et Créativité d'Air France
Druck: Mourlot, Paris
Inv. Nr. 1006/83
Lit. u. a.: Alastair Allen, Roger Bezombes: Air France. Eine neue Serie Luftverkehrsplakate: Graphis 37, 1982, Nr. 218, 499, 501, Abb. 2, 13 – Wichmann Hans, [Kat. Ausst.] Neu. Donationen und Neuerwerbungen 1982/83. Die Neue Sammlung. München 1986, 45.

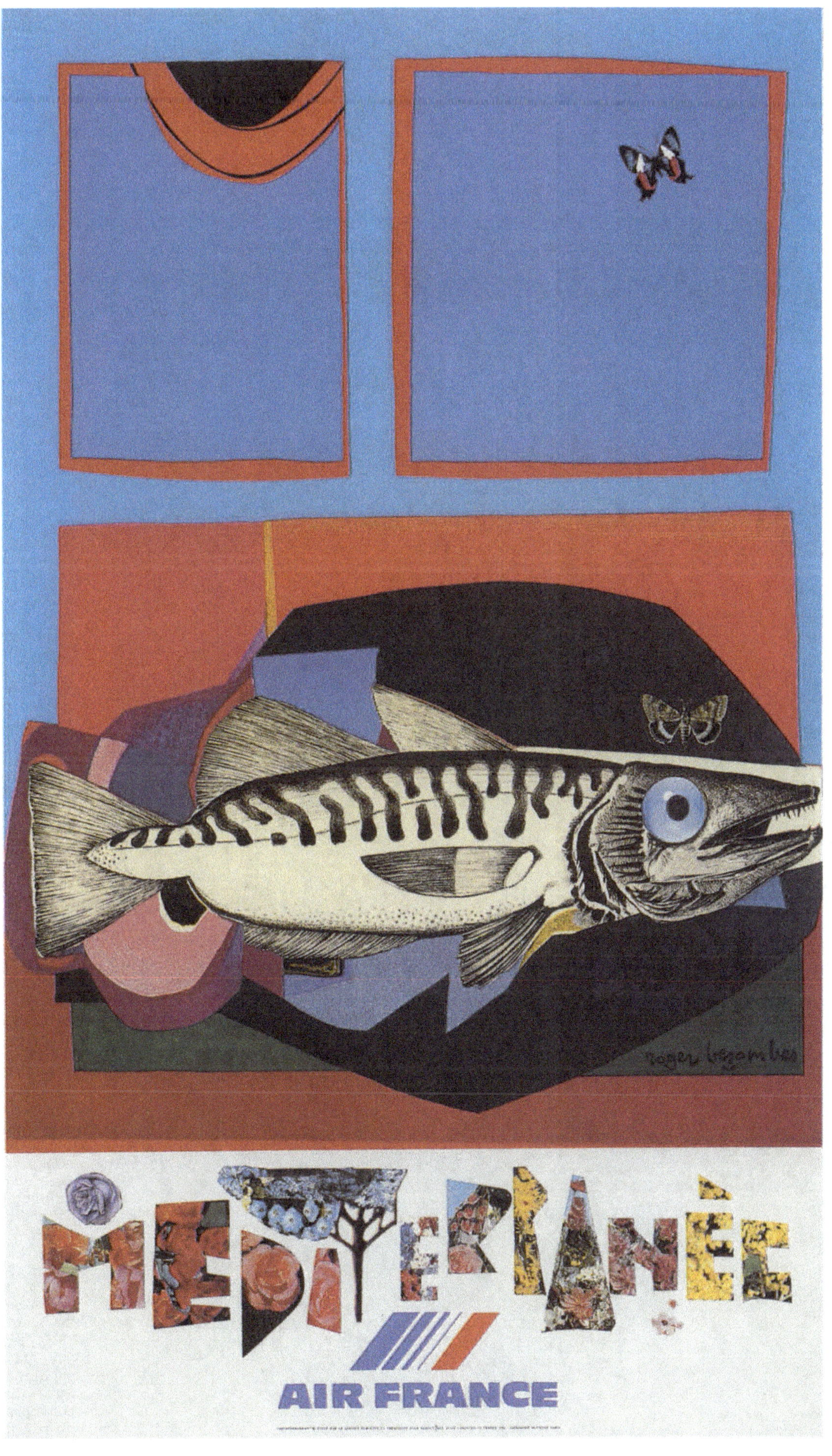

MÉDITERRANÈE
AIR FRANCE
roger bezombes

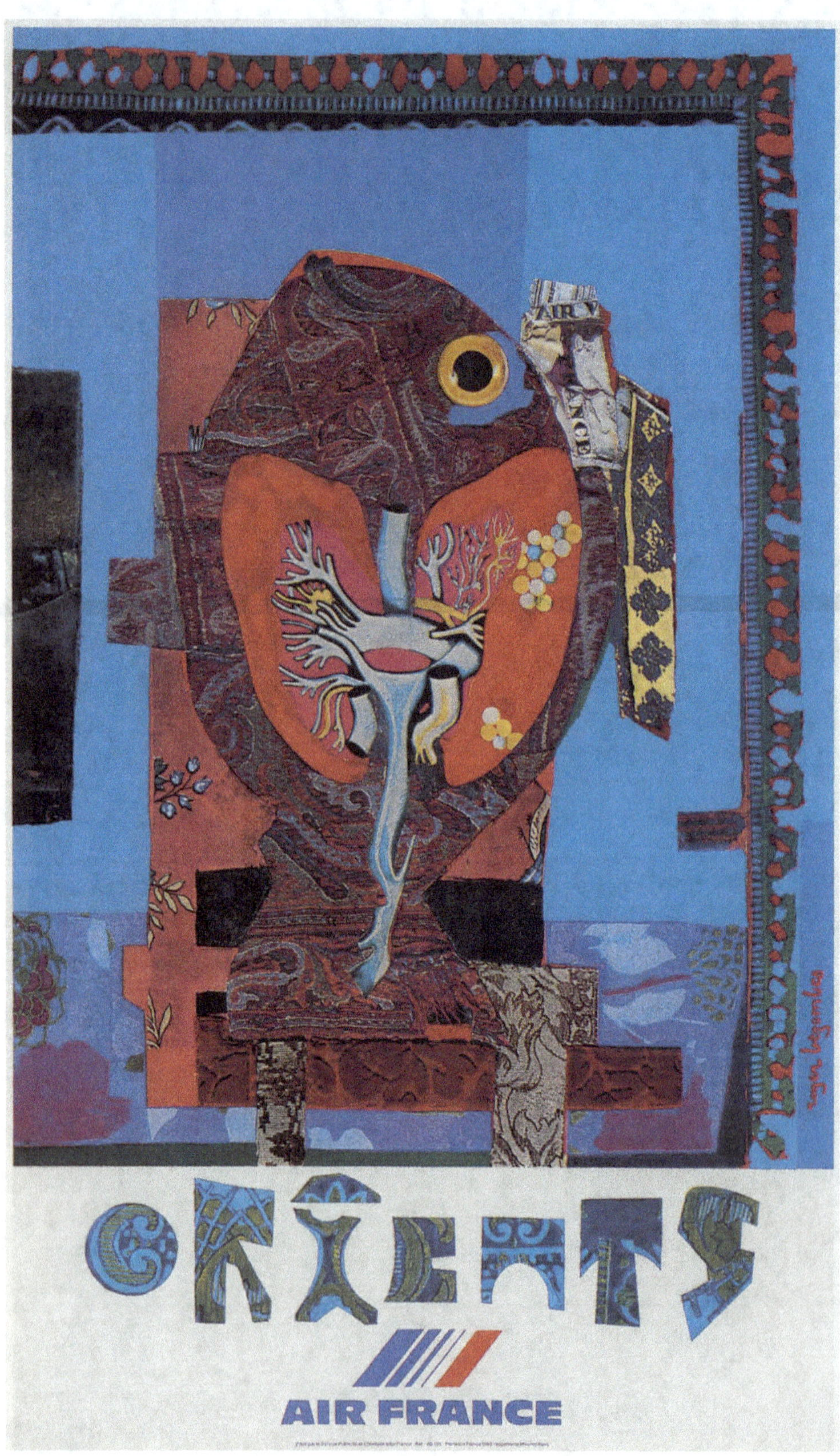

Air France – Orients, 1980

Vor allem in den sechziger Jahren bildete der Fisch, insbesondere der Kugelfisch, eines der Hauptmotive im Werk Bezombes' und wurde sowohl auf Gemälden, Zeichnungen und Medaillen als auch auf Wanddekorationen (»murales«), die aus unterschiedlich gemusterten Textilien, Borten u. a. collagiert waren, dargestellt. Die Verbindung von Kugelfisch und Fernem Osten tauchte 1965 auf einem »Poisson japonais« benannten, collageartigen Ölgemälde auf, um 1969 in einem »murale« gleichen Titels variiert zu werden. Mit dem Plakat »Orients« griff Bezombes erneut auf diesen Themenkomplex zurück.
Offset, Siebdruck (mehrfarbig); 100 × 60 cm
Bez. r. u.: roger bezombes
Auftragg.: Service Publicité et Créativité d'Air France
Druck: Mourlot, Paris
Inv. Nr. 1002/83
Lit. u. a.: [Kat. Ausst.] Roger Bezombes. Musée der Beaux-Arts. Nancy 1970, passim [Fischmotiv] – Alastair Allen, Roger Bezombes: Air France. Eine neue Serie Luftverkehrsplakate: Graphis 37, 1982, Nr. 218, 501, Abb. 17.

Air France – Ciel,
1981

Offset, Siebdruck (mehr-
farbig); 100 × 60 cm
Bez. r. u.: roger bezombes
Auftragg.: Service Publi-
cité et Créativité d'Air
France
Druck: Mourlot, Paris
Inv. Nr. 1012/83
Lit. u. a.: Alastair Allen,
Roger Bezombes: Air
France. Eine neue Serie
Luftverkehrsplakate: Gra-
phis 37, 1982, Nr. 218,
500, 501, Abb. 3, 12.

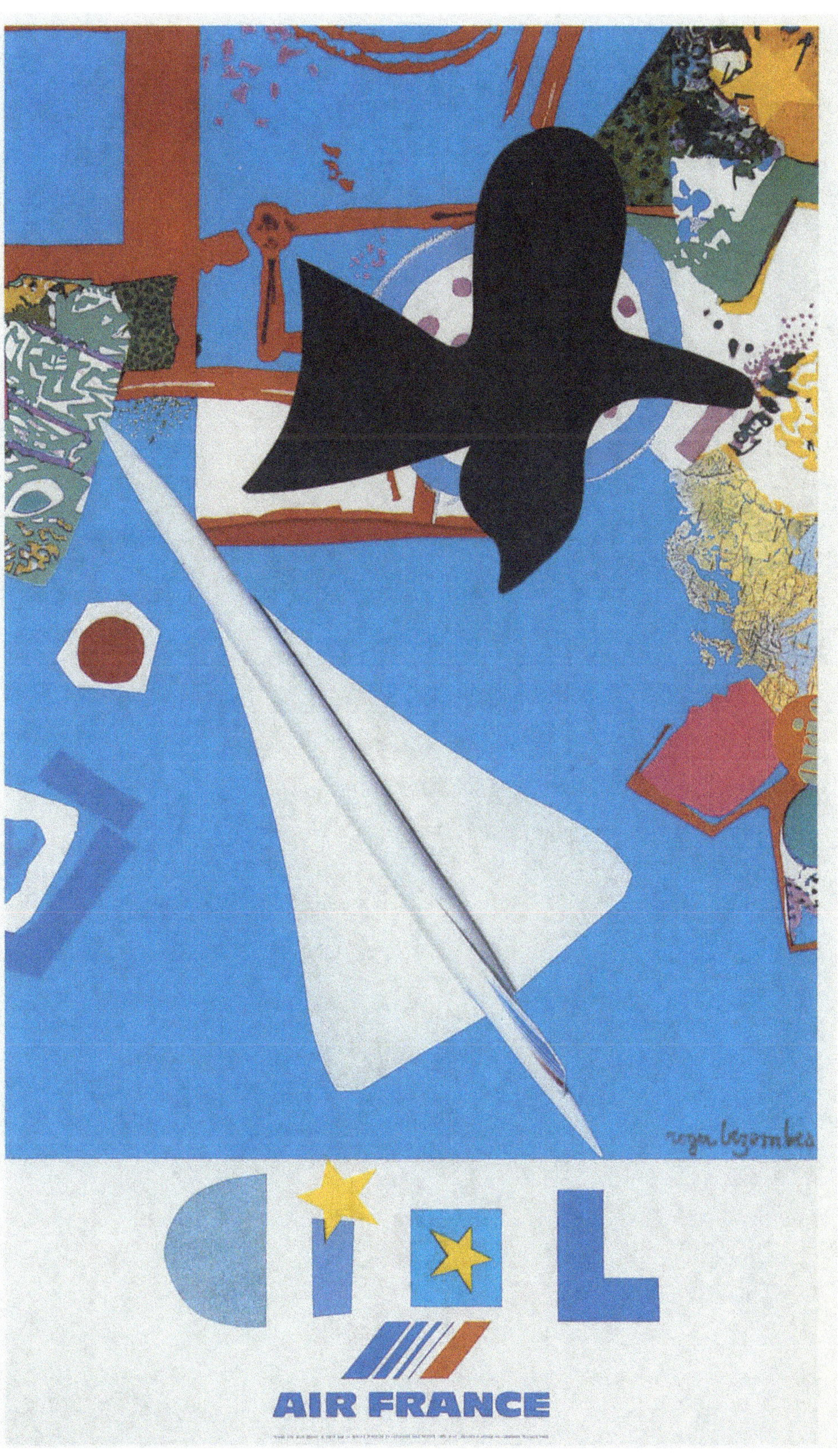

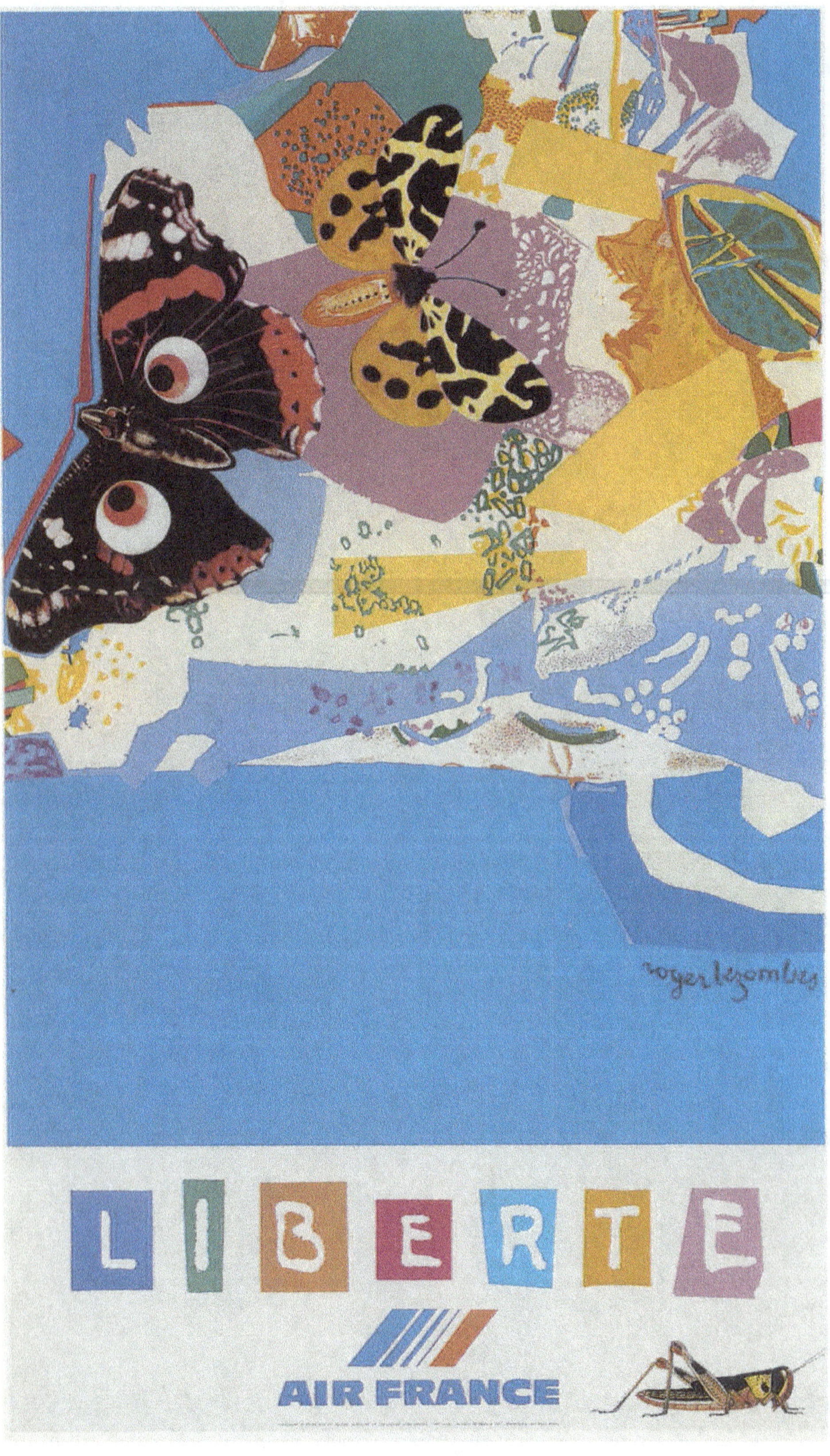

Air France – Liberté,
1981

Offset, Siebdruck (mehr-
farbig) 100 × 60 cm
Bez. r. u.: roger bezombes
Auftragg.: Service Publi-
cité et Créativité d'Air
France
Druck: Mourlot, Paris
Inv. Nr. 1015/83
Lit. u. a.: Alastair Allen,
Roger Bezombes: Air
France. Eine neue Serie
Luftverkehrsplakate: Gra-
phis 37, 1982, Nr. 218,
501, Abb. 11.

Philatélique, ca. 1985

Offset-Lithographie
(mehrfarbig); 60 × 40 cm
Bez. r. u.: roger bezombes
Auftragg.: Palais du
C.N.I.T., Paris
Druck: Mourlot, Paris
Inv. Nr. 736/87
Lit. u. a.: [Kat. Ausst.] VI
Julistebiennale Lahden
1985. Lahti 1985, 70
m. Abb.

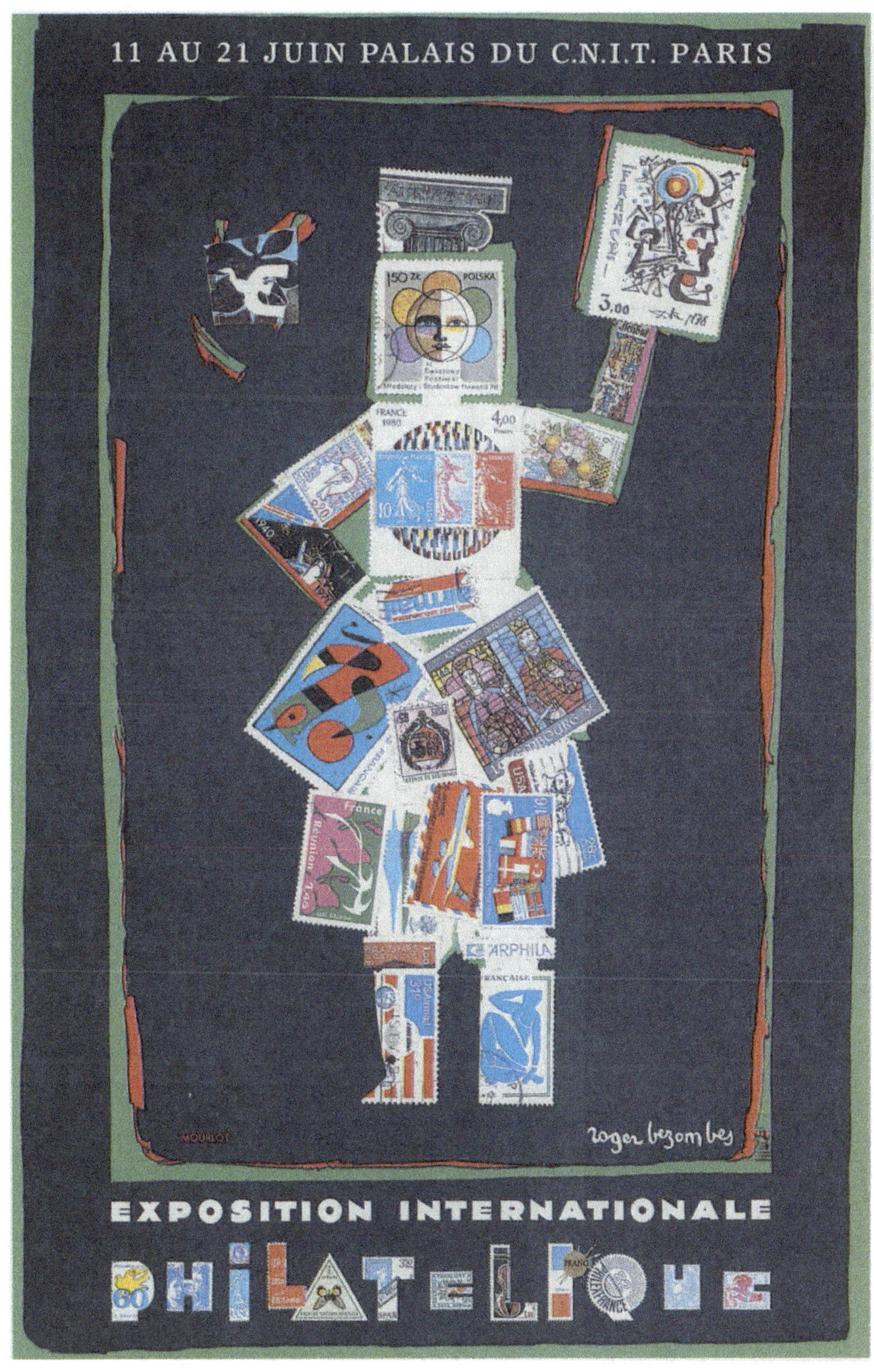

11 AU 21 JUIN PALAIS DU C.N.I.T. PARIS
roger bezombes
EXPOSITION INTERNATIONALE
PHILATELIQUE

Jean-Charles Blais

22.10.1956 Nantes – lebt in Paris
Nach seinem Studium an der Ecole des
Beaux-Arts in Rennes stellte Blais erstmals
1981 zusammen mit Boisrond, Combas, Di
Rosa u.a. in Paris aus. Obwohl er wie diese
der Gruppe »Figuration libre« zugerechnet
wird, stehen seine zunächst von Malewitsch und Kandinsky angeregten Arbeiten
in gewissem Gegensatz etwa zu den ironischen, von der Bildwelt der Comic Strips
beeinflußten Werken Combas'. Für seine
häufig kopflos und in bedrückender Atmosphäre dargestellten menschlichen Gestalten verwendet Blais als Malgrund Kartons,
Eisenbehälter, Reklametafeln und von
Mauern abgerissene Plakate, deren unre-
gelmäßige Umrißformen bewußt in die
Komposition einbezogen werden. 1982
fand die erste Einzelausstellung in der Pariser Galerie Yvon Lambert statt, für die
Blais auch später Ausstellungsplakate gestaltete. Es folgten Ausstellungen in New
York (Leo Castelli), Basel (Kunsthalle), Hannover (Kestner Gesellschaft) u.a.
Neben seiner Beschäftigung mit dem Medium Plakat arbeitete Blais auch mit dem
Modestilisten Jean Charles de Castelbajac
zusammen, der als einer der ersten französischen Sammler ein Bild des Künstlers erworben hatte.

Lit. u. a.: [Kat. Ausst.] Jean-Charles Blais. Kestner-
Gesellschaft. Hannover 1986 – Marin Louis, Jean-
Charles Blais. Paris 1989.

Le Coup de Tanger, 1989

Im Sommer 1989 reiste Blais nach Nordafrika und
Tanger, begleitet von dem Leiter des Musée Matisse in Nizza, Xavier Girard, der sich am 26. Juli bei
einem Autounfall die Hand verletzte. Daraufhin entstand eine Serie von Zeichnungen Blais', die alle
den Titel »Le Coup de Tanger 26.7.89« tragen und
bei seinem Pariser Galeristen Yvon Lambert ausgestellt wurden.
Siebdruck, Lithographie (schwarz, rot, hellbeige);
100 × 65 cm
Auftragg.: Yvon Lambert, Paris
Inv. Nr. 130/90.

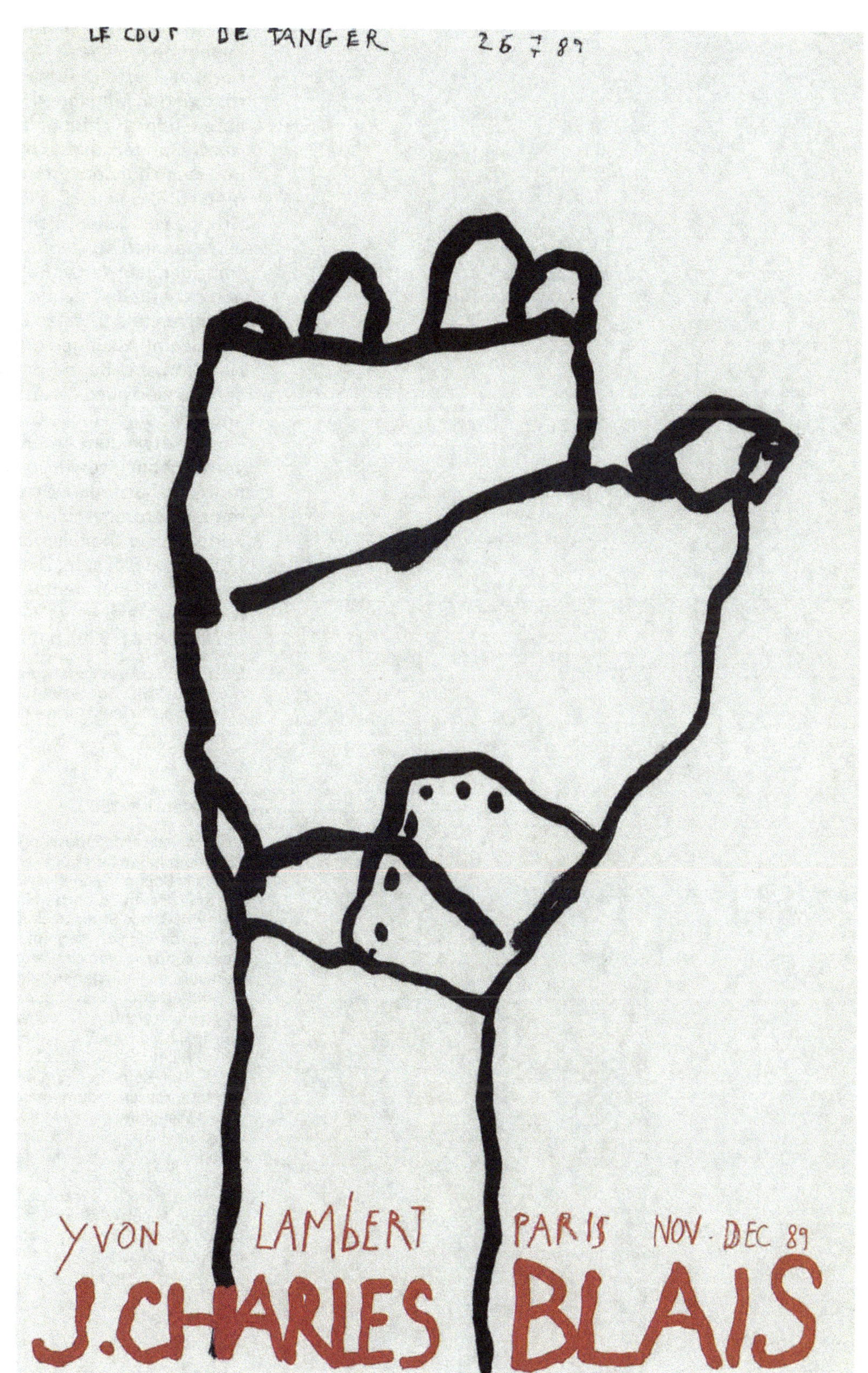
LE COUP DE TANGER   26 7 89
YVON   LAMBERT   PARIS   NOV · DEC 89
J.CHARLES BLAIS

1959 Paris – lebt in Paris
Zusammen mit Jean-Charles Blais, Robert
Combas, Hervé Di Rosa u. a. gehört Boisrond zu den Mitgliedern der »Figuration
libre« – eine Richtung, die seit 1981 mit
Ausstellungen an die Öffentlichkeit trat
und rasch auf dem internationalen Kunstmarkt Erfolg hatte. Die Künstler dieser
Gruppe versuchen, sich von den intellektu-
ell-rationalen Konzepten und Theorien der
siebziger Jahre zu befreien und beschäfti-
gen sich mit figürlichen, z. T. bewußt pro-
vokativen und trivialen Darstellungen, die
u. a. Beeinflussungen durch die Werke der
New Yorker U-Bahn-Sprayer erkennen lassen. So sind auch die Arbeiten Boisronds
angeregt durch diese Graffitti-Äußerungen
– hierin etwa dem Amerikaner Keith Haring
vergleichbar – sowie von Comic Strips und
Kino-, insbesondere Science Fiction-Filmen. Boisrond verbindet den Stil der Werbung mit der Signalsprache von Platten-
hüllen und Plakaten. Diesem Schaffen fü-
gen sich die Plakatentwürfe, u. a. für das
Montreux Jazzfestival (1987) oder für
Lucky Strike (1989), nahtlos an.

Lit. u. a.: [Kat. Ausst.] François Boisrond. Peintures
récentes. CAPC. Bordeaux 1985 – Syring Marie
Luise, Kunst in Frankreich seit 1966. Köln 1987.

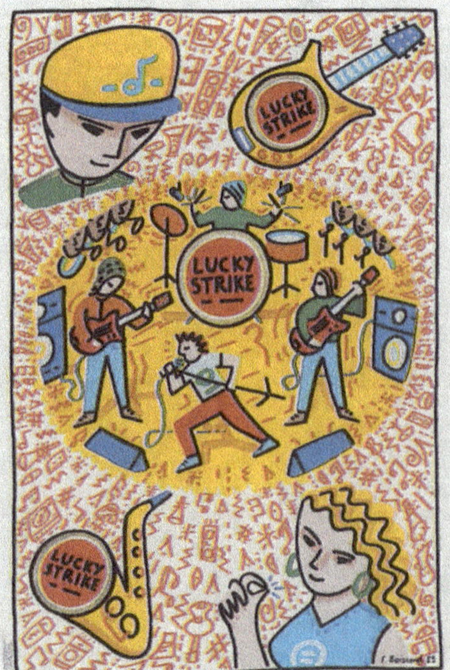

Lucky Strike, 1989

Die Schweizer Niederlassung des amerikanischen
Zigarettenherstellers Lucky Strike beauftragte mit
François Boisrond – ähnlich wie zwei Jahre zuvor
mit Keith Haring (s. dort) – einen jungen, von Graffittis und Comic Strips beeinflußten Künstler mit
der Gestaltung von Warenplakaten.
Ausgehend u. a. von den New Yorker U-Bahn-
Sprayern, hatte in den siebziger Jahren die »under-
ground-art« der Sprayer auch die europäischen Me-
tropolen erreicht. In der Schweiz und Deutschland
wurde Harald Nägeli zum umstrittendsten Vertreter
dieser Richtung (Graffittis 1977–79 in Zürich,
1980–81 in Köln, Frankfurt a. M. und Stuttgart), dessen fotografisch dokumentierte Werke 1982 durch
eine Ausstellung des Kölner Kunstvereins (»Die andere Kunst«) zu Kunst erklärt wurden.
Siebdruck, Offset (mehrfarbig); 100,1 × 70,1 cm
Bez. r. u.: F. Boisrond. 89; l. u.: Design: François
Boisrond, Paris . . . Art consultant: Pierre Keller
Auftragg.: Lucky Strike, Schweiz
Druck: Albin Uldry, Bern, Schweiz
Inv. Nr. 131/90.

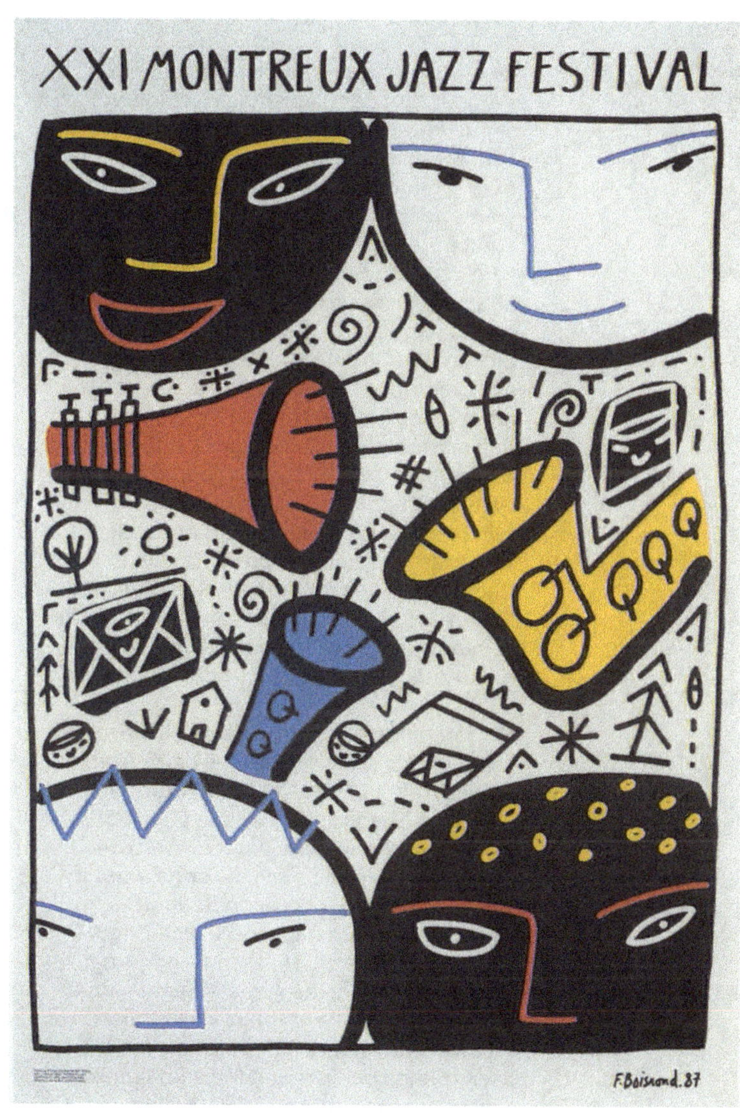

XXI. Montreux Jazz Festival, 1987

Plakate für das alljährliche internationale Jazzfesti-
val in Montreux hatten in den achtziger Jahren u. a.
auch die Künstler Shigeo Fukuda, Keith Haring, Niki
de Saint Phalle, Jean Tinguely und Andy Warhol
gestaltet (vgl. S. 158 und 322).
Siebdruck (mehrfarbig); 100 × 70 cm
Bez. r. u.: F. Boisrond. 87
Auftragg.: Jazz Festival, Montreux, Schweiz
Druck: Albin Uldry, Bern, Schweiz
Inv. Nr. 313/89.

13.5.1882 Argenteuil-sur-Seine –
31.8.1963 Paris
Georges Braque – mit Picasso einer der
Wegbereiter des Kubismus – schloß vor
seiner künstlerischen Ausbildung eine
Lehre als Dekorationsmaler ab. Das Interesse für angewandte Kunst begleitete ihn
während seines ganzen Lebens. 1923–25
entstanden seine ersten Arbeiten in diesem Bereich: Entwürfe für Diaghilews
»Ballets Russes«. Es folgten weitere Bühnenausstattungen, Entwürfe zu Wandtep-
pichen und Stoffen sowie Wandpaneele
aus graviertem Gips für die Pariser Woh-
nung eines Freundes (1931), in denen Braque erstmals Themen der griechischen
Mythologie darstellte. Nach dem Zweiten
Weltkrieg nahmen – mit wachsender öffentlicher Anerkennung – die Aufträge für
angewandte Kunst zu; so gestaltete er u.a.
Deckenmalerien im Etruskischen Saal des
Louvre (1952/53), Glasfenster für die Kirche
in Varengeville (1954), Mosaiken, Tapisserien, Keramiken und Schmuckstücke (seit
1958).
Mit Buchillustrationen befaßte sich Braque
seit den dreißiger Jahren, als er im Auftrag
Vollards einen Zyklus von Radierungen zu
Hesiods »Theogonie« begann (1931–55).
Im Spätwerk seit dem Zweiten Weltkrieg
erhielt die freie wie auch die angewandte
Druckgraphik zunehmende Bedeutung im
Schaffen des Künstlers. So beschäftigte er
sich seit den vierziger Jahren – angeregt
durch den Galeristen Aimé Maeght – verstärkt mit der Lithographie. Wie Matisse,
Picasso und andere ließ Braque viele dieser Arbeiten bei Fernand Mourlot ausfüh-
ren, in dessen Druckerei er vor allem
1942–1945 häufig tätig war. Seine ersten
Plakate entstanden 1947/48 für zwei Ausstellungen seiner Werke bei seinem neuen
Galeristen Maeght. Wie Mourlot sich erinnert, »verwendete Braque für seine lithographischen Plakate vor allem Umdruckpapier; er ließ sich die Probedrucke vorlegen
und gab die Erlaubnis zum Druck oft erst
nach zahlreichen Korrekturen. Das Problem des Plakats hat Braque immer lebhaft
interessiert. Trotz sorgfältigster Vorberei-
tung hat er mehrmals seine Zeichnungen
selbst auf den Stein übertragen.« (Mourlot
1959, 13f.)
In Braques Plakaten spiegelt sich nur vereinzelt seine Beschäftigung mit Themen
der griechischen Mythologie. Hingegen

sind die »Oiseaux«, die seit etwa 1947 wie
ein Leitmotiv sein Spätwerk durchziehen,
bestimmendes Element für den Großteil
seiner Plakatentwürfe.

Lit. u. a.: Mourlot Fernand, Kunst im Plakat. [Paris]
1959 – [Kat. Ausst.] Georges Braque. Marc Chagall.
Joan Miró. Tapisserien, . . . Dekorative Graphik, Plakate. Museum für Kunst und Gewerbe. Hamburg
1962, passim – Spielmann Heinz, [Kat. Ausst.] Internationale Plakate 1871–1971. Haus der Kunst. München 1971, Nr. 445–448.

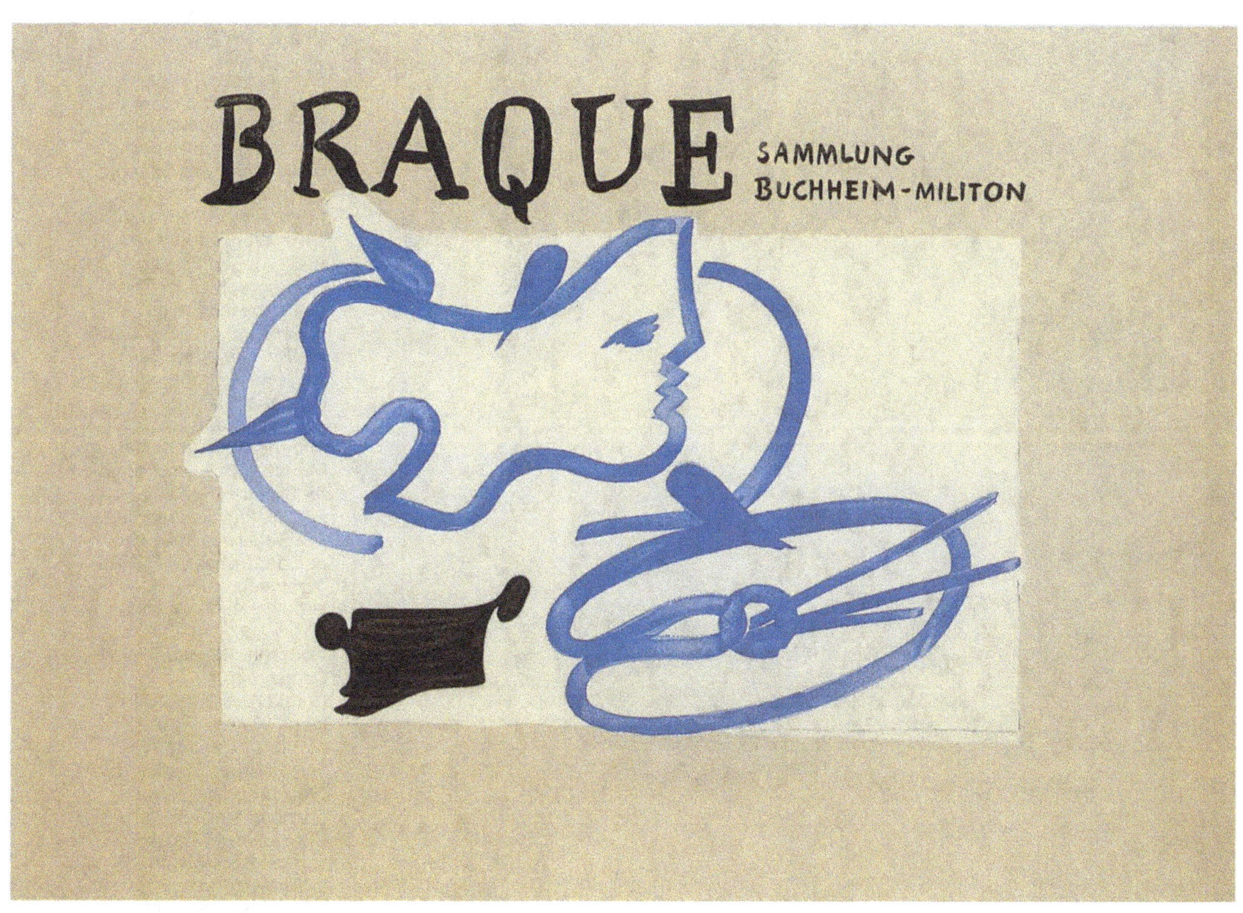

Braque, 1950

Variante eines Ausstellungsplakates, das Braque im
gleichen Jahr für die Pariser Galerie Maeght entwarf und bei Mourlot drucken ließ (Lithographie in
sieben Farben). Der Frauenkopf im Profil taucht
mehrfach mit leichten Varianten in Braques Spätwerk auf, auch auf Schmuckstücken, dort unter anderem als »Hekate« benannt. In Kombination mit
der Malerpalette wurde das Motiv noch einmal auf
einer 1953 datierten Lithographie dargestellt.
Lithographie (mehrfarbig); 40,2 × 58,5 cm
Auftragg.: Sammlung Buchheim-Militon, Leipzig,
Deutschland
Inv. Nr. 37/56
Lit. u. a.: [Kat. Ausst.] Georges Braque. Das graphische Werk. Sammlung Buchheim-Militon. Leipzig
1950, Titelblatt – Mourlot Fernand, Kunst im Plakat.
[Paris] 1959, 239, Taf. 3 [Variante für Gal. Maeght] –
Hofmann Werner, Georges Braque. Das druckgra-
phische Werk. Stuttgart 1961, Nr. 51 m. Abb. – [Kat.
Ausst.] Georges Braque. Marc Chagall. Joan Miró.
Museum für Kunst und Gewerbe. Hamburg 1962,
Nr. 53 [Variante für Gal. Maeght] – [Kat. Ausst.] Bi-
joux de Braque. Die Neue Sammlung. München
1964, Nr. 85 u. 131 m. Abb. [»Hekate«] – Vallier Dora,
Braque, L'œuvre gravé. Paris 1982, Nr. 82 m. Abb.

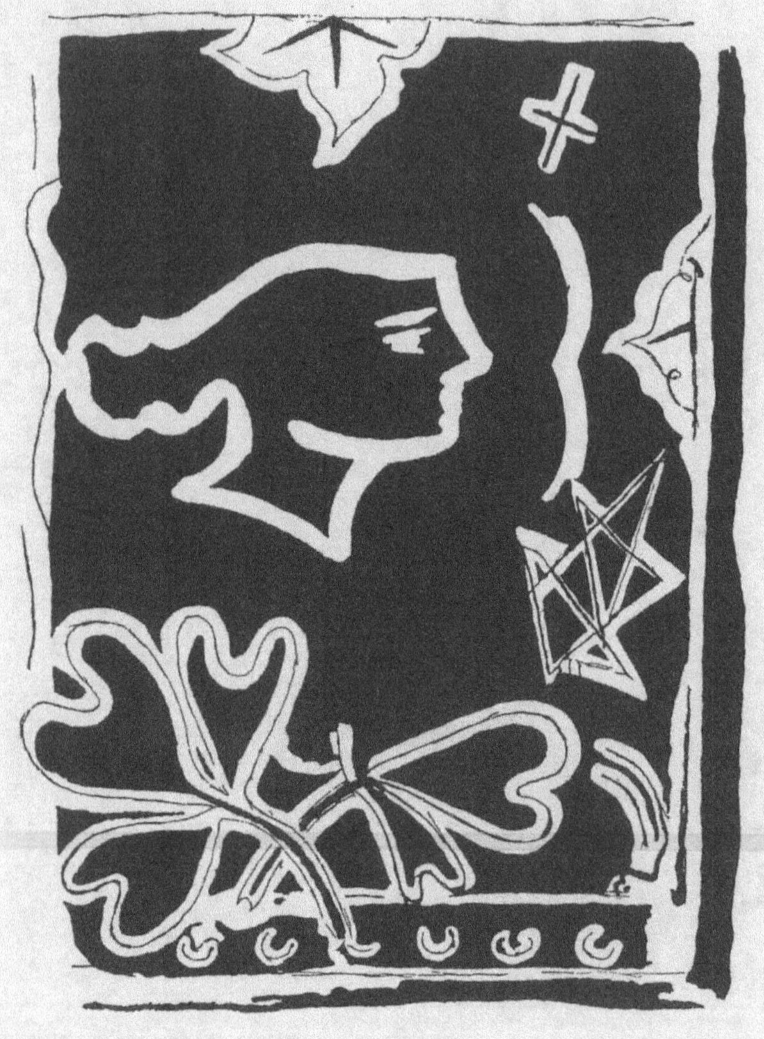

Georges Braque –
Das graphische
Werk, 1952

Als Plakatmotiv wurde
eine Radierung verwen-
det, die als Buchillustra-
tion für »Le Soleil des
Eaux« von René Char ent-
stand. Dieses 1949 bei
Matarasso in Paris publi-
zierte Werk enthält vier
Radierungen Braques,
deren graphischer Cha-
rakter, basierend auf
großflächigen Schwarz-
Weiß-Kontrasten, be-
wußt Holzschnittechnik
suggeriert. Die in frei-
schwingenden Linien sil-
houettenhaft umrissenen
Motive sind bezeichnend
für Braques Spätstil, für
den die Illustrationen zu
»Le Soleil des Eaux« ei-
nen der frühesten Belege
darstellen.
Lithographie (schwarz);
82,5 × 40,5 cm
Auftragg.: Museum Ulm,
Deutschland
Durck: F. Walcher, Ulm
Inv. Nr. 39/56
Lit. u. a.: Hofmann Wer-
ner, Georges Braque. Das
druckgraphische Werk.
Stuttgart 1961, 78 m. Abb.
– [Kat. Ausst.] The Artist
and the Book 1860–1960
in Western Europe and
the United States. Mu-
seum of Fine Arts [1961].
Boston 1962[2], 28–30,
Nr. 35 [»Le Soleil des
Eaux«] – Vallier Dora,
Braque. L'œuvre gravé.
Paris 1982, Nr. 47 m. Abb.

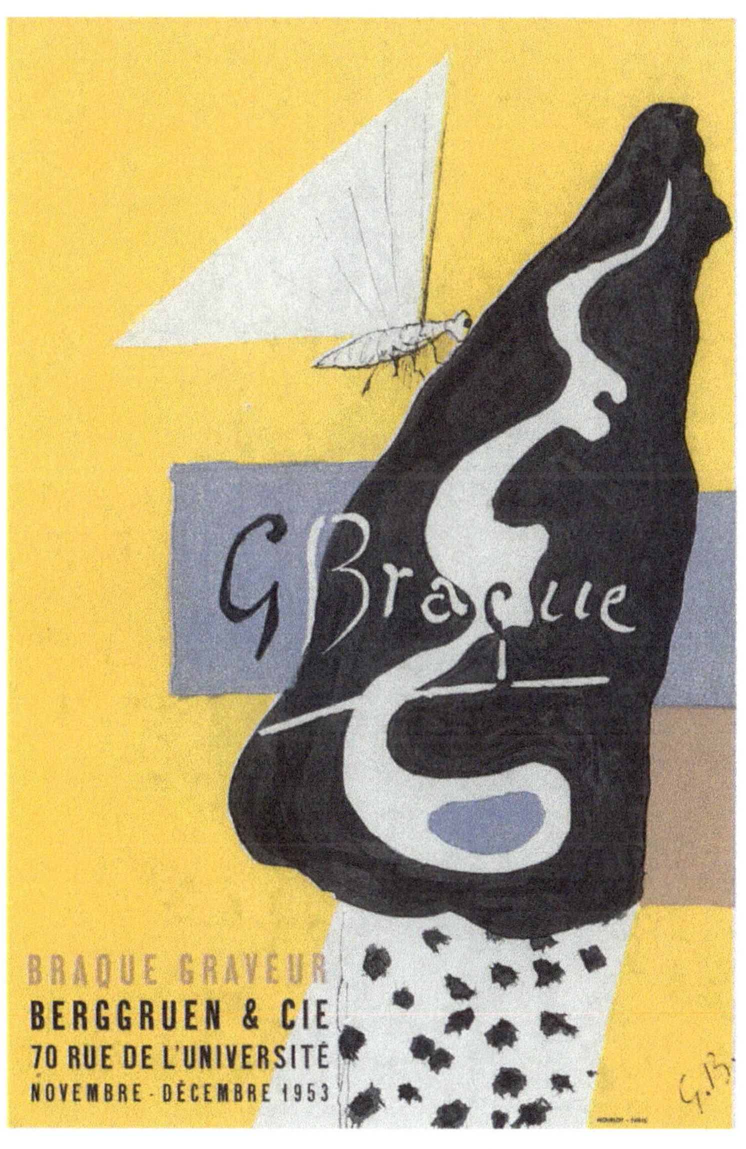

Braque Graveur, 1953

Der in 200 Exemplaren publizierte Ausstellungska-
talog trug dieselbe Darstellung – ebenfalls von
Mourlot gedruckt – als Umschlagabbildung. Die
Ausstellung umfaßte Druckgraphiken – Radierun-
gen, Lithographien und Holzschnitte – von 1907 bis
1953. Das Motiv des Plakates – der Aronstab (»Les
arums«) – war verschiedentlich Gegenstand von
Zeichnungen oder Gemälden Braques, so vor allem
auf einigen Stilleben der frühen vierziger Jahre.
Lithographie (mehrfarbig); 60 × 41 cm
Bez. r. u.: G. B.
Auftragg.: Galerie Berggruen & Cie., Paris
Druck: Mourlot, Paris
Inv. Nr. 476/87
Lit. u. a.: [Kat. Ausst.] Braque Graveur. Galerie Berg-
gruen & Cie. Paris 1953, Titelblatt – Mourlot Fer-
nand, Kunst im Plakat. [Paris] 1959, 239, Taf. 7. –
Mangin Nicole S., Catalogue de l'œuvre de Georges
Braque. Peintures 1942–1947. Paris 1960, Taf. 86,
87; Peintures 1936–1941. Paris 1961, Taf. 37, 108
[Aronstab] – Sailer Anton, Das Plakat. München
1965, 191 m. Abb. – Wichmann Hans, [Kat. Ausst.].
Neu. Donationen und Neuerwerbungen 1986/87.
Die Neue Sammlung. München 1989, 178, 179
m. Abb.

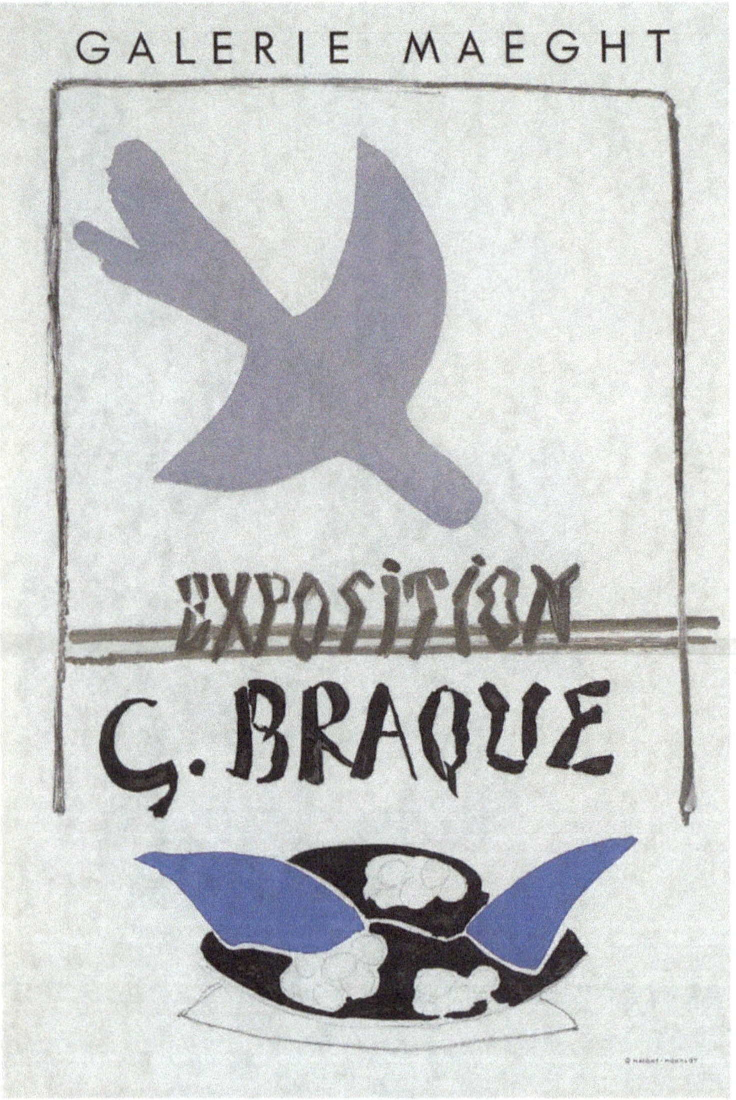

G. Braque – Maeght, 1959

Nach 1945 griff Braque das Thema der Vögel auf, das er bis zu seinem Lebensende immer wieder variierte. So wählte er es für die 1952 ausgeführten Plafondbilder des Louvre und für die 1954/60 geschaffenen Glasfenster der Kirche Varengeville-sur-Mer. Das Motiv kehrt wieder auf Mosaiken, Keramiken, Lithographien und Schmuck. Mit dem zwischen Himmel und Erde fliegenden Vogel deutete Braque verschiedentlich auch Gestalten der griechischen Mythologie an, u. a. die Göttin Eos oder den Windgott Boreas. Die Kombination mit dem geflügelten Reisehut des Hermes verweist auf einen anderen Aspekt des vieldeutigen Wesens – die Verwandtschaft mit dem antiken Schutzgott der Reisenden, dem Seelenführer und Götterboten.
Lithographie (sechs Farben); 72,2 × 50,5 cm
Auftragg.: Galerie Maeght, Paris
Druck: Mourlot, Paris
Inv. Nr. 463/87

Lit. u. a.: Mourlot Fernand, Kunst im Plakat. [Paris] 1959, 239, Taf. 98 – [Kat. Ausst.] Bijoux de Braque. Die Neue Sammlung. München 1964, passim – [Kat. Ausst.] Georges Braque. Das lithographische Werk. Galerie Wünsche. Bonn 1971, Nr. 68 m. Abb. – Mellinghoff Frieder, Kunst-Ereignisse. Plakate zu Kunst-Ausstellungen. Dortmund 1978, Abb. 80.

Braque – Kunsthalle Basel, 1960

Plakat und Titelblatt des Ausstellungskataloges basieren auf der Lithographie »Oiseau bleu et jaune« von 1960, die in einer Auflage von 75 numerierten und signierten Exemplaren auf Rives sowie 30 numerierten und signierten Exemplaren auf Japon nacré bei der Galerie Maeght erschien. Für das in 500 Exemplaren auf Velin gedruckte Plakat übernahm Braque die Bildplatte und erweiterte das Motiv um die notwendige Schriftinformation.
Lithographie (mehrfarbig); 127,5 × 90 cm
Auftragg.: Kunsthalle, Basel, Schweiz
Druck: Wassermann AG, Basel
Inv. Nr. 448/87
Lit. u. a.: [Kat. Ausst.] Georges Braque. Kunsthalle. Basel 1960, Titelblatt – [Kat. Ausst.] Georges Braque. Das lithographische Werk. Galerie Wünsche. Bonn 1971, Nr. 83 A – Vallier Dora, Braque. L'œuvre gravé. Paris 1982, Nr. 147 m. Abb. – [Kat. Ausst.] Georges Braque. Das druckgraphische Werk. Akademie der bildenden Künste. Wien 1987, 22, 23 – Wichmann Hans, [Kat. Ausst.] Neu. Donationen und Neuerwerbungen 1986/87. Die Neue Sammlung. München 1989, 186, 187 m. Abb. – Wichmann Hans, Die Realisation eines neuen Museumstyps: Die Neue Sammlung. Bilanz 1980/90. München/Basel 1990, 174–175 m. Abb.

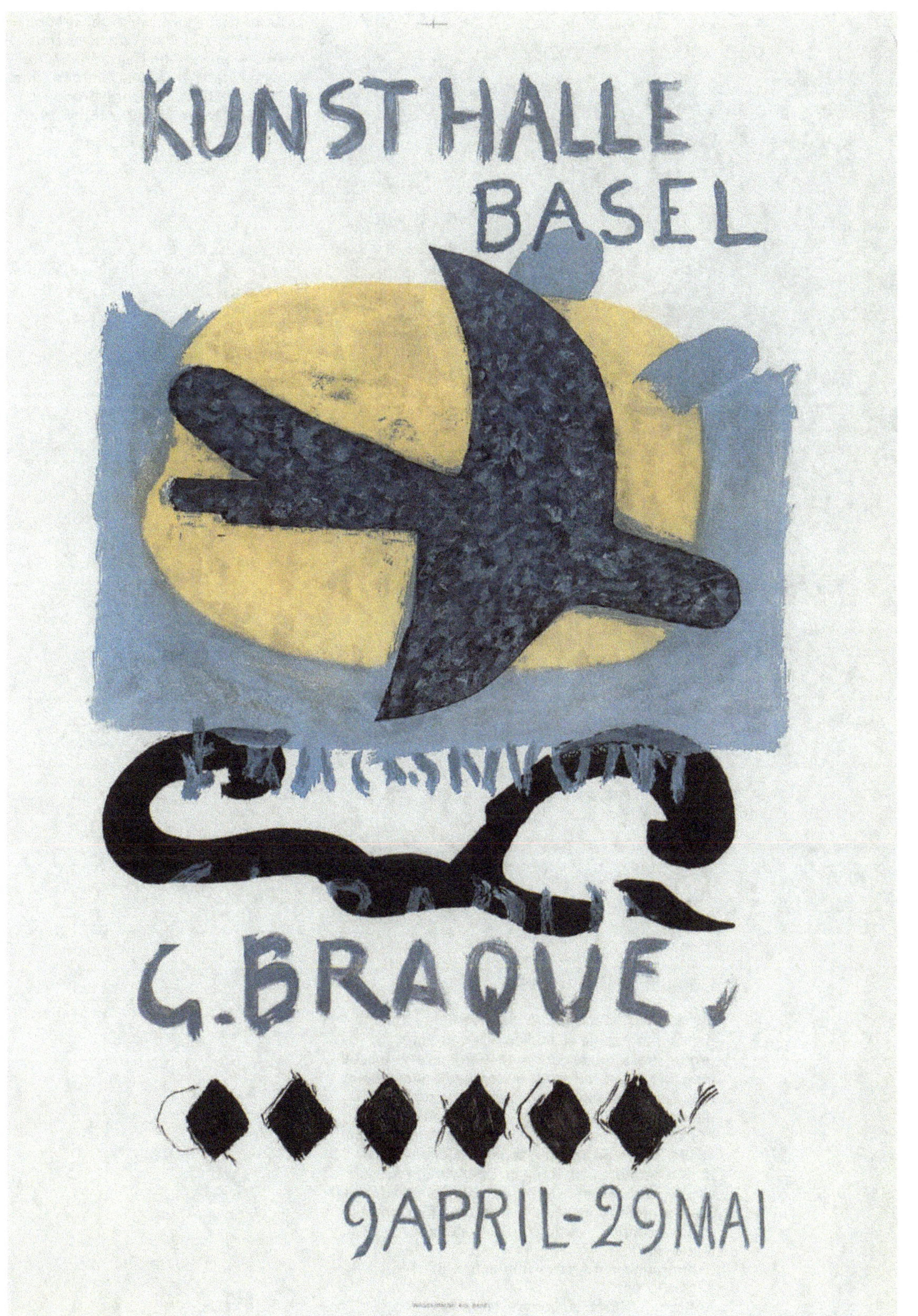

KUNSTHALLE
BASEL
G. BRAQUE
9 APRIL - 29 MAI

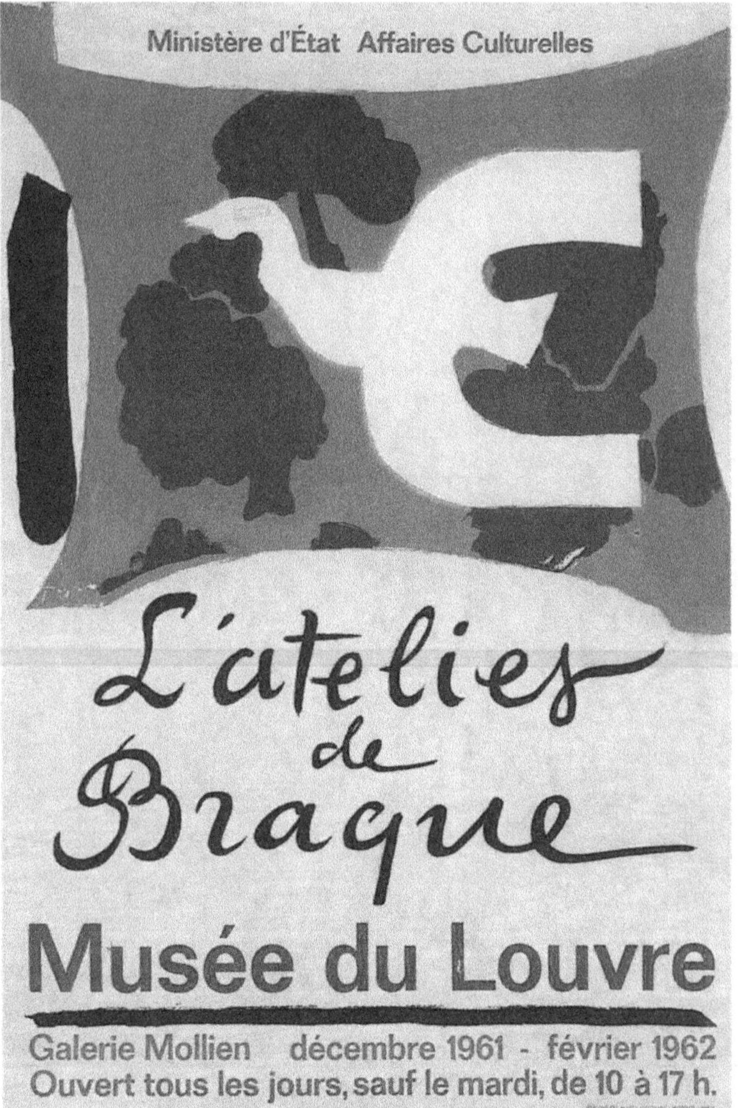

Lit. u. a.: [Kat. Ausst.] Georges Braque. Das lithographische Werk. Galerie Wünsche. Bonn 1971, Nr. 108 m. Abb. – Spielmann Heinz, [Kat. Ausst.] Internationale Plakate 1871–1971. Haus der Kunst. München 1971, Nr. 488 – Vallier Dora, Braque. L'œuvre gravé. Paris 1982, Nr. 165 m. Abb. [Entwurf].

L'atelier de Braque, 1961

Für das Plakat fand die im gleichen Jahr entstandene Lithographie »L'atelier« Verwendung. Die große, drei Monate dauernde Retrospektiv-Ausstellung im Louvre wurde als außergewöhnliche nationale Ehrung des Künstlers erachtet, war sie doch die erste derartige Schau, die einem lebenden Künstler gewidmet war. – Der Zyklus der acht, von 1949 bis 1956 gestalteten sogen. »Atelier«-Bilder nimmt bedeutenden Rang im Spätwerk Braques ein. Auf den meisten dieser Gemälde taucht der silhouettenhafte Vogel auf, in einer dem Plakatmotiv nah verwandten Fassung auf »Atelier VIII« (1952–55).
Lithographie auf Arches-Bütten (mehrfarbig);
73 × 49,7 cm
Auftragg.: Musée du Louvre, Paris
Druck: Mourlot, Paris
Inv. Nr. 459/87

Georges Braque – Papiers collés, 1963

Dem Plakat liegt die in der Ausstellung gezeigte
Collage »Le violon« (28 × 44 cm) von 1914 zugrunde. Der wenige Monate vor Braques Tod
durchgeführten Ausstellung war das Heft 138 (Mai
1963) der Zeitschrift »Derrière le Miroir« (Maeght
Editeur) gewidmet. Die Schau umfaßte die frühesten Collagen des Künstlers, die etwa gleichzeitig
mit der »Erfindung« des sogen. Synthetischen Kubismus gestaltet wurden.
Lithographie (mehrfarbig); 86,5 × 34,5 cm
Auftragg.: Galerie Maeght, Paris
Druck: Maeght Imprimeur, Paris
Inv. Nr. 2896/82
Lit. u. a.: Derrière le Miroir 1963, Nr. 138, Nr. 25
m. Abb. [»Le violon«] – [Kat. Ausst.] Georges Braque. Les papiers collés. Centre Georges Pompidou.
Paris 1982, Nr. 45 m. Abb. [»Le violon«].

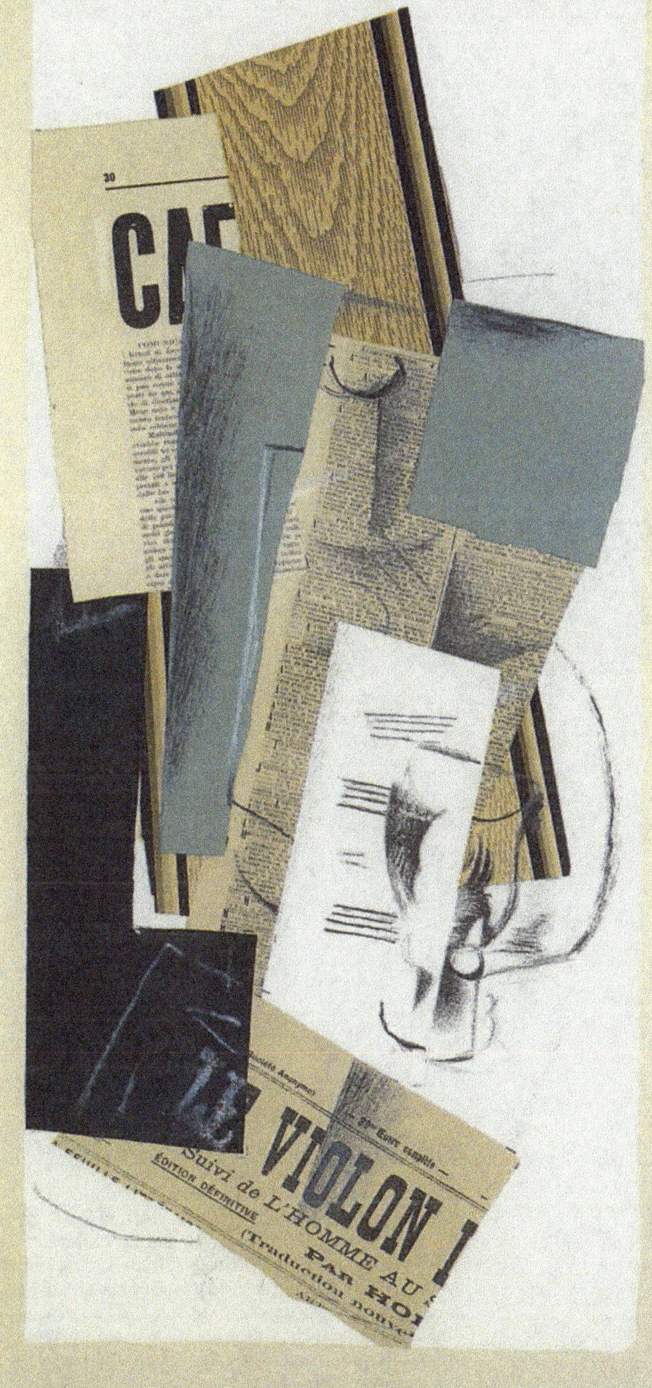

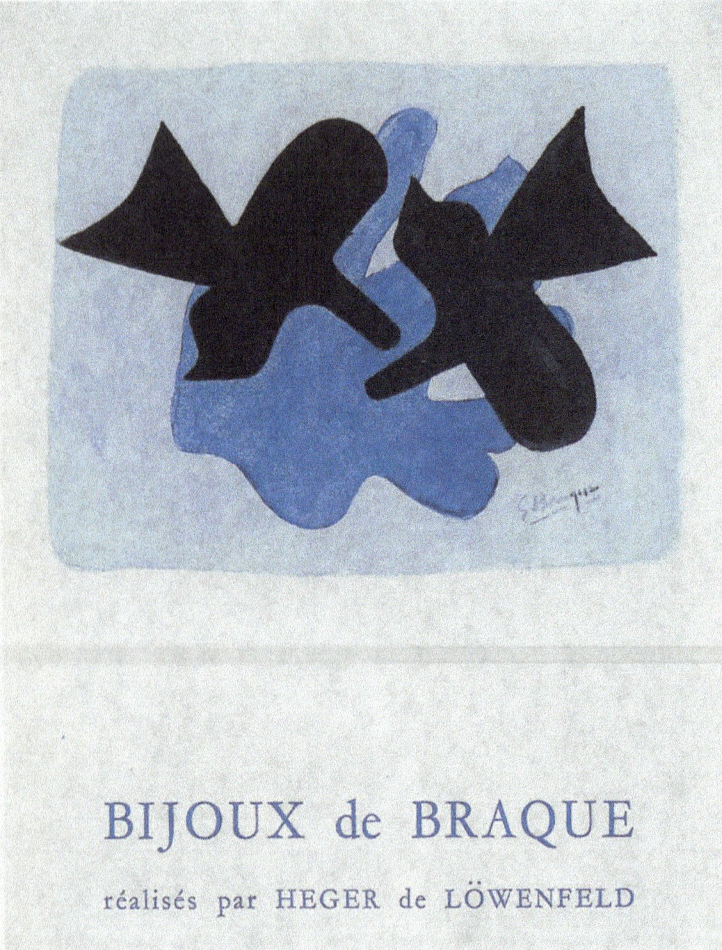

Lit. u. a.: [Kat. Ausst.] Georges Braque. Katalog der Sculptures Précieuses et Bijoux Braque. Galerie Stangl. München 1971 – [Kat. Ausst.] Georges Braque. Das lithographische Werk. Galerie Wünsche. Bonn 1971, Nr. 158 m. Abb. [Bild] – Vallier Dora, Braque. L'œuvre gravé. Paris 1982, Nr. 184 m. Abb.

Georges Braque – Galerie Maeght, 1967

Das Bild des Plakates zeigt die Variante einer Buch-illustration (Gouache), die Braque 1949 für das Gedicht »Poésie des mots inconnus« von Antonin Artaud schuf. Die 33 Werke, vorwiegend Ölbilder der Jahre um 1960, umfassende Ausstellung wurde von Heft 166 des Periodikums »Derrière le Miroir« (Maeght Editeur) begleitet.
Lithographie (mehrfarbig); 71 × 43 cm
Auftragg.: Galerie Maeght, Paris
Druck: Imprimerie Arte Adrien Maeght, Paris
Inv. Nr. 2947/82
Lit. u. a.: Vallier Dora, Braque. L'œuvre gravé. Paris 1982, Nr. 48 – Arte. Adrien Maeght Imprimeur. Vol. 1. Affiches 1964–1971. Paris 1985, Abb. 51.

Bijoux de Braque, 1963

Dem Plakat liegt die Lithographie »Oiseaux« von 1963 zugrunde, die nach Braques letztem Werk gedruckt wurde – einem Aquarell, das der Künstler dem Goldschmied und Juwelier Henri Michel Heger de Löwenfeld gewidmet und geschenkt hatte. Die Ausstellung zeigte von Braque seit 1958 entworfene und von Heger de Löwenfeld realisierte Schmuckstücke, in denen das Motiv des »Entfliegens« bestimmendes Element ist.
Die bis in die frühen siebziger Jahre um die Welt wandernde Präsentation wurde 1964 auch in der Neuen Sammlung, München, gezeigt, begleitet von demselben, im Schriftblock modifizierten Plakat (vgl. [Kat. Ausst.] Bijoux de Braque. Die Neue Sammlung. München 1964. 19 S. m. Abb. [mit einer Einführung von Michel Faré]).
Offset (mehrfarbig); 64,4 × 49,9 cm
Bez. r. u. im Bild: G. Braque
Auftragg.: Heger de Löwenfeld
Druck: E. Guillot, Imp. Mazarine, Paris
Inv. Nr. 185/88

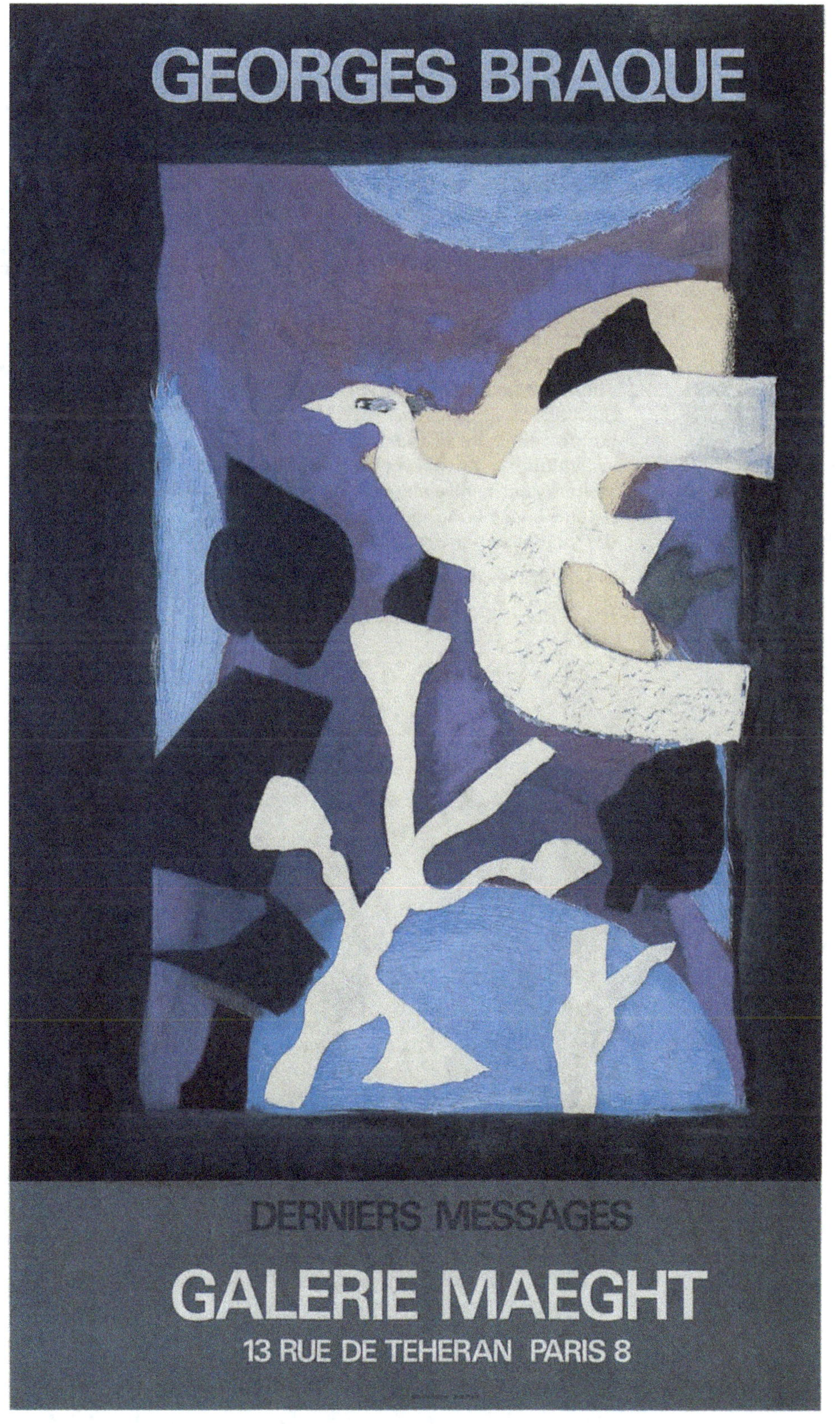

GEORGES BRAQUE
DERNIERS MESSAGES
GALERIE MAEGHT
13 RUE DE TEHERAN PARIS 8

10.7.1928 Paris – lebt in Paris
Nach dem Besuch der Ecole des Beaux-
Arts in Paris erlangte Buffet in den fünfziger Jahren raschen Erfolg mit seinen ex-
pressiven, von Grautönen und einem
schwarzen grafischen Gerüst beherrschten
Bildern, die eine misanthropische Grund-
stimmung formal hinterlegte. Daneben
konzipierte Buffet zahlreiche Bühnenbild-
und Kostümentwürfe, auch Briefmarken
und Buchillustrationen, u.a. für Jean Cocteaus »La Voix Humaine«, 1957.
Druckgraphik als künstlerisches Medium
nimmt in seinem Werk eine wichtige Stellung ein. Häufig entstanden zu einem
Thema umfangreiche Serien, wie z.B. die
Städtebilder (Paris, New York, Venedig,
London etc.), die »Toreros« (1966) oder die
»Révolution Française« (1977). Buffet gestaltete auch zahlreiche Plakate, meist für
eigene Ausstellungen, wobei er häufig auf
die Motive seiner Graphiken zurückgriff.

Lit. u. a.: Sorlier Charles, Bernard Buffet lithographe. Bd. 1. Paris 1979; Bd. 2. Paris 1987 – Avila Alin
Alice, Bernard Buffet. Paris 1989.

Atelier Mourlot – New York, 1967

Das Plakat, das auf der gleichzeitig entstandenen
Lithographie »New York« basiert und in 2000 Exem-
plaren gedruckt wurde, entstand anläßlich der Er-
öffnung der Druckerei Mourlot in New York. Mit der
Stadt New York hatte sich Buffet bereits 1958 in
einer Reihe von Gemälden und 1964 in einer unter
dem Titel »New York« erschienenen Serie von zehn
Lithographien beschäftigt. Vgl. auch S. 97.
Lithographie auf Arches-Bütten (mehrfarbig);
71 × 52 cm
Bez. o. M.: Bernard Buffet 67
Auftragg.: Atelier Mourlot, New York
Druck: Mourlot
Inv. Nr. 475/87
Lit. u. a.: Sorlier Charles, Bernard Buffet lithogra-
phe. Paris 1979, Nr. 120 m. Abb. [Lithographie und
Plakat] – Wichmann Hans, [Kat. Ausst.] Neu. Dona-
tionen und Neuerwerbungen 1986/87. Die Neue
Sammlung. München 1989, 190 m. Abb.

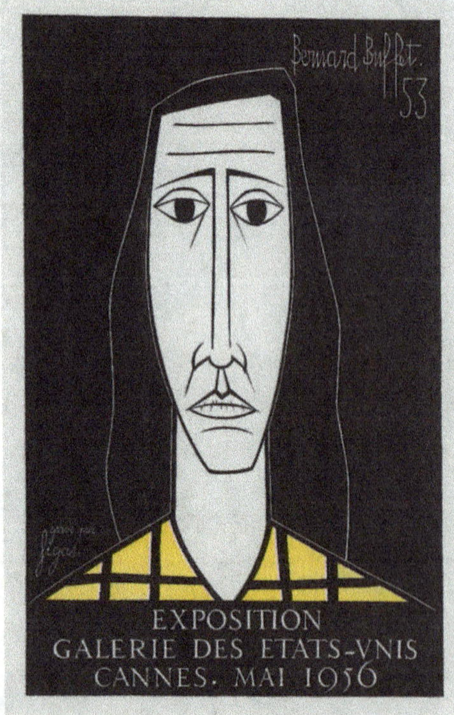

Exposition – Galerie des Etats-Unis, 1956

Dem Plakat liegt das 1953 datierte Gemälde »Tête
de femme« von Buffet zugrunde.
Linoldruck (schwarz, gelb); 83 × 54 cm
Auftragg.: Galerie des Etats-Unis, Cannes
Druck: Figas
Inv. Nr. 1153/82
Lit. u. a.: Bergé Pierre, Bernard Buffet. Genf 1958,
Nr. 114 m. Abb. [Gemälde].

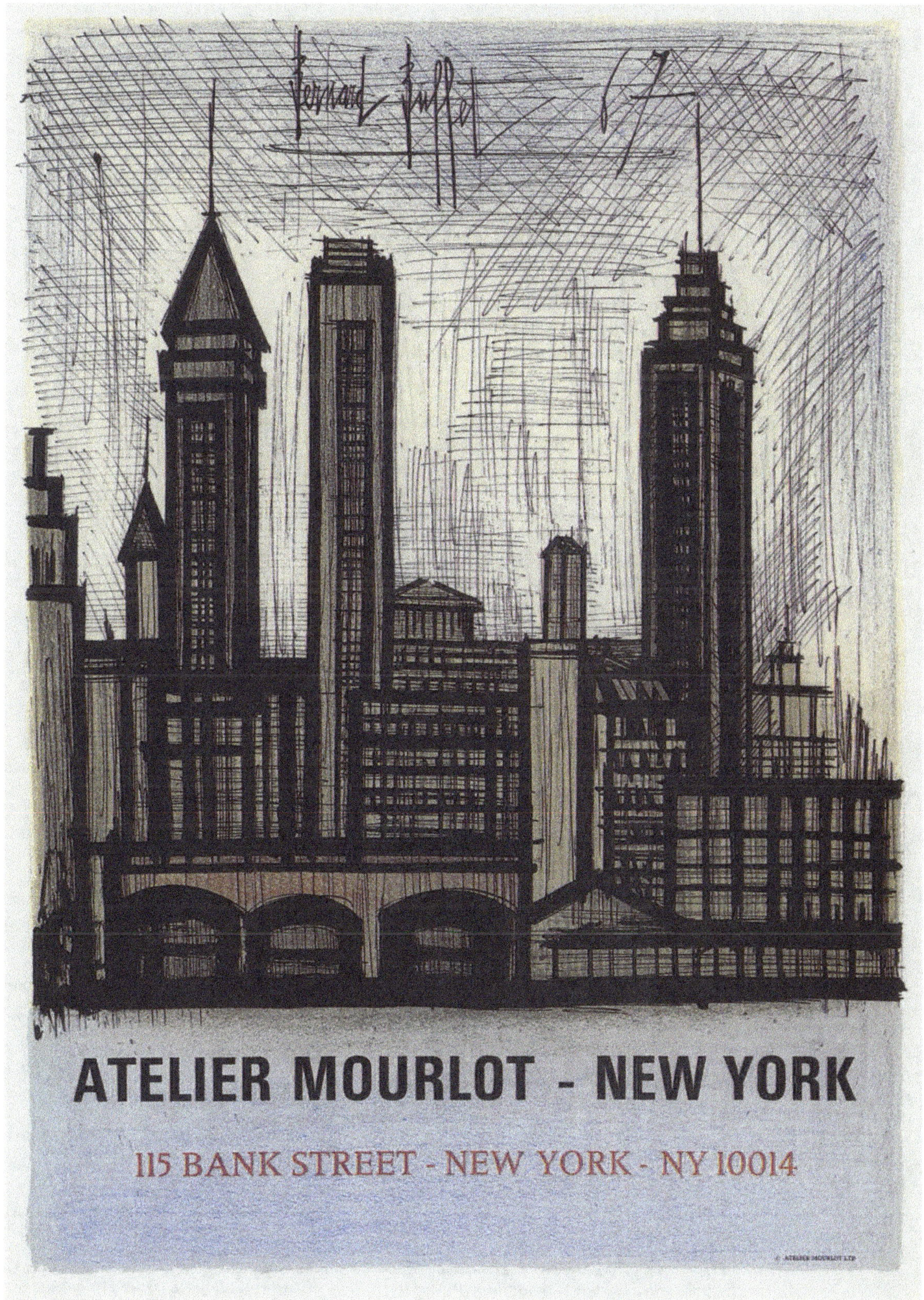

ATELIER MOURLOT - NEW YORK
115 BANK STREET - NEW YORK - NY 10014

Marc Chagall

7.7.1887 Witebsk/Weißrußland –
28.3.1985 Saint-Paul-de-Vence/Südfrankreich

Die Druckgraphik ist wesentlicher Bestandteil des künstlerischen Schaffens von Marc Chagall, äußerte er doch: »Beugte ich mich über einen lithographischen Stein oder eine Kupferplatte, so war mir, als ob ich einen Talisman berührte. Es schien mir, darin all meine Betrübnisse und all meine Freuden bergen zu können« (nach Güse 1985). Seit den zwanziger Jahren befaßte sich Chagall intensiv mit unterschiedlichen Techniken, vor allem der Radierung, und realisierte in diesem Verfahren die meisten seiner Buchillustrationen, so die großen Zyklen zu Gogols »Toten Seelen«, La Fontaines Fabeln und zur Bibel.
Nach einigen 1922–24 und 1933 entstandenen Schwarzweißlithographien wandte sich Chagall erst nach dem Zweiten Weltkrieg der Farblithographie zu – zunächst wiederum in Zusammenhang mit Buchillustrationen (u. a. zu den »Arabischen Nächten«, 1945/46). Nach Rückkehr aus amerikanischem Exil begann Chagall 1950 im Atelier der Gebrüder Mourlot in Paris zu arbeiten. Damals gestaltete er auch das erste seiner zahlreichen Plakate für eigene Ausstellungen. Daneben konzipierte er Plakate für die Städte Nizza und Vence, die Organisation »Terre des Hommes« und Theaterveranstaltungen. Diese Arbeiten stehen in engem motivischen und stilistischen Bezug zu seinem gleichzeitigen malerischen und graphischen Werk; sie spiegeln die Bildwelt der Bibel, die von Legenden, des Zirkus' und eines wie im Traum geschauten Paris sowie die Themen »Liebespaar« oder »Der Künstler und seine Inspiration«. Auch für andere Gebiete der angewandten Kunst zeigte Chagall – ähnlich wie Braque und Picasso – nach dem Zweiten Weltkrieg verstärktes Interesse; so entstanden u. a. Wandgemälde, Mosaiken und Kirchenfenster.

Lit. u. a.: Sorlier Charles, Les affiches de Marc Chagall. Paris 1975 – Anthonioz Michel, Marc Chagall. In: [Kat. Ausst.] Hommage à Tériade. Centre National d'Art Contemporain, Paris [1973]. Rheinisches Landesmuseum, Bonn. Köln 1978, 71–78 – Güse Ernst G. (Hrsg.), [Kat. Ausst.] Marc Chagall. Druckgraphik. Westfälisches Landesmuseum, Münster. Stuttgart 1985 [dort weit. Lit.].

Œuvre gravé – Galerie des Ponchettes, 1958

Basiert auf der 1952 entstandenen Lithographie »Le peintre à la palette« von größerem Format, die als Plakat für eine Ausstellung der Pariser Galerie Maeght gedacht war (Mourlot 1959, S. 241).
Lithographie (acht Farben); 71 × 50 cm
Auftragg.: Galerie des Ponchettes, Nizza
Druck: Mourlot, Paris
Inv. Nr. 2950/82

Lit. u. a.: Cain Julien u. Fernand Mourlot, Chagall lithographe. Bd. 1, 1922–1957. Paris 1958, Nr. 54 m. Abb. [Lithographie] – Mourlot Fernand, Die Kunst im Plakat. [Paris] 1959, 241, Taf. 26 – Spielmann Heinz, [Kat. Ausst.] Internationale Plakate 1871–1971. Haus der Kunst. München 1971, Nr. 472 – Sorlier Charles, Les affiches de Marc Chagall. Paris 1975, 84, 85 m. Abb. – [Kat. Ausst.] Marc Chagall. L'œuvre gravé. Musée National Message Biblique Marc Chagall. Nizza 1987, Abb. 143 [Lithographie].

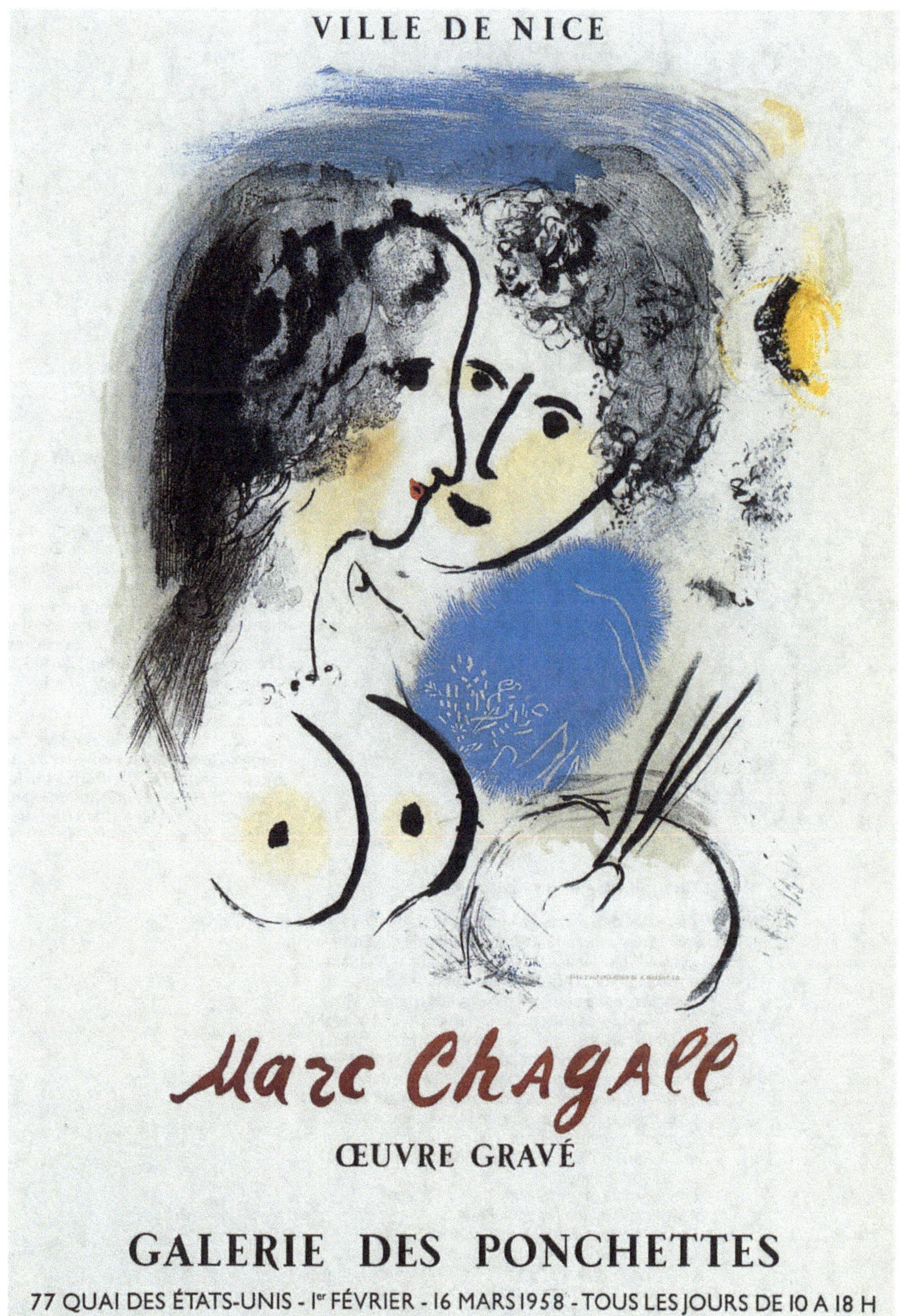

VILLE DE NICE
Marc Chagall
ŒUVRE GRAVÉ
GALERIE DES PONCHETTES
77 QUAI DES ÉTATS-UNIS - 1er FÉVRIER - 16 MARS 1958 - TOUS LES JOURS DE 10 A 18 H
MOURLOT - IMP. - PARIS

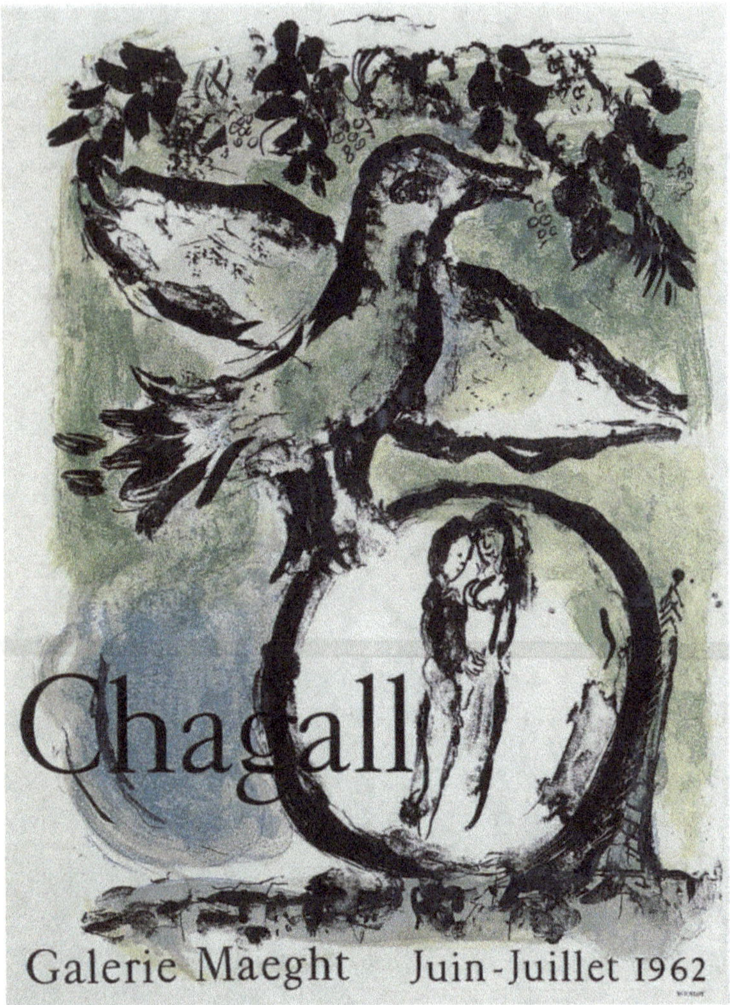

Chagall – Galerie Maeght, 1964

Die in geringer Auflage gleichzeitig gedruckte Lithographie »Le ciel bleu« diente – mit Schrifteindruck – auch als Plakat der Ausstellung, die Aquarelle, Gouachen, Lavierungen und Zeichungen Chagalls – vorwiegend aus dem Jahr 1964 – vereinte. Wie häufig, gestaltete der Künstler auch den Umschlag der die Ausstellung begleitenden Ausgabe von »Derrière le Miroir« (Nr. 147, Juni 1964) sowie drei zusätzlich beigefügte Originallithographien.
Lithographie (mehrfarbig); 71 × 54 cm
Auftragg.: Galerie Maeght, Paris
Druck: Mourlot, Paris
Inv. Nr. 2906/82
Lit. u. a.: Cain Julien, Fernand Mourlot u. Charles Sorlier, Chagall lithographe. Bd. 3, 1962–1968. Monte Carlo 1969, Nr. 409 m. Abb. [ohne Schrift] – Sorlier Charles, Les affiches de Marc Chagall. Paris 1975, 46, 47 m. Abb. – [Kat.] Derrière le Miroir et Affiches. Maeght Editeur. Paris 1971, 106 m. Abb.

Chagall – Galerie Maeght, 1962

Als Plakat dieser Ausstellung, die dreizehn Ölgemälde des Jahres 1956 umfaßte, wurde die Lithographie »L'oiseau vert« verwendet und mit einem entsprechenden Aufdruck versehen. Die begleitende Ausgabe des Periodikums »Derrière le Miroir« – publiziert durch den Galeristen Aimé Maeght – enthielt als Beilage eine stilistisch und thematisch nah verwandte Originallithographie Chagalls. Hier sind dieselben Motive, Vogel und Kreis- oder Eiform – möglicherweise eine Anspielung auf orphische Kosmogonie – sowie ein Liebespaar, mit der Darstellung eines Sees und übergroßen Fisches in ähnlicher, an Träume erinnernder Komposition zusammengebunden.
Lithographie (mehrfarbig); 70,5 × 53,5 cm
Auftragg.: Galerie Maeght, Paris
Druck: Mourlot, Paris; Inv. Nr. 2905/82
Lit. u. a.: Mourlot Fernand, Chagall lithographe. Bd. 2, 1957–1962. Paris 1963, Nr. 354 m. Abb. [Lithographie] – [Kat.] Derrière le Miroir et Affiches. Maeght Editeur. Paris 1971, 96 m. Abb. – Sorlier Charles, Les affiches de Marc Chagall. Paris 1975, 40, 41 m. Abb.

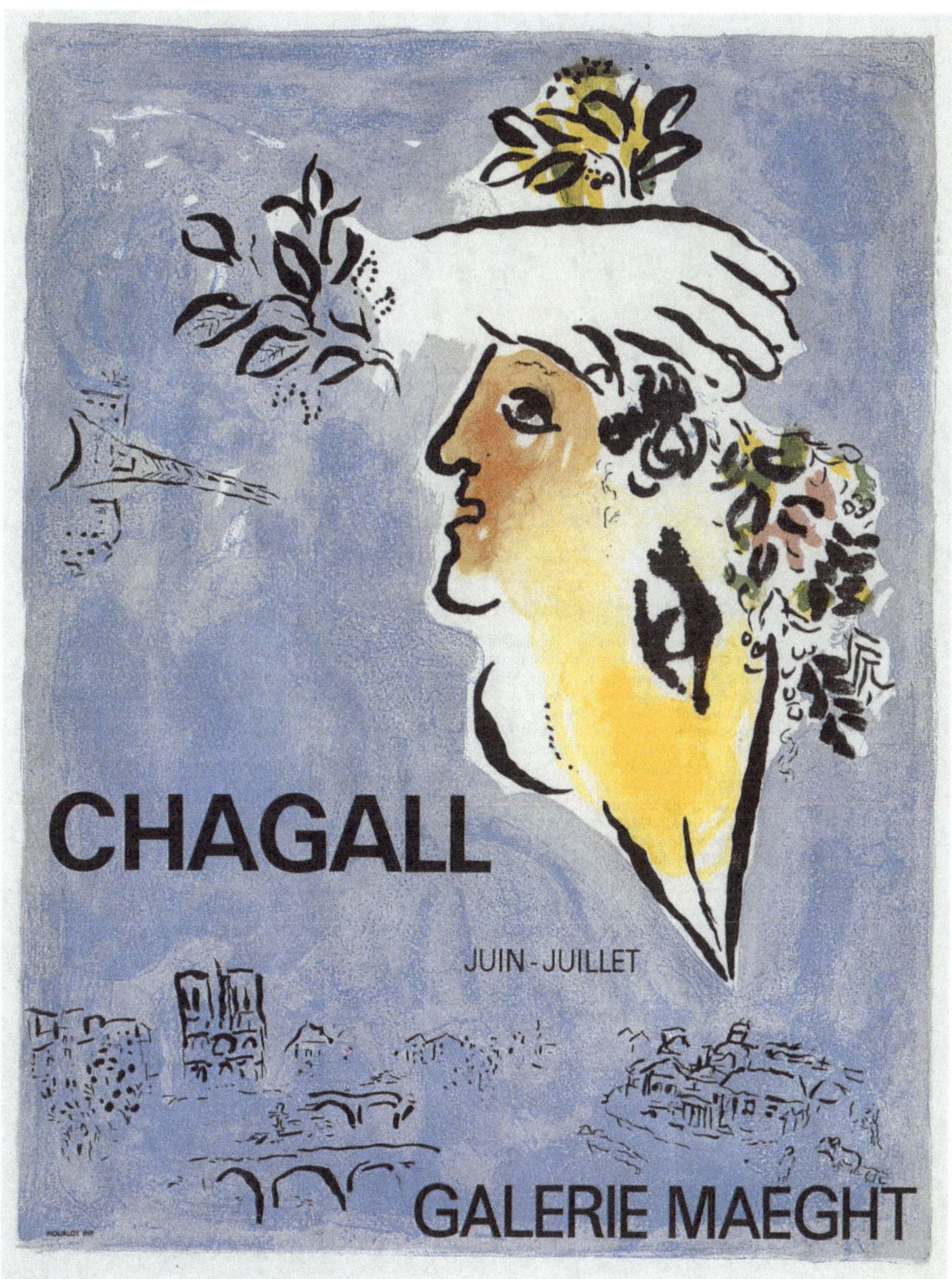

CHAGALL
JUIN - JUILLET
GALERIE MAEGHT

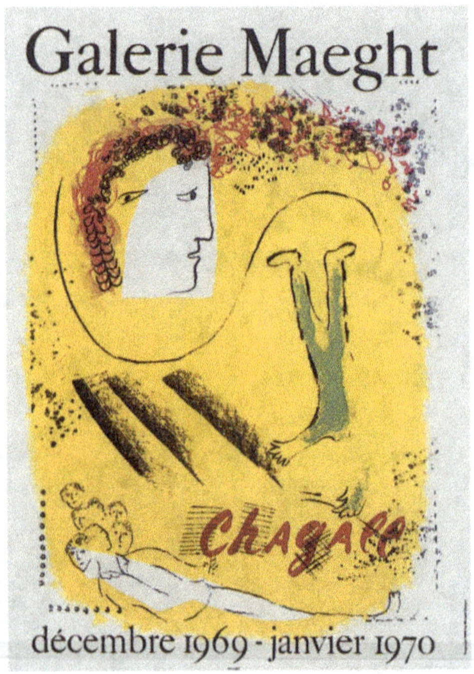

Chagall – Galerie Maeght, 1969

Als Ausstellungsplakat fand die gleichzeitig ent-
standene Lithographie »Le fond jaune« Verwen-
dung. Aimé Maeght zeigte dreißig Gouachen und
Ölgemälde Chagalls, die bis auf drei Werke alle
1969 ausgeführt worden waren.
Lithographie (mehrfarbig); 78,5 × 57 cm
Auftragg.: Galerie Maeght, Paris
Druck: Mourlot, Paris
Inv. Nr. 141/70-3
Lit. u. a.: [Kat.] Derrière le Miroir et Affiches. Maeght
Editeur. Paris 1971, 138 m. Abb. – Mourlot Fernand
u. Charles Sorlier, Chagall lithographe. Bd. 4,
1969–1973. Monte Carlo 1974, Nr. 602 m. Abb. –
Sorlier Charles, Les affiches de Marc Chagall. Paris
1975, 56, 57 m. Abb.

Chagall – Galerie Maeght, 1972

Basiert auf der gleichzeitig entstandenen Lithographie »L'artiste phenix«. Eine Plakatvariante trägt
den Aufdruck »Konsthallen Landskrona«. Die Aus-
stellung umfaßte 35 Werke der Zeit 1968–1971 –
neben Ölgemälden auch vier Marmorskulpturen –
und enthielt das Bild »La parade«, auf dem Chagall
einen dem Künstler des Plakatmotivs verwandten
Zirkusartisten mit Doppelkopf – Mensch und Wid-
der – darstellte.
Lithographie (mehrfarbig); 76,5 × 51 cm
Auftragg.: Galerie Maeght, Paris
Druck: Mourlot, Paris
Inv. Nr. 7/73-1
Lit. u. a.: Derrière le Miroir 1972, Nr. 198, Abb. 11
[»La parade«] – Mourlot Fernand u. Charles Sorlier,
Chagall lithographe. Bd. 4, 1969–1973. Monte Carlo
1974, Nr. 648 m. Abb. [Lithographie] – Sorlier Char-
les, Les affiches de Marc Chagall. Paris 1975, 58, 59
m. Abb. – [Kat. Ausst.] Marc Chagall. L'œuvre gravé.
Musée National Message Biblique Marc Chagall.
Nizza 1987, Nr. 182 m. Abb. [Lithographie] – Arte.
Adrien Maeght Imprimeur. Vol. 2. Affiches
1972–1977. Paris 1989, Abb. 188 [Variante für Galerie Maeght; 160 × 120 cm; Imprimerie Arte].

GALERIE MAEGHT
DU 25 MAI AU 31 JUILLET, 13 RUE DE TEHERAN, PARIS 8
Chagall
© MOURLOT

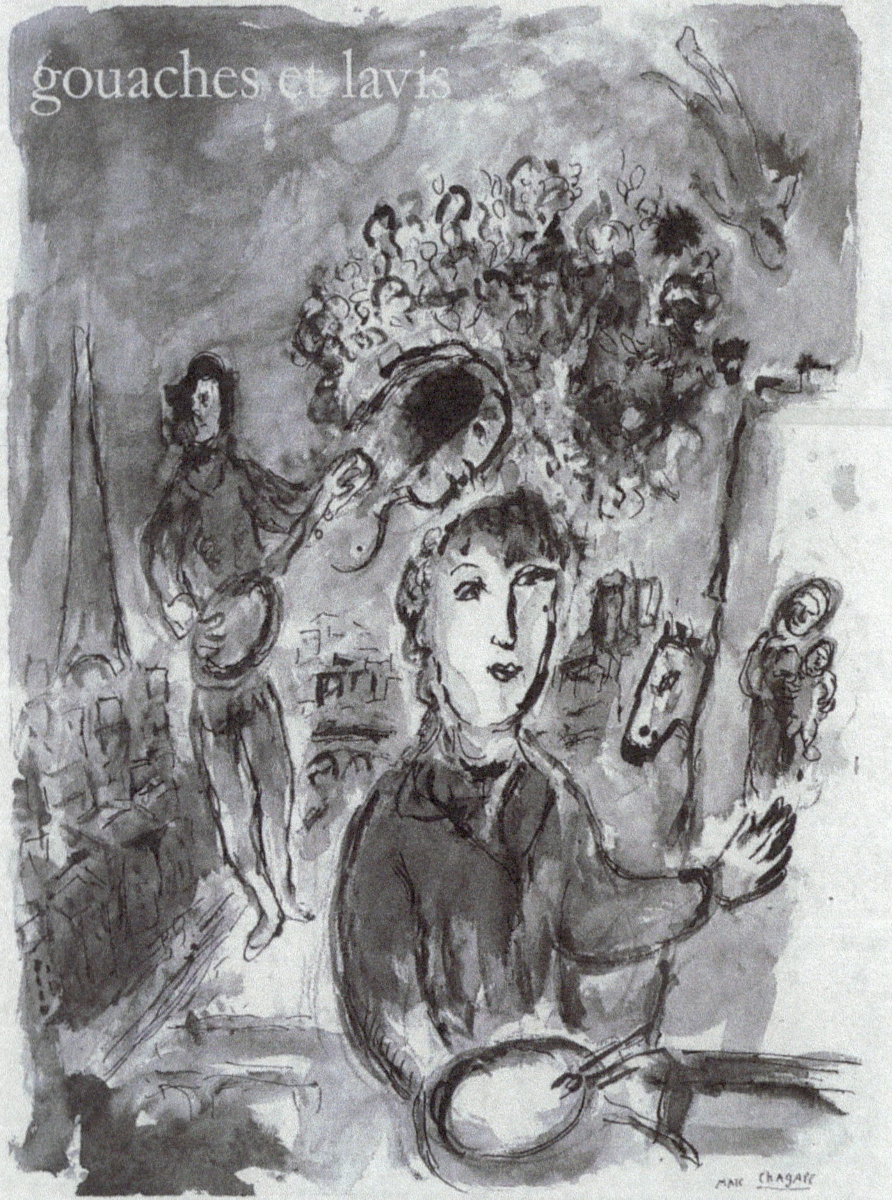

Chagall – gouaches
et lavis, 1977

Dem Plakat liegt die la-
vierte Pinselzeichnung
»L'atelier« zugrunde, die
1976/77 entstand
(76 × 56 cm). Sie wurde
zugleich als Umschlagab-
bildung des die Ausstel-
lung begleitenden Heftes
des Periodikums »Der-
rière le Miroir« im Okto-
ber 1977 reproduziert. Die
Ausstellung umfaßte
Gouachen und Tusch-
zeichnungen Chagalls
aus der Zeit zwischen
1971 und 1977.
Offset (mehrfarbig);
80 × 50 cm
Bez. r. u.: MARC CHA-
GALL
Auftragg.: Galerie
Maeght, Paris
Druck: Imprimerie Arte
Adrien Maeght, Paris
Inv. Nr. 266/81
Lit. u. a.: Derrière le Miroir
1977, Nr. 255, Umschlag-
abb. – Arte. Adrien
Maeght Imprimeur.
Vol. 2. Affiches
1972–1977. Paris 1989,
Abb. 355.

Chagall – Galerie Maeght, 1979

Als Plakatmotiv wurde
das in der Ausstellung
gezeigte Gemälde »Musi-
ciens au coq bleu« (1977;
130 × 89 cm) gewählt.
Offset (mehrfarbig);
84 × 48 cm
Bez. u. M. im Bild: MARC
CHAGALL 1977
Auftragg.: Galerie
Maeght, Paris
Druck: Imprimerie Mo-
derne du Lion, Paris
Inv. Nr. 2907/82
Lit. u. a.: Derrière le Miroir
1979, Nr. 235, Nr. 16
m. Abb. [»Musiciens au
coq bleu«].

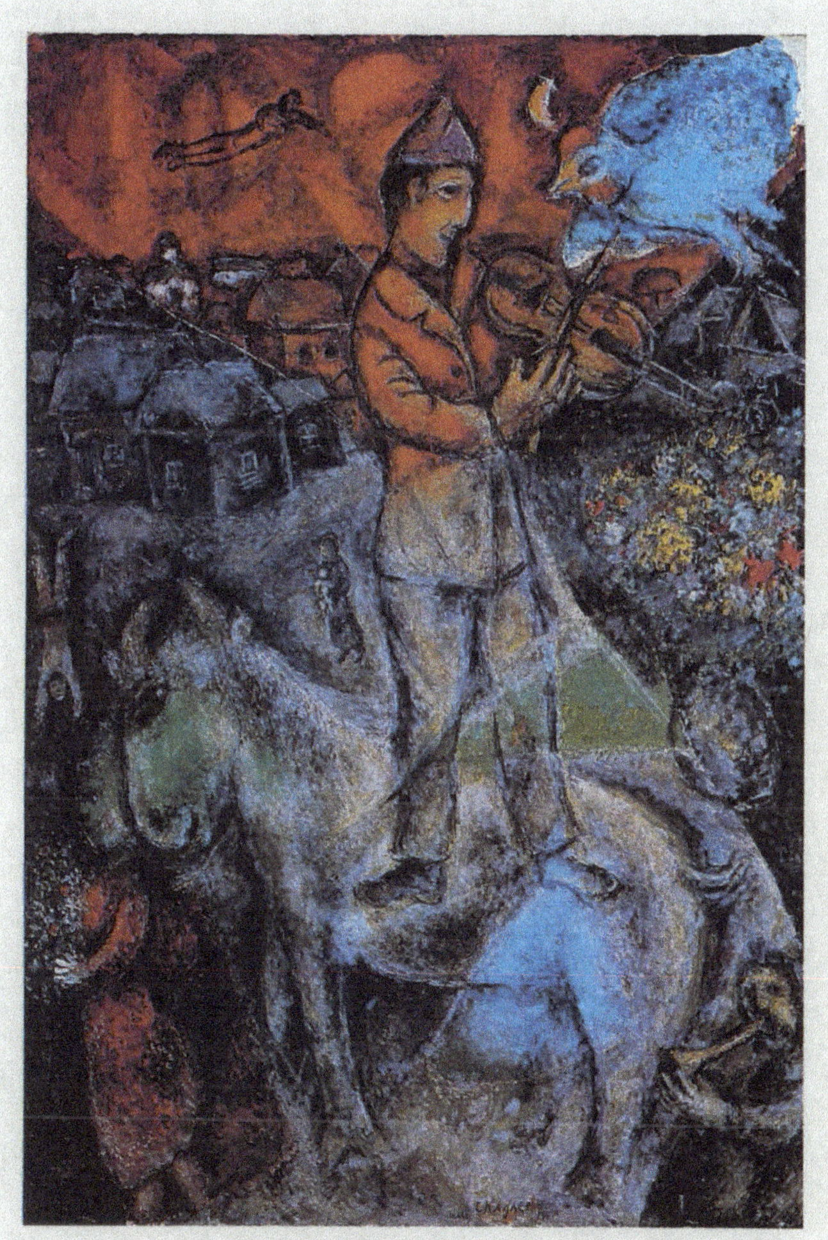

Druck: Imprimerie Moderne du Lion, Paris
Inv. Nr. 863/81
Lit. u. a.: Derrière le Miroir 1981, Nr. 246, Nr. 2
m. Abb. [Lithographie] – Sorlier Charles, Chagall lithographe. Bd. 6, 1980–1985. Monte Carlo 1986, 46,
47, Nr. 973 m. Abb. [Lithographie] – [Kat. Ausst.]
Marc Chagall. L'œuvre gravé. Musée National Message Biblique Marc Chagall. Nizza 1987, 247, 250,
Abb. 188 [Lithographie].

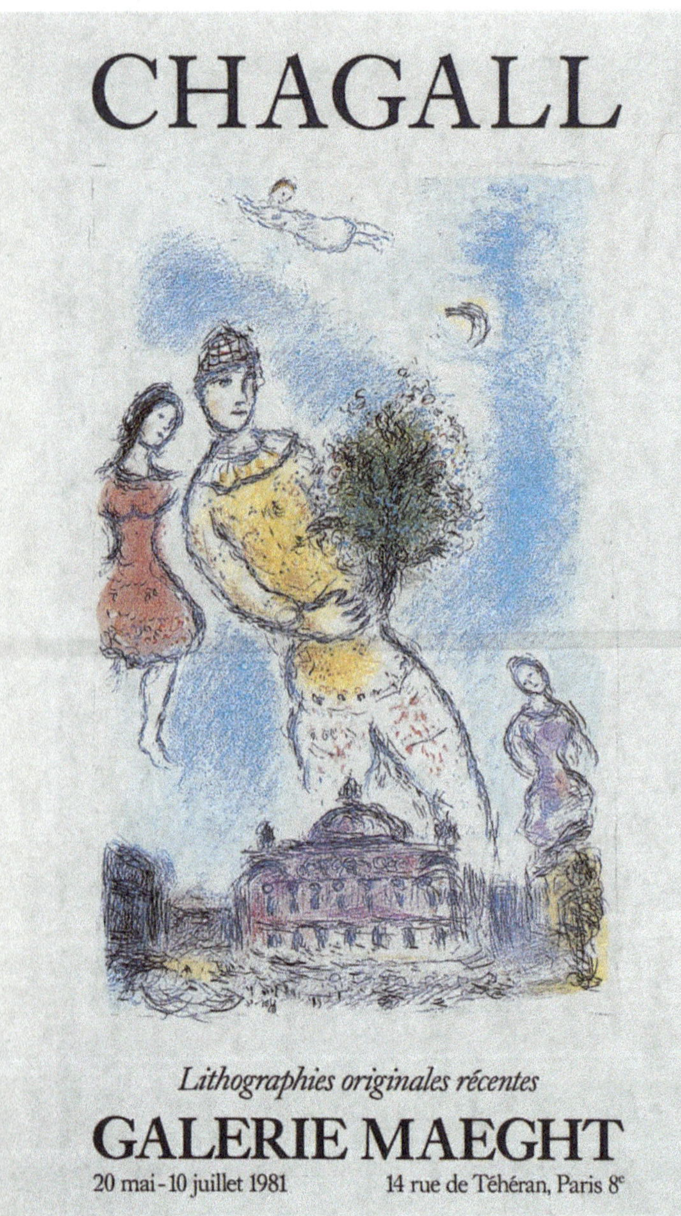

Chagall – Kestner-Gesellschaft, 1985

Unter Verwendung eines 1945 in Aquarell-Gou-
ache-Technik entstandenen Kostüm-Entwurfs für
das Ungeheuer in Igor Strawinskys Ballett »Der
Feuervogel«. – Während der retrospektiven Aus-
stellung starb der Künstler im 98. Lebensjahr in
Saint-Paul-de-Vence.
Offset (mehrfarbig); 84 × 51,7 cm
Auftragg.: Kestner-Gesellschaft, Hannover,
Deutschland
Druck: Th. Schäfer, Hannover
Inv. Nr. 638/86
Lit. u. a.: [Kat. Ausst.] Marc Chagall Retrospektive.
Arbeiten auf Papier. Kestner-Gesellschaft. Hanno-
ver 1985, Nr. 145 m. Abb. [Kostümentwurf].

Chagall – Galerie Maeght, 1981

Das Plakat basiert auf der 1980 entstandenen Lithographie »Dans le ciel de l'opéra« (116 × 75,5 cm),
die unter insgesamt vierzehn lithographischen Blät-
tern Chagalls des Jahres 1980 bei Aimé Maeght
ausgestellt wurde. Der Galerist selbst hatte diese
Arbeiten angeregt. Die Lithographien zeigen eine
Abwendung von biblischen Inhalten und das Wiederaufgreifen profaner, mythischer und legenden-
hafter Themen. Dabei weisen sie eine stärker aufge-
lockerte Komposition und insgesamt lichtere Farbigkeit auf.
Offset (mehrfarbig); 92 × 58 cm
Auftragg.: Galerie Maeght, Paris

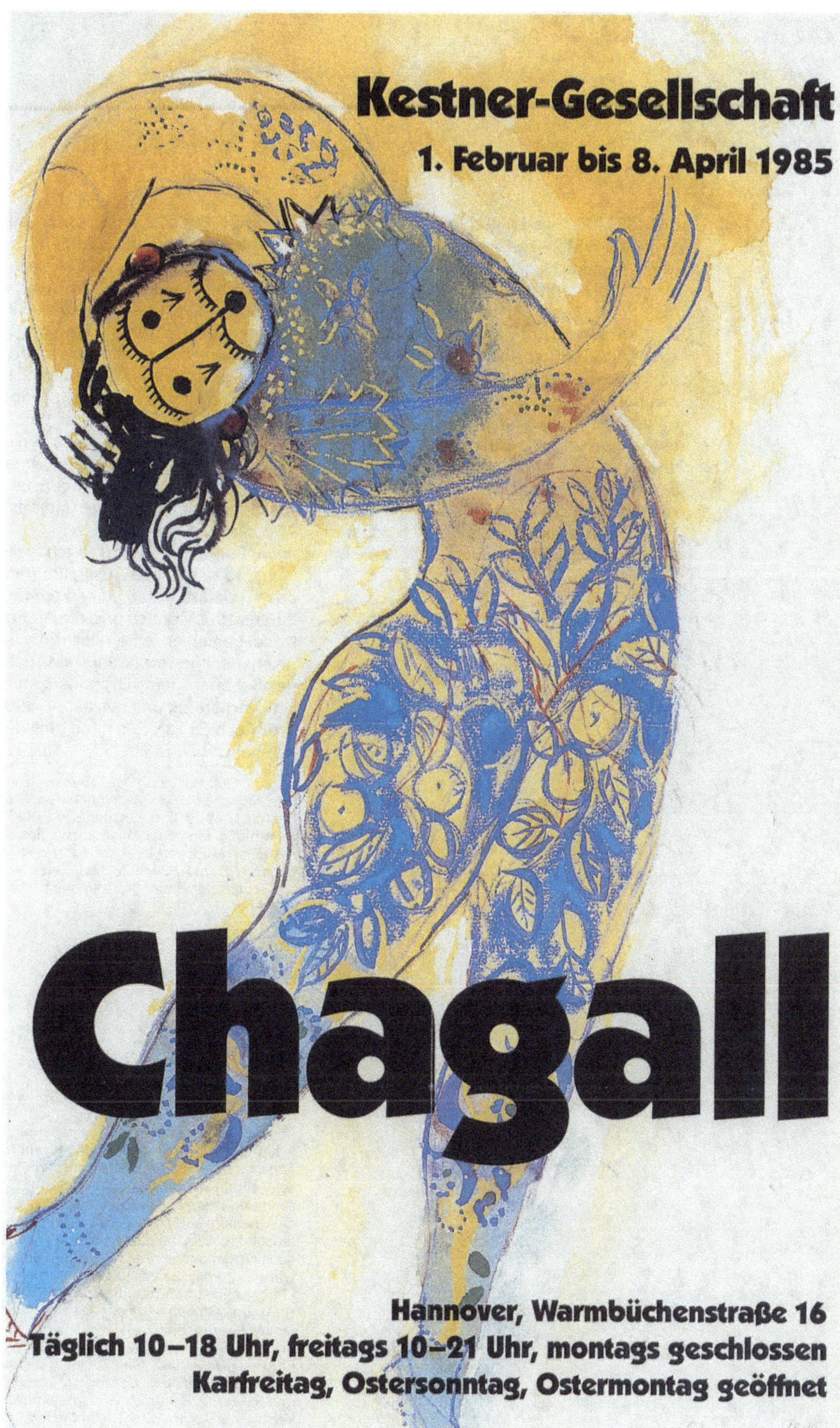
Kestner-Gesellschaft
1. Februar bis 8. April 1985
Chagall
Hannover, Warmbüchenstraße 16
Täglich 10–18 Uhr, freitags 10–21 Uhr, montags geschlossen
Karfreitag, Ostersonntag, Ostermontag geöffnet
Druck: Th. Schäfer, Hannover

Jean Cocteau

5. 7. 1889 Maisons-Lafitte/Seine-et-Oise –
11. 10. 1963 Milly-La-Fôret/Seine-et-Oise
Der vielseitige Künstler, der sich vorrangig
als »poète« verstand, arbeitete u. a. als Ly-
riker, Romancier, Dramatiker, Opern- und
Ballettlibrettist, Bühnen- und Filmregisseur
sowie als Zeichner und Maler. Breite internationale Anerkennung setzte nach dem
Zweiten Weltkrieg ein.
Etwa gleichzeitig begann Cocteau dekorative Aufgaben auch außerhalb des Theaters zu verwirklichen: seit den vierziger
Jahren schuf er Tapisserie-Entwürfe,
Wandbilder, Plakate und Keramiken (ab
1957). Eine besondere Stellung im Schaffen Cocteaus nahm die Zeichnung ein – mit
Bleistift, Tusche oder Pastellkreiden –,
erachtete er sie doch als dem Akt des
Schreibens eng verwandt: »eine anders
verschlungene Schrift«. Um so erstaunli-
cher scheint es, daß Cocteau sich erst in
den vierziger Jahren der Lithographie, d. h.
dem Zeichnen auf Stein, zuwandte – zunächst für Illustrationen zu seiner 1944 gedruckten Tragödie »Orphée«. Jedoch er-
klärte er selbst: »Die Malerei, der Kupfer-
stich, die Lithographie schreckten mich ab.
Ich wagte mich nicht an Oberflächen, die
sich wehren und sich versagen. Es war Picasso, der mich ermutigte und mir meine
Ängstlichkeit vorwarf.«
In der Folge gestaltete er auch Plakate, vorwiegend zu eigenen Ausstellungen, Filmen
oder Theaterstücken, aber auch für das
Fürstentum Monaco und die Air France.
Dabei behielt er seinen dekorativ linearen
Zeichenstil bei, meist zentrale Themen seines Schaffens wie »Orpheus« oder »Harle-
kin« variierend, und setzte nur vereinzelt
großflächige Farbigkeit mit plakativer Wirkung ein.

Lit. u. a.: Cocteau Jean, Der Lebensweg eines Dich-
ters. München 1953 – Wichmann Hans, Industrial
Design. Unikate. Serienerzeugnisse. Die Neue
Sammlung. Ein neuer Museumstyp des 20. Jahrhunderts. München 1985, 493 [dort weit. Lit.] – Em-
boden William A., Jean Cocteau. Dessins, peintures, sculptures. Paris 1989 [dort weit. Lit.].

Jean Cocteau – Pastels Dessins, 1955

Von demselben Entwurf wurde gleichzeitig »avant
la lettre« die Lithographie »Arlequin sur fond bleu«
abgezogen. – Neben Orpheus als dem Poeten
schlechthin war die Figur des Harlekins eines der
zentralen Themen des Künstlers, in der er die Welt
des Theaters personifiziert sah. Vielfach variiert,
taucht das Motiv auf Zeichnungen, Plakaten, aber
auch als Dekoration von Tellern und Schüsseln sowie als keramische Plastik auf.
Lithographie (mehrfarbig); 63 × 47,2 cm
Auftragg.: Galerie »Au Pont des Arts«, Paris
Druck: Mourlot, Paris
Inv. Nr. 458/87
Lit. u. a.: [Kat. Ausst.] Jean Cocteau. Handzeichnun-
gen, Lithographien … Keramik. Museum für Kunst
und Gewerbe. Hamburg 1966, passim [zum Harle-
kinsthema] – [Kat. Ausst.] Jean Cocteau. Severin
Wunderman Museum. [Tokio] 1988, 41, Nr. 92
m. Abb.

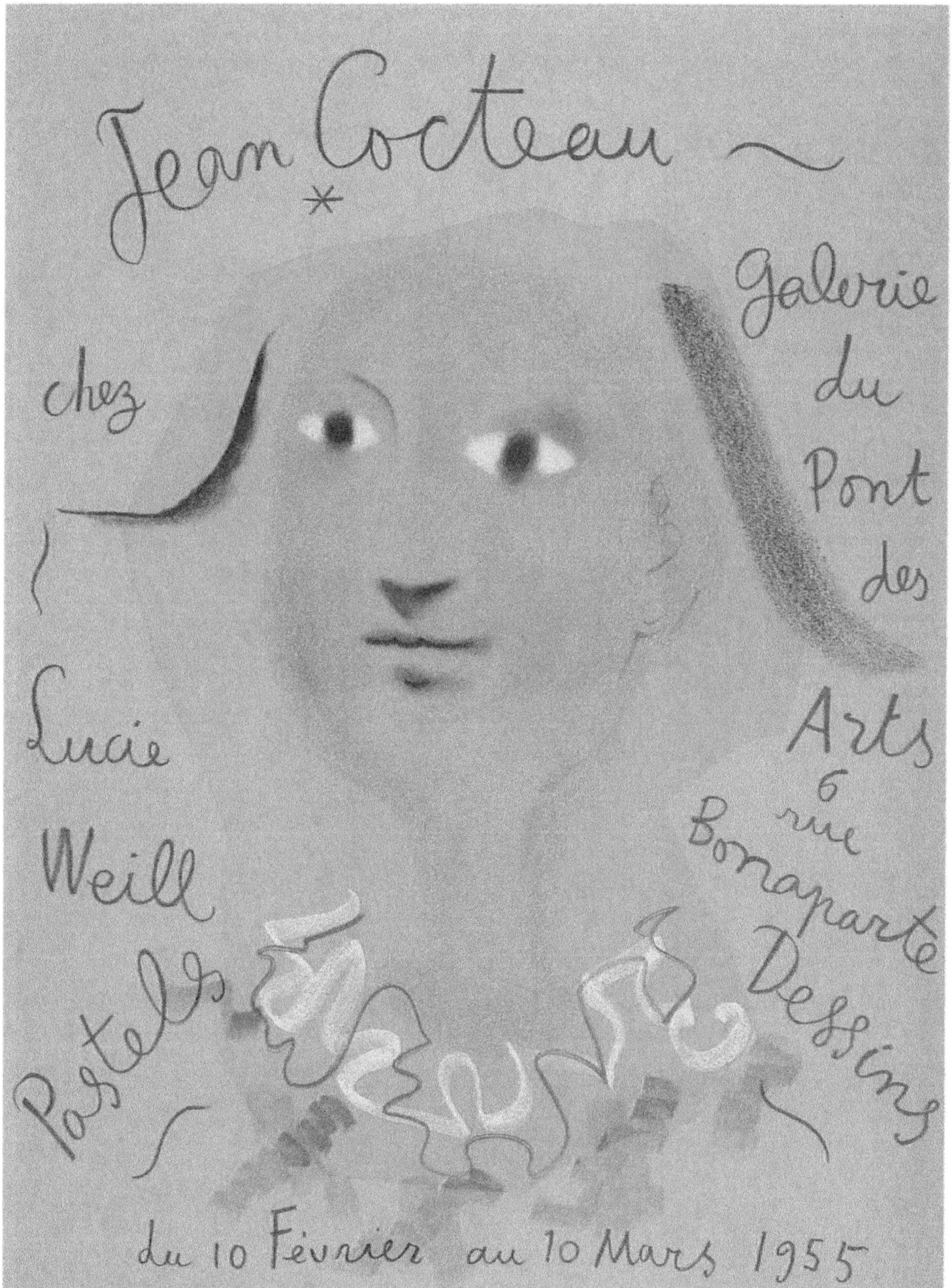

Jean Cocteau
*
chez
Lucie
Weill
Pastels
Galerie
du
Pont
des
Arts
6
rue
Bonaparte
Dessins
du 10 Février au 10 Mars 1955
imp. mourlot

Principauté de Monaco, 1959

Die Natur des Mediums Plakat als schreiendes Bild stand Cocteau eigentlich fern. Das Plakat für Monaco gehört jedoch zu den wenigen Ausnahmen: Hier wich er vom Prinzip der reinen Umrißzeichnung ab, sein plakatwirksames Stilmittel ist die Wechselbeziehung zwischen Farbe und Fläche.
Lithographie (mehrfarbig); 100 × 61,7 cm
Bez. r. u.: Jean Cocteau 1959
Auftragg.: Fremdenverkehrsverein Monaco
Druck: Mourlot, Paris
Inv. Nr. 627/82
Lit. u. a.: Wichmann Hans, Industrial Design. Unikate. Serienerzeugnisse. Die Neue Sammlung. Ein neuer Museumstyp des 20. Jahrhunderts. München 1985, 340 m. Abb. [dort weit. Lit.] – Wichmann Hans, [Kat. Ausst.] Neu. Donationen und Neuerwerbungen 1982/83. Die Neue Sammlung. München 1986, 44 m. Abb.

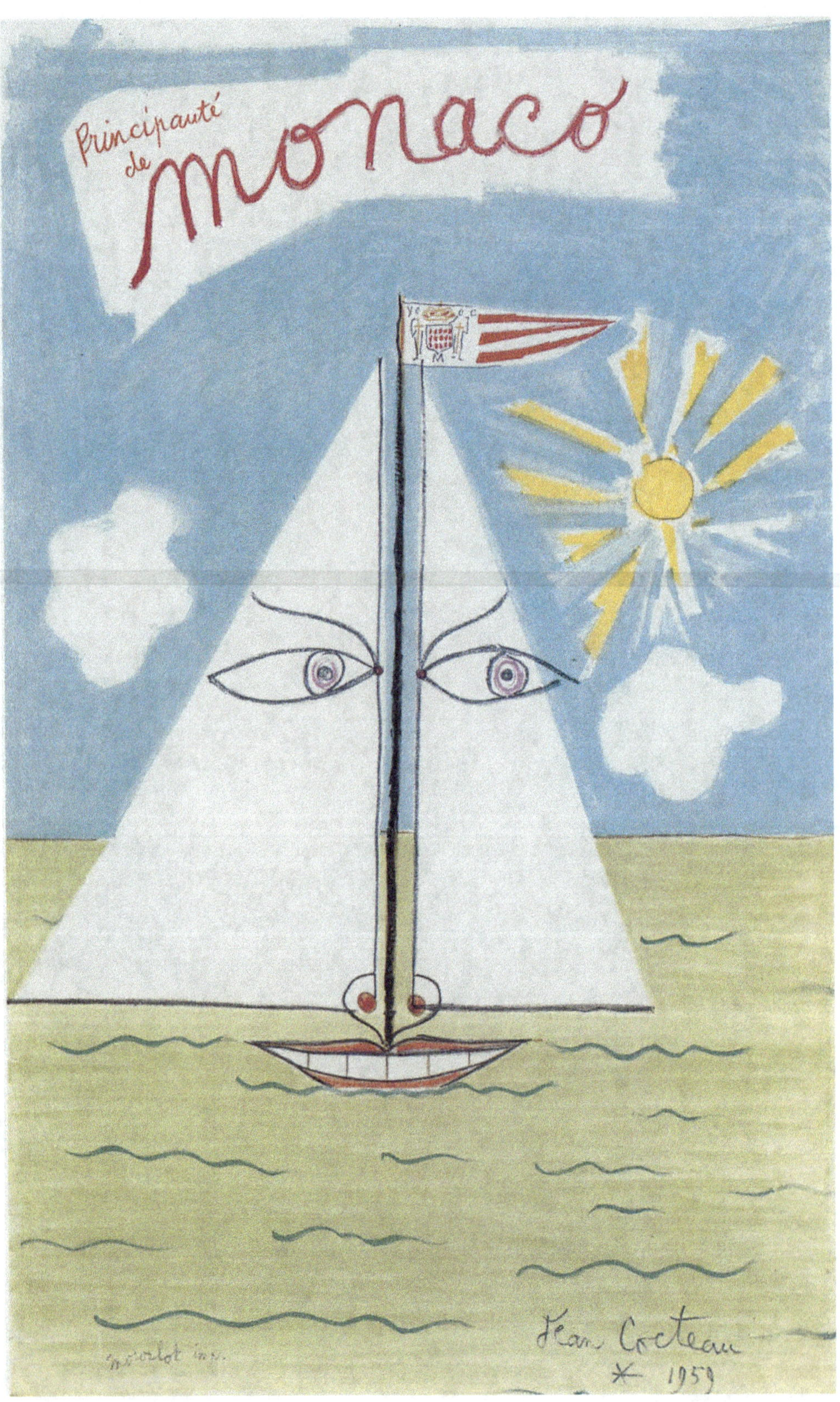

6.10.1887 La Chaux-de-Fonds, Schweiz –
27.8.1965 Cap Martin, Frankreich
Neben seiner Tätigkeit als Architekt, Archi-
tekturtheoretiker und Stadtplaner arbeitete
Le Corbusier auch als Maler, Bildhauer und
Graphiker. Darüberhinaus belegen seine
Entwürfe für Stahlmöbel und – verstärkt
nach dem Zweiten Weltkrieg – für Tapisserien und Wanddekorationen sein Interesse
für die angewandte Kunst ebenso wie die
seit 1950 für eigene Ausstellungen geschaffenen Plakate. Diese stehen in engem
Zusammenhang mit seinem gleichzeitigen
malerischen bzw. zeichnerischen Stil, der
einerseits u.a. in den Bildern und Tapisserien, andererseits in seinem einzigen Werk
der Buchkunst, »Poème de l'angle droit«,
1955 bei Tériade in den Editions Verve publiziert, deutlich wird.
Beeindruckt durch das Buch »Jazz« von
Matisse, gestaltete Le Corbusier dieses
große Werk von den Illustrationen bis zu
den eng mit ihnen verbundenen, handge-
schriebenen Texten, Titeln und Umschlag
selbst. Die darin ausgedrückte ganzheitli-
che Weltsicht sowie die Prinzipien der
»Modulor«-Proportionslehre spiegeln sich
auch in mehreren seiner Plakate wider.

Lit. u. a.: Boesiger Willy (Hrsg.), Le Corbusier. Œuvres complètes 1946–1965. Vol. 6–8. Zürich
1957–1965 – Anthonioz Michel, Le Corbusier. In:
[Kat. Ausst.] Hommage à Tériade. Centre National
d'Art Contemporaine, Paris [1973]. Rheinisches
Landesmuseum, Bonn. Köln 1978, 90–91 – Wichmann Hans, Industrial Design. Unikate. Serienerzeugnisse. Die Neue Sammlung. Ein neuer Museumstyp des 20. Jahrhunderts. München 1985, 493
[dort weit. Lit.].

Le Corbusier – Œuvre plastique, 1953

Das Plakat basiert auf einem Gemälde aus der seit
1953 entstandenen Serie »Taureau«. Den Ausstel-
lungssaal des Musée d'Art Moderne hatte Le Corbusier für die Präsentation seiner Skulpturen in An-
passung des überdimensionierten Raumes an
menschliche Maßverhältnisse umgestaltet.
Lithographie (mehrfarbig); 72,5 × 51,5 cm
Auftragg.: Musée National d'Art Moderne, Paris
Druck: Mourlot, Paris
Inv. Nr. 20/56
Lit. u. a.: Boesiger Willy (Hrsg.), Le Corbusier.
Œuvre complète 1952–1957. Zürich 1957, 11–12
[zur Ausstellung] = Œuvre complète Vol. 6 – [Kat.
Ausst.] Le Corbusier. Pittore e scultore. Museo Cor-
rer. Venedig 1986, Nr. 112–117 m. Abb.

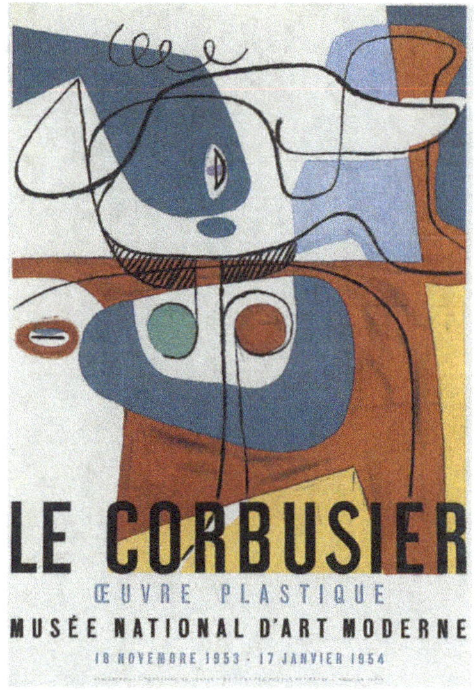

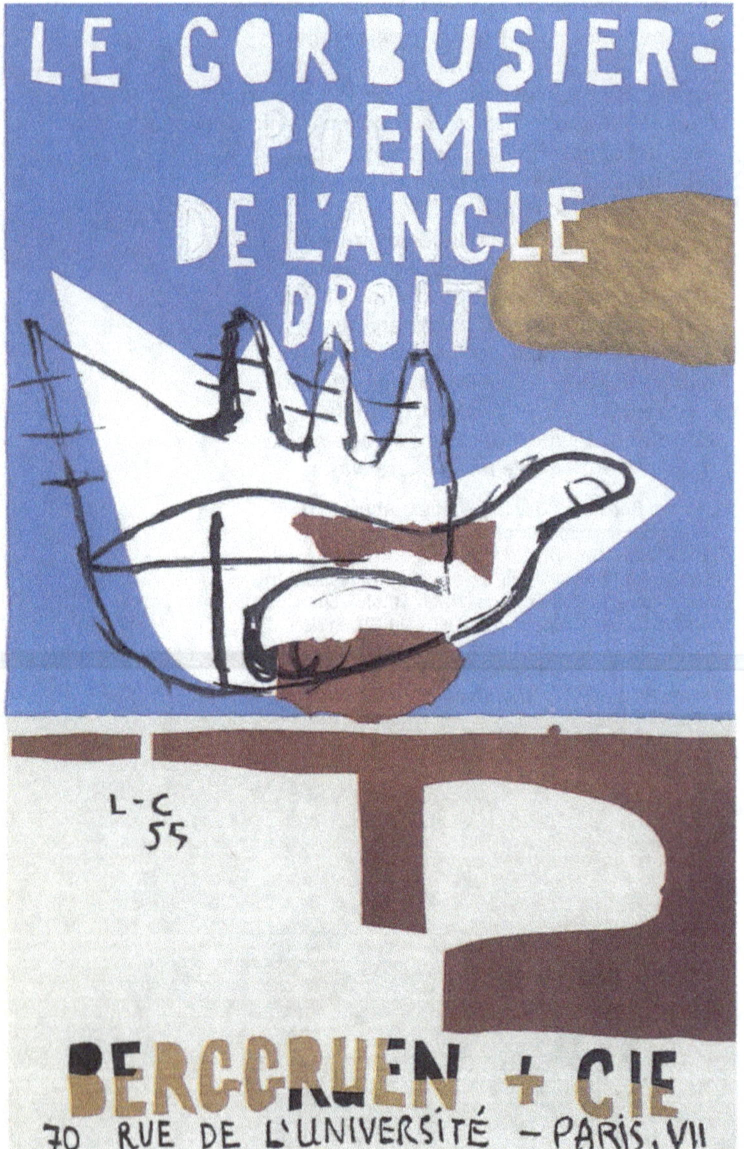

Le Corbusier – Poème de l'Angle Droit, 1955

Das Plakat übernimmt ein Motiv aus Le Corbusiers bei Mourlot gedrucktem 1955 erschienenen Werk »Poème de l'angle droit«.
Das Symbolzeichen der »offenen Hand« variierte Le Corbusier erneut für das Plakat seiner Ausstellung im Musée des Beaux Arts de Lyon (1956) und für ein Denkmal in Chandigarh/Pandschab (1952 ff.).
Lithographie (mehrfarbig); 61,2 × 40 cm
Bez. l. m.: L-C 55
Auftragg.: Galerie Berggruen & Cie, Paris
Druck: Mourlot, Paris
Inv. Nr. 1/62
Lit. u. a.: Boesiger Willy (Hrsg.), Le Corbusier. Œuvre complète 1952–1957. Zürich 1957, 14 m. Abb. [Variante], 92, 93 m. Abb. [Monumentalplastik der »Main ouverte«] = Œuvre complète Vol. 6 – Constantine Mildred u. Alan Fern, [Kat. Ausst.] Word and Image. Posters of the collection of The Museum of Modern Art. New York 1968, 131 m. Abb. – Spielmann Heinz, [Kat. Ausst.] Internationale Plakate 1871–1971. Haus der Kunst. München 1971, Nr. 454 – [Kat.] Die Neue Sammlung. Eine Auswahl aus dem Besitz des Museums. München [1972], Abb. 143 – Wichmann Hans, Industrial Design. Unikate. Serienerzeugnisse. Die Neue Sammlung. Ein neuer Museumstyp des 20. Jahrhunderts. München 1985, 339 m. Abb.

Le Corbusier – Modulor, 1956

Basiert auf der Darstellung des »Modulor« – eines auf den Proportionen des menschlichen Körpers aufbauenden Maßsystems, das Le Corbusier 1950 und 1955 veröffentlichte (Modulor 1 und 2). Eine nah verwandte Studie findet sich auch in »Poème de l'angle droit (1955). Überlebensgroße Basreliefs des »Homme Modulor« wurden nach Le Corbusiers Entwürfen u. a. an der Betonfassade der »Unité d'habitation« in Marseille (bis 1952) und des Parlaments von Chandigarh in Indien (seit 1951 konzipiert) ausgeführt.
Lithographie auf Archesbütten (mehrfarbig); 73,5 × 54 cm
Bez. r. m.: L-C 50; r. u.: Paris 20/2 56 Le Corbusier
Auftragg.: Galerie Heidi Weber, Zürich, Schweiz
Druck: Mourlot, Paris
Inv. Nr. 144/66-3
Lit. u. a.: Boesiger Willy (Hrsg.), Le Corbusier. Œuvre complète 1946–1952. Zürich 1955[2], 182–189 m. Abb. [»Der Modulor«] = Œuvre complète Vol. 5; Œuvre complète 1957–1965. Zürich 1965, 112 m. Abb. [Chandigarh] = Œuvre complète Vol. 7 – [Kat. Ausst.] Le Corbusier. Lithographien. Radierungen. Galerie Wolfgang Ketterer. München 1970, Nr. 5 m. Abb. – [Kat.] Die Neue Sammlung. Eine Auswahl aus dem Besitz des Museums. München [1972], Abb. 140 – [Kat. Ausst.] Estampes originales de Le Corbusier. Fondation Le Corbusier. Paris 1979, Nr. 35.

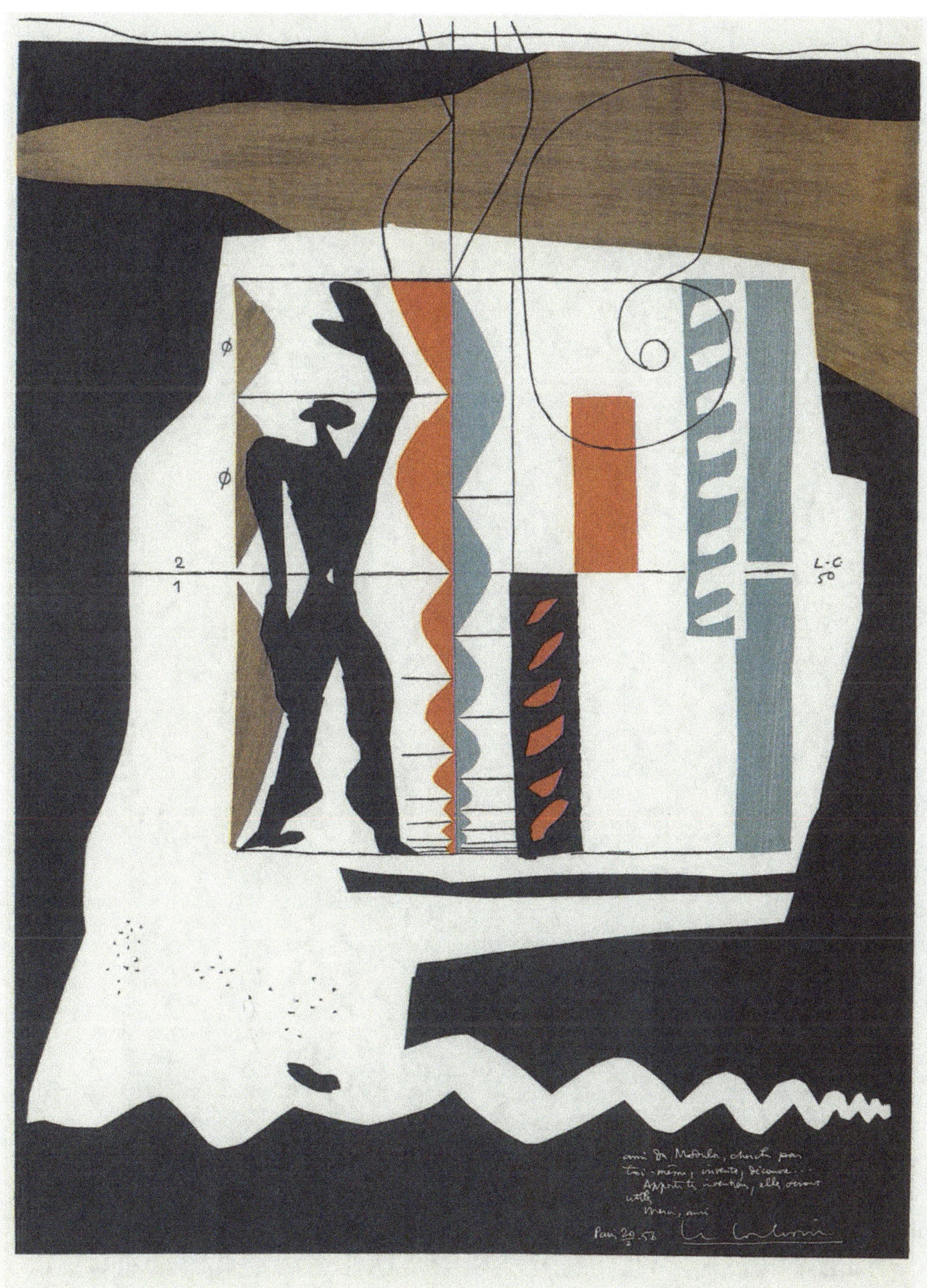

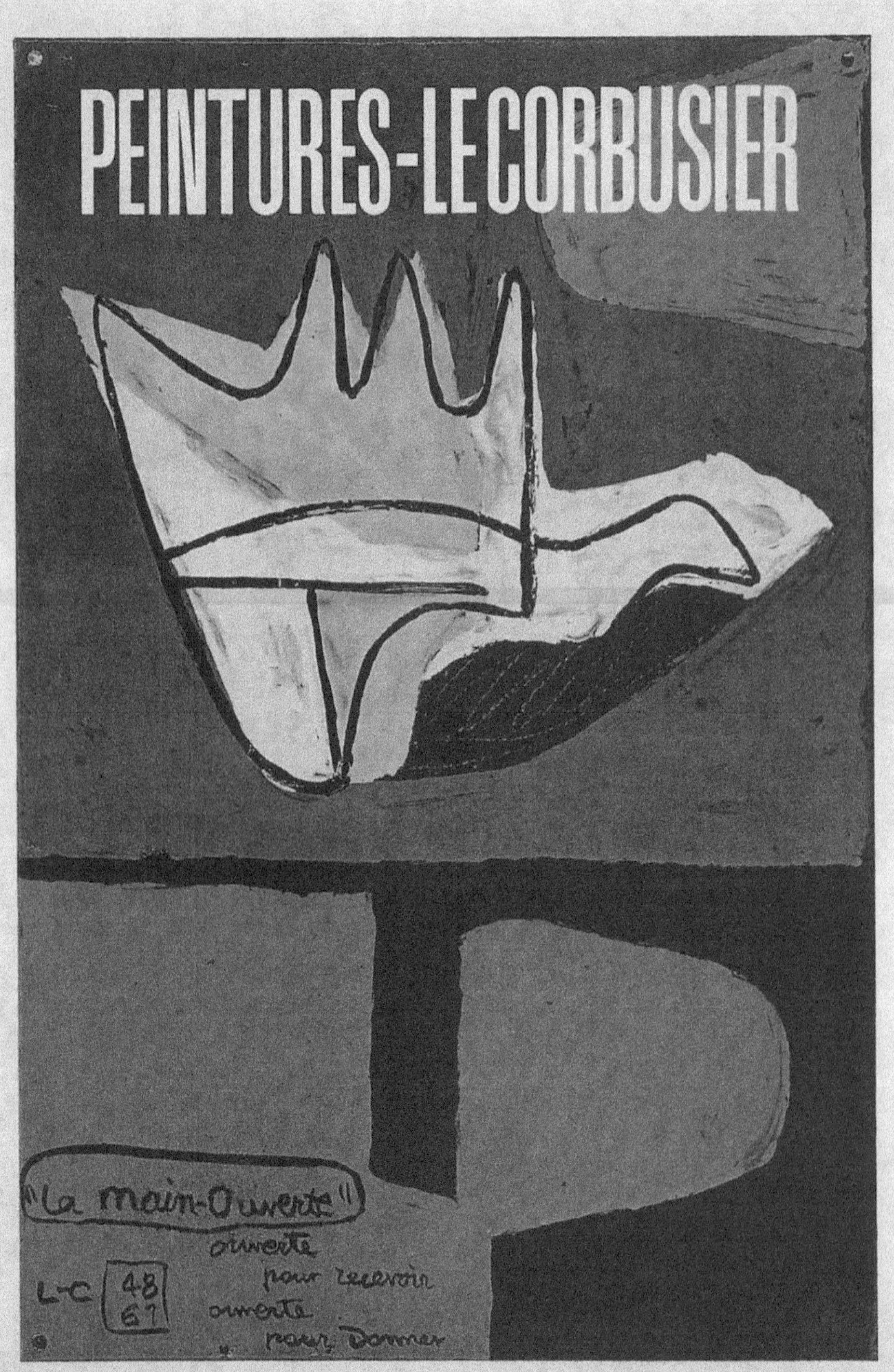

PEINTURES-LE CORBUSIER
"La main-Ouverte"
ouverte
pour recevoir
ouverte
pour Donner
L-C 48 61
HEIDI WEBER NEUMARKT 28 ZÜRICH 2.-30. NOV. 61

Peintures – Le Corbusier, 1961

Seit etwa 1950 beschäftigte sich Le Corbusier ein-
gehend mit dem Motiv der Hand bzw. Hände – hier
in Gestalt der »Main ouverte« – und variierte es als
Symbolzeichen in vielen Werken, so z.B. in seiner
Tapisserie »Les mains« (1951) und dem »Poème de
l'angle droit« (vgl. auch Plakat Inv. Nr. 1/62; 1955).
Die berühmteste Darstellung ist die monumentale
Plastik der offenen Hand, ein seit 1952 in Zusam-
menhang mit Le Corbusiers Planungen für die neue
Stadt Chandigarh/Pandschab entworfenes Denk-
mal.
Offset (mehrfarbig); 70,5 × 50 cm
Bez. im Bild l. u.: L-C 48 61
Auftragg.: Galerie Heidi Weber, Zürich, Schweiz
Inv. Nr. 144/66-2
Lit. u. a.: Boesiger Willy (Hrsg.), Le Corbusier.
Œuvre complète 1946–52. Zürich 1955², 157–161
m. Abb. = Œuvre complète Vol. 5; Œuvre complète
1957–1965. Zürich 1965, 108, 109 m. Abb. [»Monu-
ment de la main ouverte«] = Œuvre complète Vol. 7
– [Kat. Ausst.] Le Corbusier. Pittore e scultore. Mu-
seo Correr. Venedig 1986, Nr. 112–117 – Mathias
Martine u. a., [Kat. Ausst.] Le Corbusier. Œuvre
tissé. Paris 1987, 89, Nr. 11 m. Abb. [»Les mains«].

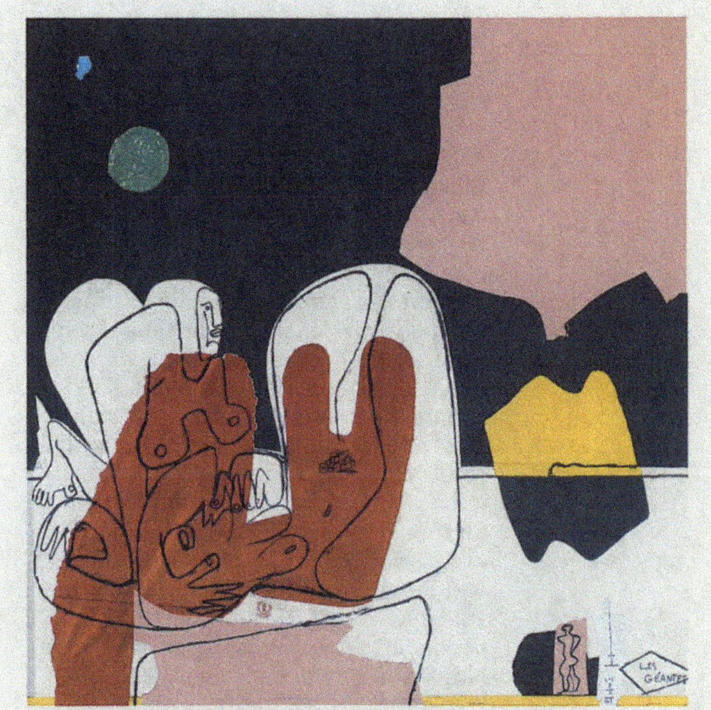

Papiers collés, 1962

Unter Verwendung einer 1961 gestalteten Collage.
Aus derselben Zeit datierten Le Corbusiers erste
Pläne und Studien für das »Maison de l'Homme«
(Centre Le Corbusier) in Zürich – ein Ausstellungen
und Vorträgen dienendes Wohnhaus nahe dem
See, das im Auftrag der Galeriebesitzerin Heidi We-
ber entworfen wurde, die mehrere Ausstellungen
Le Corbusiers zeigte (vgl. auch Inv. Nr. 144/66-2).
Offset (mehrfarbig); 66 × 50 cm
Bez. im Bild r. u.: L-C 8/7/61
Auftragg.: Galerie Heidi Weber, Zürich, Schweiz
Inv. Nr. 144/66-1
Lit. u. a.: Boesiger Willy (Hrsg.), Le Corbusier.
Œuvre complète 1957–1965. Zürich 1965, 24 [Mai-
son de l'Homme] = Œuvre complète Vol. 7.

14.11.1885 Gradizhsk/Ukraine – 5.12.1979
Paris
Zunächst von van Gogh, Gauguin und den
Fauves beeinflußt, wandte sich Sonia Delaunay nach ihrer Heirat (1910) der abstrakten Malerei zu; in engem künstlerischen
Austausch mit Robert Delaunay
(1885–1941) arbeitete sie seit 1911/12 wie
dieser auf der Basis der »simultanen Farb-
kontraste«. Neben Gemälden, Pastellzeichnungen, Collagen u.a. setzte sich Sonia
Delaunay von Anfang an sehr intensiv mit
nahezu allen Bereichen der angewandten
Kunst auseinander: So gestaltete sie –
ebenfalls nach den Prinzipien der »contra-
stes simultanés« – Buch- und Zeitschriften-
einbände, Illustrationen zu Werken be-
freundeter Dichter (B. Cendrars, T. Tzara),
Stoffmuster, textile Gegenstände wie Dek-
ken, Tücher oder Vorhänge sowie Kleider
und Teppiche. Außerdem entwarf sie Kostüme für Ballett, Theater, Film u.a., Bühnenbilder, Inneneinrichtungen, die Bemalung von Automobilen und vieles mehr.
Zu diesem breiten Spektrum gehörten
auch Plakatentwürfe. Die ersten entstanden bereits 1913–1914, ohne Auftrag, aus
Interesse an den Kombinationsmöglichkei-
ten von abstrakten Farbkompositionen und
(farbig gemalten) Buchstaben.
Außer einigen Plakatentwürfen in den
zwanziger und dreißiger Jahren, u.a. für

»Pernot« (1937), wandte sich Sonia Delaunay erst wieder in hohem Alter diesem Bereich zu – in einer Phase, in der sie nach
Jahrzehnten vorwiegend freier künstlerischer Tätigkeit bzw. des Einsatzes für die
Anerkennung von Robert Delaunays Werk
auch selbst durch retrospektive Ausstellungen im In- und Ausland gewürdigt
wurde. Für einige davon gestaltete sie die
Plakate (u.a. 1967), die der Formensprache
und Farbpalette ihres Spätwerks entsprechen.

Lit. u. a.: Barten Sigrid, [Kat. Ausst.] Sonia Delaunay
1885–1979. Rhythmen und Farben. Museum Bellerive. Zürich 1987 [dort weit. Lit.] = Wegleitung
Nr. 362.

International Women's Year, 1975

Das von der neunzigjährigen Künstlerin entworfene
UNESCO-Plakat spiegelt mit seinen Formelemen-
ten Dreieck, Kreis bzw. Kreissegment, Rechteck und
Quadrat sowie mit den dunkel leuchtenden Farben
den Stil ihres Spätwerks wider. Etwa seit den fünfzi-
ger Jahren »herrschten vibrierende Kontraste von
tiefen Blautönen, Rot und Schwarz vor . . ., ohne
daß dabei das Licht die Farben modulierte wie in
den Werken ihrer ›orphistischen‹ Phase der Jahre
1913–1914 und ihres Aufenthalts in Spanien und
Portugal (1915–1920)« (Molinari, nach Barten 1987,
S. 16).
Lithographie (mehrfarbig); 77 × 51 cm
Bez. im Bild l. u.: Sonja DelaunAY
Auftragg.: UNESCO
Druck: Mourlot, Paris
Inv. Nr. 479/87
Lit. u. a.: Cohen Arthur Allen, Sonia Delaunay. New
York 1975, 186 m. Abb. – Barten Sigrid, [Kat. Ausst.]
Sonia Delaunay 1885–1979. Museum Bellerive. Zü-
rich 1987, 117, 151, Nr. 148 m. Abb. [dort mit fran-
zös. Beschr.] – Wichmann Hans, [Kat. Ausst.] Neu.
Donationen und Neuerwerbungen 1986/87. Die
Neue Sammlung. München 1989, 200, 201 m. Abb.

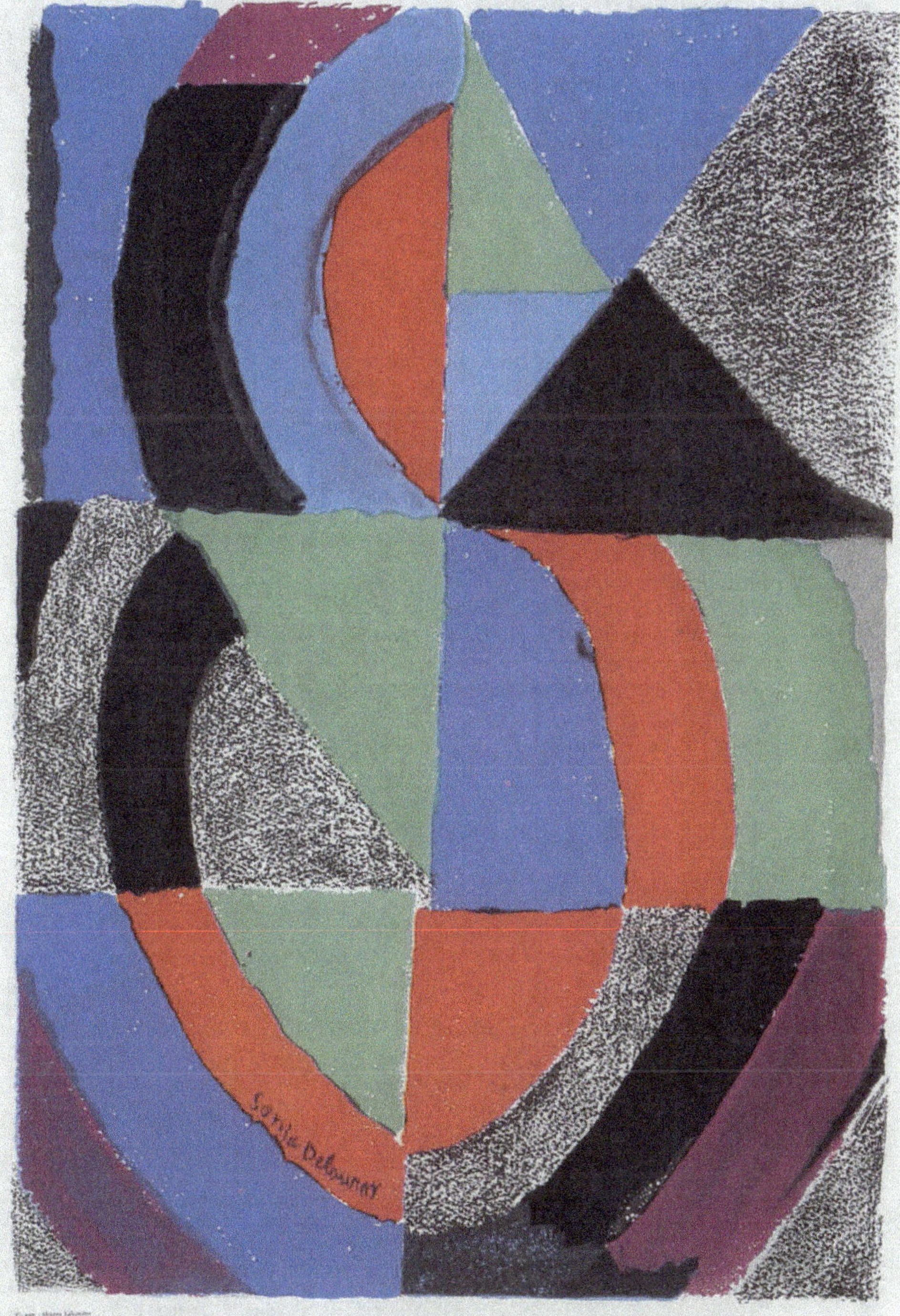

UNESCO
Sonia Delaunay
INTERNATIONAL WOMEN'S
YEAR 1975

31.7.1901 Le Havre – lebt in Paris, Vence
und Le Touquet
Erst im Alter von 42 Jahren – nach einem
bürgerlichen Leben als Weinhändler,
durchbrochen von einigen künstlerischen
Versuchen – wandte sich Dubuffet endgül-
tig der Malerei, Bildhauerei und Graphik
zu. Sein Interesse galt den Werken »pri-
mitiver« Völker und naiver Kunstäußerung. Dieser Neigung verlieh er theoreti-
schen Ausdruck in einer Reihe von
Schriften. Der Begriff der »Art Brut«, den er
für seine Arbeiten ab 1948 einführte,
wurde zur Stilbezeichnung.
In seiner 1949 erschienenen Abhandlung
»L'art brut préféré aux arts culturels«
wandte sich Dubuffet gegen den traditio-
nellen, vom Kulturbetrieb okkupierten
Kunstbegriff. Er trachtete danach, jegliche
Emotionalität so unmittelbar wie möglich
darzustellen.
Neben den um 1921 entstandenen Zeitschriftenillustrationen entwarf Dubuffet
Buchumschläge und Schallplattenhüllen.
Ebenso illustrierte er Bücher und gestaltete
Tapisserien, Kulissenbilder und Theaterko-
stüme, die sich wie seine Plakatentwürfe
mit der jeweiligen Phase seines malerischen Œuvres verbinden.

Lit. u. a.: Loreau Max, Catalogue des travaux de
Jean Dubuffet. Bd. 1–36. Paris 1964–88 – [Kat.
Ausst.] Dubuffet Retrospektive. Akademie der Kün-
ste. Berlin 1980 – Glimcher Mildred, Jean Dubuffet.
Towards an alternative reality. New York 1987.

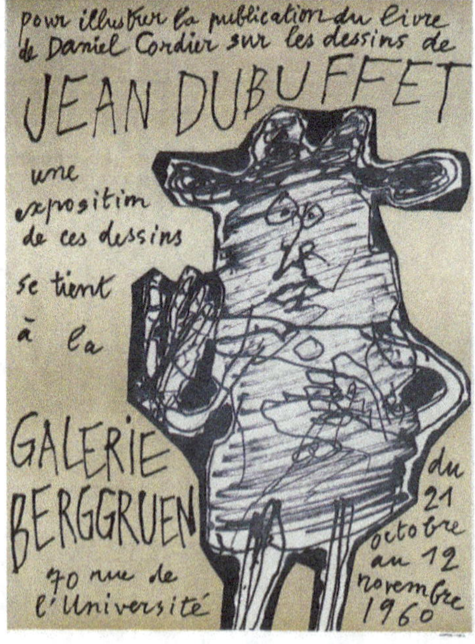

Jean Dubuffet – Galerie Berggruen, 1960

Plakat und die 1960 datierte Entwurfszeichnung mit
dem Titel »Personnage au chapeau« entstanden im
Zusammenhang einer von Daniel Cordier konzipierten Publikation über Zeichnungen Dubuffets. Statt
der vereinbarten 40 Illustrationen gestaltete dieser
zwischen Mai und September 1960 über 150 Zeichnungen, vorwiegend mit dem Titel »Personnage au
chapeau«, die sich eng an Dubuffets Veröffentlichung »L'oukiva trene sebot« und an die Bildfolge
»Lieux cursifs« anschließen.
Lithographie (graubraun, schwarz); 67 × 52,5 cm
Auftragg.: Galerie Berggruen & Cie, Paris
Druck: Jacomet, Paris
Inv. Nr. 2/62
Lit. u. a.: Loreau Max, Catalogue des travaux de
Jean Dubuffet. Bd. 18. Dessins (1960). Paris 1969,
111, Nr. 187 m. Abb. [Zeichnung], 131 m. Abb.

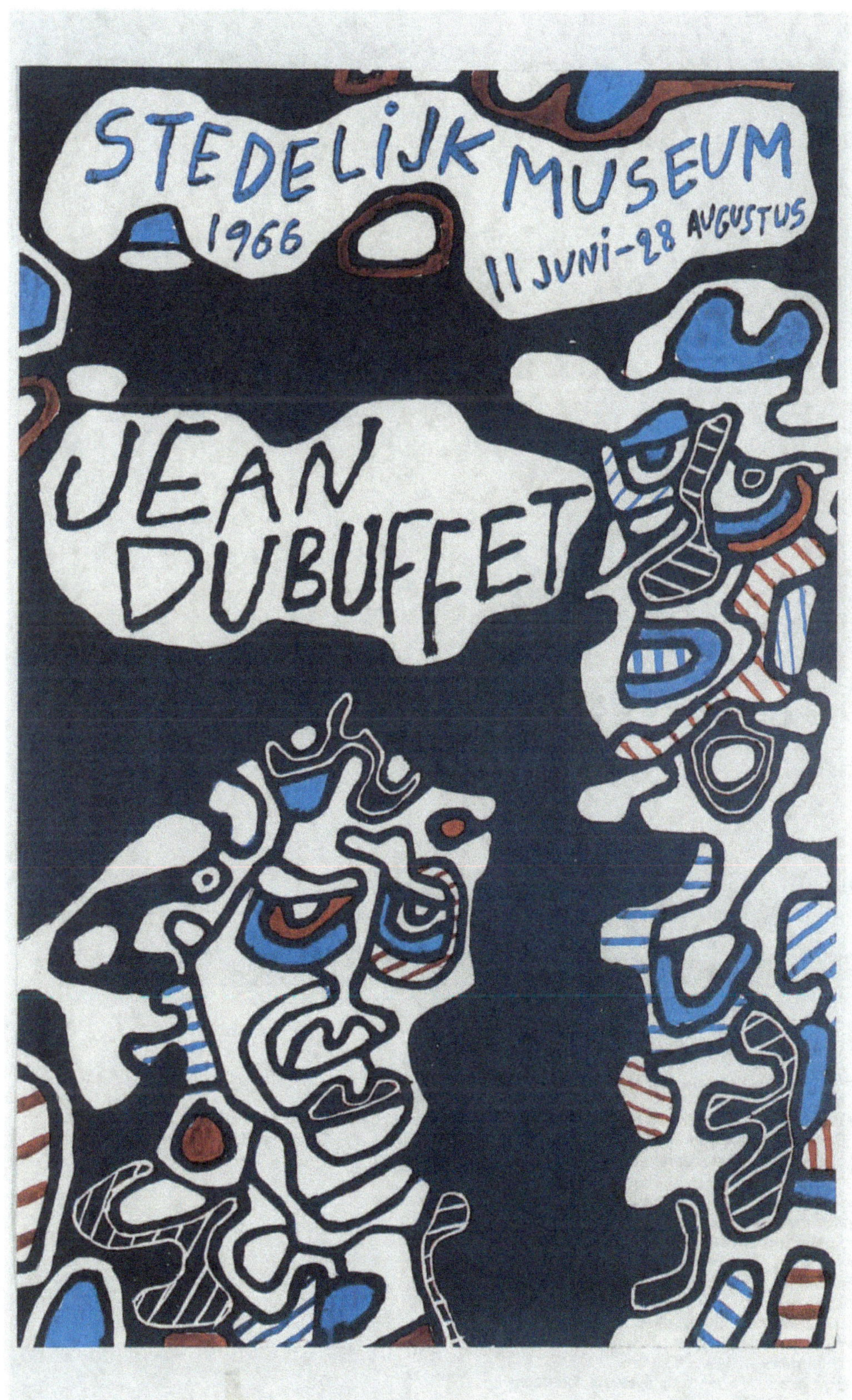

Jean Dubuffet – Stedelijk Museum, 1966

Plakat und der dazu erhaltene Entwurf (Vengle auf Papier; 76,2 × 50,8 cm) aus dem gleichen Jahr gehören zu den sogen. »L'Hourloupe«-Arbeiten, die seit 1962/63 entstanden sind. Der lautmalerische Begriff soll Assoziationen zur Märchenwelt hervorrufen, die für Dubuffet nicht weniger existent ist als die Realität. Diese Bilder sollen »in die tatsächlichen materiellen Erscheinungsformen unserer alltäglichen Welt den Zweifel einführen, ob diese nicht doch nur eine Schöpfung unseres Denkens sei« (Dubuffet).
Offset (schwarz, rot, blau); 95 × 63,5 cm
Auftragg.: Stedelijk Museum, Amsterdam, Niederlande
Inv. Nr. 3682/82
Lit. u. a.: Loreau Max, Catalogue des travaux de Jean Dubuffet. Bd. 21. L'Hourloupe II. Paris 1968, 134, Nr. 223 m. Abb. [Entwurf], 202 m. Abb.

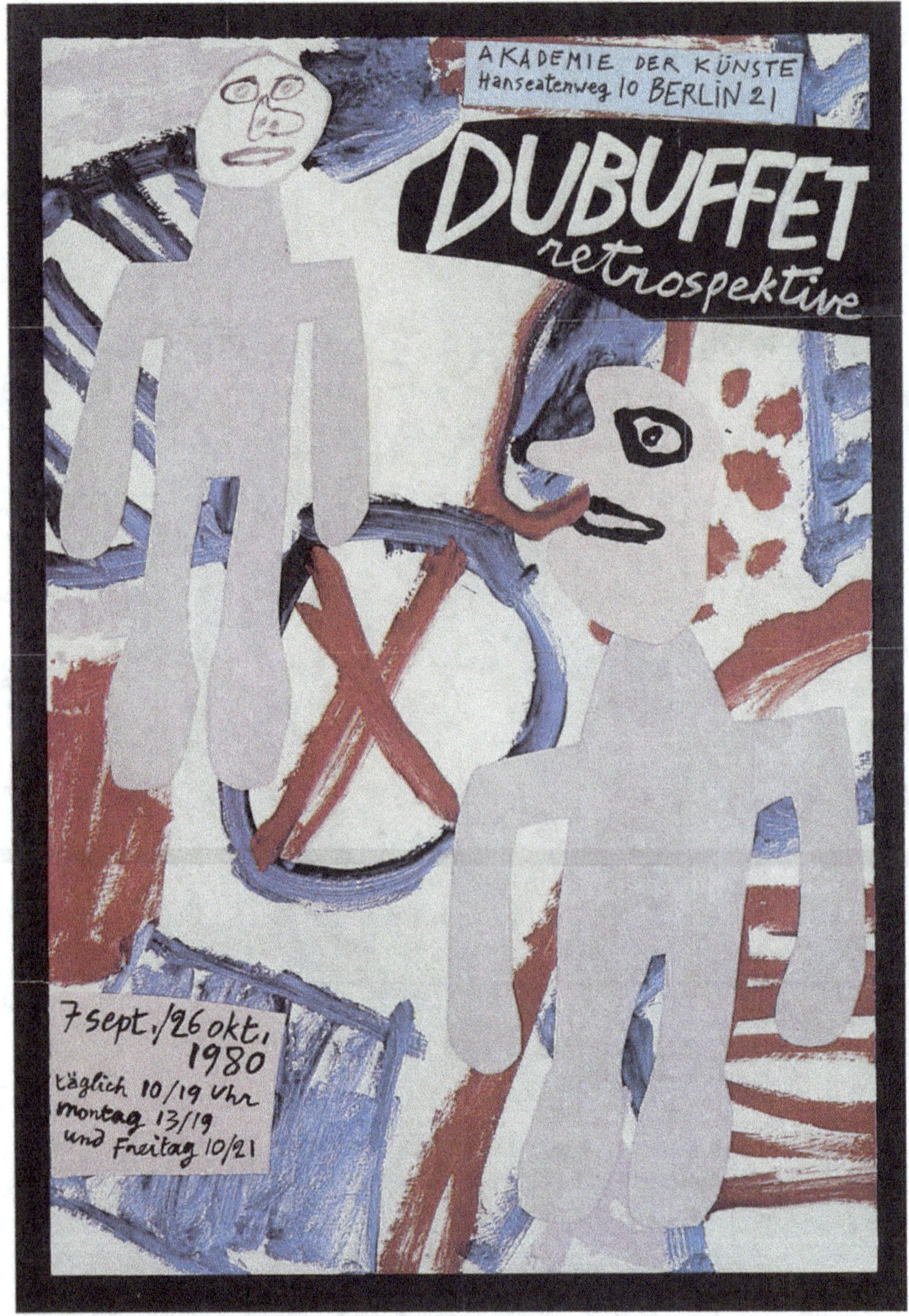

Dubuffet Retrospektive, 1980

Plakat und der vom 30. April 1980 datierende Entwurf (Filzstift und Acryl; 51 × 35 cm) gehören zu einer seit März 1979 entstandenen Werkgruppe. Die
»Brefs exercises d'école journalière«, die kurzen
Übungen der alltäglichen Schule, zumeist ausgeführt mit schwarzem Filzstift, kombiniert mit Acrylfarben, gehen erneut auf das Thema der Sehgewohnheiten ein. Dabei werden die dargestellten
Orte (paysages) in verschiedenen Perspektiven und
Maßstäben gezeigt. Die Personen, die meist dar-
übergeblendet erscheinen, sollen den verunklärten
Raum zu einer neuen Einheit zusammenfügen.
Offset (mehrfarbig); 119 × 83,5 cm
Auftragg.: Akademie der Künste, Berlin, Deutsch-
land; Inv. Nr. 7173/82

Lit. u. a.: [Kat. Ausst.] Dubuffet Retrospektive. Akademie der Künste. Berlin 1980, Umschlagabb. – Loreau Max, Catalogue des travaux de Jean Dubuffet.
Bd. 33. Sites aux figurines, Partitions. Paris 1982, 11,
Nr. 9 m. Abb. [Entwurf], 123 m. Abb.

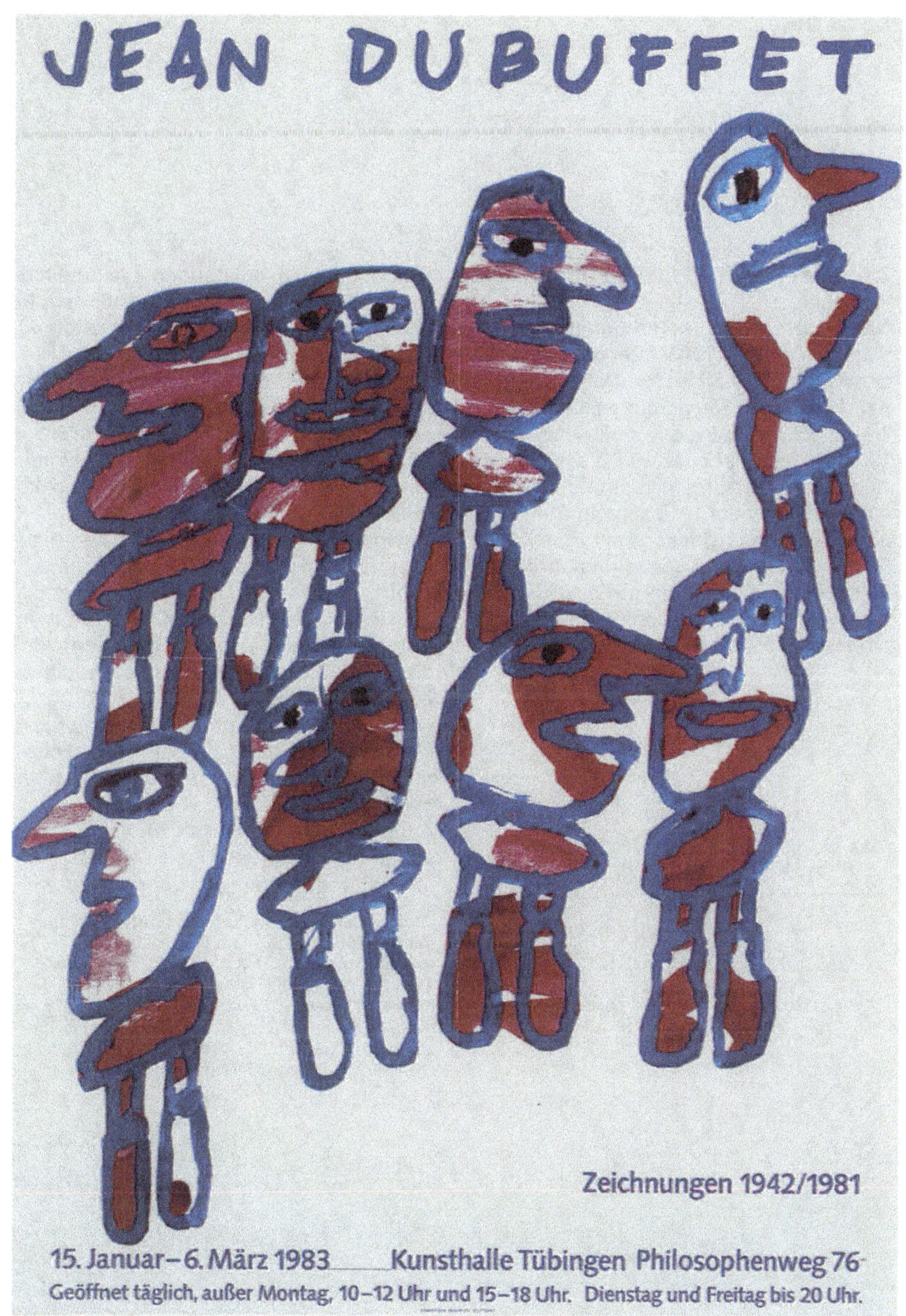

Jean Dubuffet – Kunsthalle Tübingen, 1983

Das Plakat basiert auf einem mit 4. April 1982 datierten Entwurf (Acryl auf Papier; 81 × 63 cm), der im November des gleichen Jahres durch aufgeklebte »pièces rapportées« verändert wurde. Der Entwurf wird zu der Werkgruppe der »sites aléatoires« (ungewisse Landschaften) gerechnet – erinnert also wiederum an Dubuffets charakteristisches Thema der »relativen« Seherfahrung und seinen Zweifel an der allgemeinen Gültigkeit von Sehweisen. Das Motiv kehrt als Titelbild von Band 35 der vom Künstler mitherausgegebenen Werkmonographie wieder.
Offset (blau, rot); 84 × 59,5 cm
Auftragg.: Kunsthalle, Tübingen, Deutschland
Druck: Domberger, Stuttgart, Deutschland
Inv. Nr. 791/83

Lit. u. a.: Loreau Max u. Jean Dubuffet, Catalogue des travaux de Jean Dubuffet. Bd. 35. Sites aléatoires. Paris 1986, 27, Nr. 40 m. Abb. [Entwurf], 93 m. Abb.

3.6.1877 Le Havre – 23.3.1953 Forcalquier/
Provence
Nach impressionistischen Anfängen
wandte sich Dufy 1905 unter dem Eindruck
der Werke von Matisse im »Salon des Inde-
pendants« dem Fauvismus zu, und seine
Freundschaft mit Braque wirkte sich seit
1909 auf seine Arbeiten aus, die nun eine
Auseinandersetzung mit dem Kubismus
aufweisen. Bereits 1910 begann Dufys Tätigkeit im Bereich der angewandten Kunst.
So gewann ihn 1912 der Seidenfabrikant
Bianchini für eine 13 Jahre währende Zusammenarbeit als Textilentwerfer. Für den
Modeschöpfer Paul Poiret entwarf er

Stoffe; daneben entstanden, u.a. für Fleu-
ret und Apollinaire, Buchillustrationen. Ta-
peten- und Teppichentwürfe begleiteten
sein Werk ebenso wie keramische Arbeiten, die besonders 1923 in Zusammenarbeit mit dem katalanischen Töpfer Artigas
entstanden. Es folgen Tapisserien und
Wandgemälde für öffentliche wie private
Räumlichkeiten, später auch Bühnendekorationen.
Obwohl das Werk Dufys eng mit der angewandten Kunst verknüpft ist, hat er, wie
der Drucker Fernand Mourlot 1959 berich-
tet, »leider nur wenige Plakate geschaffen.
Aber diese wenigen lassen bedauern, daß
dieser unermüdliche Arbeiter so wenig
Zeit für derartige Werke hatte, auf die er
wohl alle Phantasie und Gewissenhaftig-
keit verwendet hätte, die seine Kunst charakterisieren. So hat er sich damit begnü-
gen müssen, aus seinen Bildern oder
Aquarellen, die als Plakate für seine Ausstellungen geeigneten auszuwählen und
ihren Druck sorgfältig zu überwachen.«

Lit.u.a.: Laffaille Maurice, Raoul Dufy. Catalogue
raisonné de l'œuvre peint. Bd.1–4. Genf 1972–77 –
Mourlot Fernand, Kunst im Plakat. [Paris] 1959,
10–11 – [Kat.Ausst.] Raoul Dufy. A retrospective.
Ringling Museum of Art. Sarasota/Florida 1978 –
[Kat.Ausst.] Raoul Dufy. Paintings, drawings, illu-
strated books, mural decorations ... Arts Council of
Great Britain/Hayward Gallery. London 1983.

Raoul Dufy – Musée des Beaux-Arts, 1956

Das Plakat, das posthum entstand, zeigt in abge-
wandelter Form das undatierte Aquarell Dufys »La
coquille« (47,5 × 31,5 cm).
Das Motiv der Muschel gehört zum Formenreper-
toire Dufys und findet sich von Beginn an in vielen
Gemälden, Zeichnungen, Stoffdrucken und Kerami-
ken wieder. Bisweilen wird sie in die Bilder wie ein
Versatzstück symbolhaft integriert.
Lithographie (mehrfarbig); 64 × 44 cm
Bez. im Bild. r.u.: Raoul Dufy
Auftragg.: Musée des Beaux-Arts, Nancy
Druck: Mourlot, Paris
Inv.Nr.438/87
Lit.u.a.: Guillon-Laffaille Fanny, Raoul Dufy. Catalo-
gue raisonné des aquarelles, gouaches et pastels.
Bd. 2. Paris 1982, 353, Abb.2027 [Aquarell] – Wich-
mann Hans, [Kat.Ausst.] Neu. Donationen und Neu-
erwerbungen 1986/87. Die Neue Sammlung. Mün-
chen 1989, 180 m.Abb.

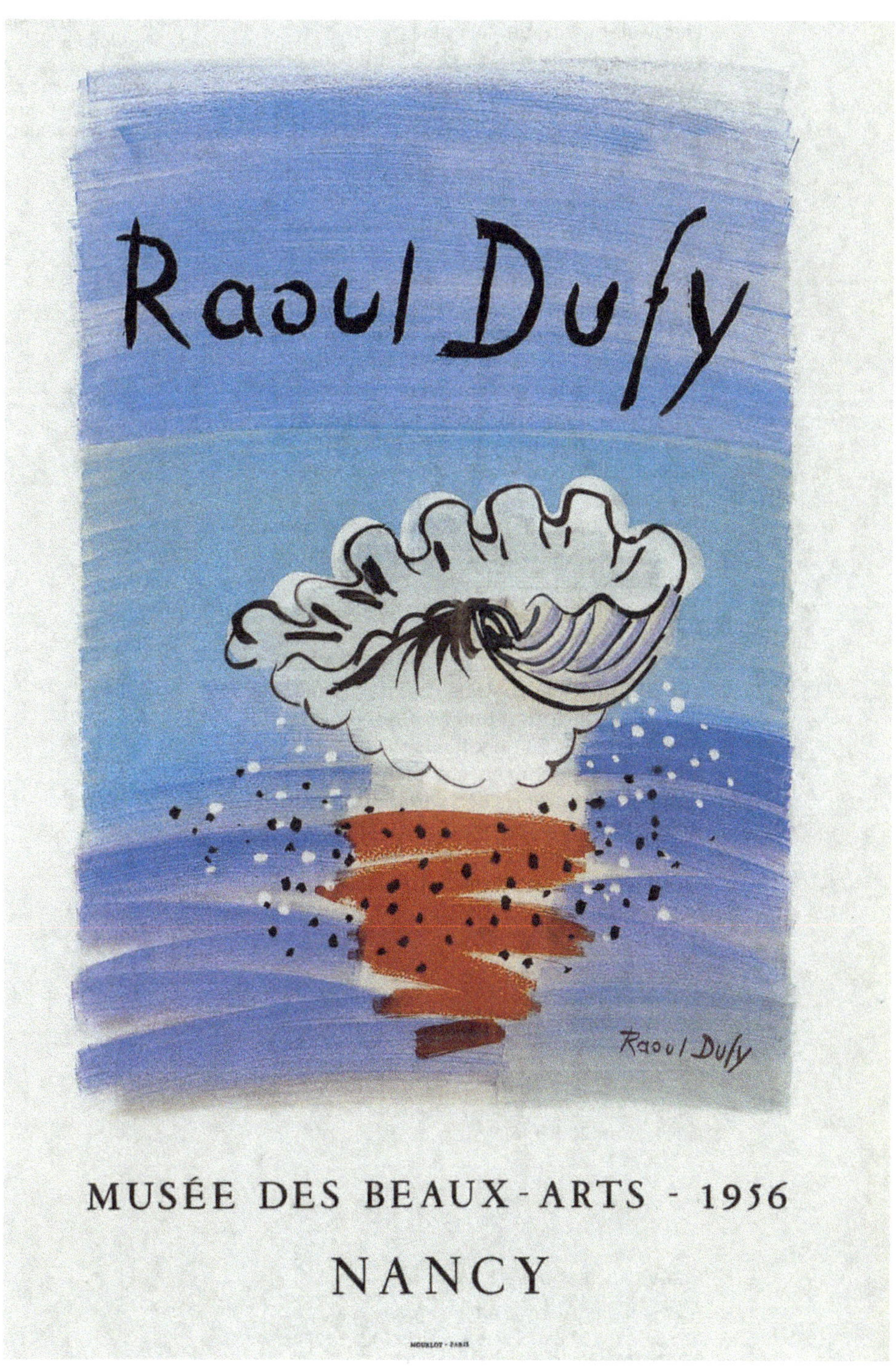
Raoul Dufy
MUSÉE DES BEAUX-ARTS - 1956
NANCY
Raoul Dufy

Maurice Estève

2.5.1904 Culan/Dept. Cher – lebt in Frankreich

Der Maler gilt neben Nicolas de Staël, Maria Vieira da Silva, Serge Poliakoff u.a. als einer der Hauptvertreter der »Ecole de Paris«. In seinem Frühwerk vor allem von Cézanne und Léger beeinflußt, gelangte Estève seit den fünfziger Jahren in Auseinandersetzung mit kubistischen Formen und fauvistischer Farbigkeit zu einer eigenen, lyrisch abstrakten Ausdrucksform. Bereits zu Beginn seiner Ausbildung arbeitete Estève auch im kunsthandwerklichen Bereich: so leitete er 1923 das Studio für Stoffdekoration einer Textilfabrik in Barcelona; 1937 beteiligte er sich unter der Leitung von Robert und Sonia Delaunay an den Dekorationen in den Pavillons für Eisenbahn und Flugwesen der Pariser Weltausstellung.

Auch im Bereich der Druckgraphik ist der Künstler von Anfang an tätig gewesen: so schuf er in den dreißiger Jahren Linolschnitte für die mit Freunden herausgegebene Zeitschrift »Les Indélicats«. Seit den fünfziger Jahren wandte er sich vor allem der Lithographie zu. Diese bei den Druckern Clot, Desjobert und Mourlot ausgeführten Werke, zu denen auch Ausstellungsplakate gehören, stehen in Ausdruck und Formensprache den Ölbildern, Aquarellen und Collagen des Künstlers nahe; verwandt sind der spontan wirkende Duktus und die zunächst meist transparente, in den sechziger und siebziger Jahren stärker verdichtete Farbigkeit.

Lit. u. a.: Francastel Pierre, Estève. Paris 1956 – Hommage à Estève. Paris 1975 = XXème Siècle. Numero spécial – [Kat. Ausst.] Estève. Galeries Nationales du Grand Palais. Paris 1986 [dort weit. Lit.] – Proudhomme-Estève Monique u. Hans Moestrup, Maurice Estève. L'œuvre gravé. Catalogue raisonné. Kopenhagen 1986 – [Kat. Ausst.] Estève. Galerie Nathan. Zürich 1989.

Lithographie auf Arches-Bütten (mehrfarbig); 60,5 × 40 cm
Auftragg.: Galerie Galanis, Paris
Druck: Mourlot, Paris
Inv. Nr. 60/65-1
Lit. u. a.: Proudhomme-Estève Monique u. Hans Moestrup, Maurice Estève. L'œuvre gravé. Catalogue raisonné. Kopenhagen 1986, 50 [Lithographie], 136 m. Abb.

Estève – Galerie Galanis, 1955

Die für das Plakat verwendete Lithographie »Totelem« (60,1 × 39,8 cm) wurde gleichzeitig – ebenfalls bei Mourlot auf Arches-Bütten gedruckt – in 75 numerierten, signierten Exemplaren sowie in 25 signierten Probeabzügen bei Villand-Galanis Editeur veröffentlicht. Bei der Ausstellung handelte es sich um die erste Einzelpräsentation von Werken Estèves in Paris, zu einer Zeit, als die von ihm vertretene Stilrichtung der sogen. »Lyrischen Abstraktion« zunehmend Anerkennung erfuhr.

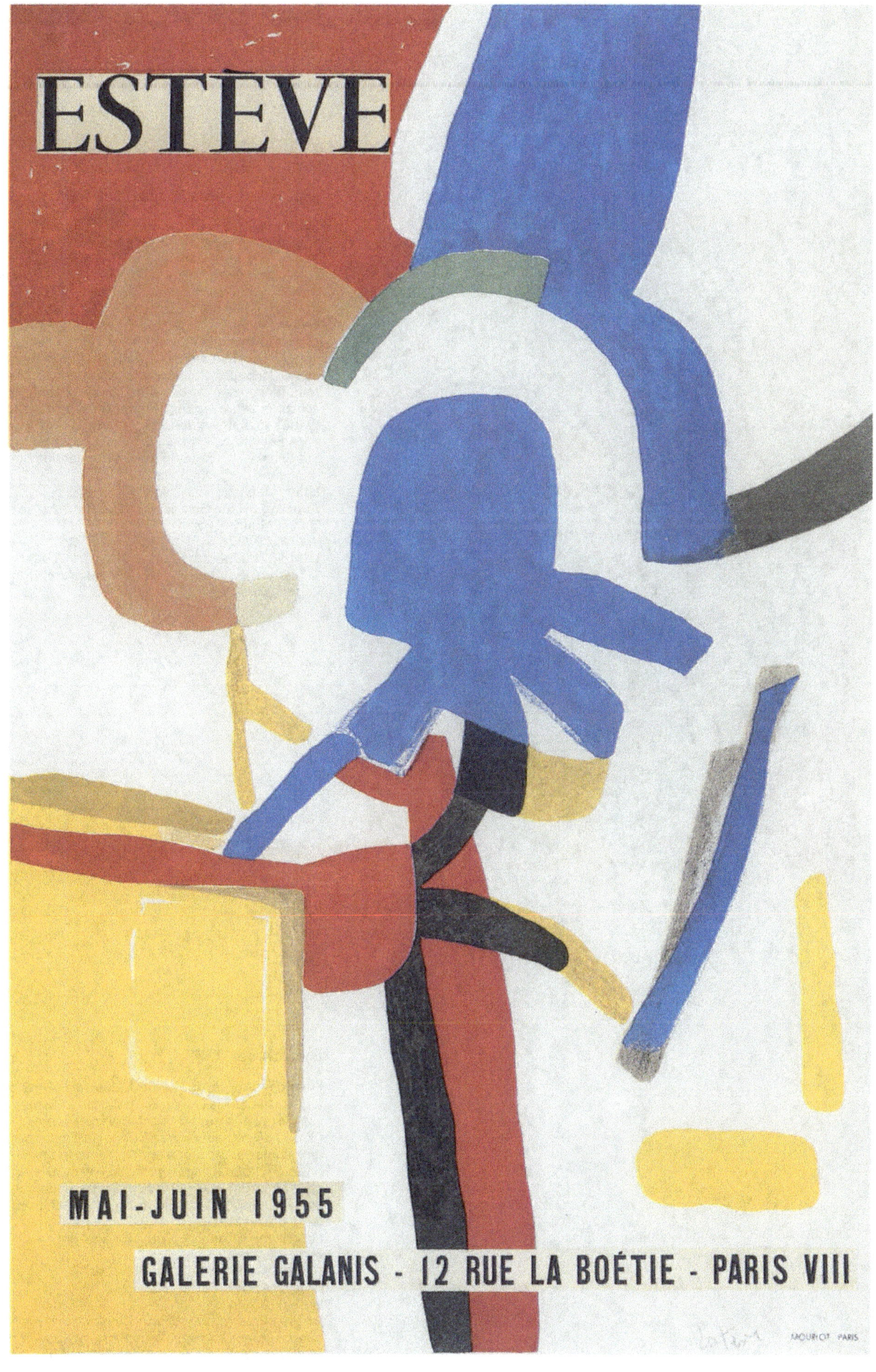

ESTÈVE
MAI-JUIN 1955
GALERIE GALANIS - 12 RUE LA BOÉTIE - PARIS VIII
MOURLOT PARIS

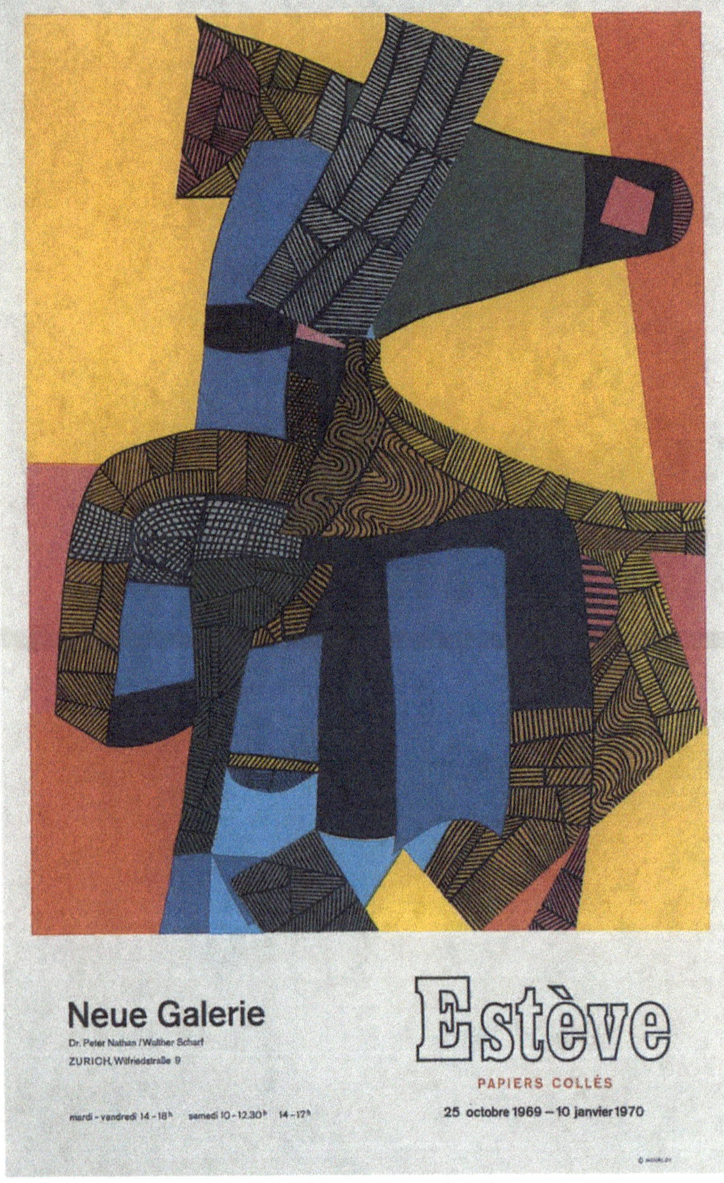

Estève – Papiers collés, 1969

Das für die erste Ausstellung von Collagen des
Künstlers konzipierte Plakat gibt eine im gleichen
Jahr entstandene Lithographie »Anubis« wieder
(10-Farben-Druck; 65,3 × 50 cm), die in 95 numerierten, signierten Exemplaren und 25 signierten
Probeabzügen bei Mourlot gedruckt und von der
Galerie Nathan in Zürich ediert wurde. Das Werk
nimmt in seiner kräftigen Farbigkeit und den scharf
abgesetzten Farbfeldern – vielleicht von den gou-
aches decoupés-Collagen Matisses beeinflußt – bereits Tendenzen von Arbeiten der siebziger und
achtziger Jahre vorweg. Bildmotiv und Titel des
Blattes spielen auf den altägyptischen Gott der ritu-
ellen Bestattung an, der als Schakal oder Mensch
mit Schakalskopf häufig auf Grabmalereien oder
-beigaben dargestellt wurde.
Lithographie (mehrfarbig); 84,7 × 54,2 cm
Auftragg.: Neue Galerie, Zürich, Schweiz
Druck: Mourlot, Paris
Inv. Nr. 134/90
Lit. u. a.: Prudhomme-Estève Monique u. Hans
Moestrup, Maurice Estève. L'œuvre gravé. Kopen-
hagen 1986, 79, Nr. 51 m. Abb.

Bank Street, 1967

Für die Eröffnung des Ateliers Mourlot in New York
(vgl. auch das Plakat von Buffet) entwarf Estève dieses Plakat, das zugleich auch »avant la lettre«
(65,5 × 46 cm; auf Arches-Bütten) in 125 numerierten, signierten Abzügen und 15 numerierten, signierten Probeabzügen gedruckt wurde. Die Arbeit
stellt eines der wenigen Beispiele dar, in denen
Estève versucht, eine Collage in das graphische Medium umzusetzen.
Lithographie (mehrfarbig); 71 × 53,4 cm
Bez. M. u.: Estève
Auftragg.: Atelier Mourlot, New York
Druck: Mourlot, Paris
Inv. Nr. 133/90
Lit. u. a.: Prudhomme-Estève Monique u. Hans Moestrup, Maurice Estève. L'œuvre gravé. Kopenhagen
1986, 72 m. Abb. [Lithographie], 139 m. Abb.

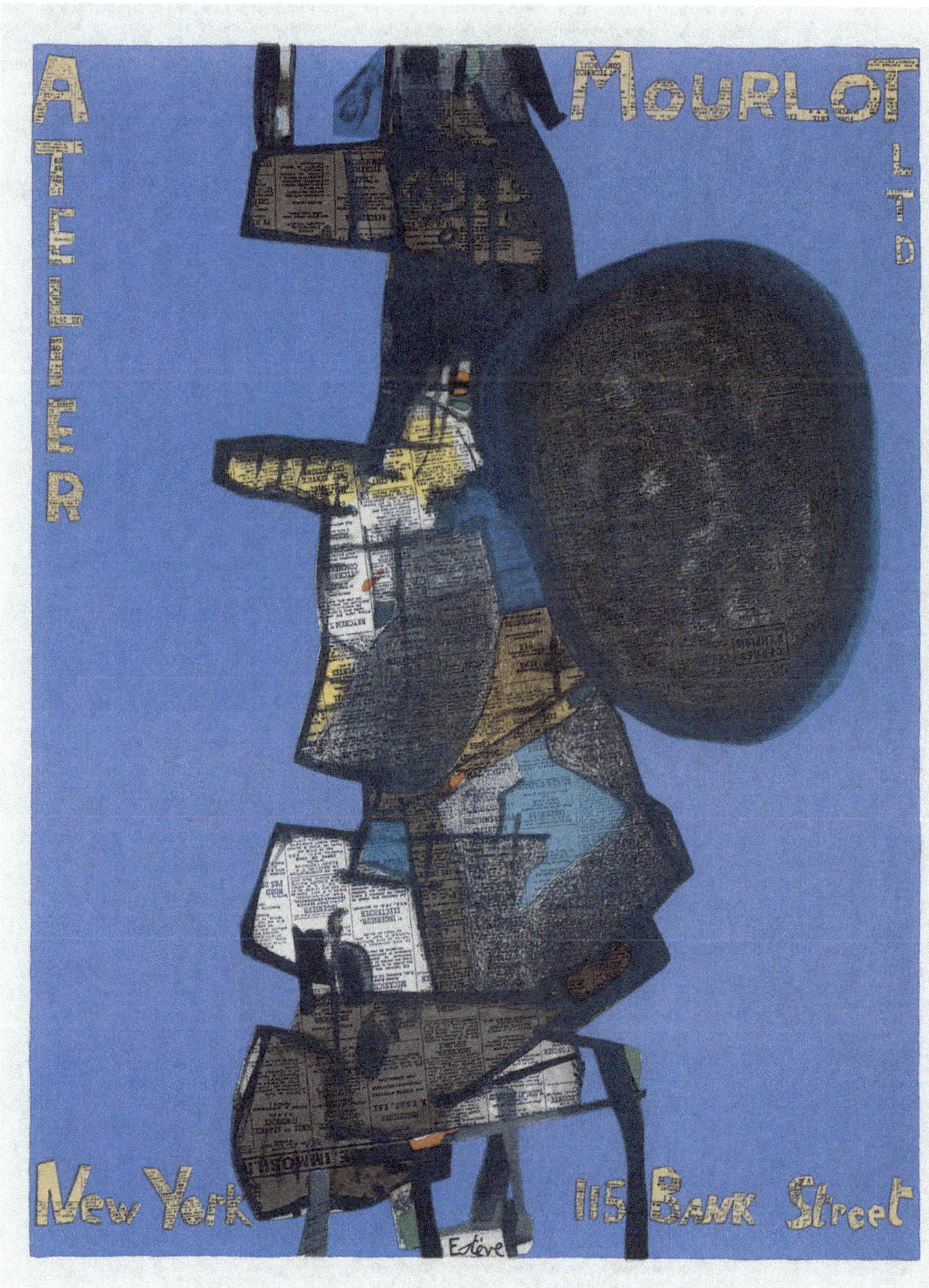

ATELIER
MOURLOT
LTD
New York
115 BANK Street
Estève

Yves Klein

28.4.1928 Nizza – 6.6.1962 Paris
Seit 1947 arbeitete Klein an seiner Idee des
Monochromen, die ein Grundelement seiner Malerei darstellte, aber auch die Musik
einbezog (Symphonie monotone,
1947–1961). Von 1949 an beschäftigte er
sich in seinen monochromen, vorwiegend
blauen Bildern intensiv mit der reinen
Farbe und entwickelte 1956 die spezielle
Blaumischung IKB (International Klein
Blue), die als Inkarnation des Kosmischen,
Grenzenlosen und Universalen eine wichtige Rolle in seinem Schaffen spielte. Klein
experimentierte mit verschiedensten Materialien und Techniken, z.T. in Überschreitung der Grenzen zwischen freier und angewandter Kunst. Er entwarf Schwammre-
liefs für die Ausgestaltung des Gelsenkir-
chener Stadttheaters (1957/59), präsen-
tierte »leere Räume«, schuf »Anthropo-
metrien« (Abdrücke blau eingefärbter
menschlicher Körper), »Cosmogonien«
(Bilder mit Spuren von Regen, Wind, Pflan-
zenabdrücken etc.), Feuerbilder (seit 1961),
planetarische Reliefs und sogen. »Sensibi-
lisierte Zonen«. Darüberhinaus entwarf er
auch Plakate. Klein, der zu den Gründungs-
mitgliedern der Gruppe »Nouveau Réalisme« (1960) gehörte, versuchte mit seinen
Arbeiten weniger, Objekte zu schaffen – sie
sind seinen Worten zufolge nur Asche, nur
Spuren seiner Kunst – als vielmehr seine
Idee einer allgemeinen Entgrenzung, Entkörperlichung und Sensibilisierung zu veranschaulichen.

Lit. u. a.: Wember Paul, Yves Klein. Köln 1969 – [Kat.
Ausst.] Yves Klein. Nationalgalerie, Berlin/Städti-
sche Kunsthalle, Düsseldorf. Berlin 1976 – [Kat.
Ausst.] Yves Klein. Centre Georges Pompidou. Paris
1983.

zugrundeliegende Idee entsprach seinen »Anthro-
pometrien« und »Cosmogonien«: Malen mit dem
Abdruck des Feuers. Die dabei erzielte Farbtrias
Blau-Rot-Gold deutete Klein in einem theologisch-
spekulativen Sinne.
Offset (mehrfarbig); 100 × 70,1 cm
Auftragg.: Louisiana Museum, Humlebaek, Däne-
mark
Druck: J. Chr. Sørensen & Co A/S, Dänemark
Inv. Nr. 132/90
Lit. u. a.: Wember Paul, Yves Klein. Köln 1969, 135,
FC 17 m. Abb. [Gemälde].

Yves Klein – Louisiana, 1968

Das Plakat basiert auf dem Feuerfarbbild (Feux Cou-
leurs) »FC 17« von 1962, das sich im Louisiana Museum, Humlebaek, befindet. Klein hatte bereits seit
1955 mit Feuerwänden und -säulen experimentiert,
doch erst 1961 entstanden die Feuerfarbbilder, bei
denen er den zuvor mit Farbe präparierten Spezial-
karton mit einem Flammenwerfer bearbeitete. Die

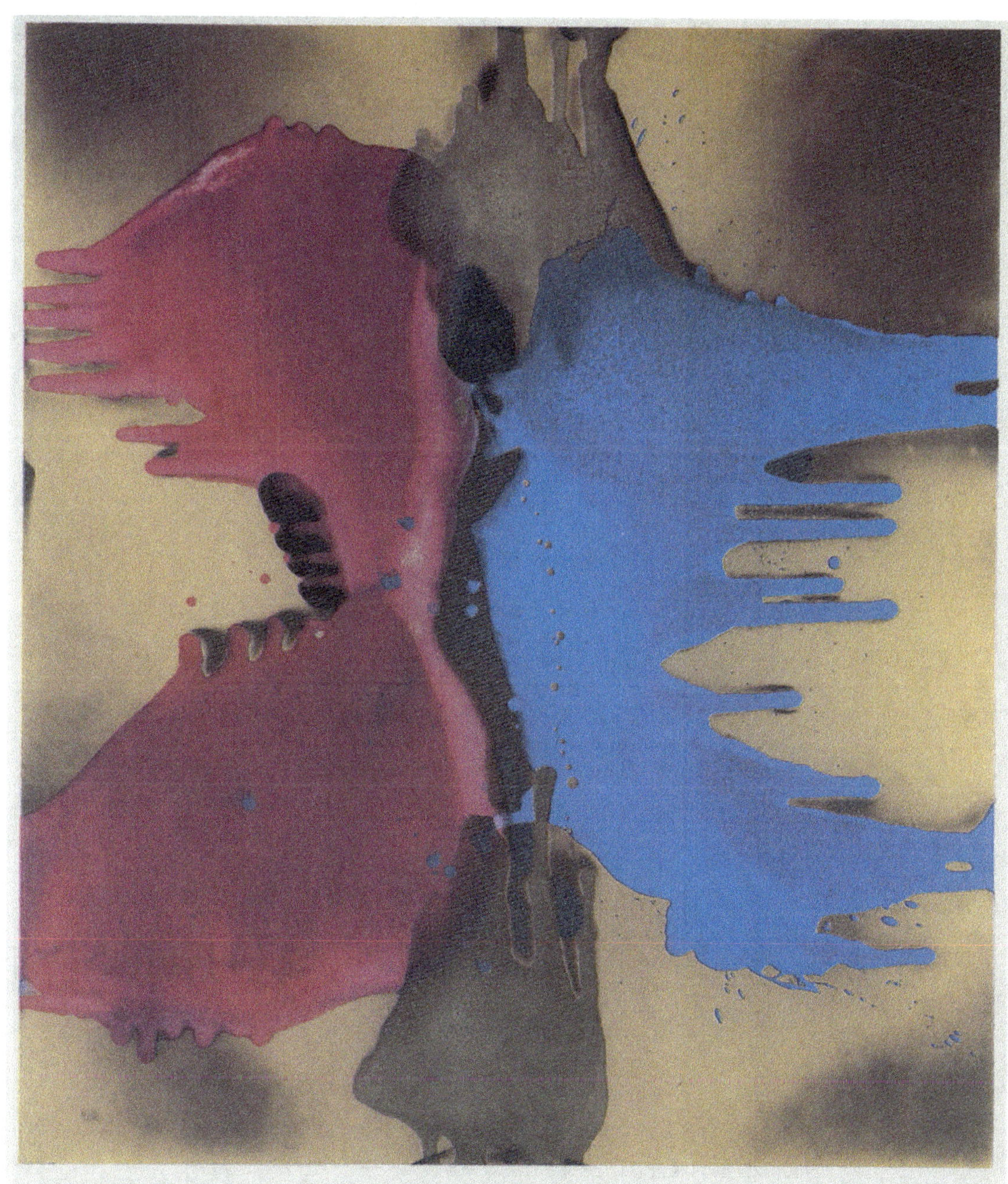

YVES KLEIN · LOUISIANA
17. FEBRUAR - 17. MARTS · 1968

Henri Laurens

18. 2. 1885 Paris – 5. 5. 1954 Paris
Seine erste Ausbildung erhielt Henri Laurens im Bereich der angewandten Kunst, und zwar seit 1899 während seiner Lehre in der Werkstatt eines Dekorbildhauers. Anschließend arbeitete er als Bauplastiker, besuchte aber gleichzeitig auch Zeichenkurse in einem Pariser Bildhaueratelier. 1911 schloß er sich, befreundet mit Picasso, Braque und Léger, der kubistischen Bewegung an. In erster Linie Bildhauer, versuchte er in seinem Frühwerk, kubistische Bildprobleme ins Plastische zu übertragen. Jedoch experimentierte Laurens bereits früh ebenso mit Zeichnungen und Collagen sowie seit 1917 mit verschiedenen Drucktechniken. Zunächst entstanden Radierungen, u. a. als Illustrationen zu Paul Dermées Gedichtwerk »Spirales«. Seit den vierziger Jahren befaßte er sich mit Hochdruck-Techniken; so schuf er Linol- und Holzschnitte – wiederum vor allem als Buchillustrationen (z. B. Theokrit »Les idylles« 1945, Homer »L'Odyssée« 1952). Dem Steindruck wandte Laurens sich erst spät zu: um 1950 schuf er eine Reihe von Farblithographien, die bei Mourlot ausgeführt wurden und deutlich auf die plastische Formenwelt seines skulpturalen Œuvres Bezug nahmen.

Lit. u. a.: [Kat. Ausst.] Henri Laurens. Kunstmuseum. Bern 1985 – [Kat. Ausst.] Henri Laurens (1885–1954). Skulpturen, Collagen, Zeichnungen, Aquaralle, Druckgraphik. Sprengel Museum. Hannover 1985 [dort weit. Lit.] – Brunsberg Dieter (Hrsg.), Henri Laurens. Werkverzeichnis der Druckgraphik. Berlin 1985 = Brunsberg Dokumente 9.

Lit. u. a.: [Kat.] Künstler Plakate. 1980. Galerie für Moderne Kunst und Plakatkunst H. F. Lempert. Bonn 1979, Nr. 1228 m. Abb. – [Kat. Ausst.] Henri Laurens. Le Cubisme. Centre George Pompidou. Paris 1985, 46, Nr. 40 m. Abb. [Collage] – [Kat. Ausst.] Henri Laurens (1885–1954). Skulpturen, Collagen, Zeichnungen, Aquarelle, Druckgraphik. Sprengel Museum. Hannover 1985, 135 m. Abb. [Collage].

Laurens – Papiers collés, 1955

Grundlage des Plakats ist die 1916 datierte Collage »Bouteille et journal«. Sie gehört zu der 1916–1917 entstandenen Serie »Les bouteilles de Beune«, in der Laurens ein Grundschema, die zylindrisch-transparente Form der Flasche, unterschiedlich in Skulptur, Collage und Zeichnung modifizierte. Die Collage wurde in der ein Jahr nach dem Tode des Künstlers stattfindenden Ausstellung das erste Mal gezeigt und bildete auch das Titelblatt des Ausstellungskataloges.
Lithographie (mehrfarbig); 61 × 40 cm
Bez. l. u.: LAURENS 1916
Auftragg.: Galerie Berggruen & Cie, Paris
Druck: Mourlot, Paris
Inv. Nr. 60/65-2

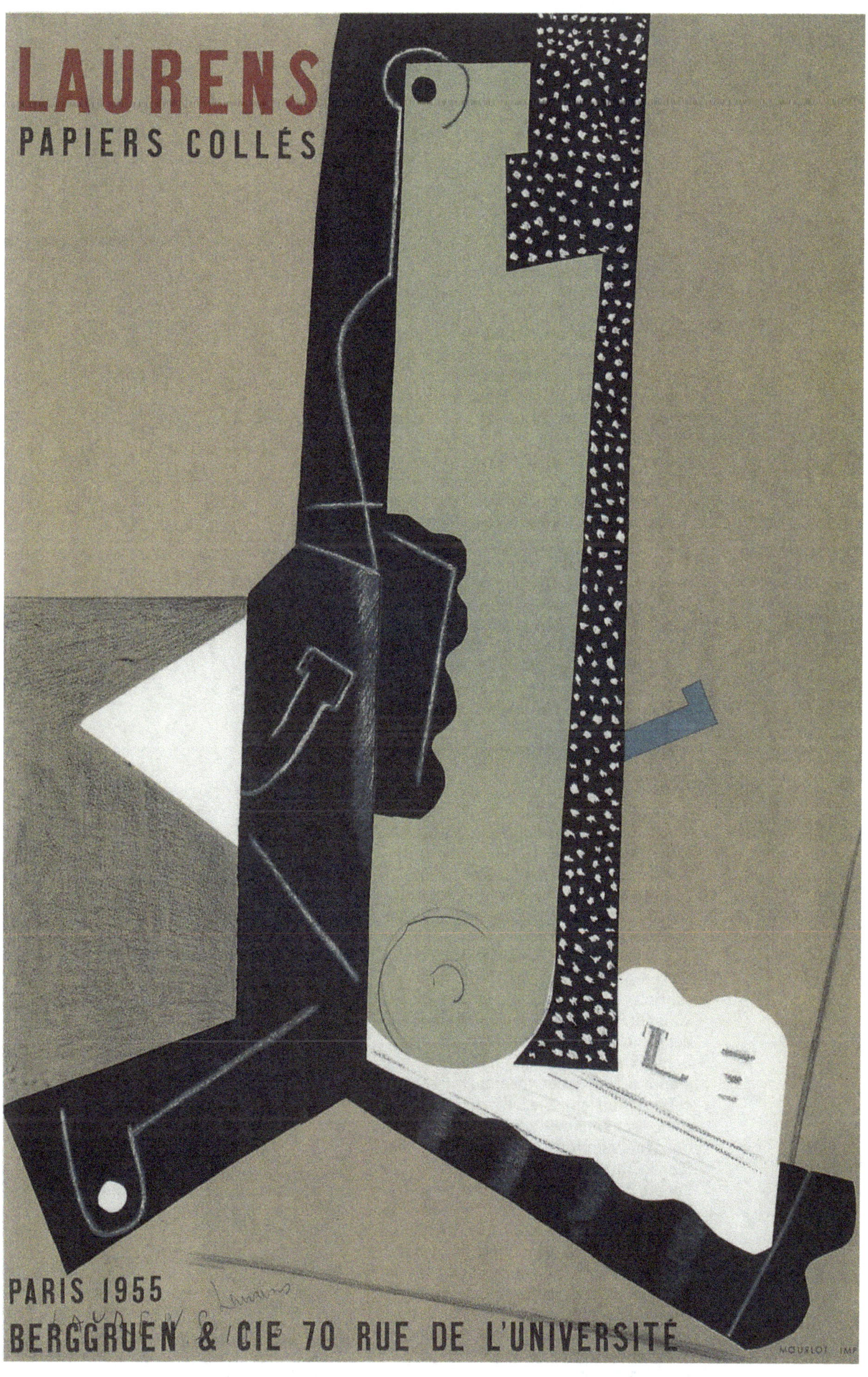

LAURENS
PAPIERS COLLÉS
PARIS 1955
BERGGRUEN & CIE 70 RUE DE L'UNIVERSITÉ
MOURLOT IMP

4.2.1881 Argentan/Normandie – 17.8.1955
Gif-sur-Yvette
Nach seiner Ausbildung, die u. a. den Besuch der Ecole des Arts Décoratifs in Paris
umfaßte, gehörte Léger zu den Initiatoren
des Kubismus, wurde jedoch auch durch
Henri Rousseau und Delaunay beeinflußt.
Nach seiner von Kriegserlebnissen geprägten »Periode méchanique« begann 1920
seine sogen. monumentale Epoche. Seit
dieser Zeit beschäftigte sich Léger neben
der Malerei intensiv mit der angewandten
Kunst. So gestaltete er bis in die späten
vierziger Jahre zahlreiche Ballette, Film-
und Opernausstattungen und konzipierte
den experimentellen Film »Ballet méchanique« (1922). Darüberhinaus entwarf er u. a.
Tapisserien sowie – vermehrt in den vierziger und fünfziger Jahren – architekturge-
bundene Wandmalereien, monumentale
Mosaike und Glasfenster in Frankreich,
Belgien, der Schweiz, den USA und Süd-
amerika – Zeichen seiner zunehmenden internationalen Anerkennung. Wohl angeregt durch Picasso, befaßte sich Léger seit
1949 auch mit Keramik.
Parallel zu diesen Tätigkeiten nahmen
Buchillustrationen (u. a. Holzschnitte zu
A. Malraux' »Lunes en papier«, 1921; Lithographien zu Rimbauds »Les illuminations«,
1949) und die Gesamtgestaltung von Büchern hohen Rang in seinem Œuvre ein,
insbesondere seit 1948, als er sich in Zusammenhang mit seinem druckgraphischen Hauptwerk »Le cirque« (Paris: Tériade 1950) der Farblithographie zuwandte.
In der Folge gestaltete Léger auch einige
Plakate. Sein Drucker Fernand Mourlot
schrieb: »Léger war ein geborener Plakatkünstler. Er hatte alle Fähigkeiten dafür –
den Sinn für die Komposition und das
Schlagkräftige – in hohem Maße ... Als
ständiger Besucher unserer Druckerei, wel-
cher er ziemlich viele Lithographien, einzelne Blätter und Illustrationen, anvertraut
hat, war er immer glücklich, wenn er ein
Plakat entwerfen konnte.«
Légers Plakate stehen meist in engem stilistischen und motivischen Zusammenhang
mit seinen gleichzeitigen freien Arbeiten,
sodaß auch in diesem Bereich eines der
Grundprinzipien seiner Arbeitsweise deutlich wird: seine Themen in unterschiedlichen Maßstäben und Farbstellungen zu
wiederholen und von einem Bildmedium
in ein anderes zu transformieren (s. Saphire 1975, S. 275).

Lit. u. a.: Mourlot Fernand, Die Kunst im Plakat. [Pa-
ris] 1959, 11, Taf. 31–37 – Spielmann Heinz, [Kat.
Ausst.] Internationale Plakate 1871–1971. Haus der
Kunst. München 1971, Nr. 449–452 – Saphire Lawrence, Fernand Léger. The complete graphic work.
New York 1975 – Wichmann Hans, Von Morris bis
Memphis. Textilien der Neuen Sammlung. Ende 19.
bis Ende 20. Jahrhundert. München/Basel 1990, 445
[dort weit. Lit.] = Sammlungskat. Bd. 3.

F. Léger – Galerie Louis Carré, 1953

Die Ausstellung bei Louis Carré, dessen Galerie seit
1945 Werke Légers zeigte, umfaßte 23 Gemälde des
Künstlers. Das Bildmotiv des Plakats läßt sich in
Komposition, Proportionen und Binnenrahmung
dem Œuvre des Künstlers zwischen 1949 und 1952
einordnen; stilistisch vergleichbar ist vor allem eine
Reihe von Stilleben-Gemälden dieses Zeitraums
oder auch die Lithographie »La colombe« (1951).
Besonders deutlich wird bei der Darstellung die von
Léger etwa seit den dreißiger Jahren entwickelte
»Trennung zwischen Zeichnung und Farbe ...«, die
ihm erlaubt, das Objekt durch eine Zeichnung zu
umreißen, die unabhängig von der farbigen Archi-
tektur des Bildes ist.« (Mathey, in: [Kat. Ausst.] Fer-
nand Léger. Haus der Kunst. München 1957, 37).
Lithographie (mehrfarbig); 64,8 × 46,5 cm
Auftragg.: Galerie Louis Carré, Paris
Druck: Mourlot, Paris
Inv. Nr. 328/89
Lit. u. a.: [Kat. Ausst.] Fernand Léger. Musée des
Arts Décoratifs u. a. Paris 1956, 329, 349 m. Abb.
[Stilleben 1949–52] – Mourlot Fernand, Kunst im
Plakat. [Paris] 1959, 242, Taf. 34 – Spielmann Heinz,
[Kat. Ausst.] Internationale Plakate 1871–1971. Haus
der Kunst. München 1971, Nr. 450 – Saphire Law-
rence, Fernand Léger. The complete graphic work.
New York 1978, Nr. 115 m. Abb. [»La colombe«].

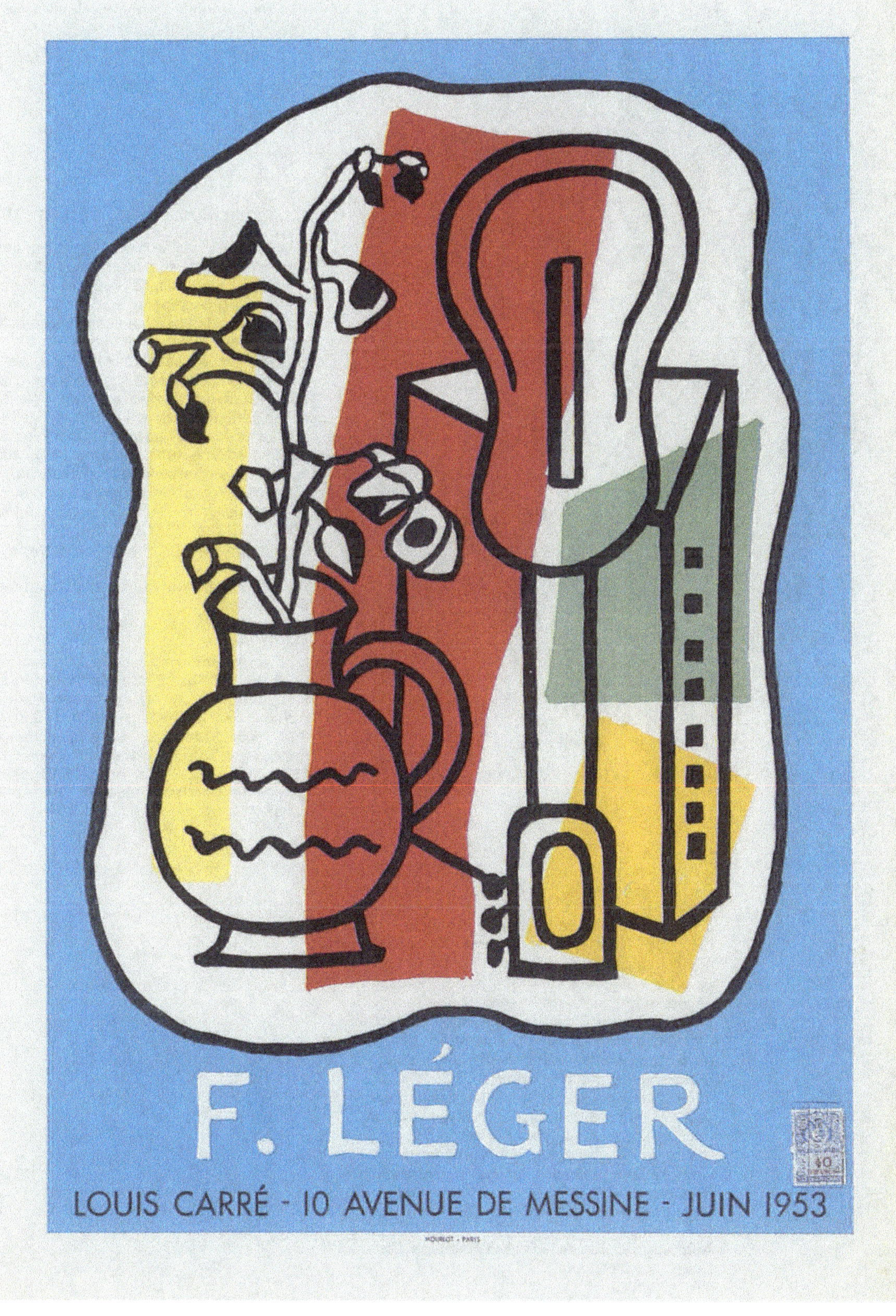

F. LÉGER
LOUIS CARRÉ · 10 AVENUE DE MESSINE · JUIN 1953
MOURLOT - PARIS

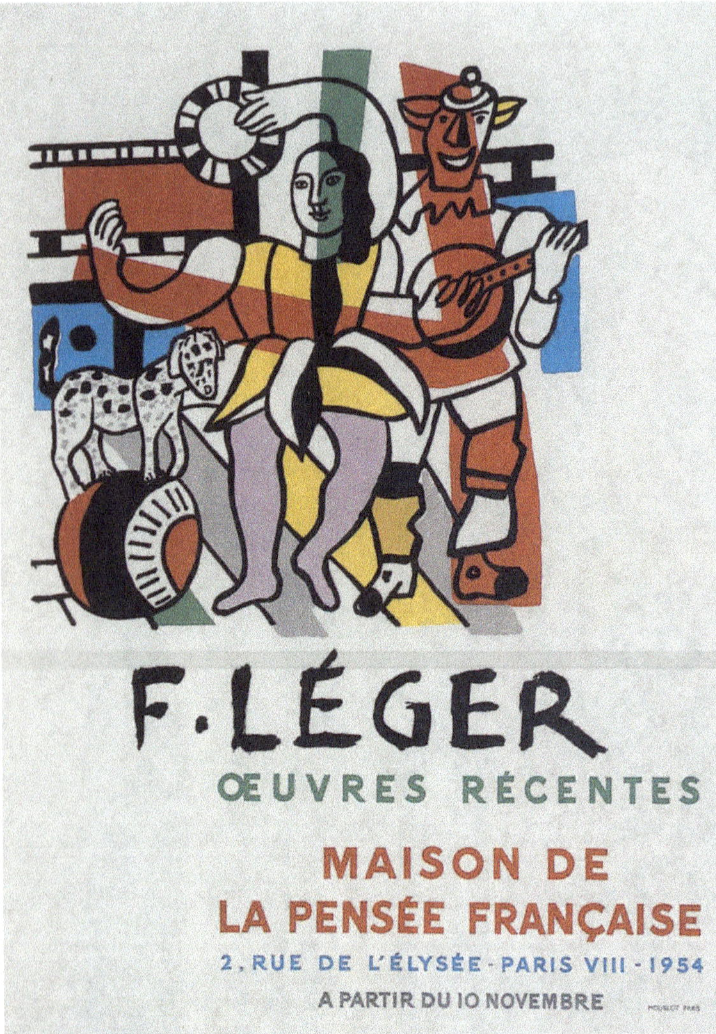

Lit. u. a.: Mourlot Fernand, Kunst im Plakat. [Paris] 1959, 242, Taf. 37 – Saphire Lawrence, Fernand Léger. The complete graphic work. New York 1978, 290, Nr. E 22 m. Abb.

F. Léger – Museum Morsbroich, 1955

Das Plakat für die noch vor Légers Tod gezeigte Ausstellung entstand unter Verwendung eines Gouache-Entwurfes (78 × 58 cm) zu Légers Gemälde »La grande parade«, der den Partner des dort links außen dargestellten Tänzer- oder Musikantenpaares wiedergibt.
Auch für die Gouache und das Plakat gilt Légers Aussage: »Ich bewegte mich zwischen den absoluten Größen, dem Schwarz und dem Weiß. Dazwischen entfaltete sich das Übrige als vielstimmiges Orchester. Das Schwarz ist für mich von außerordentlicher Bedeutung … Darauf mich stützend, konnte ich die Farbe freigeben: statt sie in die Konturen einzuschließen, konnte ich sie frei daneben setzen.« (nach [Kat. Ausst.] Fernand Léger. Haus der Kunst. München 1957, 93 f.)
Lithographie auf Arches-Bütten (schwarz, rot, blau); 76 × 57 cm
Auftragg.: Museum Morsbroich, Leverkusen, Deutschland
Druck: Mourlot, Paris
Inv. Nr. 54/64
Lit. u. a.: Mourlot Fernand, Die Kunst im Plakat. [Paris] 1959, 242, Taf. 35 – Constantine Mildred u. Alan Fern, [Kat. Ausst.] Word and Image. Posters from the collection of The Museum of Modern Art. New York 1968, 131 m. Abb. – Saphire Lawrence, Fernand Léger. The complete graphic work. New York 1978, 291 m. Abb. – [Kat. Ausst.] F. Léger 1881–1981. Galerie Beyeler. Basel 1981, Nr. 71 m. Abb. [Gouache].

Œuvres récentes, 1954

Das Plakat für die Légers jüngste Arbeiten (1950–1954) präsentierende Ausstellung basiert auf einer Gouache-Studie zu dem Gemälde »La grande parade« (1954; New York, Guggenheim-Museum), Légers monumentalem Alterswerk, das seit 1949 durch zahlreiche Entwürfe vorbereitet wurde. Die hier verwendete Version der links außen dargestellten Gruppe wurde in der endgültigen Fassung durch ein Paar mit Tamburin ersetzt.
»Beim Druck des Blattes war Léger besonders kritisch; er kam mehrmals in die Werkstatt und hat noch im letzten Augenblick Korrekturen angebracht; er war aber zuletzt sehr zufrieden und konnte es sein, denn das Resultat war vorzüglich.« (Mourlot 1959, S. 242).
Lithographie auf Arches-Bütten (7 Farben); 65,5 × 48,4 cm
Auftragg.: Maison de la Pensée Française, Paris
Druck: Mourlot, Paris
Inv. Nr. 329/89

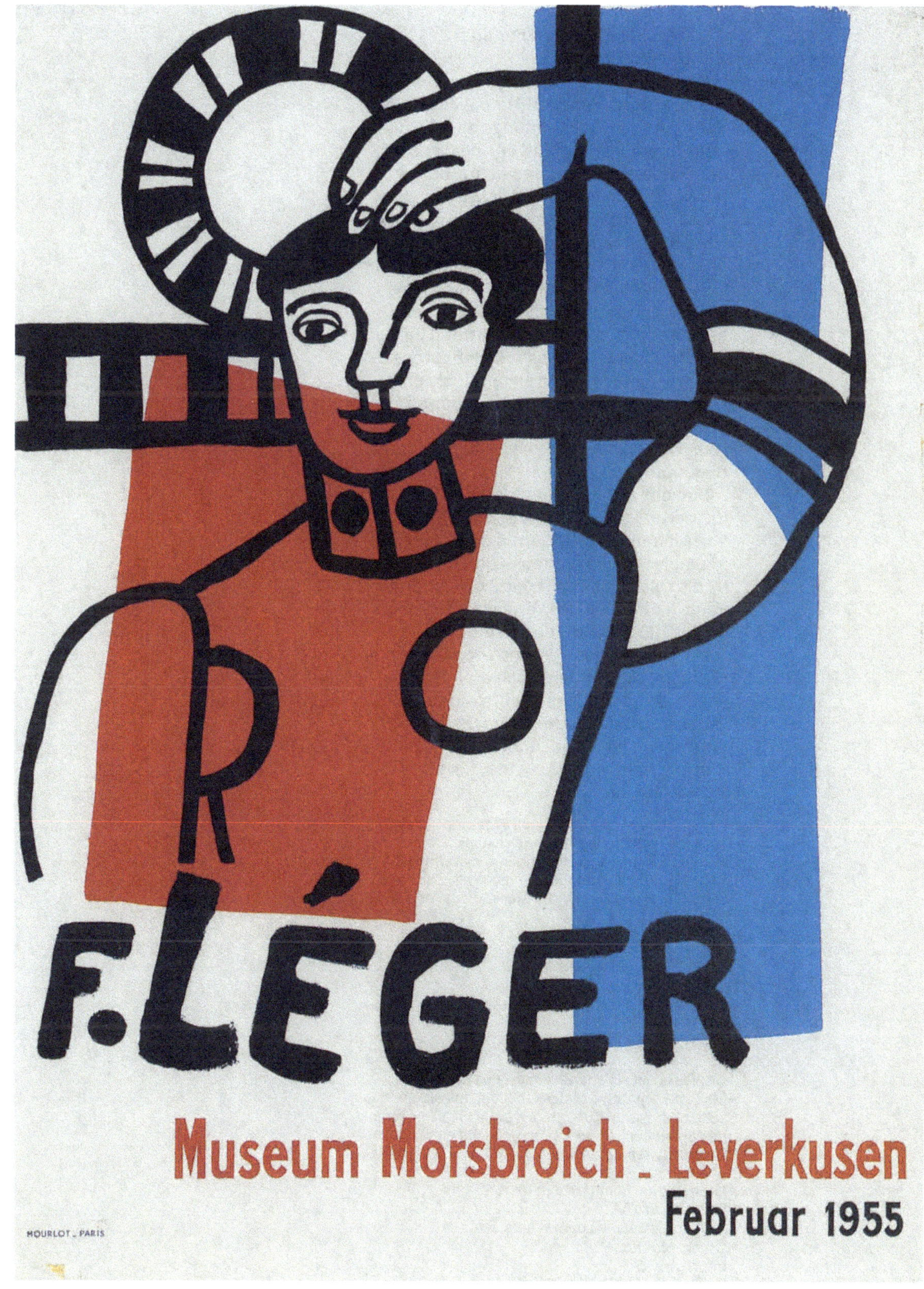

F. LÉGER
Museum Morsbroich _ Leverkusen
Februar 1955
MOURLOT _ PARIS

André Masson

4. 1. 1896 Balagny-sur-Thérain –
27. 10. 1987 Paris
Nach dem Studium an der Brüssler Akademie besuchte Masson 1912 die Ecole des
Beaux-Arts in Paris. Anfangs dem Kubismus verpflichtet, schloß er sich um 1924
den Surrealisten, besonders Antonin Artaud und Joan Miró, an. Mit seiner »écri-
ture automatique« (ab 1924) und mit seinen Sandbildern (ab 1927) entwickelte er
eine den Tachismus und die Materialbilder
vorwegnehmende Form des gestischen
rhythmischen Automatismus. 1941 emigrierte er in die USA, wo er großen Einfluß
auf die Malerei des Abstrakten Expressionismus ausübte. Nach seiner Rückkehr
(1946) versuchte Masson, abendländi-
schen Bildmotiven durch das Studium der
kalligraphischen Künste Ostasiens neue
Bedeutung zu verleihen. Masson entwarf
zahlreiche Bühnenbilder und Kostüme, illustrierte Zeitschriften und Bücher, u. a.
von Malraux und Mallarmé, gestaltete die
Medaille »André Malraux« und malte 1965/
66 die Decke für das Théâtre de l'Odéon in
Paris. Im Bereich des Verpackungsdesign
war er 1987 für Taittinger tätig.
Den Lithographen Fernand Mourlot lernte
Masson 1947 kennen, doch arbeitete er
erst Ende der fünfziger Jahre regelmäßig
in dessen Atelier. Von diesem Zeitpunkt an
entstanden häufiger Lithographien, oft in
Portfolios, sowie Plakate u. a. für seine
Ausstellungen.

Lit. u. a.: Passeron Roger, André Masson. Gravures
1924–1972. Fribourg 1973 – [Kat. Ausst.] André
Masson. Livres illustrés de gravures originales.
Centre littéraire Fondation Royaumont. Paris 1985 –
Levaillant Françoise, André Masson. Mailand 1988.

André Masson – Galerie Louise Leiris, 1954

Das Plakat ist ein charakteristisches Beispiel für
Massons figurative Malerei, bei der aus einem
scheinbar wirren Kurven- und Linienfluß Formatio-
nen entstehen, die seine Versuche mit einer sino-
japanisch geprägten »pseudo-écriture« widerspie-
geln.
Lithographie (mehrfarbig); 67 × 48 cm
Bez. r. u.: a m 54
Auftragg.: Galerie Louise Leiris, Paris
Druck: Mourlot, Paris
Inv. Nr. 60/65-3
Lit. u. a.: [Kat.] Künstler Plakate. Nr. 4. Galerie für
Moderne Kunst und Plakatkunst H. F. Lempert. Bonn
1986, Nr. 1365 m. Abb.

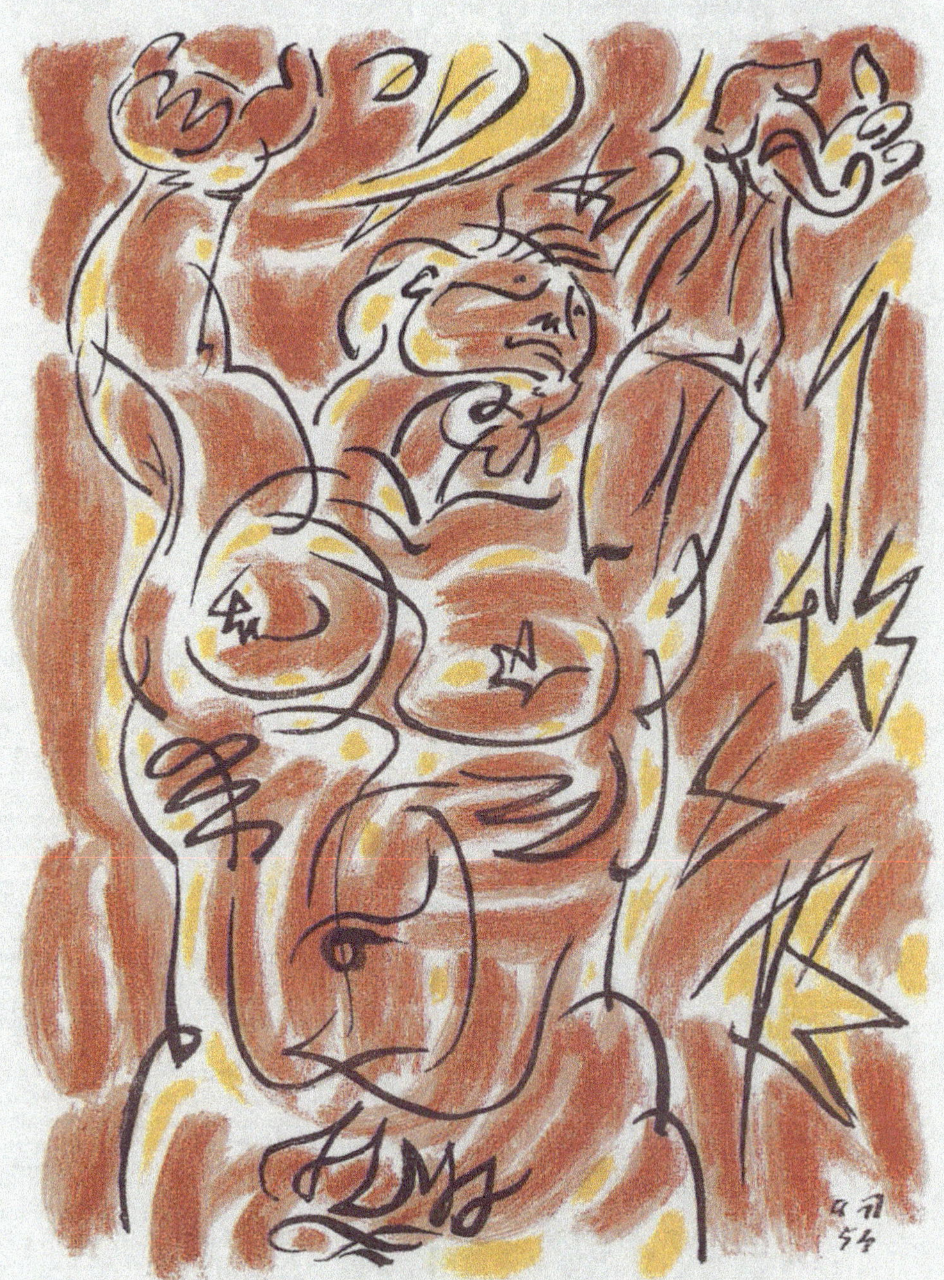

GALERIE LOUISE LEIRIS · 29 BIS RUE D'ASTORG · VIII
ANDRÉ MASSON
20 OCTOBRE - 20 NOVEMBRE 1954

27.1.1921 Boulogne-sur-Mer – lebt in Paris
Studierte zunächst Jura und Philosophie,
bevor er 1942 zu malen begann. Mit seinem schwungvollen, von fernöstlicher Kalligraphie beeinflußten »Action painting«
zählt Mathieu zu den Initiatoren der sogen.
lyrischen, auch tachistischen oder informellen Abstraktion in Frankreich. Bekannt
wurde er durch öffentliche Demonstratio-
nen seiner spontanen Malweise, bei denen
er u. a. die Farbe direkt aus der Tube auf die
Leinwand drückte. Als Theoretiker des Tachismus wies er als einer der ersten in Europa auf die Bedeutung der amerikanischen Malerei der Nachkriegszeit hin. Von
Mathieus Vielseitigkeit und Interesse für
die Möglichkeiten der angewandten Kunst
zeugen seine Entwürfe für Gobelins, Briefmarken, Buchumschläge und Eintrittskar-
ten, Medaillen, Keramiken und Architektur.
Er gestaltete auch zahlreiche Plakate, u. a.
für Musikveranstaltungen (Aix-en-Pro-
vence, 1978), für Letraset (1979), für die
französische Eisenbahn und die Air France.

Lit. u. a.: [Kat. Ausst.] Mathieu. Musée de la Poste.
Paris 1980 – Mathy François, Georges Mathieu. Paris 1989.

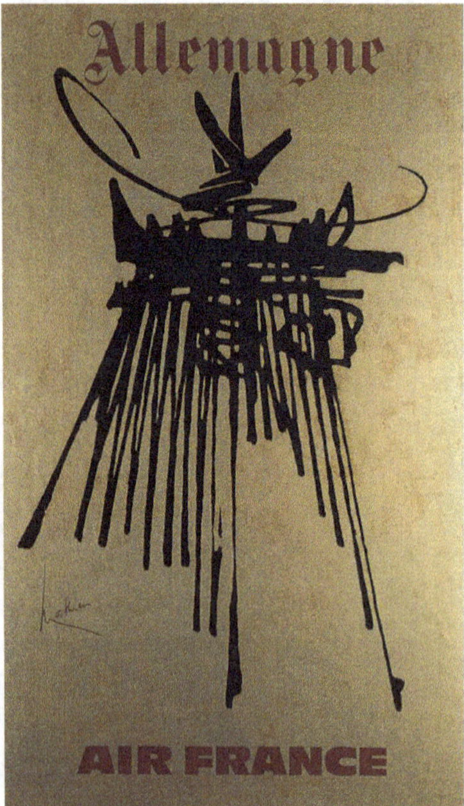

Air France – Allemagne, 1967

Mit Georges Mathieu, der um 1960 als einer der
bedeutendsten Maler Frankreichs galt, beauftragte
die französische Fluggesellschaft Air France 1965
erstmals einen bekannten Künstler, eine Serie von
Touristikplakaten zu gestalten. Später folgten weitere Serien, u. a. von Raymond Pagès (1971) und
Roger Bezombes (1981; vgl. S. 46).
Die Gesamtarbeit dauerte zwei Jahre. Zahlreichen
vorbereitenden Skizzen folgten Entwürfe in unter-
schiedlichsten Techniken und Materialien (vgl. das
Spanien-Plakat. Inv. Nr. 7034/827). Das Resultat bestand schließlich aus 15 »tachistischen« Plakaten in
der typischen, scheinbar gestisch ungezügelten
Handschrift Mathieus, der neue, betont emotional-
subjektive Zeichen für die einzelnen Länder erfand.
So bedeutet für ihn der stark stilisierte Adler auf
dem Plakat für Deutschland u. a.: »... die Romantik
eines Novalis, die Autorität einer Beethoven-Sym-
phonie, die Sehnsucht der Gotik und die Universali-
tät Goethes« (Mathieu 1967).
Alle Plakate dieser Serie werden in der Neuen
Sammlung bewahrt.
Offset, Lithographie (schwarz, rot, gold);
100 × 60 cm
Bez. l. u.: Mathieu
Auftragg.: Air France, Paris
Druck: Impression Draeger Frères, Paris
Inv. Nr. 338/89
Lit. u. a.: Sailer Anton, Air France-Plakate von Geor-
ges Mathieu: Graphik 20, 1967, H. 12, 21 m. Abb.

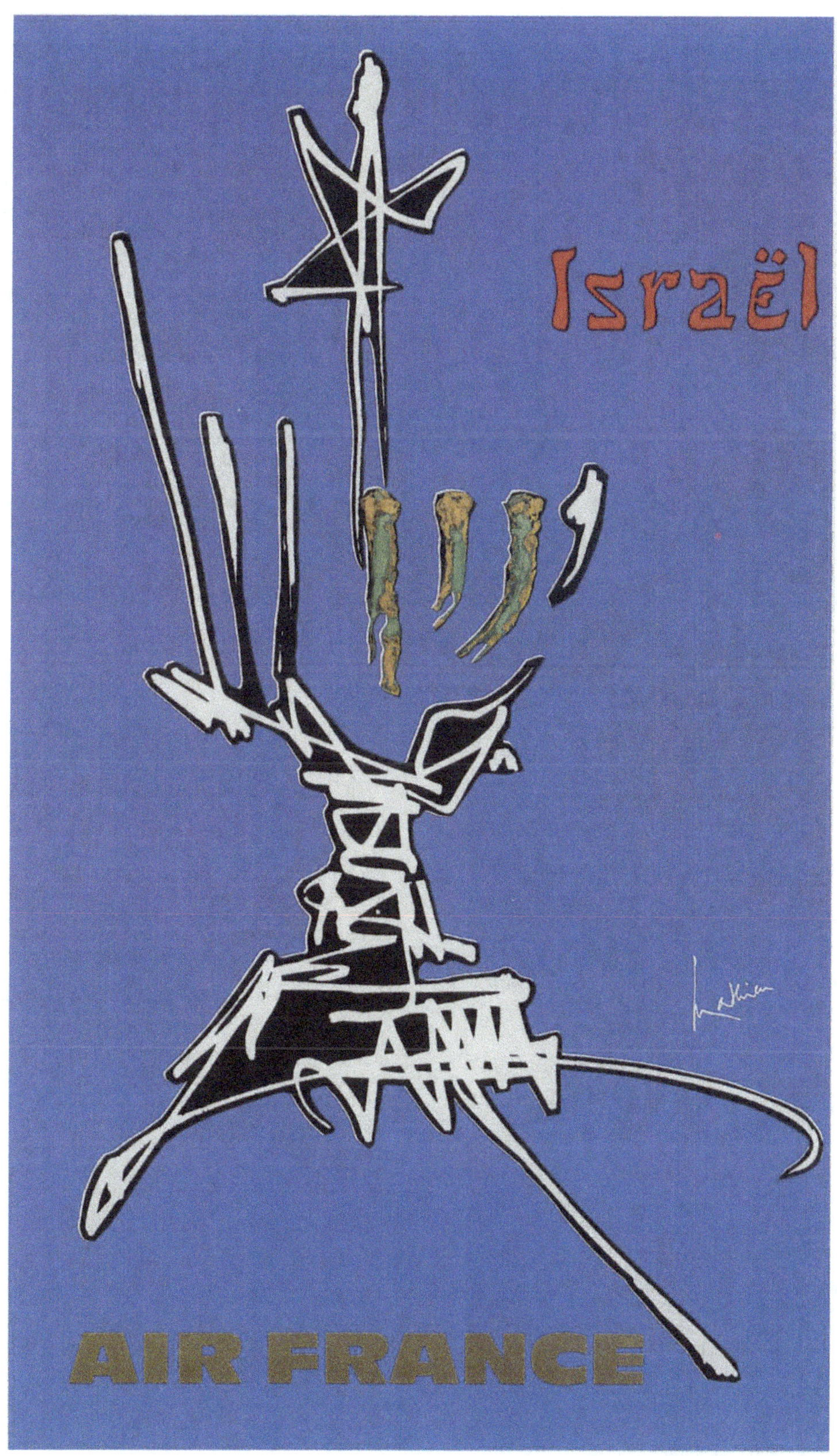

Air France – Israel, 1967

Auf diesem Plakat kombi-
nierte Mathieu den sie-
benarmigen Leuchter
(Menora), der in der
Stiftshütte bzw. im Tem-
pel von Jerusalem aufge-
stellt war, und den David-
stern, der seit dem
19. Jahrhundert zum
Symbol des Judentums,
seit 1897 Wahrzeichen
des Zionismus wurde,
und somit zwei der wich-
tigsten Bildmotive der jü-
disch-religiösen Kunst,
die seit 1948 Embleme
des Wappens und der
Flagge des Staates Israel
bilden.
Offset, Siebdruck (mehr-
farbig); 100 × 60 cm
Bez. r. u.: Mathieu
Auftragg.: Air France,
Paris
Druck: S.T.O., Impression
Courbet, Paris
Inv. Nr. 7035/82
Lit. u. a.: Sailer Anton, Air
France-Plakate von Geor-
ges Mathieu: Graphik 20,
1967, H. 12, 22 m. Abb.

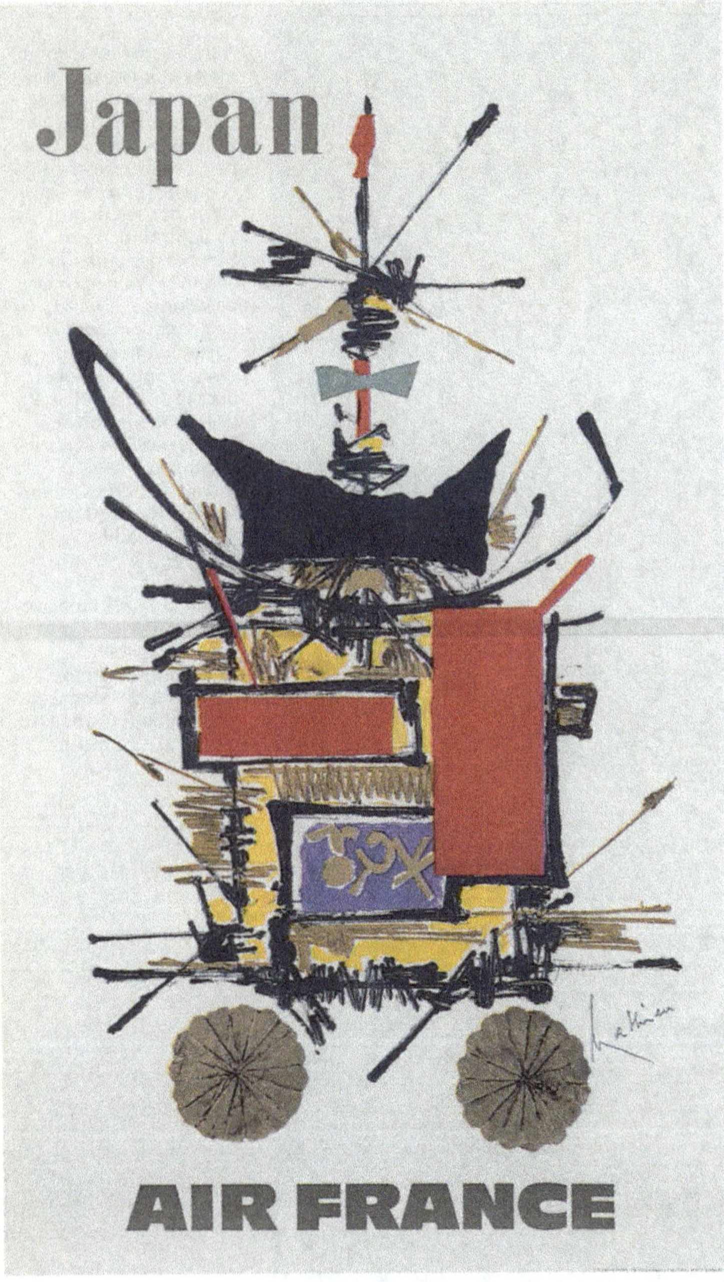

kanten und Kinder) andeutet, griff er für die Dachform wohl auf die »haniwa« zurück (prähistorische Tonmodelle von Wohnbauten).
Die ebenfalls nicht zur »dashi«-Schmückung gehörenden Schriftzeichen scheinen ein Spiel mit den Silben »hito« (Mensch) und dem chinesischen Zeichen für »groß« zu sein. Die Blütenräder dagegen – 16blättrige Chysanthemen – sind als das Wappen des Kaiserhauses (kikka go-monshô) genau zu identifizieren. Darüberhinaus verweisen die lackroten Flächen und der reinweiße Plakatfond auf die Farben der Nationalflagge Nippons – rote Sonnenscheibe auf weißem Grund.
Durch die Verbindung dieser »Chiffren« gelang es Mathieu, ein komprimiertes Bild japanischen Wesens, das Prähistorie, Religiosität, Festlichkeit, Schriftkultur, Herrscherhaus und Nation umspannt, zu visualisieren.
Offset, Lithographie (mehrfarbig); 100 × 60 cm
Bez. r. u.: Mathieu
Auftragg.: Air France, Paris
Druck: Impression Draeger Frères, Paris
Inv. Nr. 7033/82
Lit. u. a.: Sailer Anton, Air France-Plakate von Georges Mathieu: Graphik 20, 1967, H. 12, 24 m. Abb.

Air France – Spanien, 1967

Mit dem prunkvoll-ernsten Farbklang Schwarz, Grau und Gold-Braun für das Spanien-Plakat griff Mathieu auf die Tradition der spanischen Barock-Malerei zurück, z. B. auf die Palette in den Porträts von Velazquez. Freie Assoziationen an Geschmeide oder Stickereien auf Torerokostümen, die das filigrane Bildmotiv evoziert, finden ihre Bestätigung in der Arbeitsweise Mathieus, der bei einigen Plakaten der Serie als Vorlage Schmuckstücke aus Gold benutzte, die unter seiner Anleitung gefertigt wurden.
Offset, Lithographie und Prägedruck (mehrfarbig); 100 × 60 cm
Bez. r. u.: Mathieu
Auftragg.: Air France, Paris
Druck: S.T.O. – Impression Courbet, Paris
Inv. Nr. 7034/82
Lit. u. a.: Spielmann Heinz, [Kat. Ausst.] Internationale Plakate 1871–1971. Haus der Kunst. München 1971, Nr. 480.

Air France – Japan, 1967

Zur Versinnbildlichung Japans verwandte Mathieu das Motiv des »dashi«, des vierrädrigen, zweistökkigen Festwagens, der in großen, heute volksfestartigen Umzügen (u. a. in Kyoto) mitgeführt wird. Ursprünglich wurde der radlose Schrein als temporärer Aufenthalt für Shinto-Gottheiten bei Erntesegnungen über die Felder getragen.
Während Mathieu einige reale Details der von Shinto-Architektur beeinflußten Wagen (z. B. das balustradengesäumte Obergeschoß für die Musi-

SPANIEN

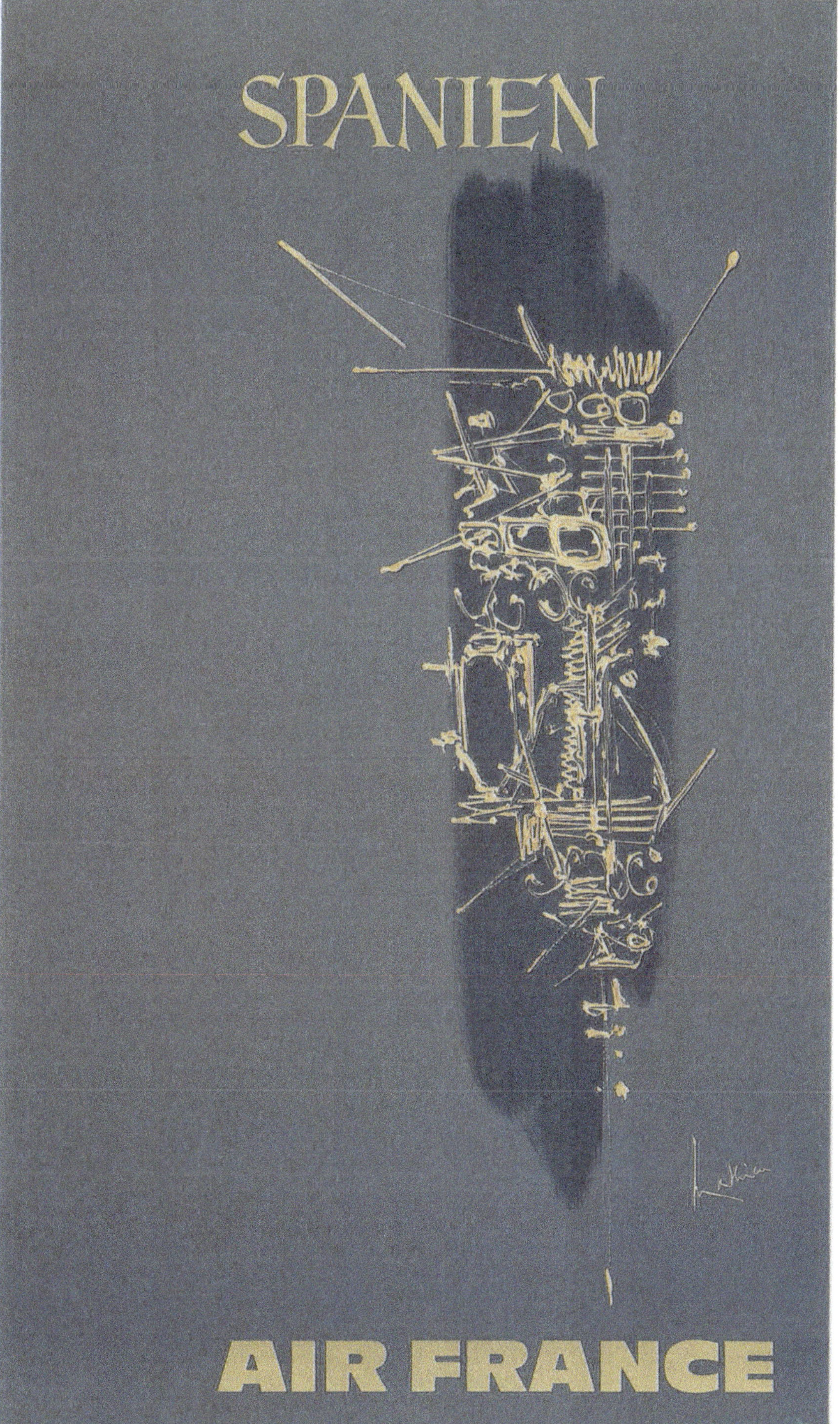

AIR FRANCE

31.12.1869 Le Cateau-Cambrèsis –
3.11.1954 Cimiez b. Nizza
Um 1900 fand Matisse, u. a. beeinflußt von
Gauguin und Cézanne, zu seinem in den
folgenden Jahrzehnten weiterentwickelten
dekorativ abstrahierenden Flächenstil und
reinen, intensiv leuchtenden Farben. 1905
gehörte er zu den Begründern der »Fauves«. Etwa gleichzeitig setzte seine umfangreiche graphische Tätigkeit ein. Abgesehen von Zeichnungen entstanden vor allem Radierungen und Lithographien, vereinzelt Holz- und Linolschnitte. Zahlreiche
Buchillustrationen bzw. die Gesamtgestaltung von Büchern bis hin zum Zeichnen
der Schrift – z. B. Stephane Mallarmé »Poésies« (1932), James Joyce »Ulysses« (New
York 1935), »Lettres de la religieuse portugaise« (Paris: Tériade 1946), »Poèmes de
Charles d'Orléans« (Paris: Tériade 1950) –
belegen sein großes Interesse für diesen
Bereich der angewandten Kunst.
Sein erstes Plakat wurde 1937 entworfen
(»L'Art Independant au Petit Palais«), nach
dem Zweiten Weltkrieg wandte er sich diesem Medium erneut zu. Zur selben Zeit experimentierte Matisse mit der Technik des
Papierschnitts, d. h. des direkten Schneidens in mit Gouachefarben eingefärbte Papiere – erste Versuche aus den dreißiger
Jahren auf Anregung seines Verlegers Tériade weiterentwickelnd. Diese Methode
verwandte er außer im Bereich der Buchkunst (»Jazz« 1947) u. a. auch zur Gestaltung seiner Plakatentwürfe.
Matisse war in der ersten Hälfte des
20. Jahrhunderts auch auf anderen Gebieten der angewandten Kunst tätig gewesen
(u. a. Dekorationen zur Exposition Universelle, Paris 1900; Bühnen- und Kostümentwürfe für die Ballets Russes, 1919,
1937–1939). Nach dem Zweiten Weltkrieg
verstärkte sich – ähnlich wie bei Picasso
oder Braque – seine Beschäftigung mit diesem Bereich. Dabei entwickelte Matisse die
Technik der »papiers découpés« zum bestimmenden Element seiner Entwürfe und
Maquetten zu Tapisserien, Stoffen, keramischen Wanddekorationen, Kirchenfenstern
u. a.; auch die Gesamtgestaltung der Dominikanerkapelle in Vence, die Fenster, Türen, Kirchenmöbel, liturgisches Gerät und
Gewänder umfaßte, wurde vorrangig mit
»papiers découpés« entworfen. »Zeichnen
mit der Schere. Frisch drauflos in die Farbe
schneiden, erinnert mich an die Materialbearbeitung der Bildhauer.« (Matisse)

Lit. u. a.: Mourlot Fernand, Die Kunst im Plakat.
[Paris] 1959, 12–13, Taf. 38–47 – Spielmann Heinz,
[Kat. Ausst.] Internationale Plakate 1871–1971. Haus
der Kunst. München 1971, Nr. 431–432 – Cowart
Jack, Jack D. Flam u. a., Henri Matisse. Paper cutouts. New York 1977 – Anthonioz Michel, Henri Matisse. In: [Kat. Ausst.] Hommage à Tériade. Centre
National d'Art Contemporaine, Paris [1973]. Rheinisches Landesmuseum, Bonn. Köln 1978, 94–101.

Nice – Travail & Joie, 1948

Dem 1948 gedruckten Plakat liegt das 1947 in Vence
entstandene Gemälde »Nature morte aux grenades, fond noir« (81 × 60 cm, Öl/Lw.) zugrunde, das
in Bildausschnitt, Darstellung und Komposition
dem »Intérieur à la fenêtre au palmier« (1948) nahe
verwandt ist.
Lithographie auf Bütten (mehrfarbig);
100 × 63,5 cm
Bez. im Bild l. u.: Matisse 47
Auftragg.: Syndicat d'Initiative de Nice et l'Union
Méditerranéenne pour l'Art Moderne, Nizza
Druck: Mourlot, Paris
Inv. Nr. 89/61
Lit. u. a.: Vence – Matisse 1944–48: Verve 1948
[s. p.] m. Abb. – [Kat. Ausst.] Henri Matisse. Œuvres
récentes 1947–1948. Musée National d'Art Moderne. Paris 1949, Nr. 8 u. 22 m. Abb. [vergleichbare
»Intérieur«-Stilleben] – Mourlot Fernand, Kunst im
Plakat. [Paris] 1959, 242, Taf. 40 – Constantine Mildred u. Alan Fern, [Kat. Ausst.] Word and Image.
Posters from the collection of The Museum of Modern Art. New York 1968, 98 m. Abb. – Spielmann
Heinz, [Kat. Ausst.] Das Internationale Plakat
1871–1971. Haus der Kunst. München 1971, Nr. 432
m. Abb. [dort 1950 dat.] – Mourlot Fernand, Cinquante années de lithographie. Barbizon 1983, 11
m. Abb. [dort 1950 datiert].

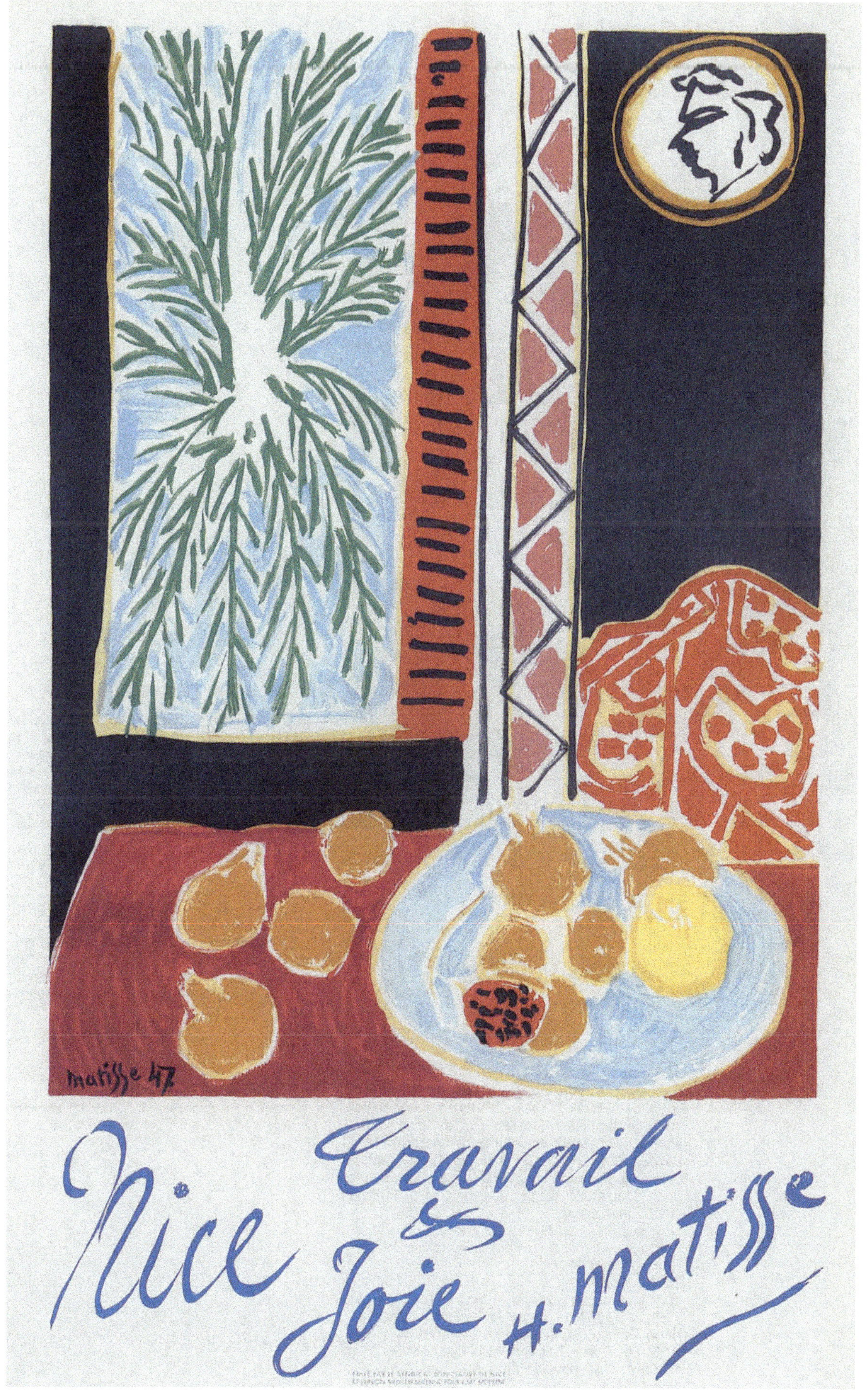

matisse 47
Nice
Travail & Joie
H. matisse

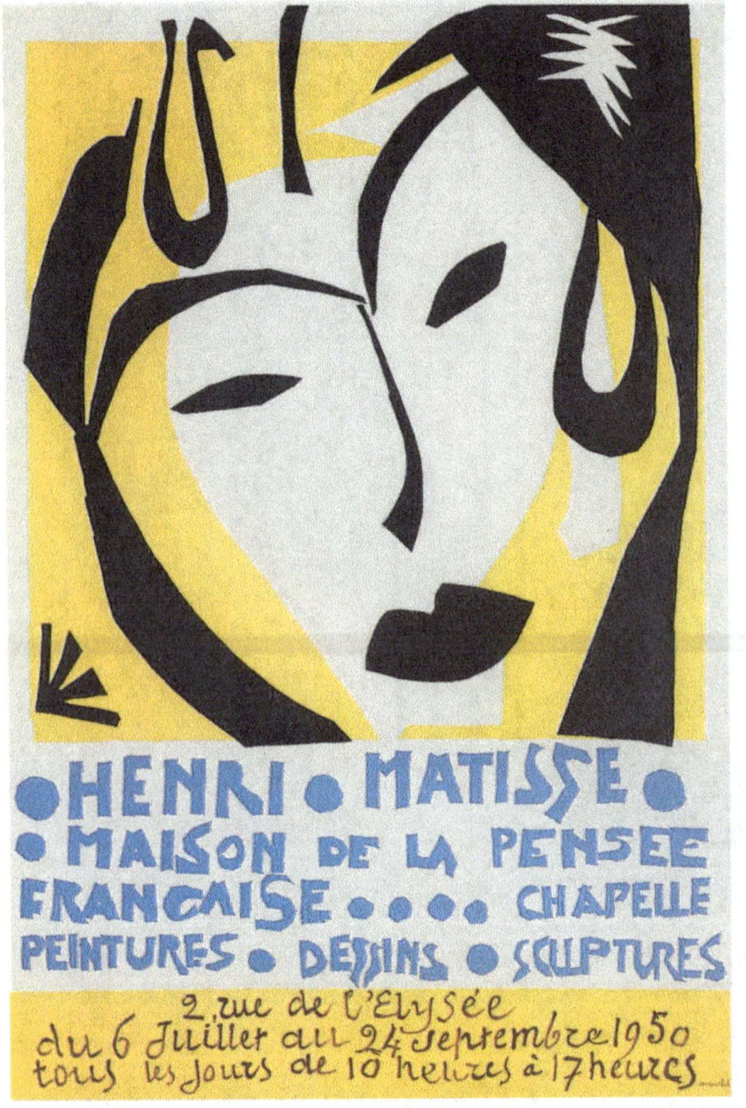

Affiches d'expositions, 1952

Nach einem Entwurf aus »papiers découpés«. Das
Plakat entstand für eine Jubiläumsausstellung an-
läßlich des hundertjährigen Bestehens der Litho-
graphischen Druckerei Mourlot Frères in Paris. Da-
bei wurden von Mourlot ausgeführte Ausstellungs-
plakate der letzten 25 Jahre gezeigt.
Lithographie auf Arches-Bütten (6 Farben);
65 × 49,5 cm
Bez. im Bild l. u.: Matisse 52
Auftragg.: Mourlot Frères, Paris
Druck: Mourlot, Paris
Inv. Nr. 337/55
Lit. u. a.: Mourlot Fernand, Kunst im Plakat. [Paris]
1959, 243, Taf. 45 – Cowart Jack, Jack D. Flam u. a.,
Henri Matisse. Paper cut-outs. New York 1977,
Nr. 193 m. Abb. – Mourlot Fernand, Cinquante an-
nées de lithographie. Barbizon 1983, [Titelabb.].

**Henri Matisse – Maison de la Pensée Fran-
çaise, 1950**

Nach einer Vorlage gleicher Größe in »papiers dé-
coupés«-Technik, die seit den vierziger Jahren be-
stimmendes Element im Œuvre des Künstlers
wurde. Der eskimo-ähnliche Gesichtsschnitt der
Dargestellten erinnert an Matisses Illustrationen zu
dem eine phantastische Arktis-Reise behandelnden
Buch »Une fête en Cimmérie« von Georges Duthuit
(1949; publ. 1963).
Lithographie (mehrfarbig); 75,7 × 52,3 cm
Auftragg.: Maison de la Pensée Française, Paris
Druck: Mourlot, Paris
Inv. Nr. 19/56
Lit. u. a.: Mourlot Fernand, Kunst im Plakat. [Paris]
1959, 242, Taf. 42 – Cowart Jack, Jack D. Flam u. a.,
Henri Matisse. Paper cut-outs. New York 1977,
Nr. 113 m. Abb. – [Kat. Ausst.] 100 jaar bekijks. Years
on view: 1883–1983. Stedelijk Museum. Amster-
dam 1983, 43 m. Abb.

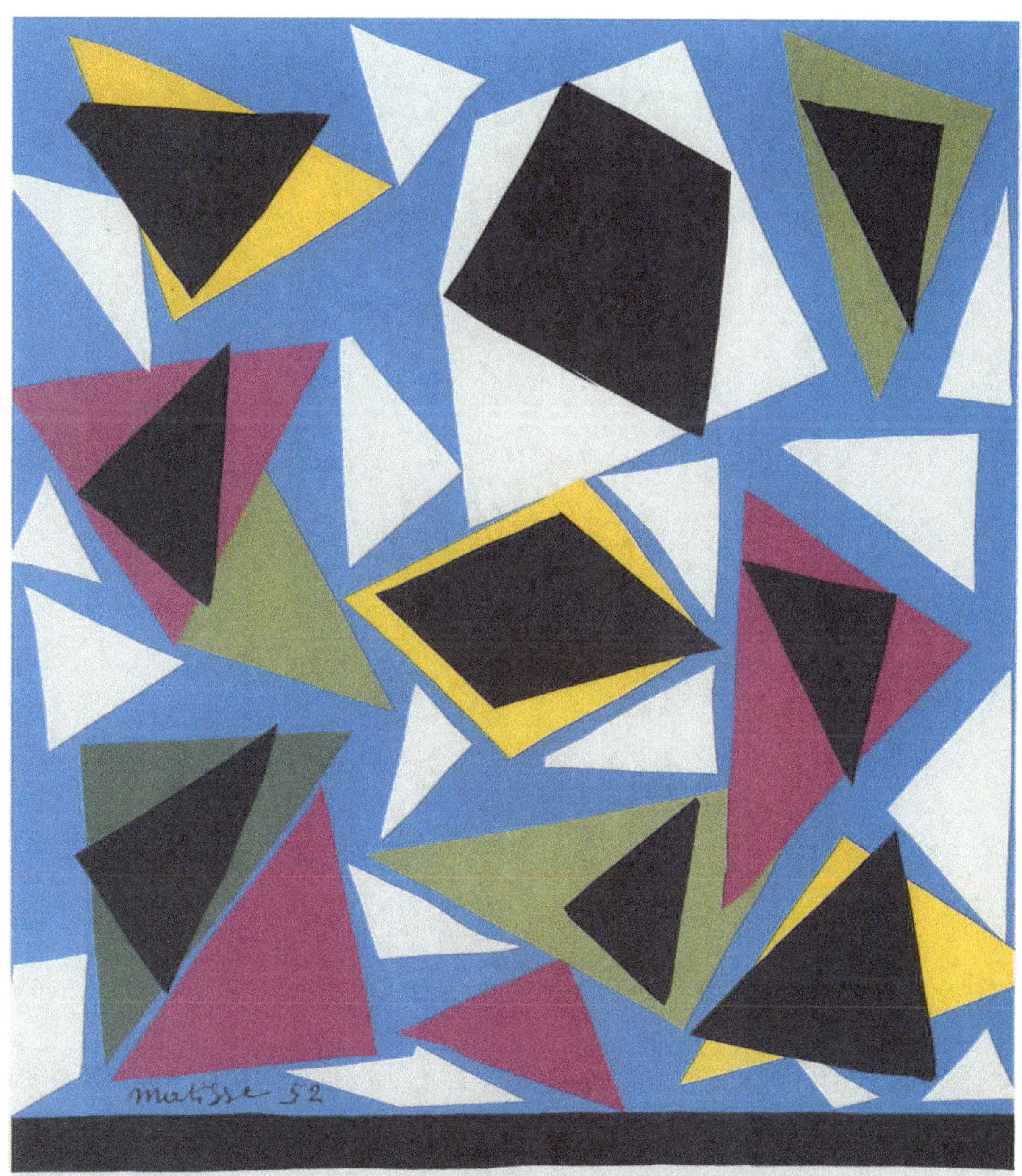

AFFICHES D'EXPOSITIONS RÉALISÉES DEPUIS 25 ANS
PAR L'IMPRIMERIE MOURLOT ET PRÉSENTÉES A L'OCCASION
DE SON CENTENAIRE A LA GALERIE KLÉBER, PARIS
24, AVENUE KLÉBER - 5 DÉCEMBRE 1952 - JANVIER 1953

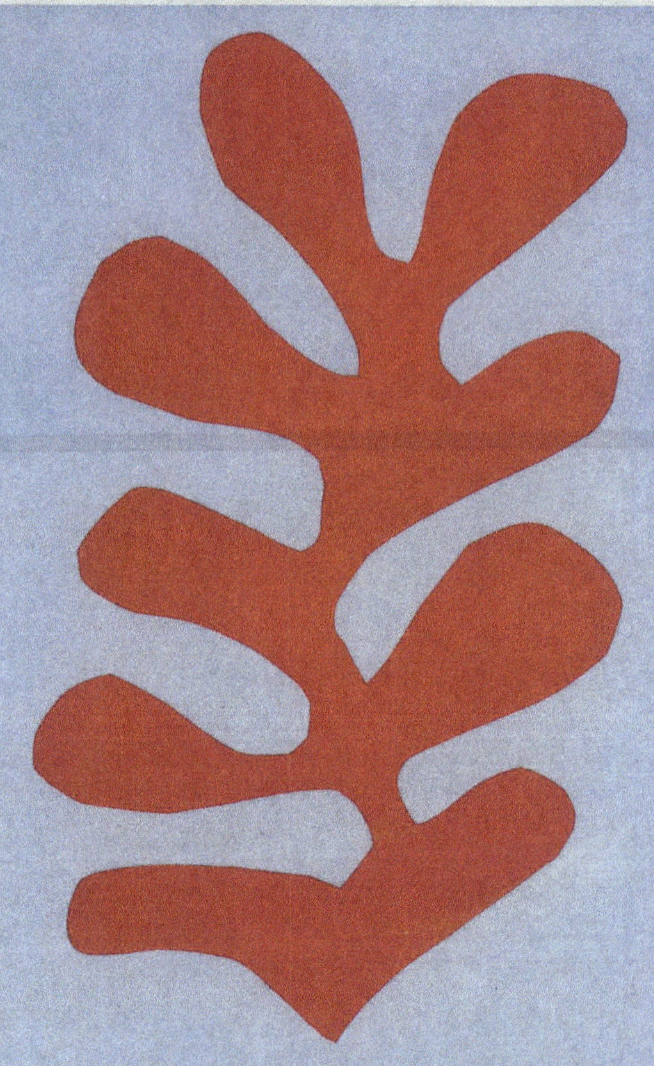

MATISSE
PAPIERS DÉCOUPÉS
BERGGRUEN & CIE
70, RUE DE L'UNIVERSITÉ, PARIS-VII
Du Vendredi 27 Février au Samedi 28 Mars 1953
MOURLOT, IMP.
matisse 52

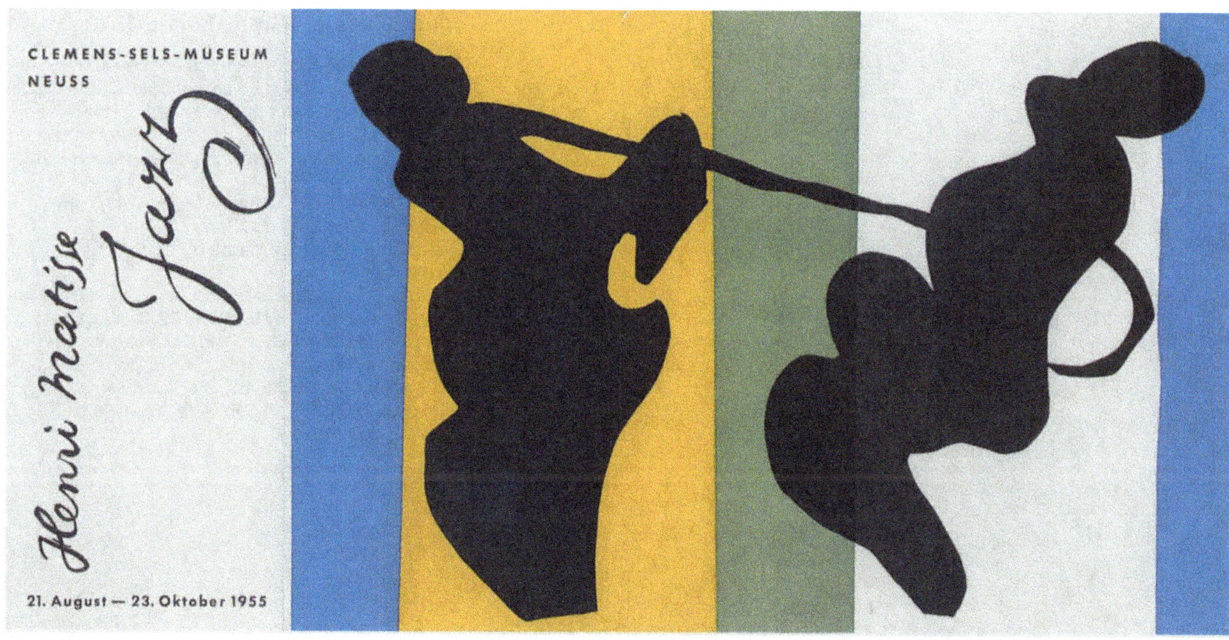

Henri Matisse – Jazz, 1955

Unter Verwendung der Tafel »Le Cow-Boy« aus Matisses Buch »Jazz« (Paris: Tériade 1947), die 1943/44 als Gouache découpée entworfen wurde. Nach Auskunft von Matisses Assistentin Lydia Delectorskaya stellt die Arbeit einen Cowboy auf steigendem Pferd dar, der mit dem Lasso eine Frau einfängt, in Anlehnung an beliebte Varieté-Nummern etwa der »Folies-Bergère«. – Farbigkeit und Vertikalgliederung dieses Blattes greifen auf Matisses Gemälde »Le peintre et son modèle« von 1917 zurück. Ebenso spielt die Konfrontation zwischen aktivem Mann und passiver Frau auf dieses, mehrmals in »Jazz« angedeutete Thema an (vgl. Cowart 1977, S. 11).
Lithographie (mehrfarbig); 24,5 × 49 cm
Auftragg.: Clemens-Sels-Museum, Neuss, Deutschland
Inv. Nr. 2935/82
Lit. u. a.: Cowart Jack, Jack D. Flam u. a., Henri Matisse. Paper cut-outs. New York 1977, 37–47, 101–115 m. Abb. [zu »Jazz«], Nr. 30 m. Abb. [»Le Cow-Boy«] – Anthonioz Michel, Henri Matisse. In: [Kat. Ausst.] Hommage à Tériade. Centre National d'Art Contemporaine, Paris [1973]. Rheinisches Landesmuseum, Bonn. Köln 1978, 96–98 [zu »Jazz«].

(1951) sowie auf Entwürfen für die Kirchenfenster in Vence (1949) und für die Tapisserie »Mimosa« (1949–51).
Die Ausstellung bei Berggruen war die erste, die ausschließlich Werke dieser Technik umfaßte.
Lithographie (blau, rot, schwarz); 60,6 × 39,7 cm
Bez. r. u.: Matisse 52
Auftragg.: Galerie Berggruen & Cie, Paris
Druck: Mourlot, Paris
Inv. Nr. 337a/55
Lit. u. a.: Mourlot Fernand, Kunst im Plakat. [Paris] 1959, Taf. 47 – Cowart Jack, Jack D. Flam u. a., Henri Matisse. Paper cut-outs. New York 1977, Nr. 164 m. Abb. – Mellinghoff Frieder, Kunst-Ereignisse. Plakate zu Kunst-Ausstellungen. Dortmund 1978, Abb. 71.

Matisse – Papiers découpés, 1953

Das in zwei Auflagen – bei Desjobert und Mourlot – gedruckte Plakat gibt eine 1952 entstandene Gouache découpée des Titels »Algae« (44 × 39 cm) wieder. Seit etwa 1947 tauchten nah verwandte florale Motive – Chiffren für Blumen, Algen u. a. – häufig in Matisses »Papiers découpés«-Arbeiten auf, u. a. in den Bildern »Les velours« (1947), »La vis«

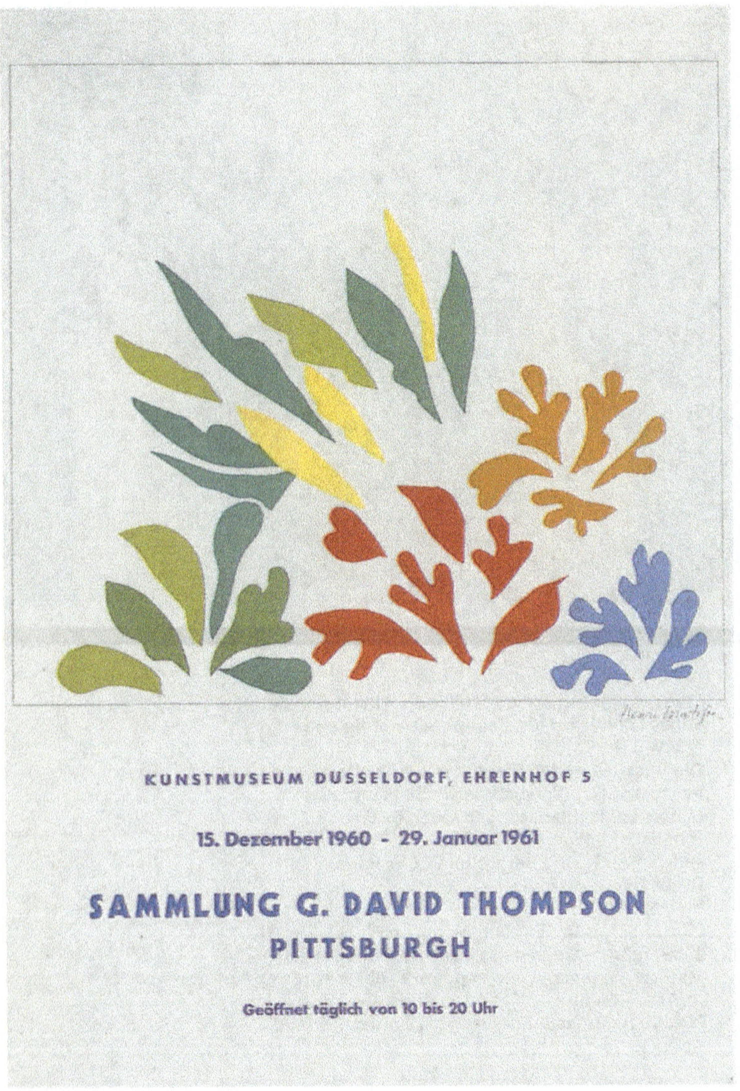

Henri Matisse – Grand Palais, 1970

Das Plakat gibt die Gouache découpée »La cheve-
lure« von 1952 (108 × 80 cm) wieder. Die mänaden-
ähnliche Tänzerin mit dem wehenden Haar gehört
zur Serie der im gleichen Jahr für die keramische
Wanddekoration »La piscine« entworfenen »Nudes
bleues«.
Lithographie (blau, schwarz); 59,5 × 43,5 cm
Auftragg.: Grand Palais, Paris
Druck: Imprimerie Moderne du Lion, Paris
Inv. Nr. 443/87
Lit. u. a.: Cowart Jack, Jack D. Flam u. a., Henri Ma-
tisse. Paper cut-outs. New York 1977, Nr. 167–183
[»La piscine«], Nr. 176 m. Abb. [»La chevelure«] –
Wichmann Hans, [Kat. Ausst.] Neu. Donationen und
Neuerwerbungen 1986/87. Die Neue Sammlung.
München 1989, 192, 193 m. Abb. [dort weit. Lit.].

Sammlung G. David Thompson, 1960

Das Plakat basiert auf der Gouache découpée »Les
acanthes« von 1953, die in der Sammlung Thomp-
son und im Kunstmuseum Basel (Leihgabe Slg.
Beyeler) bewahrt wird. »Les acanthes« war Ma-
quette für eine durch Charles Cox in Juan-les-Pins
ausgeführte keramische Wanddekoration. – 1976
erneut als Motiv für ein Ausstellungsplakat der Ga-
lerie Beyeler, Basel, verwendet.
Lithographie (mehrfarbig); 119 × 83,5 cm
Bez. unter dem Bild r.: Henri Matisse
Auftragg.: Kunstmuseum, Düsseldorf, Deutschland
Inv. Nr. 6435/82
Lit. u. a.: Cowart Jack, Jack D. Flam u. a., Henri Ma-
tisse. Paper cut-outs. New York 1977, Nr. 213
m. Abb. [»Les acanthes«] – [Kat.] Künstler Plakate.
Nr. 4. Galerie für Moderne Kunst und Plakatkunst
H. F. Lempert. Bonn 1986, Nr. 1403 m. Abb. [dort mit
Beschr. für Galerie Beyeler, 1976] – Guichard-Meili
Jean, Les gouaches découpées de Henri Matisse.
Paris 1983, 191 m. Abb. [»Les acanthes«].

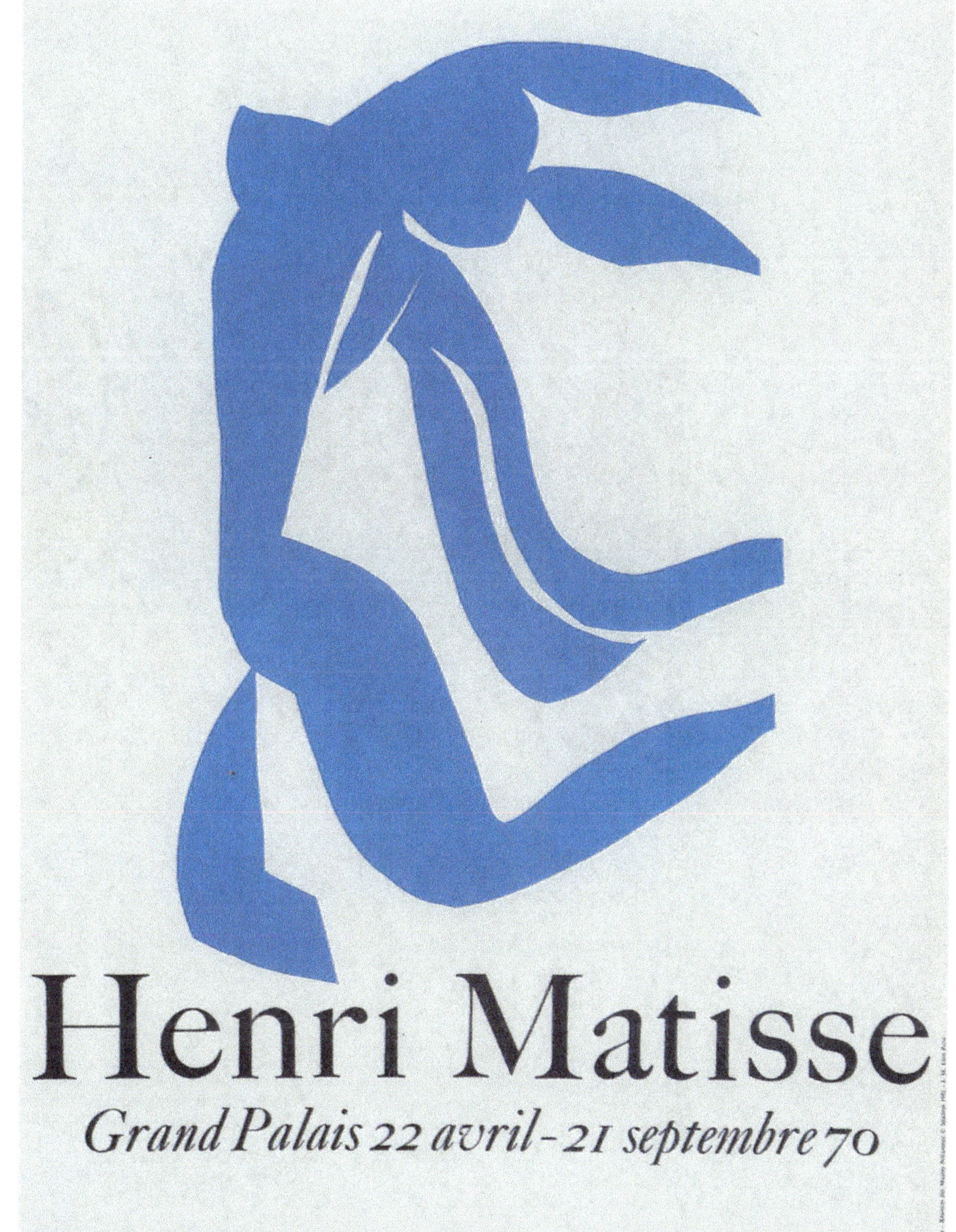

Henri Matisse
Grand Palais 22 avril - 21 septembre 70
ouvert tous les jours sauf le mardi de 10 à 20 h et le mercredi de 10 à 22 h

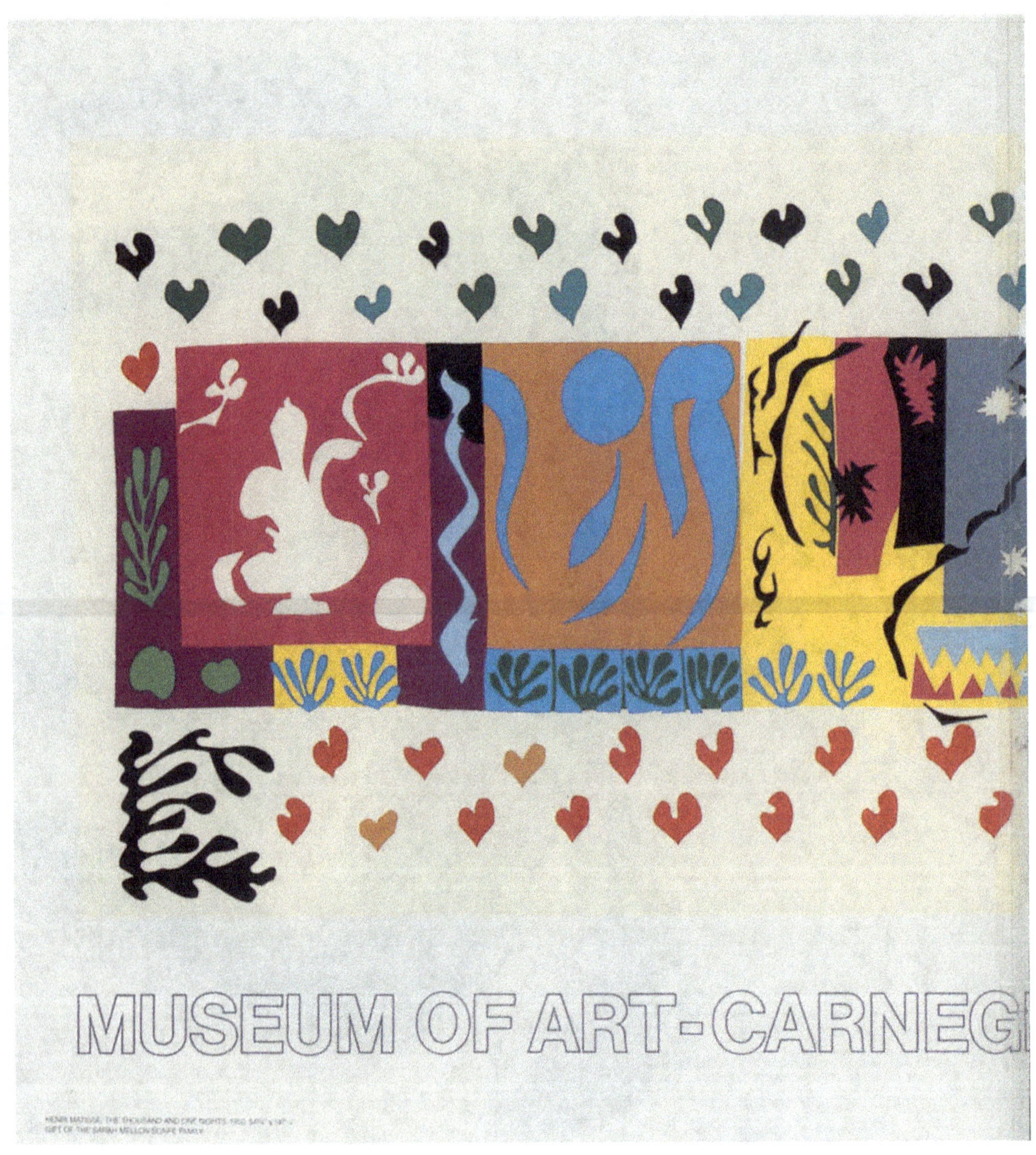
MUSEUM OF ART · CARNEGI

Museum of Art – Pittsburgh, 1974

Die plakatwirksame Ausdruckskraft der Gouaches
découpées, die Matisse selbst vielfach als Vorlagen
für Plakate verwandte, veranlaßte auch nach seinem Tod Druckreproduktionen dieser Werke. So
edierte 1974 das Museum of Art/Carnegie Institute
in Pittsburgh ein Museumsplakat, das die in seinen
Sammlungen bewahrte Gouache découpée »Les
Mille et Une Nuits« von 1950 (140 × 374 cm) verkleinert wiedergibt.
Siebdruck (mehrfarbig); 71,5 × 135 cm
Bez. im Bild r. u.: Hri Matisse Juin 1950
Auftragg.: Museum of Art/Carnegie Institute, Pittsburgh, USA
Inv. Nr. 441/87

Lit. u. a.: [Kat. Ausst.] Catalogue of Painting Collection. Museum of Art/Carnegie Institute. Pittsburgh
1973, [Titelabb.], 113 [dort weit. Lit.] – Cowart Jack,
Jack D. Flam u. a., Henri Matisse. Paper cut-outs.
New York 1977, Nr. 111 m. Abb. – Wichmann Hans,
[Kat. Ausst.] Neu. Donationen und Neuerwerbungen 1986/87. Die Neue Sammlung. München 1989,
196, 197 m. Abb.

25. 10. 1881 Málaga/Andalusien – 8. 4. 1973
Mougins/Südfrankreich
Picasso beschäftigte sich neben der Malerei mit nahezu allen künstlerischen Techniken, so als Zeichner, Druckgraphiker, Bildhauer und Keramiker. Im Bereich der angewandten Kunst entwarf er neben zahlreichen Ballettausstattungen – u. a. für die Ballets Russes Diaghilews (1917), »Pulcinella« (1920), »Sturz des Ikarus« (1962) – Tapisserien und Teppiche, gestaltete aber auch Wandgemälde (UNESCO, 1958), Zeitschriftenumschläge (z. B. für »Verve«, 1948, 1951) und Weinetiketten (1973). Besonders fruchtbar war auch sein Wirken als Buchillustrator (Radierungen für Max Jacobs »Saint Matorel«, 1911; Lithographien zu Pierre Reverdys »Le Chant des Morts«, 1948; Aquatintas für J. Delgados »Tauromachia«, 1959; u. a.) und als Tonplastiker. Damit übergriff er die tradierten Kunstsparten und gewann den jeweils neuen Arbeitsgebieten neue Aussagen ab. Dies gilt ebenso für den Plakatentwurf.
Im Winter 1945/46 begann Picasso in der Druckerei von Fernand Mourlot, Paris, auf dem Gebiet der Lithographie zu experimentieren. In Zusammenhang damit wandte er sich auch dem Medium Plakat verstärkt zu und gestaltete 1948 seine ersten Plakate – für eine Keramikausstellung in Vallauris, dem provenzalischen Töpferort, in dem er seit 1947 selbst mit Ton arbeitete. Die bis 1964 für lokale Ausstellungen bzw. Stierkämpfe entworfenen Vallauris-Plakate bilden die umfangreichste Gruppe innerhalb seines Plakatœuvres. Ihre Motive sind häufig den bemalten Tellern, Vasen oder Plastiken verwandt. Darüberhinaus entstanden in enger stilistischer und thematischer Verflechtung mit dem gleichzeitigen »freien« Werk Plakate für befreundete Künstler und Galerien, für eigene Ausstellungen im In- und Ausland sowie für die Friedensbewegung. Picasso bevorzugte die Technik der Farblithographie – Bildträger waren Zink, Stein oder Umdruckpapier – und ließ, auch später, fast ausnahmslos bei Mourlot drucken. Seit 1951 benutzte er aber für die Vallauris-Plakate den Linolschnitt, der kräftige Farbwirkungen und Negativ-Positiv-Effekte ermöglichte und spontaneres Arbeiten erlaubte. Zudem konnten die Drucke in Vallauris selbst, von dem ortsansässigen Drucker Arnéra, auf der Handpresse vervielfältigt werden.

Lit. u. a.: [Kat. Ausst.] The Artist and the Book. Museum of Fine Arts/Harvard College Library. Boston 1961, 152–167 [dort weit. Lit.] – Ramié Georges, Céramique de Picasso. Paris 1974 – Czwiklitzer Christoph, Pablo Picasso. Plakate 1923–1973. München 1981 [dort weit. Lit.] – Wichmann Hans, Von Morris bis Memphis. Textilien der Neuen Sammlung. Ende 19. bis Ende 20. Jahrhundert. Basel 1990, 448 [dort weit. Lit.] = Sammlungskat. Bd. 3.

Poteries de Picasso, 1948

Eines der frühesten Plakate für Picasso-Keramiken; das erste entwarf der Künstler in drei Varianten wenige Monate zuvor (im Sommer 1948) für eine Ausstellung in Vallauris (vgl. Mourlot 1959, Taf. 56–58). 1947 hatte Picasso in der Werkstatt »Madoura« der Töpfer Georges und Suzanne Ramié begonnen, sich mit dem Werkstoff Ton auseinanderzusetzen. Er formte u. a. tradierte Tonwaren – Platten, Teller, Schalen, Vasen, Kannen, Wandkacheln usw. –, die er durch Bemalung, Ritzung, Reliefierung oder plastischen Dekor verfremdete, entwarf darüberhinaus neue, z. T. zoomorphe Gefäßformen und schuf eine Vielzahl keramischer Plastiken oder Assemblagen. Unter den Arbeiten des ersten Jahres entstand auch eine mit unregelmäßigen konzentrischen Kreisen und kleinem Gesicht bemalte und gravierte Platte (38,5 × 31 cm; Musée Picasso, Antibes), auf deren Dekor das Plakatmotiv anzuspielen scheint. Lithographie auf Papier mit Blindstempel »Marais« u. Signet Blume (braun, schwarz); 61 × 40 cm
Auftragg.: Maison de la Pensée Française, Paris
Druck: Mourlot, Paris
Inv. Nr. 260/55
Lit. u. a.: Allner W. H. (Hrsg.), International Poster Annual '50. St. Gallen 1950, 79, Abb. 191 – Mourlot Fernand, Kunst im Plakat. [Paris] 1959, 244, Taf. 59 – Pablo Picasso Plakate. Sammlung Christoph Czwiklitzer. Düsseldorf 1963, Abb. 26 – Ramié Georges, Céramique de Picasso. Paris 1974, Abb. 212 [Platte, 1947] – Mellinghoff Frieder, Kunst-Ereignisse. Plakate zu Kunst-Ausstellungen. Dortmund 1978, Abb. 67 – Czwiklitzer Christoph, Pablo Picasso. Plakate 1923–1973. München 1981, Nr. 66 m. Abb.

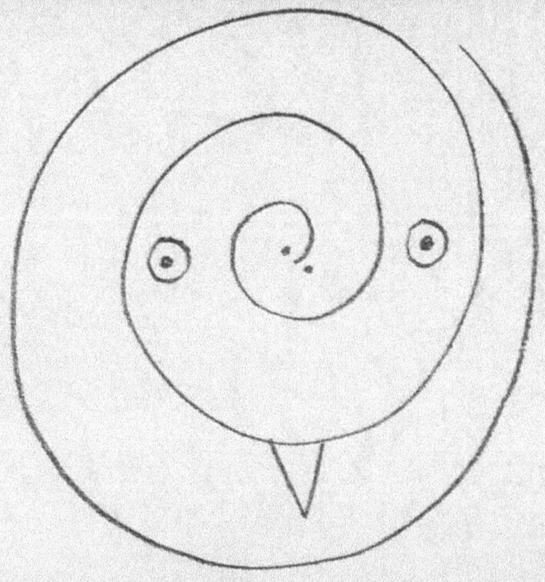

POTERIES
DE PICASSO
DU 27 NOVEMBRE 1948
AU 5 JANVIER 1949
à la Maison de la Pensée Française
2, RUE DE L'ÉLYSÉE · PARIS
TOUS LES JOURS DE 10 HEURES A MIDI ET DE 14 A 19 HEURES
MOURLOT, IMP. PARIS

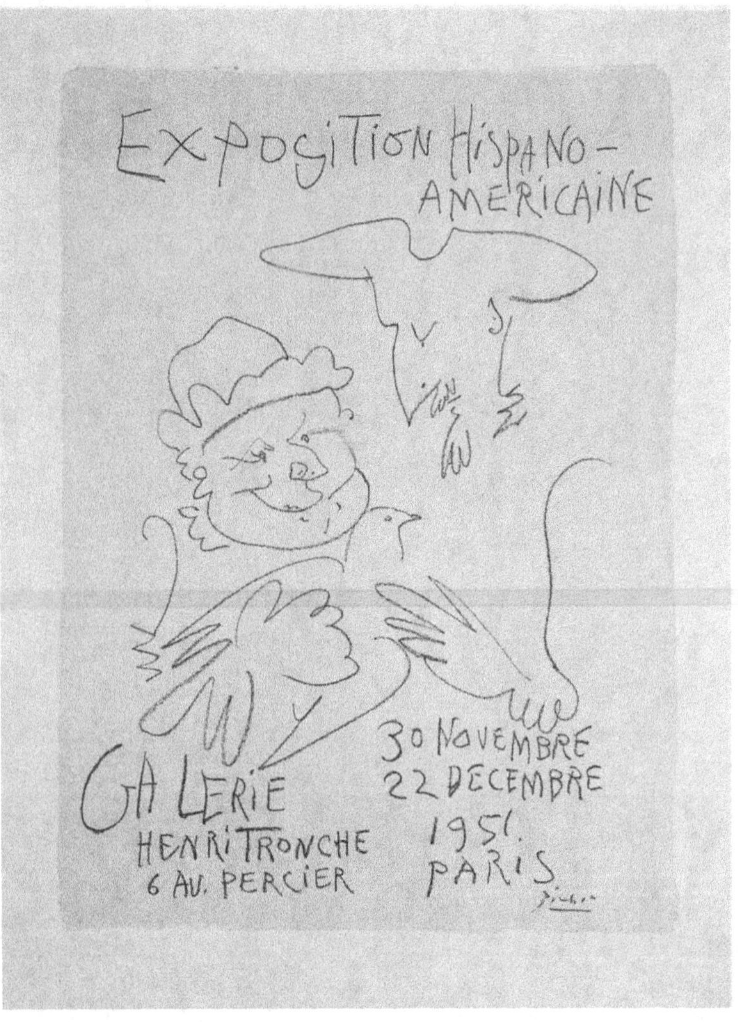

145 dessins pour la presse et les organisations démocratiques. La Courneuve. (Suppl. Humanité Dimanche, Nr. 126, 5.–11. Sept. 1973), Nr. 26 m. Abb. –
Czwiklitzer Christoph, Pablo Picasso. Plakate
1923–1973. München 1981, Nr. 10 m. Abb. [dort
weit. Lit.] – Diederich Reiner u. Richard Grübling
(Hrsg.), Picasso. Grafik gegen den Krieg. Weinheim/
Basel 1982, Abb. 72.

Exposition Hispano-Américaine, 1951

Die für das Ausstellungsplakat entworfene Litho-
graphie »Don Quichotte et Sancho Pança« zeich-
nete Picasso ursprünglich in drei, einander sehr na-
hestehenden Varianten. Von den beiden verworfe-
nen Versionen wurden lediglich einige, für den
Künstler bestimmte Probeabzüge gedruckt (vgl.
Mourlot 1959, Taf. 63–65).
Lithographie (beige, schwarz); 64,5 × 49,5 cm
Bez. r. u.: Picasso
Auftragg.: Galerie Henri Tronche, Paris
Druck: Mourlot, Paris
Inv. Nr. 261/55
Lit. u. a.: Mourlot Fernand, Kunst im Plakat. [Paris]
1959, 245, Taf. 63 – Pablo Picasso Plakate. Sammlung Christoph Czwiklitzer. Düsseldorf 1963, Abb. 33
– Bloch Georges, Pablo Picasso. Bd. 1. Catalogue de
l'œuvre gravé et lithographié 1904–1967. Bern
1968, Nr. 668–689 u. 1262 m. Abb. – Mourlot Fer-
nand, Picasso lithographe. Paris 1970, Nr. 204
m. Abb. – Gosselin Geraud, [Kat. Ausst.] Picasso.

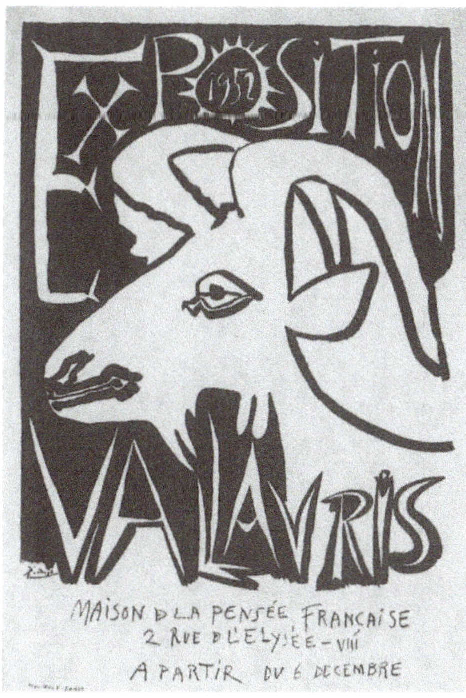

Vallauris – Maison de la Pensée Française, 1952

Für eine im gleichen Jahr durchgeführte Ausstellung in der Maison de la Pensée Française, Paris. Den zusätzlichen Schriftblock gestaltete Picasso selbst.
Offset-Lithographie (schwarz); 64,5 × 45,7 cm
Bez. l. u.: Picasso
Auftragg.: Maison de la Pensée Française, Paris
Druck: Mourlot, Paris
Inv. Nr. 25/56
Lit. u. a.: vgl. bei Inv. Nr. 339/55.

Exposition Vallauris, 1952

Das Plakat belegt die bedeutende Rolle, welche die Ziege in Picassos Ikonographie seit den vierziger Jahren einnahm. So entstand u. a. 1950 die große Plastik »La chèvre«, 1951–53 das plastische Stilleben »Crâne de chèvre, bouteille et bougie«; eine dem Plakatmotiv nahe verwandte Zeichnung des Ziegenschädels ist 1951 datiert. Darüberhinaus stellte Picasso den »Ziegenschädel im Profil« 1950 und 1952 auf einer Reihe von Keramiktellern und -vasen dar.
Eine mit Hilfe fotomechanischer Reproduktion verkleinerte Lithographie dieses Vallauris-Plakates verwandte Picasso auch als Plakat für eine im gleichen Jahr durchgeführte Ausstellung (siehe oben).
Linolschnitt auf bräunlichem Papier (schwarz); 74 × 57 cm
Bez. l. u.: Picasso
Druck: Arnéra, Vallauris; Inv. Nr. 339/55
Lit. u. a.: Gebrauchsgraphik 1952, H. 10, 57 m. Abb. – [Kat. Ausst.] Pablo Picasso. Keramik, Mosaiken … Plakate. Museum für Kunst und Gewerbe. Hamburg 1964, Nr. 116 m. Abb. – Bloch Georges, Pablo Picasso. Bd. 1. Catalogue de l'œuvre gravé et lithographié 1904–1967. Bern 1968, Nr. 1257 m. Abb. – Constantine Mildred u. Alan Fern, [Kat. Ausst.] Word and Image. Posters from the collection of The Museum of Modern Art. New York 1968, 129 m. Abb. – Spies Werner (Hrsg.), [Kat. Ausst.] Pablo Picasso. Sammlung Marina Picasso. Haus der Kunst. München 1981, Nr. 251 m. Abb. [Zeichnung] – Spies Werner, [Kat. Ausst.] Picasso. Das plastische Werk. Nationalgalerie, Berlin. Stuttgart 1983, 250–253, Nr. 304, 409, 410 m. Abb. [zum Ziegenthema] – Weill Alain, Plakatkunst International. Berlin 1985, 354 m. Abb. – Wichmann Hans, Industrial Design. Unikate. Serienerzeugnisse. Die Neue Sammlung. Ein neuer Museumstyp des 20. Jahrhunderts. München 1985, 338 m. Abb. [dort weit. Lit.] – Ramié Alain, Picasso. Catalogue de l'œuvre céramique edité 1947–1951. Vallauris 1988, Nr. 105–112, 145–157 m. Abb. [Keramiken mit Ziegenmotiv].

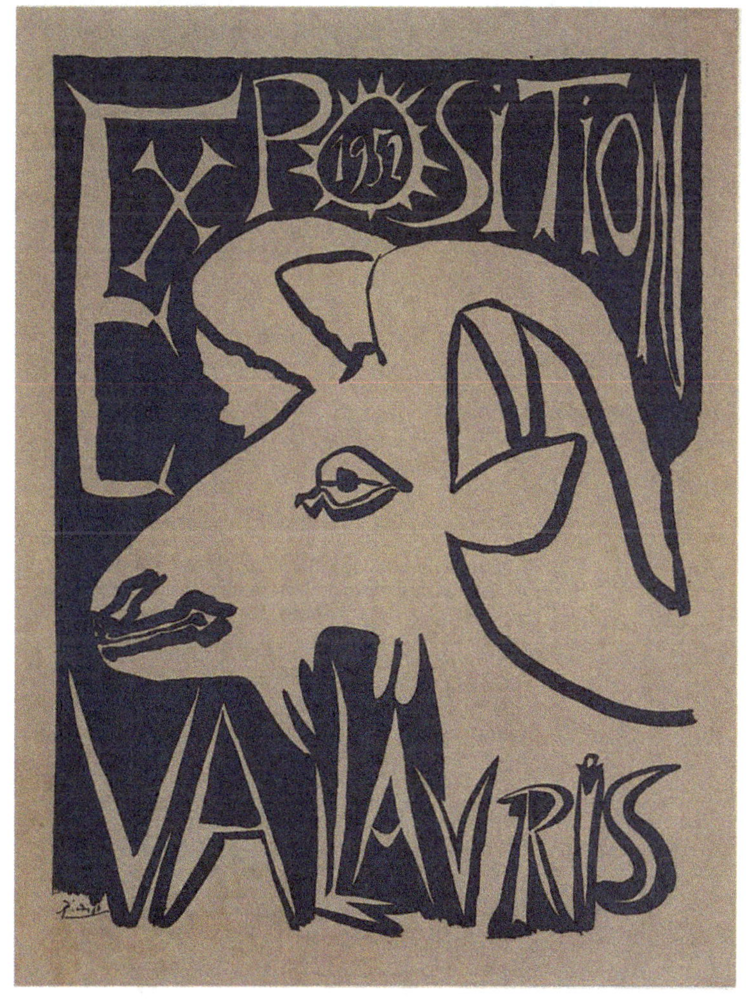

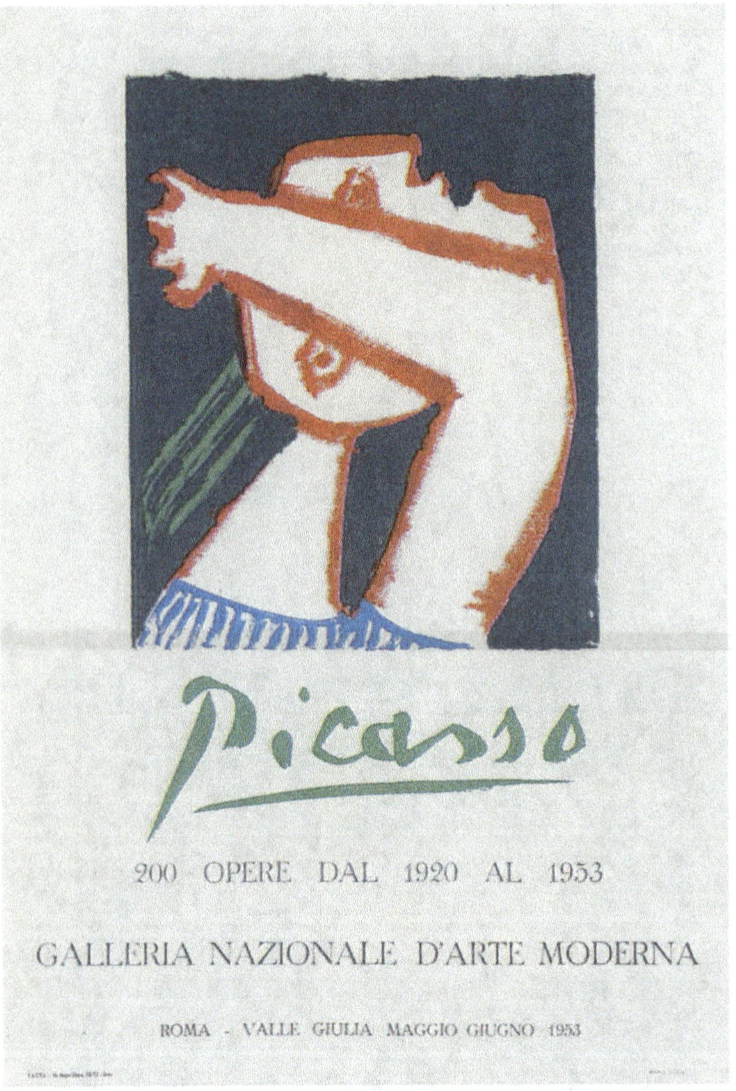

Picasso – 200 opere dal 1920 al 1953, 1953

Unter Verwendung einer Studie (Tusche) vom
23.9.1952 zu dem großen Gemälde »Der Frieden«
(Öl auf Naturfaserplatten), das zusammen mit sei-
nem Gegenstück »Der Krieg« für die Kapelle in Val-
lauris gestaltet wurde.
Offset (mehrfarbig); 100 × 70 cm
Auftragg.: Galleria Nazionale d'Arte Moderna,
Rom, Italien
Druck: S.A.G.R.A., De Luca centro grafico, Rom
Inv. Nr. 347/89
Lit. u. a.: Pablo Picasso Plakate. Slg. Christoph
Czwiklitzer. Düsseldorf 1963, Abb. 58 [dort ohne
Beschr.] – Czwiklitzer Christoph, Pablo Picasso. Pla-
kate 1923–1973. München 1981, 543, Nr. 80 m. Abb.
– Diederich Reiner u. Richard Grübling (Hrsg.), Pi-
casso. Grafik gegen den Krieg. Weinheim/Basel
1982, Abb. 66 [Vorlage].

Vallauris Exposition, 1953

Picasso stellte in den Silhouetten Françoise Gilot
und ihre gemeinsamen Kinder Claude (geb. 1947)
und Paloma (geb. 1949) dar. Dies wird durch Papier-
schnitte vom September 1952 belegt.
Lithographie (schwarz auf farbig gestreiftem Papier); 79,5 × 60 cm
Bez. r. u.: Picasso
Druck: Arnéra, Vallauris
Inv. Nr. 344/89
Lit. u. a.: Mourlot Fernand, Kunst im Plakat. [Paris]
1959, 245, Taf. 69 – Pablo Picasso Plakate. Slg. Chri-
stoph Czwiklitzer. Düsseldorf 1963, Abb. 4 – [Kat.
Ausst.] Pablo Picasso. Keramik, Mosaiken … Pla-
kate. Museum für Kunst und Gewerbe. Hamburg
1964, Nr. 119 m. Abb. – Mellinghoff Frieder, Kunst-
Ereignisse. Plakate zu Kunst-Ausstellungen. Dort-
mund 1978, Abb. 69 – Czwiklitzer Christoph, Pablo
Picasso. Plakate 1923–1973. München 1981, 542 f.,
Nr. 79 – Quinn Edward, Picasso. Mensch und Bild.
Stuttgart 1987, 84, 85 m. Abb. [Fotografien Picassos
und seiner Familie von E. Quinn, an der Wand im
Hintergrund die Scherenschnitte].

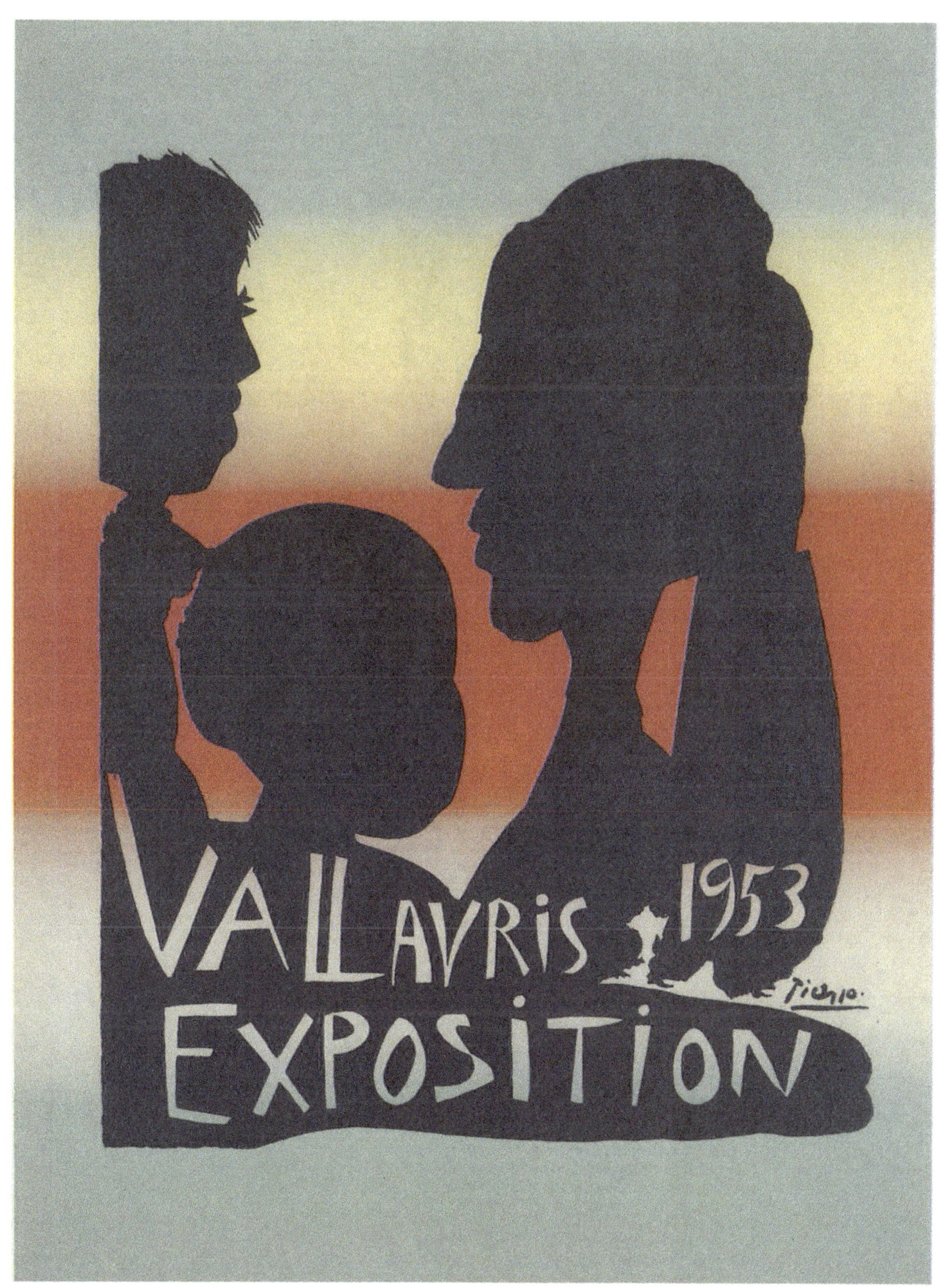

VALLAVRIS 1953
EXPOSITION
Picasso

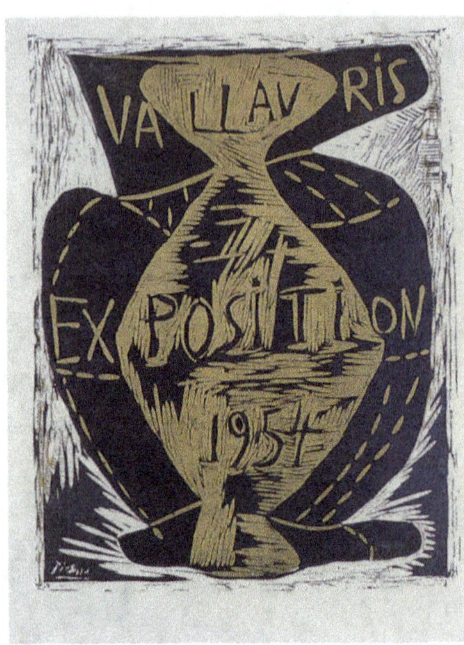

Lit. u. a.: Mourlot Fernand, Kunst im Plakat. [Paris]
1959, 246, Taf. 72 – Pablo Picasso Plakate. Slg. Christoph Czwiklitzer. Düsseldorf 1963, 15, Abb. 42 –
[Kat. Ausst.] Pablo Picasso. Keramik, Mosaiken …
Plakate. Museum für Kunst und Gewerbe. Hamburg
1964, Nr. 121 m. Abb. – [Kat. Ausst.] Hommage à Tériade. Centre National d'Art Contemporaine, Paris
[1973]. Rheinisches Landesmuseum, Bonn. Köln
1978, 12–14, 45 ff. [zu »Verve«] – Czwiklitzer Christoph, Pablo Picasso. Plakate 1923–1973. München
1981, 544, Nr. 89 m. Abb.

Vallauris Exposition, 1954

Das Plakatmotiv zweier übereinanderprojizierter
Vasen verweist auf eine Keramik Picassos vom
12. Januar desselben Jahres: eine Steingutkanne,
die mit der Darstellung einer Vase farbig engobiert
ist (»Pichet au vase«; H. 29,5 cm). Diese Arbeit
wurde bei »Madoura« in einer Auflage von 500 Exemplaren vervielfältigt.
Linolschnitt (schwarz, grün); 77 × 59 cm
Bez. l. u.: Picasso
Druck: Arnéra, Vallauris
Inv. Nr. 259/55
Lit. u. a.: Mourlot Fernand, Kunst im Plakat. [Paris]
1959, 245, Taf. 70 – Pablo Picasso Plakate. Slg. Christoph Czwiklitzer. Düsseldorf 1963, Abb. 47 – Bloch
Georges, Pablo Picasso. Bd. 1. Catalogue de l'œuvre
gravé et lithographié 1904–1967. Bern 1968,
Nr. 1263 m. Abb. – Czwiklitzer Christoph, Pablo Picasso. Plakate 1923–1973. München 1981, Nr. 12
m. Abb. [dort weit. Lit.] – Ramié Alain, Picasso. Catalogue de l'œuvre céramique édité 1947–1971. Vallauris 1988, 17 m. Abb., Nr. 226 m. Abb. [Keramik].

Picasso – Suite de 180 dessins, 1954

Die Lithographie folgt einer Originalkomposition Picassos von identischer Größe in Collage-Technik
und kündigt eine Folge von 180 Picasso-Graphiken
an, die in Doppelheft 29/30 der bedeutenden Zeitschrift »Verve« des Verlegers Tériade veröffentlicht
wurden. Tériade gilt im Verein mit dem Drucker
Mourlot als erneuter Wegbereiter der Lithographie
zur getreuen Reproduktion moderner Kunst.
Lithographie auf Arches-Bütten (7 Farben);
61,5 × 40 cm
Bez. l. o.: Picasso 2. 5. 54
Auftragg.: Revue Verve, Paris
Druck: Mourlot, Paris
Inv. Nr. 60/65-4

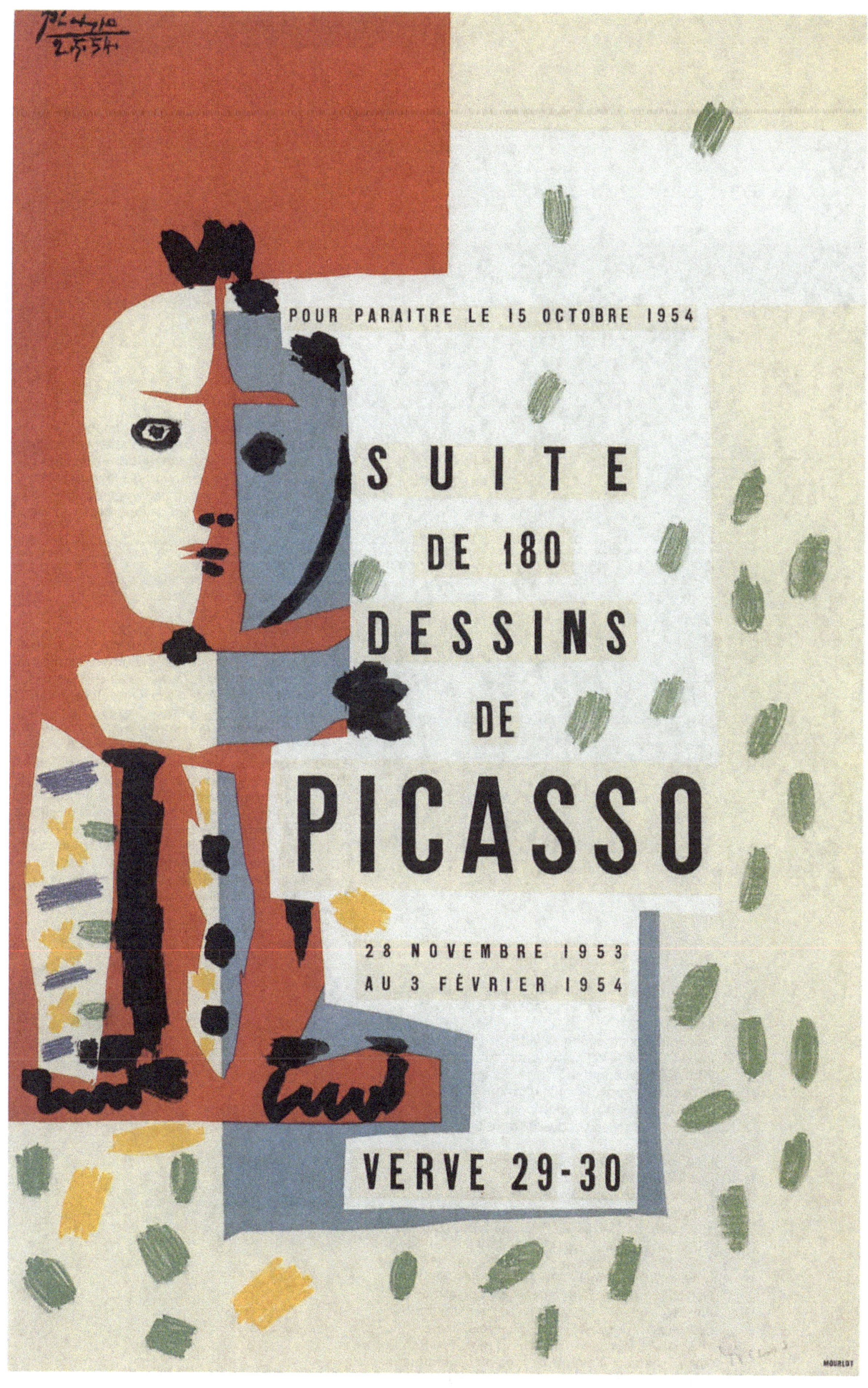

POUR PARAITRE LE 15 OCTOBRE 1954
SUITE
DE 180
DESSINS
DE
PICASSO
28 NOVEMBRE 1953
AU 3 FÉVRIER 1954
VERVE 29-30
MOURLOT

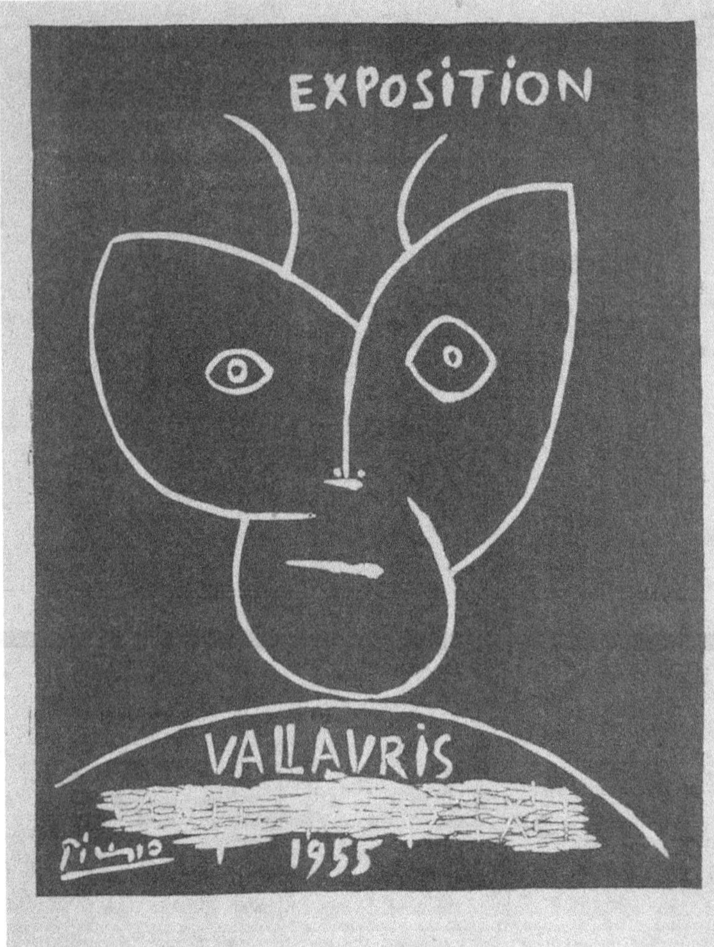

Vallauris Exposition, 1956

Etwa gleichzeitig mit dem Plakat entstand eine re-
liefierte, farbig bemalte Keramikplatte, welche dieselbe Darstellung – jedoch in modifizierter Farbigkeit – aufweist; Picasso entwarf die Platte vermutlich speziell für die Ausstellung, trägt sie doch die
inhaltlich gleiche, variiert gestaltete Beschriftung
wie das Plakat.
Linolschnitt auf Arches-Bütten (mehrfarbig);
79 × 61 cm
Bez. r. u.: Picasso; r. unterhalb des Druckfeldes
handschriftlich signiert: Picasso
Druck: Arnéra, Vallauris
Inv. Nr. 442/87
Lit. u. a.: Foster Joseph K., Posters of Picasso. New
York 1957, 29, Abb. 23 – Mourlot Fernand, Kunst im
Plakat. [Paris] 1959, 246, Taf. 80 – Pablo Picasso Pla-
kate. Slg. Christoph Czwiklitzer. Düsseldorf 1963,
Abb. 10 – Bloch Georges, Pablo Picasso. Bd. 1. Cata-
logue de l'œuvre gravé et lithographié 1904–1967.
Bern 1968, Nr. 1271 m. Abb. – Czwiklitzer Christoph,
Pablo Picasso. Plakate 1923–1973. München 1981,
Nr. 19 m. Abb. – Ramié Alain, Picasso. Catalogue de
l'œuvre céramique édité 1947–1971. Vallauris 1988,
Nr. 330–331 m. Abb. [Keramik] – Wichmann Hans,
[Kat. Ausst.] Neu. Donationen und Neuerwerbungen 1986/87. Die Neue Sammlung. München 1989,
180, 181 m. Abb. – Wichmann Hans, Die Realisation
eines neuen Museumstyps: Die Neue Sammlung.
Bilanz 1980/90. München/Basel 1990, 172–173
m. Abb. [dort weit. Lit].

Exposition Vallauris, 1955

Immer von neuem taucht im Œuvre Picassos das
Motiv des Fauns auf, auch auf Picasso-Keramiken.
Das hier wiedergegebene Vallauris-Plakat zeigt
enge stilistische Verwandtschaft mit einem vom
28. 6. 1955 datierenden Teller (»Visage du faune«,
Ø 24 cm), dessen in Weiß auf rotem Grund gezeichnete Darstellung in Proportionen und Liniengerüst
mit dem Faunsgesicht des Plakates überein-
stimmt.
Linolschnitt (braun); 74,3 × 58,9 cm
Bez. l. u.: Picasso
Druck: Arnéra, Vallauris; Inv. Nr. 258/55
Lit. u. a.: Mourlot Fernand, Kunst im Plakat. [Paris]
1959, 246, Taf. 76 – Pablo Picasso Plakate. Slg. Christoph Czwiklitzer. Düsseldorf 1963, Abb. 55 – Bloch
Georges, Pablo Picasso. Bd. 1. Catalogue de l'œuvre
gravé et lithographié 1904–1967. Bern 1968,
Nr. 1266 m. Abb. – Ramié Georges, Céramique de
Picasso. Paris 1974, passim [zum Faunsthema] –
Czwiklitzer Christoph, Pablo Picasso. Plakate
1923–1973. München 1981, Nr. 15 m. Abb. – Ramié
Alain, Picasso. Catalogue de l'œuvre céramique
édité 1947–1971. Vallauris 1988, Nr. 282 u. 283
m. Abb. [Teller].

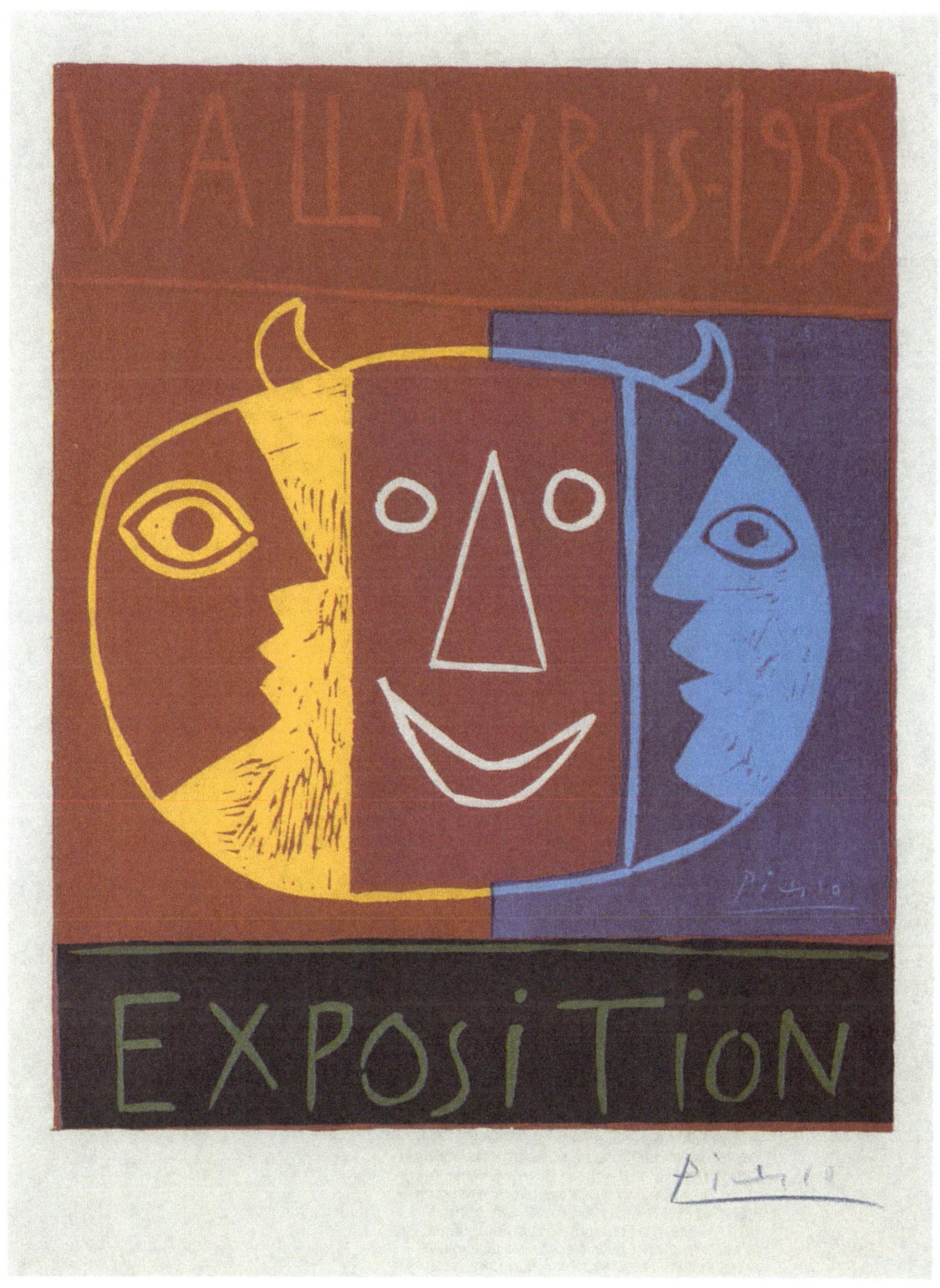

VALLAVRIS·1956
EXPOSITION

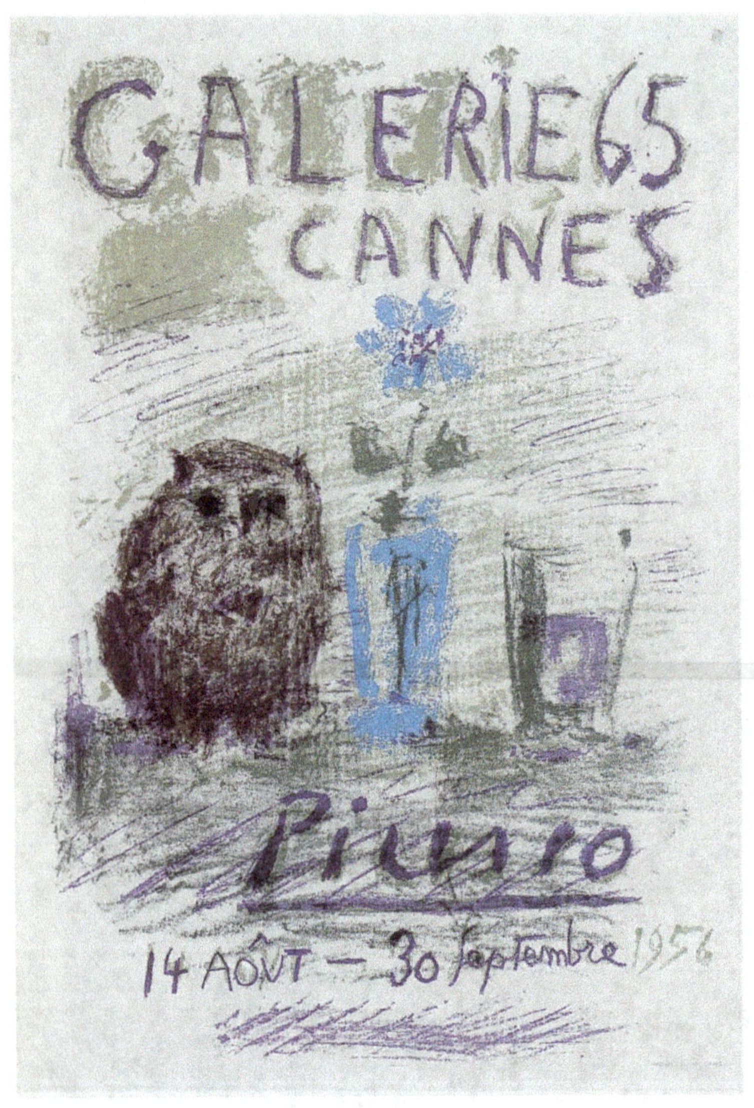

Picasso – Galerie 65, 1956

Lithographie (sechs Farben); 69 × 50 cm
Auftragg.: Galerie 65, Cannes
Druck: Mourlot, Paris
Inv. Nr. 38/64
Lit. u. a.: Mourlot Fernand, Kunst im Plakat. [Paris]
1959, 246, Taf. 78 – [Kat. Ausst.] Bestiarium. Tiere in
der Kunst. Museum für Kunst und Gewerbe. Hamburg 1962, Nr. 74 – Pablo Picasso Plakate. Slg. Christoph Czwiklitzer. Düsseldorf 1963, Abb. 8 – [Kat. Ausst.] Pablo Picasso. Keramik, Mosaiken . . . Plakate. Museum für Kunst und Gewerbe. Hamburg 1964, Nr. 122 m. Abb. – Bloch Georges, Pablo Picasso. Bd. 1. Catalogue de l'œuvre gravé et lithographié 1904–1967. Bern 1968, Nr. 1272 m. Abb., Taf. 213 – Mourlot Fernand, Picasso lithographe. Paris 1970, Nr. 282 – Czwiklitzer Christoph, Pablo Picasso. Plakate 1923–1973. München 1981, Nr. 21 m. Abb.

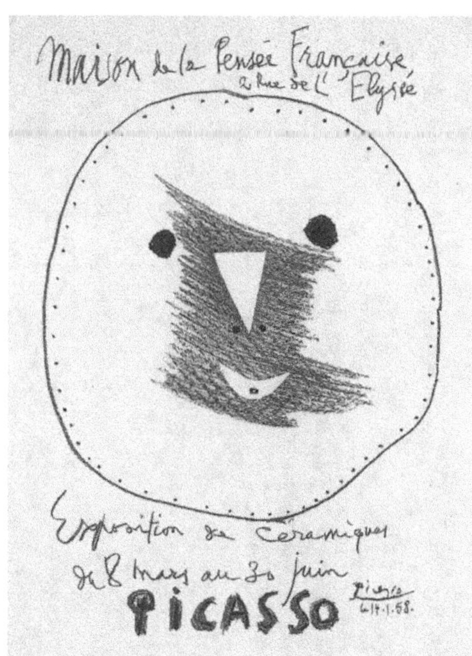

Exposition de céramiques – Picasso, 1958

Lithographie (braun, schwarz); 64,5 × 47,5 cm
Bez. r. u.: Picasso le 14. 1. 58
Auftragg.: Maison de la Pensée Française, Paris
Druck: Mourlot, Paris
Inv. Nr. 36/64.

Exposition de céramiques – Picasso, 1958

Für diese, 150 Picasso-Keramiken umfassende Ausstellung existierten zwei Plakatfassungen des
Künstlers: die hier wiedergegebene Lithographie in
Braun, Schwarz und Grün sowie eine – ebenfalls in
der Neuen Sammlung bewahrte – Version in Braun
und Schwarz (Inv. Nr. 36/64, siehe oben). Nach Angaben des Druckers Mourlot (1959, S. 247) war
diese Fassung die spätere. Eine nah verwandte Darstellung entwarf Picasso auch für den Katalogumschlag.
Bereits seine ersten, farbig bemalten Keramikteller
versah Picasso mit dem Motiv des auf wenige
Grundzüge vereinfachten Gesichtes; auch später
immerwieder aufgegriffen und variiert, konnte es
manchmal maskenähnlichen Charakter annehmen.
Seit 1956 entstand eine Reihe von Tellern mit drei-
eckigen, in den Konturen hervorgehobenen oder im
Hochrelief angesetzten Nasen; die Rand-Ornamen-
tierung einiger dieser Arbeiten verweist – ebenso
wie ihre Benennung – auf Zifferblätter von Sonnen-
uhren. Beide Varianten des Plakats spielen auf
diese Darstellungen an.
Lithographie (braun, schwarz, grün);
64,5 × 47,5 cm
Bez. r. u.: Picasso le 14. 1. 58
Auftragg.: Maison de la Pensée Française, Paris
Druck: Mourlot, Paris
Inv. Nr. 37/64
Lit. u. a.: [Kat. Ausst.] Picasso. Cent cinquante céramiques originales. Maison de la Pensée Française.
Paris 1958 – Mourlot Fernand, Kunst im Plakat. [Pa-
ris] 1959, 247, Taf. 90 – Bloch Georges, Pablo Picasso. Bd. 1. Catalogue de l'œuvre gravé et lithographié 1904–1967. Bern 1968, Nr. 1281 m. Abb. –
Mourlot Fernand, Picasso lithographe. Paris 1970,
Nr. 314 m. Abb. – Czwiklitzer Christoph, Pablo Picasso. Plakate 1923–1973. München 1981, Nr. 32
m. Abb. [dort weit. Lit.] – Ramié Alain, Picasso. Catalogue de l'œuvre céramique édité 1947–1971. Vallauris 1988, Nr. 1–2, 321–327, 350 m. Abb. [ver-
gleichbare Teller].

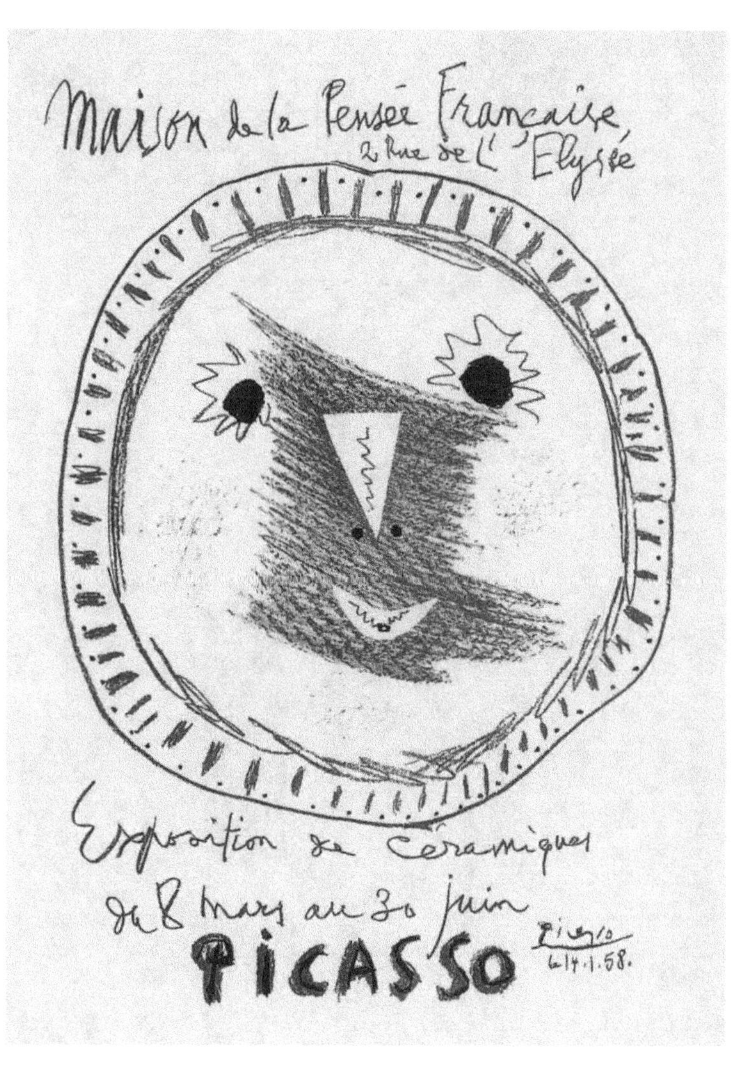

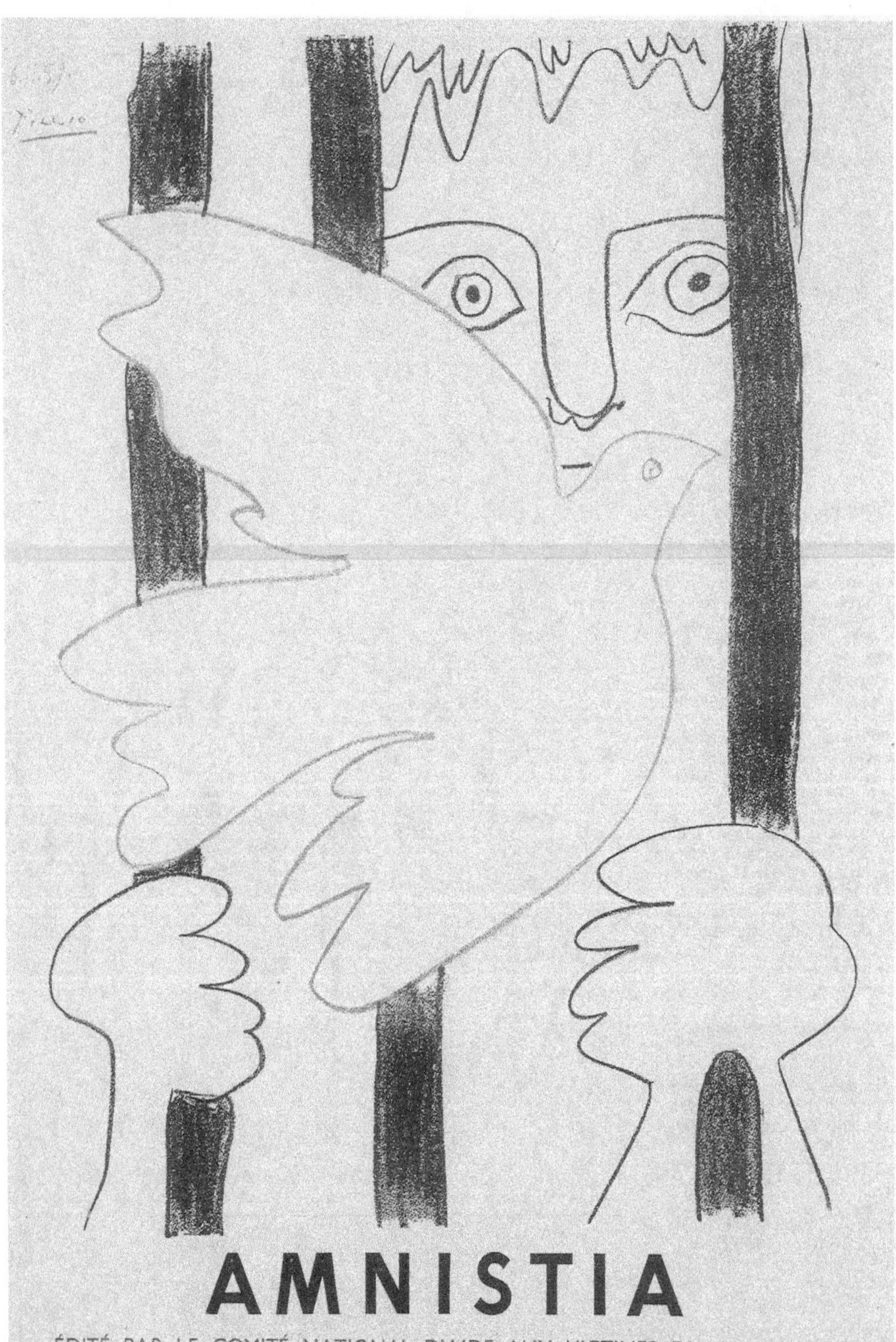

AMNISTIA
ÉDITÉ PAR LE COMITÉ NATIONAL D'AIDE AUX VICTIMES DU FRANQUISME

Amnistia, 1959

Eine der ersten Friedenstauben Picassos entstand
1949; Louis Aragon wählte sie als Motiv für das
Plakat des »Congrès mondial des partisans de la
paix« (Paris 1949). Seitdem verwandte der Künstler
die Taube als Symbol – immer variiert – auf unter-
schiedlichen politischen Plakaten, 1950 erstmals
fliegend (vgl. Mourlot Fernand, Kunst im Plakat.
[Paris] 1959, Taf. 62).
Vergleiche auch die Plakate für die Friedensbewe-
gung, 1961 und 1962 (Inv. Nr. 182/77, 346/89).
Lithographie (braun, blau, schwarz); 74,7 × 52 cm
Bez. l. o.: 6. 11. 59. Picasso
Auftragg.: Comité national d'aide aux victims du
Franquisme, Frankreich
Inv. Nr. 477/87
Lit. u. a.: Czwiklitzer Christoph, Pablo Picasso. Pla-
kate 1923–1973. München 1981, Nr. 152 m. Abb. –
Diederich Reiner u. Richard Grübling (Hrsg.), Pi-
casso. Graphik gegen den Krieg. Weinheim/Basel
1982, Abb. 58 [Entwurf] – Wichmann Hans, [Kat.
Ausst.] Neu. Donationen und Neuerwerbungen
1986/87. Die Neue Sammlung. München 1989, 183
m. Abb.

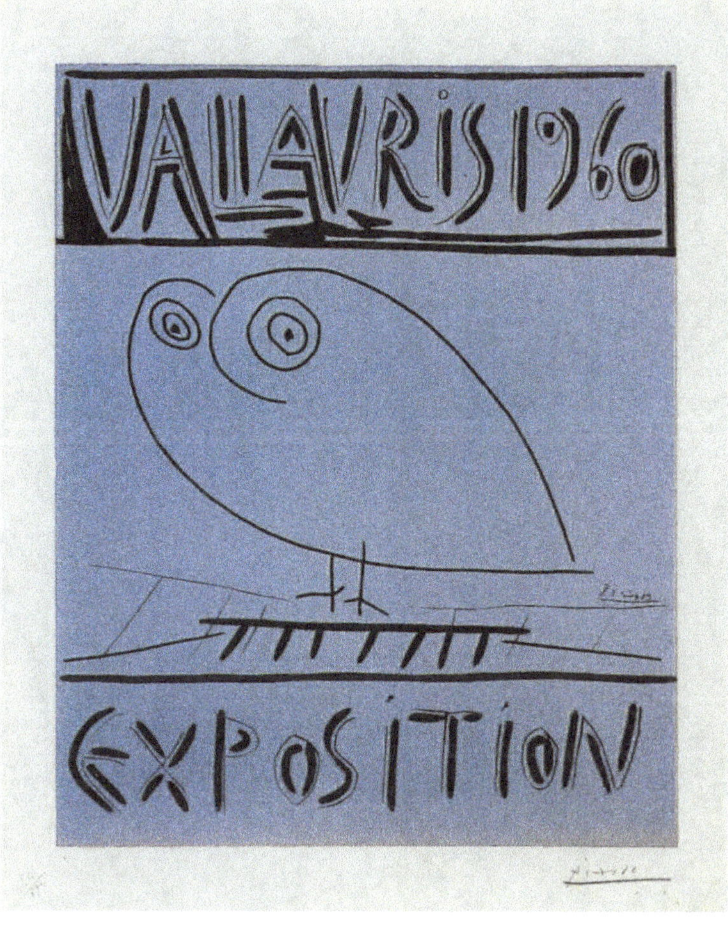

Vallauris Exposition, 1960

Seit 1947 wählte Picasso häufig das Motiv der Eule.
Er formte sie u. a. aus Blech (1950, 1961), in Ton
(1951–53) oder als Eulenvasen, bei denen die tra-
dierte Vasenform durch die Bemalung zum Eulen-
körper umgedeutet wurde (1951–52). Daneben exi-
stieren mehrere Teller mit dem Eulenmotiv.
Linolschnitt auf Arches-Bütten (schwarz, rosa);
75 × 62 cm
Bez. r. u. (im Bild): Picasso; r. u. handschriftlich si-
gniert: Picasso; l. u. numeriert 22/170
Druck: Arnéra, Vallauris
Inv. Nr. 465/78
Lit. u. a.: [Kat. Ausst.] Bestiarium. Tiere in der Kunst.
Museum für Kunst und Gewerbe. Hamburg 1962,
Nr. 77 – [Kat. Ausst.] Pablo Picasso. Keramik, Mosai-
ken … Plakate. Museum für Kunst und Gewerbe.
Hamburg 1964, Nr. 135 m. Abb. – Bloch Georges,
Pablo Picasso. Bd. 1. Catalogue de l'œuvre gravé et
lithographié 1904–1967. Bern 1968, Nr. 1290 m. Abb.
– Ramié Georges, Céramique de Picasso. Paris
1974, Abb. 109–113, 151–161, 243 [zum Eulenthe-
ma] – Czwiklitzer Christoph, Pablo Picasso. Plakate
1923–1973. München 1981, Nr. 38 m. Abb. – Spies
Werner, [Kat. Ausst.] Picasso. Das plastische Werk.
Nationalgalerie, Berlin. Stuttgart 1983, Nr. 403–404,
571–573 m. Abb. [Eulenplastiken] – Ramié Alain, Picasso. Catalogue de l'œuvre céramique édité
1947–1971. Vallauris 1988, Nr. 124, 158 m. Abb. [Eu-
len-Vasen] – Wichmann Hans, [Kat. Ausst.] Neu. Donationen und Neuerwerbungen 1986/87. Die Neue
Sammlung. München 1989, 185 m. Abb. [dort weit.
Lit.].

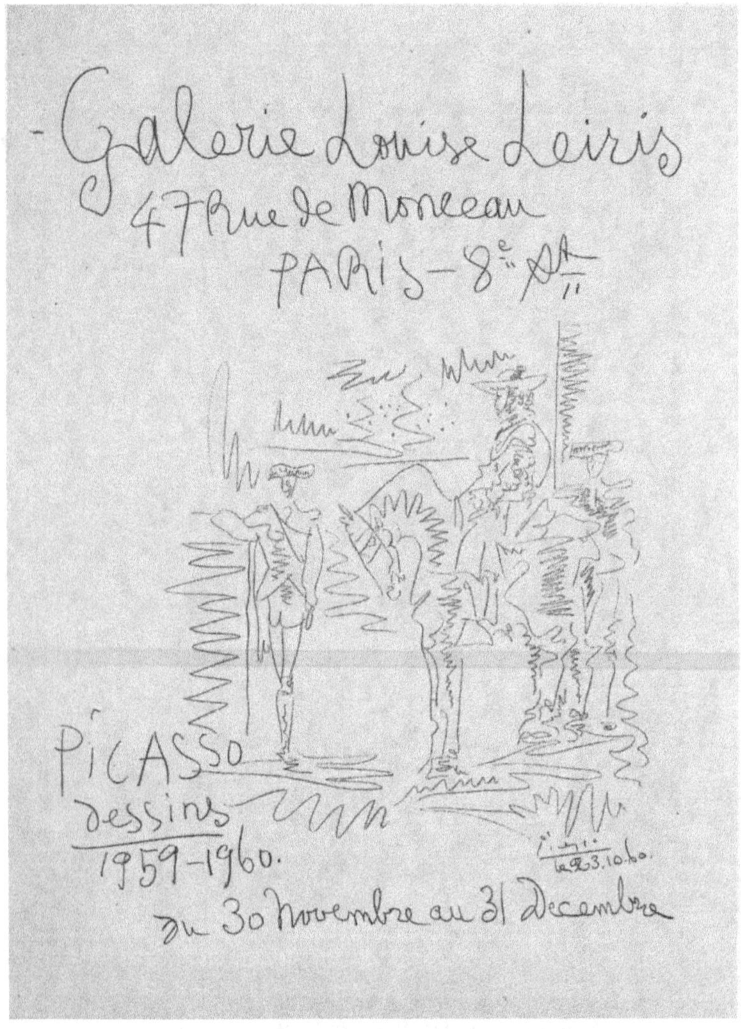

Picasso – Dessins 1959–1960, 1960

Die Ausstellung umfaßte zwischen 11. Juli 1959 und
26. Juni 1960 entstandene Lavierungen und Zeichnungen, die sich mit dem in Picassos Œuvre leitmo-
tivischen Thema des Stierkampfes befaßten. Es
tauchte gleichzeitig auch auf zahlreichen Druckgraphiken auf. 1959 zeichnete Picasso die Aquatinta-
Illustrationen zu José Delgado's Handbuch der
Stierkämpferkunst »Tauromachia o Arte de Toreros« von 1796, für das bereits Francisco Goya Radierungen angefertigt hatte.
Das kurz vor Ausstellungsbeginn entworfene und
lithographierte Plakat zeigt nahe stilistische und
motivische Verwandtschaft mit den bei Leiris aus-
gestellten Arbeiten, so vor allem mit der Tuschzeichnung »Le picador à cheval« oder der Lavie-
rung »Le picador attablé«. Ein in Thema und Komposition entsprechender Farblinolschnitt von 1959
trägt den Titel »Picador et torero«.
Lithographie (braun, schwarz); 66,3 × 49,7 cm
Bez. r. u.: Picasso le 23. 10. 60
Auftragg.: Galerie Louise Leiris, Paris
Druck: Mourlot, Paris
Inv. Nr. 85/62

Lit. u. a.: [Kat. Ausst.] Picasso. Dessins 1959–1960.
Galerie Leiris. Paris 1960, Nr. 2 u. 3 m. Abb. [Zeich-
nungen] – Pablo Picasso Plakate. Slg. Christoph
Czwiklitzer. Düsseldorf 1963, Abb. 104 – Bloch Georges, Pablo Picasso. Bd. 1. Catalogue de l'œuvre
gravé et lithographié 1904–1967. Bern 1968, Nr. 906
m. Abb. [Linolschnitt], Nr. 1288 m. Abb. – Mourlot
Fernand, Picasso lithographe. Paris 1970, Nr. 334
m. Abb. – Czwiklitzer Christoph, Pablo Picasso. Plakate 1923–1973. München 1981, Nr. 41 m. Abb.

Bol d'Air des Gamins de Paris, 1960

Picasso war Ehrenpräsident der »Gesellschaft zur
Unterstützung der Kinder getöteter französischer
Widerstandskämpfer«, für die er dieses Plakat ent-
warf.
Lithographie (mehrfarbig); 98,5 × 64 cm
Bez. r. M.: Picasso 4. 10. 60
Auftragg.: Association pour le soutien des enfants
de fusillés de la Résistance, Paris
Druck: Mourlot, Paris
Inv. Nr. 345/89
Lit. u. a.: Gosselin Gerard, [Kat. Ausst.] Pablo Pi-
casso. 145 dessins pour le presse et les organisa-
tions démocratiques. La Courneuve. (Suppl. Huma-
nité dimanche, Nr. 126, 5.–11. Sept. 1973), Nr. 73
m. Abb. [Motiv] – Czwiklitzer Christoph, Pablo Picasso. Plakate 1923–1973. München 1981, Nr. 197 A,
Abb. 197 [andere Beschr.] – Diederich Reiner u. Richard Grübling (Hrsg.), Picasso. Grafik gegen den
Krieg. Weinheim/Basel 1982, Abb. 47.

DIX ANS AU SERVICE DE L'ENFANCE
Bol d'Air
des gamins de PARIS
KERMESSE DES ÉTRENNES
DÉCEMBRE 1960
NUIT DE L'HERMINE
31 DÉCEMBRE 1960
NOEL DES GAMINS DE PARIS—DÉCEMBRE 1960
VACANCES DU BOL D'AIR
ÉTÉ 1961
ART ET SOLIDARITÉ
OCTOBRE 1961
ASSOCIATION POUR LE SOUTIEN DES ENFANTS DE FUSILLÉS DE LA RÉSISTANCE
46 RUE POISSONNIÈRE PARIS II

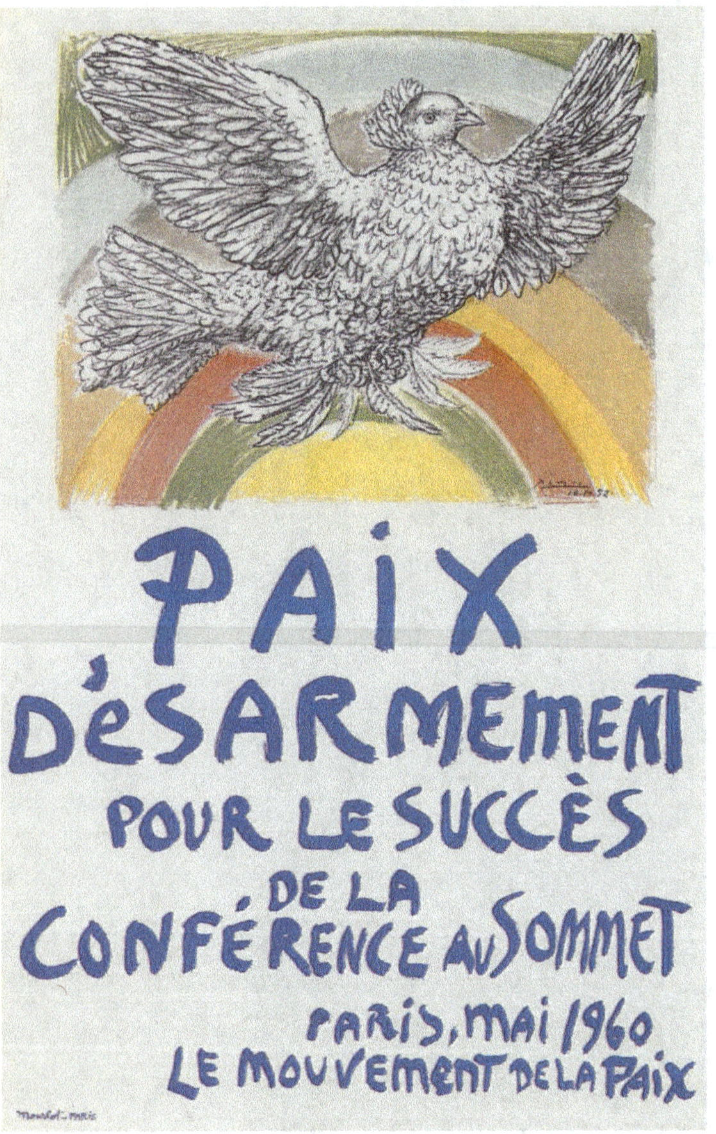

gravé et lithographié 1904–1967. Bern 1968, Nr. 712
m. Abb. [Lithographie 1952] – Spielmann Heinz,
[Kat. Ausst.] Internationale Plakate 1871–1971. Haus
der Kunst. München 1971, Nr. 442 – Czwiklitzer Christoph, Pablo Picasso. Plakate 1923–1973. München
1981, Nr. 169 m. Abb. – [Kat. Ausst.] Zwischen Kal-
tem Krieg und Wirtschaftswunder. Deutsche und
europäische Plakate 1945–1959. Münchner Stadt-
museum. München 1982, 70 m. Abb. – Jahrbuch
des Museums für Kunst und Gewerbe. N. F. Bd. 3.
Museum für Kunst und Gewerbe. Hamburg 1984,
274 m. Abb. – Wichmann Hans, [Kat. Ausst.] Neu.
Donationen und Neuerwerbungen 1986/87. Die
Neue Sammlung. München 1989, 184 m. Abb. [dort
weit. Lit.].

Sala Gaspar – Dibujos de Picasso, 1961

Vor Eröffnung des Picasso-Museums in Barcelona
(1963) waren in dieser Stadt, in der Picasso
1895–1903 gelebt hatte, nur wenige Ausstellungen
seiner Arbeiten gezeigt worden: einige zur Zeit um
die Jahrhundertwende (1895, 1901, 1912) sowie
erst sechzig Jahre später die Ausstellungen der Galerie »Sala Gaspar« (»Pinturas«, 1960; zwei Präsen-
tationen von Zeichnungen im Januar–Februar und
April 1961).
Lithographie (schwarz); 90,5 × 65 cm
Bez. r. u.: Picasso 7.3.61
Auftragg.: Galerie Sala Gaspar, Barcelona, Spanien
Inv. Nr. 6/67
Lit. u. a.: Pablo Picasso Plakate. Slg. Christoph Czwiklitzer. Düsseldorf 1963, Abb. 110 – Bloch Georges,
Pablo Picasso. Bd. 1. Catalogue de l'œuvre gravé et
lithographié 1904–1967. Bern 1968, Nr. 1294 m. Abb.
– Mourlot Fernand, Picasso lithographe. Paris 1970,
Nr. 340 m. Abb. – Czwiklitzer Christoph, Pablo Pi-
casso. Plakate 1923–1973. München 1981, Nr. 45
m. Abb.

Paix–Désarmement, 1960

Die Lithographie zeigt als Motiv eine Variante der
1952 auf dem Plakat »Congrès des Peuples pour la
Paix–Vienne 12–18 Décembre 1952« wiedergege-
benen Friedenstaube. Auch das dort verwendete
Symbol des Regenbogens wird in Abwandlung er-
neut aufgegriffen. Der Lithographie von 1952 (»Co-
lombe volant à l'arc en ciel«) war ein langwieriger
Entwurfsprozeß vorangegangen, der sich in sieben
Entwurfszeichnungen dokumentiert.
Lithographie (mehrfarbig); 120 × 80 cm
Bez. im Bild r. u.: Picasso 10.10.52
Auftragg.: Le Mouvement de la Paix, Frankreich
Druck: Mourlot, Paris
Inv. Nr. 449/87
Lit. u. a.: Mourlot Fernand, Kunst im Plakat. [Paris]
1959, 245, Taf. 67 [Plakat von 1952] – Bloch Geor-
ges, Pablo Picasso. Bd. 1. Catalogue de l'œuvre

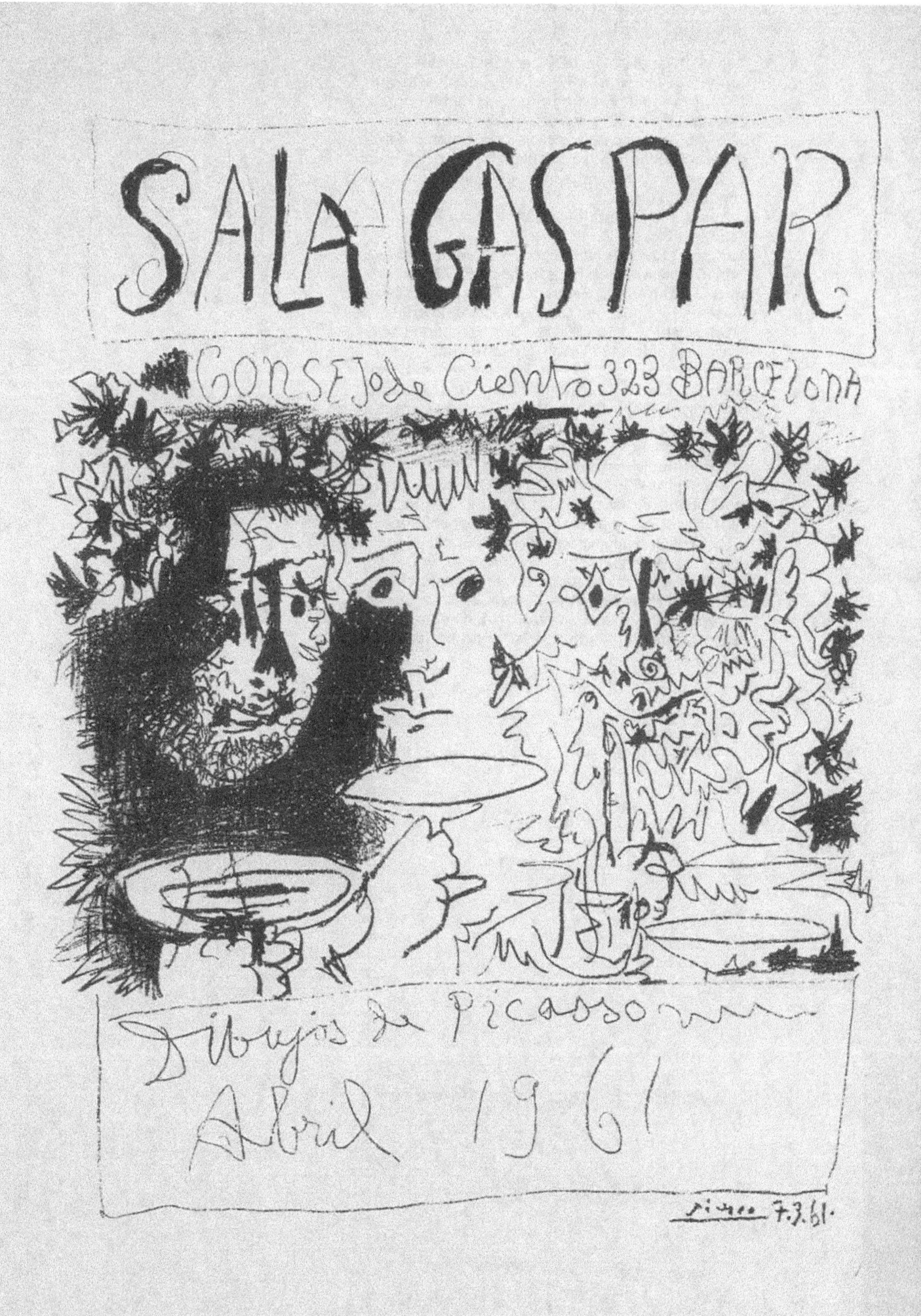

SALA GASPAR
CONSEJO de Ciento 323 BARCELONA
Dibujos de Picasso
Abril 1961

Congrès National du Mouvement de la
Paix 1962, 1961

Nahe verwandt ist ein 1959 datierter Entwurf der
Taube (vgl. Inv. Nr. 477/87). – Die für das Plakat von
1962 verwendete Fassung wurde als Farblithogra-
phie am 28.12.1961 entworfen (»Colombe bleu«;
50,5 × 66 cm) und diente auch, verkleinert und mit
anderer Beschriftung, als Vorlage für ein bei Arnéra
gedrucktes Ausstellungsplakat der Galerie de la Co-
lombe, Vallauris.
Lithographie (mehrfarbig); 100 × 64 cm
Bez. M. r.: Picasso 28.12.61
Auftragg.: Congrès National du Mouvement de la
Paix; Druck: Mourlot, Paris; Inv. Nr. 182/77
Lit. u. a.: [Kat. Ausst.] Bestiarium. Tiere in der Kunst.
Museum für Kunst und Gewerbe. Hamburg 1962,
Nr. 80 – Pablo Picasso Plakate. Slg. Christoph Czwiklitzer. Düsseldorf 1963, Abb. 116 [dort andere
Beschr.] – [Kat. Ausst.] Pablo Picasso. Keramik, Mosaiken . . . Plakate. Museum für Kunst und Gewerbe.
Hamburg 1964, Nr. 141 m. Abb. – Gosselin Gérard,
[Kat. Ausst.] Pablo Picasso. 145 dessins pour la
presse et les organisations démocratiques. La Courneuve. (Suppl. Humanité Dimanche, Nr. 126,
5.–11. Sept. 1973), Nr. 70 m. Abb. – Czwiklitzer Christoph, Pablo Picasso. Plakate 1923–1973. München
1981, Nr. 207 m. Abb., Nr. 207 A – Diederich Reiner
u. Richard Grübling (Hrsg.), Picasso. Grafik gegen
den Krieg. Weinheim/Basel 1982, Abb. 77, vgl. auch
Abb. 27 ff. [zur Entwicklung der Friedenstaube] –
Wichmann Hans, Industrial Design. Unikate. Serienerzeugnisse. Die Neue Sammlung. Ein neuer Museumstyp des 20. Jahrhunderts. München 1985, 342
m. Abb.

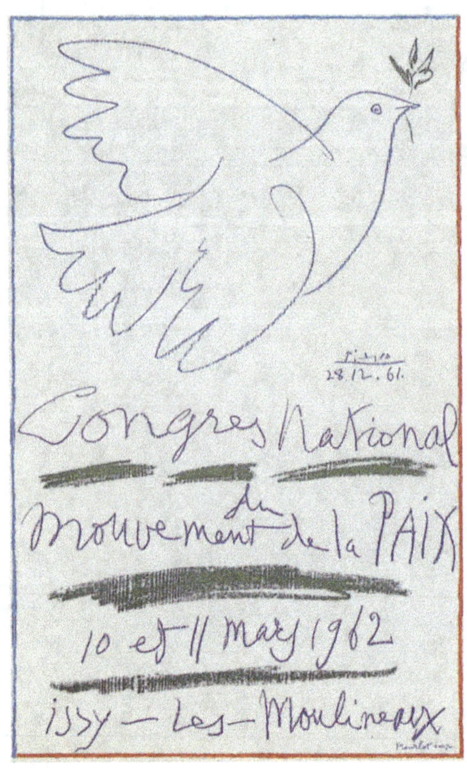

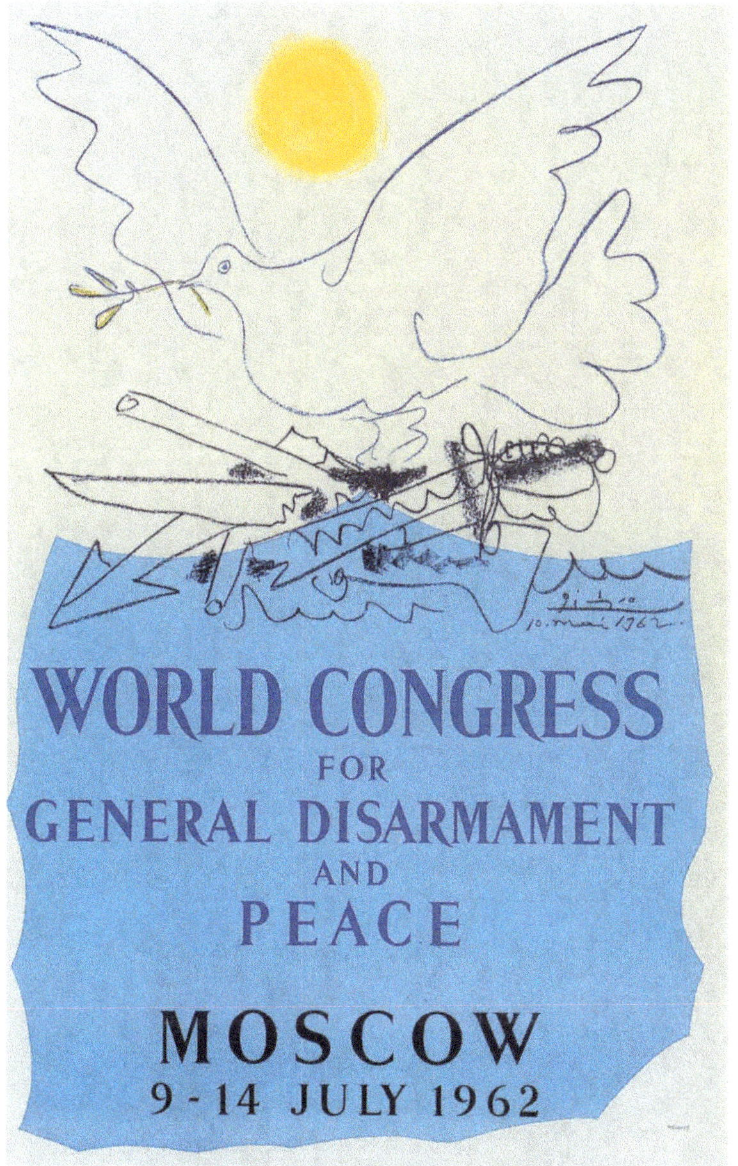

World Congress for the General Disarmament and Peace, 1962

Basiert auf der am 10. Mai 1962 entstandenen Lithographie »Les armes à la ferraille«. Das in 8000 (!) Exemplaren verbreitete Plakat wurde außerdem mit Text in französischer, deutscher, spanischer und arabischer Sprache gedruckt.
Lithographie (mehrfarbig); 101 × 65,5 cm
Bez. r. u.: Picasso 10. Mai 1962.
Druck: Mourlot, Paris
Inv. Nr. 346/89
Lit. u. a.: Gosselin Gérard, [Kat. Ausst.] Pablo Picasso. 145 dessins pour la presse et les organisations démocratiques. La Courneuve. (Suppl. Humanité Dimanche, Nr. 126, 5.–11. Sept. 1973), Nr. 75 m. Abb. – Czwiklitzer Christoph, Pablo Picasso. Plakate 1923–1973. München 1981, Nr. 201 m. Abb. [mit arabischem Text] – Diederich Reiner u. Richard Grübling (Hrsg.), Picasso. Grafik gegen den Krieg. Weinheim/Basel 1982, Abb. 76 [mit französischem Text].

Picasso – Galerie Stangl, 1963

Das Plakat basiert auf der bei Mourlot gedruckten
Lithographie »Faune souriant« (66 × 53 cm), die Picasso – ebenso wie ihr Gegenstück des »Faune mu-
sicien« – am 10.3.1948 mit dem Pinsel auf Zinkplat-
ten gezeichnet hatte. Dasselbe Motiv wurde 1953
von Attilio Rossi für eines seiner Plakate zu der gro-
ßen Mailänder Picasso-Retrospektive (Palazzo
Reale) verwendet.
Die Ausstellung der Münchner Galerie Stangl um-
faßte Radierungen, Lithographien und Linolschnitte
Picassos von 1927 bis 1962.
Offset-Lithographie (schwarz), Rahmen: Siebdruck
(grau); 82,5 × 60 cm
Auftragg.: Galerie Stangl, München, Deutschland
Druck: Morey & Meyer, München
Inv. Nr. 4305/82
Lit. u. a.: [Kat. Ausst.] Picasso Grafiken. Galerie
Stangl. München 1963, Nr. 24 m. Abb. u. Umschlag-
abb. [Lithographie] – Pablo Picasso Plakate. Slg.
Christoph Czwiklitzer. Düsseldorf 1963, 15, Abb. 128
– Bloch Georges, Pablo Picasso. Bd. 1. Catalogue de
l'œuvre gravé et lithographié 1904–1967. Bern
1968, Nr. 519 m. Abb. [Lithographie] – Rau Berndt,
Pablo Picasso. Das graphische Werk. Stuttgart
1974, 86–87 m. Abb. [zu den zwei Lithographien
vom 10.3.1948] – Czwiklitzer Christoph, Pablo Picasso. Plakate 1923–1973. München 1981, 543 f.,
Nr. 86 m. Abb. [Plakat Mailand 1953], Nr. 86A.

Picasso
Ausstellung von Lithographien
Linolschnitten
Aquatintas und Radierungen
Gleichzeitig Ausstellung
von spätgriechischen Funden
vom 8. Mai bis 30. Juni 1963
galerie stangl · München · Briennerstraße 11

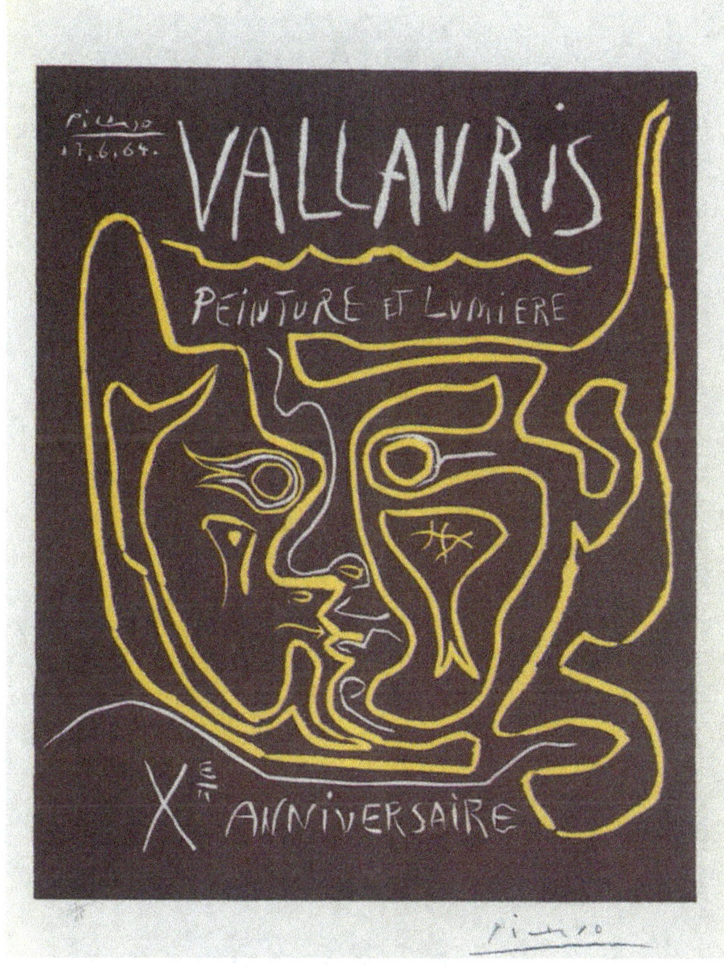

Vallauris Xe Anniversaire, 1964

Das Plakat spiegelt das Wiederaufgreifen kubistischer Formen im Spätwerk Picassos. Darüberhinaus verweist es auf eine Reihe von rechteckigen,
reliefierten Keramikplatten, die 1964 in Vallauris
entstanden und stilistisch nah verwandte »Portraits« in roter Zeichnung auf schwarzem Grund zeigen. Diese experimentellen Arbeiten stellen – mit
Hilfe von Gipsmatrizen seitenrichtig gefertigte – Ab-
güsse von Linoleumschnitten dar, die in Auflagen
von 50 bzw. 100 Exemplaren ediert wurden.
Linolschnitt auf Arches-Bütten (braun, gelb);
74,5 × 58,5 cm
Bez. l. o.: Picasso 7.6.64; r. u. handschriftlich signiert: Picasso; l. u. numeriert: 57/185
Druck: Arnéra, Vallauris
Inv. Nr. 464/87
Lit. u. a.: Bloch Georges, Pablo Picasso. Bd. 2. Catalogue de l'œuvre gravé et lithographié 1966–1969.
Bern 1971, Nr. 1850 m. Abb. – Ramié Georges, Céra-
miques de Picasso. Paris 1974, Abb. 633–640 [Kera-
mikplatten] – Czwiklitzer Christoph, Pablo Picasso.
Plakate 1923–1973. München 1981, Nr. 52 m. Abb.

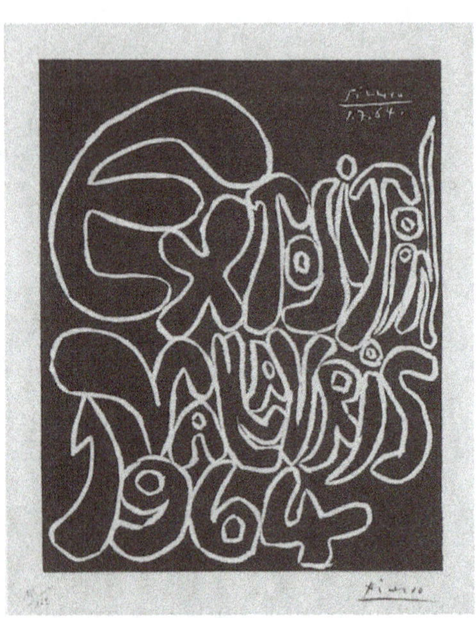

Exposition Vallauris, 1964

Das letzte der Vallauris-Plakate Picassos.
Linolschnitt auf Arches-Bütten (braun); 75 × 62 cm
Bez. r. o.: Picasso 1.7.64; r. u. handschriftlich si-
gniert: Picasso; l. u. numeriert: 133/168
Druck: Arnéra, Vallauris
Inv. Nr. 440/87
Lit. u. a.: Bloch Georges, Pablo Picasso. Bd. 1. Cata-
logue de l'œuvre gravé et lithographié 1904–1967.
Bern 1968, Nr. 1301 m. Abb. – Czwiklitzer Christoph,
Pablo Picasso. Plakate 1923–1973. München 1981,
Nr. 53 m. Abb. – Wichmann Hans, [Kat. Ausst.] Neu.
Donationen und Neuerwerbungen 1986/87. Die
Neue Sammlung. München 1989, 186 m. Abb.

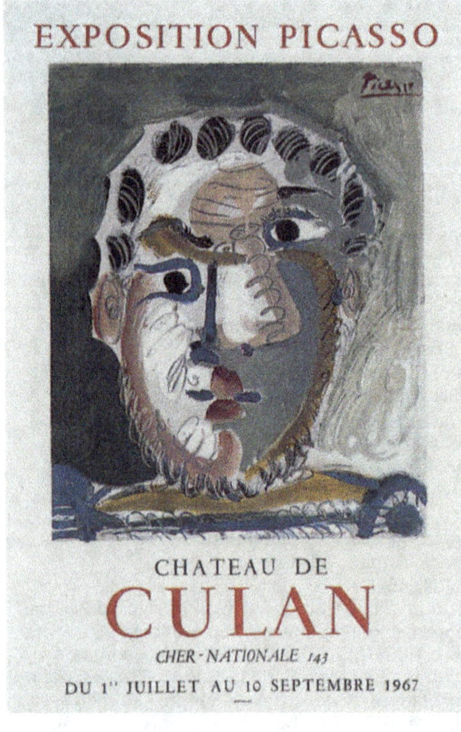

Exposition Picasso – Château de Culan, 1967

Basiert auf dem Gemälde »Tête d'homme barbu«
vom 6. Juni 1965 (Öl/Lw.; 73 × 60 cm).
Lithographie (mehrfarbig); 78 × 53 cm
Bez. r. u. im Stein: Picasso
Auftragg.: Château de Culan, Culan
Druck: Mourlot, Paris
Lithograph: Henri Duchamp
Inv. Nr. 106/88
Lit. u. a.: Zervos Christian, Pablo Picasso. Vol. 25.
Œuvres de 1965–1967. Paris 1972, Nr. 156, Taf. 85
[»Tête d'homme barbu«] – Czwiklitzer Christoph,
Pablo Picasso. Plakate 1923–1973. München 1981,
Nr. 308 m. Abb. – vgl. auch Schiff Gert, [Kat. Ausst.]
Picasso. The last years, 1963–1973. Grey Art Gal-
lery/Study Center, New York University. New York
1983, 30 ff., Nr. 22, Taf. 13 [stilistisch verwandte
»Portraits«, 1965 ff.].

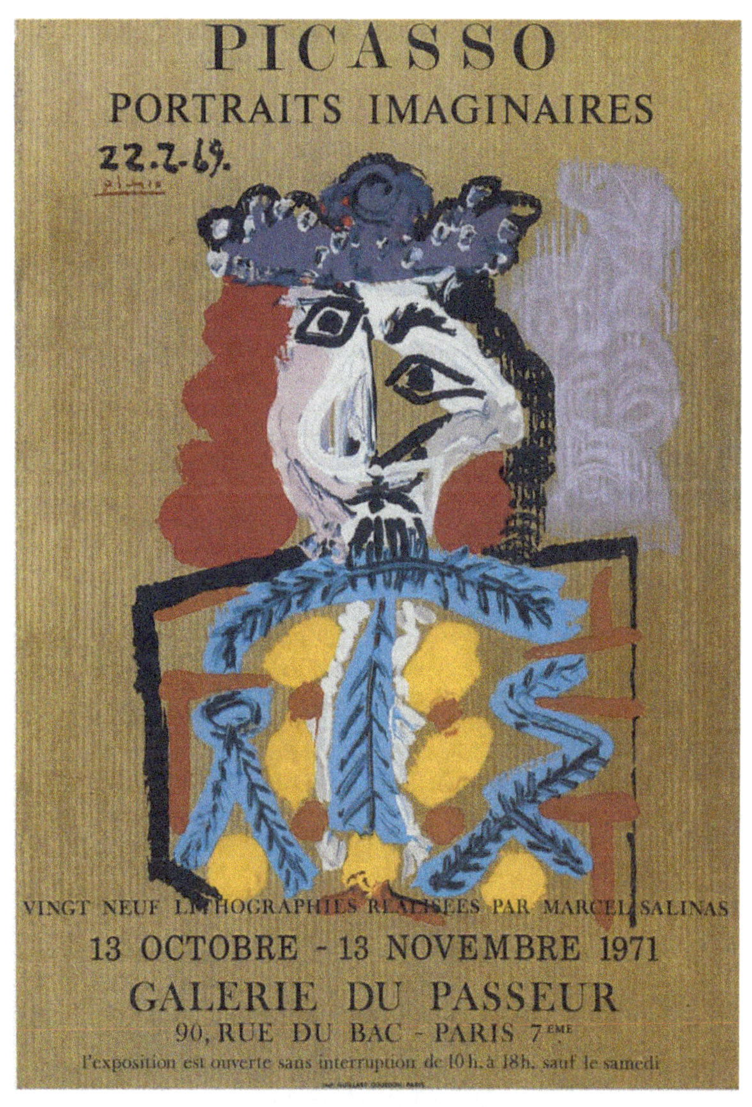

Picasso – Portraits Imaginaires, 1969

Für die Ausstellung der »Portraits Imaginaires« von
1969, die 29 von Picasso in Ölfarben auf Wellkarton
gezeichnete und von Marcel Salinas lithographierte
Arbeiten umfaßte, wurde eine 16 Lithographien die-
ser Serie wiedergebende Plakatreihe ediert.
Lithographie (mehrfarbig); 74 × 52,2 cm
Bez. l. o.: 22.2.69. Picasso
Auftragg.: Galerie du Passeur, Paris
Druck: Guillard Gourdon, Paris
Inv. Nr. 472/87
Lit. u. a.: Czwiklitzer Christoph, Pablo Picasso. Pla-
kate 1923–1973. München 1981, Nr. 403 m. Abb. –
Wichmann Hans, [Kat. Ausst.] Neu. Donationen und
Neuerwerbungen 1986/87. Die Neue Sammlung.
München 1989, 192 m. Abb.

12. 2. 1905 Bully (Pas de Calais) – lebt in
Frankreich
Der Sohn eines nordfranzösischen Berg-
manns arbeitete in seiner Jugend ebenfalls
im Bergbau. Nach seiner Übersiedelung
nach Paris 1927 nahm Pignon Zeichenunterricht und verdiente seinen Lebensunterhalt als Fabrikarbeiter. 1934 schloß er sich
der »Association des Artistes et Ecrivains
Révolutionaires« an und lernte dort 1938
Picasso kennen, mit dem ihn Freundschaft
verband. Nach einer kubistischen Phase
entwickelte Pignon in seiner Malerei seit
den späten vierziger Jahre eine flächige,
stark farbige, expressive Kunst, in der zumeist eine sozialkritische Tendenz sichtbar
blieb.
Pignon formte darüberhinaus Keramiken,
entwarf Theaterdekorationen und beschäftigte sich seit 1944 auch mit Druckgraphik:
zunächst vor allem mit der Lithographie,
die er bereits 1936 kennengelernt hatte.
Seit den sechziger Jahren wandte sich Pignon Tiefdrucktechniken (Radierung,
Aquatinta u. a.) zu; seit 1978 arbeitete er
außerdem mit Siebdruckverfahren. Die
Motive der u. a. bei Mourlot, Desjobert und
Cassé gedruckten Graphiken stimmen mit
denen seiner Gemälde überein: so finden
sich anfangs Themen wie Minenarbeiter
oder Hafenarbeiter von Ostende, von den
fünfziger Jahren an bevorzugt Land-
schafts-, Ernte- und Tierkampfdarstellun-
gen. Pignon illustrierte mehrere Bücher, so
z. B. »Les Mascarades« von Roussard
(1976), gestaltete Gelegenheitsgraphiken
und entwarf zahlreiche Plakate, meist für
eigene Ausstellungen.

Lit. u. a.: [Kat. Ausst.] Pignon. L'œuvre gravé. Musée
Galerie de la SEITA. Paris 1981 – [Kat. Ausst.] Pignon. Galeries Nationales du Grand Palais. Paris
1985 [dort weit. Lit.].

menschau seiner Werke. Die Grundlage des Plaka-
tes, die Lithographie »Repiquage du Jasmin«
(62 × 48 cm), wurde zugleich »avant la lettre« in ei-
ner Auflage von 120 Exemplaren veröffentlicht.
Lithographie (mehrfarbig); 66,5 × 48 cm
Auftragg.: Galerie de France, Paris
Druck: Mourlot, Paris
Inv. Nr. 69/65-5
Lit. u. a.: [Kat. Ausst.] Pignon. L'œuvre gravé. Musée
Galerie de la SEITA. Paris 1981, 13, Nr. 41 m. Abb.
[Lithographie].

Pignon – Galerie de France, 1955

Pignon verbrachte seit 1952 seine Ferien mehrmals
in Picassos Atelier in Vallauris in der Provence.
Etwa seit dieser Zeit wandte er sich unter dem Eindruck der südfranzösischen Landschaft von den bis
dahin vorherrschenden Arbeiter- und Hafenszenen
ab. Natur- und Landschaftsdarstellungen, zumeist
mit arbeitenden Bauern, gehören nun zu den bevorzugten Themenkreisen. Die Ausstellung in der Galerie de France im Juni/Juli 1955 zeigte eine Zusam-

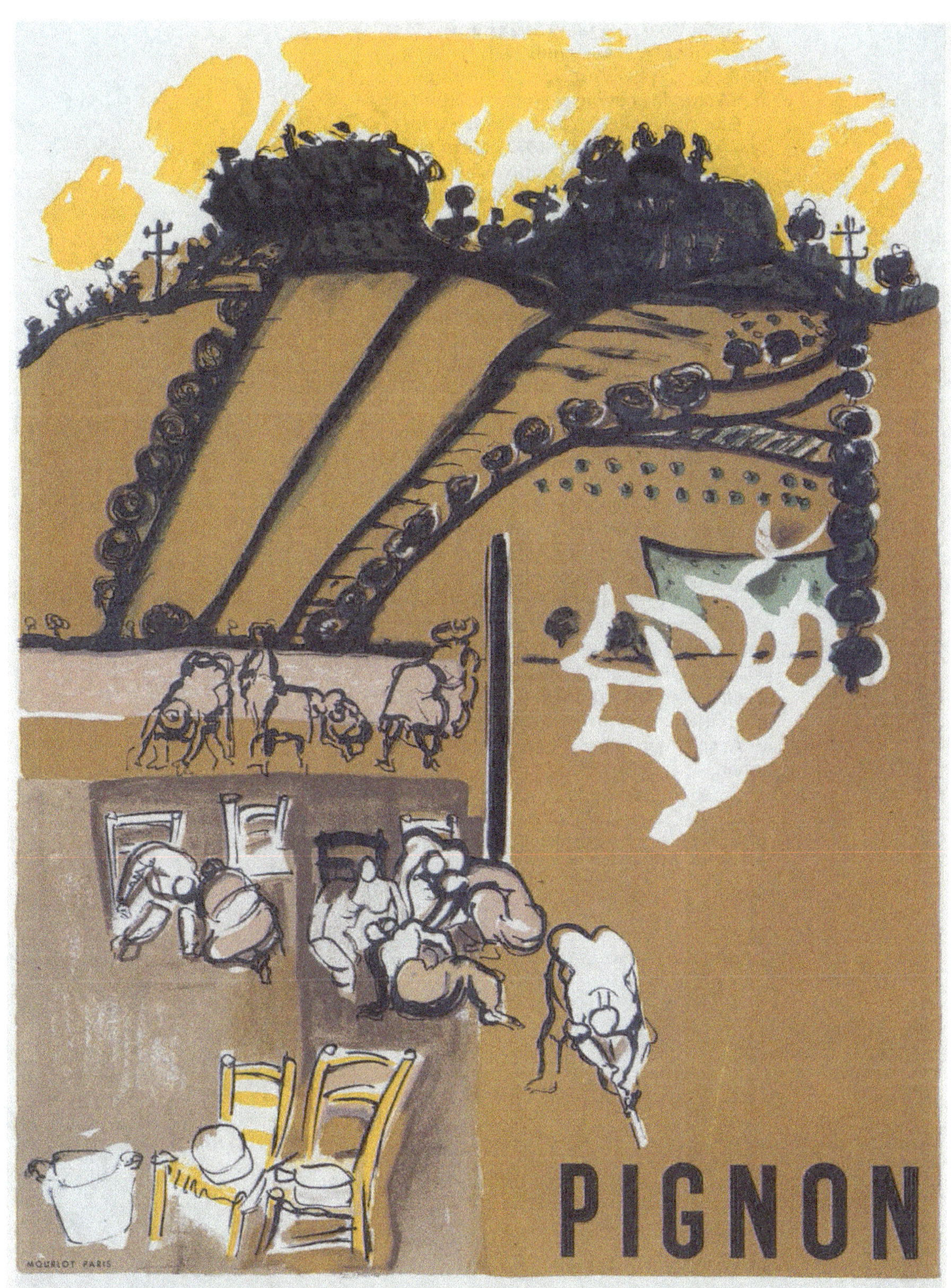

GALERIE DE FRANCE - 3 Fbg ST-HONORÈ PARIS - JUIN - JUILLET 1955

8. 1. 1900 Moskau – 12. 10. 1969 Paris
Nach seiner Flucht aus Rußland im Jahre
1919 ließ sich Poliakoff 1923 in Paris nieder. Während er seinen Lebensunterhalt
als Gitarrist verdiente, nahm er Mal- und
Zeichenunterricht. 1935–1937 hielt er sich
zu Studienzwecken in London auf. Danach
schloß Poliakoff in Paris Freundschaft u. a.
mit Kandinsky und dem Ehepaar Delaunay,
die ihn maßgeblich beeinflußten und die
Entstehung seiner ersten abstrakten Arbeiten ermutigten. Seit dem Ende des Zweiten
Weltkrieges war das Werk des Malers, der
als einer der Hauptvertreter der abstrakten
Malerei Frankreichs gilt, geprägt von großen, ineinander verzahnten Farbflächen. In
der Farbskala herrschten – nach einer
grau-braunen Periode in den vierziger Jahren – intensive, leuchtende, stark kontrastierende Farben vor.
Der Künstler hinterließ außerdem ein breites graphisches Œuvre. Allerdings ist die
Zahl der eigenhändig ausgeführten Lithographien – seit 1954 auch Radierungen –
relativ gering. Poliakoff beschränkte sich
vielmehr meist darauf, charakteristische
Vorlagen auszuwählen und diese von ver-
läßlichen Lithographen oder Stechern um-
setzen zu lassen. Vereinzelt gestaltete er
auch Originalentwürfe, meist Gouachen,
für Ausstellungsplakate oder Buchillustrationen.

Lit. u. a.: [Kat.] Serge Poliakoff. Les estampes. Paris
1974 – Marchiori Giuseppe, Serge Poliakoff. Paris
1976 – [Kat. Ausst.] Serge Poliakoff. L'Isle-sur-la-
Sorgue, Vaucluse. Lausanne 1986 [dort weit. Lit.].

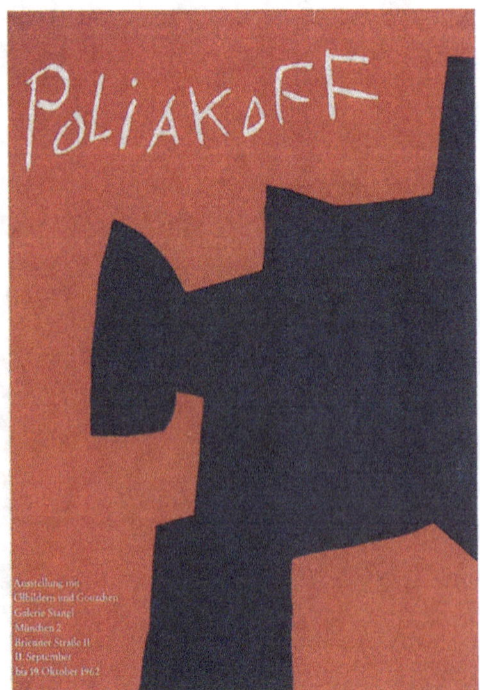

Serge Poliakoff – Ausstellung von
Gouachen, 1962

Lithograpie (schwarz, rot); 85 × 60 cm
Auftragg.: Galerie Stangl, München, Deutschland
Inv. Nr. 1068/82.

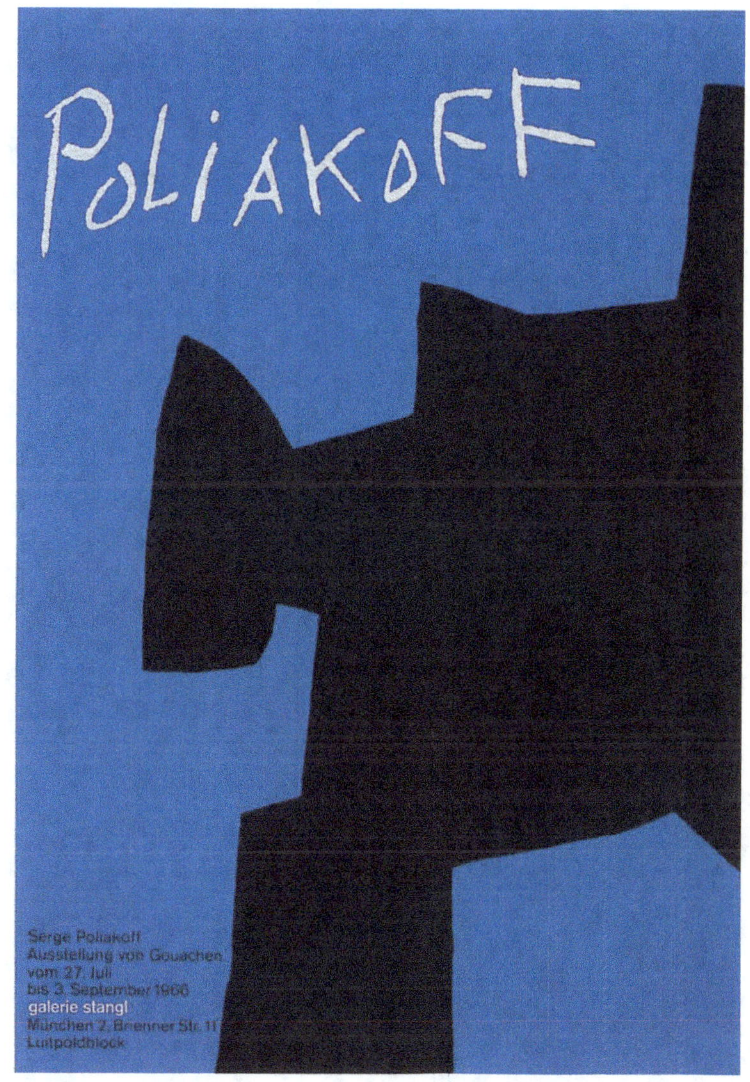

Serge Poliakoff – Ausstellung von
Gouachen, 1962 (1966)

Das 1962 anläßlich der zweiten Ausstellung des
Künstlers bei der Galerie Otto Stangl in München
(1. Ausstellung 1957) mit rotem Fond gedruckte Plakat wurde 1966 mit blauem Fond variiert. Es zeigt
nahe Verwandtschaft mit anderen Werken Poliakoffs der frühen sechziger Jahre, in denen er durch
Reduzierung auf wenige, bisweilen nur zwei, stark
kontrastierende Farbfelder eine plakative, manchmal an Flaggen erinnernde Wirkung erzielte.
Lithographie (schwarz, blau); 85 × 60 cm
Auftragg.: Galerie Stangl, München, Deutschland
Inv. Nr. 1027/82.

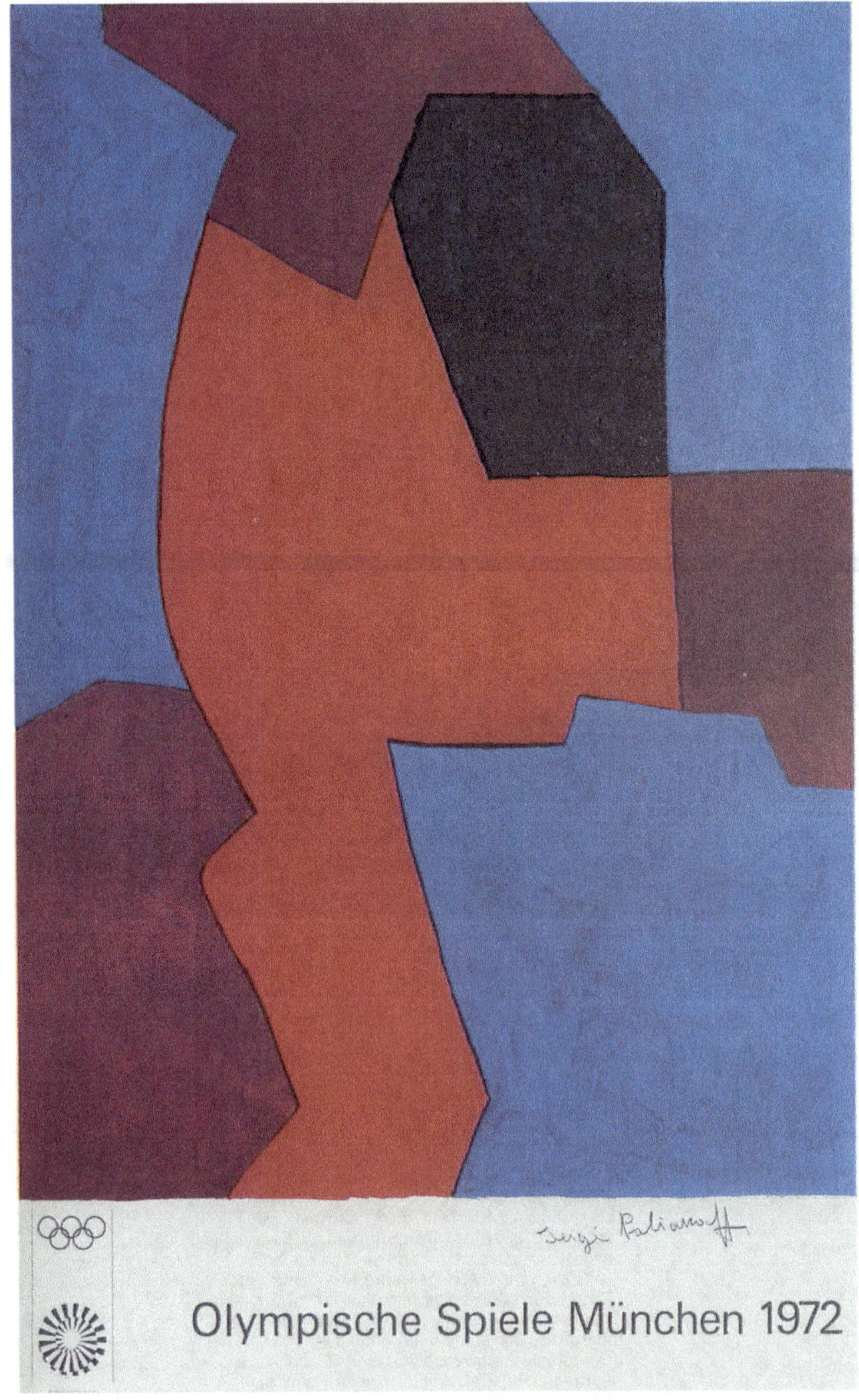
Olympische Spiele München 1972

Olympische Spiele München 1972, 1969

Die dem Plakat zugrundeliegende, in Poliakoffs Todesjahr 1969 entstandene Lithographie (8-Farben-Druck auf Rives; 86,5 × 64,5 cm) gehört zu einer Reihe von Druckgraphiken, die der Künstler – im Gegensatz zu seinen sonstigen Gewohnheiten – eigenhändig bei der Galerie und Druckerei »Im Erker«, St. Gallen, Schweiz, ausführte. Die Lithographie wurde in die erste Teilserie der »Edition Olympia« (1970) aufgenommen.
Für die Olympischen Spiele 1972 in München wurden seit etwa 1967/68 28 Künstler aus elf Länder eingeladen, Plakate zu entwerfen. An dieser in vier Teilserien erschienenen »Edition Olympia«, einer Gemeinschaftsproduktion des Organisationskomitees mit dem Bruckmann Verlag, München, beteiligten sich: Valerio Adami, Josef Albers, Otmar Alt, Horst Antes, Shusaku Arakawa, Max Bill, Eduardo Chillida, Allan D'Arcangelo, Alan Davie, Piero Dorazio, Hans Hartung, David Hockney, F. Hundertwasser, Allen Jones, R. B. Kitaj, Oskar Kokoschka, Charles Lapicque, Jacob Lawrence, Jan Lenica, Marino Marini, Peter Philipps, Serge Poliakoff, Richard Smith, Pierre Soulages, Victor Vasarely, Tom Wesselmann, Fritz Winter und Paul Wunderlich. Von jedem Motiv entstanden im Format DIN A1 200 numerierte und handsignierte Originalgraphiken, jeweils 4000 Originalplakate mit der Signatur des Künstlers auf dem Druckträger sowie eine unlimitierte Anzahl von Reproduktionen der Originalgraphik als Plakat im Offset- oder Tiefdruckverfahren auf einfachem Papier.
Lithographie (mehrfarbig); 100,9 × 63,8 cm
Bez. r. u.: Serge Poliakoff
Auftragg.: Edition Olympia, München, Deutschland
Druck: F. Bruckmann KG, München
Inv. Nr. 545/81
Lit. u. a.: Gesamtkatalog der Kunstplakate für die Olympischen Spiele München 1972. Edition Olympia. München 1972, [s. p.] m. Abb. – [Kat.] Serge Poliakoff. Les estampes. Paris 1974, 75, Nr. 77 m. Abb. – [Kat. Ausst.] Kunst und Design. Kultur Olympia. Orangerie. Kassel 1986, 37 m. Abb.

Serge Poliakoff – Erker-Galerie, 1973

Das posthum in 800 Exemplaren aufgelegte Plakat zeigt eine 1969 entstandene Lithographie Poliakoffs, die parallel zur Ausstellung auch für eines von 20 »Litho-Objekten« verwendet wurde, die auf Zellophan gedruckt und Unterglas gelegt waren. Die Lithographie – ein 1969 in 150 Exemplaren veröffentlichter 8-Farben-Druck (22,5 × 16 cm; auf Rives) – bildete den Endpunkt einer Reihe von Arbeiten, die der Künstler bei der St. Galler Galerie und Druckerei »Im Erker« persönlich ausgeführt hatte, und stellt die letzte Originallithographie des Künstlers dar.
Lithographie (mehrfarbig); 70 × 49,5 cm
Auftragg.: Erker-Galerie, St. Gallen, Schweiz
Druck: Erker Press, St. Gallen
Inv. Nr. 932/82
Lit. u. a.: [Kat.] Serge Poliakoff. Les estampes. Paris 1974, 76 m. Abb. [Lithographie] – Poliakoff Alexis, Serge Poliakoff. Les estampes. Paris 1974, Nr. 79 m. Abb. [Lithographie].

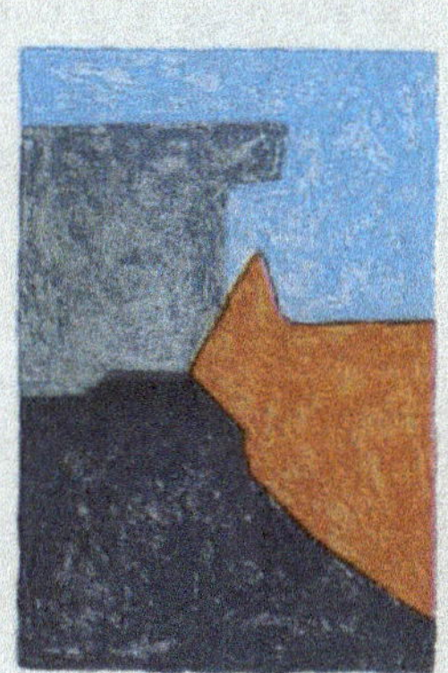

12.2.1936 Golfe Juan/Nizza – lebt in Paris
Raysse gehörte 1960 zusammen mit Yves Klein, Arman, Tinguely u. a. zu den Mitbegründern des »Nouveau Réalisme« – einer Bewegung, die sich in der Nachfolge von Dada sah. Ihr Theoretiker Pierre Restany prägte im Rückblick das Schlagwort: »l'aventure de l'objet« (1970), das auch charakteristisch für das Nouveau-Réalisme-Œuvre von Raysse (1960–1969) sein könnte. Anfang der sechziger Jahre entstanden Assemblagen aus Kunststoff-Gebrauchsgegenständen und seriellen Spielzeugartikeln. Später verwendete Raysse bevorzugt auf Leinwand projizierte Fotos von Mannequins, meist in Badebekleidung, sowie Schablonen, Leuchtfarben und Neonröhren. Mit seinem von Erotik und decouvrierender Ironie durchdrungenen Werk, dessen Bestandteile der Welt der Massenproduktion, des Films, der Mode und der Reklame, entnommen sind, steht Raysse thematisch den angloamerikanischen Pop Art-Künstlern nahe. Mit diesen verbinden ihn auch seine vielseitigen Interessen innerhalb der Grenzbereiche zwischen sogen. freier und angewandter Kunst. So drehte Raysse Filme, konzipierte Bühnenbilder und entwarf Plakate, u. a. für die Galerie Alexandre Iolas.

Lit. u. a.: [Kat. Ausst.] Martial Raysse. Stedelijk Museum. Amsterdam 1965 – [Kat. Ausst.] Martial Raysse. Stedelijk Museum. Amsterdam 1981 – Vingt-cinq ans d'art en France 1960/1985. Paris 1986.

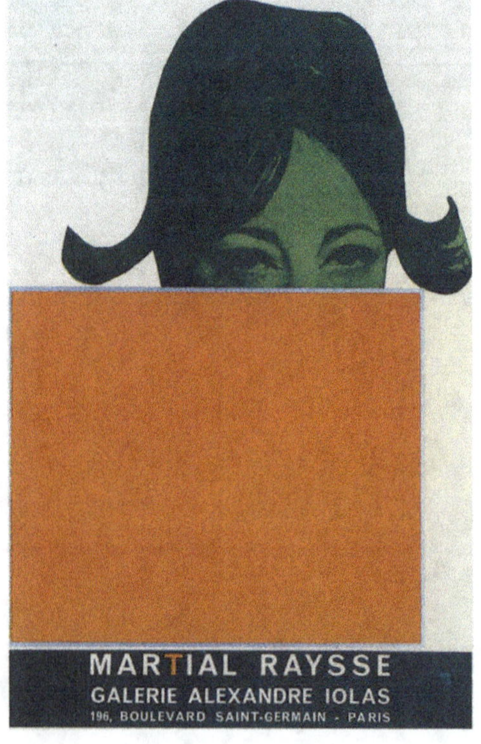

Martial Raysse – Galerie Alexandre Iolas, um 1966/67

Das Plakat basiert auf einer Tafel des 16teiligen Bildes »Express certain psychological definitions and so what about the chicken?« von 1966. Aus demselben Jahr stammt auch ein nahezu identisches Gemälde mit dem Titel »Auge«.
Offset (gelb, schwarz, violett); 78,6 × 49 cm
Auftragg.: Galerie Alexandre Iolas, Paris
Druck: Tosi e Bellasich Stampatore, Mailand, Italien
Inv. Nr. 137/90
Lit. u. a.: [Kat. Ausst.] Martial Raysse. Bilder und Objekte. Nationalgalerie. Prag 1969, 15, Nr. 11 m. Abb. [Gemälde] – [Kat.] Künstler Plakate. 1980. Galerie für Moderne Kunst und Plakatkunst H. F. Lempert. Bonn 1979, Nr. 2004 m. Abb.

Martial Raysse – Galerie Alexandre Iolas, 1965 (linke Seite)

Bei diesem Plakat für eine Ausstellung in der Galerie Iolas, mit der Raysse seit 1962 wiederholt zusammenarbeitete, verwandte der Künstler die Photographie eines Mannequins, die jedem beliebigen Modejournal der Zeit entnommen sein könnte. Durch Verfremdung, Hinterlegung mit greller Farbe, durch collageartige Kombination mit einer dazu kontrastierenden Farbfläche, die im dahinterliegenden Schriftblock erneut aufgegriffen wird, entsteht ein Plakat von hoher Signalwirkung. »Das Photo hat bei mir die Rolle eines Relais gespielt, das am Anfang die Form dieser stereotypen Gesichter der Reklamemädchen, die das Leitmotiv unserer visuellen Kultur sind, gehabt hat.« (Raysse 1971).
Lithographie (mehrfarbig); 94,3 × 62,5 cm
Auftragg.: Galerie Alexandre Iolas, Paris
Druck: Mourlot, Paris
Inv. Nr. 136/90
Lit. u. a.: Martial Raysse: Modern Art München Bulletin 1971, (Frühjahrsh.), passim – [Kat.] Künstler Plakate Nr. 4. Galerie für Moderne Kunst und Plakatkunst H. F. Lempert. Bonn 1986, Nr. 1973 m. Abb.

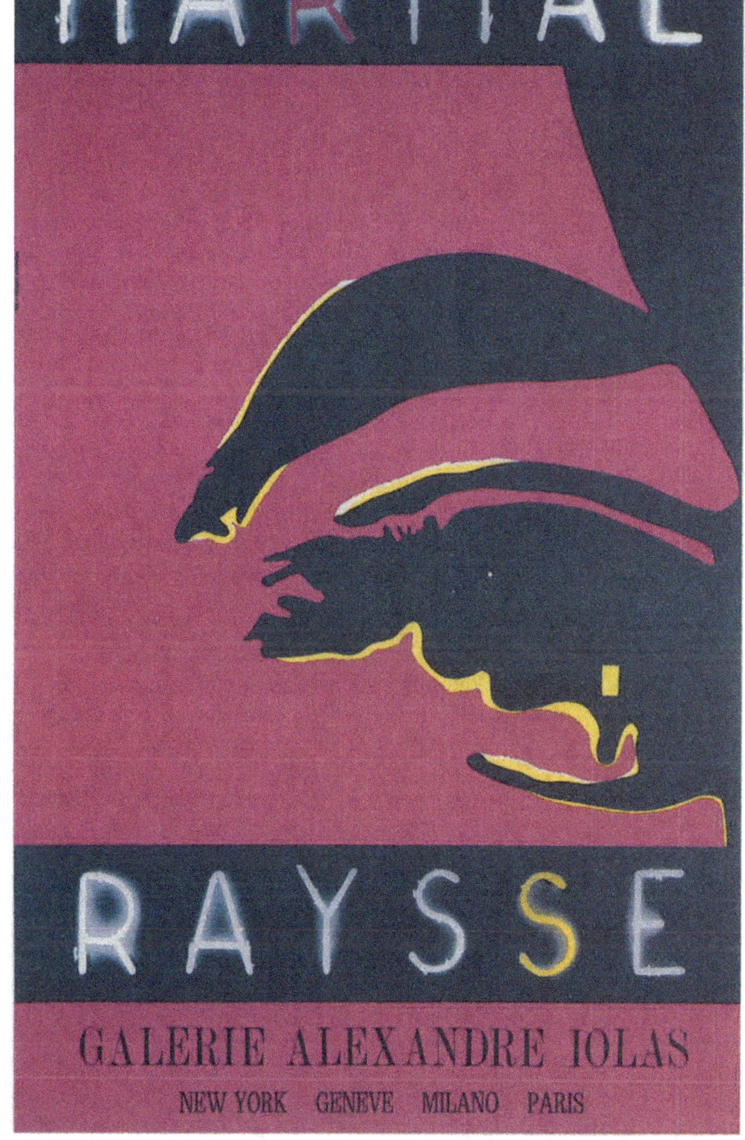

Paul Rebeyrolle

3.11.1926 Eymoutiers – lebt in Frankreich
1944 ging der Achtzehnjährige nach Paris,
um Maler zu werden, und stand bald in
Kontakt mit den Exponenten der »Ecole de
Paris«. Seine figurativen Bilder, die anfangs von seiner Kindheit auf dem Lande
bestimmt waren und Einflüsse des Soziali-
stischen Realismus aufnahmen, erregten
in einer Zeit der Dominanz der Abstraktion
Aufsehen. Rebeyrolle hielt sich frei von
Schulen und Künstlergruppen und entwikkelte während der sechziger und siebziger
Jahre eine expressiv-experimentelle Malerei, in der das figurative Element ebenso
wie die politisch-sozialkritische Aussage
dominieren.
In Zusammenhang mit seinen Ausstellungen bei dem Pariser Galeristen Aimé
Maeght entwarf Rebeyrolle seit 1967 zahlreiche Lithographien für das Periodikum
»Derrière le Miroir« und Plakate, die seine
Technik, bei Gemälden Objekte wie Fe-
dern, Draht u.a. einzufügen und mit pasto-
sem Farbauftrag zu verbinden, in das graphische Medium übertrugen. 1974 fertigte
er – analog zu seiner Bildserie »Faillite de
la Science Bourgeoise« – elf Lithographien
als Illustrationen für das Buch »Eloge de
Socialisme« von Samir Amin (1975; Edition Maeght, Paris). Weitere Lithographien
entstanden u.a. im folgenden Jahr für das
Buch »Conte rouge pour Paloma«.

Lit.u.a.: Descargues Pierre, Rebeyrolle. Paris 1969 –
[Kat.Ausst.] Rebeyrolle. Peintures 1968–1978.
Grand Palais. Paris 1979 [dort weit.Lit.].

Guerilleros, 1969

Das Plakat entstand anläßlich einer Einzelausstellung des Künstlers im März 1969 bei der Galerie
Maeght, in der Bilder der Serie »Guerilleros«
(1967–68) präsentiert wurden. 1967 war Rebeyrolle
mit mehreren französischen und spanischen Künstlern – u.a. mit Arroyo, Erro, César und Messagier –
nach Cuba gereist.
Die Ausstellung wurde von Heft 177 des Periodikums »Derrière le Miroir« begleitet, für das Rebeyrolle sechs Lithographien gestaltete.
Lithographie (mehrfarbig); 78 × 56 cm
Auftragg.: Galerie Maeght, Paris
Druck: Imprimerie Arte Adrien Maeght, Paris
Inv.Nr.141/70-5a
Lit.u.a.: Arte. Adrien Maeght Imprimeur. Vol.I. Affiches 1964–1971. Paris 1985. Abb.96.

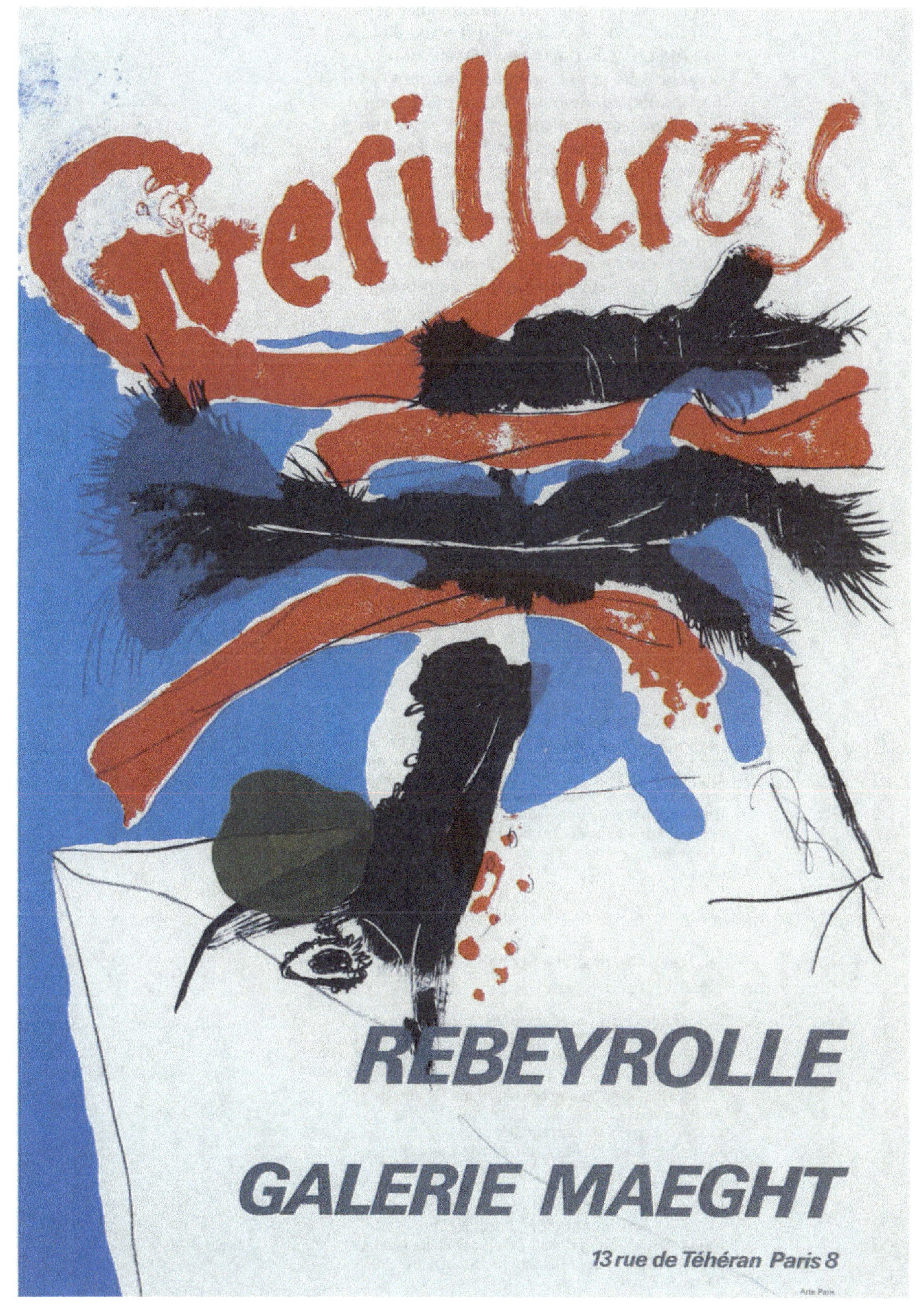
Guerilleros
REBEYROLLE
GALERIE MAEGHT
13 rue de Téhéran Paris 8

29. 10. 1930 Neuilly-sur-Seine – lebt in Paris
Begann 1951 mit einem autodidaktischen
Studium und trat zunächst mit spektakulä-
ren Aktionen an die Öffentlichkeit: dabei
zerschoß sie über Leinwände verteilte
Farbbeutel oder weiße Reliefs, unter denen
sich Farbdepots verbargen. In der zweiten
Phase entstand unter dem Eindruck von
Gaudi, Dubuffet und ihrem späteren Le-
bensgefährten Tinguely die zumeist dreidimensional dargestellte Figur der »Nana«:
ein »Symbol der befreiten Frau« als »Vor-
botin eines neuen matriarchalischen Zeit-
alters« (Saint Phalle), das von Heiterkeit,
aber auch Ironie geprägt ist.
Im Bereich der Graphik arbeitete Niki de
Saint Phalle dominant als Lithographin,
seit 1968 auch auf dem Feld des Siebdrucks. Beide Techniken verwandte sie bei
ihren Plakaten. Darüberhinaus illustrierte
sie ihre eigenen Texte (»AIDS – You can't
catch it holding hands«, 1986), entwarf Kostüme und Ausstattungen von Theaterstücken (Lysistrata, 1966) und Filminsze-
nierungen (Nikis erotisches böses Spiel gegen Daddy, 1972). 1979 begann Niki in der
Toskana mit dem Giardino dei Tarocchi ein
Gartenprojekt mit begeh- und bewohnba-
ren Figuren.

Lit. u. a.: [Kat. Ausst.] Niki de Saint Phalle. Werke
1962–68. Kunstverein für die Rheinlande und West-
falen. Kunsthalle. Düsseldorf 1968 – [Kat. Ausst.]
Niki de Saint Phalle '69. Galerie Stangl. München
1969 – [Kat. Ausst.] Niki de Saint Phalle. Das graphische Werk 1968–1980. Figuren. Museum der Stadt.
Ulm 1980 – [Kat. Ausst.] Niki de Saint Phalle. Moderna Museet. Stockholm 1981 – [Kat. Ausst.] Niki
de Saint Phalle. Bilder – Figuren – Phantastische
Gärten. Kunsthalle der Hypokulturstiftung. München 1987.

Niki de Saint Phalle – Stedelijk Museum, 1967

Die auf dem Plakat wiedergegebene Variante der
»Nana«, seit 1965 Zentralmotiv im Œuvre der
Künstlerin, bildete auch den Umschlag zum Katalog
der Ausstellung, in der zahlreiche graphische Arbei-
ten und Plastiken zu dieser idolartigen Gestalt ge-
zeigt wurden.
Siebdruck (gelb, schwarz, pink); 95 × 63,5 cm
Auftragg.: Stedelijk Museum, Amsterdam, Nieder-
lande
Inv. Nr. 3685/82
Lit. u. a.: [Kat. Ausst.] Niki de Saint Phalle. Stedelijk
Museum. Amsterdam 1967, Umschlagabb. – [Kat.
Ausst.] Niki de Saint Phalle. Das graphische Werk
1968–1980. Figuren. Museum der Stadt. Ulm 1980,
74, Nr. 6 m. Abb.

niki de saint phalle
stedelijk museum amsterdam 26 augustus t/m 15 oktober 1967
LES
NANAS
AU
POUVOIR

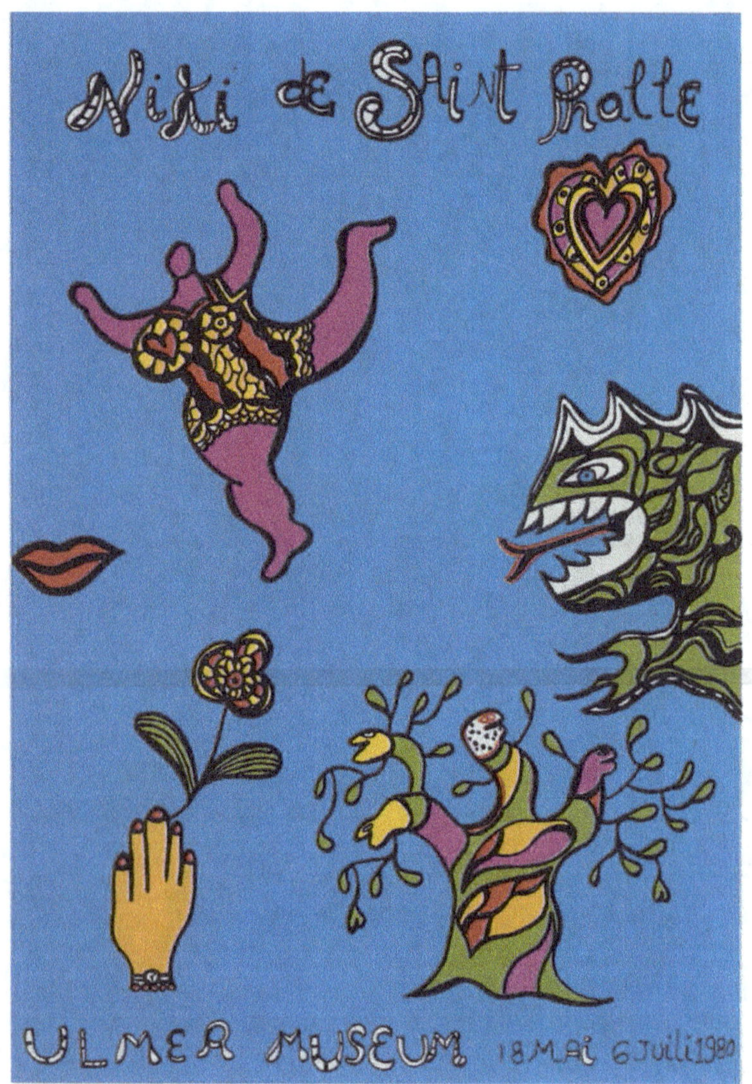

Niki de Saint Phalle – Ulmer Museum, 1980

Das Plakat mit der rahmenden, ornamentalen
Schrift und den puzzleartig über die Fläche verteil-
ten Motiven – Ergebnis der Beschäftigung mit eso-
terischer Literatur – ist charakteristisch für das gra-
phische Werk der Künstlerin.
Siebdruck (mehrfarbig); 84 × 59,5 cm
Auftragg.: Ulmer Museum, Ulm, Deutschland
Druck: Siebdruck-Miller, Blaustein, Deutschland
Inv. Nr. 7166/82
Lit. u. a.: [Kat. Ausst.] Niki de Saint Phalle. Das gra-
phische Werk 1968–1980. Figuren. Museum der
Stadt. Ulm 1980, 85, Nr. 28 m. Abb.

18. Montreux Jazz Festival, 1984

Die Stadt Montreux beauftragte für den Plakatent-
wurf zum alljährlichen Jazzfestival jeweils bekannte
Künstler oder Graphic Designer (s. a. François Bois-
rond und Andy Warhol/Keith Haring). Niki de Saint
Phalle verwandelte bei diesem Entwurf ihre »Nana«
zu einer Jazz-Tänzerin. Schrift und Bild sind gleich-
wertig behandelt und bilden eine Einheit.
Siebdruck (mehrfarbig); 100 × 70 cm
Bez. r. o.: Niki de Saint Phalle
Auftragg.: Jazz Festival, Montreux, Schweiz
Inv. Nr. 470/87
Lit. u. a.: Herdeg Walter (Hrsg.), Graphis Posters 86.
Zürich 1986, 122, 123, Abb. 259 – Wichmann Hans,
[Kat. Ausst.] Neu. Donationen und Neuerwerbun-
gen 1986/87. Die Neue Sammlung. München 1989,
204, 205 m. Abb.

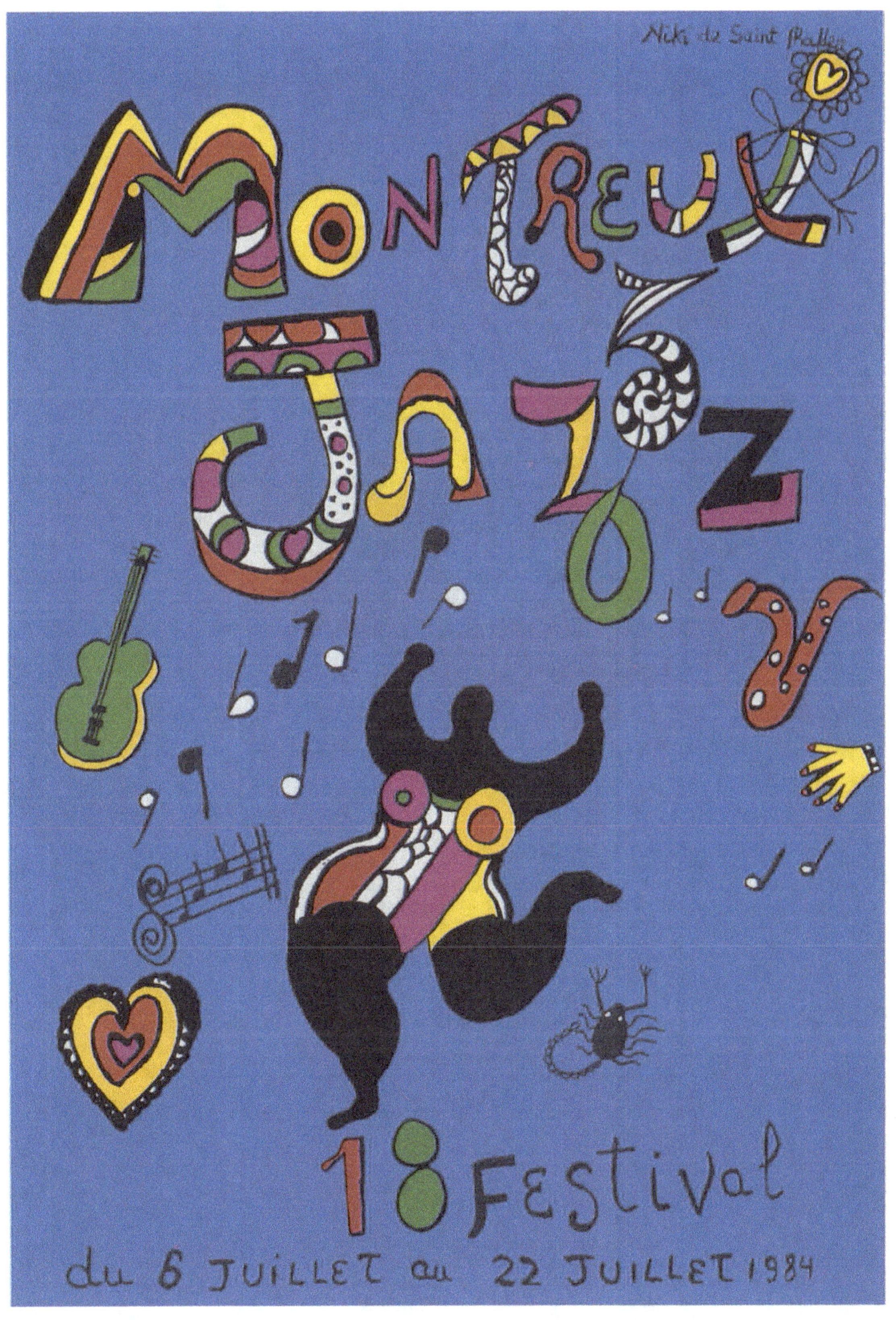

Niki de Saint Phalle
Montreux Jazz
18 Festival
du 6 JUILLET au 22 JUILLET 1984

Pierre Soulages

24.12.1919 Rodez/Aveyron – lebt in Paris
Soulages war Autodidakt und ging 1946
nach Paris, kam dort in den Kreis von Picabia und Hartung und wurde in den fünfziger Jahren einer der wichtigsten Vertreter
der informellen Malerei. 1957 trat er in den
den USA in Verbindung mit Willem de
Kooning, Mark Rothko und Motherwell
und besuchte 1958 Kalligraphie-Meister in
Japan. Ostasiatische Kalligraphie bestimmt auch seine von dynamischer Geste
getragene Malerei und Graphik.
Die zumeist schwarze »Gitterschrift« – mit
dem Spachtel breit aufgetragene Farbbah-
nen – bildet monumentale Figurationen,
die vor dem Hintergrund zu schweben
scheinen.
Neben Plakaten konzipierte Soulages im
Bereich der angewandten Kunst zahlreiche
Theaterdekorationen (u.a. Héloïse et Abé-
lard, 1949; Abraham, 1951; La puissance et
la gloire, 1951; Festival du Tricentenaire de
Léonard da Vinci, 1952) sowie Wandteppiche für Aubusson. Auch entwarf er Glasfenster (u.a. Abtei Conques, 1989) und
Wandreliefs.

Lit. u. a.: [Kat. Ausst.] Pierre Soulages. Kestner-Ge-
sellschaft. Hannover 1960 – [Kat. Ausst.] Soulages.
Musée National d'Art Moderne. Paris 1967 – [Kat.
Ausst.] Pierre Soulages. Œuvres. Musée Saint
Pierre Art Contemporain. Lyon 1987 – Loers Veit
(Hrsg.), [Kat. Ausst.] Soulages. 40 Jahre Malerei.
Museum Fridericianum. Kassel 1989 [dort weit. Lit.].

Olympische Spiele München 1972, 1970

Das im Rahmen der Olympischen Edition (s. dazu
S. 151) innerhalb der zweiten Teilserie bereits 1970
erschienene Plakat ist charakteristisch für Soulages'
Arbeitsweise. Die Technik der Lithographie mit ihren unmittelbar auf den Druckträger aufzutragen-
den Farbschichten kommt dabei der kontrolliert
spontanen Arbeitsweise des Künstlers entgegen.
Der unverändert belassene, weiße Fond des Pa-
piers unterstreicht den Einfluß ostasiatischer Kalli-
graphie auf die Malerei des Künstlers. Die parallel
zur Plakatserie erschienene Originalgraphik wurde
in der auf 200 Exemplare festgelegte Anzahl bei
Mourlot in Paris unter dem Titel »Lithographie
No. 29« gedruckt.
Lithographie (schwarz, braun); 101 × 64 cm
Bez. r. u.: Soulages
Auftragg.: Edition Olympia, München, Deutschland
Druck: F. Bruckmann KG, München
Inv. Nr. 550/81
Lit. u. a.: Duby Georges, Christian Labbaye u. Pierre
Soulages, Soulages. Eaux-fortes, lithographies
1952–1973. Paris 1974, 133 m. Abb. [Lithographie] –
[Kat. Ausst.] Kunst und Design. Kultur Olympia.
Orangerie. Kassel 1986, 36 m. Abb.

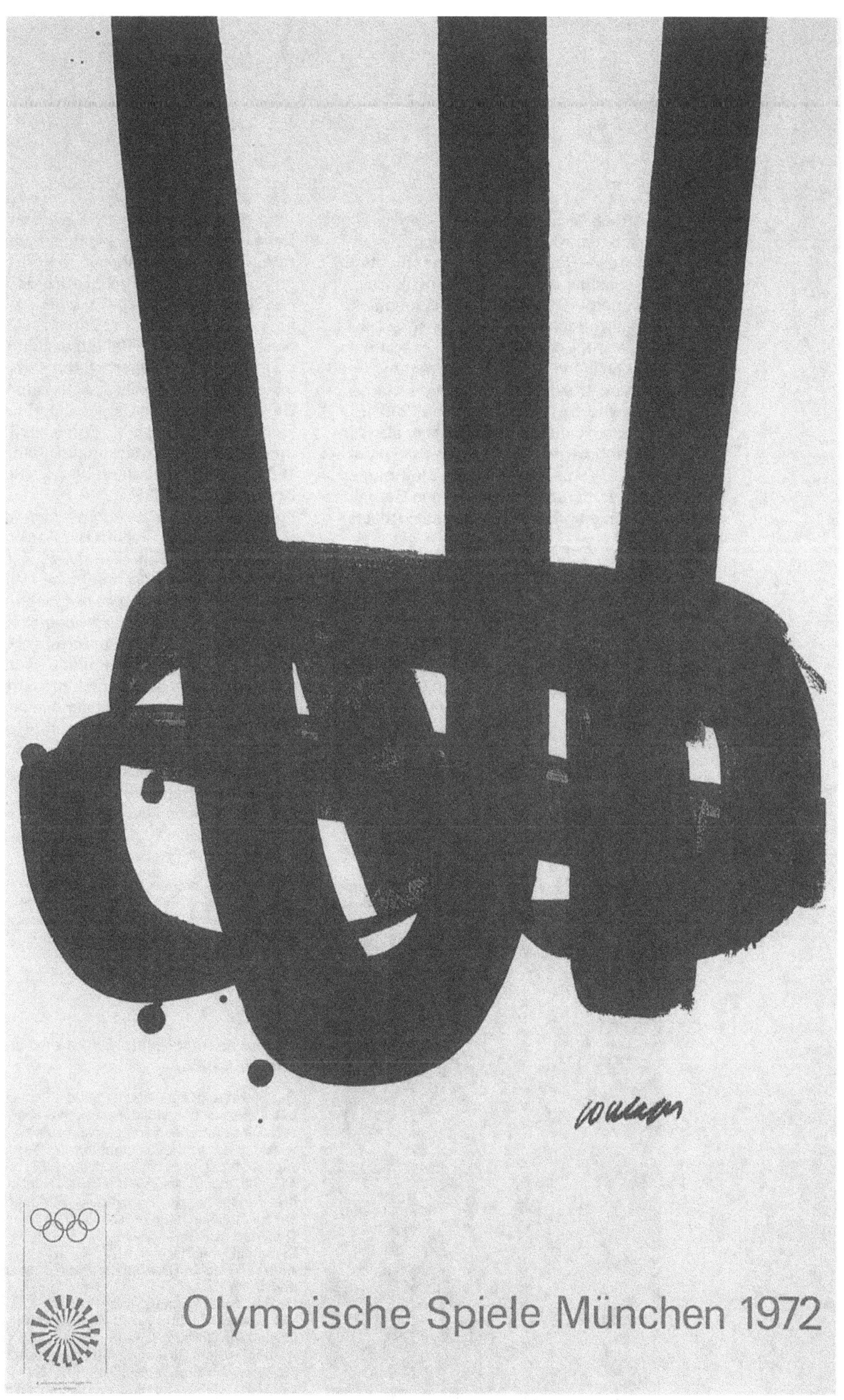

Olympische Spiele München 1972

9.4.1908 Pécs (Fünfkirchen), Ungarn – lebt in Annet-sur-Marne, Frankreich
Vasarely – Hauptvertreter einer Richtung, die er selbst als »Optische Kinetik« bezeichnete – studierte 1929 am sogen. »Budapester Bauhaus« Gebrauchsgraphik bei Alexander Bortnyk. Hier kam er erstmals mit den Ideen der de Stijl-Bewegung und der Konstruktivisten um Moholy-Nagy und Malewitsch in Berührung. Seit 1930 in Frankreich ansässig, arbeitete er als Werbegraphiker, wobei er neben Warenplakaten und Verpackungen auch Stoffmuster entwarf, deren Motive in seinen Gemälden wiederkehren. Seit seiner ersten Ausstellung 1944 in der Pariser Galerie von Denise René wandte er sich vorwiegend der Malerei zu, ohne seine Tätigkeit im Bereich der angewandten Kunst völlig aufzugeben. Außer Plakaten, vor allem für eigene Ausstellungen, entstanden u. a. Entwürfe für Tapisserien, Film- und Ballettausstattungen oder – in Zusammenarbeit mit dem Architekten Villanueva – die Ausgestaltung der Universitätsstadt in Caracas. Darüberhinaus konzipierte Vasarely Porzellan (Rosenthal, seit 1964), Verpackungen (Taittinger, 1983) und Schallplattenhüllen (Deutsche Grammophon, 1989).

Für Vasarely – wie für zahlreiche andere Künstler der Zeit – besitzt der Begriff des Originals keine Gültigkeit mehr; seit den fünfziger Jahren beschäftigte er Mitarbeiter für die Ausführung seiner Ideen.

Sein in zahlreiche Werkkomplexe (»Serien« oder »Perioden«) unterteiltes Œuvre, das sich mit dem Problemkreis Raum – Fläche – Farbe befaßt, ist von Linienstrukturen in vertikaler, horizontaler, wellen- oder kreisförmiger Anordnung geprägt, die sich durch die Bewegung des Betrachters verändern. Diese stilistischen Grundlagen sind für eine Reihe jüngerer Künstler der Op Art, die sich in der »Groupe de recherche d'art visuel« zusammenfanden, bis zum heutigen Tag bestimmend.

Lit. u. a.: Spies Werner, Vasarely. Stuttgart 1969 – ders., Vasarely. Köln 1971 – De la Motte Manfred u. Alexander Tolnay, Vasarely. Werke aus sechs Jahrzehnten. Stuttgart 1986 [dort weit. Lit.].

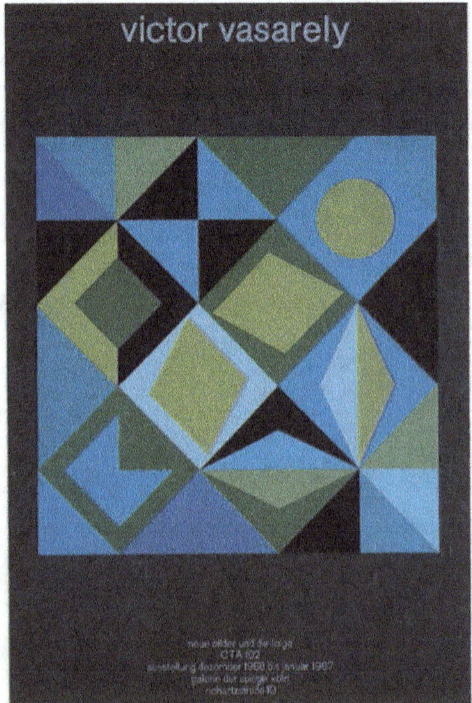

Victor Vasarely – Neue Bilder und die Folge CTA 102, 1966

Das Plakat zeigt ein Werk der Serie »Sikra« (1966/67), die sowohl Acrylbilder als auch Siebdrucke umfaßt. Diese Arbeiten verdeutlichen eine Weiterentwicklung des seit 1959 eingeführten »Plastischen Alphabets« (s. dazu das Plakat von 1967; Inv. Nr. 4187/82), indem Vasarely das binäre Prinzip (Quadrat – ausgestanzte Form) durch die Möglichkeit einer zusätzlichen geometrischen Unterteilung der Quadrate erweiterte.

Siebdruck (mehrfarbig); 81 × 56 cm
Auftragg.: Galerie Der Spiegel, Köln, Deutschland
Inv. Nr. 17/71

Lit. u. a.: Spies Werner, Victor Vasarely. Köln 1971, 121 m. Abb. – Le Musée Didactique Vasarely au Château de Gordes. Paris 1971, 44 m. Abb. [vgl. bares Bild] – Diehl Gaston, Vasarely. Budapest 1982, 78, 79 m. Abb. [vgl. bares Bild] – [Kat.] Künstler Plakate. Nr. 4. Galerie für Moderne Kunst und Plakatkunst H. F. Lempert. Bonn 1986, Nr. 2334 m. Abb.

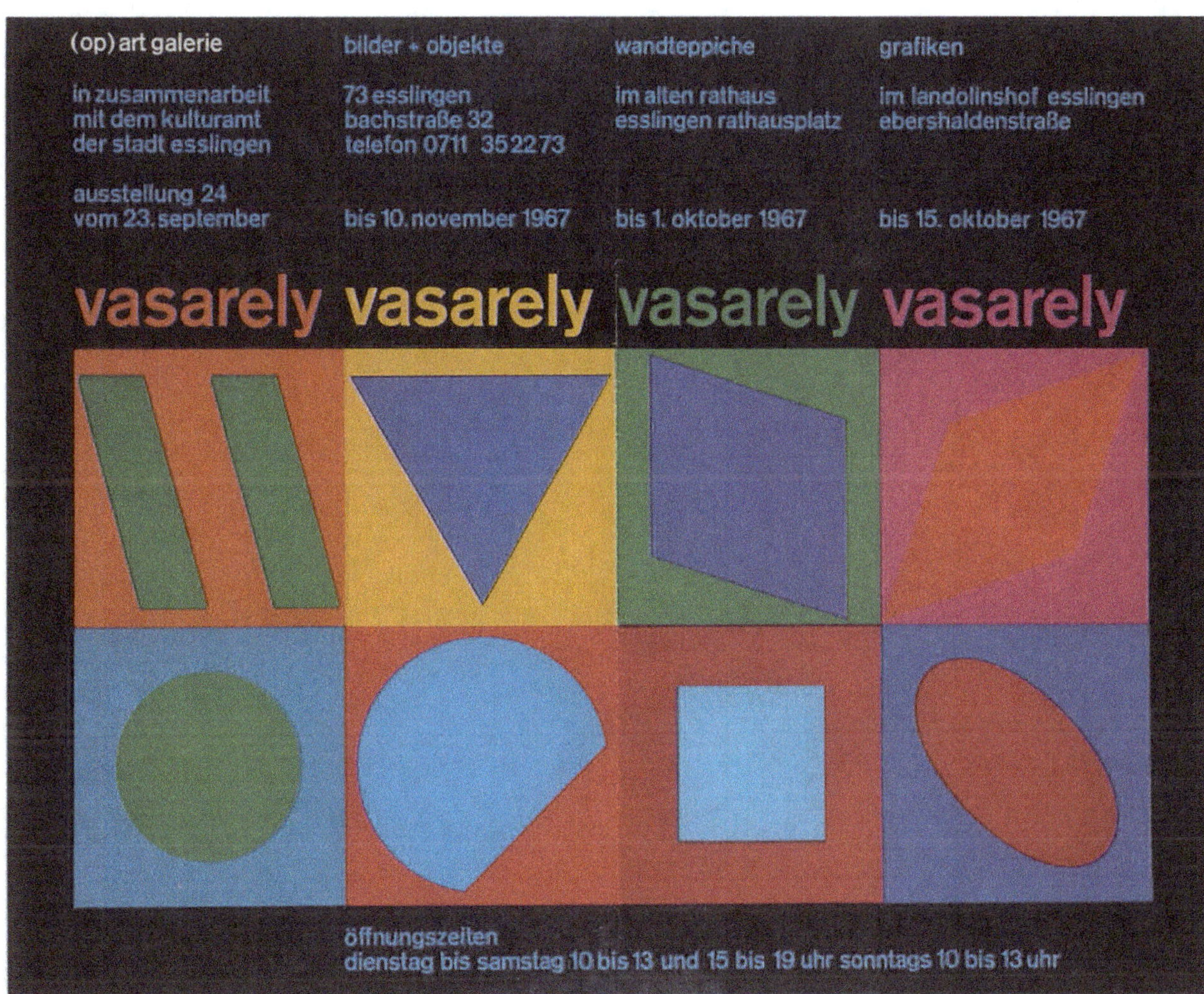

Vasarely – (op)art Galerie, 1967

Das Plakat fußt auf einer Arbeit, die innerhalb der 1960–1964 entstandenen Serie der »planetarischen Folklore« angesiedelt ist. In ihr strebte der Künstler die Visualisierung seiner These von der Einheit von Form und Farbe an. Er benutzte dazu sein »Plastisches Alphabet«, das aus verschiedenfarbigen Quadraten besteht, aus denen unterschiedliche geometrische Formen ausgestanzt werden. Durch die Variierung von Farben und Formen entsteht eine potentiell unbegrenzte Zahl polychromer und polyformer Einheiten.
Siebdruck (mehrfarbig); 80 × 102 cm
Auftragg.: (op)art Galerie, Esslingen, Deutschland
Inv. Nr. 4187/82
Lit. u. a.: Graphis 1965, Nr. 122, 468 m. Abb. [dort ohne Schrifteindruck, 1962].

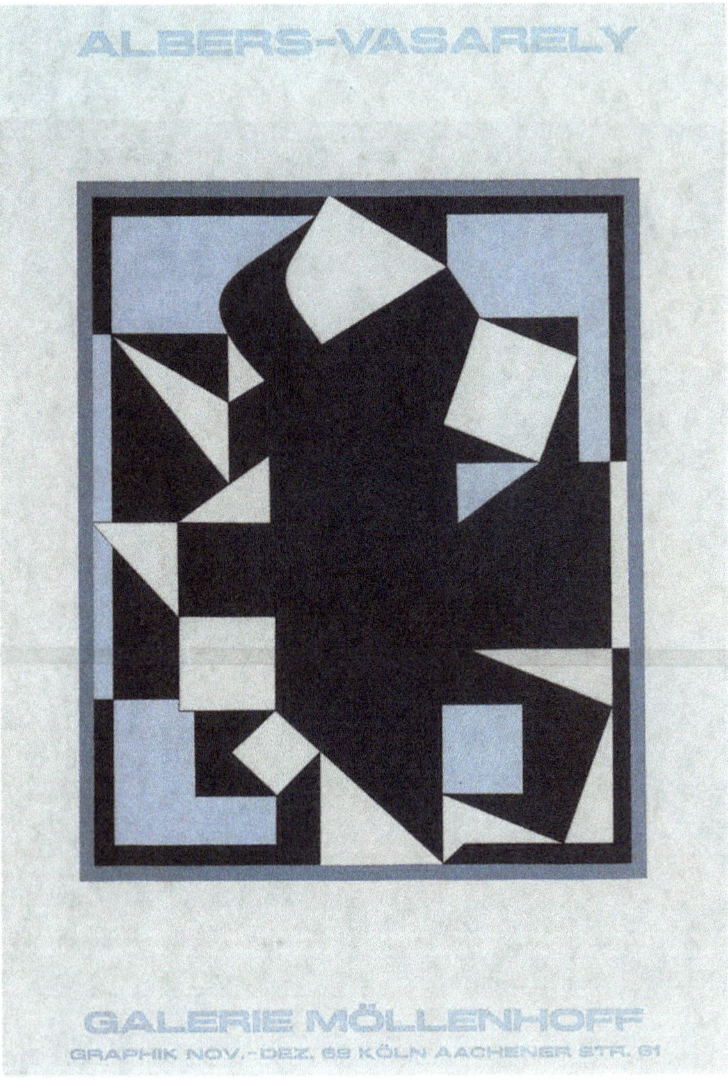

Olympische Spiele München 1972, 1970

Das Plakat erschien 1970 innerhalb der zweiten Teilserie der »Edition Olympia« (s. dazu S. 151) als 16farbige Serigraphie.
Siebdruck (mehrfarbig); 100,9 × 63,9 cm
Bez. im Bild r. u.: Vasarely
Auftragg.: Edition Olympia, München, Deutschland
Druck: Bruckmann KG, München
Inv. Nr. 557/81
Lit. u. a.: [Kat. Ausst.] Kunst und Design. Kultur Olympia. Orangerie. Kassel 1986, 36 m. Abb.

Albers – Vasarely, 1969

Grundlage des Plakates ist der Siebdruck »Orgovan – 1952«, der auf dem 1950 entstandenen Gemälde »Orgovan« der sogen. Serie »Cristal« basiert und 1961 bei der Edition Denise René in dem Album Kassak-Vasarely publiziert wurde. Das Album, das auch Manifeste der beiden Künstler enthielt, umfaßte insgesamt zwölf Blätter (65 × 50 cm) und wurde numeriert und signiert in einer Stückzahl von 100 aufgelegt.
Siebdruck (weiß, schwarz, grau); 72 × 51 cm
Auftragg.: Galerie Möllendorf, Köln, Deutschland
Inv. Nr. 16/71
Lit. u. a.: [Kat. Ausst.] Seriegrafieën. Stedelijk Museum. Amsterdam 1967, Nr. 60 m. Abb. – [Kat. Ausst.] Vasarely. Kunsthalle. Köln 1971, Nr. 21 m. Abb. 8 [Gemälde] – Le Musée Didactique Vasarely au Château de Gordes. Paris 1971, 69.

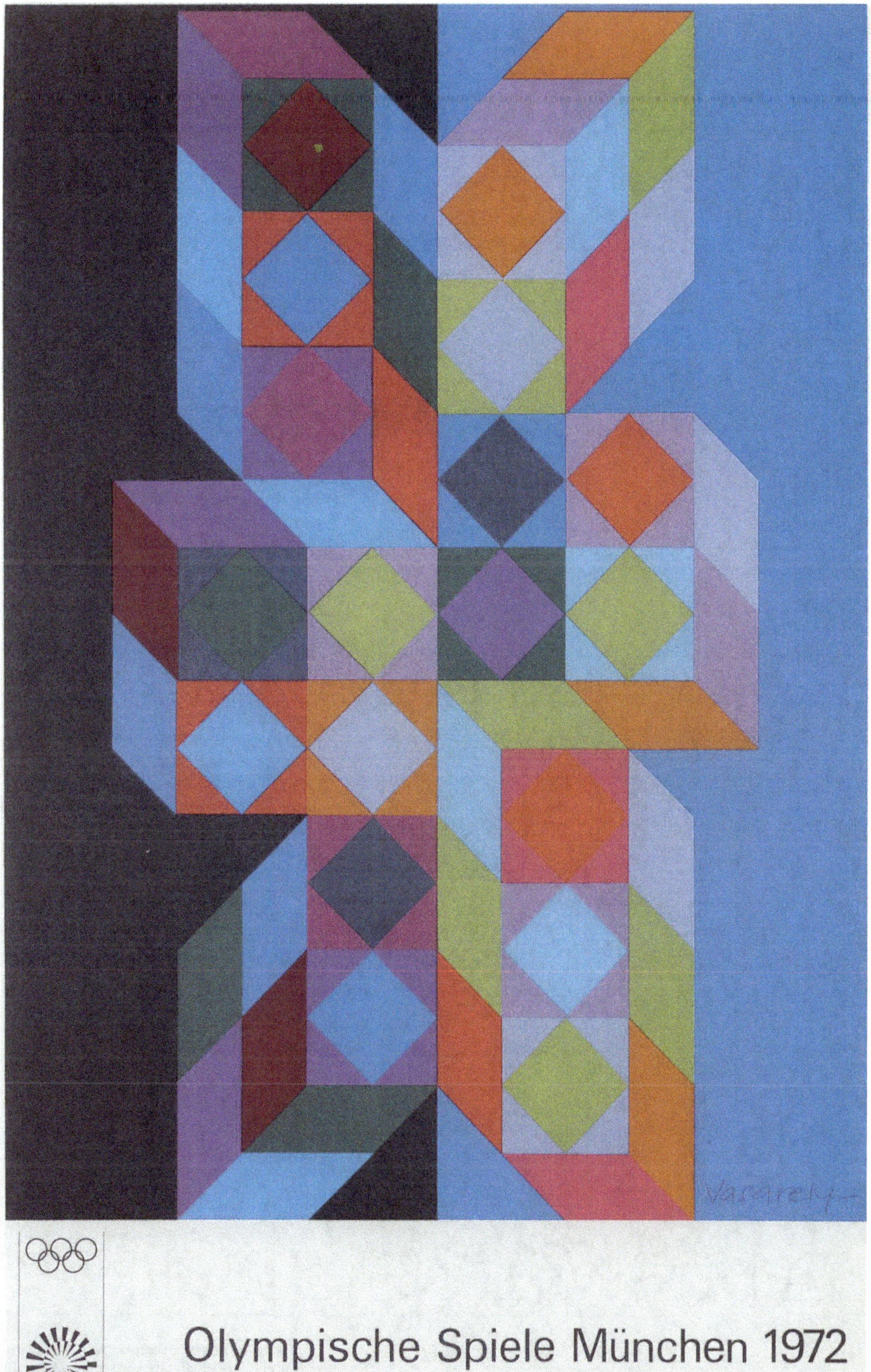

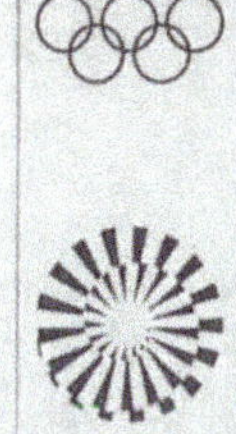

Olympische Spiele München 1972

31. 7. 1875 Damville/Eure – 9. 6. 1963 Puteaux/Paris
Der Halbbruder von Marcel Duchamp war zunächst als satirischer Zeichner für verschiedene Zeitschriften (»Gil Blas«, »Chat Noir« etc.) tätig. Anfänglich den Fauves nahestehend, wandte sich Villon 1911 dem Kubismus zu. 1912 fand eine erste Ausstellung der von ihm mitbegründeten Gruppe »Section d'Or« (u. a. mit M. Duchamp, Gleizes, Léger, Picabia) statt. In Villons Bildern tritt eine pastellhaft helle Farbigkeit gleichwertig neben die kristalline Bildstrukturen konstituierenden Diagonallinien – er selbst bezeichnete sich als »kubistischen Impressionisten«. Villon arbeitete auch im Bereich der angewandten Künste: So entwarf er Keramiken (Tee- und Kaffeeservice für Metthey), Wanddekorationen, Tapisserien (u. a. für Aubusson und La Baume-Dürrbach), Glasfenster (Metz, Kathedrale, 1957–1963) und zahlreiche Buchillustrationen (z. B. zu P. Corrard »Poésies«, 1937; Jean Racine »Cantique spirituel«, 1945). Die Druckgraphik nahm von Anfang an eine herausragende Stellung innerhalb seines Werkes ein. In seinen frühesten, 1899–1906 entworfenen Plakaten zeigte sich noch deutlich der Einfluß von Toulouse-Lautrec. Bei späteren Plakaten dienten häufig Gemäldeproduktionen als Grundlage. In Villons letzten Lebensjahren entstanden durch photomechanische Reproduktionen seiner Werke einige Plakate, denen er durch eigenhändige Signatur Authentizität zu geben gewillt war.

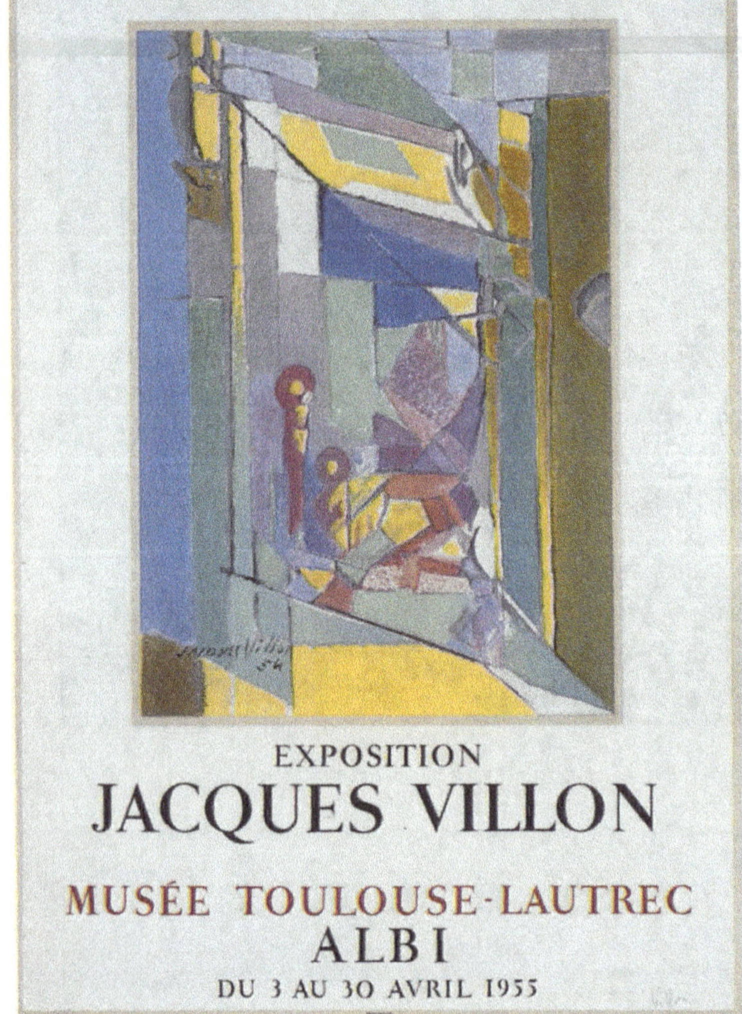

Lit. u. a.: [Kat. Ausst.] Jacques Villon. Master of graphic art (1875–1963). Museum of Fine Arts. Boston 1964 – [Kat. Ausst.] Jacques Villon. Fogg Art Museum. Harvard University. Cambridge/Mass. 1976 – Ginestet Colette de u. Catherine Pouillon, Jacques Villon. Les estampes et les illustrations. Paris 1979.

Jacques Villon – Musée Toulouse-Lautrec,
1955 (linke Seite)

Das Plakat basiert auf einer Lithographie, die Villons Gemälde »L'âtre« von 1954 wiedergibt. Mit kubistischen Darstellungen von stillebenhaft aufge-
faßten Innenräumen befaßte sich Villon bereits in
den dreißiger Jahren. Jedoch gelangte er erst im
Spätwerk zur Dominanz des Liniengerüstes als Flä-
chenstruktur, die sich über die gegenstandsbe-
schreibende Funktion der Zeichnung legt.
Lithographie auf Arches-Bütten (mehrfarbig);
70,5 × 51,5 cm
Bez. im Stein l. u.: JACQUES VILLON 54
Auftragg.: Musée Toulouse-Lautrec, Albi
Druck: Mourlot, Paris
Inv. Nr. 60/65-8
Lit. u. a.: Ginestet Colette de u. Catherine Pouillon,
Jacques Villon. Les estampes et les illustrations. Pa-
ris 1979, 96 m. Abb. [Lithographie].

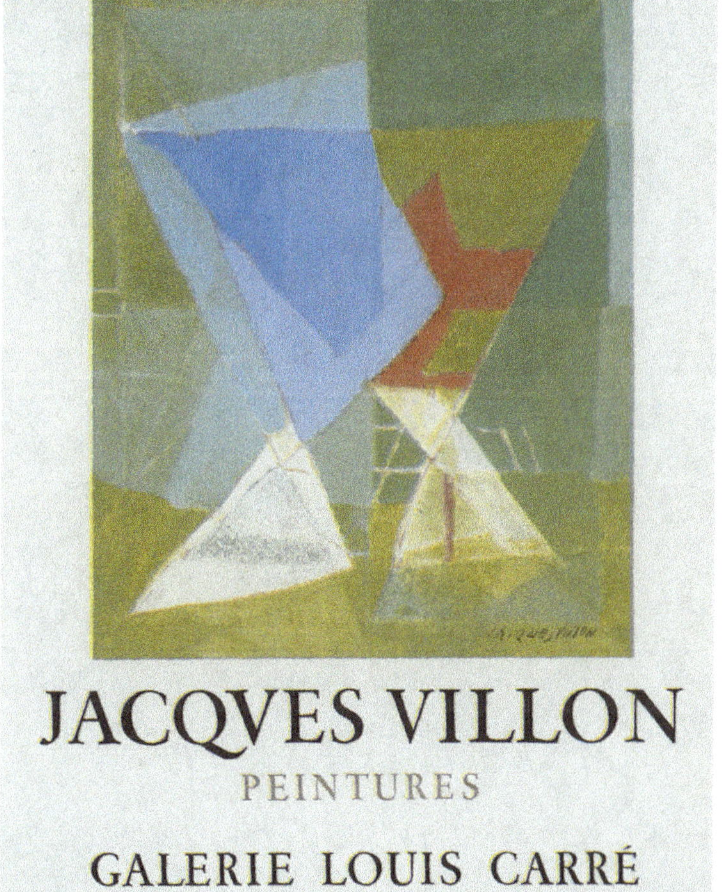

Jacques Villon – Peintures, 1955

Das Plakat entstand für eine Ausstellung der Galerie
Louis Carré, die Villon seit 1944 betreute. Als Motiv
wurde sein Gemälde »Vers la chimère« von 1947
verwendet. Die abstrakte, auf zweifacher x-Form
beruhende Konfiguration entwickelte Villon aus seinen Globusdarstellungen. So zeigte u. a. das Ge-
mälde »Terre et ciel« (1947) zwei Globen auf x-för-
migen Standbeinen.
Die Lithographie wurde 1962 auch der Villon-Mono-
graphie von Lionello Venturi beigegeben.
Lithographie auf Arches-Bütten (mehrfarbig);
72 × 51,5 cm
Bez. im Stein r. u.: JACQUES VILLON
Auftragg.: Galerie Louis Carré, Paris
Druck: Mourlot, Paris
Inv. Nr. 60/65-7
Lit. u. a.: [Kat. Ausst.] Cent tableaux de Jacques Vil-
lon. Galerie Charpentier. Paris 1961, [s. p.] m. Abb.
[»Vers la chimère«, 1947] – Ginestet Colette de u.
Catherine Pouillon, Jacques Villon. Les estampes et
les illustrations. Paris 1979, 68 m. Abb. [Lithogra-
phie, 1962] – [Kat. Ausst.] Jacques Villon. Galerie
Louis Carré. Paris 1980, 39 m. Abb. [Gemälde] –
Mourlot Fernand, Cinquante années de lithogra-
phie. Barbizon 1983, 28 m. Abb.

Florian Hufnagl
Zum Künstlerplakat der USA nach 1945

Die Geschichte des modernen Künstlerplakats ist auch in den Vereinigten Staaten eng mit der Künstlerdruckgraphik verbunden, setzt im Gegensatz zu Frankreich jedoch erst Anfang der sechziger Jahre ein.
Die amerikanische Malerei der ersten Hälfte des 20. Jahrhunderts war in hohem Maße von europäischer Kunst beeinflußt. Erst gegen Ende der vierziger Jahre entwickelte sich in den USA, vornehmlich in New York, eine neue, genuin amerikanische Malerei, zunächst »American Type Painting« genannt, die mit den Bezeichnungen »Action Painting« oder »Abstract Expressionism« belegt wurde.[1] Dann allerdings vollzog sich vehement, innerhalb weniger Jahre, die Ablösung der bisher normativen »Ecole de Paris« durch den neuen Stil.
Im Gegensatz zu den französischen Künstlern der dem Abstract Expressionism vergleichbaren Richtung des Informel oder der »Lyrischen Abstraktion« setzten sich jedoch die Künstler jenseits des Atlantiks zunächst kaum mit dem Medium der Graphik auseinander.
Eine der wenigen Ausnahmen war Jackson Pollock. Seine 1944/45 im New Yorker »Atelier 17« des Engländers Stanley William Hayter entstandenen Radierungen waren allerdings eher private Experimente. So wurden sie auch erst 1967, elf Jahre nach Pollocks Tod, wieder entdeckt und publiziert.[2]
Wie Castleman ausführt[3], gab es in den fünfziger Jahren keinen Markt für amerikanische Künstlergraphiken, da das breite Publikum vorwiegend am Besitz von Drucken der »Ecole de Paris« interessiert war, vor allem aber an Arbeiten von Pablo Picasso. Hinzu kamen die spezifischen innenpolitischen Verhältnisse in den USA, ausgelöst durch Senator McCarthy, wurden doch viele moderne Künstler als »kommunistisch« oder unamerikanisch« verdächtigt – Vorwürfe, gegen die sogar ein Thomas Mann Stellung bezog.[4] Auch dies mag zum mangelnden Publikumsinteresse an Druckgraphiken einheimischer Avantgardisten beigetragen und dazu geführt haben, daß bis 1958 keiner der Abstrakten Expressionisten in den USA Ausstellungsplakate entwerfen konnte, während in Paris bereits in den fünfziger Jahren Plakate von Alexander Calder, Saul Steinberg und Ellsworth Kelly gedruckt und ediert wurden.[5]
Gegen Ende des Jahrzehnts änderte sich die Situation: »Der plötzliche Aufschwung der Künstlergraphik in den Vereinigten Staaten um 1960 ist auf das Zusammenwirken mehrerer Entwicklungen zurückzuführen: das Vorbild Europas, besonders von Paris, die internationale Anerkennung der amerikanischen Moderne, das Hervortreten der jungen Kräfte des neuen Realismus [d. h. der Pop Art], nicht zuletzt auch die neue politische Atmosphäre.«[6]
Von entscheidender Bedeutung waren dabei einige neu gegründete graphische Werkstätten mit angegliederten kleinen Verlagen für Künstlergraphiken.[7]
Dies war zum einen die von Tatyana Grosman (1904–1982), einer russischen Emigrantin, geleitete lithographische Druckerei, die seit 1957 in West Islip auf Long Island nahe New York City bestand.[8] 1966 kam eine Tiefdruck-Werkstatt hinzu[9], kurz darauf Offset-Pressen, die ebenfalls für

experimentelle Graphiken genutzt wurden. Der Druckerei war der Graphik-Verlag Universal Limited Art Editions, ULAE, angegliedert, seit 1969 auch der Verlag Telamon Editions, u. a. für die Offset-Künstlerplakate. Hohe Ambitionen und räumliche Beengung führten zur Beschränkung auf wenige, ausgewählte Künstler. Den Eingeladenen wurden jedoch »zeitlich und materiell unbegrenzte Möglichkeiten des Experimentierens mit dem Drucker, höchste Sorgfalt und Mühe bei der Edition«[10], z. B. bei der Wahl der Papiersorten, geboten. Auf Einladung Tatyana Grosmans fand eine Reihe der bedeutendsten amerikanischen Maler zur Graphik. Neben Jasper Johns (seit 1960) und Robert Rauschenberg (seit 1962), deren graphisches Œuvre besonders reichhaltig ist, waren dies u. a. Larry Rivers (seit 1957), Sam Francis (seit 1959), Jim Dine (seit 1963), Robert Motherwell (seit 1961), Barnett Newman (seit 1963), James Rosenquist (seit 1964) und Cy Twombly (seit 1967).
Eine ähnliche Rolle spielte die von Kenneth Tyler 1965 in Los Angeles gegründete Druckerei, der seit 1966 der Verlag Gemini G. E. L. angegliedert war.[11] Auch Tyler lud zahlreiche Protagonisten der Avantgarde ein: zunächst Josef Albers, Man Ray und Ben Shahn, später u. a. Rauschenberg, Johns und Sam Francis sowie Frank Stella, Claes Oldenburg, Roy Lichtenstein und Ellsworth Kelly.
Einer der ersten amerikanischen Maler, dessen druckgraphisches Œuvre neben seinem malerischen eigenes Gewicht besitzt, ist Larry Rivers: in Zusammenarbeit mit dem Dichter Frank O'Hara schuf er das Buch »Stones« (1957–1959) – das erste Projekt von ULAE.
Auch Sam Francis gehört zu den »Pionieren« der amerikanischen Künstlergraphik; seine ersten Versuche mit der Lithographie – 1959 – wurden ebenfalls durch Tatyana Grosman angeregt. 1960 setzte er seine Experimente bei einem Schweizer Drucker fort, ursprünglich in Zusammenhang mit der Gestaltung eines Ausstellungsplakates – wie überhaupt Anfang der sechziger Jahre eine Reihe amerikanischer Künstler von europäischen Lithographen eingeladen wurde: Zeichen der zunehmenden internationalen Wertschätzung ihrer Arbeiten.
Sam Francis gelang in seinen Lithographien die adäquate Umsetzung des spontanen Duktus des Action Painting oder »dripping« in das graphische Medium. Bezeichnenderweise war 1960 auch das Jahr der offiziellen Anerkennung der gestischen Malerei: Hans Hartung erhielt den Grand Prix der Biennale Venedig. Gesteigertes Publikumsinteresse an diesem Stil – ob aus Amerika oder Europa – und dessen weitere Verbreitung durch Druckgraphiken und Plakate waren die Folgen. In denselben Jahren wandten sich in den USA auch einige der »Gründerväter« des Abstrakten Expressionismus der Lithographie zu: Willem de Kooning (1960) und Robert Motherwell (1961). Etwa gleichzeitig erfolgte der Durchbruch des Künstlerplakates in den USA, nachdem zuvor Plakate amerikanischer Künstler – wie erwähnt – fast ausschließlich in Paris entstanden waren.
In New York edierte der Galerist Leo Castelli seit 1963 Plakate von Johns, Lichtenstein und Rauschenberg. Neben Castelli sind der Galerist und

Verleger André Emmerich zu nennen, der u. a. Morris Louis ausstellte,
die Pace Gallery und Editions (Jim Dine, Ernest Trova, Louise Nevelson
u. a.), beide New York, und die Albright-Knox-Gallery in Buffalo (z. B. Dan
Flavin).
Abgesehen von diesen Kunsthändlern besaßen einige große Unternehmen und Institutionen als Auftraggeber bzw. Mäzene große Bedeutung
für das amerikanische Künstlerplakat.
Bereits Mitte der dreißiger Jahre hatte die Container Corporation of
America Künstler wie den deutschen Emigranten Herbert Bayer mit Arbeiten für Werbekampagnen beauftragt. Zwar setzte sie, ebenfalls auf
Initiative des Unternehmensgründers Walther P. Paepcke, diese Linie in
den fünfziger und sechziger Jahren mit der zunächst als Anzeigenserie
konzipierten, dann auch im Medium Plakat edierten Reihe »Great Ideas
of Western Man« fort.[12] Die amerikanische Avantgarde jedoch wurde für
Plakate erst durch das Mäzenatentum der Albert A. List Foundation, New
York, herangezogen, die seit 1964 ein Programm von Künstlerplakaten
zu kulturellen Ereignissen finanzierte. Unterstützt durch die American
Federation of Arts und in Zusammenarbeit mit Ausbildungs- und Kultur-
institutionen wurden alljährlich durch ein Komitee sechs bis zwölf Künst-
lerplakat-Entwürfe ausgewählt und finanziert. »Zwei verschiedene Post-
erserien wurden hergestellt: ein Originaldruck in begrenzter Auflage,
vom Künstler signiert und numeriert, und eine Faksimileauflage, die wie
gewöhnliche Plakate verteilt und aufgehängt wurde.«[13]
Das Lincoln Center for the Performing Arts, New York, (1959 gegründet)
und das New York City Center förderten das amerikanische Künstlerplakat in dieser Weise, ebenso z. B. die Rhode Island School of Design, das
Albany Institute oder das St. Louis Symphony Orchestra. Die Liste der
bis in die achtziger Jahre für das Lincoln Center bzw. das City Center
entwerfenden Künstler liest sich wie ein Querschnitt durch die amerikanische Avantgarde. Auch die engagierte New Yorker Literaturzeitschrift
»The Paris Review« gewann in diesen Dezennien immer wieder nam-
hafte Künstler für Plakatentwürfe.[14] Daneben sind natürlich Museen als
Auftraggeber zu nennen, so die zur Smithsonian Institution, Washington
D. C., gehörenden National Collection of Fine Arts und Hirshhorn Collection oder in New York das Metropolitan Museum of Art und das Whitney
Museum of American Art.
Veranstalter von Festivals wie das in Spoleto, für das z. B. Richard Lind-
ner, Willem de Kooning und Jasper Johns Plakate entwarfen, spielten als
Auftraggeber ebenfalls eine gewisse Rolle.
Für Plakate zur Documenta IV und V in Kassel wurden u. a. James Rosen-
quist und Ed Ruscha herangezogen. Die italienische Firma Olivetti[15] beauftragte für die Plakatserie »Save our Planet« ebenfalls amerikanische
Künstler (1971). Auch an den Plakaten der Edition Olympia[16], München
1972, beteiligten sich amerikanische Künstler; ebenso an denen für die
Olympischen Winderspiele in Sarajewo, Jugoslawien (1984). Mit diesen
nicht-amerikanischen Auftraggebern sei die Internationalität der Aufgaben des amerikanischen Künstlerplakates angedeutet.

Verglichen mit anderen Aufgaben spielten – ähnlich wie in Frankreich –
politische und soziale Plakate eine untergeordnete Rolle. Jedoch findet
sich in den USA neben dem Künstlerplakat für bestimmte Organisationen (Künstler für den Frieden, 1982; Against Apartheid, 1983; u. a.) in
größerem Ausmaß dasjenige für spezielle Politiker.[17]
In diesem Zusammenhang sollten auch die Plakate der Serie »America:
the third century« genannt werden, die im Auftrag des Industrieunter-
nehmens Mobil Oil anläßlich der Zweihundertjahrfeiern der Vereinigten
Staaten (1776–1976) entstand und die beteiligten Künstler zu Stellung-
nahmen über die Zukunftsperspektiven herausfordern wollte.[18]
Betrachtet man die nunmehr seit knapp dreißig Jahren bestehende und
bis heute ungebrochene Entwicklung des amerikanischen Künstlerplakates, so fällt auf, daß sie zugleich von einem ungewöhnlich respektablen
kommerziellen Erfolg begleitet wurde, wie die zahlreichen, früher völlig
unbekannten Poster-Galerien in amerikanischen und europäischen Städ-
ten belegen. Sie hatten wesentlichen Anteil an der Verbreitung der Plakate und an dem bis in breite Schichten reichenden Bekanntheitsgrad
dieser Künstler.
Ebenso fällt auf, daß keineswegs alle der sich seit den sechziger Jahren
in immer schneller werdendem Rhythmus ablösenden Stilrichtungen
und »Ismen« an diesem Erfolg beteiligt sind. Plakate des »action painting« sind selten anzutreffen. Gleiches gilt für die Vertreter der Minimal
Art, der Land oder der Conceptual Art, etwa Richard Serra, Sol LeWitt
oder Christo. Bei ihnen dienten vorbereitende Skizzen des geplanten
Projektes bzw. Photos der Ausführung als Vorlage des Plakatentwurfes.
Sie alle befaßten sich mit Druckgraphik meist nur am Rande. Und wenn,
dann fast ausschließlich in dokumentarischer Absicht, nämlich um durch
Druck von Photoserien etwa oder von Entwurfszeichnungen ihr Konzept,
ihre Aktion oder den künstlerischen Ideenprozeß festzuhalten. Dement-
sprechend wurden auch kaum Plakate gestaltet, denn: »the most charac-
teristic printing of the Conceptualists was in the form of text, reducing
visual art to unembellished ideas.«[19]
Vorwiegend dreidimensional, oft mit Environments gestaltende Künstler
wie Edward Kienholz oder George Segal sind ebenfalls nur in geringem
Maße am amerikanischen Künstlerplakat beteiligt, genauso wie der mit
Lichtinstallationen arbeitende Dan Flavin oder der »Fluxus«-Künstler
Nam June Paik.
Den Kristallisationspunkt der amerikanischen Künstlerplakate bilden
aber die Vertreter der Pop Art: Lichtenstein, Rauschenberg, Oldenburg,
Rosenquist und Andy Warhol. Einige von ihnen erhielten vor ihrer künstlerischen Tätigkeit eine rein graphische Ausbildung oder waren im Bereich kommerzieller Graphik tätig.[20] Deutlich wird dies bereits durch die
nunmehr mit Vorliebe anstelle der Farblithographie verwendete Technik
des Siebdrucks, die bis dahin mit wenigen Ausnahmen (Ben Shahn) der
kommerziellen Graphik vorbehalten war. Andy Warhol ging noch einen
Schritt weiter: um die so fest erscheinende Grenze zwischen Graphik
und Gemälde zu verwischen, führte er sogar seine Staffeleibilder in die-

ser Drucktechnik aus. Zudem sind die Plakate der amerikanischen Pop Art-Künstler, vor allem im Gegensatz zu den französischen Künstlerplakaten, unmittelbarer, direkter, stärker auf den Anlaß bzw. den Auftraggeber bezogen – ohne daß sie dabei auf die ihren Arbeiten eigenen stilistischen Mittel verzichtet hätten. So reduzierte Warhol etwa das Plakat für ein Filmfestival auf eine Eintrittskarte, Rauschenberg paraphrasierte auf seinem Plakat für das Metropolitan Museum die Stiftungsurkunde dieses Hauses , oder Oldenburg griff bei seinem Plakatentwurf für die Neueröffnung der National Collection of Fine Arts in Washington das Motiv der Schere auf, mit der gemeinhin Politiker in aller Welt bei dergleichen Ereignissen das Absperrungsband zu durchtrennen pflegen. Und Ben Schonzeit bringt bei seinem Plakatentwurf für die Zweihundertjahrfeiern Amerikas sein Land auf einen von Sarkasmus nicht ganz freien Nenner, kombiniert er doch das Portrait George Washingtons mit dem verschwommenen Abbild der Freiheitsstatue als Hintergrund eines mit Eiswürfeln gefüllten Coca-Cola-Glases.
Vermutlich liegt in dieser direkten, manchmal harten oder ironischen Vorgehensweise, die bis dato bei von Künstlern geschaffenen Plakaten völlig unbekannt war, die Stärke, Eigenart und der Erfolg des amerikanischen Künstlerplakats.

Anmerkungen

1 Growe Bernd, in: [Kat. Ausst.] Amerikanische Malerei 1930–1980. Haus der Kunst. München 1981, 200.

2 Vgl. Dückers Alexander, [Kat. Ausst.] Druckgraphik. Wandlungen eines Mediums seit 1945. Kupferstichkabinett SMPK. Berlin 1981, XIII–XIV.

3 Castleman Riva, Prints of the 20th Century. London 1988, 134.

4 [Kat. Ausst.] Künstlerplakate aus den USA. Albertinum. Dresden 1980, 11–12.

5 Vergleiche u. a. [Kat.] Derrière le Miroir et Affiches. Maeght Editeur. Paris 1971, passim.

6 Künstlerplakate (Anm. 4), 20.

7 S. dazu u. a. Fine Ruth E., [Kat. Ausst.] Gemini G. E. L. National Gallery of Art, Washington D.C. New York 1984. 9–14.

8 Zum Folgenden s. Sparks Esther, [Kat.] Universal Limited Art Editions. The Art Institute of Chicago. New York 1989, 17–47.

9 Siehe auch Castleman Riva, Jasper Johns. Druckgraphik. München 1986, 25.

10 Wie Anm. 6.

11 Vgl. Fine (Anm. 7), 17–33.

12 Theobald Paul, Modern Art in Advertising. Designs for Container Corporation of America. Chicago 1946.

13 [Kat. Ausst.] Images of an Era. The American poster 1945–75. National Collection of Fine Arts. Washington D.C. 1975, V.

14 Vgl. [Kat.] Künstler Plakate. Nr. 4. Galerie für Moderne Kunst und Plakatkunst H. F. Lempert. Bonn 1986.

15 Vgl. [Kat. Ausst.] Design Process Olivetti 1908–1983. Mailand 1983, 260–261 m. Abb.

16 S. dazu [Kat. Ausst.] Kunst und Design. Kultur Olympia. Orangerie. Kassel 1986.

17 Vergleiche u. a. Images of an Era (Anm. 13), passim.

18 Vgl. Croft Virginia, Posters made possible by a grant from Mobil. Zürich 1988.

19 Castleman (Anm. 3), 207.

20 Siehe u. a. Kornbluth Jesse, Pre-Pop Warhol. München 1988.

Josef Albers

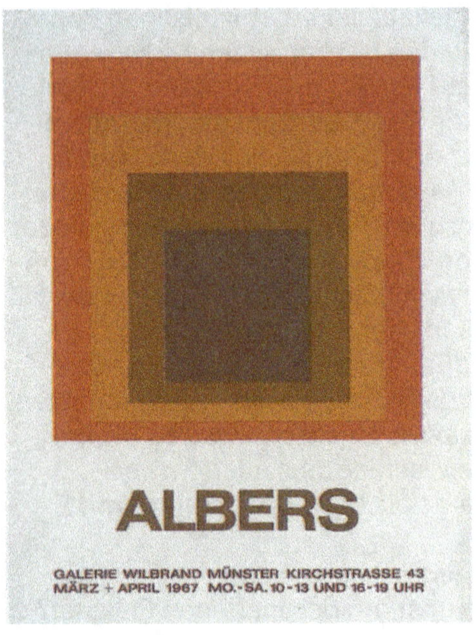

Lit. u. a.: Gomringer Eugen, Josef Albers. Starnberg 1971 – Miller Jo, Josef Albers Prints 1915–1970. New York 1973 – [Kat. Ausst.] Josef Albers. A retrospective. Solomon R. Guggenheim Museum. New York 1988.

19.3.1888 Bottrop, Deutschland –
18.3.1976 New Haven/Connecticut
Studierte 1913–1920 in Berlin, Essen, München und seit 1920 am Bauhaus, an dem er seit 1923 selbst lehrte. 1933 emigrierte er in die USA und war dort als Lehrer am Black Mountain College in Ashville/North Carolina tätig. Zu seinen Schülern zählten dort u. a. Motherwell, de Kooning und Rauschenberg. 1950–1959 dozierte er an der Yale University in New Haven und gewann großen Einfluß auf die jungen amerikanischen Maler, die später als Vertreter der sog. Op Art, der »Hard Edge«-Gruppe und der Minimal Art Aufmerksamkeit erregten.
Albers befaßte sich seit Anfang der zwanziger Jahre mit der Entwicklung von Gebrauchsgut: 1923 übernahm er die Leitung der Glaswerkstatt am Bauhaus, entwarf Möbel, Gerät aus Glas und Metall und beschäftigte sich mit Typographie und Photographie. Seine Auseinandersetzung mit der Farbe konkretisierte sich 1963 in seinem Buch »Interaction of Color« sowie vor allem in den seit 1949 entstandenen Lithographien und Gemälden »Hommage to the Square«. Bei diesen wies er auf der Grundlage der Quadratform die Wechselwirkungen der Farben in einer Vielzahl von Variationen nach. In derselben Zeit entstand auch der überwiegende Teil seiner Plakatentwürfe.

Albers – Galerie Wilbrand, 1967

Der Werkkomplex »Hommage to the Square«, auf
dem dieses wie die meisten der Plakate von Albers
basiert, spiegelt in vielfältiger Weise Albers' Farbenlehre wieder. In dem Plakatentwurf für Münster
demonstrierte er die Mischung bzw. »Interaktion«
von Farben mit ihren potentiell unendlichen Varianten am Beispiel von Orange, Gelb, Oliv und Bräun-
lich-Grün.
Siebdruck (mehrfarbig); 84 × 66 cm
Auftragg.: Galerie Wilbrand, Münster, Deutschland
Inv. Nr. 5/68.

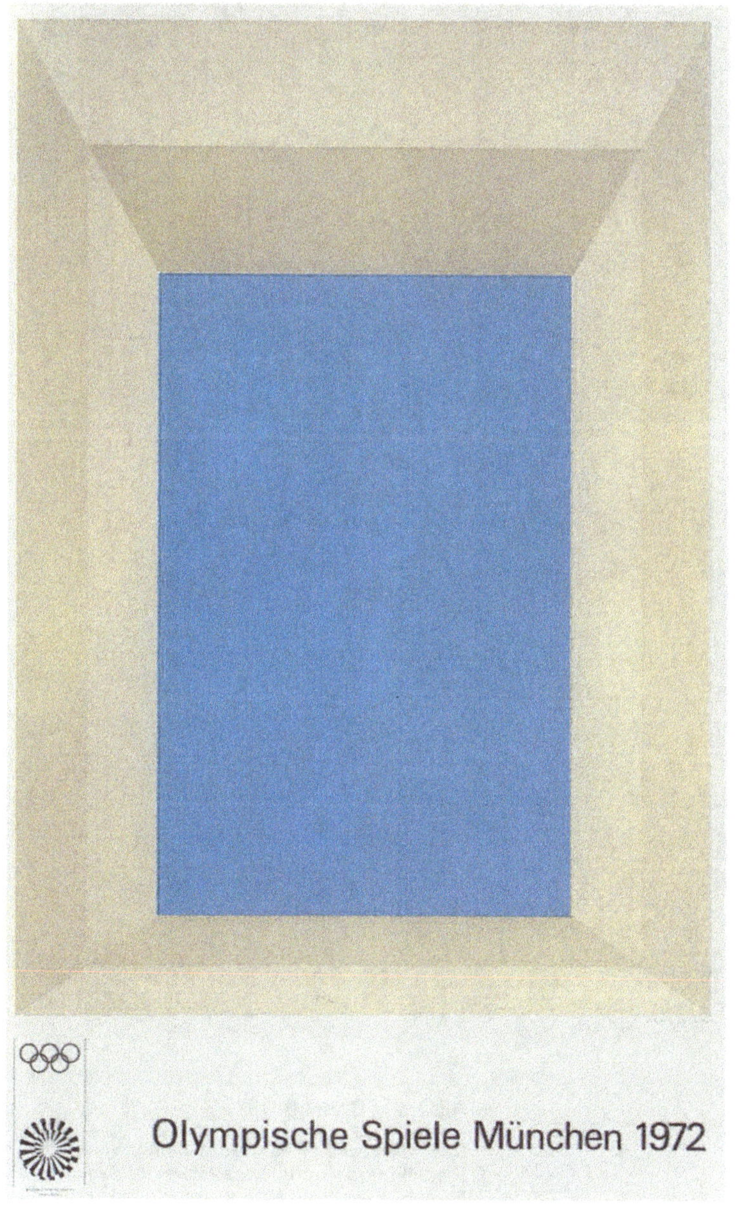

Olympische Spiele München 1972, 1970

Das im Rahmen der Olympia-Edition (s. S. 151) innerhalb der 3. Teilserie 1970 als dreifarbige Serigraphie erschienene Plakat variiert das seit 1949 in
zahlreichen Gemälden und Graphiken behandelte
Thema der »Hommage to the Square« – jedoch
wird hier das Quadrat zu Gunsten der Rechtecks-
form aufgegeben. Entstanden ist ein in helle und
dunkle Flächen aufgeteilter Rahmen, der als per-
spektivische Fensterlaibung gedeutet werden kann,
die den Blick auf eine blaue Fläche freigibt.
Siebdruck (blau, hell- und dunkelgrau);
101 × 64 cm
Bez. r. u.: Albers '70
Auftragg.: Edition Olympia, München, Deutschland
Druck: Bruckmann KG, München
Inv. Nr. 564/81
Lit. u. a.: [Kat. Ausst.] Kunst und Design. Kultur
Olympia. Orangerie. Kassel 1986.

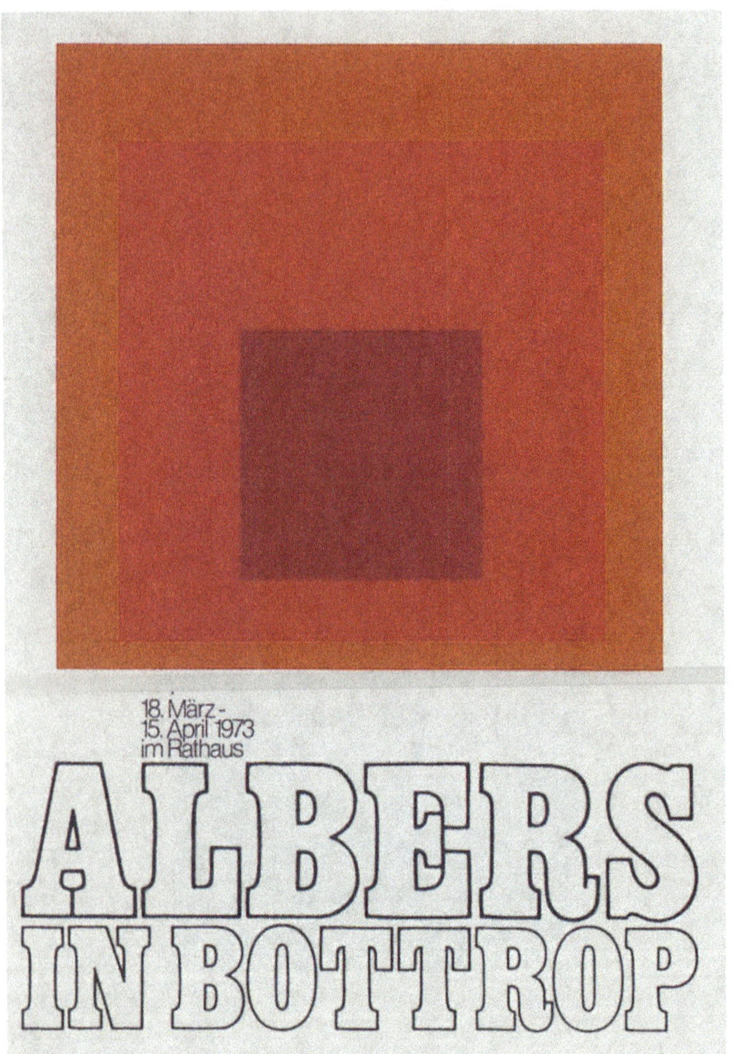

10th New York Filmfestival, 1972

Das Motiv des geometrisch-stereometrischen Li-
niengebildes knüpft an die in den fünfziger Jahren
konzipierten Serien der sog. »Transformationen«
oder »strukturalen Konstellationen« an. Diese seriellen Arbeiten – meist Holzschnitte oder maschinelle Resopal-Gravuren – besaßen stets gleichen
Umriß, waren jedoch in dem Binnenlineament jeweils variiert, sodaß sich permanenter Wechsel
zwischen Zweidimensionalität und Raumillusion ergibt.
Siebdruck (grau, blau); 127 × 66 cm
Bez. l. o.: Josef Albers
Auftragg.: Lincoln Center, New York
Druck: HKL Ltd., New York
Inv. Nr. 28/80
Lit. u. a.: Wichmann Hans, [Kat. Ausst.] Neu. Dona-
tionen und Neuerwerbungen 1980/81. Die Neue
Sammlung. München 1982, 14.

Albers in Bottrop, 1973

Das Plakat der Jubiläumsausstellung, welche die
Stadt Bottrop aufgrund des 85. Geburtstages ihres
Ehrenbürgers Josef Albers veranstaltete, zeigt ein
Beispiel aus der seit 1949 entstandenen Gemälde-
serie »Hommage to the Square«. Die Ausstellung
umfaßte die im Besitz der Stadt befindlichen Arbei-
ten des Künstlers.
Siebdruck (mehrfarbig); 88 × 62 cm
Auftragg.: Stadt Bottrop, Deutschland
Inv. Nr. 1/76
Lit. u. a.: [Kat. Ausst.] Albers in Bottrop. Rathaus der
Stadt Bottrop. Recklinghausen 1973.

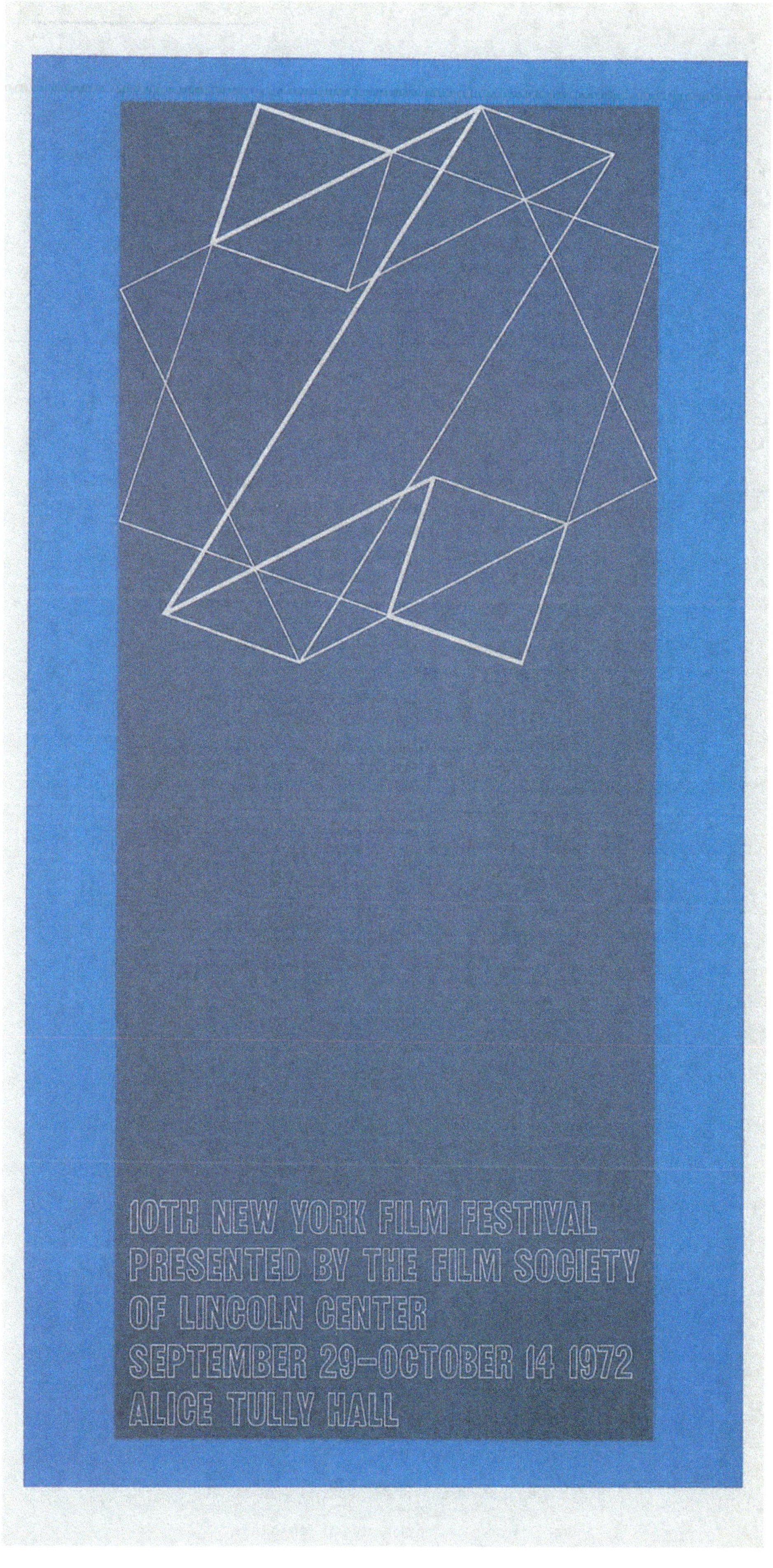

10TH NEW YORK FILM FESTIVAL
PRESENTED BY THE FILM SOCIETY
OF LINCOLN CENTER
SEPTEMBER 29—OCTOBER 14 1972
ALICE TULLY HALL

Richard (Joseph) Anuszkiewicz

1930 Erie/Pennsylvania – lebt in Engle-
wood/New Jersey
Studierte 1948–1953 am Cleveland Insti-
tute of Art, danach an der Yale University
bei Josef Albers und 1955/56 an der Kent
State University. Anuszkiewicz gilt als einer der wichtigsten amerikanischen Op
Art-Künstler. In seinem Œuvre stellt – ausgehend von Wahrnehmungspsychologie
und den Farbtheorien seines Lehrers Josef
Albers – die Farbe und ihr Bezug zum
Raum das zentrale Thema dar. In diesem
Sinne befaßte sich Anuszkiewicz neben der
Malerei seit 1963 auch mit der Druckgraphik. Einer Serie von sechs mehrfarbigen
Siebdrucken, 1965 in Portfolio ediert (Verlag Galerie Der Spiegel), folgten zahlreiche
weitere Graphiken und Plakate. Für Anuszkiewicz ist damit nicht nur eine größere
Verbreitung seiner Arbeiten verbunden,
sondern auch die Erweiterung der künstlerischen Ausdrucksmöglichkeiten:
»... printmaking has provided me an alternative way to develop my own images and
to explore, to search and learn, another
means of expression.«

Lit. u. a.: Karshan Donald H., Graphics '70. Richard
Anuszkiewicz: Art in America 58, 1970, Nr. 2, 56–59
– Spielmann Heinz, [Kat. Ausst.] Internationale Pla-
kate 1871–1971. Haus der Kunst. München 1971,
Nr. 705–707 – Baro Gene, [Kat. Ausst.] 30 Years of
American Printmaking. The Brooklyn Museum.
New York 1976, 132 – [Kat. Ausst.] Anuszkiewicz.
Museum of Contemporary Art. La Jolla 1976.

New York City Opera, 1968

Beeinflußt durch seinen Lehrer Josef Albers kombiniert Anuszkiewicz in seinen Graphiken und Gemäl-
den die Quadratform mit Farbstufungen und -kon-
trasten. Auch für das Plakat »New York City Opera«
(vgl. auch Indiana, 1968; Inv. Nr. 110/70) bilden Qua-
drate bzw. deren perspektivisch verkürzte Form den
Ausgangspunkt. Die Anordnung der gereihten
Rhomboide bewirkt zusammen mit den Farben und
dem Lineament einen die Sehgewohnheiten des
Betrachters irritierenden optischen Effekt.
Siebdruck (mehrfarbig); 89 × 64 cm
Auftragg.: New York City Opera, New York
Druck: HKL Ltd., New York
Inv. Nr. 33/78
Lit. u. a.: [Kat. Ausst.] Künstlerplakate aus den USA.
Plakate, graphische Blätter und Zeichnungen aus
dem Dresdner Kupferstichkabinett. Albertinum.
Dresden 1980, Nr. 8.

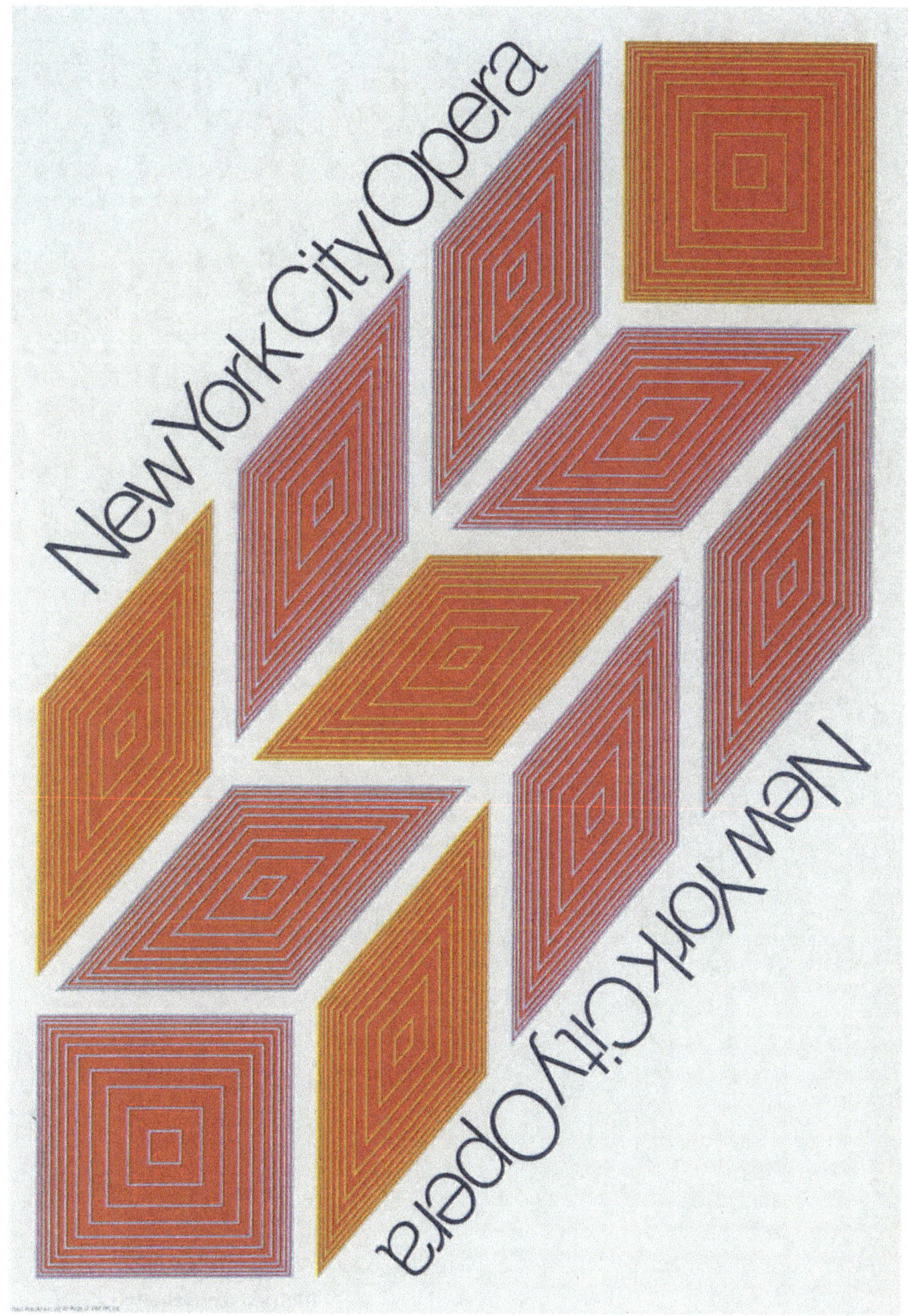
New York City Opera
New York City Opera

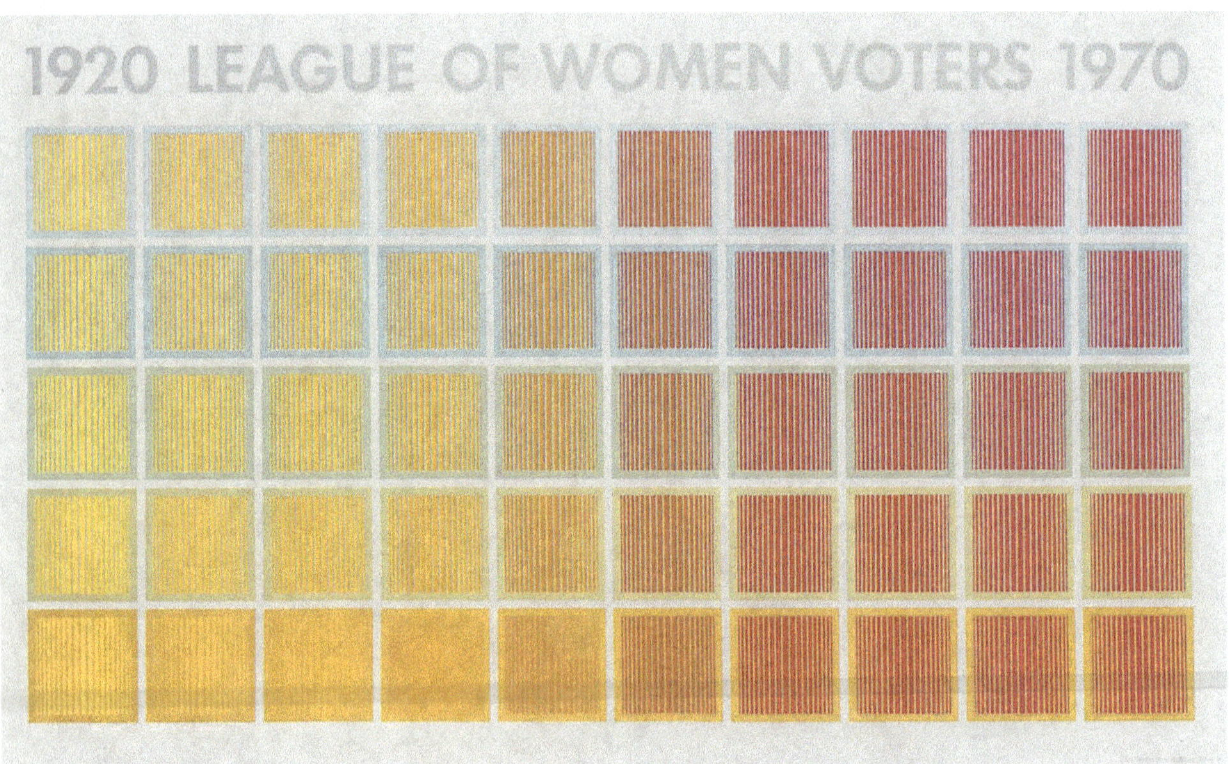

League of Women Voters 1920–1970, 1969

Analog zu gleichzeitigen Gemälden ist auch dieses
Plakat auf dem Quadrat aufgebaut. Die vertikale
und horizontale Reihung der Grundformen – fünfzig
Quadrate für das 50jährige Bestehen der »League
of Women Voters« – sowie deren sich jeweils zur
Mitte verdichtende vertikale Binnenstruktur bewir-
ken im Verein mit der von Gelb/Blau bis Rot/Grün
reichenden Farbskala ein auf optischen Wechselbe-
ziehungen basierendes Flächenmuster.
Siebdruck (mehrfarbig); 60 × 100 cm
Bez. r. o.: Richard Anuszkiewicz
Auftragg.: League of Women Voters, USA
Druck: HKL Ltd., New York
Inv. Nr. 14/73.

Richard Anuszkiewicz

United States of America 1776–1976, 1975

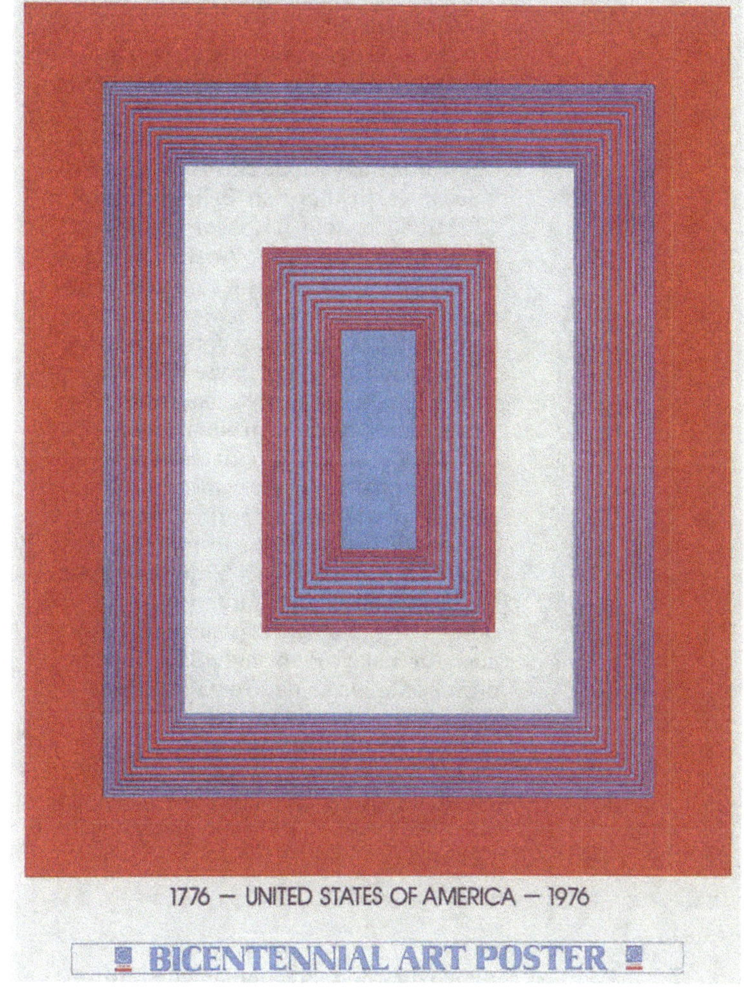

Anläßlich der Zweihundertjahr-Feiern zur Unabhängigkeitserklärung der USA wurde mit der »American Revolution Bicentennial Administration« eine
eigene Institution gegründet, die durch zahlreiche
Initiativen das Interesse an den Feierlichkeiten för-
dern und aufrecht erhalten sollte.
Druckerzeugnisse spielten 1776 bei der Auslösung
der Amerikanischen Revolution eine wesentliche
Rolle. Kleine Druckereien spezialisierten sich damals auf politische Pamphlete und Plakate. So
wurde die erste Forderung nach völliger Unabhängigkeit am 10. Januar 1776 in der politischen Flug-
schrift »Common Sense« gestellt. Sechs Monate
zuvor waren noch neun von zehn Amerikanern gegen die Unabhängigkeit gewesen. Diese 47 Seiten
umfassende, sog. »Thomas Paine Broschüre«
wurde jedoch hunderttausendfach verkauft und
ging von Hand zu Hand.
1976 versuchte man mit einer Vielzahl visueller
Kommunikationsmittel – mit Briefmarken, Medaillen, Filmen, Büchern, Ausstellungen, Fernsehpro-
grammen und Plakaten etc. – diese historische Bot-
schaft wieder ins Gedächtnis zurückzurufen. An der
Plakatserie der »Bicentennial Art Posters« beteiligten sich neben Anuszkiewicz auch Ilya Bolotowsky
(s. dort), Louise Nevelson u. a.
Siebdruck (rot, blau, schwarz); 86,3 × 66,2 cm
Bez. r. u.: RICHARD ANUSZKIEWICZ 1975
Auftragg.: American Revolution Bicentennial Admi-
nistration, USA
Druck: SPG
Inv. Nr. 168/77
Lit. u. a.: Graphis 31, 1976, Nr. 182, 570–577 [zur Se-
rie].

William Bailey

1930 Council Bluffs/Iowa – lebt in New Haven/Connecticut
Studierte an der University of Kansas (1948–1951) und bis 1957 bei Josef Albers an der Yale University. Von 1963 bis 1969 als Lehrer an der University of Indiana tätig, wurde Bailey 1969 als Professor an die Yale University berufen. Bailey malt seit 1965 Stilleben, die in krassem Gegensatz zur amerikanischen Pop Art stehen. Seine Arbeiten sind, obwohl sie zumeist Dinge des täglichen Gebrauchs wiedergeben, dem Gedächtnis und der Vorstellungskraft entnommen und nicht bloße Wiedergaben der realen Geräte- und Konsumwelt. Sie stellen damit gleichsam einen idealen Typus des jeweiligen Gegenstandes dar. Durch sorgfältige Gliederung der Bildfläche und Reduktion der Form rückt so bei seinen stillen Bildern die formale Qualität und nicht das reale Erscheinungsbild des Gegenstandes in den Vordergrund der Darstellung. Dies gilt in gleicher Weise auch für Baileys Plakatentwürfe, in denen oftmals Motive seiner Gemälde wiederkehren.

Lit. u. a.: [Kat. Ausst.] Amerikanische Malerei 1930–1980. Haus der Kunst. München 1981, 218 [dort weit. Lit.] – Cathart Linda L., [Kat. Ausst.] American Still Life 1945–1983. Contemporary Arts Museum. Houston 1983, 25, 120.

»Still Life with Eggs, Candlestick and Bowl« aus der Serie »America: the third century«, 1975

Mit seinem innerhalb der Serie »America: the third century« (s. S. 204) erschienenen Plakat »Still Life with Eggs, Candlestick and Bowl« greift Bailey ein Motiv auf, das er in zahlreichen Gemälden variierte. Die penible Darstellung der Gegenstände rückt ihn zwar in die Nähe der sogen. »New Realists«. Das bewußt zurückhaltende Arrangement der schlichten Gegenstände, die an die tradierte Objektwelt der amerikanischen Gründerjahre erinnern, und die gedämpfte Farbigkeit reihen Bailey jedoch in die europäisch geprägte Tradition der Stilleben-Malerei – etwa eines Giorgio Morandi – ein.
Offset, Siebdruck (mehrfarbig); 89 × 60,5 cm
Bez. u.: Still Life with Eggs, Candlestick and Bowl by William Bailey
Auftragg.: Mobil Oil Corporation, New York
Druck: Sanders Printing Corporation, New York
Inv. Nr. 103/77-1
Lit. u. a.: [Kat. Ausst.] Images of an Era. The American poster 1945–75. National Collection of Fine Arts. Washington D. C. 1975, Nr. 245 m. Abb. – Graphis 31, 1976, Nr. 182, 576 m. Abb. – Croft Virginia (Hrsg.), Posters made possible by a grant from Mobil. Zürich 1988, 129 m. Abb.

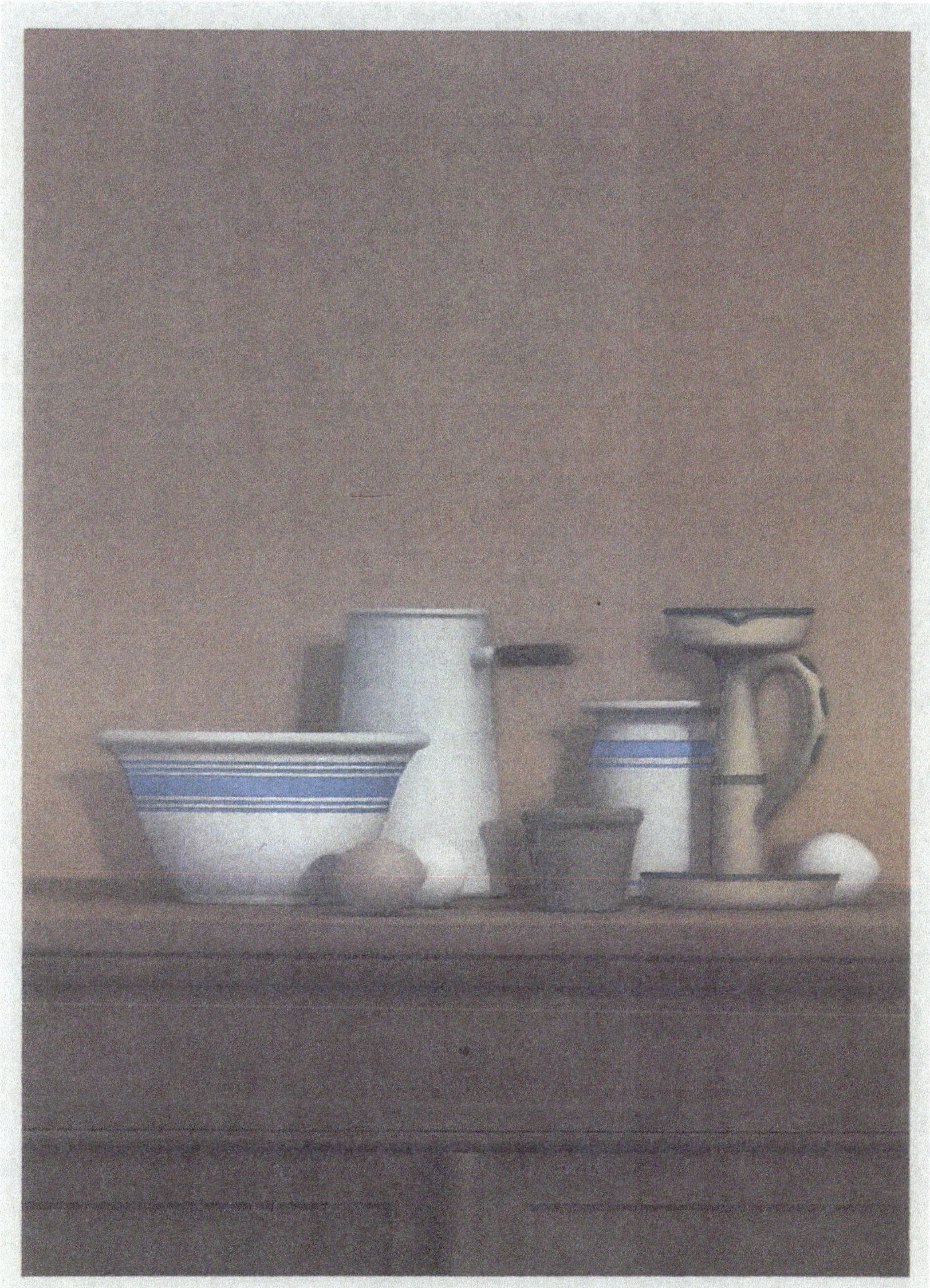

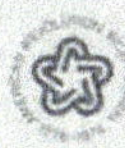

America: the third century

Larry Bell

1939 Chicago – lebt in Talpa/New Mexico
Am Anfang seiner künstlerischen Tätigkeit,
zu Beginn der sechziger Jahre, malte Bell
monochrome Ölbilder im Umriß eines perspektivisch verkürzten Kubus'. Seit 1963
arbeitete er dominant dreidimensional und
überzog mit Hilfe einer aus der Luftfahrtin-
dustrie stammenden Technologie Glas-
oder Kunststoffkuben mit hauchdünnen
Farbschichten von intensiver Leuchtkraft,
die das auftreffende Licht in kristallartigen
Reflexen brechen. Mit diesen Arbeiten, die
in umfangreichen Serien gefertigt werden,
kann Bell der sogen. »Minimal Art« zugeordnet werden. »Ihren Vertretern geht es
um die Herstellung plastischer Objekte, die
von allem ornamentalen und zufälligen
Beiwerk befreit sind ... Sie setzen sich
meist aus einfachsten Formen in serieller
Reihung zusammen, die formalen Grund-
strukturen und damit Wahrnehmungskon-
stanten entsprechen ... Bevorzugt werden
Industriematerialien wie Stahl, Plexi- und
Spiegelglas, gewalztes Eisen ... und eine
maschinelle Herstellung der Objekte.«
(Carla Schulz-Hoffmann 1987). In gewissem Gegensatz zu dieser Ausprägung der
Stilrichtung wird jedoch bei Bell der Betrachter einbezogen, indem er sich ebenfalls in den Würfeloberflächen spiegelt und
somit teilhat an dem Spiel mit den durch
unterschiedliche Perspektiven sich ständig
wandelnden »Bildern«.

Lit. u. a.: [Kat. Ausst.] Larry Bell. Stedelijk Museum.
Amsterdam 1967 [dort weit. Lit.] – Carry Richey, Six-
sided constructions: Art in America 71, 1983, Nr. 4.

New Mexico Music Festival, 1981

Das Motiv des Plakates greift die in den sechziger
Jahren entstandenen »crossed overlapping ovals«
erneut auf. Der ursprünglich abstrakten, reinen
Form und den Spiegelungen des Lichtes wird nach-
träglich folgende Bedeutung unterlegt: »... at once
refer to the rings of saturn and to the atomic energy
symbol. The conquest of space and atomic power,
so fundamental to 60's consciousness, are uncon-
scious allusions here.« (R. Carry 1983).
Offset (mehrfarbig); 96,5 × 61 cm
Bez. M. u.: L. Bell '81; l. u.: © LARRY BELL VAPOR
DRAWING EL25
Auftragg.: New Mexico Music Festival, Taos/New
Mexico
Inv. Nr. 138/90
Lit. u. a.: Carry Rickey, Six-sided constructions: Art
in America 71, 1983, Nr. 4 [zu den »crossed overlap-
ping ovals«].

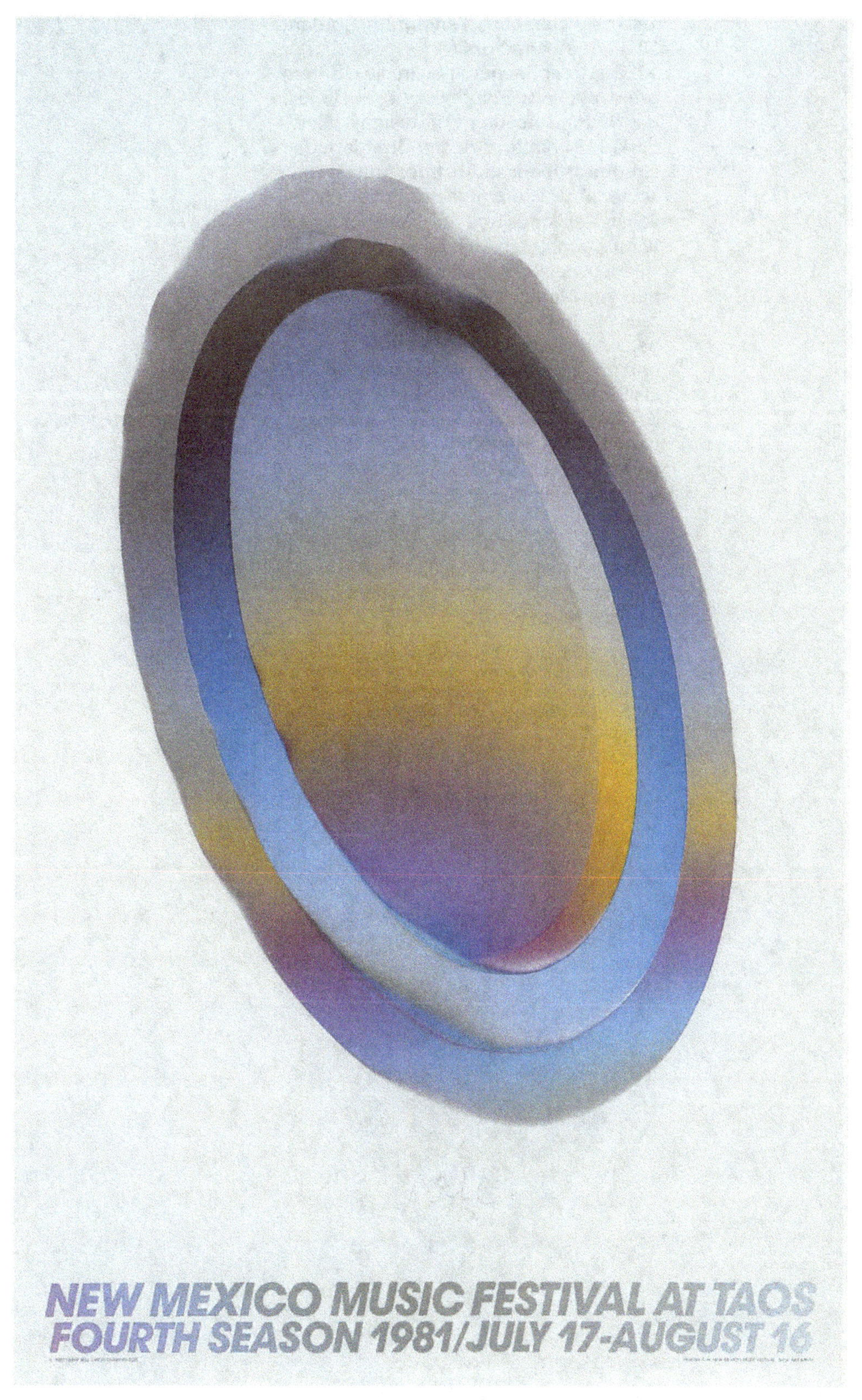

NEW MEXICO MUSIC FESTIVAL AT TAOS
FOURTH SEASON 1981/JULY 17-AUGUST 16

Ilya Bolotowsky

1907 St. Petersburg (Leningrad), Rußland –
20.11.1981 New York
1923 aus der Sowjetunion in die USA emi-
griert, studierte Bolotowsky 1924–1930 an
der National Academy of Design in New
York. 1934 zählte er zu den Gründern der
Gruppe »American Abstract Artists«. In
seiner abstrakten, zunächst vom Synthetischen Kubismus und russischen Suprema-
tismus geprägten Malerei zeichnete sich
seit den vierziger Jahren verstärkt der Einfluß von Mondrians sogen. Neoplastizis-
mus ab. 1947 setzten seine »diamond-shaped«-Gemälde ein, denen runde, ovale
und ungleichmäßig-rechteckige Formen
als Bildsujet folgten, wie sie sich auch auf
seinen zu kulturellen Anlässen entworfenen Plakaten wiederfinden. Seit 1963 arbeitete der Künstler auch mit dreidimensionalen, säulenartigen Formen. Neben
seiner Lehrtätigkeit, u.a. am Black Mountain College in North Carolina (1946–1948)
und am Brooklyn College in New York, beschäftigte sich Bolotowsky zudem mit experimentellen Filmen.

Lit.u.a.: [Kat.Ausst.] Ilya Bolotowsky. The Solomon
R.Guggenheim Museum. New York 1974 [dort weit.
Lit.] – [Kat.Ausst.] Amerikanische Malerei
1930–1980. Haus der Kunst. München 1981, 223
[dort weit.Lit.].

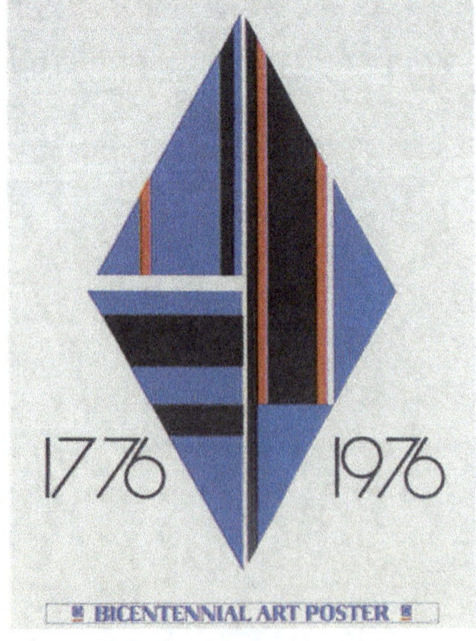

Lincoln Center Institute, 1980

Durch die Begegnung mit Werken von Miró und
Mondrian wurde Bolotowsky 1933 zu seinen ersten
abstrakten Arbeiten angeregt. Seit 1945 verein-
fachte er seine Kompositionen zunehmend zu
schlichten, horizontal und vertikal ausgewogen ge-
ordneten Flächen, die gleichermaßen seine Ge-
mälde, Druckgraphiken und Plakatentwürfe bestim-
men.
Siebdruck (mehrfarbig); 117 × 89 cm
Bez. l. u.: ILYA BOLOTOWSKY
Auftragg.: Lincoln Center for the Performing Arts,
New York
Druck: Fine Creations Inc., New York
Inv. Nr. 437/87
Lit. u. a.: Wichmann Hans, [Kat. Ausst.] Neu. Dona-
tionen und Neuerwerbungen 1986/87. Die Neue
Sammlung. München 1989, 200m. Abb.

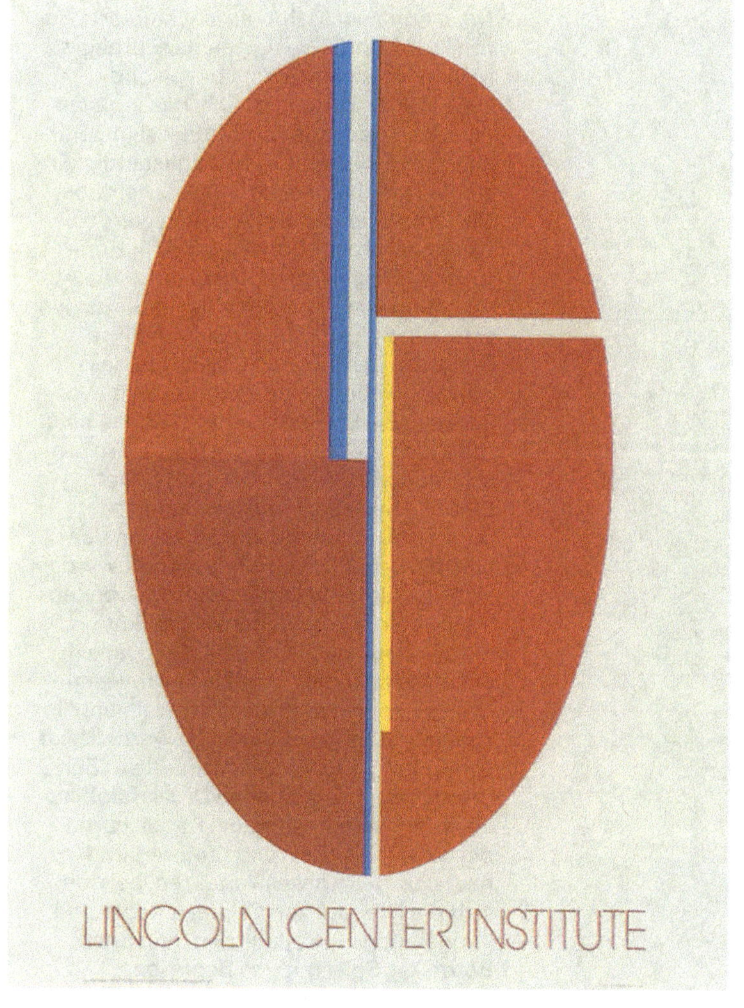

1776–1976, 1975

Anläßlich der Zweihundertjahrfeiern der Unabhän-
gigkeitserklärung beauftragte die Institution »Ame-
rican Revolution Bicentennial Administration« eine
Reihe von Künstlern mit Plakatentwürfen, die in der
Serie »Bicentennial Art Poster« ediert wurden. Ne-
ben Richard Anuszkiewicz (s. dort), Louise Nevel-
son u. a. beteiligte sich auch Bolotowsky, dessen
Entwurf auf seine abstrakt-geometrischen Gemälde
(»diamond-shaped«) zurückgreift.
Siebdruck (blau, orange, schwarz); 86,3 × 66,2 cm
Bez. r. u.: ILYA BOLOTOWSKY 1975
Auftragg.: American Revolution Administration Bi-
centennial, USA
Druck: SPG
Inv. Nr. 169/77.

Jonathan Borofsky

24.12.1942 Boston – lebt in New York
Nach privatem Malunterricht studierte Borofsky Industrial Design an der Carnegie
Mellon University in Pittsburgh und
1962–1964 Architektur. Seit 1962 entstanden erste Gemälde, bis er 1967 seine praktische künstlerische Arbeit vollständig ein-
stellte, um »brain exercises« zu betreiben.
Die danach folgenden Arbeiten werden
weitgehend der »Conceptual Art« zugerechnet. Kennzeichnend ist hierfür die Abwendung von der Kreativität im Sinne der
Erfindung eigener Bildwelten. An ihre
Stelle tritt das sogen. »Objektive« des blo-
ßen Konstatierens und Fixierens von Vor-
gängen. Bei Borofsky wird dabei das Sujet
mit Hilfe von Zeichen oder Nummern um-
schrieben. 1973 entstand das »Counting
Piece« – bestehend aus gestapelten,
gleichartigen Zetteln, die beidseitig von
eins bis unendlich durchnumeriert werden.
Seither trägt jede von Borofskys Arbeiten,
ähnlich einer druckgraphischen Edition,
eine fortlaufende Nummer. Kurz danach
entwickelte er die »scribbles« – unleserli-
che Zeichen und figürliche Kritzeleien, die
später in Gemälde umgesetzt wurden. Auf
Anregung Sol LeWitts konzipierte er Ende
der siebziger Jahre neben Druckgraphik
vor allem Wandmalereien. Dabei wurde
die Vorlage an die Wand projiziert und
nachgezogen. Dieses Verfahren, bei dem
sich die Grenzen von Original, Kopie und
Vervielfältigung verwischen, entspricht
Borofskys Spiel mit den Begriffen.

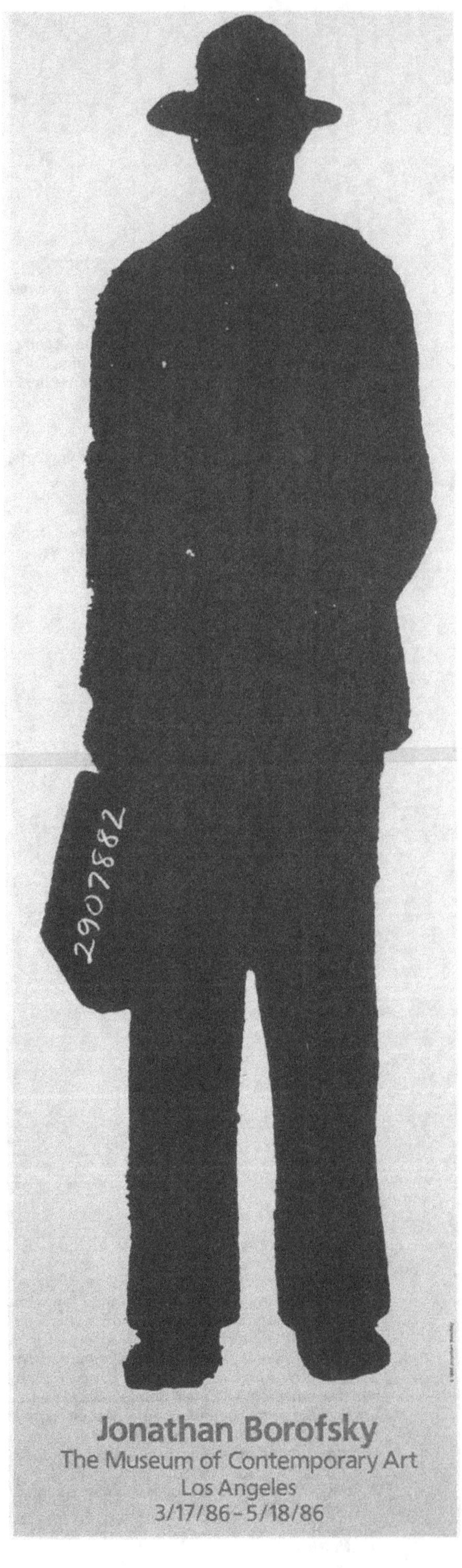

Lit.u.a.: Borofsky Jon, Thought Process. New York
1969/70 – Simon Joan, An interview with Jonathan
Borofsky: Art in America 69, 1981, Nr.9, 156–167 –
Volmer Suzanne, Drawings and prints. As the twain
meet: Arts Magazine 57, 1983, Nr.6 (Feb.) – [Kat.
Ausst.] Jonathan Borofsky. Zeichnungen 1960–83.
Kunstmuseum. Basel 1983 – [Kat.Ausst.] Jonathan
Borofsky. Museum of Art. Philadelphia 1984 [dort
weit. Lit.] – Fine Ruth E., [Kat.Ausst.] Gemini G.E.L.
National Gallery of Art, Washington D.C. New York
1984, 245–249, 253.

Jonathan Borofsky – The Museum of Contemporary Art, 1986

Das Motiv des für eine monographische Ausstellung entworfenen Plakats basiert auf folgender Begebenheit, die vielleicht dem Bereich selbsterfundener Künstlerlegenden zuzurechnen ist:
Seit 1974 wurden Borofsky angeblich durch einen Anonymus Namenslisten zugestellt, welche er zunächst in exakt kopierter Handschrift in eines seiner Wandgemälde übertrug, da er in derartigen Listen Parallelen zu eigenen Arbeiten sah (u. a. »Counting Piece«, 1973 ff.). Eines Morgens konnte er einen flüchtigen Blick auf den Unbekannten erhaschen – »... ich erblickte einen schwarzen Mann im Mantel, der eine Aktentasche trug« (Interview 1981). Seitdem wird dieses einprägsame Bild – auch als Selbstporträt verstanden – häufig in Borofskys Arbeiten wiedergegeben, meist unter dem mit Werknummer versehenen Titel »Man with a briefcase at ... [und Nummer]«.
Lithographie (schwarz, rosa); 199,5 × 61 cm
Bez. r. u.: © 1986 Jonathan Borofsky; Numerierung: 2907882
Auftragg.: The Museum of Contemporary Art, Los Angeles
Inv. Nr. 146/90
Lit. u. a.: Simon Joan, An interview with Jonathan Borofsky: Art in America 69, 1981, Nr. 9, 156–167 – Fine Ruth E., [Kat. Ausst.] Gemini G. E. L. National Gallery of Art, Washington D. C. New York 1984, 148 m. Abb. [zum Motiv].

James Brooks

1906 St. Louis/Missouri – lebt in New York
Studierte Malerei an der Southern Metho-
dist University, am Dallas Art Institute und
an der Art Students League in New York.
Seine 1936–1942 entstandenen Wandgemälde für das durch die Regierung geför-
derte »Works Progress Administration Fe-
deral Art Project« machten ihn bekannt. In
den vierziger Jahren fand Brooks unter
dem Einfluß von Pollock und de Kooning
zu einer eigenständigen Form des »Action
Painting«, die das spontane Moment dieser Kunstäußerung durch überlegte Farb-
wahl und ruhige Flächengestaltung relati-
viert. Er entwickelte eine spezielle Produk-
tionstechnik, befestigte er doch Papier mit
schwarzer Paste auf der Leinwand und ließ
sich von den daraus resultierenden unregelmäßigen, schwarzen Flecken, die durch
das Papier durchschienen, zu freien Kompositionen anregen. Vergleichbare optische Wirkungen strebt Brooks auch bei seinen Lithographien und Plakatentwürfen
durch Einfügen dunkler, mitunter schwarzer Flächen an. Er entwarf u. a. Plakate für
»The Spring Artist Exhibition Ashawag«,
1973, und für die Reihe »America: the third
century«, 1975.

Lit. u. a.: Hunter Sam, [Kat. Ausst.] James Brooks.
Whitney Museum of American Art. New York 1963
– Baro Gene, [Kat. Ausst.] 30 Years of American
Printmaking. The Brooklyn Museum. New York
1976, 24 – [Kat. Ausst.] Amerikanische Malerei
1930–1980. Haus der Kunst. München 1981, 224
[dort weit. Lit.].

»Concord« aus der Serie »America: the
third century«, 1975

Zu der im Auftrag der Mobil Oil Corporation ent-
worfenen Serie vergleiche S. 204.
Siebdruck (mehrfarbig); 89 × 60,5 cm
Bez. u.: Concord by James Brooks
Auftragg.: Mobil Oil Corporation, New York
Druck: Sanders Printing Corporation, New York
Inv. Nr. 103/77
Lit. u. a.: [Kat. Ausst.] Images of an Era. The Ameri-
can poster 1945–75. National Collection of Fine
Arts. Washington D. C. 1975, Nr. 246 m. Abb. – Gra-
phis 31, 1976, Nr. 182, 577 m. Abb.; 32, 1977, Nr. 187,
461 m. Abb. – Croft Virginia (Hrsg.), Posters made
possible by a grant from Mobil. Zürich 1988, 127
m. Abb.

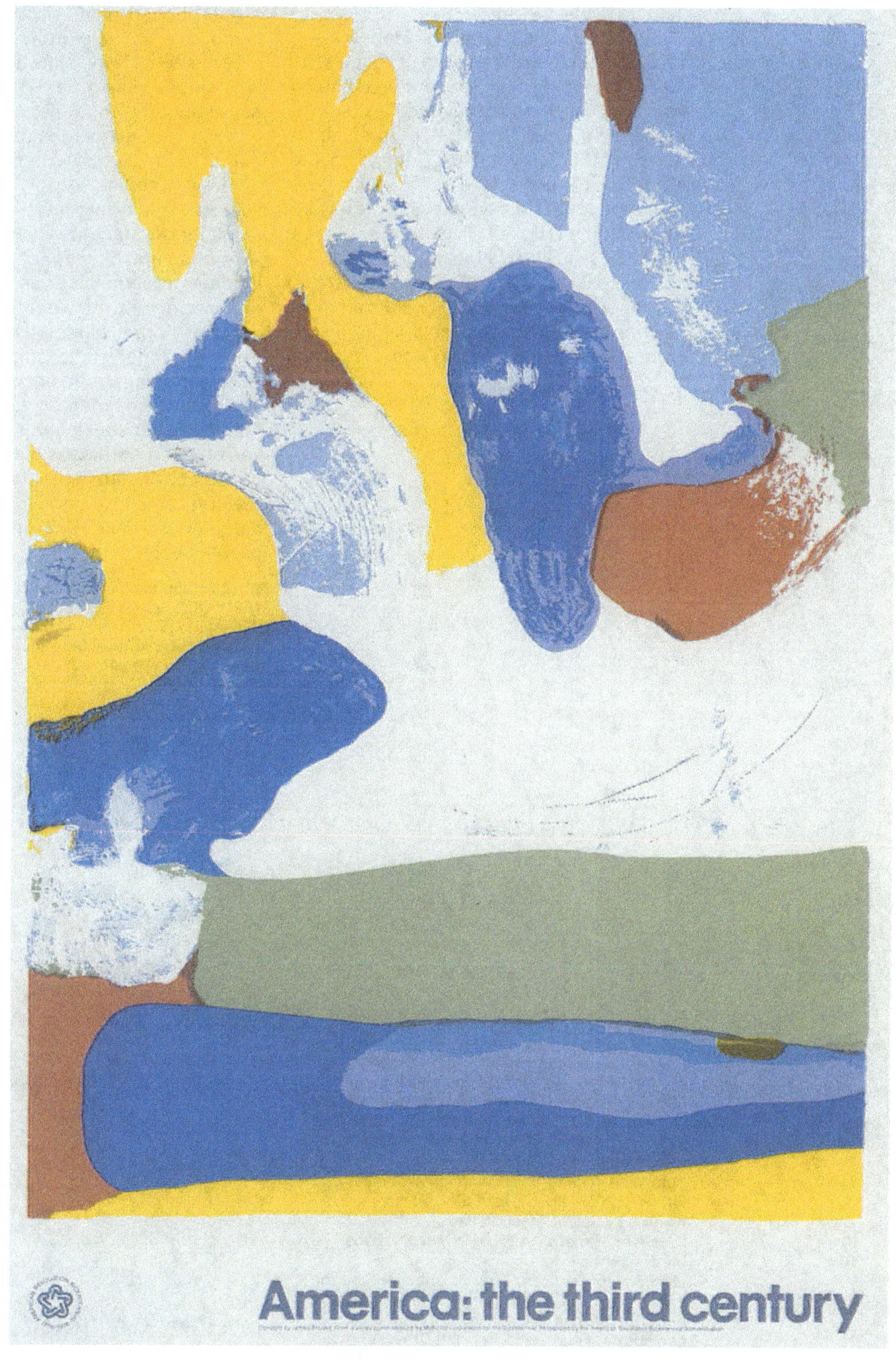

America: the third century

22.8.1898 Philadelphia/Pennsylvania –
11.11.1976 New York
Alexander Calder, der nach seinem Malereistudium in New York lebte und sich seit
1926/27 wiederholt in Paris aufhielt, entwarf zunächst Karikaturen und Plastiken
aus Draht und Holz. Ab 1931 widmete er
sich unter Einfluß von Miró, Léger, Arp und
Mondrian der abstrakten Kunst und konzipierte seine »Stabiles«, seit 1932 die »Mobiles«. Seine Tätigkeit als Graphiker begann 1923 mit Illustrationen für die National Police Gazette. Von 1926 an beschäftigte er sich auch mit Buchkunst (u.a.
Zeichnungen zu Aesops Fabeln, 1931;
Farbradierungen zu »Fêtes« von Jacques

Prévert, 1972) und illustrierte zahlreiche
Kinderbücher. In den vierziger Jahren entstanden erste Titelblätter für Zeitschriften
(»Vertical«, »View«, »Interiors«). Sein Interesse auf diesem Gebiet verstärkte sich
durch die 1950 begonnene Zusammenarbeit mit der Galerie Maeght in Paris, für
deren Periodikum »Derrière le Miroir« Calder Lithographien entwarf. Ebenso entwikkelte er für seine eigenen Ausstellungen –
nicht nur bei Maeght – Plakate, Katalogillustrationen und Einladungen.
Calders Arbeiten mit ihren einfachen, klaren Formen und auf wenige, reine Töne begrenzten Farben eigneten sich in hohem
Maße für angewandte Graphik. Neben
Ausstellungsplakaten entstanden seit den
späten sechziger Jahren verstärkt Plakate
für die Friedensbewegung, Umweltinitiativen etc. Darüberhinaus entwarf er Bühnendekorationen und Schmuck sowie die Bemalung von Flugzeugen (Braniff International Airlines, 1969–1975) und Automobilen
(BMW, 1975).

Lit.u.a.: Lipman Jean, Calder's Universe. London
1977 – [Kat.Ausst.] Alexander Calder. Turin 1983 –
Wichmann Hans, Industrial Design. Unikate. Serienerzeugnisse. Die Neue Sammlung. Ein neuer Museumstyp des 20. Jahrhunderts. München 1985, 491
[dort weit. Lit.].

Calder – Stabiles, 1963

Das Plakat entstand anläßlich einer Ausstellung von
sechs, 1963 bei den Etablissements Biemont ausgeführten »Stabiles«. Auf die Form dieser Metallplastiken nimmt die Gestaltung der Buchstaben Bezug.
Begleitet wurde die Ausstellung von Heft 141 des
Periodikums »Derrière le Miroir«, dessen Titelabbildung eine Variante des Plakatmotivs darstellt.
Lithographie (schwarz, rot); 65 × 50 cm
Auftragg.: Galerie Maeght, Paris
Druck: Imprimerie Arte Adrien Maeght, Paris
Inv. Nr. 2944/82
Lit.u.a.: Lipman Jean, Calder's Universe. London
1977, 154 m. Abb. – [Kat. Ausst.] Künstlerplakate aus
den USA. Plakate, graphische Blätter und Zeichnungen aus dem Kupferstichkabinett Dresden. Albertinum. Dresden 1980, Nr. 17.

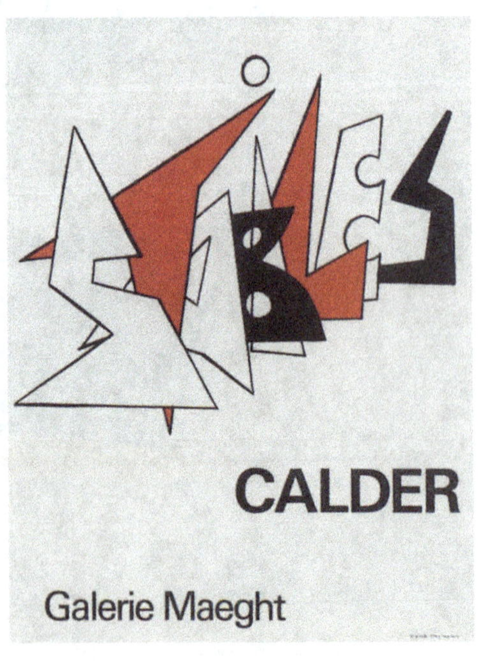

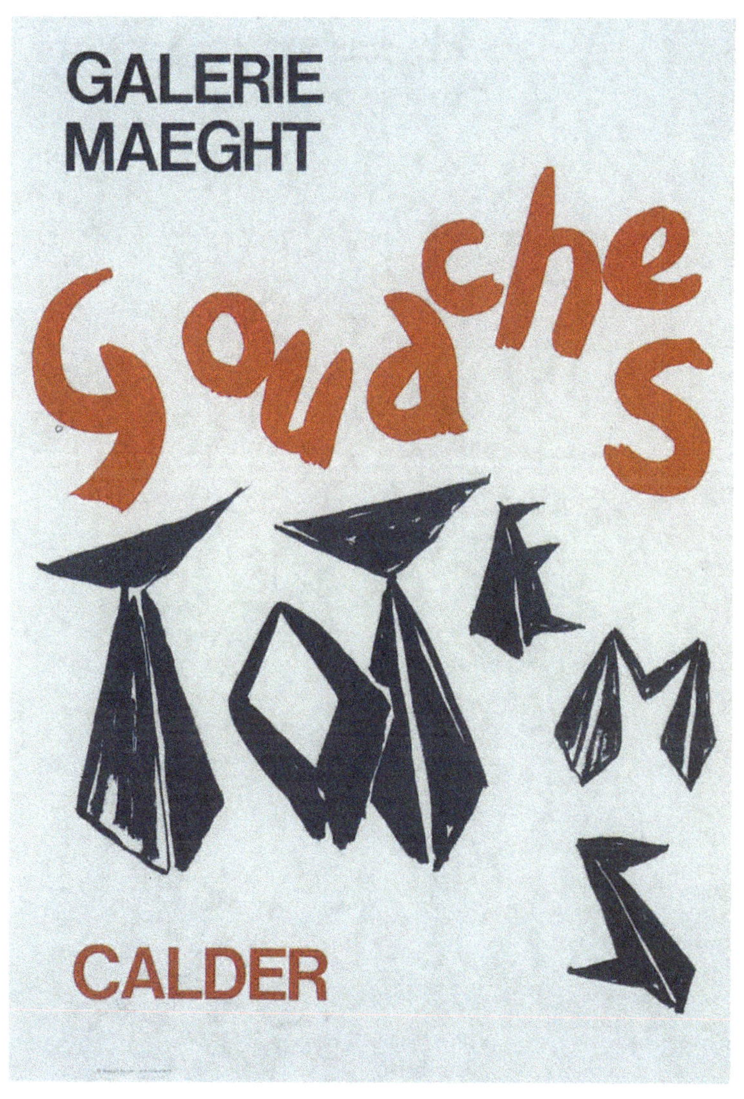

Calder – Gouaches – Totems, 1966

Die Ausstellung umfaßte vierzig Arbeiten Calders
(1964/65): neben Gouachen dreizehn sogen. »To-
tem«-Skulpturen, auf die Calder bei der Buchsta-
benform seines Plakatentwurfs anspielt. Das Be-
gleitheft von »Derrière le Miroir« (Nr. 156) enthielt
u. a. Texte von Jacques Prévert und Meyer Schapiro.
Lithographie (schwarz, rot); 76 × 54 cm
Auftragg.: Galerie Maeght, Paris
Druck: Imprimerie Arte Adrien Maeght, Paris
Inv. Nr. 2949/82
Lit. u. a.: Arte. Adrien Maeght Imprimeur. Vol. 1. Affiches 1964–1971. Paris 1985, Abb. 23 – [Kat. Ausst.]
Künstlerplakate aus den USA. Plakate, graphische
Blätter und Zeichnungen aus dem Dresdner Kupfer-
stichkabinett. Albertinum. Dresden 1980, Nr. 18.

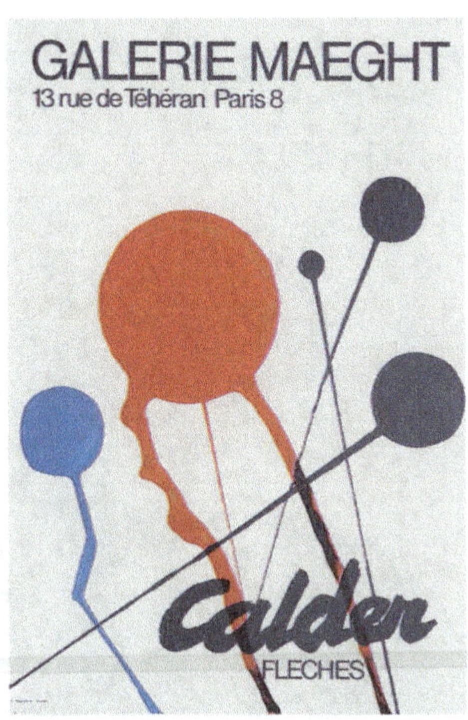

Calder – Flèches, 1968

Für den Entwurf dieses Plakates variierte Calder das
auf labilen Gleichgewichtsverhältnissen basierende
Kompositionsprinzip seiner großen Mobiles der Se-
rie »Flèches« (1968) im Medium der Graphik. Verwandt sind z. B. die in Heft 173 des Periodikums
»Derrière le Miroir« abgebildeten Arbeiten »Un
blanc, quatre noirs« (Nr. 5) bzw. »Cinques disques
rouges« (Nr. 8).
Lithographie (mehrfarbig); 73,1 × 50,6 cm
Bez. u.: Calder
Auftragg.: Galerie Maeght, Paris
Druck: Imprimerie Arte Adrien Maeght, Paris
Inv. Nr. 2961/82
Lit. u. a.: Lipman Jean, Calder's Universe. London
1977, 154 m. Abb. – [Kat. Ausst.] Künstlerplakate aus
den USA. Plakate, graphische Blätter und Zeichnun-
gen aus dem Dresdner Kupferstichkabinett. Alber-
tinum. Dresden 1980, Nr. 19 – Arte. Adrien Maeght
Imprimeur. Vol. 1. Affiches 1964–1971. Paris 1985,
Abb. 65.

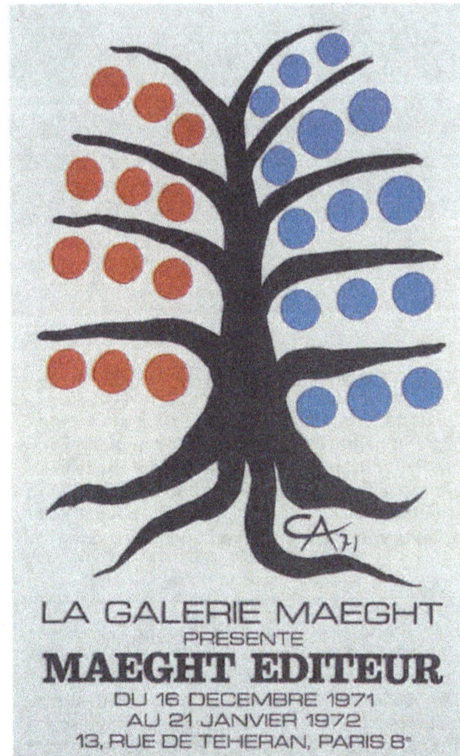

Maeght Editeur, 1971

Calder entwarf das Plakat für den Pariser Galeristen
und Verleger Aimé Maeght zum 25jährigen Jubi-
läum. Er hatte seine Galerie 1945 eröffnet, den Ver-
lag 1946 gegründet. Die Lithographie wurde – wie
die meisten Maeght-Plakate – zusätzlich in limitier-
ter Auflage »avant la lettre« ediert (150 signierte,
numerierte Exemplare).
Lithographie (schwarz, rot, blau); 80 × 50 cm
Bez. r. u.: CA 71
Auftragg.: Galerie Maeght, Paris
Druck: Imprimerie Arte Adrien Maeght, Paris
Inv. Nr. 23/72-1
Lit. u. a.: vgl. [Kat.] Derrière le Miroir et Affiches.
Maeght Editeur. Paris 1971, 5 [zum Jubiläum] –
Arte. Adrien Maeght Imprimeur. Vol. 1. Affiches
1964–1971. Paris 1985, Abb. 151 – [Kat. Ausst.]
Künstlerplakate aus den USA. Plakate, graphische
Blätter und Zeichnungen aus dem Dresdner Kupfer-
stichkabinett. Albertinum. Dresden 1980, Nr. 23.

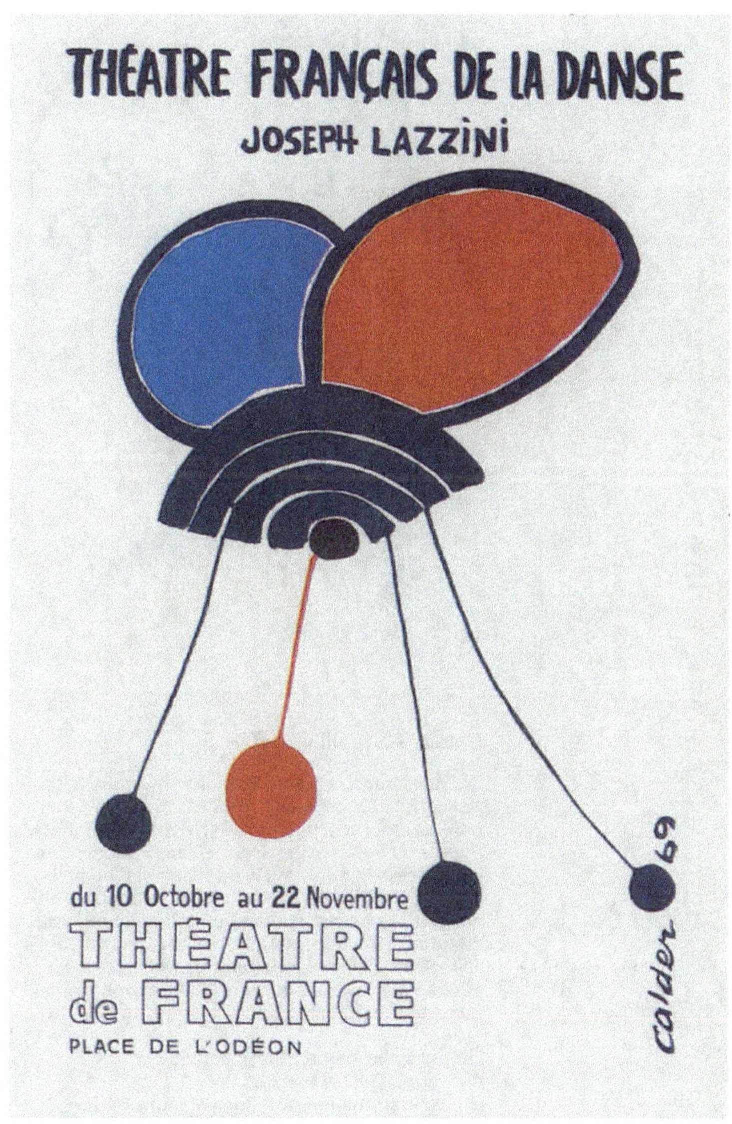

Théâtre Français de la Danse, 1969

Das Plakat entstand für eine Aufführung des 1964
komponierten Balletts »Métaboles« von Joseph
Lazzini (geboren 1916 in Angers; lebt in Paris) durch
dessen 1968 gegründetes »Théâtre Français de la
Danse«. Für diese Inszenierung entwarf Calder auch
die Bühnenbilder.
Lithographie (schwarz, rot, blau); 114 × 76,5 cm
Bez. r. u.: Calder 69
Auftragg.: Théâtre de France, Paris
Druck: Ets St. Martin, Paris
Inv. Nr. 570/86
Lit. u. a.: Wichmann Hans, [Kat. Ausst.] Neu. Dona-
tionen und Neuerwerbungen 1984/85. Die Neue
Sammlung. München 1988, 115.

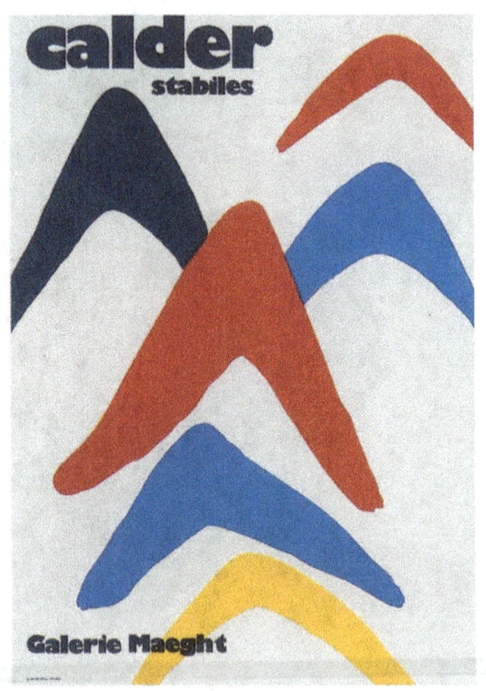

Calder's Circus, 1972

Dem Plakat liegt eine 1928 vom Künstler entworfene »Draht-Skulptur« zugrunde, die im Whitney Museum of American Art bewahrt wird. Für das Plakat wurde die ursprüngliche Schrift in den Händen des Akrobaten »WIRE SCULPTURE BY CALDER« durch »CALDER'S CIRCUS« ersetzt.
Siebdruck (mehrfarbig); 91 × 69 cm
Auftragg.: Whitney Museum of American Art, New York
Inv. Nr. 84/74
Lit. u. a.: Lipman Jean, Calder's Universe. London 1977, 239 m. Abb. [Draht-Skulptur] – [Kat. Ausst.] The Modern American Poster. The Museum of Modern Art. New York 1983, 122 m. Abb.

Calder – Stabiles, 1971

Die Ausstellung zeigte vier übermannshohe »Stabiles« von 1970 sowie 22 sogen. »Animobiles«, kleinere, zoomorphe Stahlplastiken desselben Jahres. Sie wurde begleitet von Heft 190 des Periodikums »Derrière le Miroir«, das wie üblich mit Originallithographien des Künstlers illustriert war und eine dem Plakatentwurf verwandte Titelabbildung trug. Ebenfalls 1971 edierte Aimé Maeght, der mit Calder seit 1950 zusammenarbeitete, die Monographie »Calder. L'artiste, l'œuvre« von James Johnson Sweeney und Daniel Lelong (= Archives Maeght 1).
Lithographie (mehrfarbig); 77 × 55 cm
Auftragg.: Galerie Maeght, Paris
Druck: Imprimerie Arte Adrien Maeght, Paris
Inv. Nr. 691/88
Lit. u. a.: [Kat. Ausst.] 4è Biennale Int. de l'Affiche. Warschau 1972 m. Abb. – Wichmann Hans, Industrial Design. Unikate. Serienerzeugnisse. Die Neue Sammlung. Ein neuer Museumstyp des 20. Jahrhunderts. München 1985, 347 m. Abb. – Arte. Adrien Maeght Imprimeur. Vol. 1. Affiches 1964–1971. Paris 1985, Abb. 147.

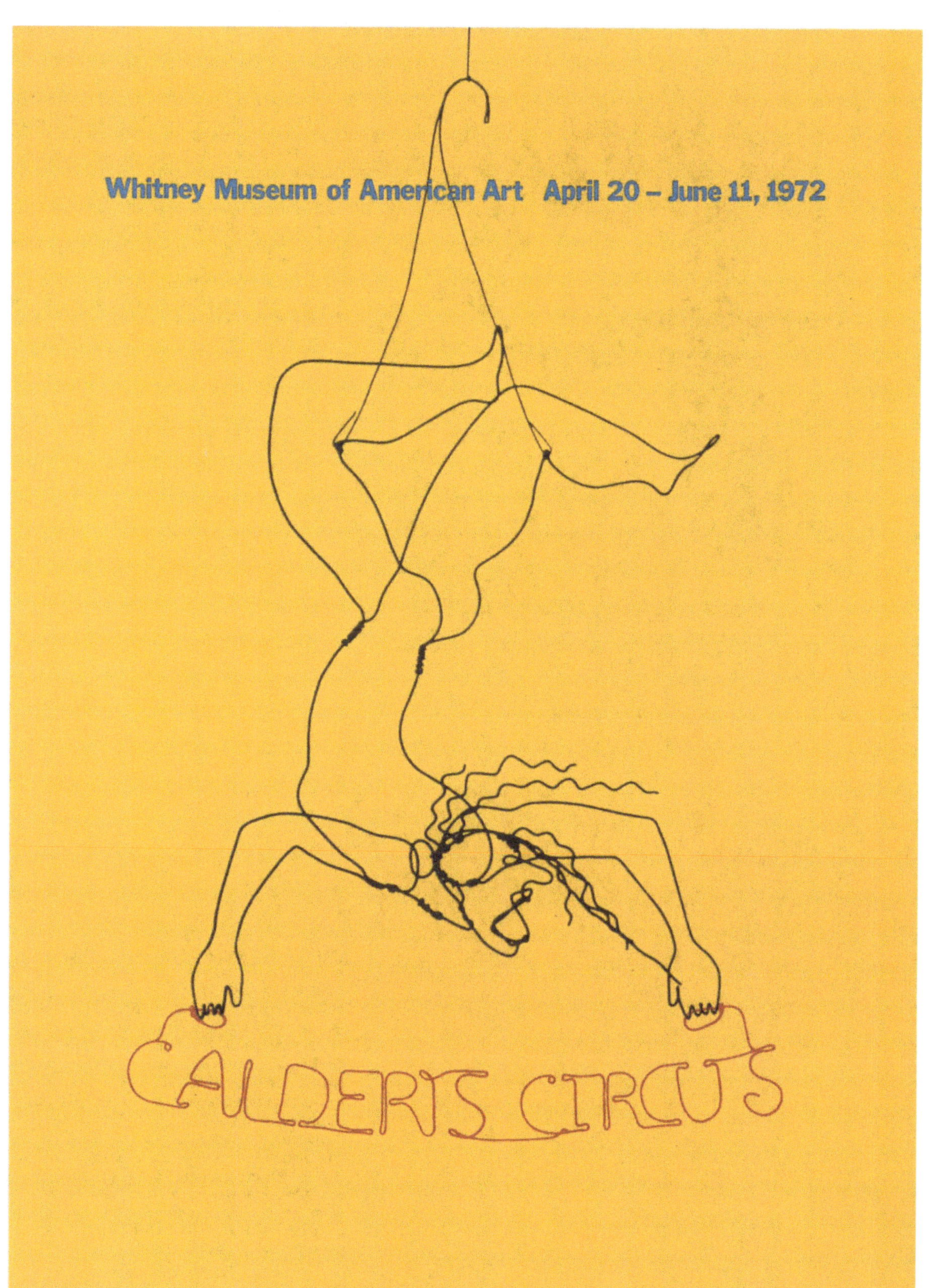

Whitney Museum of American Art   April 20 – June 11, 1972
CALDER'S CIRCUS

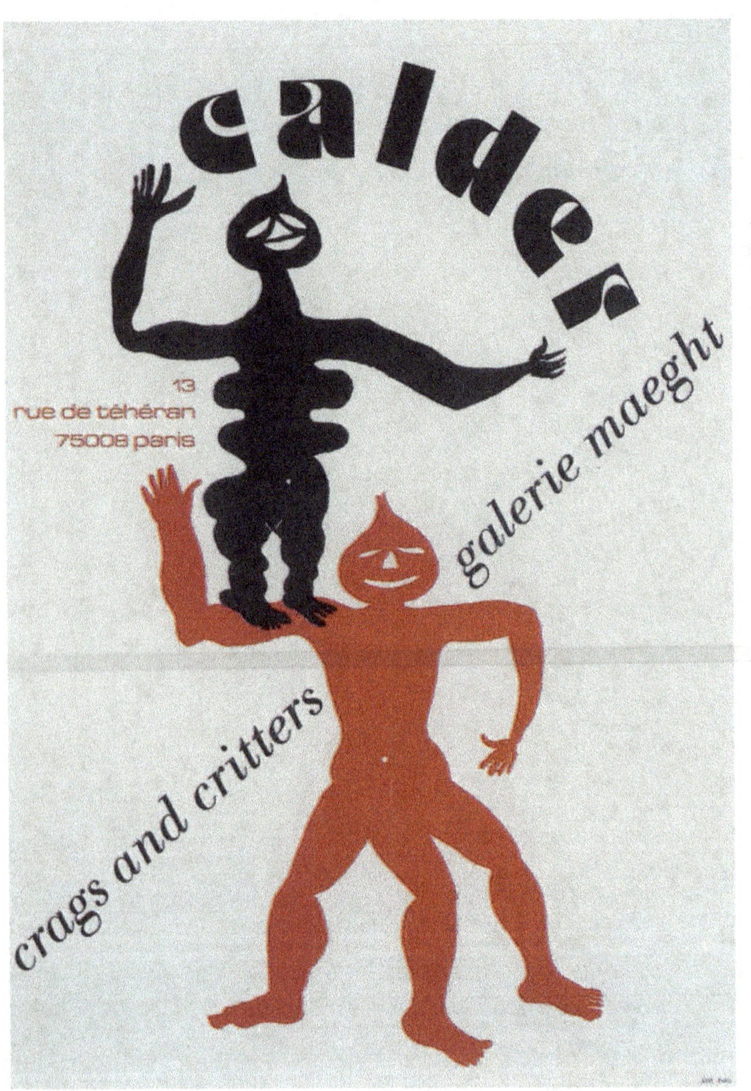

Calder, 1973 (rechte Seite)

Der wiederum für eine Ausstellung bei Maeght kon-
zipierte Plakatentwurf nimmt in Farbstellung und
Formen Bezug auf den dort gezeigten Werkkomplex
von »Stabiles« und »Mobiles« des Jahres 1972. Sti-
listisch vergleichbar ist u. a. die bewegliche Plastik
»Turning Round«.
Lithographie (mehrfarbig); 80 × 48 cm
Auftragg.: Galerie Maeght, Paris
Druck: Imprimerie Arte Adrien Maeght, Paris
Inv. Nr. 2976/82
Lit. u. a.: Derrière le Miroir 1973, Nr. 201, Nr. 14
m. Abb. [»Turning Round«, Mobile] – Arte. Adrien
Maeght Imprimeur. Vol. 2. Affiches 1972–1977. Pa-
ris 1989, Abb. 227.

Calder – Crags and Critters, 1974

Das Plakat wurde in zwei Größen (69 × 46 cm bzw.
160 × 120 cm) gedruckt, darüberhinaus »avant la
lettre« in 150 signierten und numerierten Exemplaren ediert. Die im Jahre 1975 durchgeführte Ausstellung zeigte u. a. neunzehn, 1974 entstandene
Skulpturen. Neben den »Crags« – an Felsformatio-
nen erinnernde Stabiles (crag = Felsenspitze,
Klippe) – waren dies Gruppen der »Critters« – dä-
monisch-groteske, tanzende weibliche und männli-
che Gestalten (critter = »Satansbraten«). Stilistisch
und motivisch nahestehende Darstellungen verwandte Calder sowohl für den Plakatentwurf als
auch für die Lithographien in dem Ausstellungsbe-
gleitheft von »Derrière le Miroir« (Nr. 212).
Lithographie (schwarz, rot); 69 × 49 cm
Auftragg.: Galerie Maeght, Paris
Druck: Imprimerie Arte Adrien Maeght, Paris
Inv. Nr. 28/75-1
Lit. u. a.: Arte. Adrien Maeght Imprimeur. Vol. 2. Affiches 1972–1977. Paris 1989, Abb. 292.

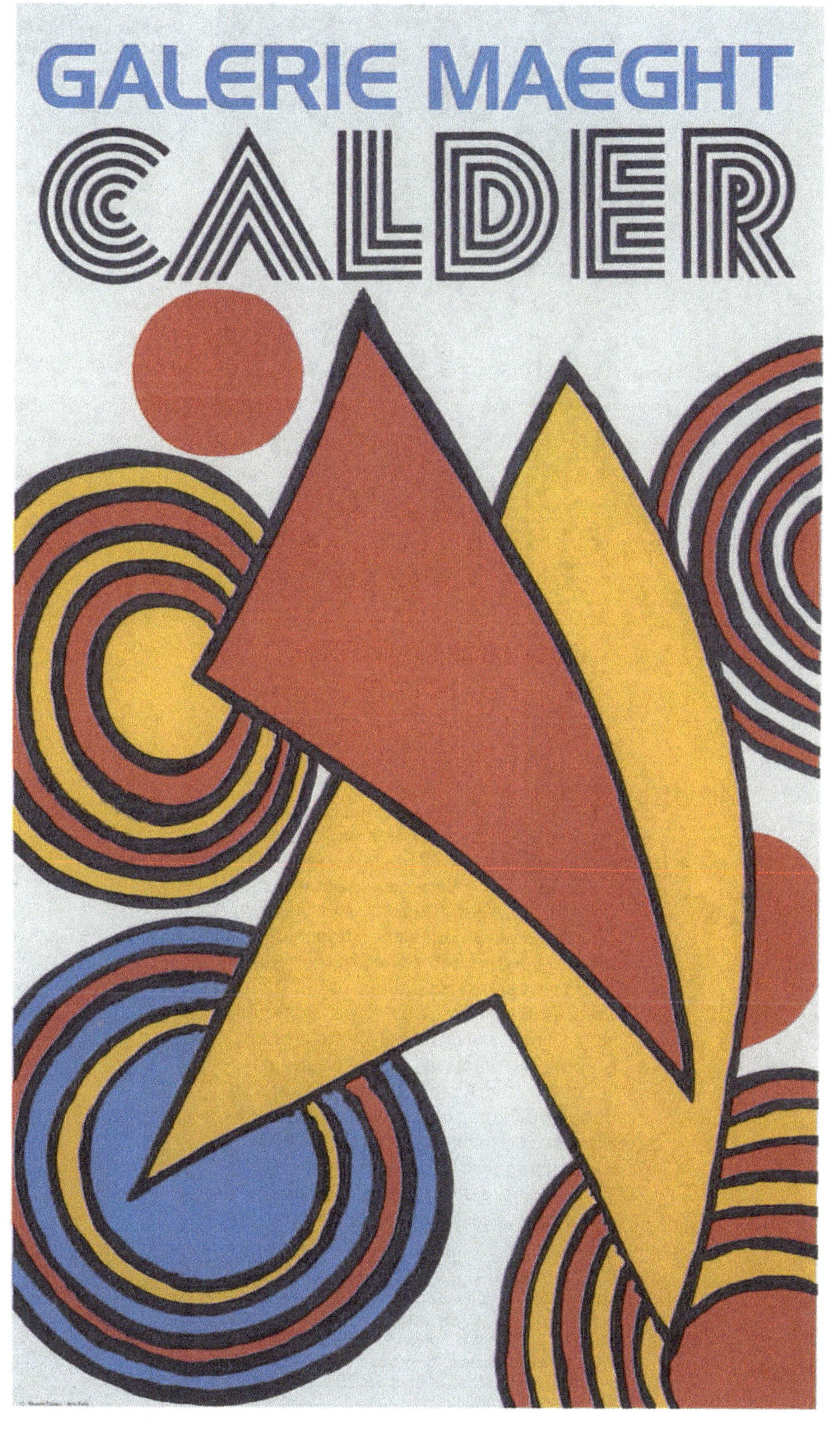

GALERIE MAEGHT
CALDER

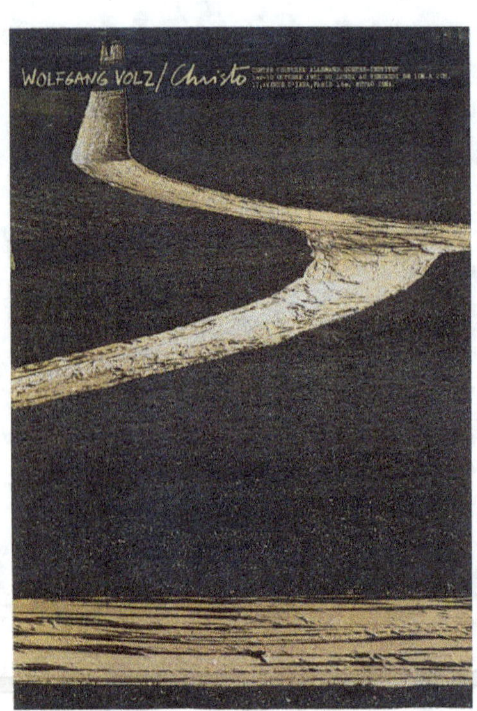

Wrapped Walkways, 1981

Das Plakat gibt ein Foto, das bei dem Projekt »Verpackte Fußwege« entstand, wieder. Diese Aktion führte Christo 1977/78 im Loose Park, Kansas City/Missouri, durch.
Offset (mehrfarbig); 91,5 × 64,5 cm
Auftragg.: Goethe-Institut, Paris
Inv. Nr. 450/87
Lit. u. a.: [Kat. Ausst.] Christo. Projekte in der Stadt 1961–1981. Museum Ludwig. Köln 1981, 101–103 m. Abb. [Aktion].

13. 6. 1935 Gabrovo, Bulgarien – lebt in New York und Paris
Studierte 1952–1957 Malerei, Skulptur und Bühnenbildentwurf an den Akademien in Sofia und Wien. 1958 übersiedelte er nach Paris, 1964 nach New York. Bekannt wurde Christo vor allem durch seine verpackten Objekte (seit 1958), Assemblagen aus Ölfässern sowie durch seine überdimensionalen Verpackungsaktionen von Gebäuden und Landschaften. Wie andere zeitgenössische Künstler gebraucht Christo die Druckgraphik als Mittel zur Verbreitung seiner künstlerischen Ideen. Die häufige Verwendung von Photographien und Text bei seinen Entwürfen bedingte dabei die Bevorzugung von Siebdruck- und Lithographie-Technik. Diese Druckgraphiken dienten meist auch als Grundlage für Christos Plakate.

Lit. u. a.: [Kat. Ausst.] Christo. Projekte in der Stadt 1961–1981. Museum Ludwig. Köln 1981 – Hovdenakk Per, Christo Complete Editions 1964–1982. München 1982 – Wichmann Hans, Industrial Design. Unikate. Serienerzeugnisse. Die Neue Sammlung. Ein neuer Museumstyp des 20. Jahrhunderts. München 1985, 492.

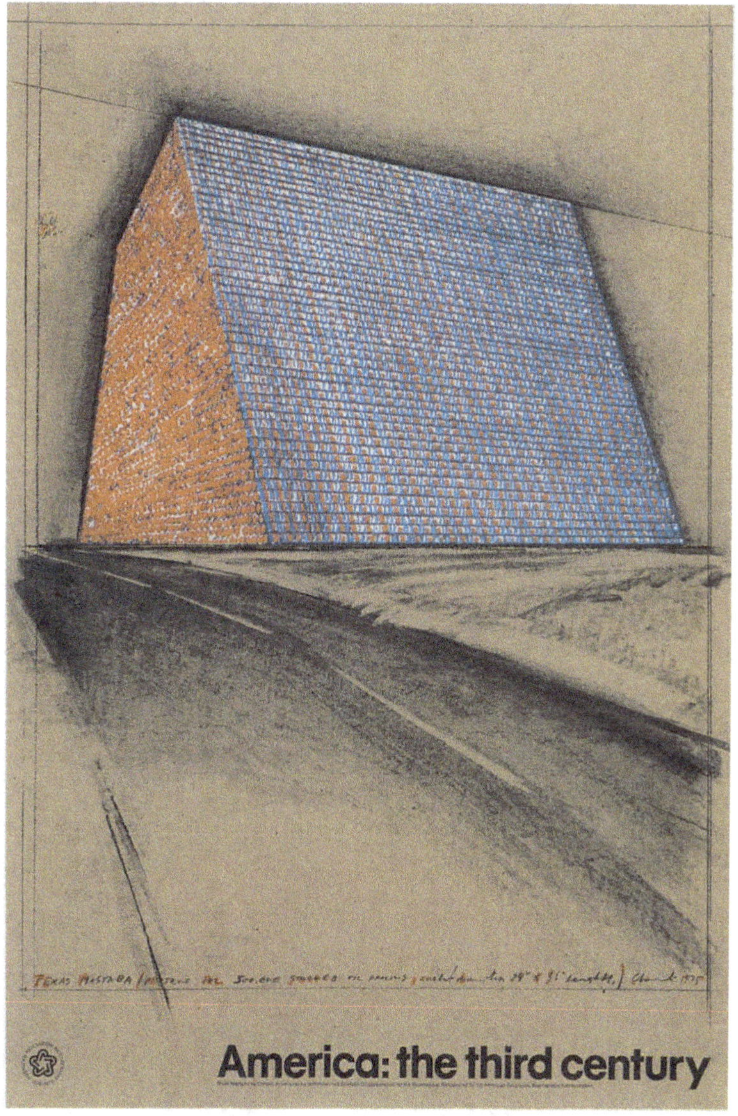

»Texas Mastaba« aus der Serie »America:
the third century«, 1975

Das Plakatmotiv ist Bestandteil einer unter dem Titel »America: the third century« erschienenen Gra-
phikmappe mit Plakaten von insgesamt 13 amerika-
nischen Künstlern (vgl. S. 204).
Das Motiv der »Mastaba« – eine archaische, in
Ägypten entstandene Bauform – taucht bei Christo
seit 1961 auf. 1968 realisierte er für das Institute of
Contemporary Art in Philadelphia erstmalig ein Ma-
staba-Projekt, aufgebaut aus 1240 Ölfässern.
Offset-Lithographie, Siebdruck (schwarz, rot, blau);
88 × 61 cm
Bez. r. u.: Christo-1975; u.: Texas Mastaba by Chri-
sto
Auftragg.: Mobil Oil Corporation, New York
Druck: Sanders Printing Corporation, New York
Inv. Nr. 103/77
Lit. u. a.: [Kat. Ausst.] Images of an Era. The Ameri-
can poster 1945–75. National Collection of Fine
Arts. Washington D. C. 1975, Nr. 247 m. Abb. – Hov-
denakk Per, Christo Complete Editions 1964–82.
München 1982, Nr. 45 m. Abb. [dort 1976 dat.] –
Wichmann Hans, Industrial Design. Unikate. Serienerzeugnisse. Die Neue Sammlung. Ein neuer Museumstyp des 20. Jahrhunderts. München 1985, 348
m. Abb. – Croft Virginia (Hrsg.), Posters made possible by a grant from Mobil. Zürich 1988, 128 m. Abb.

Allan D'Arcangelo

1930 Buffalo/New York – lebt seit 1959 in New York
Allan D'Arcangelo studierte Geschichte in Buffalo und New York sowie Kunst am Mexico City College. 1959 und 1963–1968 Lehrtätigkeit an der School of Visual Arts, New York. Seine Malerei mit ihrer Einbeziehung der Wirklichkeit der Straßen, des Verkehrs, seiner Zeichen und Signale wird meist der Pop Art zugerechnet, obwohl D'Arcangelo teilweise auch mit scharflinigen, geometrischen Formen arbeitet, die ihn mit den Künstlern der »New Abstraction« verbinden. Sein bevorzugtes Sujet ist vor allem das Verkehrsschild als Prototyp der Signalsprache einer technisierten Großstadtwelt. Durch die Isolierung, Monumentalisierung und Stilisierung seiner Motive entsteht ein Stil, der sich besonders zur Umsetzung in die Druckgraphik eignet. Im Bereich der angewandten Kunst entwarf D'Arcangelo Plakate – u. a. für Museen und Zeitschriften – und gestaltete den Verkehrspavillon bei der New Yorker Weltausstellung (1963).

Lit. u. a.: Calas Nicolas, Art in the Age of Risk. New York 1968, 201–208 – Wichmann Hans, Industrial Design. Unikate. Serienerzeugnisse. Die Neue Sammlung. Ein neuer Museumstyp des 20. Jahrhunderts. München 1985, 488 [dort weit. Lit.].

Paris Review, 1965

Das Plakat für die in New York erscheinende Literaturzeitschrift ist stilistisch und thematisch eng mit den gleichzeitig entstandenen Gemälden des Künstlers verbunden. Das monumentalisierte Verkehrszeichen, die austauschbaren Silhouetten der die Highways begleitenden Büsche und Sträucher verweisen auf die Unendlichkeit und Leere – Motive, die in den Landscape-Gemälden stetig wiederkehren.
Lithographie (mehrfarbig); 101,5 × 66,5 cm
r. u. handschriftlich signiert: D'Arcangelo 65; M. u. numeriert: 76/150
Auftragg.: The Paris Review, New York
Inv. Nr. 310/89
Lit. u. a.: [Kat.] Künstler Plakate. Nr. 4. Galerie für Moderne Kunst und Plakatkunst H. F. Lempert. Bonn 1986, Nr. 94 m. Abb.

Lincoln Center Festival, 1968

Das Plakat verdichtet verschiedene Motive der Malerei D'Arcangelos. So wird das Thema der zu Beginn der sechziger Jahre einsetzenden Landschaften mit ihren langen, in die Tiefe fluchtenden »Highways« zu einem Himmelsausschnitt reduziert und zugleich mit dem etwa ab 1964 einsetzenden »Barrier«-Motiv kombiniert. Bei dieser Serie von Arbeiten schloß D'Arcangelo durch Signalstreifen, Warnbaken und Konstruktionen die Bildebene nach vorne ab und ließ nur noch verengte Ausblicke auf die dahinterliegenden »Road«-Landschaften zu.
Siebdruck (mehrfarbig); 114 × 74 cm
Bez. l. u.: Allan D'Arcangelo
Auftragg.: Lincoln Center, New York
Inv. Nr. 29/80
Lit. u. a.: [Kat. Ausst.] Künstlerplakate aus den USA. Plakate, graphische Blätter und Zeichnungen aus dem Dresdner Kupferstichkabinett. Albertinum. Dresden 1980, Nr. 12 – Wichmann Hans, [Kat. Ausst.] Neu. Donationen und Neuerwerbungen 1980/81. Die Neue Sammlung. München 1982, 14.

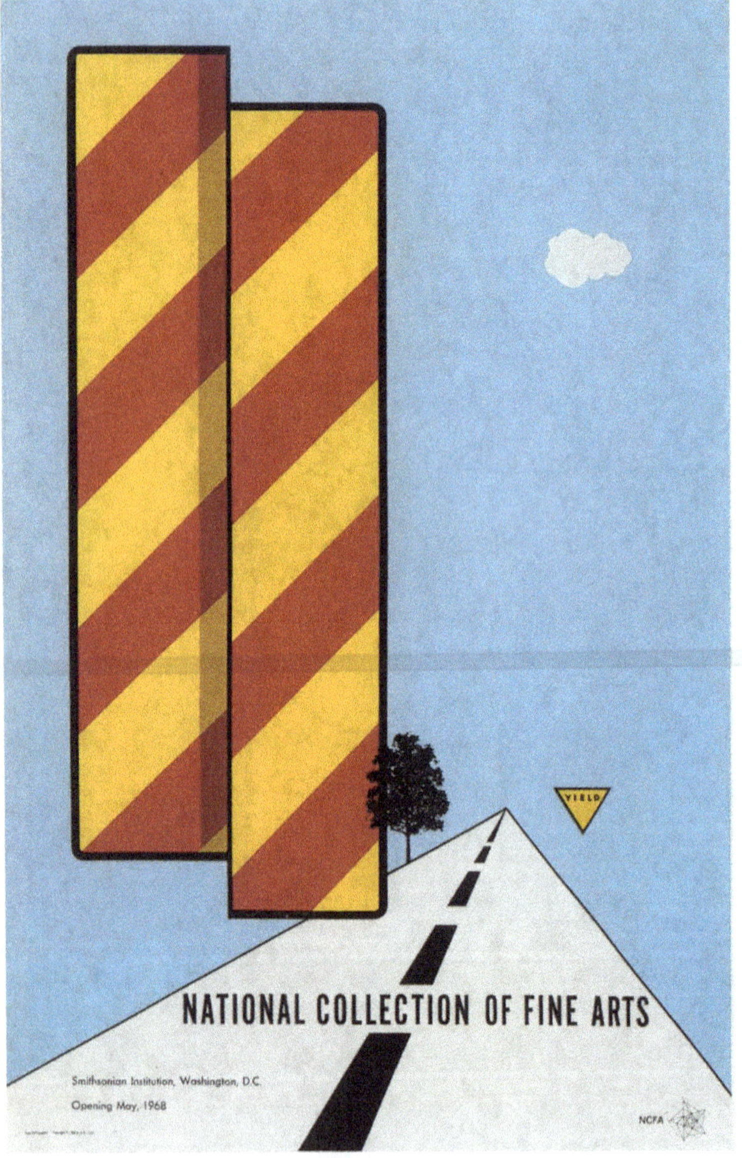

Lit. u. a.: Karshan Donald H., American printmaking 1670–1968: Art in America 56, 1968, Nr. 4, 43 m. Abb. – [Kat. Ausst.] Künstlerplakate aus den USA. Plakate, graphische Blätter und Zeichnungen aus dem Dresdner Kupferstichkabinett. Albertinum. Dresden 1980, Nr. 11, Abb. 16. – Wichmann Hans, Industrial Design. Unikate. Serienerzeugnisse. Die Neue Sammlung. Ein neuer Museumstyp des 20. Jahrhunderts. München 1985, 345 m. Abb.

National Collection of Fine Arts, 1968

Der Plakatentwurf (vgl. auch S. Francis und C. Oldenburg) variiert mit dem Highway ein stetig wiederkehrendes Sujet D'Arcangelos. Bildbestimmend ist die künstliche Straßenlandschaft mit den »Barrier«-Warnbaken und dem »Yield«-(Vorfahrt Achten)-Schild, während die reale Natur – symbolisiert durch den vereinzelten, an den Rand der Straße gedrängten Baum und die miniaturhafte Wolke – nur als Abbreviatur in einer vom Menschen konstruierten, aber menschenfeindlichen Landschaft aufscheint.
Siebdruck (mehrfarbig); 115 × 75 cm
Bez. l. u.: Allan D'Arcangelo
Auftragg.: National Collection of Fine Arts, Washington D. C.
Druck: HKL Ltd., New York
Inv. Nr. 34/78

»Beginning« aus der Serie »America: the third century«, 1975

Zur Zweihundertjahrfeier der amerikanischen Unabhängigkeitserklärung (1976) beauftragte die Mobil Oil Corporation 1975 dreizehn bekannte Künstler (Allan D'Arcangelo, William Bailey, James Brooks, Christo, Roy Lichtenstein, Costantino Nivola, Robert Andrew Parker, Robert Rauschenberg, James Rosenquist, Edward Ruscha, Raymond Saunders, Ben Schonzeit, Velox Ward), eine Plakatserie unter dem Titel »America: the third century« zu entwerfen. Die Plakate wurden von der »American Revolution Bicentennial Administration« (s. S. 181) offiziell anerkannt und durch APC-Editions als limitiertes und signiertes Portfolio vertrieben. Daneben wurden die Plakate in einer unbeschränkten Auflage gedruckt.
D'Arcangelo kombinierte ein Detail der Rückseite des sogen. »Großen Siegels« von 1776, das auch auf der Rückseite der Ein-Dollar-Note erscheint, mit dem »Barrier«-(Warnbaken)-Motiv seiner Gemälde.
Offset-Lithographie, Siebdruck (mehrfarbig); 89 × 60,5 cm
Bez. u.: Beginning by Allan D'Arcangelo
Auftragg.: Mobil Oil Corporation, New York
Druck: Sanders Printing Corporation, New York
Inv. Nr. 103/77
Lit. u. a.: [Kat. Ausst.] Images of an Era. The American poster 1945–75. National Collection of Fine Arts. Washington D. C. 1975, Nr. 248 m. Abb. – Graphis 31, 1976, Nr. 182, 576–577 [zur Serie] – Croft Virginia (Hrsg.), Posters made possible by a grant from Mobil. Zürich 1988, 125 m. Abb.

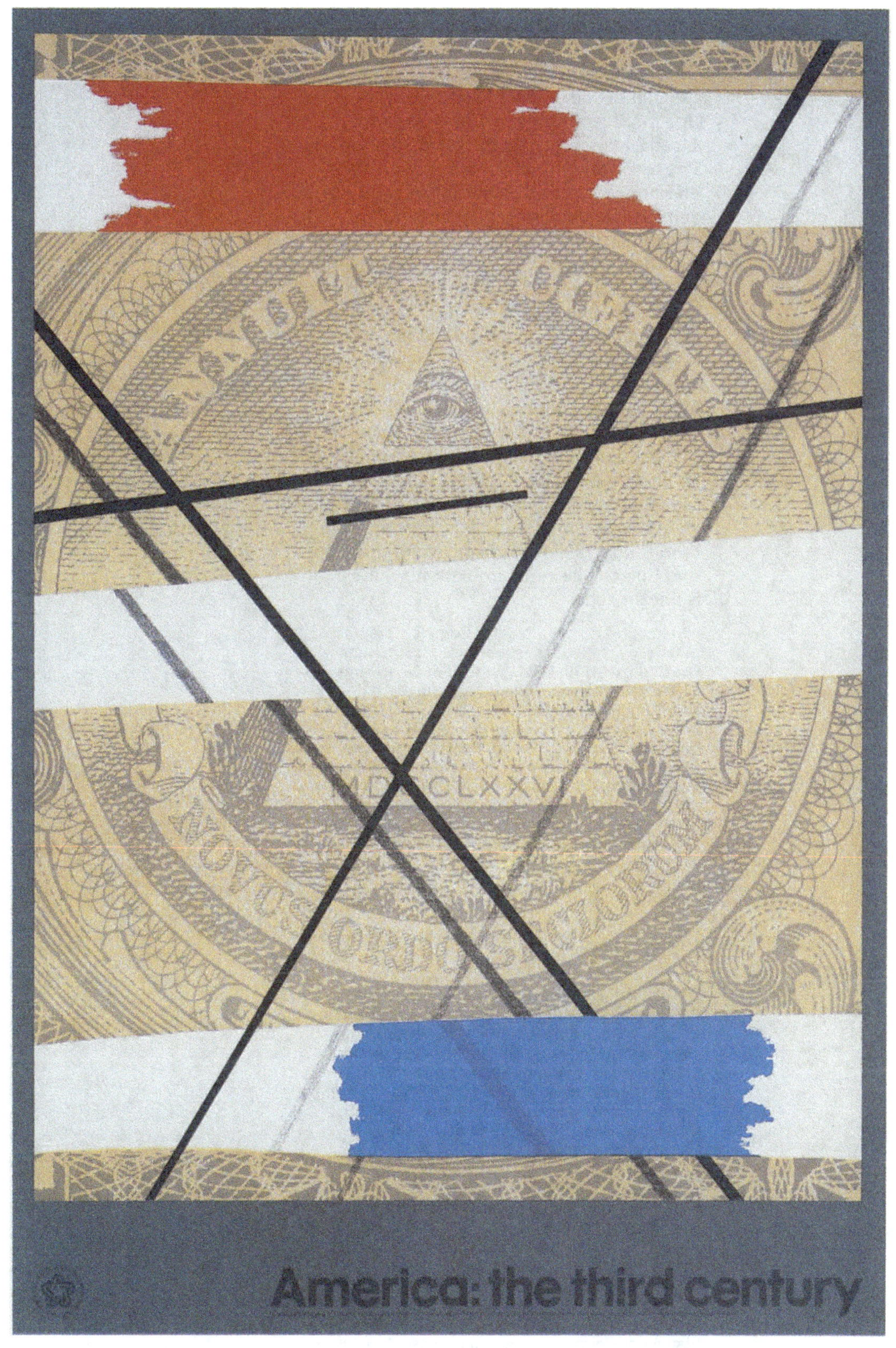

America: the third century

Jim (James) Dine

1935 Cincinnati/Ohio – lebt in New York
und London
Studierte 1953–1957 an der University of
Cincinnati und an der Museum School in
Boston. Beeinflußt von Allan Kaprow,
Claes Oldenburg, Jasper Johns und Robert
Rauschenberg, inszenierte Dine von 1959
an Happenings und entwickelte später Assemblagen, die Alltagsgegenstände mit
Malerei und Zeichnung im Sinne der Pop
Art und der sogen. Abstrakten Expressionisten verbinden. Seit 1960 beschäftigte er
sich neben der Malerei und Bildhauerei besonders mit Druckgraphik. Bis 1985 entstanden mehr als 600 Drucke, die Hälfte davon in den letzten zehn Jahren.
Im Bereich der angewandten Kunst entwarf er Buchillustrationen und Theaterko-
stüme, die häufig neben seinen anderen
Graphiken als Plakatvorlagen übernom-
men wurden. Motive, die in allen Bereichen seines Schaffens wiederkehren, sind
Werkzeuge, Malerutensilien, Morgenröcke
und Herzen, die er im emblematischen
Sinne einsetzt.

Lit. u. a.: [Kat. Ausst.] Jim Dine. Complete graphics.
Galerie Mikro, Berlin/Kestner-Gesellschaft, Hannover. Stuttgart 1970 – [Kat. Ausst.] Jim Dine. Prints
1970–1977. Williams College Museum of Art. New
York 1977 – Shapiro David, Jim Dine. Painting what
one is. New York 1981 – Beal Graham W. J., Jim
Dine: Five themes. New York 1984 – Glenn Con-
stance W., Jim Dine Drawings. New York 1985 –
D'Oench Ellen G., Jean E. Feinberg, [Kat. Ausst.] Jim
Dine Prints 1977–1985. Wesleyan University Midd-
leton. New York 1986 – Sparks Esther, [Kat.] Universal Limited Art Editions. The Art Institute of Chicago. New York 1989, 58–69, 299–311.

Art in Science, 1965

Zu seinem Plakatentwurf »Kunst im Bereich der
Wissenschaften« kombinierte Dine eine historische
Karte des Sternenhimmels mit einem handelsübli-
chen Farbmusterbogen für Graphiker oder Maler.
Seit 1963 treten derartige Farbbögen vermehrt in
seinen Gemälden auf. In seiner subjektiven Ikonolo-
gie steht dieses graphische Hilfsmittel als Symbol
für das »Kunstmachen« im wörtlichen Sinne.
Lithographie (mehrfarbig); 96,5 × 62,5 cm
Bez. l. u.: JIM DINE
Auftragg.: List Art Poster Program of the American
Federation of Arts/Albany Institute of History and
Art, Albany/New York
Inv. Nr. 10/71
Lit. u. a.: [Kat. Ausst.] Jim Dine. Complete graphics.
Galerie Mikro, Berlin/Kestner-Gesellschaft. Hanno-
ver. Stuttgart 1970, Nr. 68 m. Abb. – [Kat. Ausst.]
Künstlerplakate aus den USA. Plakate, graphische
Blätter und Zeichnungen aus dem Dresdner Kupfer-
stichkabinett. Albertinum. Dresden 1980, Nr. 70.

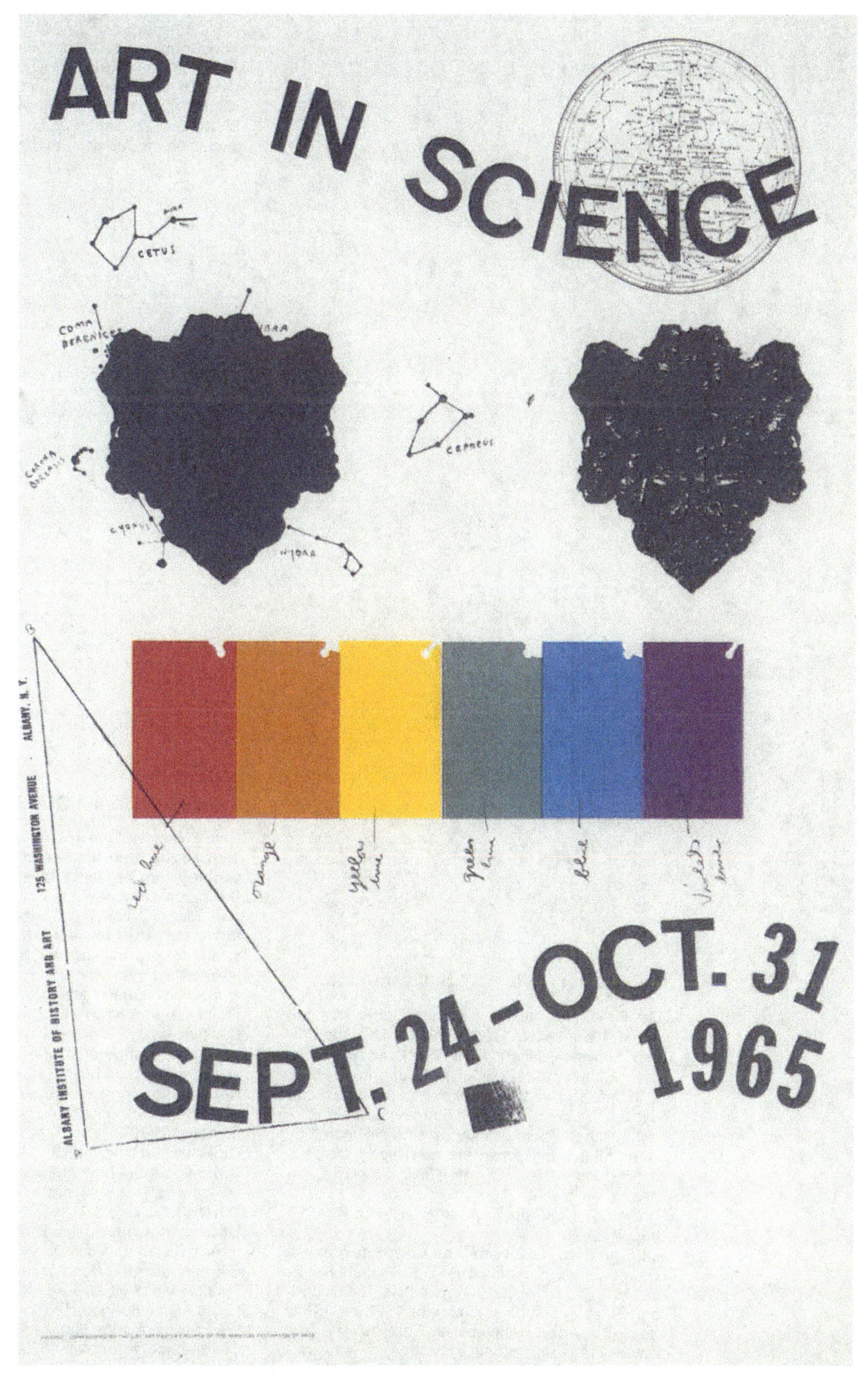

ART IN SCIENCE
SEPT. 24 - OCT. 31
1965
ALBANY INSTITUTE OF HISTORY AND ART
125 WASHINGTON AVENUE · ALBANY, N. Y.

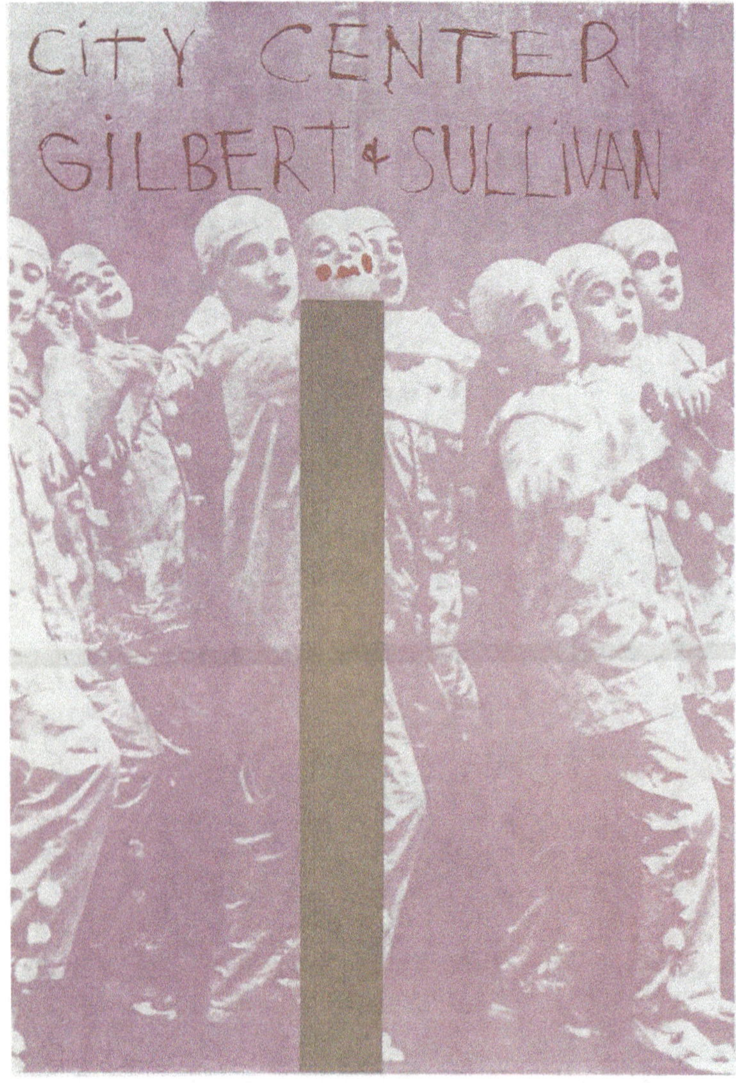

Das Museum of Modern Art in New York zu Gast im Kunstmuseum Bern und Museum Ludwig. New York/Bern/Köln 1978, 187, Abb. 194 – [Kat. Ausst.] The Modern American Poster. The Museum of Modern Art. New York 1983, 121 m. Abb. – [Kat. Ausst.] Künstlerplakate aus den USA. Plakate, graphische Blätter und Zeichnungen aus dem Dresdner Kupferstichkabinett. Albertinum. Dresden 1980, Nr. 71.

City Center – Gilbert + Sullivan, 1968

Das Plakat zum Jubiläum des City Center (s. a. Indiana, 1968; Inv. Nr. 110/70) spielt auf die von William Schwenk Gilbert (1836–1911) und Arthur Seymour Sullivan (1842–1900) im 19. Jahrhundert gegründete sog. »Savoy Opera« an, ein Musiktheater, das die britische Musiktradition revolutionierte. »Komischen Opern« dieser Art sind bis heute Bestandteil des englischsprachigen Repertoires.
Lithographie (rosa, rot, gold); 88,5 × 62 cm
Bez. l. u.: Jim Dine
Auftragg.: New York City Center, New York
Inv. Nr. 14/76
Lit. u. a.: [Kat. Ausst.] Jim Dine. Complete graphics. Galerie Mikro, Berlin/Kestner-Gesellschaft. Hannover 1970, Nr. 69 m. Abb. – Ayre Leslie, The Gilbert and Sullivan Companion. London 1972 [zum Theater] – [Kat. Ausst.] Images of an Era. The American poster 1945–75. National Collection of Fine Arts. Washington D.C. 1975, Nr. 81 m. Abb. – [Kat. Ausst.]

Jim Dine – Dorian Gray, 1970

Dem Plakat liegt ein Kostümentwurf Jim Dines von 1967/68 zugrunde, der im Rahmen einer gemeinsam mit dem Regisseur Michel Kidd erarbeiteten Bühnenfassung der Erzählung »Das Bildnis des Dorian Gray« (Oscar Wilde) entstand. Dine konzipierte neben den Kostümen auch das Bühnenbild. Die Inszenierung wurde kurz vor der Premiere im Frühjahr 1968 abgebrochen. Die Originalzeichnungen werden in einer Privatsammlung (Mr. u. Mrs. Lester Francis Avnet) bewahrt.
Das Plakatmotiv fand auch auf dem Katalogumschlag der Wanderausstellung New York/Berlin Verwendung (s. u. Lit. 1970). Ferner bewahrt die Neue Sammlung eine Siebdruckfassung des Plakats ohne Aufdruck des Ausstellungsortes (Inv. Nr. 105/70).
Offset (mehrfarbig); 83,5 × 55 cm
Auftragg.: Museum of Modern Art, New York/Württembergischer Kunstverein, Stuttgart, Deutschland
Inv. Nr. 360/89
Lit. u. a.: [Kat. Ausst.] Jim Dine. Ein Sommernachtstraum. Das Bildnis des Dorian Gray. Figurinen und Bühnenbildentwürfe. Museum of Modern Art, New York. Amerika Haus. Berlin 1970, Umschlagabb. [ohne Ausstellungsort] – [Kat. Ausst.] Jim Dine. Complete graphics. Galerie Mikro, Berlin/Kestner-Gesellschaft. Hannover 1970, Nr. 47a m. Abb. [Lithographie].

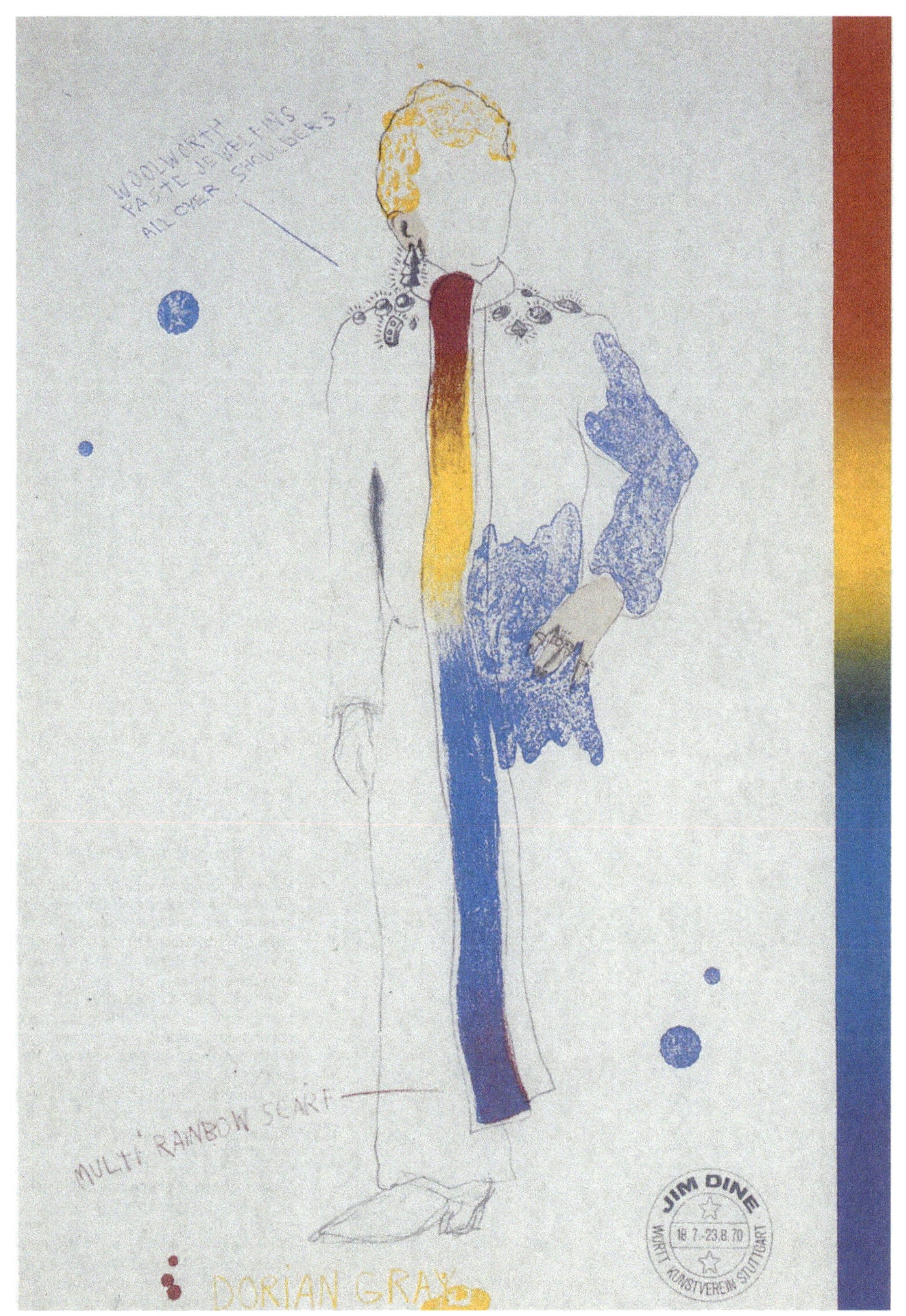

WOOLWORTH
PASTE JEWELRY'S
ALL OVER SHOULDERS
MULTI RAINBOW SCARF
DORIAN GRAY
JIM DINE
18.7.-23.8.70
WÜRTT. KUNSTVEREIN STUTTGART

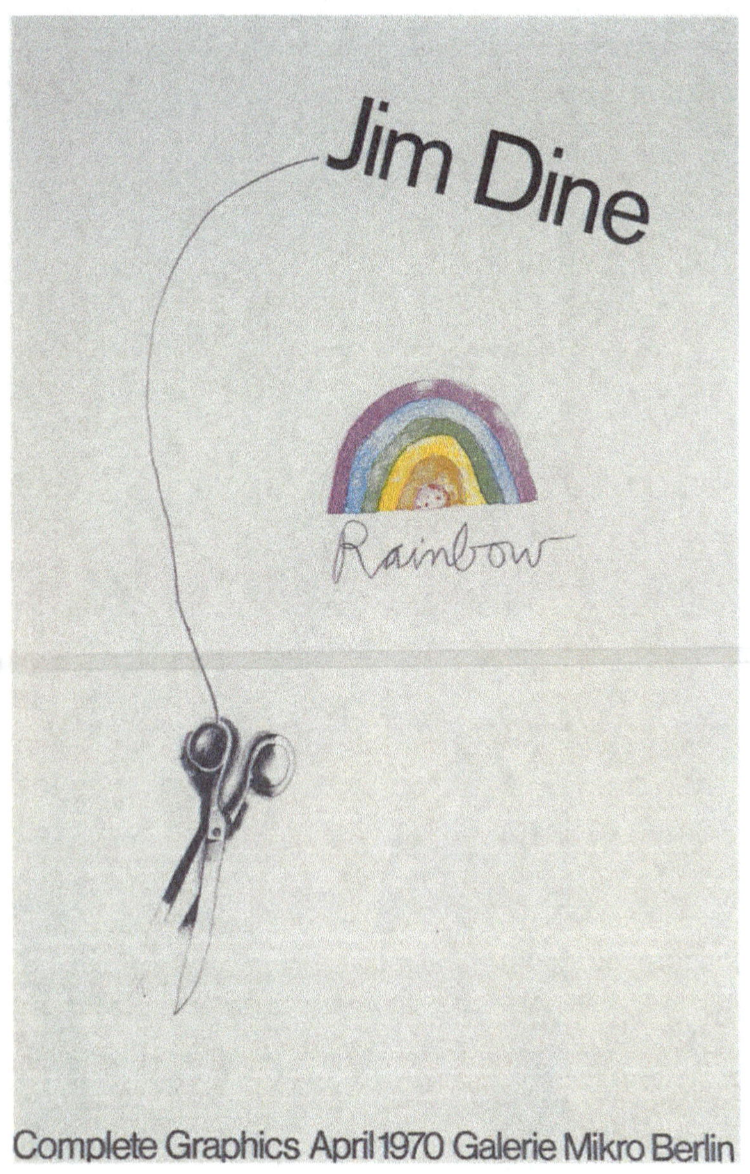

Jim Dine – Rainbow, 1970

Von dem für das Ausstellungsplakat verwendeten Motiv »Scissors and Rainbow« existiert eine 1969 entstandene, auf 75 Abzüge limitierte Lithographie auf »J. Green mould made«-Papier. Die Schere gehört innerhalb der Motivgruppen im Werk Dines zum Bereich der »Tools« (Werkzeuge), die sowohl positiv für das »Konstruktive« als auch für Destruktion stehen können. Der Regenbogen ist das natürliche Pendant zu dem von Dine häufig verwendeten Motiv des Farbmusterbogens und der Palette. Beide sind als Verweis auf die handwerkliche Seite des künstlerischen Schaffens zu verstehen.
Offset-Lithographie (mehrfarbig); 101,3 × 67,1 cm
Auftragg.: Galerie Mikro, Berlin
Inv. Nr. 205/80
Lit. u. a.: [Kat. Ausst.] Jim Dine. Complete graphics. Galerie Mikro, Berlin/Kestner-Gesellschaft. Hannover 1970, Nr. 64 m. Abb. [Lithographie], Nr. 75 m. Abb. – [Kat. Ausst.] Jim Dine. Prints 1970–1977. Williams College Museum of Art. New York 1977, Nr. 57, Abb. 57 [zugrundeliegende Lithographie von Zink-Platten] – Wichmann Hans, [Kat. Ausst.] Neu. Donationen und Neuerwerbungen 1980/81. Die Neue Sammlung. München 1982, 14.

Jim Dine Prints 1970–1976, 1976

Das Plakat basiert auf der 1976 entstandenen Radierung »A Robe Coloured with 13 Kinds of Oil
Paint«.
Der Bademantel – ein für Dine typisches Motiv –
taucht seit 1964 unter verschiedener Thematik in
Gemälden und Graphiken immer wieder auf, wobei
es vorrangig als »poetisches Selbstportrait« einge-
setzt wurde. Dine äußerte dazu: »Then the bathrobe
came because I wanted to make a self-portrait, and I
found this thing in die NEW YORK TIMES, and it
looked like I was in it. That is fact . . .« (1985).
Offset (mehrfarbig); 89 × 64 cm
Auftragg.: Pace Editions, New York/Williams Col-
lege Museum of Art, Williamstown/Massachusetts
Inv. Nr. 105/77
Lit. u. a.: [Kat. Ausst.] Jim Dine. Prints 1970–1977.
Williams College Museum of Art. New York 1977,
Nr. 213 m. Abb. [Radierung] – Beal Graham W. J.,
Jim Dine: Five themes. New York 1984 [zum Thema
»Robes«] – Glenn C. W., Jim Dine Drawings. New
York 1985 [Zitat].

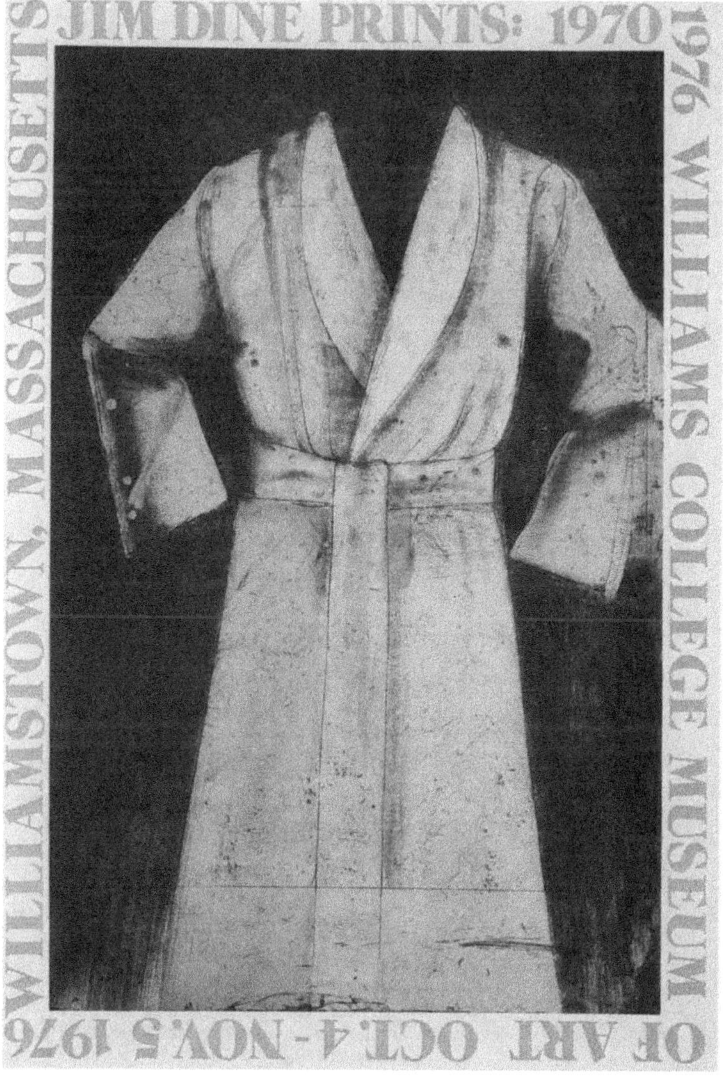

Dan Flavin

1.4.1933 New York – lebt in New York
Flavin studierte anfangs an der U.S. Air
Force Meteorological Technician Training
School, danach Soziologie und 1957–1959
Kunstgeschichte an der New School for
Social Research bzw. Columbia University,
New York. Als Künstler Autodidakt, be-
gann er seit 1961, nach konventionellen
Anfängen mit dem Element Licht als sei-
nem eigentlichen Medium zu arbeiten.
Seine jeweils für spezielle Räume konzi-
pierten Installationen verändern diese
durch weißes oder farbiges Licht, sodaß
gleichsam »Skulpturen« entstehen, die der
Minimal Art zugeordnet werden.
Obwohl Flavin bereits 1972 Plakate entwarf
– u.a. für eigene Ausstellungen und für
den Präsidentschaftskandidaten McGo-
vern – setzte seine eigentliche Beschäftigung mit der Druckgraphik erst 1973 ein.
Zunächst entstanden Radierungen, seit
1974 auch Lithographien oder Serigraphien, die häufig Entwürfe für seine Licht-
Installationen wiedergeben und auch seinen Ausstellungsplakaten zugrundeliegen.

Lit.u.a.: [Kat.Ausst.] Drawings and Diagrams
1963–1972 by Dan Flavin. Art Museum. St. Louis
1973 – [Kat.Ausst.] Dan Flavin. The Fort Worth Art
Museum/The Art Institute of Chicago/Art Museum
Berkeley University. Fort Worth 1976 – [Kat.Ausst.]
Neue Anwendungen fluoreszierenden Lichts mit
Diagrammen, Zeichnungen und Drucken von Dan
Flavin. Staatliche Kunsthalle Baden-Baden. Stutt-
gart 1989.

Some cornered installations, 1972

Dem Plakat liegen Entwürfe Flavins zu »Über-Eck-
Installationen« mit fluoreszierenden Lichtsäulen zugrunde. Ursprünglich sollte jedoch ein anderes,
verwandtes Diagramm (»(to Donna) 5a und 4«) für
dieses Ausstellungsplakat zum zehnjährigen Jubi-
läum der Galerie Verwendung finden.
Siebdruck (mehrfarbig); 43 × 55,8 cm
Auftragg.: Albright-Knox Art Gallery, Buffalo/New
York
Inv. Nr. 85/74
Lit.u.a.: [Kat.Ausst.] Corners, Barriers and Corri-
dors in Fluorescent Light from Dan Flavin. Bd. 2. Art
Museum. St. Louis 1973, 31 – [Kat.Ausst.] Fünf In-
stallationen in fluoreszierendem Licht von Dan Flavin. Kunstmuseum. Basel 1975 m.Abb. [verwandte
Skizzen].

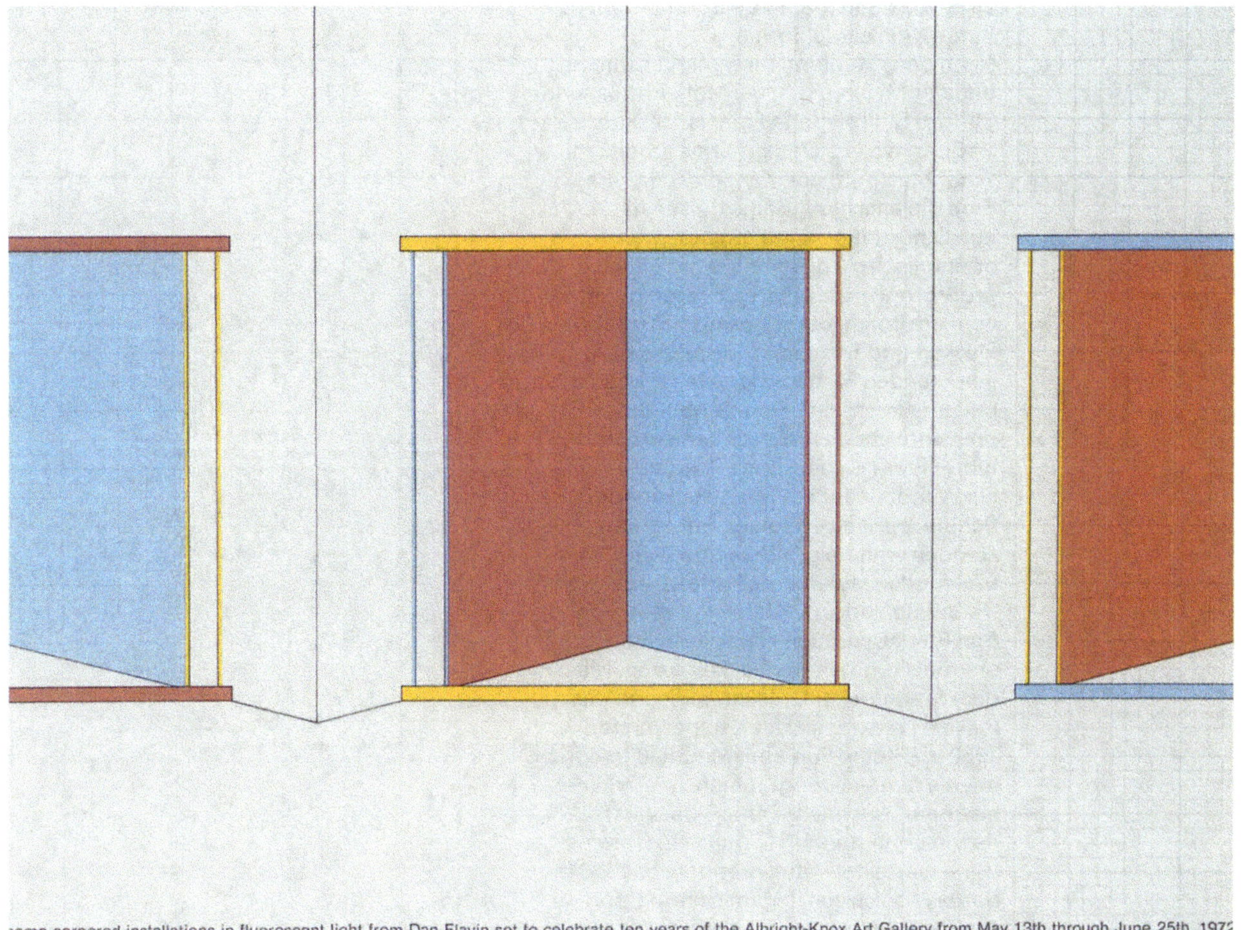

some cornered installations in fluorescent light from Dan Flavin set to celebrate ten years of the Albright-Knox Art Gallery from May 13th through June 25th, 1972

25. 6. 1923 San Mateo/California – lebt in
Santa Monica/California
Nach dem Studium der Kunstgeschichte
und der Malerei, u. a. bei Mark Rothko und
Clifford Still, siedelte Francis 1950 nach Paris über, wo er sich dem Kreis amerikanischer Maler um den Kanadier Jean-Paul
Riopelle anschloß. Seine Reisen in den Fer-
nen Osten (Japan, Indien) brachten einen
orientalisch meditativen Klang in seine
großformatigen, abstrakten Kompositionen, die durch locker gesetzte Flächen,
Flecken und Tropfen in dünnflüssigen,
leuchtenden Farben charakterisiert sind
und im allgemeinen dem »Abstrakten Expressionismus« zugerechnet werden. 1957
führte Francis seine erste Auftragsarbeit,
ein Wandbild für die Sogetsu Ikebana-
Schule, aus. In den folgenden Jahren entstanden weitere großflächige Wandbilder,
u. a. für die Basler Kunsthalle, die Berliner
Nationalgalerie und den Flughafen von
San Francisco. 1964 konzipierte Francis
erstmals große Keramikskulpturen. Mit
dem Medium der Druckgraphik und des
Plakats setzte er sich seit seinen ersten
1960 im Studio von Emil Matthieu in Zürich
angefertigten Lithographien verstärkt auseinander. Nachdem Francis bei verschiedenen Lithographen (Tamarind, Gemini
u. a.) gearbeitet hatte, eröffnete er 1970 in
Santa Monica sein eigenes Lithographie-
Atelier.

Lit. u. a.: Selz Peter, Sam Francis. New York 1982 –
Fine Ruth E., [Kat. Ausst.] Gemini G. E. L. National
Gallery of Art, Washington D. C. New York 1984,
179–189 [dort weit. Lit.] – Sparks Esther, [Kat.] Universal Limited Art Editions. The Art Institute of Chicago. New York 1989, 70–73.

National Collection of Fine Arts, 1968

Neben Sam Francis gestalteten Allan D'Arcangelo
(s. dort) und weitere Künstler Plakate für die Neueröffnung der National Collection of Fine Arts im Pa-
tent Office Building, Washington D. C. Das Plakat
von Francis entspricht seinen gleichzeitigen, vom
Gestaltwert der reinen Farbe bestimmten Gemälden. Die Technik der Lithographie kommt bei diesem Plakatentwurf der spontanen Arbeitsweise von
Francis sehr entgegen, da er die Farbspritzer und
-flecken seiner Malerei direkt mit Lithographier-Tu-
sche auf den Stein übertragen kann. Zugleich er-
möglichen ihm die transparenten bzw. halbtranspa-
renten Pigmente dieser Drucktechnik, die verlaufen-
den, dünnflüssigen Farben der Gemälde durch
dünne, sich z. T. überlagernde Farbschichten zu er-
setzen und dadurch neue Farbwirkungen zu entwik-
keln.
Lithographie (mehrfarbig); 96,6 × 69,9 cm
Bez. r. u.: Sam Francis
Auftragg.: National Collection of Fine Arts/Smithso-
nian Institution, Washington D. C.
Druck: Atelier Mourlot Ltd., New York
Inv. Nr. 139/90.

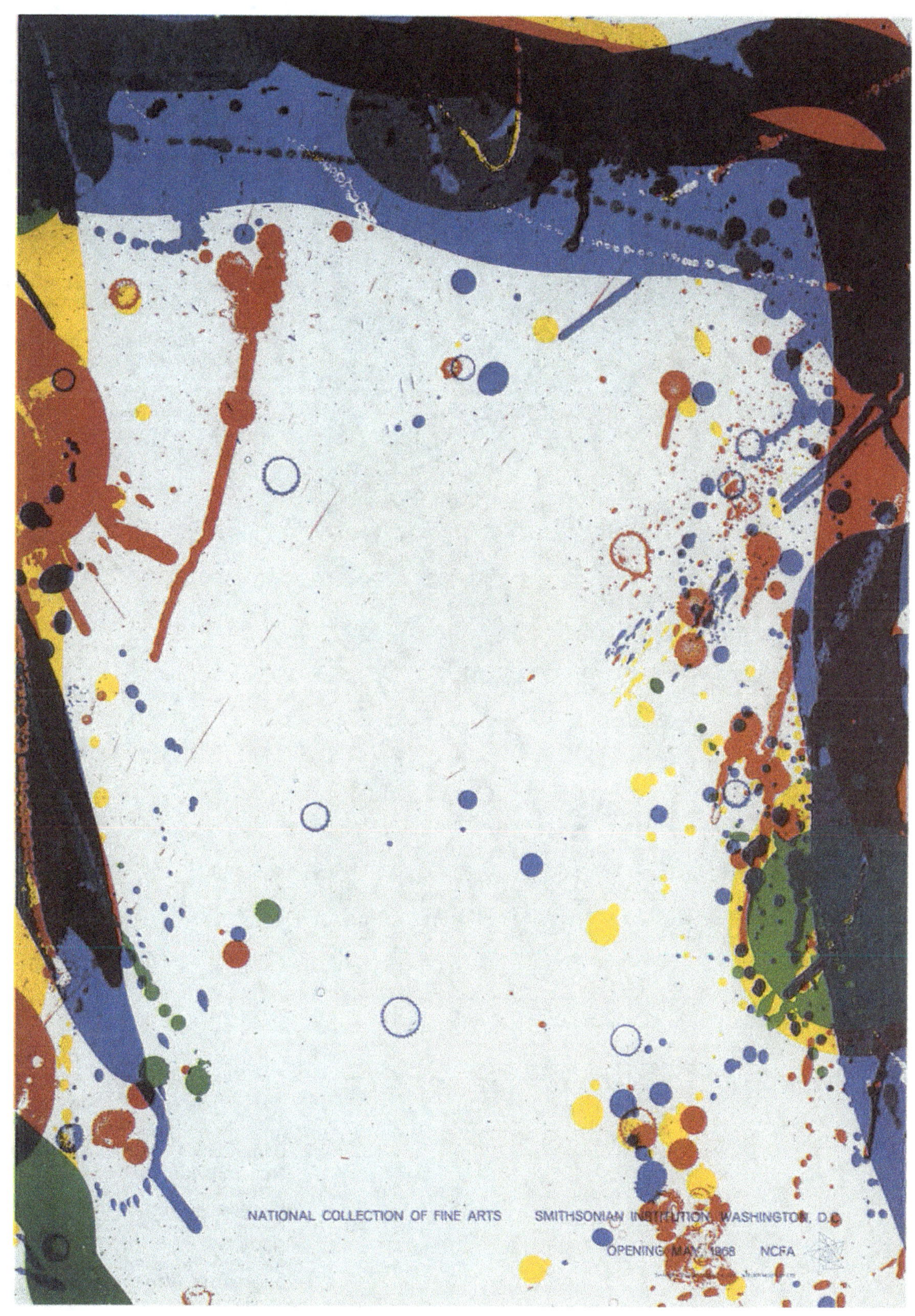

NATIONAL COLLECTION OF FINE ARTS   SMITHSONIAN INSTITUTION, WASHINGTON, D.C.
OPENING MAY 1968   NCFA

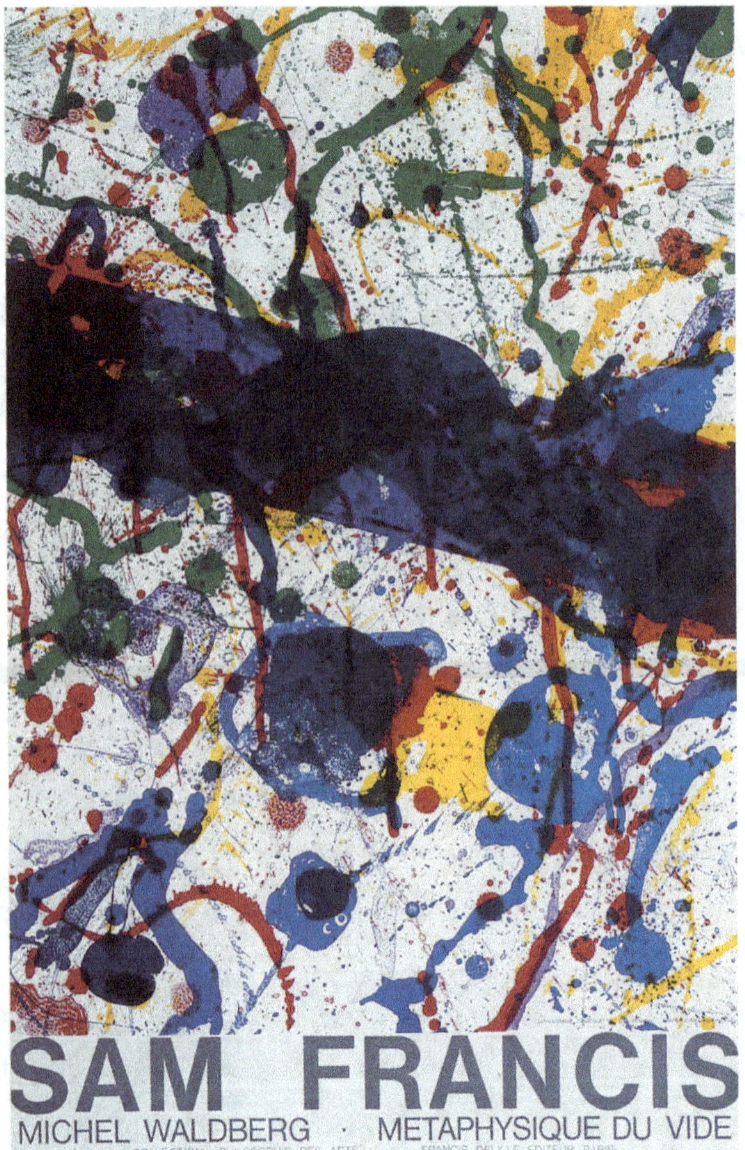

Sam Francis – Michel Waldberg: Métaphysique du vide, 1986/87

Die beiden Verlagsplakate entstanden anläßlich der Präsentation von Michel Waldbergs Buch über Sam Francis (1987). Der Schriftsteller, Philosoph und Photograph Waldberg – seit 1951 mit Francis und anderen amerikanischen Künstlern des Kreises um Riopelle befreundet – illustrierte sein Gedicht »Poème dans le ciel« am Ende des genannten Buches mit den Abbildungen mehrerer Lithographien von Sam Francis. Zwei dieser 1986 gedruckten Lithographien dienten als Grundlage für die beiden Plakate.
Lithographie (mehrfarbig); 84,2 × 55,8 cm
Bez. r. u.: LITHOGRAPHIE ORIGINALE DE SAM FRANCIS
Auftragg.: Francis Delille Editeur, Paris
Druck: Atelier d'Art Desjobert, Paris
Inv. Nr. 141/90
Lit. u. a.: Waldberg Michel, Sam Francis – Métaphysique du vide. Paris 1987, 168 m. Abb. [Lithographie; zu Inv. Nr. 141/90], 176 m. Abb. [Lithographie; zu Inv. Nr. 140/90].

Sam Francis – Michel Waldberg: Métaphysique du vide, 1986/87

Lithographie (mehrfarbig); 86 × 55,8 cm
Bez. r. u.: LITHOGRAPHIE ORIGINALE DE SAM FRANCIS
Auftragg.: Francis Delille Editeur, Paris
Druck: Atelier d'Art Desjobert, Paris
Inv. Nr. 140/90
Lit. u. a.: vgl. bei Inv. Nr. 141/90.

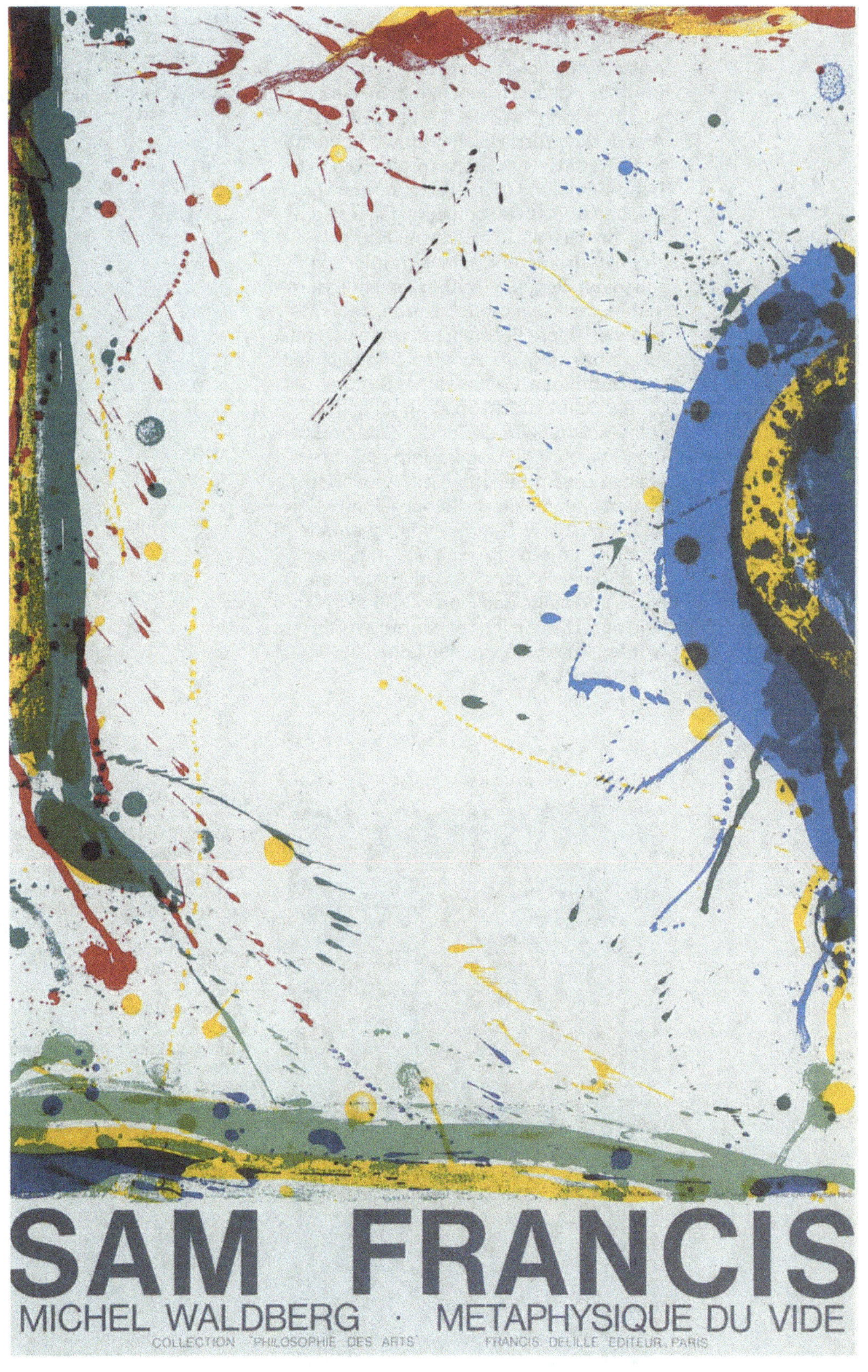

SAM FRANCIS
MICHEL WALDBERG · METAPHYSIQUE DU VIDE
COLLECTION "PHILOSOPHIE DES ARTS"   FRANCIS DELILLE EDITEUR, PARIS

4.5.1958 Kutztown/Pennsylvania –
16.2.1990 New York
Nach anfänglicher Ausbildung an der
Commercial Art School in Pittsburgh besuchte Haring 1978 die School of Visual
Arts in New York. Hier knüpfte er Kontakte
zur »Graffitiszene«, deren grellfarbigen U-
Bahn-Bemalungen er piktogrammartige
Zeichen und Kürzel entgegensetzte. Haring, der sich als »Produkt der Pop Art«
charakterisierte und zum Vermittler zwischen der illegalen Graffitiszene und dem
etablierten Kunstbetrieb wurde, bediente
sich vielfältiger Formen, um seine Vorstellung einer möglichst breiten Öffentlichkeit
nahezubringen. So entwarf er Buttons, T-
Shirts, Schuhe, Schallplattenhüllen (Mal-
colm McLaren »Duck Rock«, 1983) und Uhren (Swatch, 1983), außerdem Plakate –
auch in Zusammenarbeit mit Andy Warhol
(s. dort) – und Zeitschriftenanzeigen (Absolut Vodka, 1986). Darüberhinaus bemalte
er Vasen, unternahm eine Mal-Aktion an
der Berliner Mauer (1986), drehte Video-
Filme und malte den Fiorucci-Shop in Mailand aus. Die von ihm entworfenen Objekte
wurden in seinem eigenen Laden in New
York vertrieben.

Lit. u. a.: [Kat. Ausst.] Documenta 7. Kassel 1982,
Bd. 1, 429, 430; Bd. 2, 144, 145 – Studio International
196, 1983, Nr. 1003, 50 – Art 1984, Nr. 2, 42–49 –
Flash Art 1984, Nr. 116, 20–24 – [Kat. Ausst.] Szene
New York. Art Cologne. Köln 1984, [s. p.] – Art 1990,
Nr. 4. 112, 113.

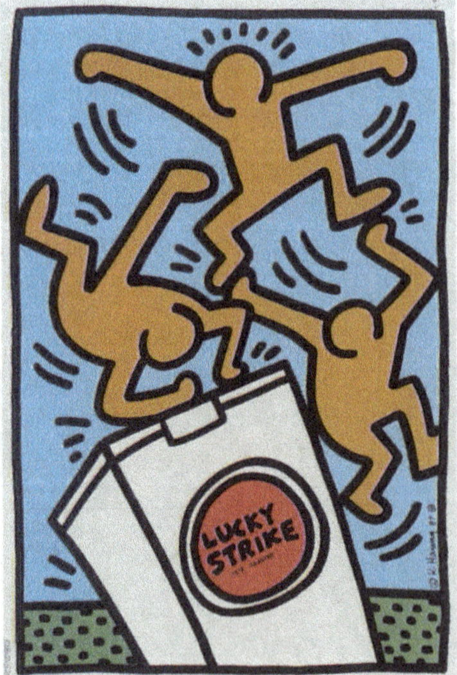

Lucky Strike, 1987

Die drei Plakatentwürfe für die Zigarettenmarke
»Lucky Strike« zeigen die Bildtypik Harings: eine
Zeichensprache aus beliebig wiederholbaren Kür-
zeln, die – den Bereichen des Comic Strip, der Com-
putergraphik und der Graffitimalerei entnommen –
eingängige, einprägsame und allgemein verständli-
che Informationen vermitteln. – Vergleiche auch
das Lucky-Strike-Plakat von F. Boisrond, Frankreich
1989.
Siebdruck (mehrfarbig); 59,7 × 42 cm
Bez. r. u.: K. Haring 87
Auftragg.: Lucky Strike, Schweiz
Druck: Albin Uldry, Bern, Schweiz
Inv. Nr. 320/89
Lit. u. a.: [Kat.] Zeitgenössische Kunst. Galerie und
Auktionshaus Rudolf Maugisch. Zürich 1990, 3,
Abb. 303, Taf. 6, Abb. 300, 24.

Lucky Strike, 1987

Siebdruck (mehrfarbig); 59,7 × 42 cm
Bez. r. u.: K. Haring 87
Auftragg.: Lucky Strike, Schweiz
Druck: Albin Uldry, Bern, Schweiz
Inv. Nr. 322/89.

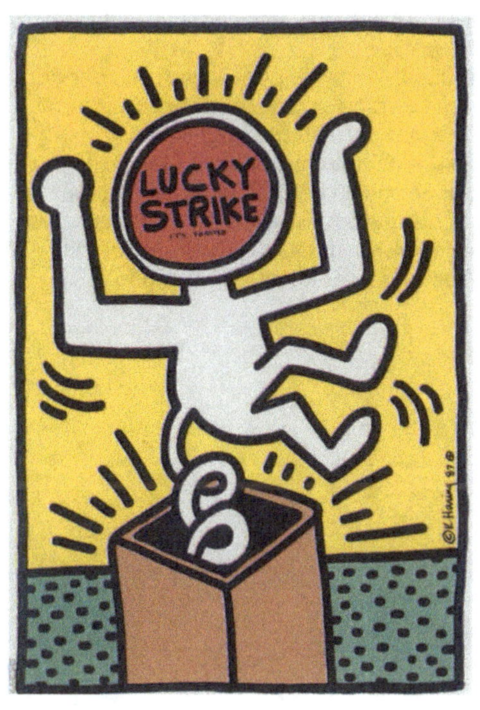

Lucky Strike, 1987

Siebdruck (schwarz, rot); 59,7 × 42 cm
Bez. r. u.: K. Haring 87
Auftragg.: Lucky Strike, Schweiz
Druck: Albin Uldry, Bern, Schweiz
Inv. Nr. 321/89.

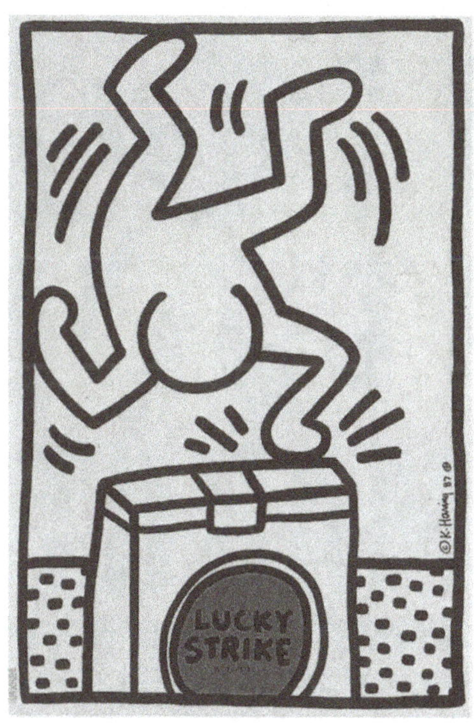

13.9.1928 New Castle/Indiana – lebt in New York
Indiana – einer der Hauptvertreter der Pop Art – wandte sich nach seinem Studium (u.a. am Art Institute of Chicago, 1949–1953) zunächst einer Malerei zu, deren Form von dem Blatt des Ginkgobaumes angeregt wurde. (Dieser ältesten noch existierenden Baumart widmete bereits Goethe sein Gedicht »Ginkgo biloba«.)

Anfang der sechziger Jahre begann er dann für seine flächigen, reklameartigen Kompositionen in leuchtenden Farben vor allem Buchstaben, Ziffern oder Verkehrszeichen zu verwenden, die er teilweise mit Hilfe von Schablonen auf die Leinwand übertrug. Sein etwa gleichzeitig einsetzendes graphisches Œuvre besteht dominant aus Siebdrucken. Gelegentlich verwendet Indiana bei seinen zahlreichen Plakaten auch die Offset-Lithographie. Die Plakatentwürfe basieren zumeist auf Collagen. Charakteristisch ist für sie eine das ganze Blatt bedeckende, auf ein Zentrum oder Symmetrieachsen bezogene Konfiguration typographischer Elemente.

Lit. u. a.: [Kat. Ausst.] Robert Indiana. Druckgraphik und Plakate 1961–1971. Badischer Kunstverein Karlsruhe. Stuttgart/New York 1971 – Wills Franz Hermann, Druckgraphik und Ausstellungsplakate von Robert Indiana, USA: Gebrauchsgraphik 43, 1972, H. 12, 2–9.

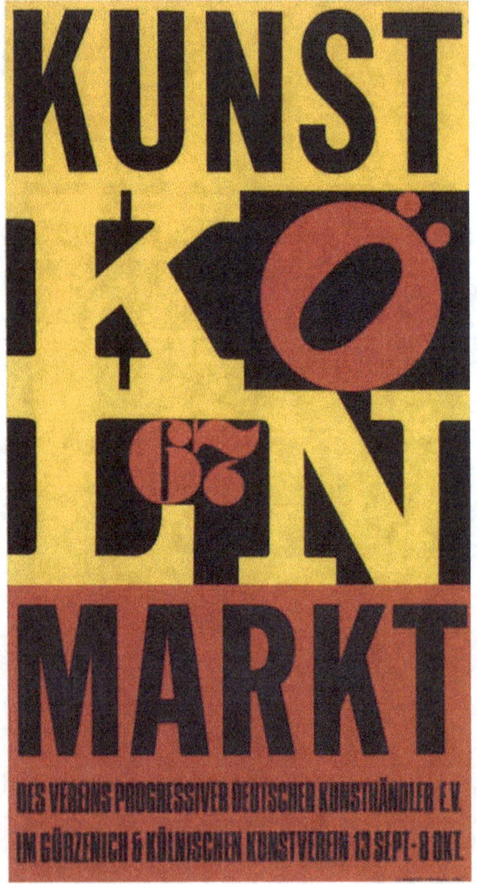

Kunstmarkt Köln, 1967

Offenbar im Anschluß an diesen Plakatentwurf Indianas von 1967, der auf dem 1965 entstandenen »LOVE«-Motiv basiert (s. das Plakat von 1972, Inv. Nr. 21/74), wurden in Deutschland Serigraphien gedruckt, die lediglich den Mittelteil des Plakats, den Stadtnamen ohne Jahreszahl, in verschiedenen Formaten und Farbstellungen wiedergaben.
Siebdruck (gelb, rot, schwarz); 84 × 46 cm
Bez. r. u.: ROBERT INDIANA 1967
Auftragg.: Verein Progressiver Kunsthändler e. V., Köln, Deutschland
Inv. Nr. 43/71
Lit. u. a.: [Kat. Ausst.] Robert Indiana. Druckgraphik und Plakate 1961–1971. Badischer Kunstverein Karlsruhe. Stuttgart/New York 1971, Nr. P9, P10 m. Abb.

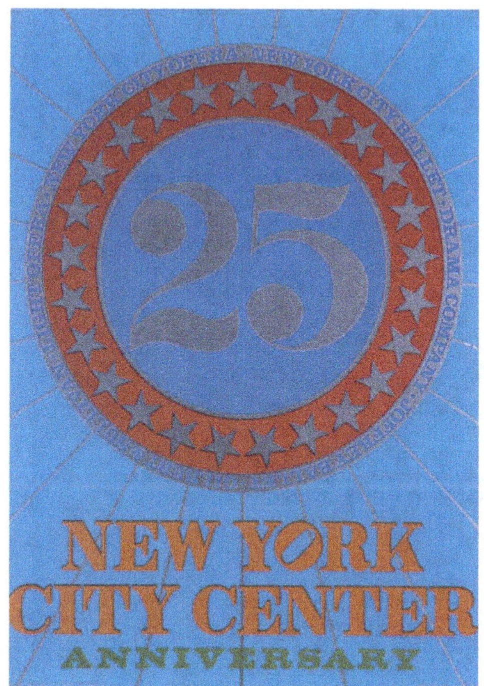

Die Wiedergaben des gleichen Plakates zeigen das unterschiedliche Changement der bedruckten Aluminiumfolie.

25 New York City Center Anniversary, 1968

Das Motiv der Zahl 25 übernahm Indiana von der Hausnummer eines Ladens in der Coenties Slip in Lower Manhattan, wo er acht Jahre lebte. Das Plakat erschien in zwei Fassungen. Einmal in einer Mappe mit Plakaten sechs verschiedener Künstler (Anuszkiewicz, Dine, Nesbitt, Segal und Youngerman; s. jeweils dort), welche die sechs verschiedenen Sektionen des New York City Center symbolisieren sollten; sodann in einer unlimitierten Auflage. Die Serie wurde durch die Albert A. List Foundation, unterstützt von der American Federation of Arts, initiiert (s. u. Lit. 1975, S. V).
Siebdruck (mehrfarbig) auf aluminiumbeschichtetem Papier; 89 × 63,6 cm
Bez. r. u.: ROBERT INDIANA 1968
Auftragg.: New York City Center/List Art Posters, New York
Druck: HKL Ltd., New York
Inv. Nr. 110/70

Lit. u. a.: [Kat. Ausst.] Robert Indiana. Druckgraphik und Plakate 1961–1971. Badischer Kunstverein Karlsruhe. Stuttgart/New York 1971, Nr. P14, P15 m. Abb. – Wills Franz Hermann, Druckgrafik und Ausstellungsplakate von Robert Indiana, USA: Gebrauchsgraphik 43, 1972, H. 12, 7, Abb. 5. – [Kat. Ausst.] Images of an Era. The American poster 1945–75. National Collection of Fine Arts. Washington D. C. 1975, Nr. 88 m. Abb. – [Kat. Ausst.] Künstlerplakate aus den USA. Plakate, graphische Blätter und Zeichnungen aus dem Dresdner Kupferstichkabinett. Albertinum. Dresden 1980, Nr. 92.

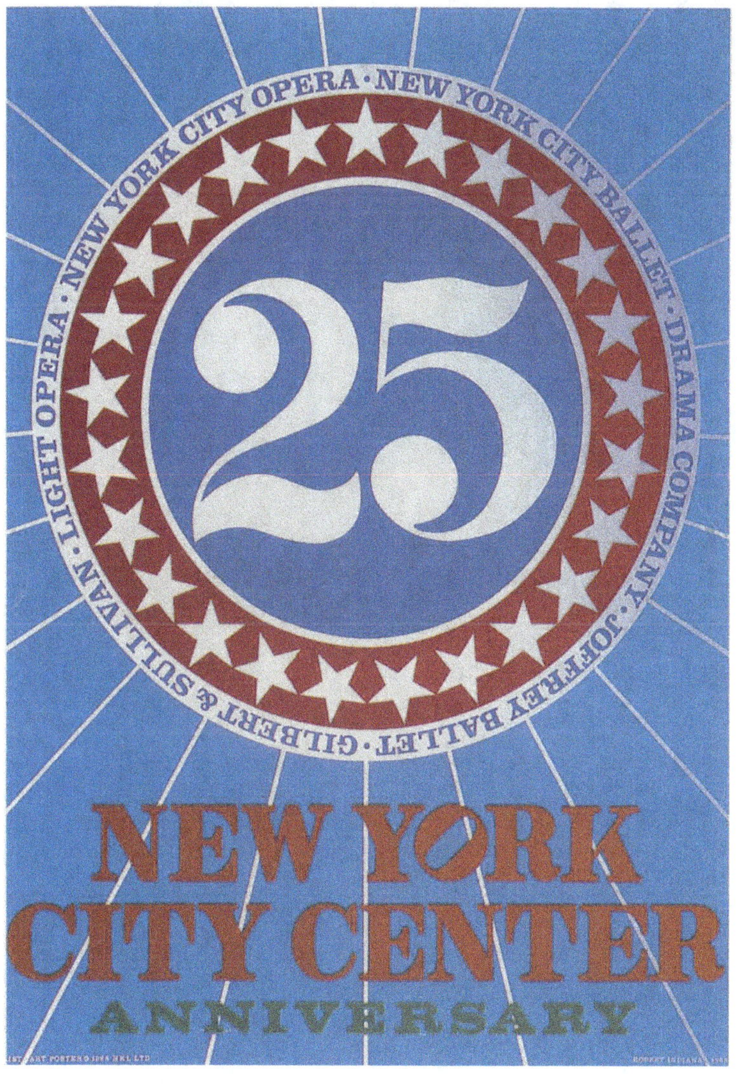

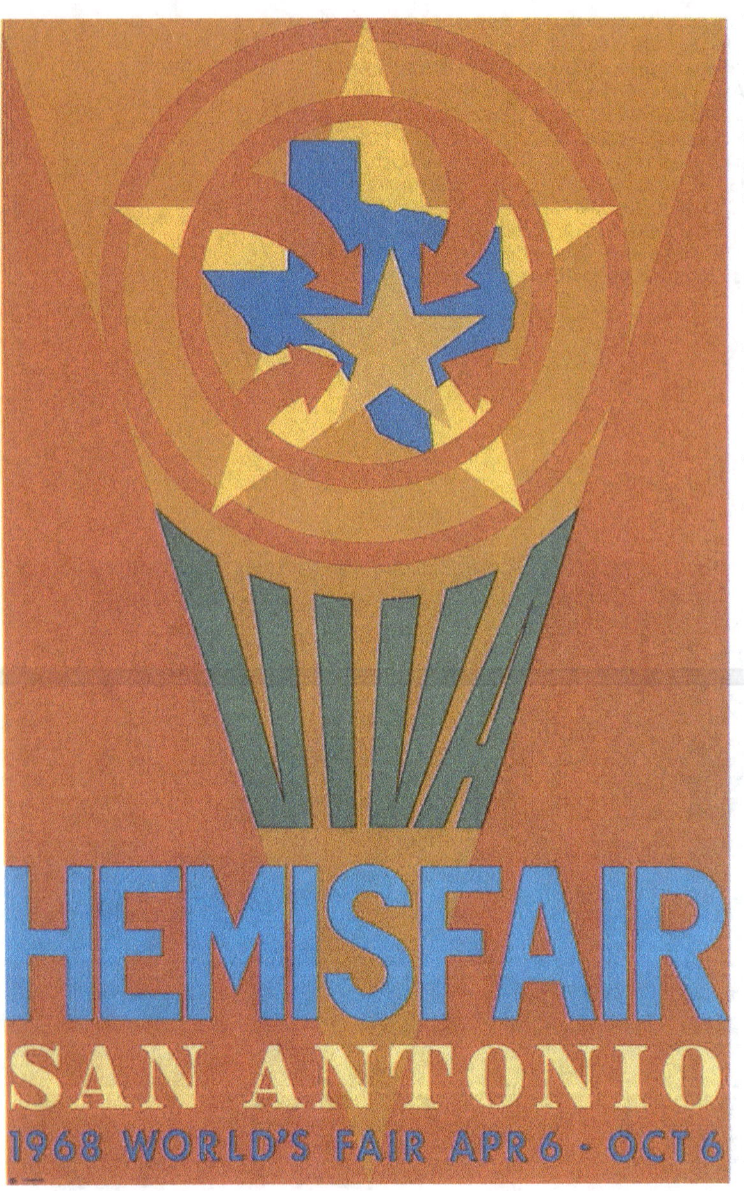

Viva Hemisfair San Antonio, 1968

Indiana bezog sich bei diesem Plakat für die Weltausstellung u. a. auf die Schablonenhaftigkeit der
US-Army-Embleme. Er hatte rund zwanzig Jahre
früher in der südtexanischen Stadt seine Grundaus-
bildung als US-Soldat erhalten. Dem für den Bun-
desstaat stehenden Stern ist die Flächenkarte von
Texas einbeschrieben. Die aus den konzentrischen
Ringen tretenden Pfeile verweisen auf die geogra-
phische Lage des ebenfalls durch einen Stern mar-
kierten Veranstaltungsortes.
Siebdruck (mehrfarbig); 117 × 76 cm
Bez. r. u.: ROBERT INDIANA
Auftragg.: Hemisfair San Antonio, Texas
Inv. Nr. 42/78
Lit. u. a.: [Kat. Ausst.] Robert Indiana. Druckgraphik
und Plakate 1961–1971. Badischer Kunstverein
Karlsruhe. Stuttgart/New York 1971, Nr. P11 m. Abb.
– Wills Franz Hermann, Druckgrafik und Ausstel-
lungsplakate von Robert Indiana, USA: Gebrauchs-
graphik 43, 1972, H. 12, 6, Abb. 3.

American Art since 1960, 1970

In diesem Plakat tauchte erstmalig als Motiv der
sogen. Alphagraph »ART« auf, der seither häufig
auf Indianas Gemälden, Drucken und Plakaten wiedergegeben wird. In der Ausstellung selbst war Indiana mit seinem Diptychon »Mother and Father«
vertreten.
Siebdruck (blau, weiß, rot); 90 × 63,5 cm
Bez. r. u.: ROBERT INDIANA 1970
Auftragg.: The American Poster Company/Prince-
ton University, New Jersey/New York
Inv. Nr. 109/77
Lit. u. a.: [Kat. Ausst.] Robert Indiana. Druckgraphik
und Plakate 1961–1971. Badischer Kunstverein
Karlsruhe. Stuttgart/New York 1971, Nr. P18 m. Abb.
– Wills Franz Hermann, Druckgraphik und Ausstellungsplakate von Robert Indiana, USA: Gebrauchs-
graphik 43, 1972, H. 12, 6, Abb. 4.

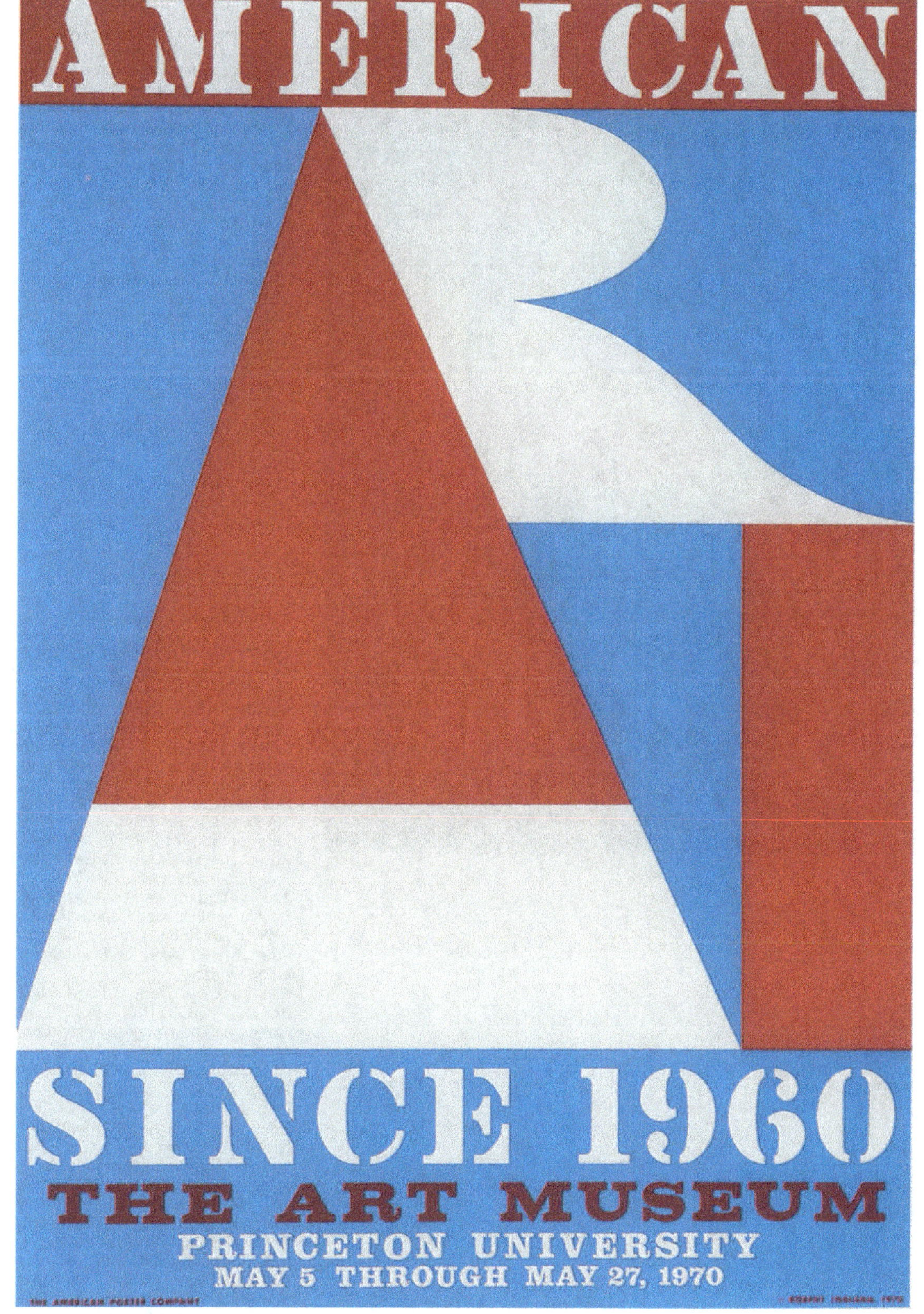

AMERICAN
ART
SINCE 1960
THE ART MUSEUM
PRINCETON UNIVERSITY
MAY 5 THROUGH MAY 27, 1970

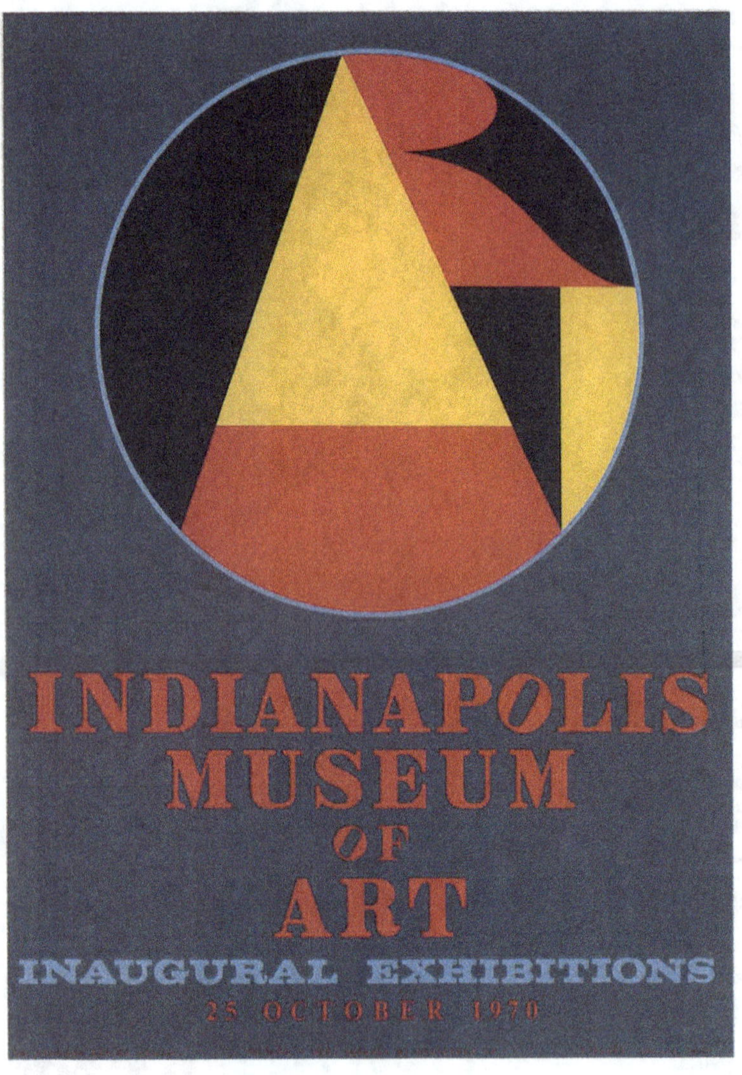

Indianapolis Museum of Art, 1970

Indiana entwarf das Plakat zur Eröffnungsausstellung des neuen Museum of Art in Indianapolis, seiner Heimatstadt. Wegen der bedeutenden Rolle, die deutsche Immigranten im Kulturleben der Stadt spielten, wurden für die Farbgebung des einem Kreis einbeschriebenen Alphagraphen »ART« die deutschen Nationalfarben verwendet.
Siebdruck (mehrfarbig); 88 × 63,5 cm
Bez. r. u.: ROBERT INDIANA 1970
Auftragg.: The American Poster Company/Museum of Art, Indianapolis/Indiana
Druck: Domberger, Stuttgart, Deutschland
Inv. Nr. 108/77
Lit. u. a.: [Kat. Ausst.] Robert Indiana. Druckgraphik und Plakate 1961–1971. Badischer Kunstverein Karlsruhe. Stuttgart/New York 1971, Nr. P19, P20 m. Abb.

4 Americans in Paris, 1970

Bereits 1967 hatte Indiana ein Plakat für Gertrude Steins Oper »The Mother of Us All« entworfen. Für die New Yorker Ausstellung über vier Mitglieder der Familie Stein, die im frühen 20. Jahrhundert in Paris zu den wichtigen Förderern der avantgardistischen Kunst gehörten, konzipierte Indiana neben dem Plakat auch fünf Fahnen, die über die Hauptfassade des Museum of Modern Art hingen.
Das Plakatmotiv der Ziffer »4« ist der zehnteiligen, 1968 entstandenen Gemäldeserie »Cardinal Numbers« entnommen, die u. a. auf der 4. Dokumenta in Kassel ausgestellt war. Diese Ziffer – als »Small Four« oder »Deutsche Vier« bezeichnet – erschien 1968 außerdem in einer »Numbers« benannten Serie von zehn Farbserigraphien (65 × 50 cm) zu Gedichten von Robert Creeley, die in einer Auflage von 125 Exemplaren bei Domberger, Bolanden, ediert wurde.
Siebdruck (blau, rot); 116,5 × 58,5 cm
Bez. r. u.: ROBERT INDIANA 1970
Auftragg.: The American Poster Company/Museum of Modern Art, New York
Druck: Domberger, Stuttgart, Deutschland
Inv. Nr. 89/74
Lit. u. a.: [Kat. Ausst.] 4. Dokumenta. Kassel 1968, Bd. 1, 128, 129 m. Abb. [Gemäldeserie]; Bd. 2, 54, Nr. 4 m. Abb. [Farbserigraphie] – [Kat. Ausst.] Robert Indiana. Druckgraphik und Plakate 1961–1971. Badischer Kunstverein Karlsruhe. Stuttgart/New York 1971, Nr. P21 m. Abb., 83, Nr. 628 – Wills Franz Hermann, Druckgraphik und Ausstellungsplakate von Robert Indiana, USA: Gebrauchsgraphik 43, 1972, H. 12, 9, Abb. 8 – [Kat. Ausst.] Künstlerplakate aus den USA. Plakate, graphische Blätter und Zeichnungen aus dem Dresdner Kupferstichkabinett. Albertinum. Dresden 1980, Nr. 93.

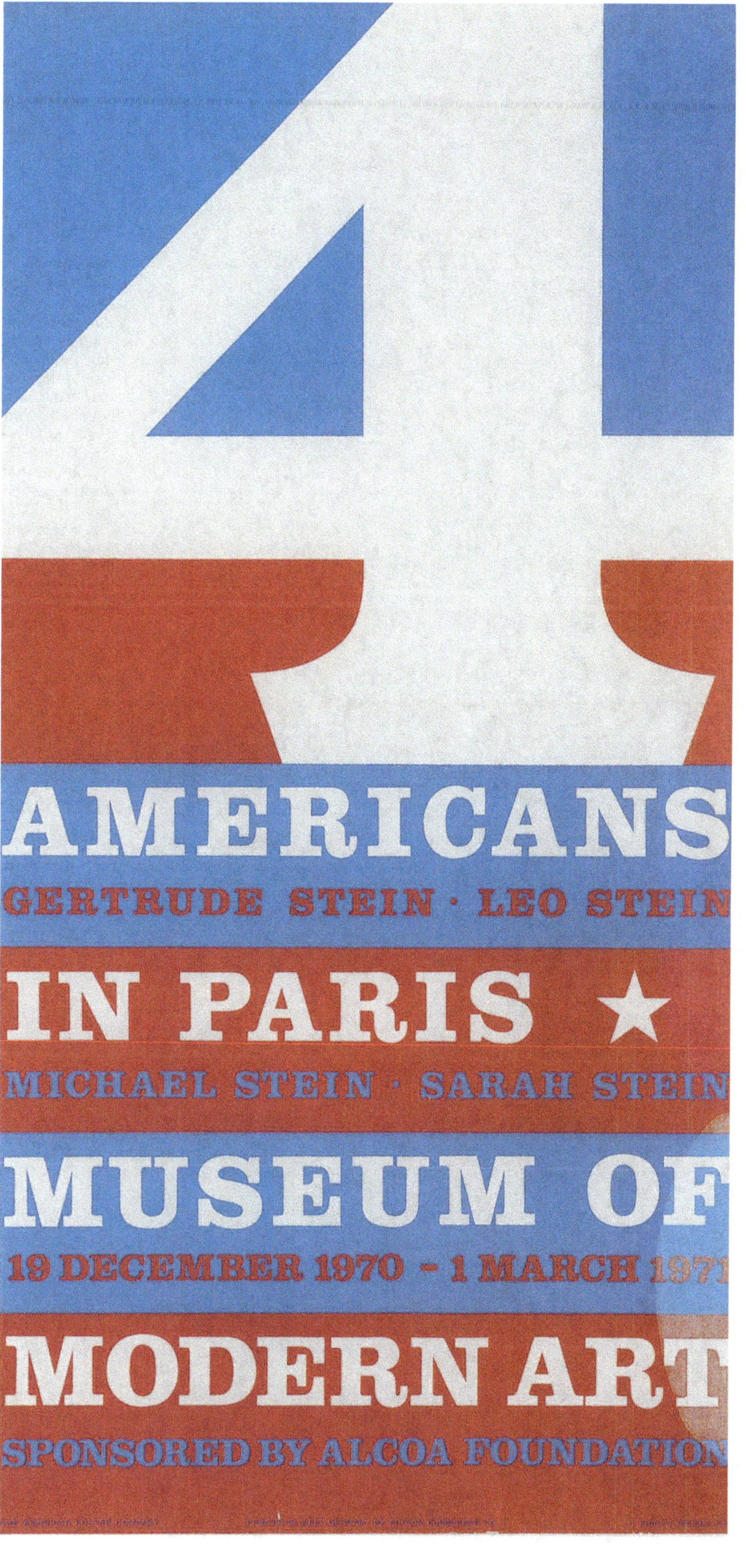

4
AMERICANS
GERTRUDE STEIN · LEO STEIN
IN PARIS ★
MICHAEL STEIN · SARAH STEIN
MUSEUM OF
19 DECEMBER 1970 – 1 MARCH 1971
MODERN ART
SPONSORED BY ALCOA FOUNDATION

Indiana – Love, 1972

1965 entwarf Indiana für das Museum of Modern
Art in New York eine Weihnachtskarte, auf der erstmals der Begriff »LOVE« in der für Indiana charakteristischen Gestaltung erschien: die Buchstaben
sind blockartig innerhalb eines durch die horizontale und vertikale Symmetrieachse geteilten Qua-
drats aufgebaut, wobei dieses Kompositionsgerüst
durch die Farbbezüge überspielt wird. Seither
wurde das Motiv vielfach variiert (siehe auch das
Plakat »KÖLN« von 1967 [Inv. Nr. 43/71] oder »LOVE
ENCOUNTER« von 1973 [Inv. Nr. 88/74]).
Siebdruck (hellblau, rot); 84,5 × 62 cm
Auftragg.: Louisiana Museum, Humlebaek, Däne-
mark
Druck: Domberger, Stuttgart, Deutschland
Inv. Nr. 21/74
Lit. u. a.: [Kat. Ausst.] Robert Indiana, Druckgraphik
und Plakate 1961–1971. Badischer Kunstverein,
Karlsruhe. Stuttgart/New York 1971, Nr. P7 m. Abb.
[»Love Indiana«, 1966] – Barnicoat John, Das Pla-
kat. München/Wien/Zürich 1972, 84, 104, Abb. 103
[Plakatvariante »Noel«, 1968] – [Kat. Ausst.] Images
of an Era. The American poster 1945–75. National
Collection of Fine Arts. Washington D.C. 1975,
Nr. 38 m. Abb. [»Love Indiana«, 1966].

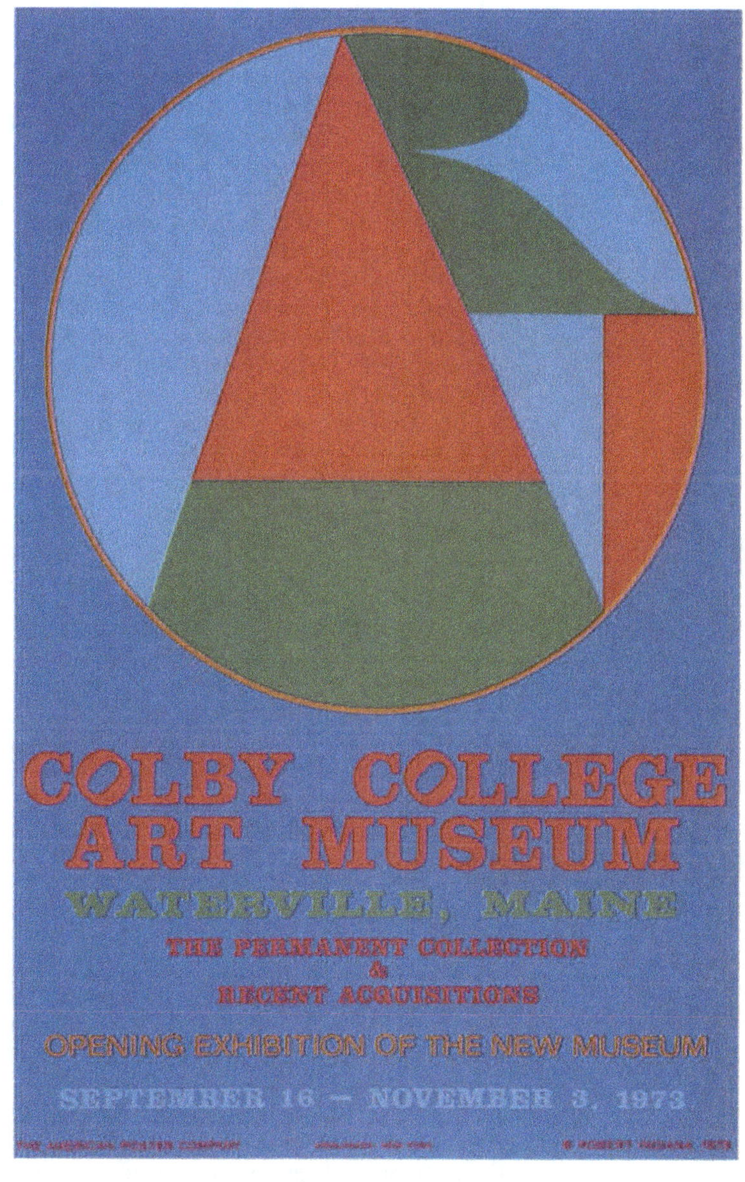

Colby College Art Museum, 1973

Der Plakatentwurf variiert das Motiv des sogen. Al-
phagraphen »ART«, den Indiana erstmalig 1970
verwendete (vgl. die Plakate von 1970 mit
Inv. Nr. 109/77 u. 108/77). Eine weitere Version ent-
stand 1972 für das High Museum of Art in Atlanta;
sie wird ebenfalls in der Neuen Sammlung bewahrt
(Inv. Nr. 323/89).
Siebdruck (mehrfarbig); 89 × 58 cm
Bez. r. u.: Robert Indiana 1973
Auftragg.: The American Poster Company, Vinalha-
ven/New York, und Colby College Art Museum, Wa-
terville/Maine
Inv. Nr. 20/76
Lit. u. a.: [Kat.] Künstler Plakate. 1980. Galerie für
Moderne Kunst und Plakatkunst H. F. Lempert. Bonn
1979, Nr. 1018 m. Abb.

Jasper Johns

15.5.1930 Allendale/South California – lebt
in New York
Jasper Johns zählt zu den entscheidenden
Initiatoren der Pop Art. Nach Studium an
der University of South Carolina ging er
1952 nach New York, wo er sich Robert
Rauschenberg anschloß. Zusammen mit
diesem und dem Komponisten John Cage
entstanden zunächst frühe Formen des
Happenings. Mitte der fünfziger Jahre
wandte Johns sich bewußt banalen Sujets
zu: Mit den Zahlen-, Flaggen- und Schieß-
scheiben-Motiven seiner großformatigen
Gemälde warf er – in Weiterführung des
Gedankengutes von Marcel Duchamp – erneut das Problem der Identität von gemal-
tem und realem Gegenstand auf. Seit 1972
überzog er seine Leinwände gleichmäßig
mit Pinselschraffuren.
Mit Druckgraphik beschäftigte er sich
seit 1960. Auf Anregung der Verlegerin
Tatyana Grosman, die in West Islip (Long
Island) die einflußreiche U.L.A.E.-Druck-
werkstatt betrieb, entstanden zunächst
Lithographien, später Radierungen, Serigraphien und Monotypien. Seinen ersten
Siebdruck entwarf Johns 1966 mit einem
Plakat für die Merce-Cunningham-Dance-
Company, deren künstlerischer Berater er
1961–1973 war. Darüberhinaus befaßte er
sich mit Buchillustrationen (u.a. für Sa-
muel Becketts »Foirades/Fizzles«, 1976).
Der Großteil seiner häufig in zahlreichen
Druckvorgängen hergestellten Graphiken
und Plakate wiederholt bzw. variiert Arbeiten, die Johns bereits in anderen Techniken ausgeführt hatte. »Ich wiederhole
gerne ein Motiv in einem anderen Medium, um das Spiel zwischen den beiden
zu beobachten: dem Motiv und dem Medium.« (Johns, nach Geelhaar 1979).

Lit. u. a.: Geelhaar Christian, [Kat. Ausst.] Jasper
Johns. Working Proofs. Kunstmuseum Basel/Gra-
phische Sammlung München u. a. Basel 1979 –
Castleman Riva, Jasper Johns. Die Druckgraphik.
München 1986 [dort weit. Lit.].

Recent Still Life, 1966

Das in 2100 Exemplaren im Lichtdruck-Verfahren
hergestellte Plakat geht auf eine 1965 entworfene
Lithographie zurück, die für das Museum of Art der
Rhode Island School of Design entstand.
Lichtdruck (grau, schwarz, braun); 89 × 51 cm
Bez. l. u.: Jasper Johns
Auftragg.: List Art Poster Program of the American
Federation of Arts/Rhode Island School of Design,
Providence
Druck: Meriden Gravure Company
Inv. Nr. 44/78
Lit. u. a.: [Kat. Ausst.] Jasper Johns Graphik. Kunst-
halle. Bern 1971, Nr. 50A, 50 m. Abb. [Lithographie]
– [Kat. Ausst.] Images of an Era. The American po-
ster 1945–75. National Collection of Fine Arts.
Washington D. C. 1975, Nr. 41 m. Abb. – [Kat. Ausst.]
Künstlerplakate aus den USA. Plakate, graphische
Blätter und Zeichnungen aus dem Dresdner Kupfer-
stichkabinett. Albertinum. Dresden 1980, Nr. 98
m. Abb. – Sparks Esther, [Kat.] Universal Limited Art
Editions. The Art Institute of Chicago. New York
1989, 363, Nr. 59 m. Abb.

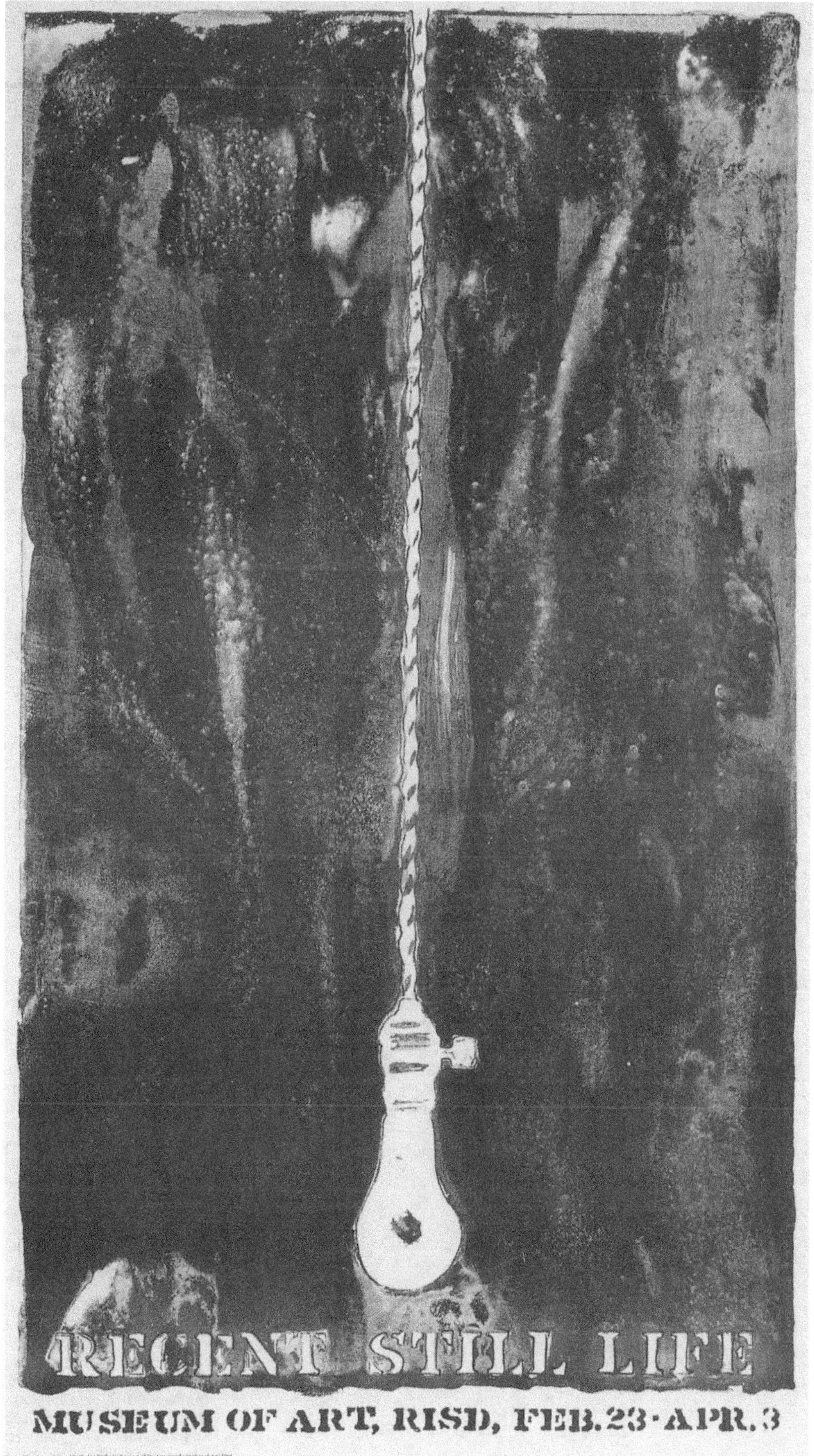

RECENT STILL LIFE
MUSEUM OF ART, RISD, FEB. 23 · APR. 3

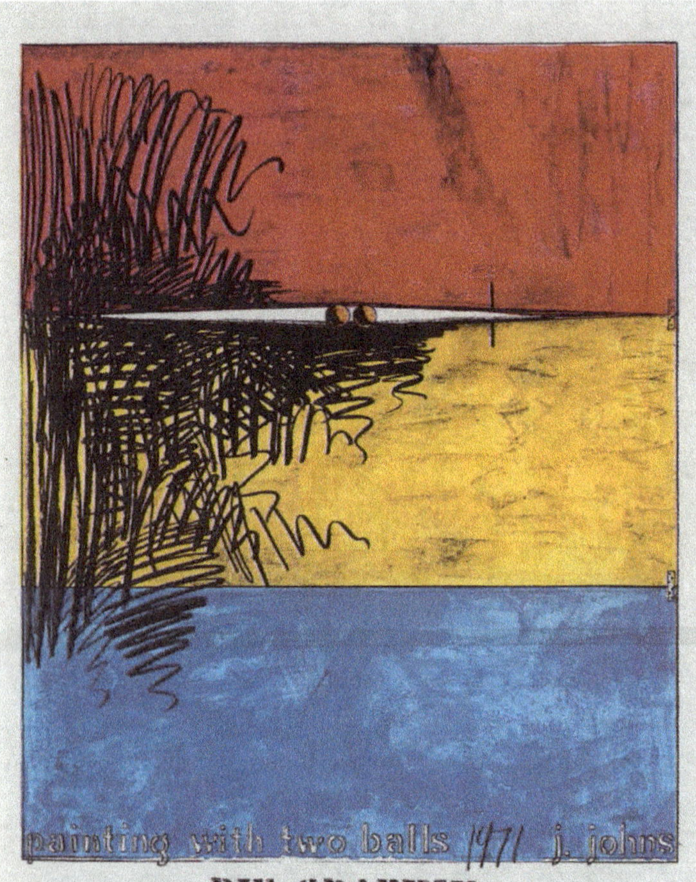

Die Graphik – Jasper Johns, 1971

Das Plakat für die Ausstellung in der Kunsthalle Bern basiert auf dem gleichzeitig entstandenen Siebdruck »Painting with Two Balls«, dem Johns den Schriftblock mit Angaben zu Ausstellungstitel, -ort und -zeitraum hinzufügte. Johns behandelte hier ein Thema, das ihn lange begleitete: eine gemalte Fassung dieses Themas stammte von 1966, eine Studie dazu bereits von 1957; eine 1962 datierte Variante ist Johns' erste Farblithographie.
Siebdruck (mehrfarbig); 100 × 70 cm
Bez.: painting with two balls 1971 j. johns
Auftragg.: Kunsthalle, Bern, Schweiz
Druck: Albin Uldry, Bern
Inv. Nr. 326/89
Lit. u. a.: [Kat. Ausst.] Jasper Johns Graphik. Kunsthalle. Bern 1971, Nr. 131 A, 130 m. Abb. [Siebdruck] – Field Richard S., [Kat. Ausst.] Jasper Johns. Prints 1970–1977. Wesleyan University. Middleton/London 1978, Nr. 132 m. Abb. [Siebdruck] – Castleman Riva, Jasper Johns. Die Druckgraphik. München 1986, 15–16, 37, 62 m. Abb. [Lithographie] – Sparks Esther, [Kat.] Universal Limited Art Editions. The Art Institute of Chicago. New York 1989, 348, Nr. 8 u. 9 m. Abb. [Lithographie].

Jasper Johns, 1977

Das 1977 im Auftrag des Whitney Museum entworfene Plakat wurde unter dem Titel »Savarin« im gleichen Jahr auch »avant la lettre« als 17-Farben-Lithographie in einer Auflage von 50 Exemplaren sowie 10 Probeabzügen gedruckt (115,6 × 87,9 cm; Universal Limited Art Editions). Das in unlimitierter Auflage edierte Plakat (4-Farben-Offsetlithographie) der Wanderausstellung wurde jeweils mit abgeändertem Schriftblock – hier für das San Francisco Museum of Modern Art, 1978 – versehen.
Offset-Lithographie (mehrfarbig); 116 × 75 cm
Auftragg.: Whitney Museum of American Art, New York
Druck: Telamon Editions Ltd., West Islip/New York
Inv. Nr. 37/80
Lit. u. a.: Field Richard S., [Kat. Ausst.] Jasper Johns. Prints 1970–1977. Wesleyan University. Middleton/London 1978, Nr. 259 m. Abb. [Lithographie] – Wichmann Hans, [Kat. Ausst.] Neu. Donationen und Neuerwerbungen 1980/81. München 1982, 14 m. Abb. – Castleman Riva, Jasper Johns. Die Druckgraphik. München 1986, 42, 97 m. Abb. [Lithographie] – Sparks Esther, [Kat.] Universal Limited Art Editions. The Art Institute of Chicago. New York 1989, 386 m. Abb., vgl. auch Nr. 119–129 [»Savarin«].

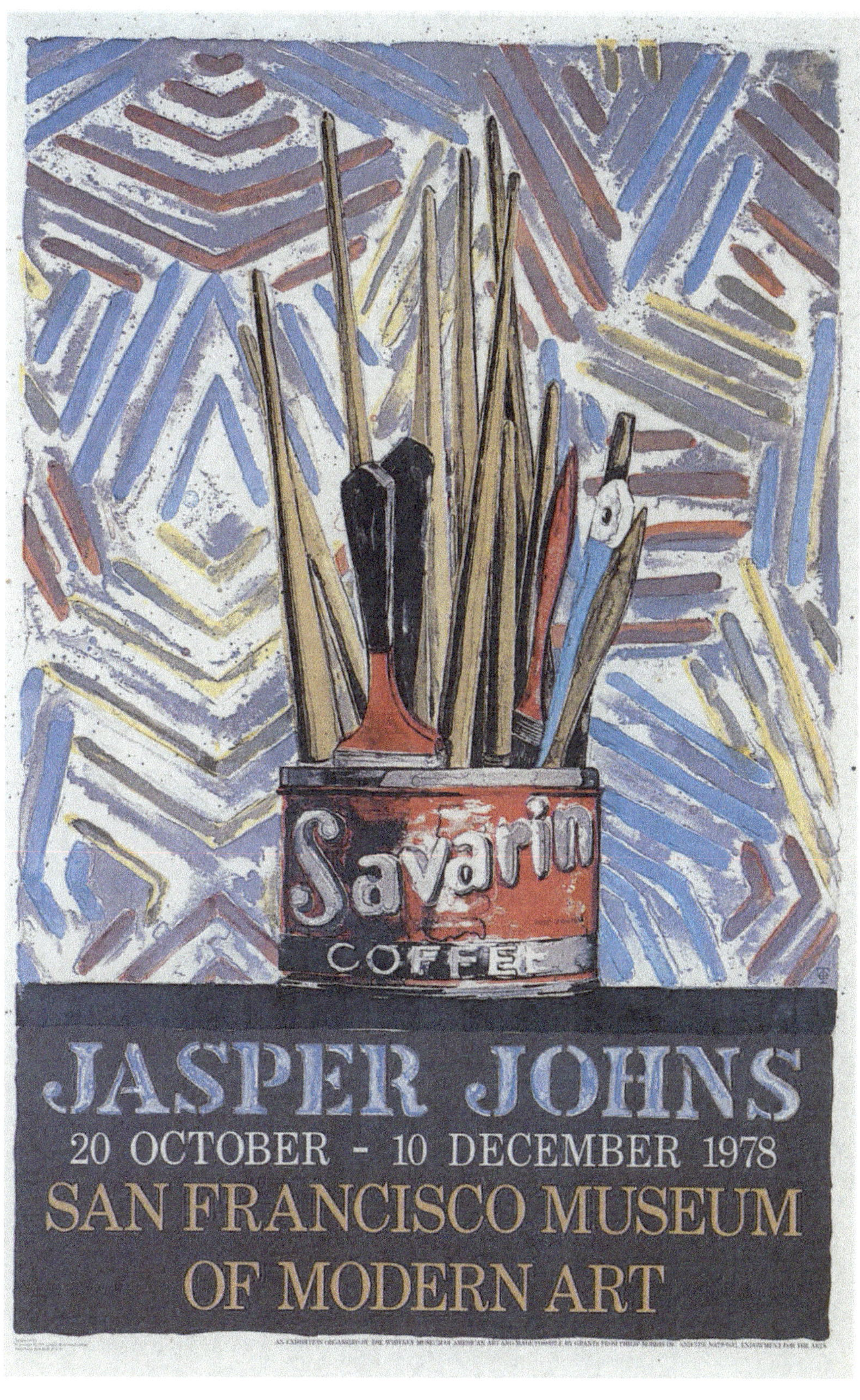
Savarin
COFFEE
JASPER JOHNS
20 OCTOBER - 10 DECEMBER 1978
SAN FRANCISCO MUSEUM
OF MODERN ART

Ellsworth Kelly

31.5.1923 Newburgh/New York – lebt in
New York
Seine künstlerische Prägung erhielt der
Maler und Bildhauer nach Studienaufent-
halten in New York (1941/42, Pratt Institute)
und Boston (1946/47, School of the Museum of Fine Arts) vor allem während seines Frankreichaufenthalts 1948–1953. Er
besuchte die Ecole des Beaux-Arts in Paris
und entwickelte seit 1949 – beeinflußt von
Brancusi, Vantangerloo, Picabia und Arp –
seine ersten abstrakten Arbeiten. Nach seiner Rückkehr nach New York 1954 wurde
Kelly in den sechziger Jahren zu einem
Hauptvertreter der sogen. »Hard Edge«-
Malerei. Einen parallelen Werkkomplex neben diesem Œuvre bilden seine auf die
Umrißzeichnung reduzierten Pflanzendar-
stellungen.
Kellys druckgraphisches Werk ist außeror-
dentlich umfangreich. 1939–1946 entstanden erste Plakatentwürfe. In den fünfziger
Jahren trat er in Kontakt mit dem Pariser
Galeristen Aimé Maeght, der ihm 1958 und
1964 Einzelausstellungen widmete, die von
Ausgaben des Periodikums »Derrière le
Miroir« begleitet wurden. Kelly entwarf dafür Lithographieserien, Einladungskarten
und Plakate ebenso wie für seine Ausstellungen in den USA. Hier arbeitete er mit
den Druckereien Gemini G.E.L. und Tyler
Graphics Ltd. zusammen. Darüberhinaus
entwarf Kelly Stoffmuster (1951 für den
Schweizer Textilfabrikanten Gustav Zum-
steg) sowie seit den frühen achtziger Jahren Weinetiketten für die Privatkellerei
»Douglas Wineyards« des Hollywoodpro-
duzenten Douglas Cramer.

Lit. u. a.: Rose Barbara u. Ellsworth Kelly, [Kat.
Ausst.] Ellsworth Kelly. Paintings and sculptures
1963–1977. Stedelijk Museum. Amsterdam 1979 –
[Kat. Ausst.] Amerikanische Malerei 1930–1980.
Haus der Kunst. München 1981, 247–248 [dort weit.
Lit.] – Fine Ruth E., [Kat. Ausst.] Gemini G. E. L. Na-
tional Gallery of Art, Washington D. C. New York,
1984, 127–143, 259 – Axsom Richard A., [Kat.
Ausst.] The Prints of Ellsworth Kelly. A catalogue
raisonné 1949–1985. American Federation of Arts.
New York 1987 [dort weit. Lit.].

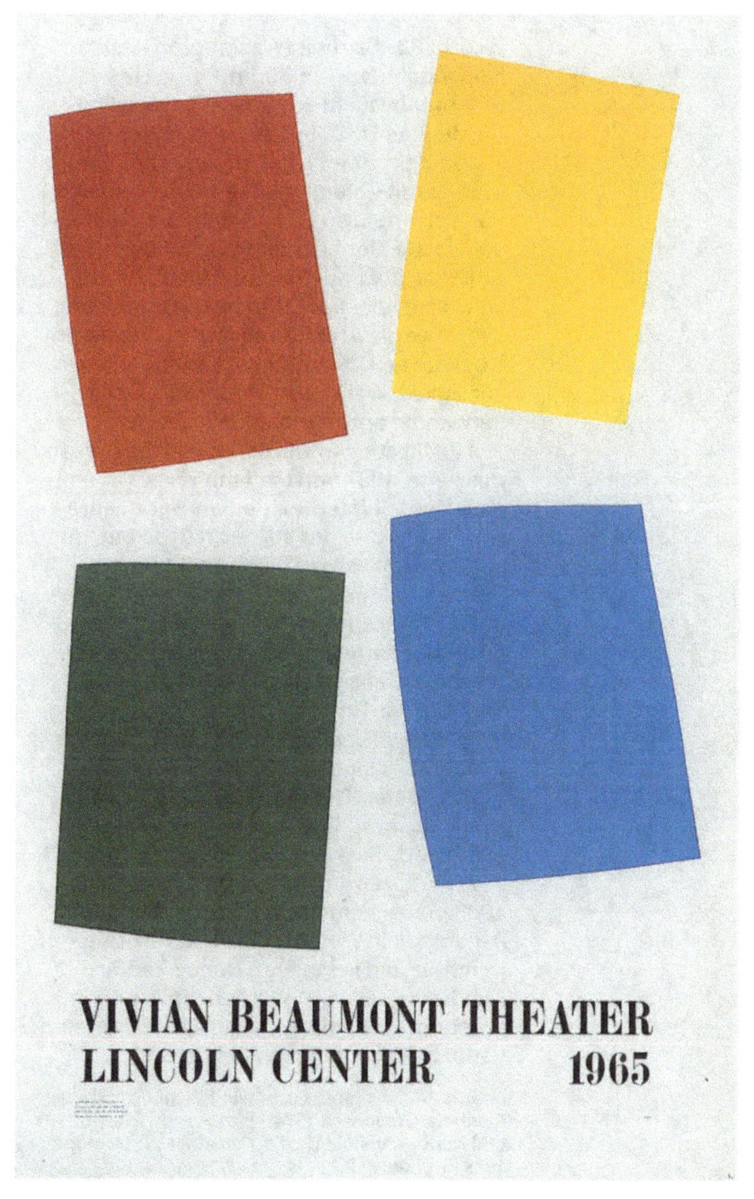

Vivian Beaumont Theater, 1965

Das Plakat wurde in einer Auflage von 100 signier-
ten, numerierten Exemplaren (106 × 66 cm) sowie
in unlimitierter Stückzahl (117 × 76 cm) ediert.
Kelly entwarf es 1965 für das im New Yorker Lincoln
Center neu eröffnete Theater, im Rahmen einer
1964 von der Albert A. List Foudation und der
American Federation of Arts initiierten Plakatserie
zugunsten des Lincoln Center for the Performing
Arts (vgl. auch das Plakat von Motherwell, 1969).
Lithographie (mehrfarbig); 117 × 76 cm
Bez. l. u.: ELLSWORTH KELLY
Auftragg.: Lincoln Center/List Art Poster Program of
the American Federation of Arts, New York
Druck: Pratt Graphic Art Center, New York
Inv. Nr. 68/79

Lit. u. a.: Axsom Richard A., [Kat. Ausst.] The Prints
of Ellsworth Kelly. A catalogue raisonné 1949–1985.
American Federation of Arts. New York 1987, 182
m. Abb.

Edward Kienholz

23.10.1927 Fairfield/Washington – lebt in
Hope/Idaho bzw. in Berlin
Kienholz besuchte mehrere Colleges im
Westen der USA, ist jedoch künstlerischer
Autodidakt. Seinen Lebensunterhalt be-
stritt er mit Gelegenheitsarbeiten und siedelte sich 1953 in Los Angeles an. Seit 1954
erweiterte Kienholz seine Gemälde mit
Hilfe von auf Baustellen gefundenen Holz-
stücken in die dritte Dimension und verfremdete die Arbeiten zusätzlich mit einem
Überzug aus Kunststofflack in expressiver
Farbigkeit. Während der fünfziger Jahre
verwandte er zunehmend Versatzstücke
aus Zivilisationsmüll, die er zu Objekten ar-
rangierte. 1961 entstand mit »Roxy's« – einem Bordell-Interieur der vierziger Jahre –
der Prototyp seiner späteren Arbeiten, der
sogen. »Tableaux«. Diese im Sinne der
Conceptual Art entworfenen Environments
mit z. T. monströsen Verfremdungen, vor
allem der dargestellten Personen, greifen
als dreidimensionale Collagen aktuelle
Themen wie Rassendiskriminierung, Krieg,
Prostitution, Vereinsamung des Menschen
in der Massengesellschaft auf. Zu seinen
bekanntesten Werken zählen neben »Roxy's« (ausgestellt auf der Documenta IV,
1968) und »Five Car Stud« (Documenta V,
1972) u. a. »Portable War Memorial« von
1968. Seit einem vom DAAD ermöglichten
Aufenthalt in West-Berlin 1973 verbringen
Kienholz und seine Frau Nancy Reddin
Kienholz – seit 1981 werden die Arbeiten
gemeinsam signiert – jeweils eine Jahres-
hälfte in Hope/Idaho und in Berlin.

Lit. u. a.: Hultén Pontus u. Edward Kienholz, Edward
Kienholz. Greenwich 1974 – [Kat. Ausst.] Edward
und Nancy Kienholz 1980's. Kunsthalle. Düsseldorf
1989 [dort weit. Lit.].

Ausstellung in Anspielung auf Warenverpackungen
(Etiketten, Flaschenkapseln etc.) graphisch konzi-
piert.
Siebdruck (weiß, rot, schwarz); 96 × 32 cm
Auftragg.: Stedelijk Museum, Amsterdam, Nieder-
lande
Druck: Zeeddrukkerij Paardekooper, Amsterdam
Inv. Nr. 3606/82.

Kienholz – Tableaux, 1970

Das Plakat entstand anläßlich der ersten großen
Wanderausstellung von Werken Edward Kienholz',
die im gleichen Jahr unter dem Titel »11 + 11 tableaux« im Moderna Museet Stockholm, in Amsterdam und in der Städtischen Kunsthalle Düsseldorf
gezeigt wurde. Das Plakatmotiv verdeutlicht die ursprüngliche Verbundenheit der Arbeiten Kienholz'
mit der Pop Art. Gemeinsam ist die Aufhebung der
Grenzen zwischen Kunst- und Alltagswelt und die
als bildwürdig erkannte und monumentalisierte banale Umwelt der modernen Konsumgesellschaft.
So werden bei diesem Plakat der Künstlername, Titel des Werkkomplexes und Veranstaltungsort der

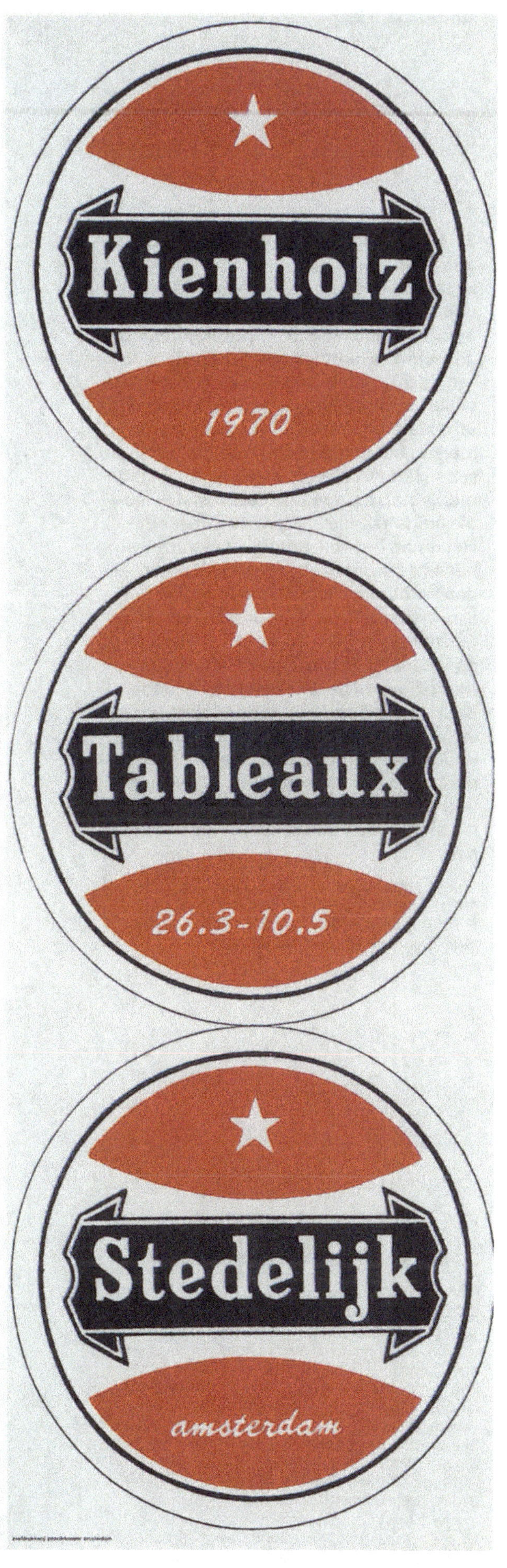

Kienholz
1970
Tableaux
26.3-10.5
Stedelijk
amsterdam

Ronald B. Kitaj

29. 10. 1932 Cleveland/Ohio – lebt in London
Kitaj studierte u. a. an der Wiener Akademie und am Royal College of Art in London. 1966 entstanden Zeichnungen für die Zeitschrift »Sports Illustrated«, seit 1975 zahlreiche, durch Degas beeinflußte Pastelle. Seine intellektuelle, von zeitgenössischer Literatur und Dichtung angeregte Malerei besitzt deutliche Affinität zur englischen Pop Art (David Hockney, Allen Jones u. a.). Kitajs spröde und flache Malweise – die aufgetragene Farbe wird mit der Rasierklinge fast vollständig abgekratzt – eignet sich besonders zur Reproduktion durch den Siebdruck. Seit 1963 entstanden in Zusammenarbeit mit dem Drucker Chris Prater zahlreiche Siebdrucke und Plakate, in denen häufig Fragmente klischeehafter Darstellungen der Wirklichkeit – Photos, Buchumschläge, Illustriertenabbildungen etc. – zu überraschenden, collageartigen Bildeinheiten verbunden wurden. Kitaj thematisierte in diesen Arbeiten die Massen- und Konsumgesellschaft mit ihren sozialen, politischen und sexuellen Implikationen.

Lit. u. a.: [Kat. Ausst.] Complete Graphics 1963–1969. Galerie Mikro. Berlin 1969 – [Kat. Ausst.] R. B. Kitaj. Kunsthalle. Düsseldorf 1982 – Livingstone Marco, R. B. Kitaj. Oxford 1985.

Olympische Spiele München 1972, 1970

Das als 11farbige Serigraphie im Rahmen der 3. Teilserie für die Edition Olympia (s. S. 151) bereits 1970 gedruckte Plakat gehört zu den wenigen Entwürfen, die thematisch auf die Spiele Bezug nahmen.
Wie von allen Plakaten der Serie erschienen auch hierzu 200 signierte und numerierte Exemplare »avant la lettre«.
Siebdruck (grün, braun, blau); 101 × 64 cm
Bez. im Bild r. u.: Kitaj
Auftragg.: Edition Olympia, München, Deutschland
Druck: Bruckmann KG, München
Inv. Nr. 573/81
Lit. u. a.: [Kat. Ausst.] Kunst und Design. Kultur Olympia. Orangerie. Kassel 1986, 36 m. Abb.

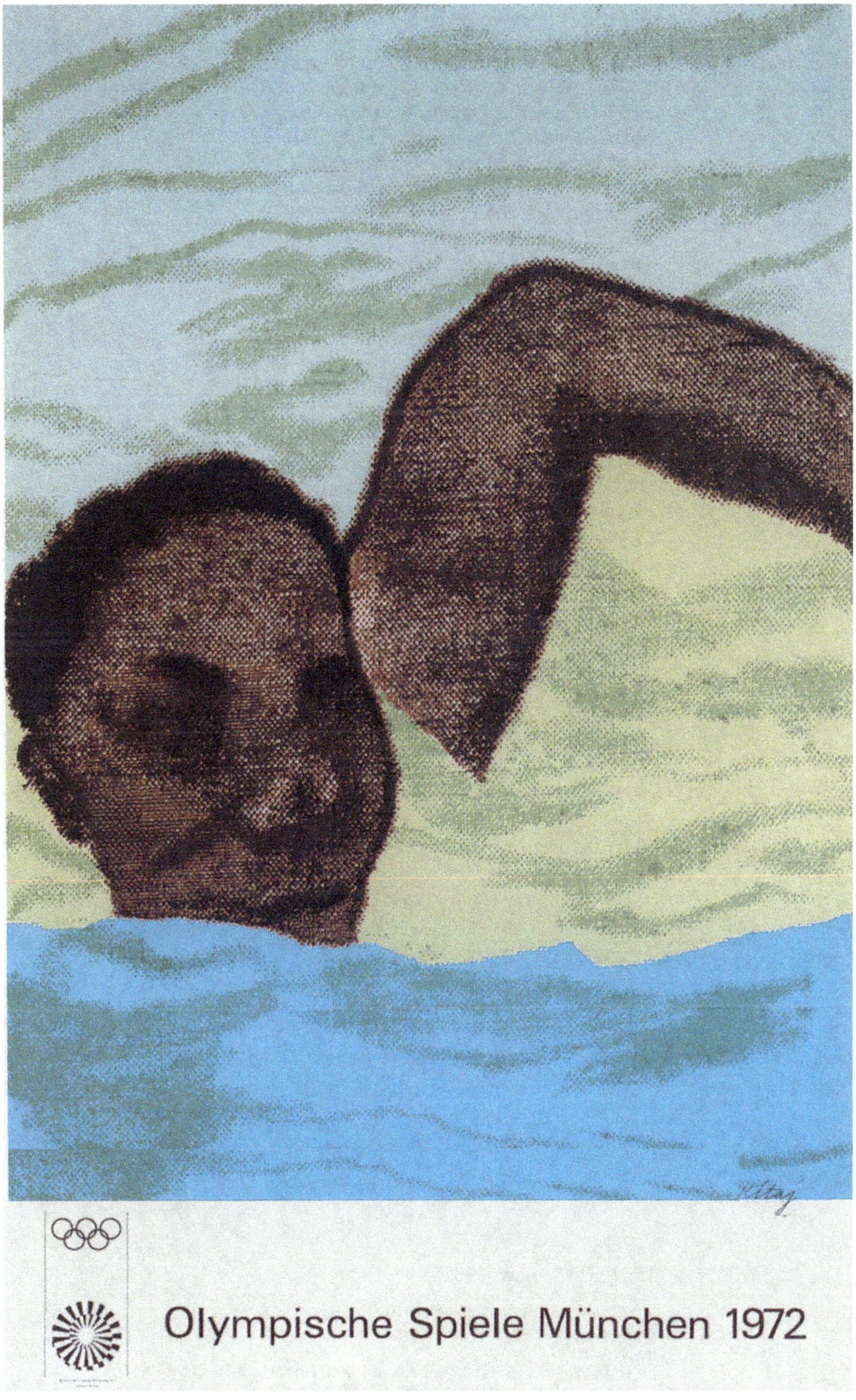

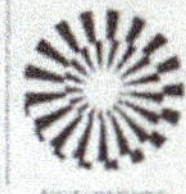

Olympische Spiele München 1972

31.5.1929 New York – lebt in Ridgefield/
Connecticut
Nach Studium an der Art Students League
(1948–1950) und bei Hans Hofmann (1950/
51) in New York arbeitete Krushenick zunächst als Schaufensterdekorateur und für
das Museum of Modern Art, New York.
Später unterrichtete er u.a. an der Cooper
Union School, New York, (1967/68) und
entwarf Bühnenbilder und Kostüme für
Theateraufführungen. Seine ornamentalen
Kompositionen mit stark leuchtenden Farben im Sinne des Hard Edge und der Op
Art charakterisieren gleichermaßen seine
Malerei und Graphik. Krushenicks Beschäftigung mit Siebdrucken und Plakaten reicht
in das Jahr 1958 zurück, doch setzte er sich
erst seit seinem Stipendium an dem Tamarind Lithography Workshop in Los Angeles
(1965) intensiver mit diesem Bereich auseinander. Zu seinen Siebdrucken sagte
Krushenick 1969: »It just takes just as
much thought and effort as a painting. It's
the same work; the only thing is you never
execute it, because it is executed by pro-
fessional printmakers.«

Lit.u.a.: Robins Corinne, The artist speaks. Nicholas
Krushenick: Art in America 57, 1969, Nr.3, 60–65 –
[Kat.Ausst.] Nicholas Krushenick. Kestner-Gesell-
schaft. Hannover 1972.

The Paris Review, 1965

Siebdruck (gelb, blau, schwarz); 101,5 × 66 cm
Auftragg.: The Paris Review, New York
Inv.Nr.439/87
Lit.u.a.: Wichmann Hans, [Kat.Ausst.] Neu. Dona-
tionen und Neuerwerbungen 1986/87. Die Neue
Sammlung. München 1989, 188 u. 189 m.Abb.

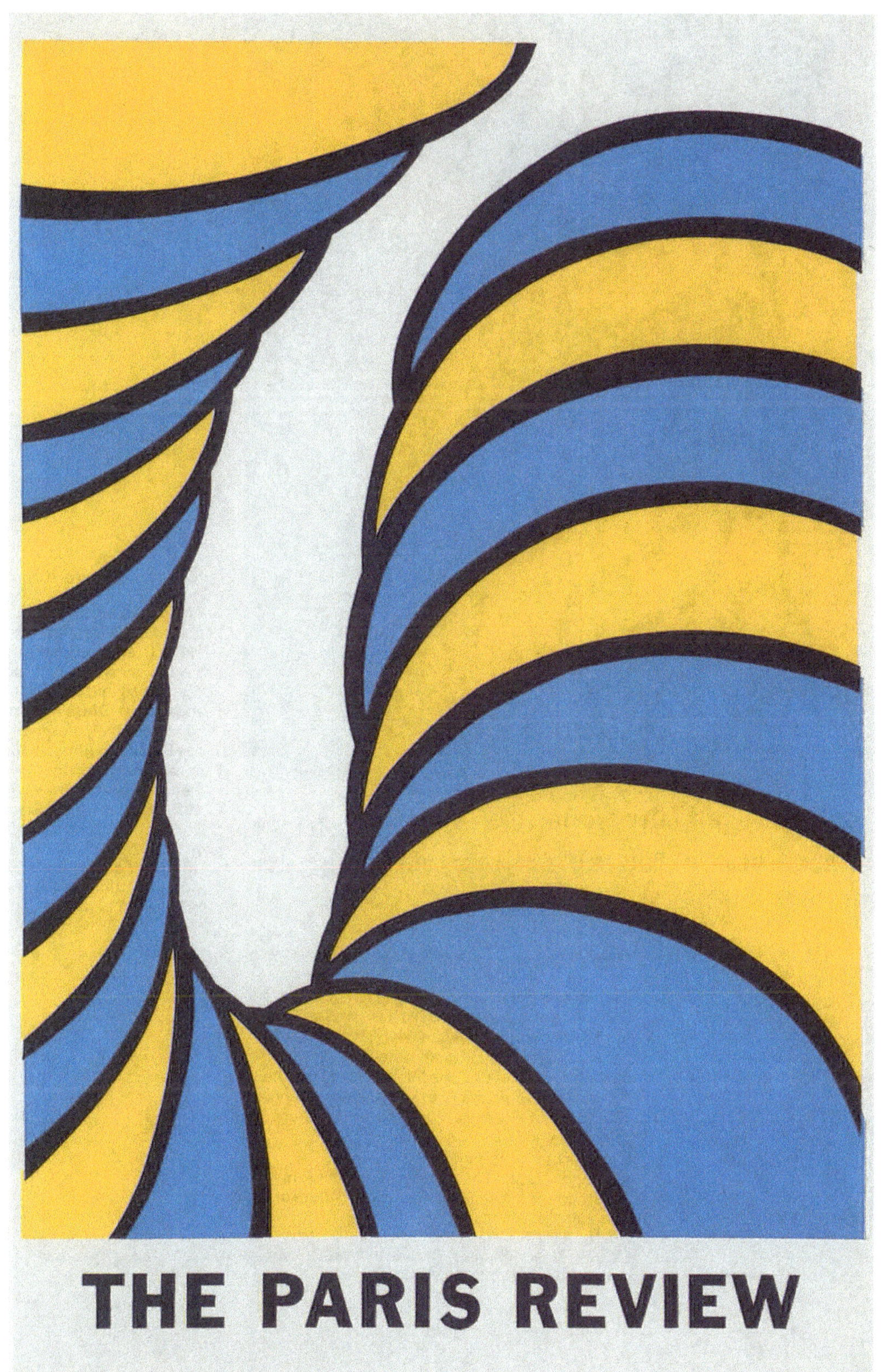
THE PARIS REVIEW

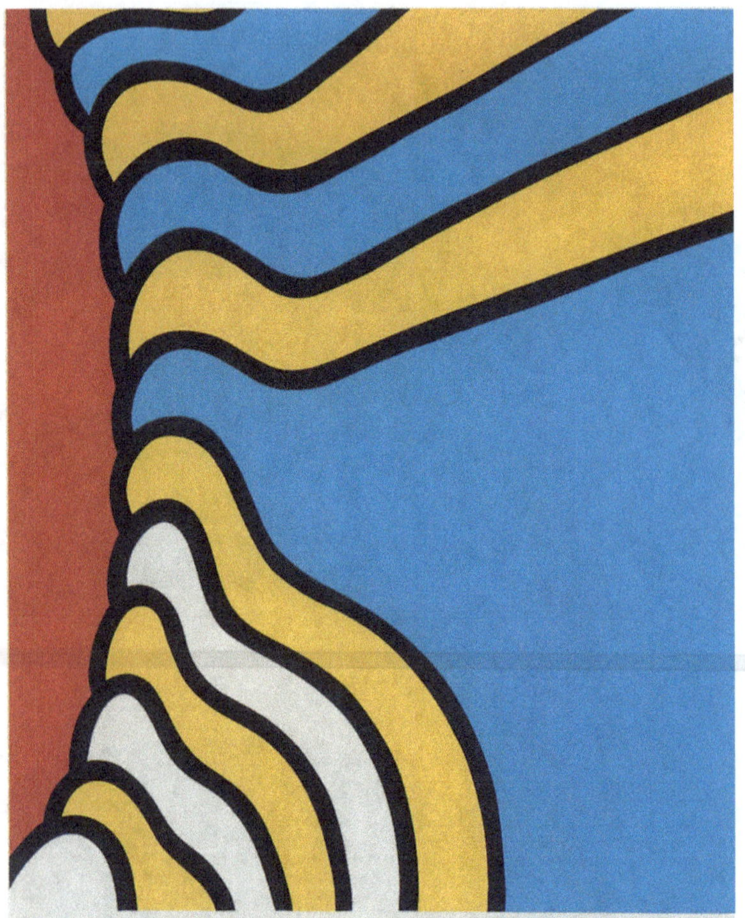

New York State Award, 1970

Krushenick verwendet bei seinen Gemälden, Graphiken und Plakaten stets die gleichen stilistischen Mittel: stark leuchtende Farben werden in klar definierten, meist geometrischen Formen nebeneinander gesetzt und durch harte Umrisse voneinander abgegrenzt. Diese Prinzipien der sogen. »Hard Edge«-Malerei, die eigentlich zu einer Betonung des Flächigen führen, konterkariert Krushenick durch Raumillusionen.
Siebdruck (rot, schwarz, gelb); 89 × 63,4 cm
Auftragg.: New York State Council on the Arts,
Druck: HKL Ltd., New York
Inv. Nr. 12/71
Lit. u. a.: [Kat.] Künstler Plakate. 1980. Galerie für Moderne Kunst und Plakatkunst H. F. Lempert. Bonn 1979, Nr. 1219 m. Abb.

50th Anniversary Exhibition, 1965

Die wie an einer Leine aufgereihten Farben der Nationalflaggen der skandinavischen Länder Dänemark (weiß, rot), Norwegen (weiß, blau, rot) und Schweden (gelb, blau) bestimmen das Plakat zur Jubiläumsausstellung des Minneapolis Institute of Art – in einer Stadt mit überwiegend aus Skandinavien abstammender Bevölkerung an den Ufern des Mississippi.
Siebdruck (mehrfarbig); 88,8 × 63,5 cm
Auftragg.: List Art Poster Program of The American Federation of Arts/The Minneapolis Institute of Arts, Minneapolis/Minnesota
Inv. Nr. 109/70
Lit. u. a.: Mason Stanley, American art posters: Graphis 24, 1968, Nr. 135, 80, Abb. 8.

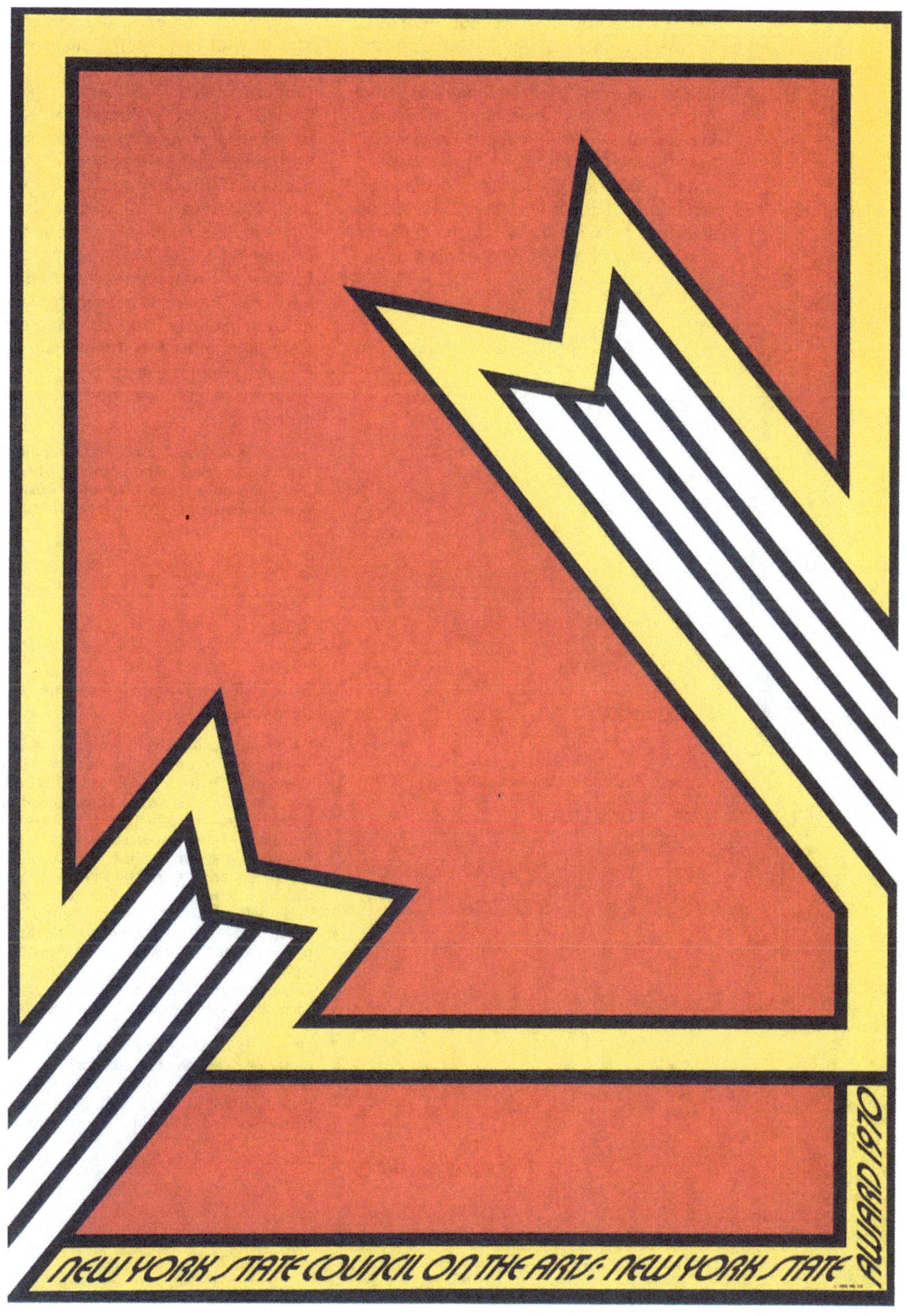

NEW YORK STATE COUNCIL ON THE ARTS: NEW YORK STATE
AWARD 1970

9.9.1928 Hartford/Connecticut – lebt in
Chester/Connecticut und Spoleto, Italien
Nach Studium an der Syracuse University
besuchte LeWitt 1953 die School of Visual
Arts in New York und arbeitete als Graphiker bei dem von Minimal und Concept Art
beeinflußten Architekten I. M. Pei. Zwischen 1964 und 1971 lehrte LeWitt an verschiedenen Schulen in New York. 1962 entstanden seine ersten Skulpturen in geometrischen Formen, von 1965 an die auf Mo-

dulen basierenden Arbeiten mit offenen
Kuben. 1968 setzte seine Beschäftigung
mit geometrischen Zeichnungen, vor allem
monumentalen Wandzeichnungen (»Wall
Drawings«) ein. LeWitt zählt zu den bedeutendsten, sich auch theoretisch äußernden
Vertretern der Minimal Art und der Concept Art. Darüberhinaus wandte er sich seit
1966 der Buchkunst zu und gestaltete vor
allem eigene Texte sowie Publikationen
über seine Werke. Mit Druckgraphik befaßte er sich verstärkt seit 1970 und setzte
häufig die Entwürfe zu seinen Wandzeichnungen in dieses Medium um. Seine vor
allem für eigene Ausstellungen gestalteten
Plakate gehen meist auf entsprechende
Siebdrucke, Lithographien oder Radierungen zurück.

Lit. u. a.: [Kat. Ausst.] Sol LeWitt. Graphik 1970–
1975. Siebdrucke, Lithographien, Radierungen, Bücher. Kunsthalle. Basel 1975 – [Kat. Ausst.] Sol Le-
Witt. The Museum of Modern Art. New York 1978.

Sol LeWitt Drawings – Israel Museum Jerusalem, 1975

Das Plakat basiert auf LeWitts Entwürfen für Wandzeichnungen, die im September 1975 auf sieben
Wänden des Israel Museums in Jerusalem unter
dem Titel »Red, Yellow, and Blue Lines from Sides,
Corners, and Center of the Wall to Points on a Grid«
realisiert wurden. LeWitt selbst konzipierte diese
Arbeit mit mathematischer Präzision auf dem Pa-
pier und überließ die technische Ausführung seinen
Gehilfen. In dieser strikten Trennung von Entwurf
und Ausführung zeigt sich ein Grundprinzip Sol Le-
Witts, der den wichtigsten Aspekt der Kunst in der
gedanklichen Konzeption, in der Idee des Werkes
sieht.
Offset (mehrfarbig); 64,5 × 62 cm
Auftragg.: Israel Museum, Jerusalem, Israel
Inv. Nr. 45/78
Lit. u. a.: [Kat.] Künstler Plakate. 1980. Galerie für
Moderne Kunst und Plakatkunst H. F. Lempert. 1980.
Bonn 1979, Nr. 1257 – [Kat. Ausst.] Sol LeWitt. Wall
drawings 1968–1984. Stedelijk Museum. Amster-
dam 1984, Nr. 273 m. Abb. [Wandzeichnung].

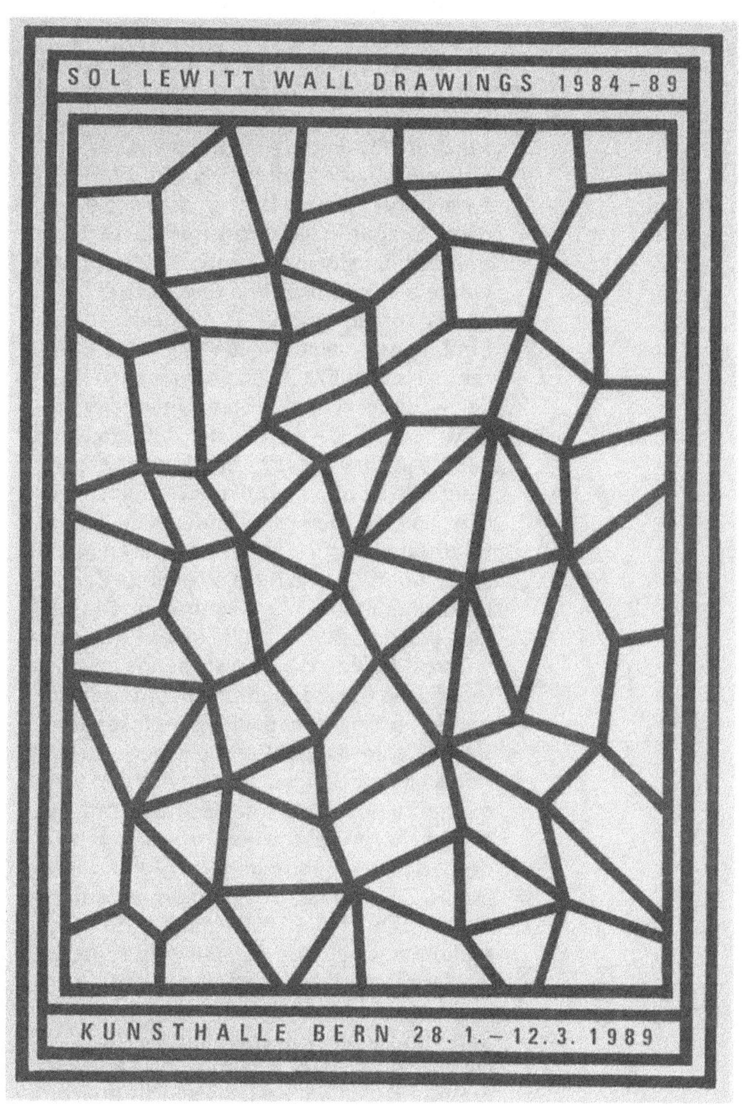

Sol LeWitt Wall Drawings 1984–89, 1989

Als Plakatmotiv verwandte LeWitt einen Ausschnitt
aus seinem im Oktober 1988 ausgeführten »Wall
Drawing« in der Galerie »La Casa d'Arte« in Mai-
land (schwarze Tusche auf weißem Grund; H.4 m,
L.29,50 m).
Lithographie (schwarz); 100 × 69,9 cm
Auftragg.: Kunsthalle, Bern, Schweiz
Inv. Nr.142/90
Lit. u. a.: [Kat. Ausst.] Sol LeWitt. Wall Drawings
1984–1988. Kunsthalle. Bern 1989, 81, Nr.575
m. Abb. [Wandzeichnung].

29.10.1923 New York – lebt in Southamp-
ton/Long Island
Der zu den Initiatoren der amerikanischen
Pop Art zählende Lichtenstein, auf dessen
künstlerisches Schaffen die angewandte
Kunst, insbesondere die angewandte Graphik prägenden Einfluß hatte, studierte
zwischen 1939 und 1949 an der Art Students League in New York und der Ohio
State University in Columbus. 1951–1957
war er als Graphiker und technischer
Zeichner tätig – eine Zeit, die nachhaltigen
Einfluß auf sein späteres Werk hatte. Während seiner 1957 einsetzenden Lehrtätigkeit – zunächst an der State University of
New York, 1960–1964 an der Rutgers University in New Jersey – entstanden erste
Gemälde im Stil des Abstrakten Expressionismus. Seit 1960 griff Lichtenstein auf
Bildthemen zurück, die er populären Massenmedien (Comic Strip, Werbung, Zei-
tungsillustrationen u. ä.) entnahm. Die Vorlage wurde dabei mit Hilfe eines Projektors
vergrößert, der dabei entstehende, charakteristische Schablonenraster zum bezeich-
nenden Stilelement seiner Graphiken und
Gemälde. In den späten sechziger und frühen siebziger Jahren dienten Architektur-
elemente oder berühmte Gemälde der
klassischen Moderne als Vorlage zu Bildern, die durch übersteigerte Monumenta-
lität zu Zeichen des Trivialen umgedeutet
wurden. Durch die 1966 einsetzende Sam-
melleidenschaft des Künstlers für Kunstgewerbe des Art Déco fand nicht nur die Formensprache dieser Zeit Eingang in sein
Schaffen, sondern Lichtenstein wandte
sich neben Malerei, Graphik und Skulptur
nunmehr auch der angewandten Kunst zu.
So entstanden u. a. ein Puzzle-Spiel (1969),
die komplette Badausstattung für ein Pri-
vatappartement eines Grand Hotels in St.
Moritz (Ende der sechziger Jahre), die Bemalung eines BMW-Fahrzeuges (1977)
oder der Entwurf eines Porzellanservices
für die Rosenthal AG, Selb, Deutschland
(1984) – Arbeiten, die sich ebenso wie
seine Plakatentwürfe nahtlos in sein male-
risches und plastisches Œuvre integrieren
lassen.

Lit. u. a.: Waldman Diane, Roy Lichtenstein. Dra-
wings and prints. London 1971 – Cowart Jack, Roy
Lichtenstein 1970–1980. München 1980 – Alloway
Lawrence, Roy Lichtenstein. Luzern/München 1984
– Fine Ruth E. [Kat. Ausst.] Gemini G. E. L. National
Gallery of Art, Washington D.C. New York 1984,
191–207.

Lincoln Center, 1966

Zu diesem Plakat existiert eine ebenfalls 1966 ent-
standene Vorzeichnung (Tinte und Bleistift). 100 si-
gnierte, datierte und numerierte Plakate der Auf-
lage wurden durch List Art Posters vertrieben.
Siebdruck (mehrfarbig); 114 × 75 cm
Bez. l. u.: ROY LICHTENSTEIN
Auftragg.: Lincoln Center/List Art Poster Program of
The American Federation of Arts, New York
Inv. Nr. 14/69
Lit. u. a.: Mason Stanley, American art posters: Gra-
phis 24, 1968, Nr. 135, 82, Abb. 17 – Waldman Diane,
Roy Lichtenstein. Drawings and prints. London
1971, 172, Nr. 66/67 m. Abb. [Studie], 223, Nr. 18
m. Abb.

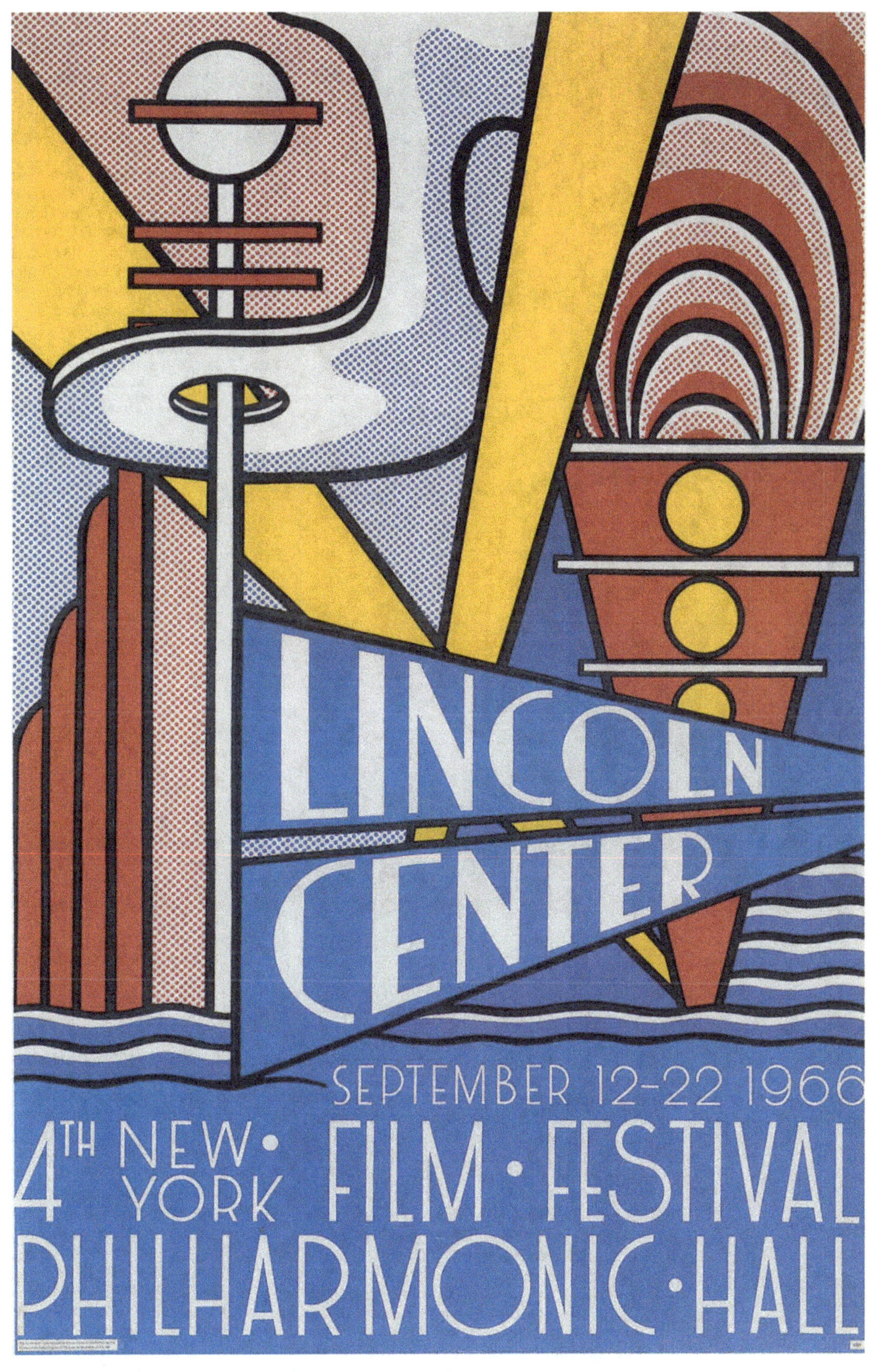

LINCOLN
CENTER
SEPTEMBER 12-22 1966
4TH NEW · FILM · FESTIVAL
YORK
PHILHARMONIC · HALL

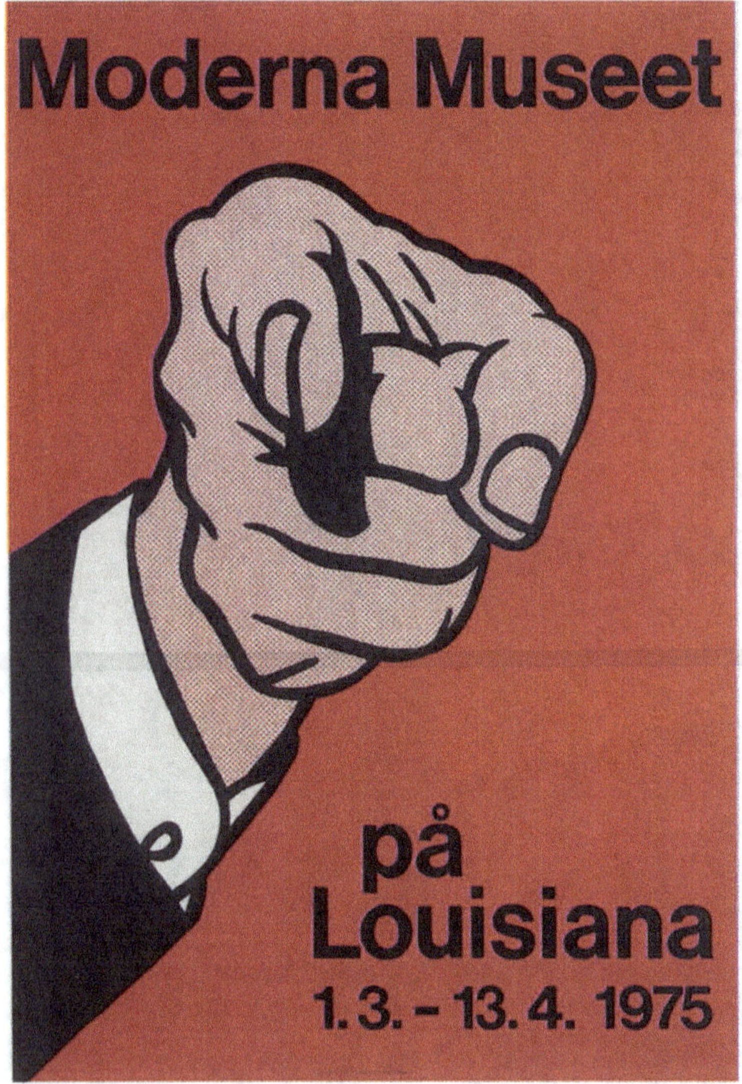

Moderna Museet på Louisiana, 1966 (1975)

Dem Plakat, das 1966 die Ausstellung »Amerikansk Pop-konst« im Louisiana Museum, Humlebaek/Dänemark, begleitete und erneut 1975 mit geändertem Schriftblock verwendet wurde, liegt die 1961 entstandene Tuschzeichnung »Finger pointing« zugrunde.
Das Motiv der direkt auf den Betrachter deutenden Hand ist einem berühmten englischen Rekrutierungs-Plakat entnommen: 1914 entwarf Alfred Leete das vielkopierte Plakat »Your Country Needs You«, den Kriegsminister und Feldmarschall Lord Kitchener mit unerbittlich mahnendem Zeigefinger darstellend. 1917 verwandte der Amerikaner James Montgomery Flagg eine Variante des Entwurfs für das ebenfalls populäre und später verschiedentlich parodierte Plakat »I want you for the U.S. Army« mit Darstellung von Uncle Sam.
Offset (rot, schwarz); 100 × 70,3 cm
Bez. M.u.: ROY LICHTENSTEIN
Auftragg.: Louisiana Museum, Humlebaek, Dänemark
Druck: Reklameteknik AB, Malmö, Schweden
Inv. Nr. 331/89
Lit. u. a.: Mason Stanley, American art posters: Graphis 24, 1968, Nr. 135, 80 m. Abb. 6 [Siebdruck] – Waldman Diane, Roy Lichtenstein. Drawings and prints. London 1971, 48, Nr. 61–11 m. Abb. [Entwurfszeichnung] – [Kat. Ausst.] Roy Lichtenstein. Zeichnungen. Nationalgalerie. Berlin 1975, Nr. 10 u. Titelabb. [Tuschzeichnung] – [Kat. Ausst.] Roy Lichtenstein. Dessins sans Bande. Centre National d'Art Moderne. Paris 1975, 11 m. Abb. [Tuschzeichnung] – [Kat. Ausst.] The Modern American Poster. Museum of Modern Art. New York 1983, 27 m. Abb. – Barnicoat John, Posters. London 1985, 226, Abb. 237 [Plakat von A. Leete].

Aspen Winter – Jazz, 1967

Die New Yorker Galerie Leo Castelli edierte von dem »Aspen Winter Jazz Festival«-Plakat, für das eine Reihe von Vorzeichnungen existiert, neben der unlimitierten noch eine weitere, von John Powers bevollmächtigte Auflage mit 300 signierten und numerierten Exemplaren.
Siebdruck (gelb, schwarz, rot); 101 × 65,6 cm
Auftragg.: Veranstalter des Jazzfestivals, Aspen/Colorado
Druck: Chiron Press, New York
Inv. Nr. 13/71
Lit. u. a.: Constantine Mildred u. Alan Fern, [Kat. Ausst.] Word and Image. Posters of the collection of The Museum of Modern Art. New York 1968, 134 m. Abb. – Waldman Diane, Roy Lichtenstein. Drawings and prints. London 1971, 193, Nr. 63–67 m. Abb. [Studien], 225, Nr. 22 m. Abb. – Spielmann Heinz, [Kat. Ausst.] Internationale Plakate 1871–1971. Haus der Kunst. München 1971, Nr. 701 – Müller-Brockmann Josef u. Shizuko, Geschichte des Plakates. Zürich 1971, Nr. 122 m. Abb. – [Kat. Ausst.] Images of an Era. The American poster 1945–75. National Collection of Fine Arts. Washington D.C. 1975, Nr. 59 m. Abb. – Graphis 32, 1977, Nr. 187, 458 m. Abb. – Amstutz Walter (Hrsg.), Who's Who in Graphic Art. Dübendorf 1982, 123, Abb. 152 – Weill Alain, Plakatkunst International. Berlin 1985, 357 m. Abb. – Wichmann Hans, Industrial Design. Unikate. Serienerzeugnisse. Die Neue Sammlung. Ein neuer Museumstyp des 20. Jahrhunderts. München 1985, 344 m. Abb.

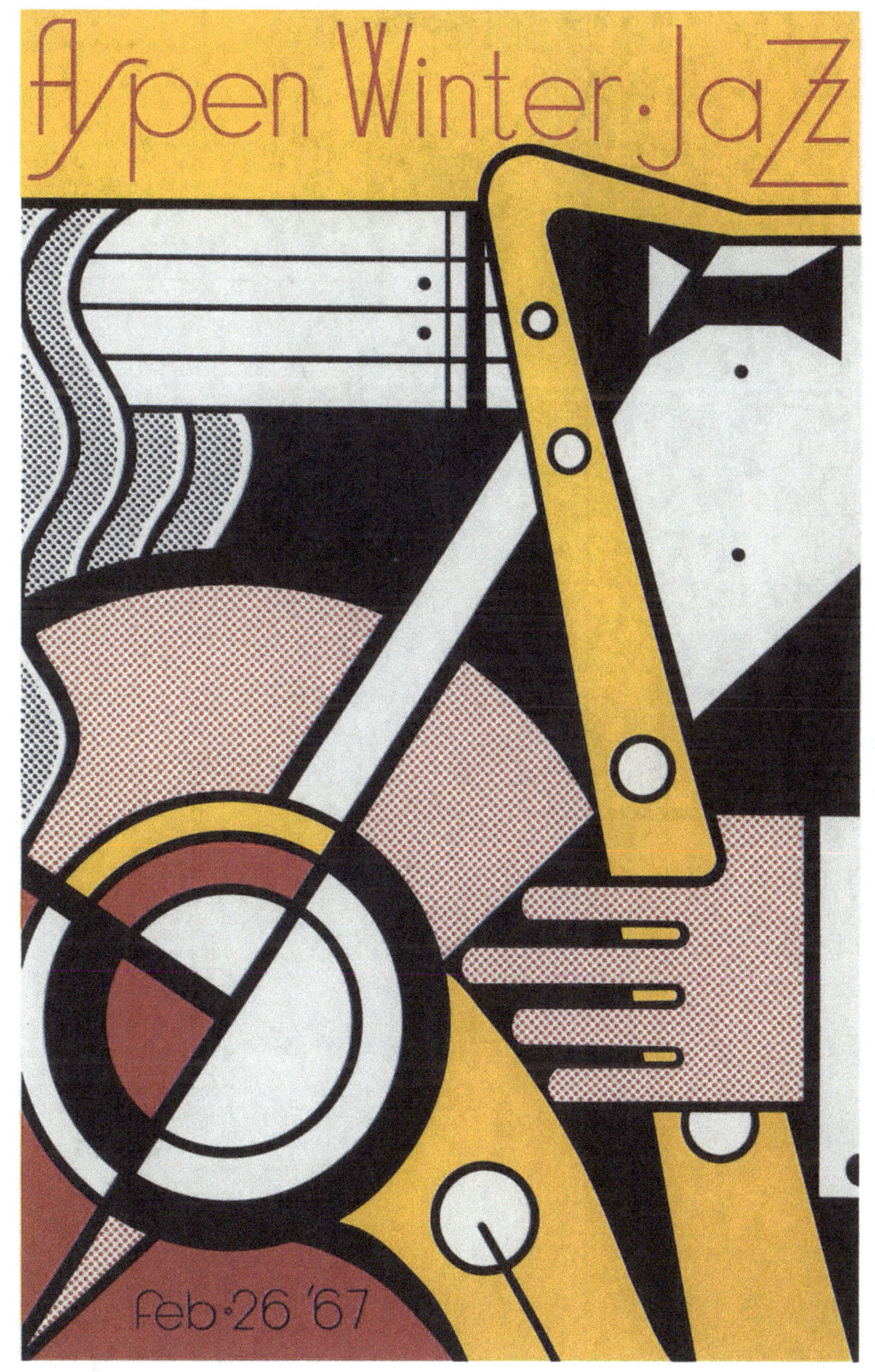

Aspen Winter·Jazz
feb·26 '67

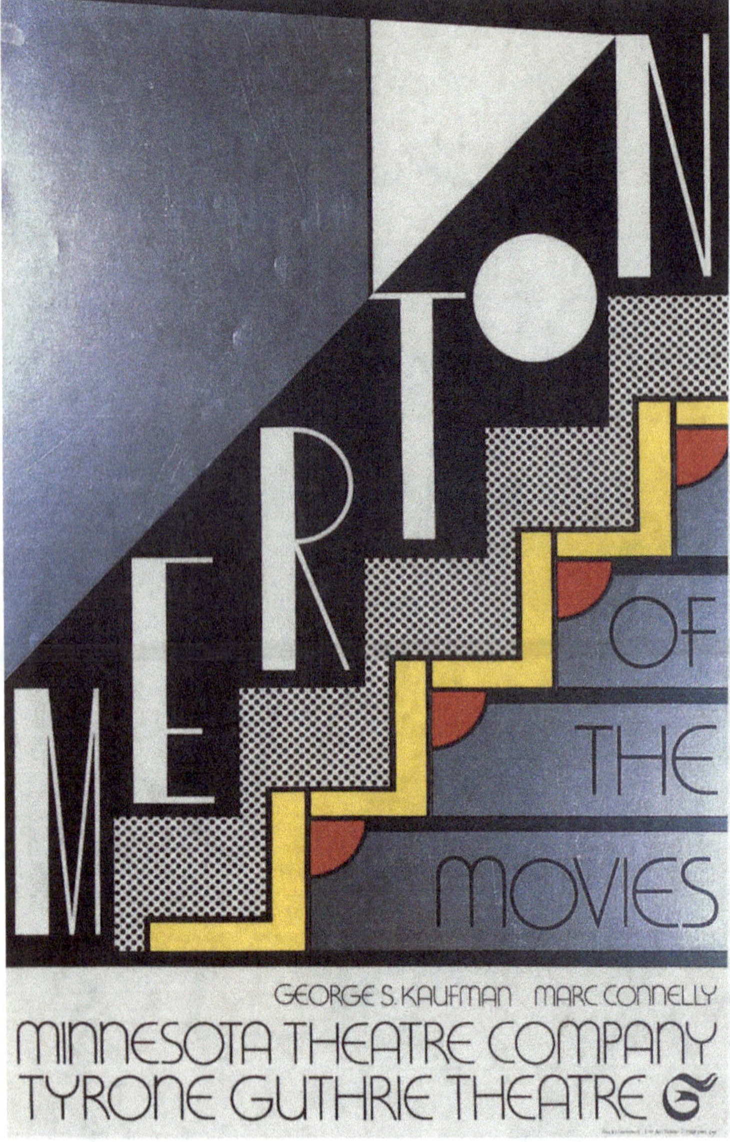

Merton of the Movies, 1968

Siebdruck (mehrfarbig); 76 × 51 cm
Bez. r. u.: Roy Lichtenstein
Auftragg.: List Art Posters, New York/Minnesota
Theatre Company, USA
Druck: HKL Ltd., New York
Inv. Nr. 18/73
Lit. u. a.: Waldman Diane, Roy Lichtenstein. Dra-
wings and prints. London 1971, 231, Nr. 28 m. Abb.
– [Kat.] Zeitgenössische Kunst. Galerie und Auk-
tionshaus Rudolf Maugisch. Zürich 1990, 28,
Abb. 322 A.

Roy Lichtenstein, 1969

Zu diesem Ausstellungsplakat existieren in Blei-
und Farbstift ausgeführte Entwurfszeichnungen
desselben Jahres. Darüberhinaus wurde eine Farblithographie »avant la lettre« in 250 signierten und
numerierten Exemplaren gedruckt, die durch Lichtensteins Galeristen Leo Castelli und Poster Originals Ltd., New York, vertrieben wurden.
Siebdruck (mehrfarbig); 73,1 × 73,4 cm
Auftragg.: Solomon R. Guggenheim Museum, New
York
Druck: Poster Originals Ltd., New York
Inv. Nr. 176/77
Lit. u. a.: Waldman Diane, Roy Lichtenstein. Drawings and prints. London 1971, 130, Nr. 69–2
m. Abb. [Vorzeichnung], 209, Nr. 69–36, 210,
Nr. 69–37 m. Abb. [Entwurfsskizzen], 239, Nr. 35
m. Abb. [Lithographie] – [Kat. Ausst.] Amerikani-
sche Graphik seit 1960. Kunstmuseum, Basel.
Kunsthaus. Chur 1972, Nr. 35 – Rose Bernice, [Kat.
Ausst.] Roy Lichtenstein. Die Zeichnungen
1961–1986. Schirn Kunsthalle Frankfurt. München
1988, Nr. 80 m. Abb. [Entwurf].

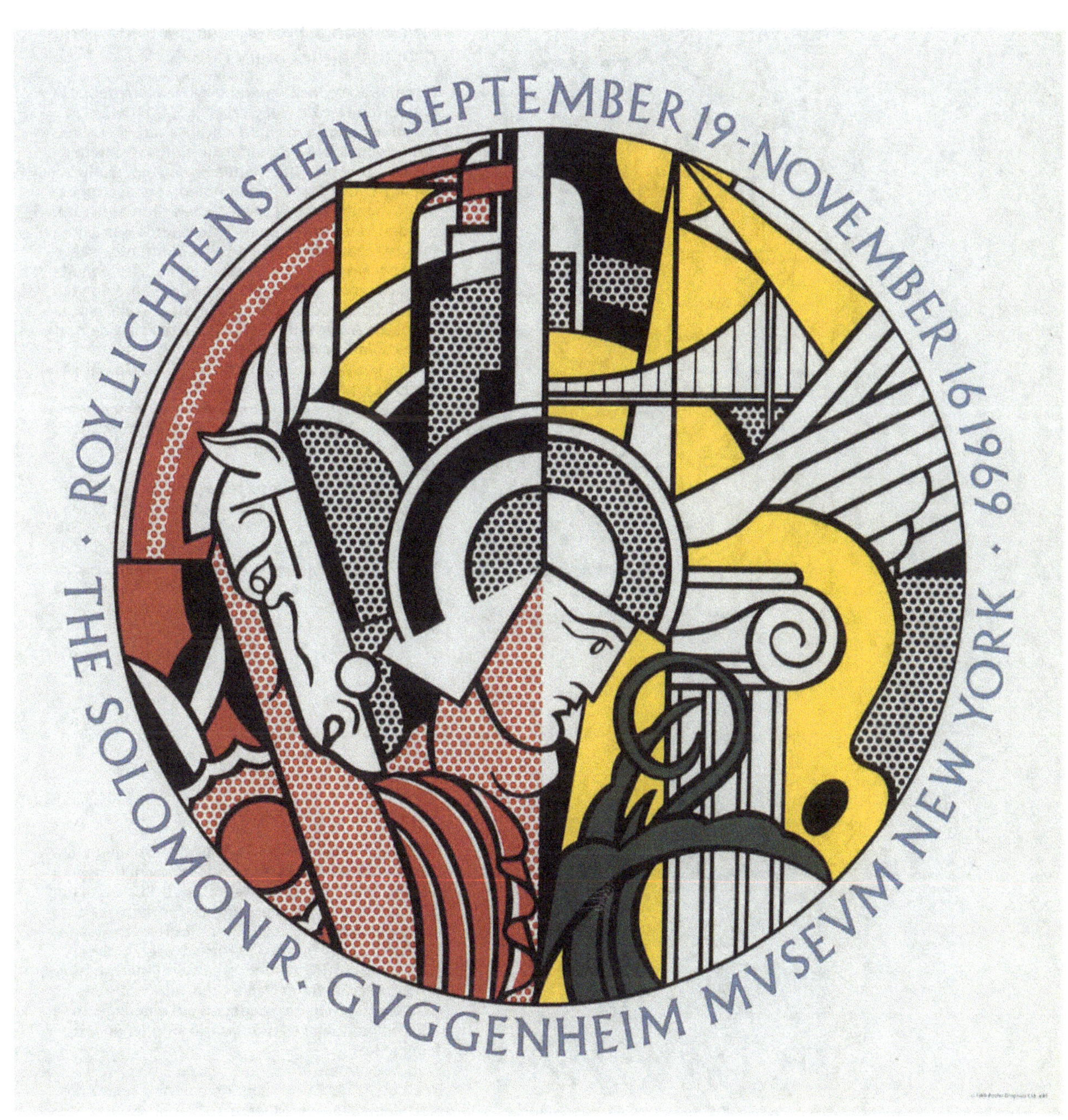

ROY LICHTENSTEIN SEPTEMBER 19 - NOVEMBER 16 1969 · THE SOLOMON R. GVGGENHEIM MVSEVM NEW YORK ·

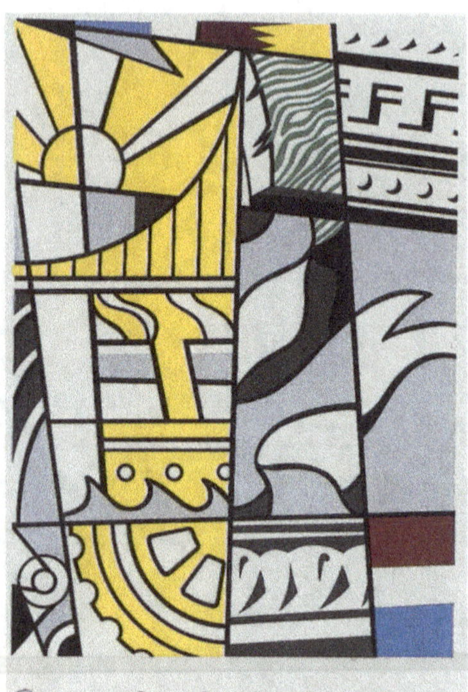

»Bicentennial Poster« aus der Serie »America: the third century«, 1975

Das anläßlich der Zweihundertjahrfeiern der USA entworfene Plakat (zur Serie vgl. S. 204) zitiert in Facetten gleichsam einen historischen Rückblick der verschiedenen Schaffensperioden Lichtensteins. So ist die aufgehende Sonne ein häufig wiederkehrendes Motiv in den Anfang der sechziger Jahre entstandenen Landschaften; ihm antworten mit den Maschinendetails die am Ende des Jahrzehnts anzutreffenden Art-Déco-Elemente, während der Brettausschnitt mit seiner auffälligen Maserung seinen Anfang der siebziger Jahre entstandene Trompe-l'œuil-Gemälden zugeordnet werden kann. Die Architekturdetails dagegen sind Zentralmotiv seiner Anfang bis Mitte des Jahrzehnts streng schwarz-weiß gehaltenen Fries-Gemälde.
Siebdruck (mehrfarbig); 89 × 60,5 cm
Bez. l. u.: Bicentennial Poster by Roy Lichtenstein
Auftragg.: Mobil Oil Corporation, New York
Druck: Sanders Printing Corporation, New York
Inv. Nr. 103/77
Lit. u. a.: [Kat. Ausst.] Images of an Era. The American poster 1945–75. National Collection of Fine Arts. Washington D.C. 1975, Nr. 249 m. Abb. – Graphis 31, 1976, Nr. 182, 570–577 m. Abb.; 32, 1977, Nr. 187, 461 m. Abb. – Croft Virginia (Hrsg.), Posters made possible by a grant from Mobil. Zürich 1988, 124 m. Abb.

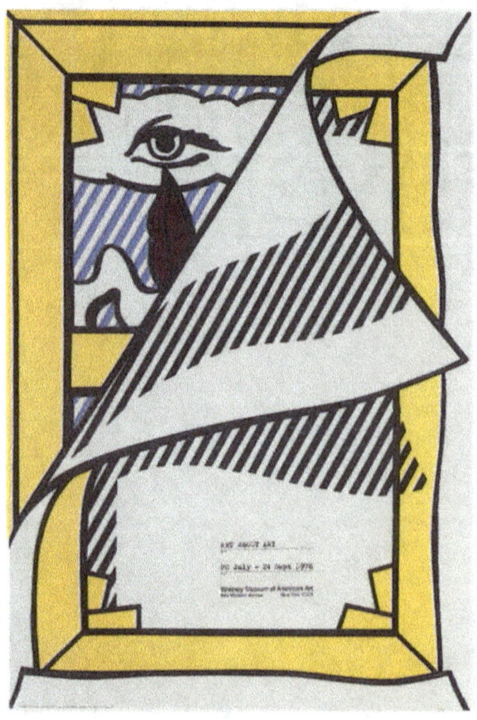

Art about Art, 1978

In dem 1978 entstandenen Plakat kombiniert Lichtenstein Motive aus verschiedenen Schaffensperioden. So greift er mit der Keilrahmen-Rückseite und dem Trompe-l'œuil-Effekt auf das Vorbild des amerikanischen Malers John Frederick Peto im ausgehenden 19. Jahrhundert zurück, dessen Malerei Lichtenstein 1973 zu mehreren Gemälden angeregt hat. Das an Salvador Dali erinnernde Motiv des tränenden Auges nimmt dagegen auf eine eigene, 1977 entstandene Gemäldeserie »Mädchen mit Träne« Bezug.
Siebdruck (mehrfarbig); 91 × 63,5 cm
Bez. l. u.: © 1978 Roy Lichtenstein, Art about Art
Auftragg.: Whitney Museum of American Art, New York
Inv. Nr. 460/87
Lit. u. a.: Cowart Jack, [Kat. Ausst.] Roy Lichtenstein 1970–1980. Museum Ludwig. Köln 1982, 58–61, 109–127 [motivische Vergleichsbeispiele].

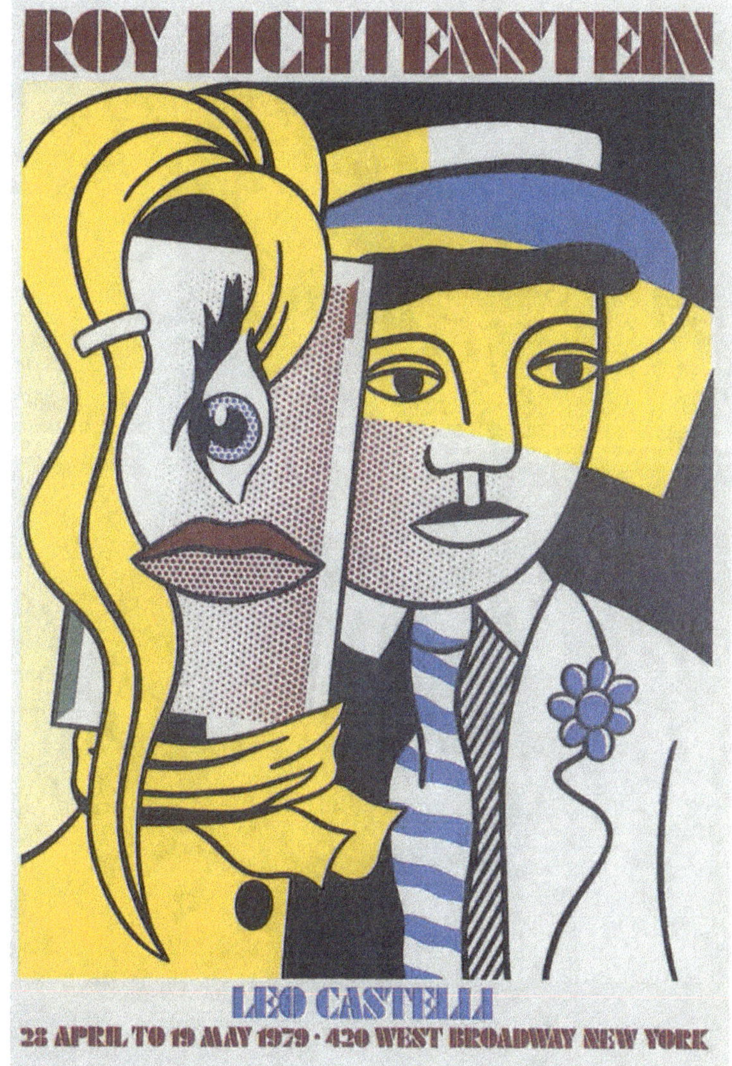

Roy Lichtenstein und Richard Haymes
Roy Lichtenstein, 1979

Der Plakatentwurf basiert auf dem 1978 entstandenen Gemälde »Stepping out«, das im Metropolitan
Museum of Art in New York bewahrt wird. Gemälde
und Plakat gehören innerhalb des Werks von Lichtenstein einer 1977–1979 dauernden Phase an, in
der er sich mit dem Surrealismus auseinander-
setzte. Dabei kann man oftmals die Quellen und
Farben der Vorlagen identifizieren und die kompo-
sitionelle Wiederverwendung dokumentieren. So
kombiniert Lichtenstein die Motive der blonden
Haarsträhne und des rechteckigen »Spiegelkopfs«
mit vertikalem Auge und schwebendem Mund, die
aus eigenen, zwischen 1977 und 1978 entstandenen
Gemälden (u. a. »Figur mit Trylon und Persiphäre«,
1977; »Nerts«, 1978) stammen, mit einer Adaption
der sitzenden männlichen Figur aus Légers »Land-
partie« von 1954.
Siebdruck (mehrfarbig); 129 × 90,5 cm
Bez. l. u.: Reproduced from the painting Stepping
out, 1978. Poster designed by Richard Haymes
Auftragg.: Galerie Leo Castelli, New York
Inv. Nr. 332/89
Lit. u. a.: Cowart Jack, [Kat. Ausst.] Roy Lichtenstein
1970–1980. Saint Louis Art Museum. New York
1981, 123 m. Abb. [Gemälde] – [Kat.] Künstler Plakate. Nr. 4. Galerie für Moderne Kunst und Plakatkunst H. F. Lempert. Bonn 1986, Nr. 1287 m. Abb.

11.11.1901 Hamburg – 16.4.1978 New York
Studierte 1922–1924 an der Kunstgewerbeschule Nürnberg und 1925–1927 an der Akademie in München. Nach einem Berlinaufenthalt 1927/28 kehrte er als künstlerischer Leiter eines Verlagshauses nach München zurück. 1933 emigrierte Lindner nach Paris, wo er zeitweilig als Werbegraphiker tätig war. Seit 1941 in den USA ansässig, arbeitete er dort zunächst ebenfalls als Graphiker sowie als Buch- und Zeitschriftenillustrator (»Harper's Bazaar«, »Fortune«, »Vogue«). Erst seit 1950 befaßte sich Lindner ausschließlich mit Malerei. 1952–1965 lehrte er am Pratt Institute in Brooklyn, 1957 an der Yale University und 1965 an der Hochschule für Bildende Künste, Hamburg. Die Malerei Lindners, der wie viele in Amerika tätige Künstler der sechziger Jahre über die angewandte zur »freien« Kunst kam, ist dominant graphisch bestimmt. Bei starker formaler Reduktion des Gegenstandes werden fest umrissene Flächen und lebhafte Farbigkeit in bewußten Kontrast zueinander gesetzt. Seine roboterhaften Figuren stehen isoliert in einer durch persiflierende Symbole angereicherten Großstadtwelt und sind von plakativer Eindringlichkeit. Diese Bildthematik rückt ihn in die Nähe der amerikanischen Pop Art, sein Werk trägt jedoch stark autobiographische, von aggressiver Erotik geprägte Züge.

Lit. u. a.: [Kat. Ausst.] Richard Lindner. Städt. Museum Schloß Morsbroich, Leverkusen/Staatl. Kunsthalle, Baden-Baden. Bergisch-Gladbach 1968 – [Kat. Ausst.] Richard Lindner. Kestner-Gesellschaft. Hannover 1968 – Kramer Hilton, Richard Lindner. Frankfurt/Berlin/Wien 1975 – Spies Werner, Lindner. Paris 1980.

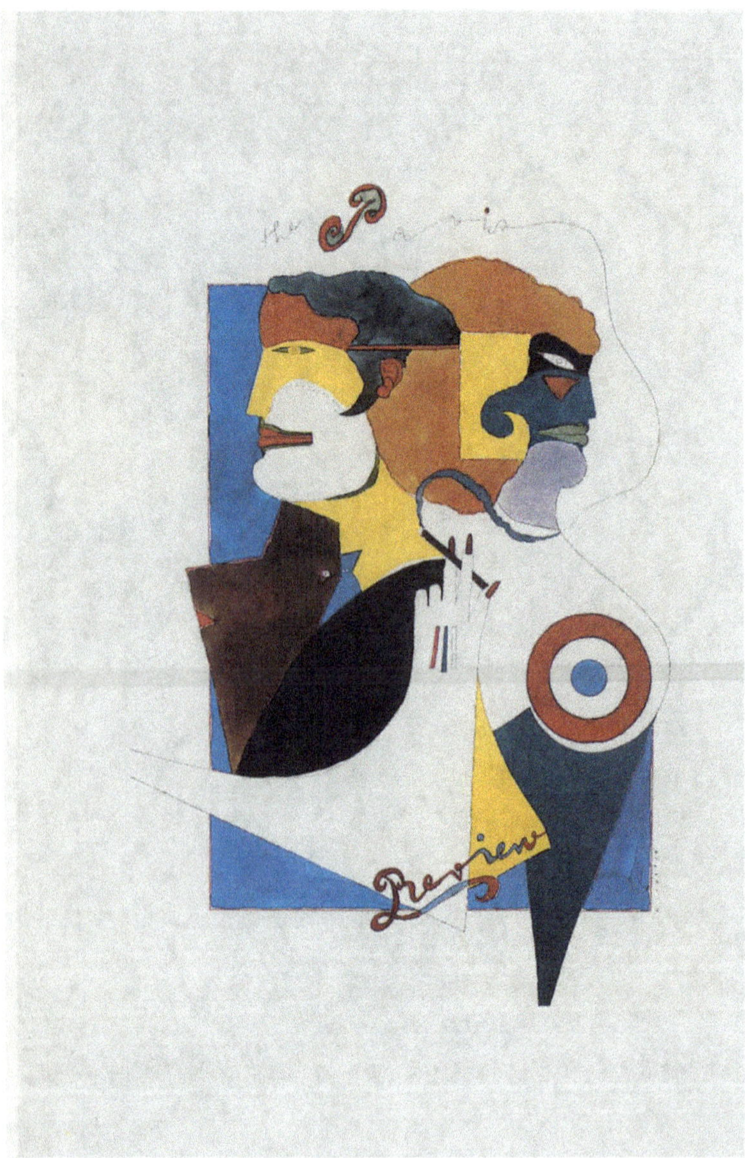

The Paris Review, 1965

Zu diesem Plakat existiert eine ebenfalls 1965 entstandene Vorzeichnung (schwarze Kreide auf Papier). Neben Lindner entwarfen im gleichen Jahr u. a. auch Claes Oldenburg, Allan D'Arcangelo und Nicholas Krushenick (s. dort) Plakate für die in New York publizierte Literaturzeitschrift.
Offset-Lithographie (mehrfarbig); 96 × 63,5 cm
Bez. r. u.: R. Lindner
Auftragg.: The Paris Review, New York
Inv. Nr. 334/89
Lit. u. a.: [Kat. Ausst.] Richard Lindner. Fondation Maeght. Saint-Paul 1979, Nr. 163 m. Abb.

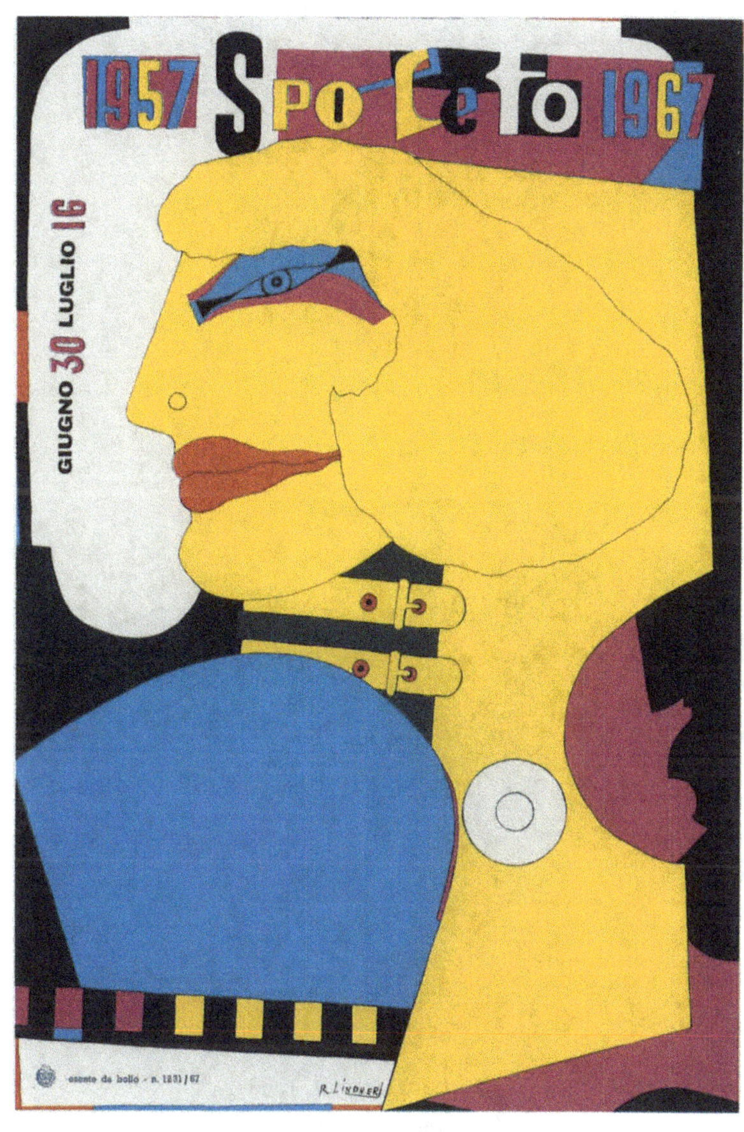

Spoleto 1967, 1967

Grellfarbig geschminkte Lippen und Augenlider,
statt der Perlenkette ein Hundehalsband sind die
Attribute, mit denen Lindner seine weibliche Idolfi-
gur ausstattete, die für das 10. Kunst- und Theater-
festival im italienischen Spoleto werben sollte. Das
Festival war mit dem Untertitel verbunden: »Spiele
zweier Welten«.
Siebdruck (mehrfarbig); 100 × 69,5 cm
Bez. u. M.: R. LINDNER
Auftragg.: ENIT (Fremdenverkehrsbüro), Spoleto,
Italien
Inv. Nr. 436/87
Lit. u. a.: [Kat. Ausst.] Richard Lindner. Kestner-Ge-
sellschaft. Hannover 1968, Nr. 157 m. Abb. – Ashton
Dore, Richard Lindner. New York 1969, Abb. 174 –
Wichmann Hans, [Kat. Ausst.] Neu. Donationen und
Neuerwerbungen 1986/87. Die Neue Sammlung.
München 1989, 191 m. Abb.

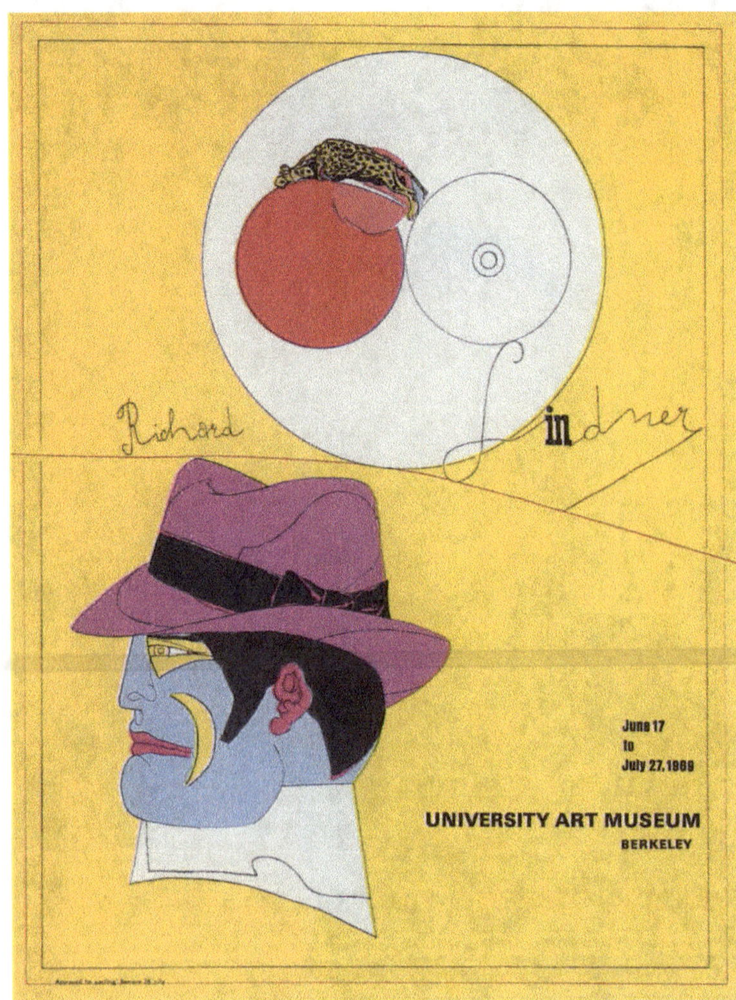

Alban Berg's Lulu – Spoleto 1974, 1974

Lindner, der während seines Studiums 1922–1924
an der Nürnberger Kunstgewerbeschule gleichzeitig auch Musik studierte, begeisterte die »Neue Musik« Alban Bergs und seines Lehrers Arnold Schönberg bereits in jungen Jahren. Für das Plakat der
Aufführung von Alban Bergs unvollendeter Oper
»Lulu« (nach den Dramen »Erdgeist/Lulu« und »Die
Büchse der Pandora« von Frank Wedekind,
1895–1904), die der polnische Filmregisseur Ro-
man Polanski inszenierte, entwarf Lindner ein grü-
näugiges weibliches Fabelwesen mit violettem
Haar, jene Pandora – die von Hephaistos aus Erde
geformte, von den Göttern mit allen Vorzügen aus-
gestattete Frau, die der Menschheit dennoch alle
Übel brachte.
Offset (mehrfarbig); 105 × 75 cm
Bez. r. u.: R. LINDNER
Auftragg.: Festival Spoleto, Italien
Inv. Nr. 111/77
Lit. u. a.: [Kat.] Künstler Plakate. 1980. Galerie für
Moderne Kunst und Plakatkunst H. F. Lempert. Bonn
1979, Nr. 1281 m. Abb. – Weill Alain, Plakatkunst In-
ternational. Berlin 1985, 358 m. Abb.

Richard Lindner, 1969

Siebdruck (mehrfarbig); 77 × 59 cm
Auftragg.: University Art Museum, Berkeley/Cali-
fornia
Inv. Nr. 107/70
Lit. u. a.: [Kat.] Künstler Plakate. 1980. Galerie für
Moderne Kunst und Plakatkunst H. F. Lempert. Bonn
1979, Nr. 1278 m. Abb.

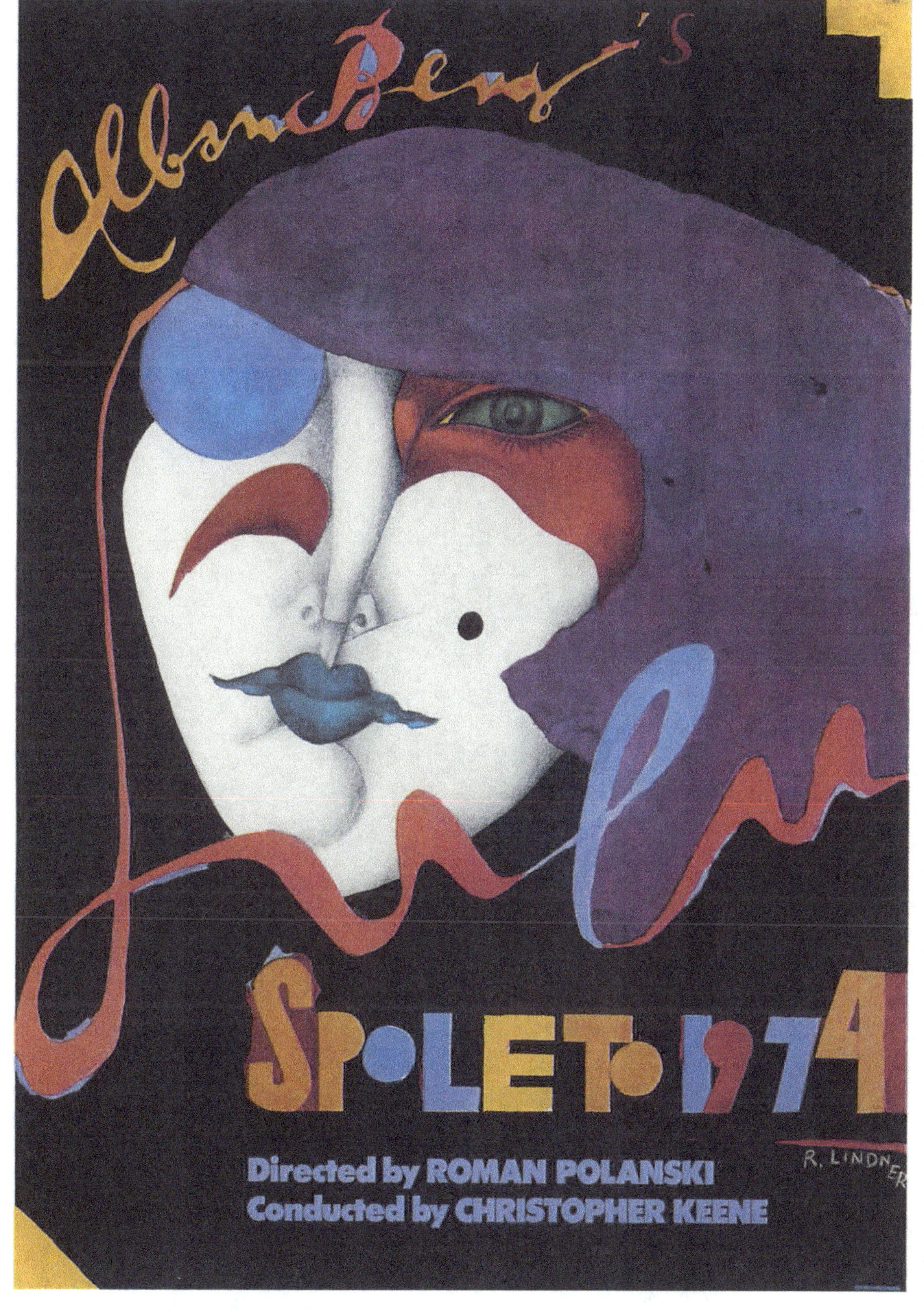

Alban Berg's
Lulu
SP•O•LET•O 1974
Directed by ROMAN POLANSKI
Conducted by CHRISTOPHER KEENE
R. LINDNER

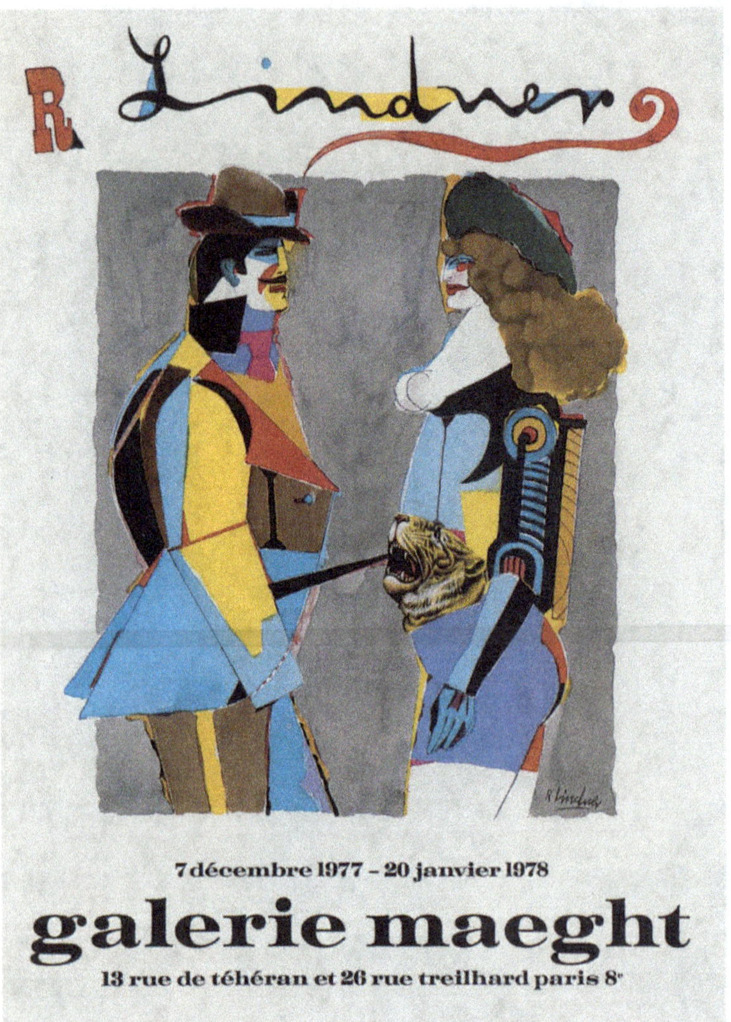

R. Lindner – Galerie Maeght, 1977

Das Plakat entstand für eine von Heft 226 des Perio-
dikums »Derrière le Miroir« begleitete Ausstellung
der Galerie Maeght, Paris. Als Bildmotiv verwandte
Lindner ein Aquarell desselben Jahres mit dem Ti-
tel »Confrontation«, das dort zusammen mit weite-
ren 21 Arbeiten des Künstler gezeigt wurde.
Lithographie (mehrfarbig); 76 × 56 cm
Bez. r. u.: R. Lindner
Auftragg.: Galerie Maeght, Paris
Druck: Imprimerie Arte Adrien Maeght, Paris
Inv. Nr. 265/81
Lit. u. a.: Derrière le Miroir 1977, Nr. 226, Nr. 20
[»Confrontation«, Aquarell] – Arte. Adrien Maeght
Imprimeur. Vol. 2. Affiches 1972–1977. Paris 1989,
Abb. 374.

Lindner, 1980

Als Motiv für das Plakat
der Galerie Maeght zur
alljährlich stattfindenden
Messe zeitgenössischer
Kunst »FIAC« (Foire Internationale d'Art Contem-
porain) wurde ein 1966
datiertes Aquarell des
1978 gestorbenen Künst-
lers verwendet. In der für
ihn charakteristischen Art
kombinierte er einen
maskierten weiblichen
Kopf mit abstrakt erschei-
nenden Formen, die sich
als Versatzstücke des ero-
tischen Fetischismus –
blauer Strumpf mit Hal-
ter, Schnalle mit Leder-
gürtel – erweisen.
Siebdruck (mehrfarbig);
78 × 44 cm
Bez. r. u.: R. Lindner 1966
Auftragg.: Galerie
Maeght, Paris
Druck: Imp. Moderne du
Lion, Paris
Inv. Nr. 310/81
Lit. u. a.: [Kat. Ausst.] Richard Lindner. Fondation
Maeght. Saint-Paul 1979,
Nr. 59 m. Abb. – Spies
Werner, Lindner. Paris
1980, 79 m. Abb. [Aqua-
rell].

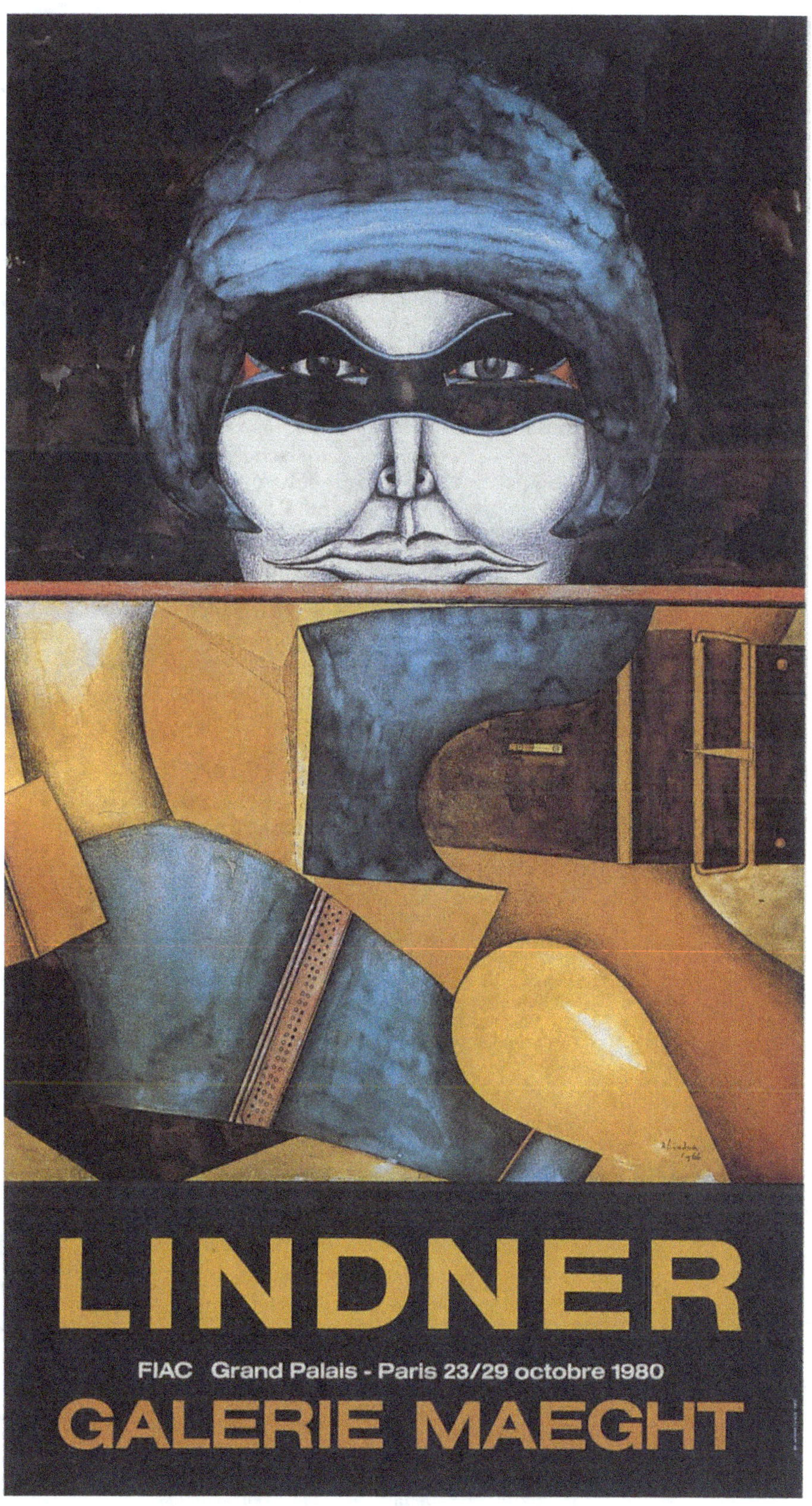

Morris Louis (eigentl. Morris Louis Bernstein)

28.11.1912 Baltimore/Maryland – 7.9.1962
Washington D.C.
Morris Louis Bernstein, Sohn russischer
Immigranten, der 1937 seinen Nachnamen
ablegte, gilt als einer der Hauptvertreter
des sogen. »Colorfield Painting«, das der
großflächig aufgetragenen Farbe den Vor-
rang gibt. Er studierte 1927–1933 am Mary-
land Institute of Fine and Applied Arts in
Baltimore. 1936–1943 lebte Louis in New
York und experimentierte dort mit neuen
Techniken und Materialien, u.a. in der
Werkstatt von Siqueiros. Auch entwarf er
Plakate. Nach Aufenthalt in Baltimore bis
1947 übersiedelte Louis 1947 nach Washington D.C. Hier unterrichtete er seit
1952 an verschiedenen Kunstschulen.
1953 gab er unter dem Einfluß von Jackson
Pollock und Helen Frankenthaler seine
spätkubistische Malweise auf und wandte
sich in wechselseitiger Anregung mit Kenneth Noland der reinen Farbmalerei zu. Typisch für seine Malweise ist die Verwendung lasierender, einander durchdringen-
der Schichten von aquarellähnlich fließen-
den Acrylfarben, die großformatigen, un-
grundierten Leinwänden aufgelegt sind.
Die Formen entstehen partiell durch Fließ-
und Trocknungsprozesse. In den letzten
zwei Lebensjahren gelangte Louis zu stär-
kerer Betonung des weißen Malgrundes
und strukturierter Komposition.

Lit.u.a.: Upright Diane, Morris Louis. The complete
paintings. A catalogue raisonné. New York 1986
[dort weit.Lit.] – [Kat.Ausst.] Morris Louis. The Museum of Modern Art. New York 1986 [dort weit.Lit.]
– Stecker Raimund, Die elementaren Leinwände
des Amerikaners Morris Louis: Frankfurter Allg.
Ztg. 1990, Nr. 124 (30. Mai), 37 – [Kat.Ausst.] Morris
Louis. Padiglione d'Arte Contemporanea. Mailand
1990.

Morris Louis – André Emmerich Gallery,
1967

Das posthum edierte Plakat basiert auf dem Gemälde »Aleph«, das 1960 innerhalb einer neun
Werke umfassenden Serie (»Aleph Series«) entstand. Diese Serie wurde 1967 – fünf Jahre nach
dem Tod des Künstlers – von dessen New Yorker
Galeristen André Emmerich ausgestellt. »Aleph«
markierte den Endpunkt der sogen. »Veil paintings«
von Louis mit ihren in- und übereinanderfließen-
den, z.T. in Leinwandgewebe versickernden Farben
in gedeckt rötlich-bräunlichem Kolorit.
Offset (mehrfarbig); 72,5 × 56 cm
Auftragg.: André Emmerich Gallery, New York
Druck: Poster Originals Ltd., New York (2. Auflage
1975)
Inv. Nr. 143/90
Lit.u.a.: Upright Diane, Morris Louis. The complete
paintings. A catalogue raisonné. New York 1985,
157 m.Abb. [»Aleph« 1960].

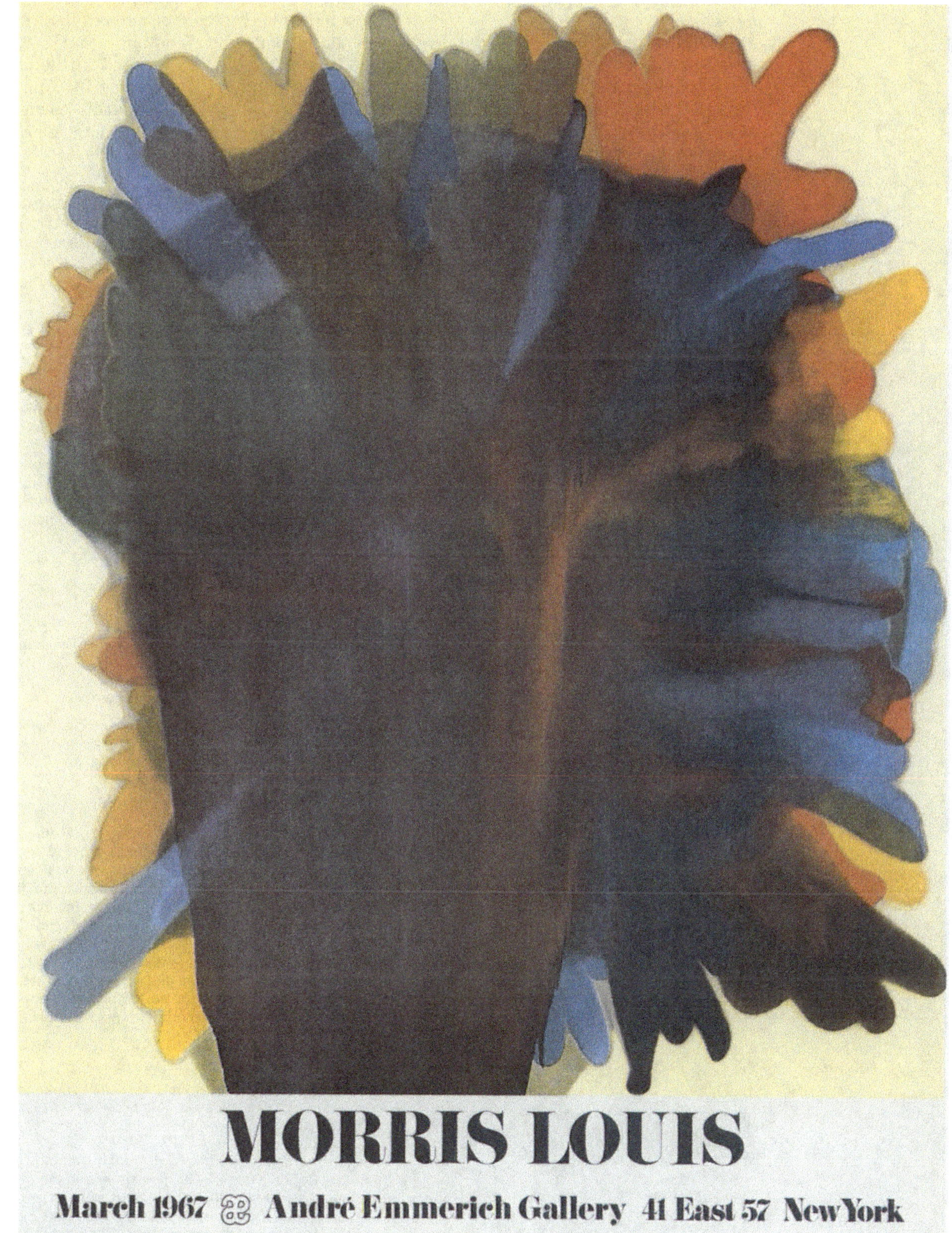

MORRIS LOUIS
March 1967 André Emmerich Gallery 41 East 57 New York

24.1.1915 Aberdeen/Washington – lebt in den USA
Parallel zu seinem Studium der Philosophie, Kunstgeschichte und Archäologie – u.a. am Otis Art Institute und an der California School of Fine Arts – befaßte sich Motherwell autodidaktisch mit der Malerei. Angeregt durch Matta und dessen Technik des »Automatismus« sowie durch seine Kontakte zu den in New York im Exil lebenden europäischen Surrealisten, widmete er sich seit 1940 ausschließlich der Malerei. In den vierziger Jahren entwickelte Motherwell zusammen mit Pollock, de Kooning und Tobey eine spontane, abstrakt expressive Form, die als »Action Painting« bis in die fünfziger Jahre nachhaltigen Einfluß ausübte. Neben den von großzügigem Pinselstrich bestimmten Gemälden entstanden aber auch Collagen und Druckgraphik. Befaßte sich Motherwell seit 1945 mit Radierungen, so wandte er sich später der Lithographie und seit 1968 auch der Serigraphie zu. Dabei übertrug er häufig die aus spontanen Malvorgängen entstandenen sogen. »automatischen Tuschbilder«, kalligraphische Studien und Collagen in diese Drucktechniken. Für die Illustrationen von Rafael Albertis Gedichtband »A la pintura« (1971) verwandte er die Aquatinta-Technik. Motherwell entwarf darüberhinaus Plakate und Wandteppiche (1953, 1971 u.a.), verfaßte zahlreiche kunsttheoretische Schriften und gründete 1948 mit Baziotes, Newman und Rothko die Kunstschule »Subject of the Artist«, die zu einem Treffpunkt der Avantgarde wurde.

Lit.u.a.: [Kat.Ausst.] Robert Motherwell. Albright-Knox Gallery, Buffalo. New York 1983 [dort weit. Lit.] – Sparks Esther, [Kat.Ausst.] Universal Limited Art Editions. The Art Institute of Chicago. New York 1989, 164–193, 404–417.

Juilliard School, 1969

Das Lincoln Center of the Performing Arts in New York umfaßt mehrere Kulturinstitute, Bühnen sowie ausgedehnte Bibliotheken. 1969 wurde es durch die nach ihrem Stifter benannte Juilliard School erweitert.
Das anläßlich der Eröffnung dieser Stiftung entworfene Plakat wurde zugleich auch in limitierter Auflage (108 signierte Exemplare) als Siebdruck auf »Mohawk Superfine«-Papier bei Maurel Studio, New York, gedruckt.
Lithographie (mehrfarbig); 114,5 × 75 cm
Bez.l.u.: Robert Motherwell
Auftragg.: List Art Posters/Lincoln Center, New York
Inv.Nr.341/89
Lit.u.a.: [Kat.Ausst.] Robert Motherwell. The painter and the printer. New York 1980, 232, Nr.23 m.Abb. – Terenzio Stephanie u. Dorothy C.Belknap, The Prints of Robert Motherwell. New York 1984, 280, Abb.23.

Roots of Abstract Art in America, 1965

Den Eindruck der aufbrausenden See, die Motherwell von seinem Sommerhaus in Provincetown (Massachusetts) beobachten konnte, war Auslöser für eine Reihe von Gemälden. Motherwell faßte die ersten dieser Arbeiten, die er auch in die Technik der Lithographie übertrug, unter dem Titel »Beside the Sea« zusammen. Das Motiv für seinen Plakatentwurf »Roots of Abstract Art in America« steht diesem Werkkomplex nahe und wurde zunächst als Lithographie (56 × 43,1 cm) bei Irwin Hollander (Hollander Workshop) in einer Auflage von 100 Exemplaren gedruckt.
Lithographie (schwarz); 97,5 × 66 cm
Bez.l.u.: Robert Motherwell
Auftragg.: List Art Poster Program of The American Federation of Arts/National Collection of Fine Arts, Washington D.C.
Inv.Nr.11/67
Lit.u.a.: Graphis 24, 1968, Nr.135, 80 m.Abb. – [Kat.Ausst.] Robert Motherwell. The painter and the printer. New York 1980, 229, Nr.10 m.Abb. – Terenzio Stephanie u. Dorothy C.Belknap, The Prints of Robert Motherwell. New York 1984, 276, Nr.10 m.Abb.

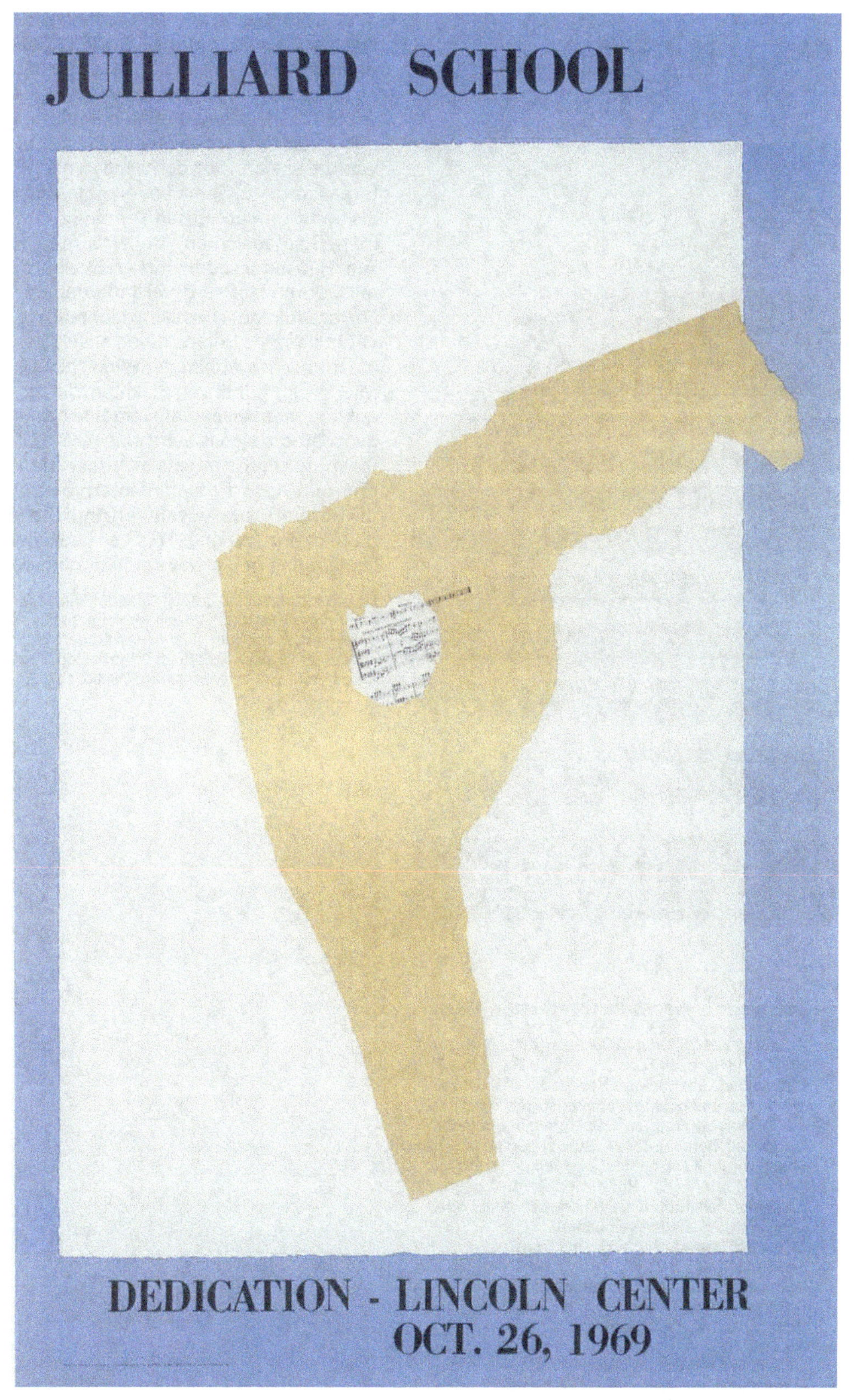

JUILLIARD SCHOOL
DEDICATION - LINCOLN CENTER
OCT. 26, 1969

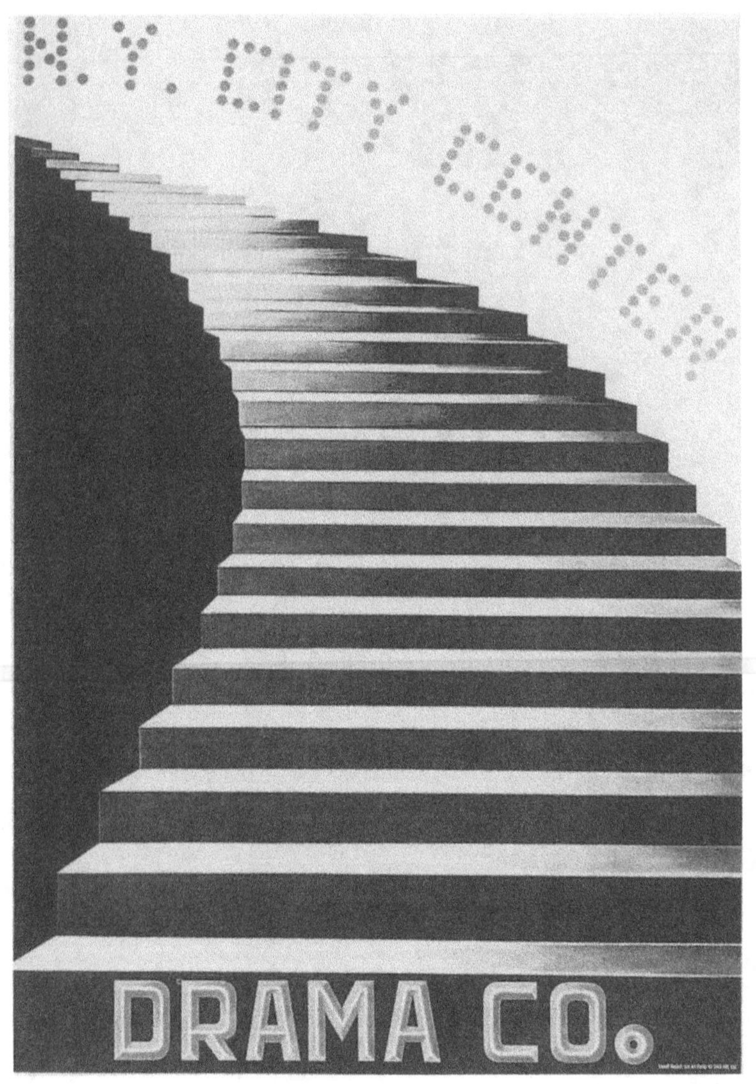

4. 10. 1933 Baltimore – lebt in New York
Nach seinem Studium an der Tyler School
of Art in Philadelphia ging Nesbitt 1955
nach London, wo er am Royal College of
Art Kurse in Glasmalerei und Radierung
besuchte. Anfänglich abstrakt malend,
wandte er sich 1963 dem Hyper- bzw. Photorealismus zu. Seine bevorzugten, meist
als Serien ausgeführten Themen sind Blumen, Stadtansichten, Atelierräume, Brük-
ken, Häuserfassaden und Architekturdetails. Durch Maßstabsveränderungen,
Formreduktion, künstliche Lichteffekte und
verunklärende Perspektiven erzielt Nesbitt
ein ironisches Abbild der Wirklichkeit.
Mit Druckgraphik und Plakaten, die häufig
auf den Motiven seiner Gemälde basieren,
beschäftigte sich Nesbitt seit 1963: »One of
the things that interests me most about
printmaking is the kind of interpretation of
my normal visual vocabulary into the medium of printmaking. This has been always
challenging and always exhilarating«.

Lit. u. a.: [Kat. Ausst.] Lowell Nesbitt. Paintings and
drawings since 1963. Aldrich Museum of Contemporary Art. Ridgefield 1980 – Baro Gene, [Kat.
Ausst.] 30 Years of American Printmaking. The
Brooklyn Museum. New York 1976, 86, 142.

Drama Co. – New York City Center, 1968

Anläßlich des 25jährigen Bestehens des New York
City Center (s. auch S. 221). – Auf der Basis des Pho-
torealismus' übersteigt Nesbitt die Wirklichkeit
als Illusion und gelangt dabei zu surreal anmuten-
den Aussagewirkungen. Das Motiv der endlosen
Treppe, auf deren unterste Stufe er den Namen der
Theatergruppe setzt, findet sich seit den dreißiger
Jahren in zahlreichen Hollywood-Produktionen, die
mit filmischen Mitteln die Welt des Theaters oder
Musicals darzustellen versuchten.
Siebdruck (mehrfarbig); 89 × 63,5 cm
Bez. r. u.: Lowell Nesbitt
Auftragg.: List Art Poster Program of The American
Federation of Arts/New York City Center, New York
Druck: HKL Ltd., New York
Inv. Nr. 27/76
Lit. u. a.: [Kat.] Künstler Plakate. Nr. 3 Galerie für Mo-
derne Kunst und Plakatkunst H. F. Lempert. Bonn
1983, Nr. 1560 m. Abb.

Encounter – Artists Benefit Sale, 1974

Das Plakat gehört zu den zahlreichen, seit 1969 in
mehreren Serien entstandenen Blumenbildern bzw.
-graphiken, deren Realismus durch die Überdimen-
sionierung ins Abstrakte umschlägt. Nesbitt steht
damit in der Nachfolge der amerikanischen Malerin
Georgia O'Keefe (1887–1986). Auch sie verwandte,
beeinflußt durch ihren Mann, den Photographen Al-
bert Stieglitz, seit den zwanziger Jahren Photos als
Vorlagen für ihre Gemälde übergroßer Blüten.
Siebdruck (mehrfarbig); 101,5 × 76 cm
Bez. l. u.: Lowell Nesbitt 1974
Auftragg.: Paula Cooper Gallery, New York
Druck: Seri-Arts Inc.
Inv. Nr. 28/76
Lit. u. a.: [Kat.] Künstler Plakate. 1980. Galerie für
Moderne Kunst und Plakatkunst H. F. Lempert. Bonn
1979, Nr. 1609 m. Abb.

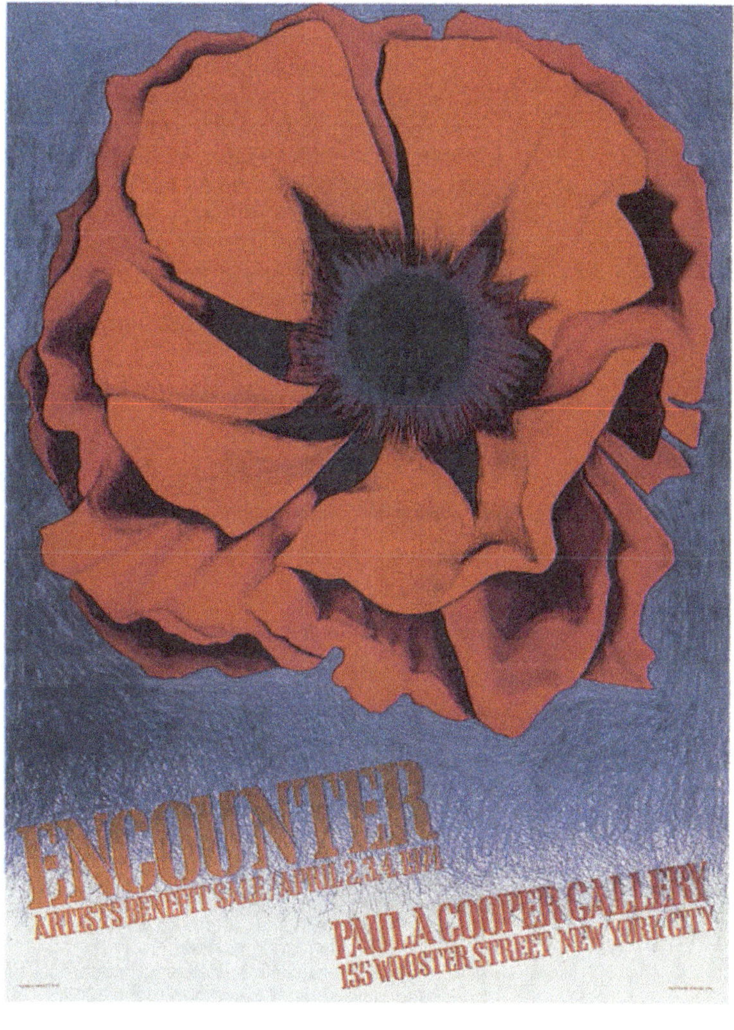

Claes Oldenburg

28.1.1929 Stockholm – lebt in New York
Oldenburg, einer der Hauptvertreter der
amerikanischen Pop Art, emigrierte 1936
nach Chicago und studierte 1946–1950 an
der Yale University/New Haven, 1952–1954
am Art Institute of Chicago. Seit 1952 war
er als Illustrator für verschiedene Zeitschriften tätig. Es entstanden erste Gemälde im Stil des Abstrakten Expressionismus. 1956 ließ sich Oldenburg in New York
nieder, wo er 1958 mit Allan Kaprow,
George Segal und Jim Dine in Kontakt trat
und an den ersten Happenings teilnahm.
1958/59 konzipierte er seine ersten Assemblagen aus Pappmaché – durch Farbgüsse
signalhaft koloriert –, aus denen sich um
1960 die Environments entwickelten.
Gleichzeitig begann er mit der Nachbil-
dung eßbarer Gegenstände (fast food) wie
Hamburgern oder Eisportionen in künstli-
cher Farbigkeit. Es folgten mit den sogen.
»soft objects« Gegenstände des alltäglichen Gebrauchs, die, zumeist aus Venyl
oder Leinwand mit Kapok gefüllt, in über-
dimensionaler Größe gefertigt wurden.
Von 1965 an entwarf er Kolossalmonu-
mente für öffentliche Bauten und Plätze,
seit den achtziger Jahren oft in Zusammenarbeit mit dem Architekten Frank
O. Gehry. Sein graphisches Werk konzentriert sich auf Entwürfe zu seinen dreidimensionalen Werken – Motive, auf denen
auch seine zahlreichen Plakatentwürfe basieren.

Lit. u. a.: Baro Gene, Claes Oldenburg. Drawings
and prints. London/New York 1969 – van Bruggen
Coosje u. Claes Oldenburg, Claes Oldenburg.
Large-scale projects 1977–1980. New York 1980 –
Celant Germano, [Kat. Ausst.] A Bottle of Notes and
Some Voyages. Claes Oldenburg. Coosje van Brug-
gen. Northern Centre of Contemporary Art. Sunder-
land/Leeds 1988 [dort weit. Lit.].

Paris Review – Multimousse, 1965

Das für eine New Yorker Literaturzeitschrift entwor-
fene Plakat trägt in Oldenburgs Werkverzeichnis
den Titel »Corner of a Mattress«. 150 Exemplare der
Auflage wurden handsigniert.
Siebdruck (weiß, rot, gold); 96 × 63,8 cm
r. u. handschriftlich signiert: Claes Oldenburg
Auftragg.: The Paris Review, New York
Druck: Steve Poleskie, New York
Inv. Nr. 342/89
Lit. u. a.: Baro Gene, Claes Oldenburg. Drawings
and prints. London/New York 1969, 274, Nr. 7 –
[Kat.] Künstler Plakate. Nr. 3. Galerie für Moderne
Kunst und Plakatkunst H. F. Lempert. Bonn 1983,
Nr. 1579 m. Abb.

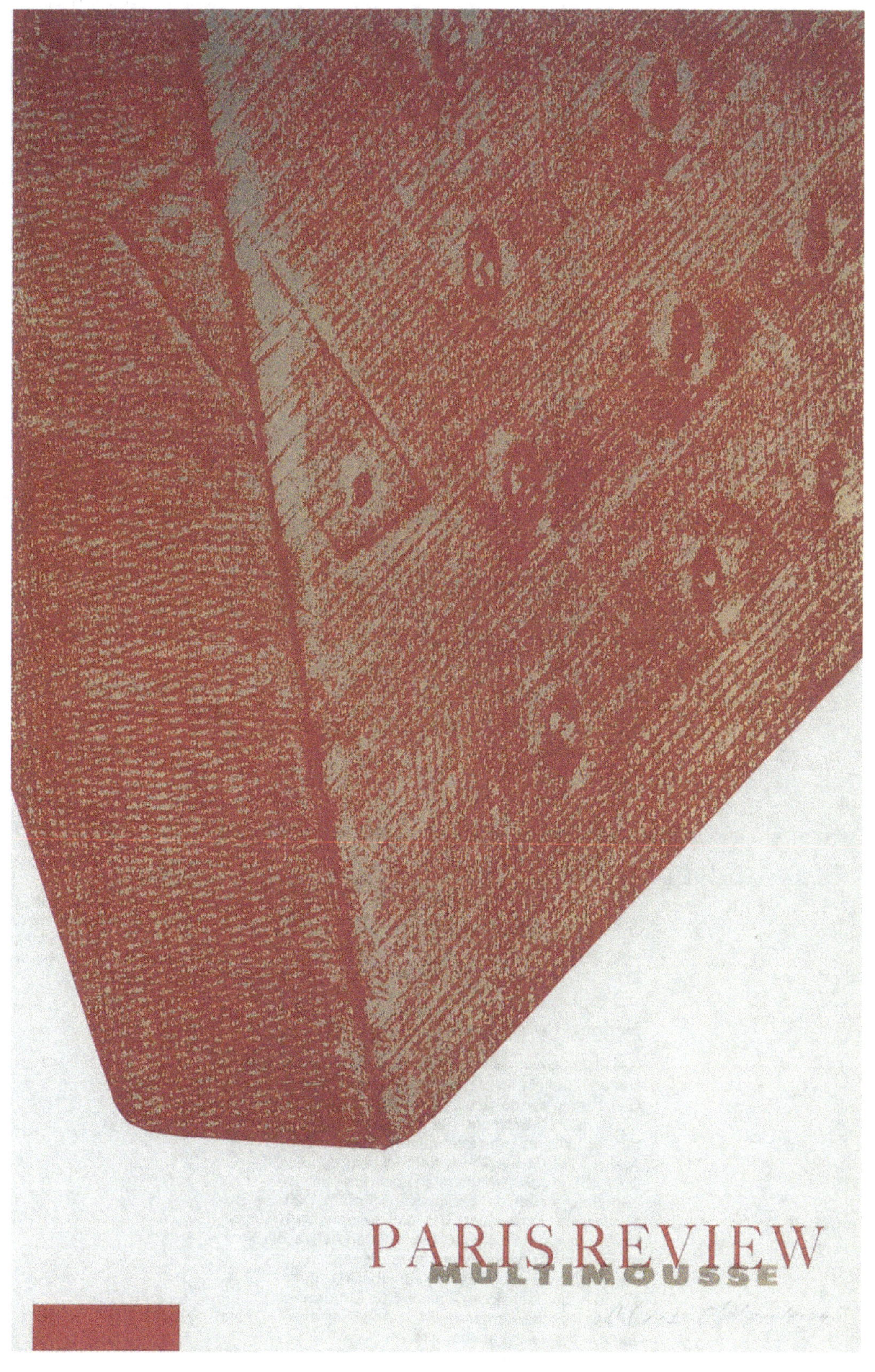

PARIS REVIEW
MULTIMOUSSE

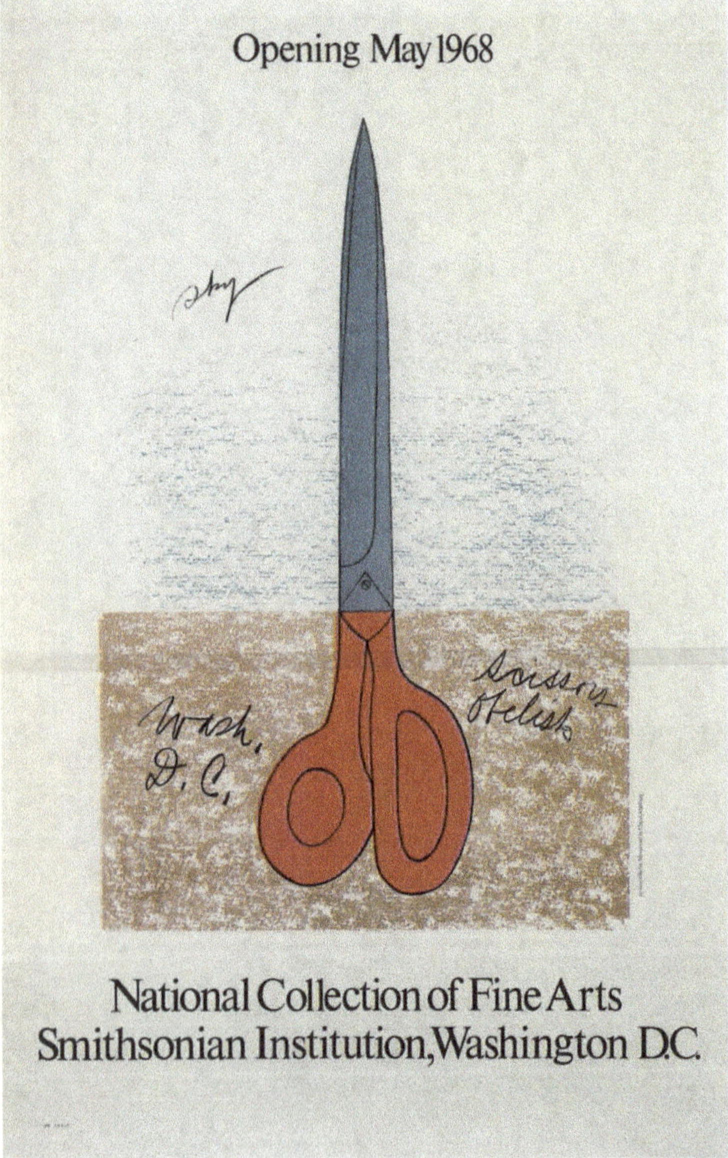

Bez. r. u.: Scissors Obelisk Monument by Claes Ol-
denburg
Auftragg.: National Collection of Fine Arts, Was-
hington D. C.
Druck: HKL Ltd., New York
Inv. Nr. 17/70
Lit. u. a.: [Kat. Ausst.] Images of an Era. The Ameri-
can poster 1945–75. National Collection of Fine
Arts. Washington D. C. 1975, Nr. 95 m. Abb.

Claes Oldenburg – Drawings and Prints, 1970

Das Verlagsplakat gibt den in Kreide und Bleistift
ausgeführten Entwurf für den Buchumschlag eines
Werkverzeichnisses von Zeichnungen und Druck-
graphik Oldenburgs wieder.
Offset-Lithographie (mehrfarbig); 73,5 × 50,5 cm
Bez. M. u.: Claes Oldenburg, 1970
Auftragg.: Chelsea House Publishers, New York
Inv. Nr. 113/77
Lit. u. a.: [Kat. Ausst.] Claes Oldenburg. Städtische
Kunsthalle. Düsseldorf 1970, Nr. 116 m. Abb. [Ent-
wurf] – [Kat.] Künstler Plakate. Nr. 3. Galerie für Mo-
derne Kunst und Plakatkunst H. F. Lempert. Bonn
1983, Nr. 1585 m. Abb.

National Collection of Fine Arts, 1968

Das Plakat entstand anläßlich der Neueröffnung der
National Collection of Fine Arts in Washington D. C.
Gleichzeitig wurde eine Zweifarben-Lithographie
mit dem Titel »Scissors – As Monument and to cut
out« in 100 signierten Exemplaren ediert, die im
Atelier Mourlot, New York, gedruckt wurden.
Die Gebäude der Smithsonian Institution liegen innerhalb einer von dem Franzosen L'Enfant 1791
konzipierten Parkanlage, The Mall, symmetrisch
entlang der auf das Kapitol fluchtenden Achse, die
durch mehrere Monumente markiert wird. Zu diesen gehört, westlich des Museumsbezirks, der
170 m hohe Obelisk des Washington Monument,
auf den der Plakatentwurf wohl ironisierend anspielt. – Vergleiche auch S. 214.
Lithographie (mehrfarbig); 107 × 71 cm

Claes Oldenburg

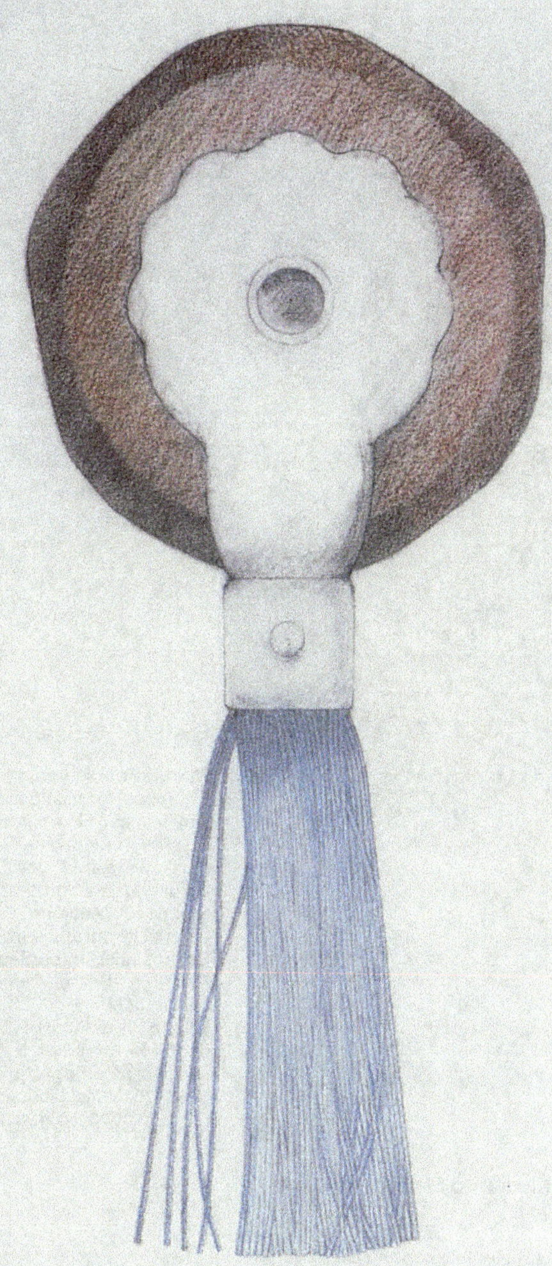

Drawings and Prints

Introduction by Gene Baro

A Paul Bianchini Book   Chelsea House Publishers, New York   Distributed by Random House

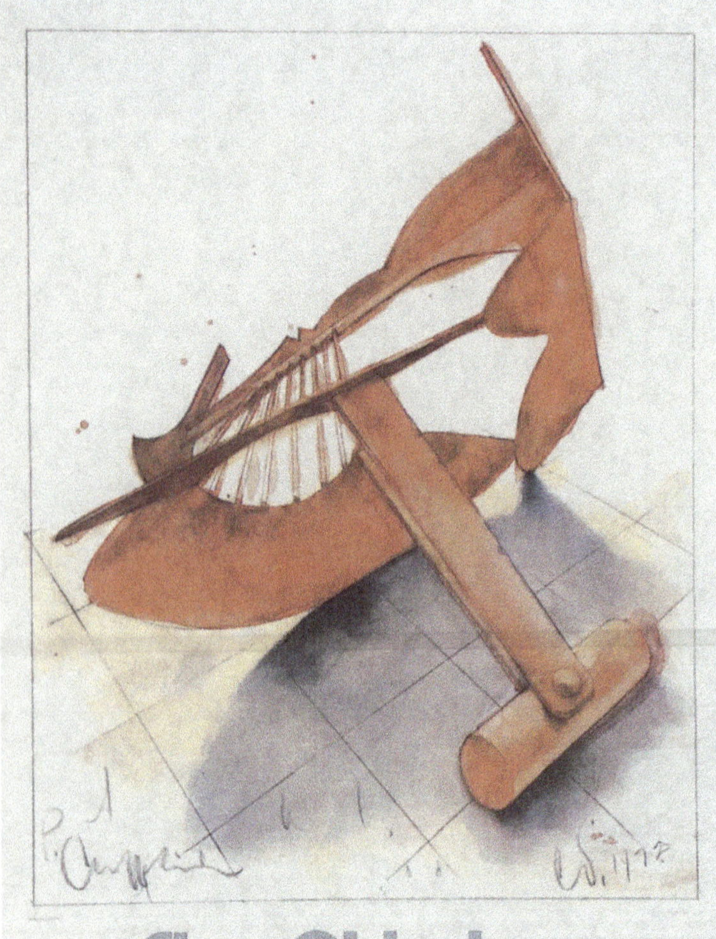

Festival '72 Seattle Center, 1972

Das Motiv erschien gleichzeitig unter dem Titel
»Proposal for a colossal structure in the form of a
sink faucet (= Wasserhahn) for Lake Union, Seattle,
Washington« in einer auf 300 Exemplare begrenz-
ten Auflage auf Rives B.F.K. Papier. Auftraggeber
dafür war The Contemporary Art Council/The
Seattle Art Museum.
Offset-Lithographie (mehrfarbig); 93,6 × 62,4 cm
Bez. u.: Lake Union/Seattle, Wash. CO 1972
Auftragg.: Seattle Center, Seattle/Washington
Inv. Nr. 96/74
Lit. u. a.: [Kat. Ausst.] Claes Oldenburg. Recent
prints. M. Knoedler. New York 1973, Nr. 11 m. Abb. –
[Kat. Ausst.] Images of an Era. The American poster
1945–75. National Collection of Fine Arts. Washing-
ton D.C. 1975, Nr. 195 m. Abb.

Oldenburg – Object into Monument,
1972/73

Das Plakat basiert auf einer Zeichnung Oldenburgs
von 1972 mit dem Titel »Picasso Cufflink«.
Offset (mehrfarbig); 96 × 63 cm
Bez. u.: P. Cufflink CO. 1972; r. u.: Copyright Claes
Oldenburg 1973
Auftragg.: Art Institute of Chicago, Illinois
Inv. Nr. 29/76
Lit. u. a.: [Kat. Ausst.] Claes Oldenburg. Recent
prints. M. Knoedler. New York 1973, Nr. 27 m. Abb.

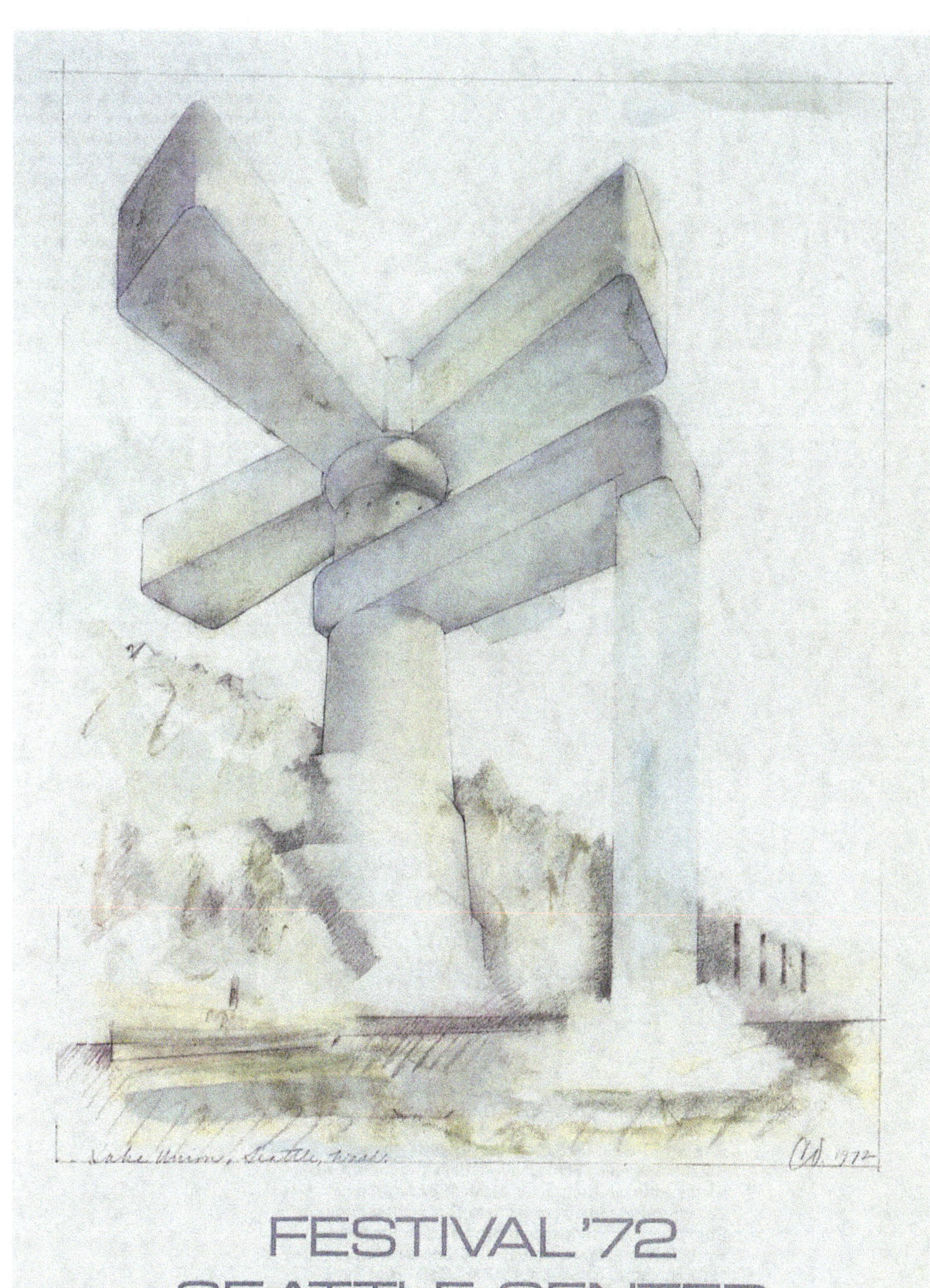

FESTIVAL '72
SEATTLE CENTER
JULY 21-22-23

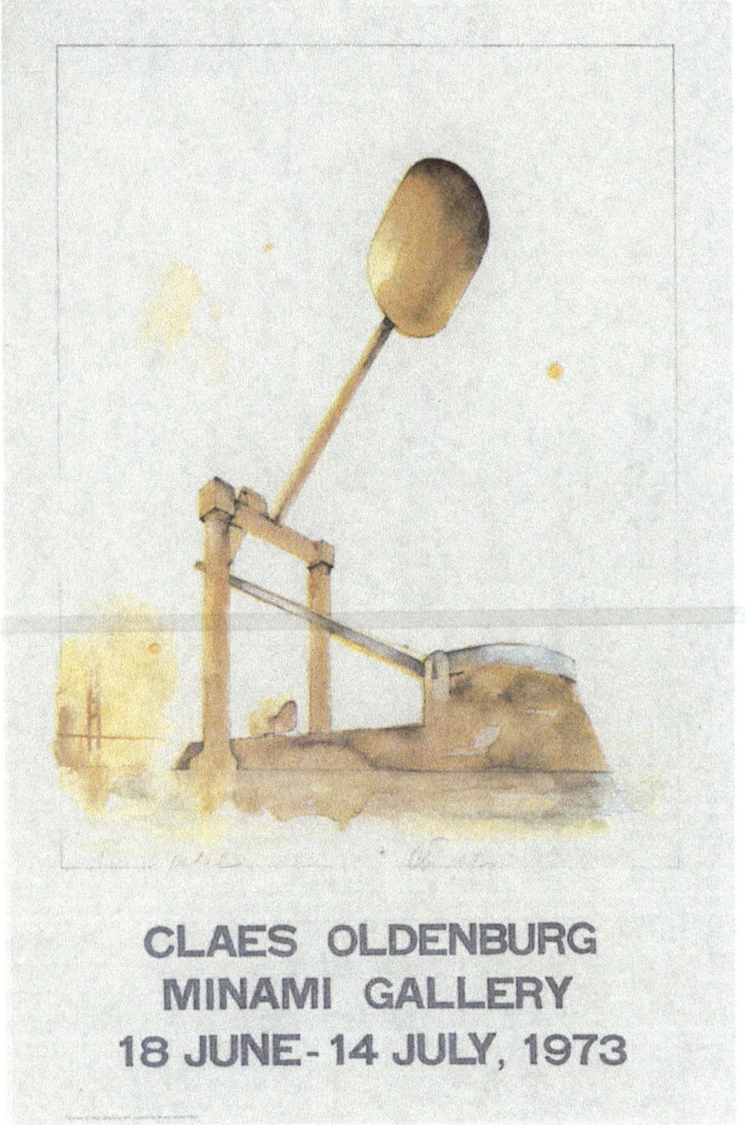

Claes Oldenburg, 1975

Wiedergegeben ist ein Ausschnitt des Entwurfs »Proposal for a Colossal Monument in the Form of a Typewriter Eraser (= Schreibmaschinen-Radiergummi) for Alcatraz«, der bereits 1972 entstand.
Offset-Lithographie (mehrfarbig); 82 × 61 cm
Bez. u. r.: Copyright 1975 Claes Oldenburg
Auftragg.: Seattle Art Museum, Seattle/Washington
Inv. Nr. 180/77
Lit. u. a.: [Kat. Ausst.] Oldenburg. Six themes. Walker Art Center. Minneapolis 1975, 70 m. Abb. [Entwurf] – [Kat.] Künstler Plakate. 1980. Galerie für Moderne Kunst und Plakatkunst H. F. Lempert. Bonn 1979, Nr. 1639 m. Abb.

Claes Oldenburg – Minami Gallery, 1973

Gezeigt wird ein 1973 datiertes Aquarell mit der Darstellung eines Schlagzeugpedals. Oldenburg variierte darin ein Thema, für das er 1967 zahlreiche Zeichnungen zumeist unter dem Titel »Drum Pedal Study – From a Slingerland Drum Catalogue« entwarf. Es handelte sich dabei um Studien für die 1967 entstandene Skulptur »Giant Soft Drum Set«.
Offset-Lithographie (mehrfarbig); 90 × 59,9 cm
Bez. u.: Drum pedal CO 1973
Auftragg.: Minami Gallery, Tokio, Japan
Inv. Nr. 181/77
Lit. u. a.: Baro Gene, Claes Oldenburg. Drawings and prints. London/New York 1969, Nr. 352 m. Abb. [Studien, 1967] – [Kat.] Künstler Plakate. 1980. Galerie für Moderne Kunst und Plakatkunst H. F. Lempert. Bonn 1979, Nr. 1637 m. Abb.

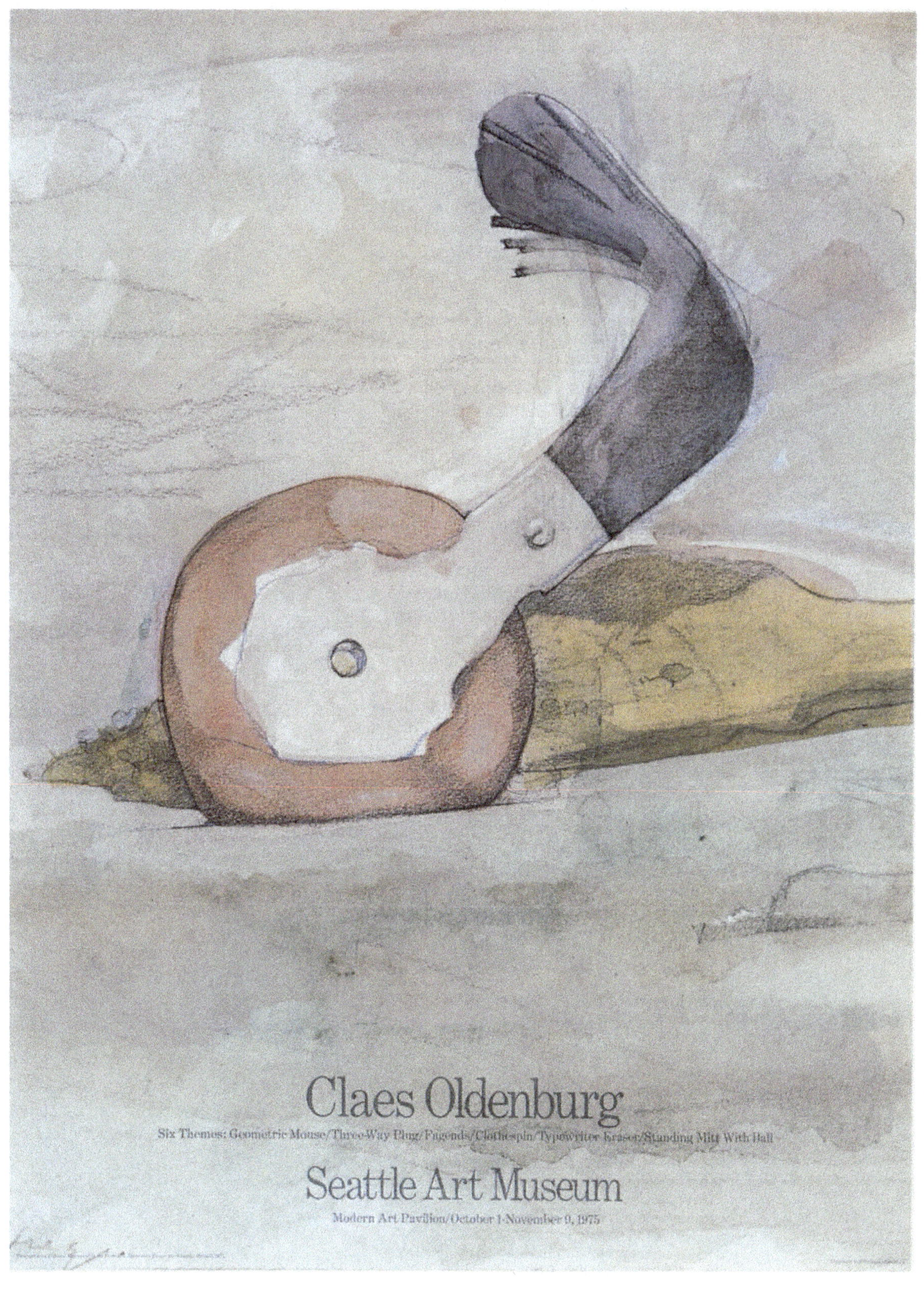

Claes Oldenburg
Six Themes: Geometric Mouse/Three-Way Plug/Fagends/Clothespin/Typewriter Eraser/Standing Mitt With Ball
Seattle Art Museum
Modern Art Pavilion/October 1-November 9, 1975

1932 Seoul, Korea – lebt in New York und
Düsseldorf
Nach Musik- und Kompositionsunterricht
(1946–1950) ergänzte Paik seine Ausbildung durch ein Studium der Ästhetik und
Musikwissenschaft, das er 1956 in Tokio
mit einer Arbeit über Schönberg abschloß.
1956/57 in München und 1957/58 in Frei-
burg nahm er die Musikstudien erneut auf
und hatte durch Wolfgang Fortner,
K. H. Stockhausen und John Cage engen
Kontakt zur neuen deutschen Musik. Beeinflußt durch Cage, verknüpfte er gestische
Aktionen mit Klängen. Diese, eng mit dem
Happening verbundene Form des sogen.
»Fluxus«, deren Hauptvertreter Paik
wurde, besteht aus interdisziplinärem Miteinander von visuellen, choreographi-
schen und akustisch-musikalischen Aus-
drucksformen. Seit 1963 befaßt er sich mit
den künstlerischen Möglichkeiten des Mediums Videofilm. In Kombination mit Musik entstanden zahlreiche, oft spektakuläre
Videoaktionen in Zusammenarbeit mit der
Cellistin Charlotte Moorman in New York,
wohin Paik 1964 den Schwerpunkt seiner
Tätigkeit verlegte. Als einer der ersten
Künstler bezog Paik auch das Fernsehen
unmittelbar in seine Aktionen ein und erreicht so ein breites Publikum. Seine graphischen Arbeiten dienen zur Vorberei-
tung, Dokumentation oder Ankündigung
seiner Aktionen, besitzen jedoch durchaus
eigenständigen Charakter. Seit 1979 ist
Paik Professor an der Kunstakademie Düsseldorf, seit 1987 Mitglied der Akademie
der Künste Berlin.

Lit. u. a.: Decker Edith, Paik Video. Köln 1988 [dort
weit. Lit.].

Auftragg.: TV Symposium, Montreux, Schweiz
Druck: Albin Uldry, Bern, Schweiz
Inv. Nr. 471/87
Lit. u. a.: [Kat.] Künstler Plakate. Nr. 4. Galerie für
Moderne Kunst und Plakatkunst H. F. Lempert. Bonn
1986, Nr. 1668 m. Abb.

14th international TV Symposium, 1985

Analog zu Paiks Videoaktionen ist weltumspan-
nende Massenkommunikation mit Hilfe moderner
Technologien auch das Thema seines Plakatentwurfs für ein TV-Symposium. Dem graphischen
Medium entsprechend bezieht Paik den Bildschirm
zweidimensional als Hintergrund für Personenpor-
träts der Zeitgeschichte ein, die wie auf einem Film-
streifen im Negativ erscheinen. Jedes Porträt bildet
dabei einen satellitenumkreisten Planeten – »Star«
– im All, in dessen Zentrum der aus Buchstaben
gebildete Begriff »BAN« (Bann) steht.
Siebdruck (mehrfarbig); 100 × 70 cm
Bez. l. u.: design Nam June Paik New York; r. u.
handschriftlich signiert: PAIK

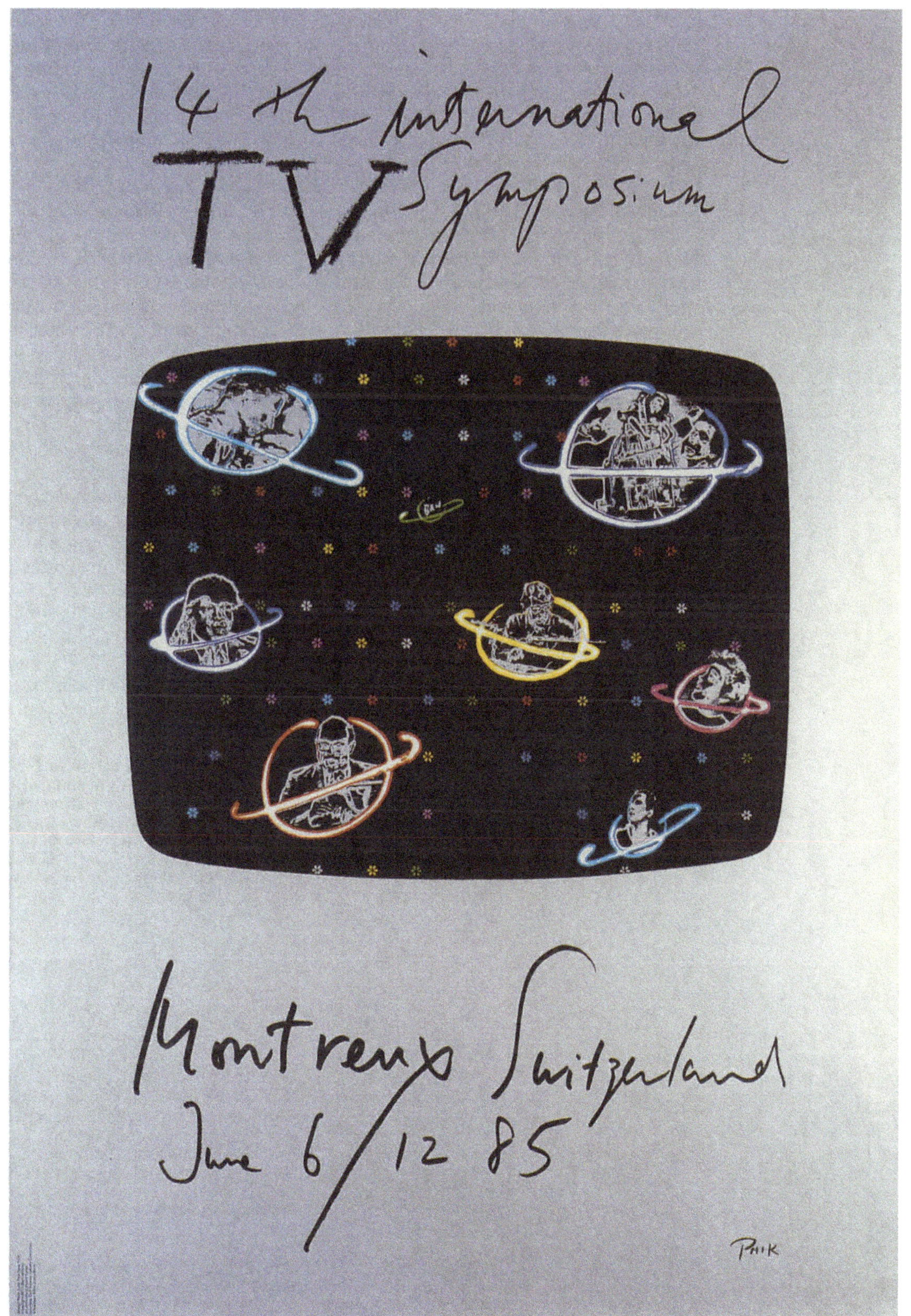

14 th international
TV Symposium
Montreux Switzerland
June 6/12 85
PHIK

22.10.1925 Port Arthur/Texas – lebt in New York und Captiva Island/Florida
Studium am Art Institute und an der School of Design in Kansas City sowie an der Académie Julien, Paris. 1948/49 Schüler von Josef Albers am Black Mountain College, North Carolina, 1949/50 bei Franz Kline und Robert Motherwell an der Art Students League of New York.
Robert Rauschenberg gilt als Wegbereiter der Pop Art. Beeinflußt durch Schwitters und Duchamps, verband er Ende der fünfziger Jahre in seinen Assemblagen und »Combine Paintings« abstrakte farbige Malerei und reale »gefundene« Gegenstände aus der Alltagswelt, um so »die Kluft zwischen Kunst und realem Leben aufzuheben« (Rauschenberg). Neben der Malerei befaßte er sich u. a. mit Fotografie, Performances, Multi-Media-Shows, Ballettinszenierungen und musikalischer Komposition.

Neben Gemälden, Zeichnungen und Collagen besitzt die Druckgraphik im Œuvre Rauschenbergs ein besonderes Gewicht. Seit 1962 entstanden auf Anregung von Tatyana Grosman, der Gründerin des Graphik-Studios Universal Limited Art Editions, zahlreiche Lithographien, bei denen Rauschenberg mit den Möglichkeiten dieser Technik experimentierte: so preßte er in der Art seiner Assemblagen und Combine Paintings auch reale Gegenstände auf den Stein oder übertrug Pressephotos oder Zeitungsausschnitte mit Hilfe von Siebdrucken auf die Druckfläche. Darüberhinaus war er – neben Warhol – einer der ersten Künstler, der Reproduktionen von Bildern und Gegenständen mittels Siebdruckverfahren auf die Leinwand übertrug und so die Grenzen zwischen Unikat und Reproduktion verwischte.
Rauschenberg entwarf zwischen 1955 und 1964 als Technischer Direktor der Merce Cunningham Dance Company u. a. Bühnenbilder und Kostüme. Er dekorierte Schaufenster für das New Yorker Modehaus Bonwit Teller und für Tiffany's, zeichnete Buchillustrationen (u. a. zu Dantes »Divina Commedia« 1958/59) und gestaltete Titelblätter für Zeitschriften (»Time Magazine«, »Art in America« u. a.) sowie zahlreiche Plakate.

Lit. u. a.: [Kat. Ausst.] Robert Rauschenberg: Prints 1948/70. The Minneapolis Institute of Arts. Minneapolis 1970 – [Kat. Ausst.] Rauschenberg. Staatliche Kunsthalle. Berlin 1980 [dort weit. Lit.] – Rose Barbara, Rauschenberg. New York 1987 [dort weit. Lit.] – Sparks Esther, [Kat.] Universal Limited Art Editions. The Art Institute of Chicago. New York 1989, 215–237, 430–467.

St. Louis Symphony Orchestra, 1968

Seit seiner Freundschaft mit John Cage und seiner Mitarbeit bei der Merce Cunningham Dance Company interessierte sich Rauschenberg auch verstärkt für Musik und Komposition.
Er nahm an zahlreichen Performances und Multi-Media-Shows teil und komponierte selbst.
Offset-Lithographie (mehrfarbig); 75 × 62,5 cm
Auftragg.: Powell Symphony Hall, St. Louis/Missouri
Inv. Nr. 91/74
Lit. u. a.: [Kat. Ausst.] Robert Rauschenberg: Prints 1948/70. The Minneapolis Institute of Arts. Minneapolis 1970, Nr. 51 m. Abb. – Müller-Brockmann Josef u. Karl Wobmann, Fotoplakate. Aarau 1989, 209 m. Abb.

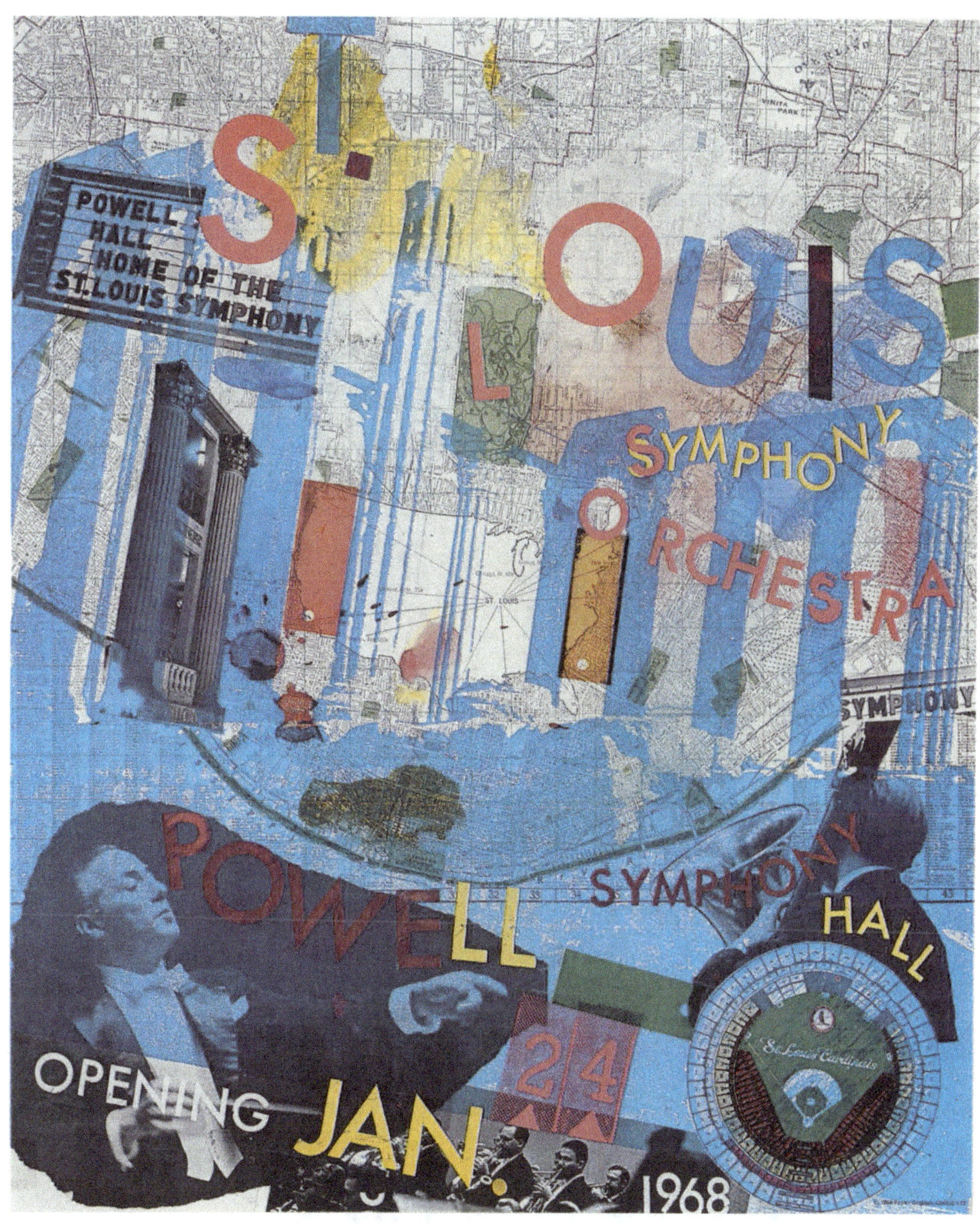
POWELL
HALL
HOME OF THE
ST. LOUIS SYMPHONY
ST. LOUIS
SYMPHONY
ORCHESTRA
SYMPHONY
POWELL
SYMPHONY
HALL
St. Louis Cardinals
24
OPENING
JAN.
1968

Quarry Poster, 1968

In einer Auflage von 850 Exemplaren ediert, davon
500 signiert.
Offset (mehrfarbig); 87,5 × 66 cm
Auftragg.: The Quarry, Local One, Amalgamated Li-
thographers of America, and Color Lithographers
Service Inc.
Inv. Nr. 183/77
Lit. u. a.: [Kat. Ausst.] Robert Rauschenberg: Prints
1948/70. The Minneapolis Institute of Arts. Minnea-
polis 1970, Nr. 63 m. Abb.

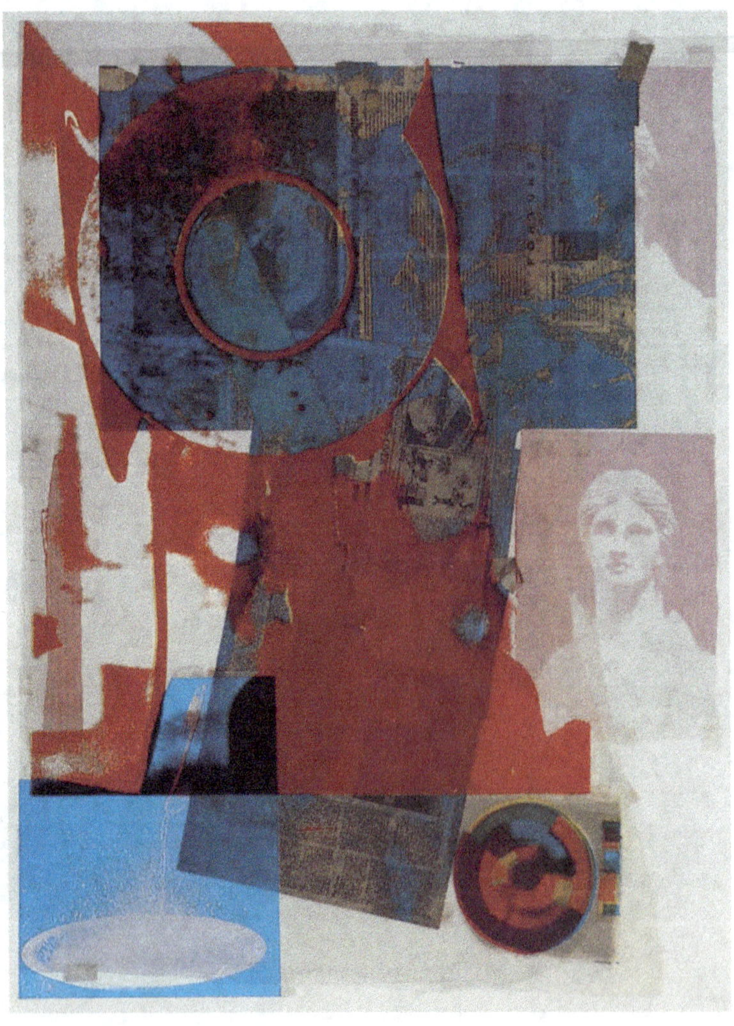

Zielscheibe Mond – Wallraf-Richartz-Museum, 1969

Rauschenberg wurde im Juli 1969 mit anderen Künstlern von der NASA zur Beobachtung der ersten Mondlandung eingeladen. Gleich nach dem Start begann Rauschenberg für Gemini G.E.L. (Graphic Editions Limited), mit der er seit 1967 zusammenarbeitete, eine Serie von 34 Lithographien mit dem Titel »Stoned Moon«, die er im April 1970 fertigstellte. Rauschenberg arbeitete hier unter anderem mit Photomaterial, das ihm die NASA zur Verfügung stellte. Acht der Drucke wurden von Steinen gezogen, die durch Auftragen einer Emulsion photo-sensibel gemacht worden waren und so eine exaktere Übertragung von Photos ermöglichten. Das Kölner Ausstellungsplakat gibt das Motiv »Banner« aus dieser Serie wieder.
Offset (mehrfarbig); 107,5 × 79 cm
Bez. r. u.: RAUSCHENBERG 31/40 69
Auftragg.: Wallraf-Richartz-Museum, Köln, Deutschland
Druck: Druckhaus Deutz GmbH, Köln
Inv. Nr. 363/89
Lit. u. a.: [Kat. Ausst.] Robert Rauschenberg: Prints 1948/70. The Minneapolis Institute of Arts. Minneapolis 1970, Nr. 77 m. Abb. [Lithographie] – [Kat. Ausst.] Robert Rauschenberg. Kunstverein. Hannover 1970, 79 m. Abb. [Lithographie] – [Kat. Ausst.] Robert Rauschenberg. Stoned Moon Series. Museum Haus Lange. Krefeld 1974, Nr. 13 m. Abb. [Lithographie] – Fine Ruth E., [Kat. Ausst.] Gemini G. E. L. National Gallery of Art, Washington D. C. New York 1984, 106 [zur Serie].

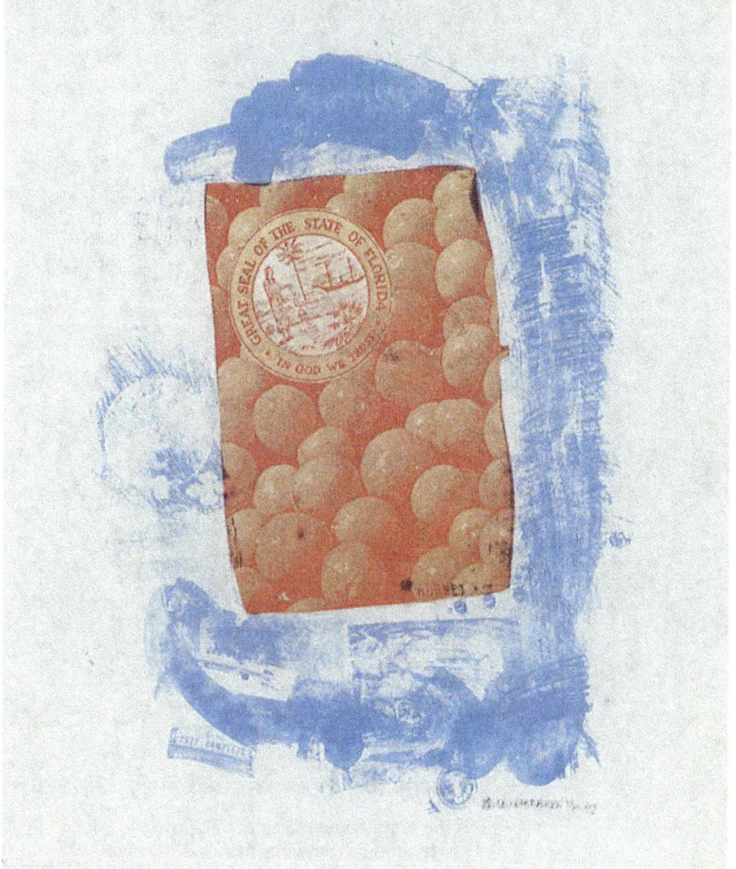

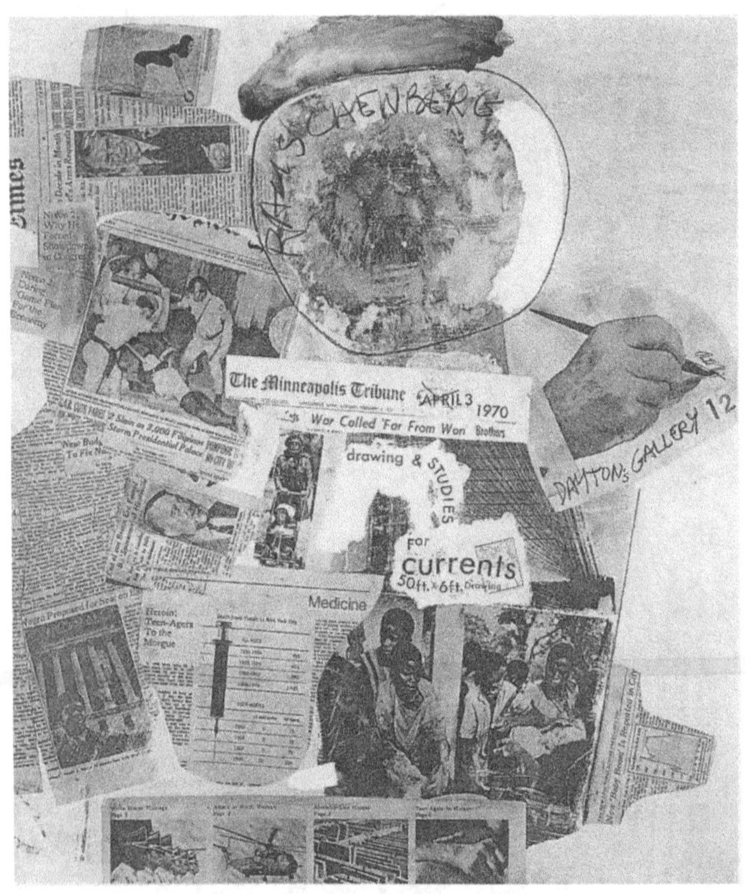

Rauschenberg – Dayton's Gallery 12, 1970

Für die erste Ausstellung von »Currents«, eines
21 m langen Seidensiebdruckes. Die Arbeit war
1969 als Zeichnung von der Dayton's Gallery in Auf-
trag gegeben worden. Rauschenberg arbeitete
daran bis 1970 in Kalifornien und verwendete aktuelle Zeitungsausschnitte aus sechs verschiedenen
Tageszeitungen amerikanischer Großstädte.
Das Plakat basiert auf der in diesem Zusammenhang entstandenen Collage »Studies for Currents
No. 31« (1970) und wurde in einer Auflage von 300
Exemplaren (100 signiert) gedruckt.
Offset-Lithographie (schwarz); 89 × 77,5 cm
Auftragg.: Dayton's Gallery, Minneapolis/Minne-
sota
Inv. Nr. 36/74
Lit. u. a.: [Kat. Ausst.] Robert Rauschenberg: Prints
1948/70. The Minneapolis Institute of Arts. Minnea-
polis 1970, Nr. 153 m. Abb. – [Kat. Ausst.] Robert
Rauschenberg. Kunstverein. Hannover 1970, 100
m. Abb. – [Kat. Ausst.] Robert Rauschenberg. Natio-
nal Collection of Fine Arts. Washington D.C. 1976,
Nr. 184 m. Abb.

100 Years Treasury of the Conscience of Man 1970, 1969

Für den Plakatentwurf zum 100jährigen Bestehen
des Metropolitan Museum of Art wählte Rauschenberg charakteristische Beispiele aus verschiedenen
Sammlungsbereichen des Museums. Im Zentrum
der Darstellung paraphrasierte er den 1870 verfaß-
ten Text, der die Ziele des Museums proklamierte,
und unterzeichnete ihn zusammen mit allen Mitar-
beitern des Hauses. Parallel dazu entstand eine
1969 von Universal Limited Art Editions gedruckte
Lithographie. (vgl. auch Stella, 1970)
Offset-Lithographie (mehrfarbig); 99 × 65 cm
Auftragg.: Metropolitan Museum of Art, New York
Druck: Telamon Editions Ltd., West Islip/New York
Inv. Nr. 34/76
Lit. u. a.: [Kat. Ausst.] Robert Rauschenberg: Prints
1948/70. The Minneapolis Institute of Arts. Minnea-
polis 1970, Nr. 71 m. Abb. [Lithographie] – [Kat.
Ausst.] Images of an Era. The American poster
1945–75. National Collection of Fine Arts. Washing-
ton D.C. 1975, Nr. 144 m. Abb. – [Kat. Ausst.] Robert
Rauschenberg. National Collection of Fine Arts.
Washington D.C. 1976, Nr. 187 m. Abb. – Müller-
Brockmann Josef u. Karl Wobmann, Fotoplakate.
Aarau 1989, 231 m. Abb. – Sparks Esther, [Kat.] Universal Limited Art Editions. The Art Institute of Chi-
cago. New York 1989, 39, 444, Nr. 44 m. Abb.,
Taf. 177 [Lithographie].

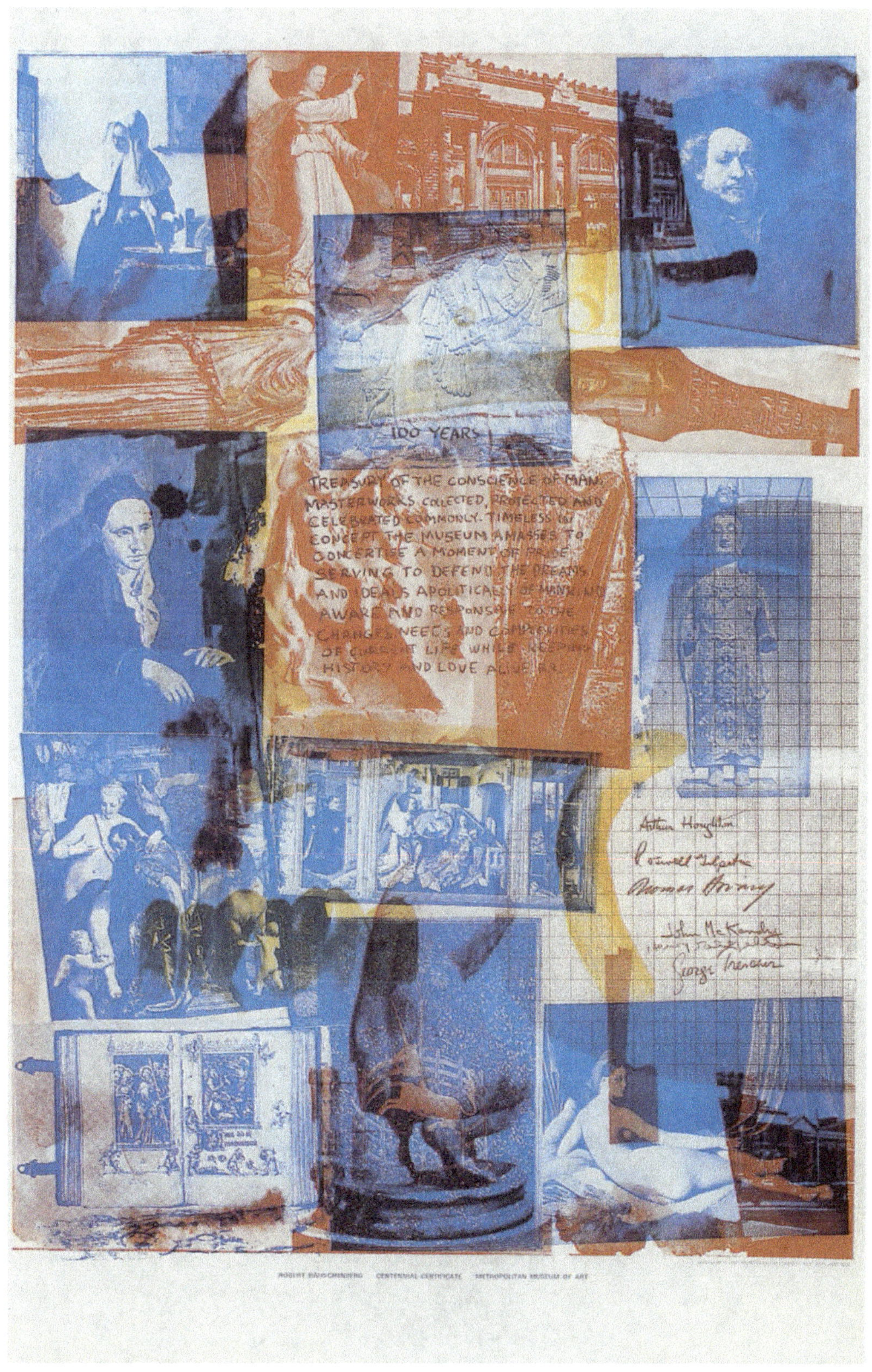

ROBERT RAUSCHENBERG CENTENNIAL CERTIFICATE METROPOLITAN MUSEUM OF ART

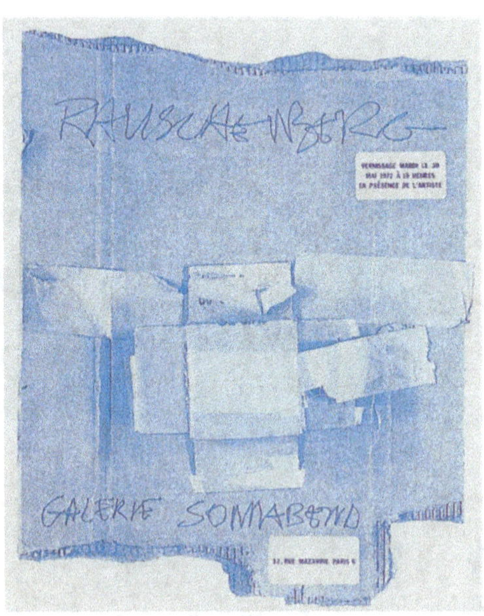

Rauschenberg, 1972

In zwei Farbvarianten gedruckt: Blau bzw. Rot auf
weißem Grund.
Offset-Lithographie (blau); 60,5 × 51 cm
Auftragg.: Galerie Sonnabend, Paris
Inv. Nr. 33/76
Lit. u. a.: [Kat.] Künstler Plakate. 1980. Galerie für
Moderne Kunst und Plakatkunst H. F. Lempert. Bonn
1979, Nr. 1980 m. Abb.

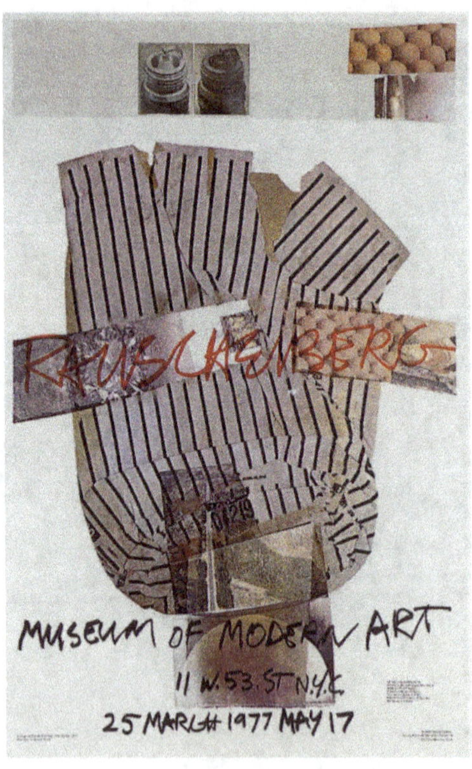

**Rauschenberg – Museum of Modern Art
1977, 1976**

Für eine große Retrospektiv-Ausstellung Rauschen-
bergs, die 1976 von der National Collection of Fine
Arts/Smithsonian Institution in Washington durch-
geführt und später auch in New York, San Fran-
cisco, Buffalo und Chicago gezeigt wurde. Der
Schriftblock wurde dabei wechselweise in der
Handschrift des Künstlers (New York) oder in ge-
setzten Buchstaben (San Francisco) eingedruckt.
Offset-Lithographie (mehrfarbig); 115,5 × 74,5 cm
Bez. r. u.: ROBERT RAUSCHENBERG
Auftragg.: National Collection of Fine Arts, Wash-
ington D. C.
Druck: Telamon Editions Ltd., West Islip/New York
Inv. Nr. 27/78
Lit. u. a.: [Kat. Ausst.] Robert Rauschenberg. Natio-
nal Collection of Fine Arts. Washington D. C. 1976,
198 m. Abb. [dort andere Beschr.].

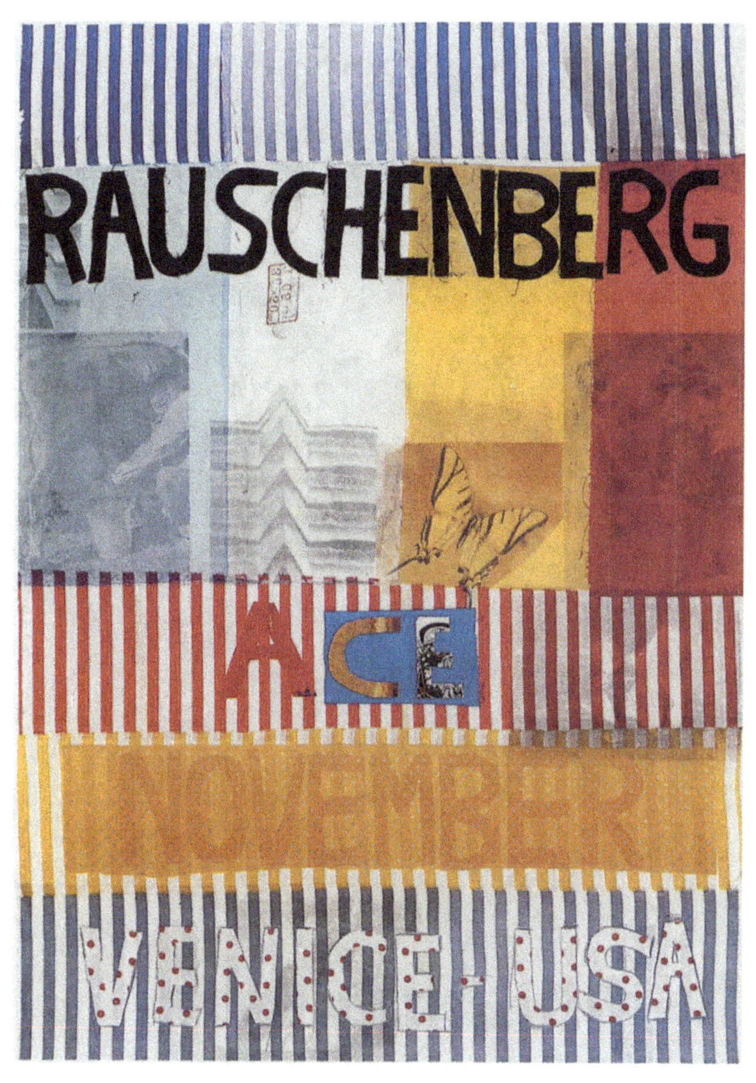

ACE November Venice – USA, 1977

Offset-Lithographie (mehrfarbig); 127 × 92 cm
Auftragg.: Ace Gallery, Venice/California
Inv. Nr. 51/80
Lit. u. a.: Wichmann Hans, [Kat. Ausst.] Neu. Dona-
tionen und Neuerwerbungen 1980/81. Die Neue
Sammlung. München 1982, 14.

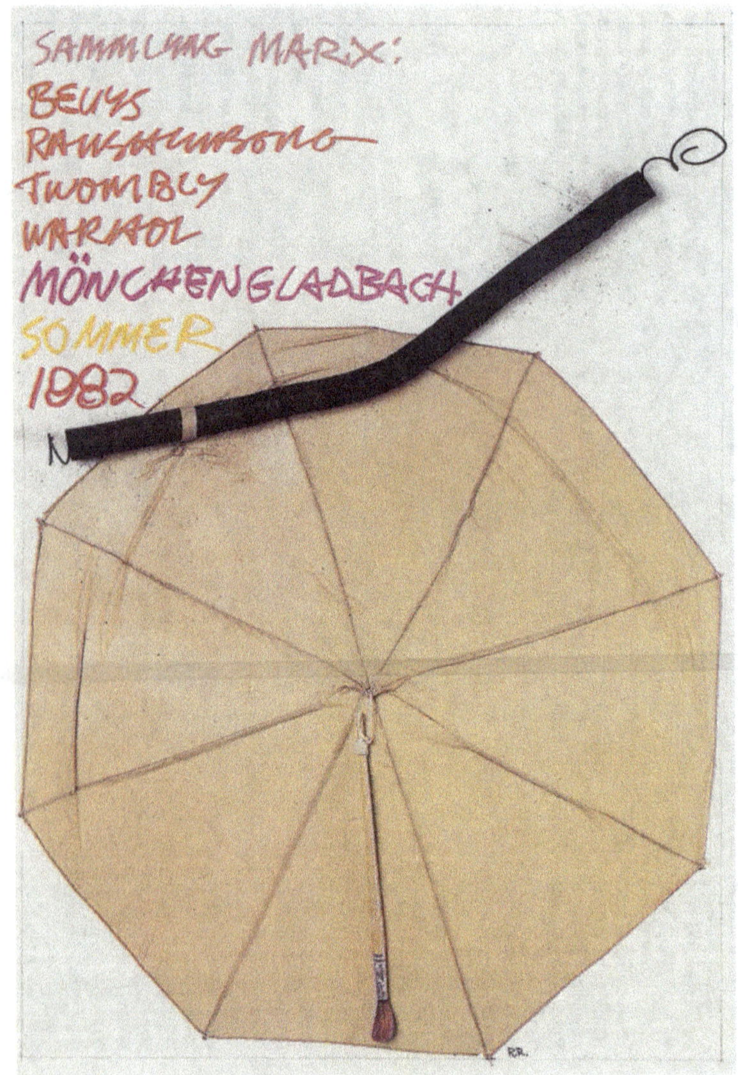

Beuys, Rauschenberg, Twombly, Warhol,
1981

Die 1981 für das Ausstellungsplakat entworfene
Collage (Combine Drawing, Seide, Metall, Papier)
verwendet das Motiv des aufgeklappten Schirmes,
das zwischen 1978 und 1980 häufig im Œuvre Rau-
schenbergs auftauchte. Für die Stationen der Aus-
stellung in Berlin (1981) und Mönchengladbach
(1982) wurde jeweils der Schriftblock variiert.
Offset (mehrfarbig); 84 × 59,5 cm
Bez. r. u.: R. R.
Auftragg.: Nationalgalerie, Berlin/Sammlung Marx,
Mönchengladbach, Deutschland
Inv. Nr. 401/83
Lit. u. a.: Bastian Heiner, [Kat. Ausst.] Joseph Beuys,
Robert Rauschenberg, Cy Twombly, Andy Warhol.
Sammlung Marx. Nationalgalerie Berlin. München
1981, Nr. 61 m. Abb. [Entwurf] – [Kat.] Künstler Pla-
kate. Nr. 4. Galerie für Moderne Kunst und Plakat-
kunst H. F. Lempert. Bonn 1986, Nr. 1961 m. Abb.

Rauschenberg, 1980

Basiert auf einem Entwurf im Collage-Verfahren,
bei dem Rauschenberg einen Transfer-Druck auf
Stoff mit einer flachgedrückten Blechbüchse, Farbe
und Winkellineal auf Papier kombinierte
(124 × 91 cm).
Offset-Lithographie (mehrfarbig); 118 × 84 cm
Bez. l. u.: R. R.
Auftragg.: Staatliche Kunsthalle, Berlin, Deutsch-
land
Inv. Nr. 7191/82
Lit. u. a.: [Kat. Ausst.] Robert Rauschenberg. Werke
1950–1980. Staatliche Kunsthalle. Berlin 1980,
Nr. 71 m. Abb. [Entwurf] – [Kat.] Künstler Plakate.
Nr. 3. Galerie für Moderne Kunst und Plakatkunst
H. F. Lempert. Bonn 1983, Nr. 1946 m. Abb.

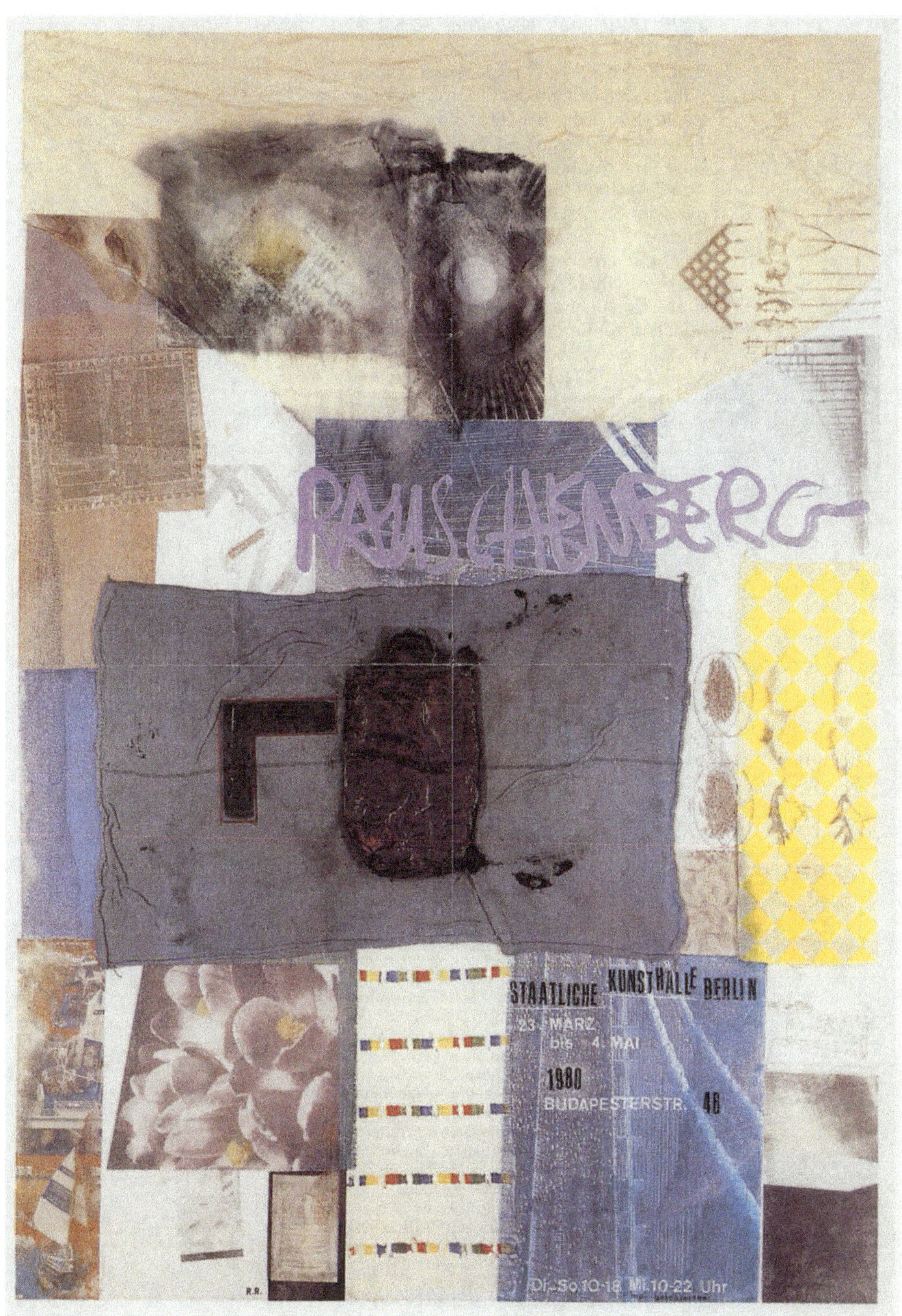

RAUSCHENBERG
STAATLICHE KUNSTHALLE BERLIN
23. MÄRZ
bis 4. MAI
1980
BUDAPESTERSTR. 46
Di.-So.10-18 Mi.10-22 Uhr
R.R.

Ad Reinhardt

24.12.1913 Buffalo/New York – 30.8.1967
New York
Studierte 1931–1937 bei Meyer Schapiro
Kunstgeschichte an der Columbia Univer-
sity in New York, 1936/37 an der National
Academy of Design und 1946–1950 am
New Yorker University Institute of Fine
Arts. Zwischen 1937 und 1947 war er Mit-
glied der Gruppe »American Abstract Ar-
tists«.
Reinhardt arbeitete in den dreißiger und
vierziger Jahren u. a. als Designer, als Illu-
strator von Büchern und Zeitschriften, als
Kunstkritiker für die New Yorker Zeitung
»PM« und als Photograph bei der US-
Navy. Seit 1947 lehrte er fernöstliche
Kunstgeschichte an verschiedenen Universitäten und Schulen.
Im Anschluß an Piet Mondrian und Mark
Rothko führte Reinhardt die systematische
Reduktion von Farbe und Form bis zu seinen geometrischen, abstrakten »Black
paintings« fort, indem er die Leinwand in
scharf umrissene Rechtecke teilte, die er
mit leicht variierenden Schattierungen einer Farbe kolorierte. Er übte damit großen
Einfluß auf die sogen. Analytische Malerei
nach 1965 aus. Reinhardts einzige Druckgraphik, ein Siebdruck auf Plexiglas, entstand 1965.

Lit.: Lippard Lucy, R., Ad Reinhardt. New York 1981
– Heere Heribert, Ad Reinhardt und die Tradition
der Moderne. Frankfurt 1986.

Ad Reinhardt and Color, 1980

Als Motiv für das Plakat der 13 Jahre nach dem Tod
des Künstlers durchgeführten Ausstellung wurde
Reinhardts Gemälde »Red Abstract« von 1952 (Yale
University Art Gallery, New Haven) verwendet.
Im Gegensatz zu früheren Gemälden verzichtete
Reinhardt hier auf sichtbare Pinselspuren; die Lö-
schung jeglicher Subjektivität sollte auf den rein
physikalischen Akt der Farbwahrnehmung führen.
Der einheitliche, nur in Farbtemperaturen differen-
zierte Farbton, der an die symmetrisch angeordne-
ten Rechteckformen gebunden ist, betont zugleich
den meditativen Charakter dieser Malerei.
Siebdruck (mehrfarbig); 99,2 × 60,9 cm
Bez. l. u.: AD REINHARDT: RED ABSTRACT 1952
Auftragg.: Solomon R. Guggenheim Museum, New
York
Inv. Nr. 144/90
Lit. u. a.: Rowell Margit, [Kat. Ausst.] Ad Reinhardt
and Color. The Solomon R. Guggenheim Museum.
New York 1980, Nr. 12 m. Abb.

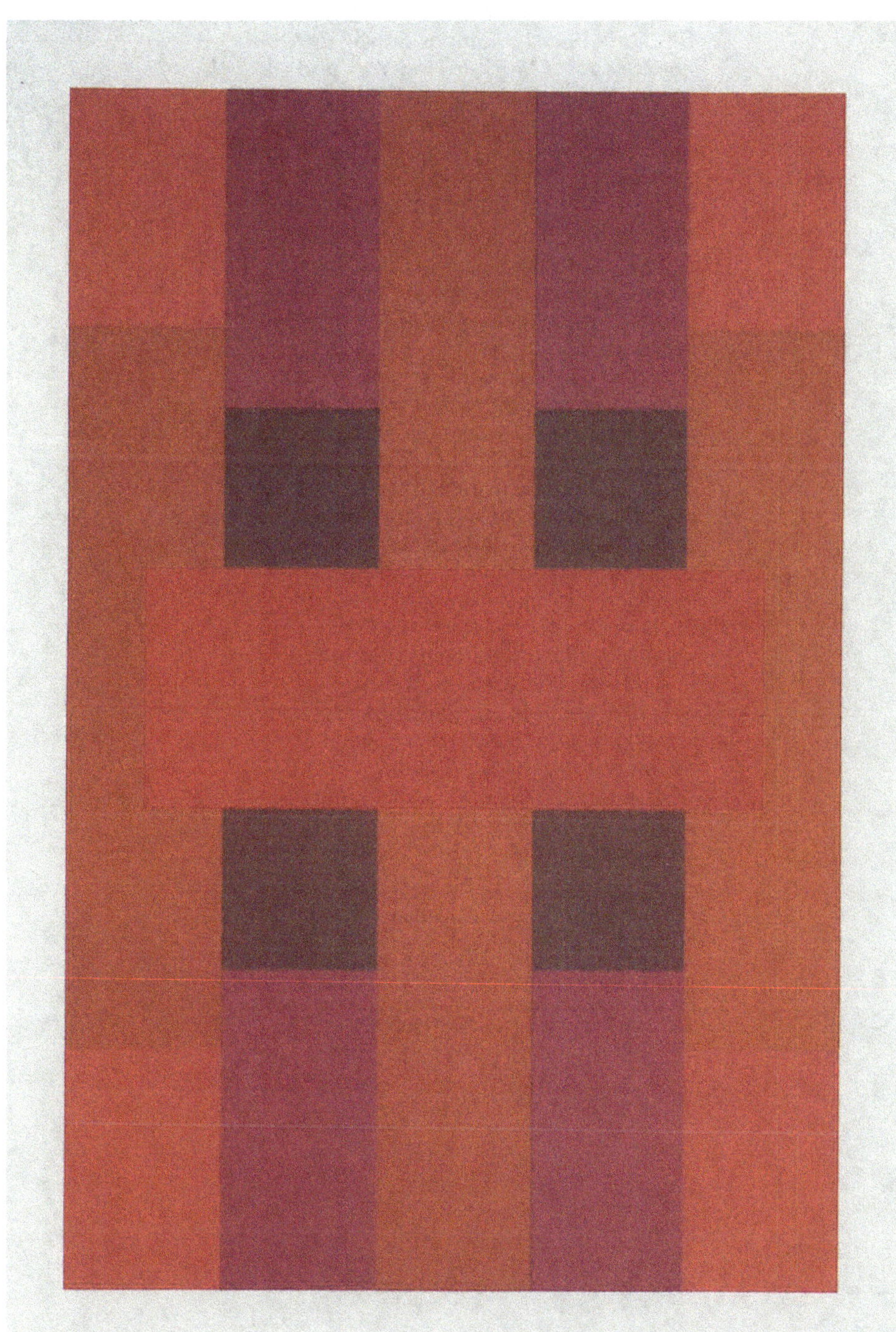

AD REINHARDT AND COLOR
JANUARY 11–MARCH 9, 1980
SOLOMON R. GUGGENHEIM MUSEUM

17.8.1923 New York – lebt in New York
Studierte 1944/45 Komposition an der Juilliard School of Music in New York und arbeitete daneben als Jazzsaxophonist. 1947/
48 Ausbildung an der privaten Malschule
von Hans Hofmann, 1948–1951 bei William
Baziotes an der New York University. Anfänglich noch unter Einfluß von de Kooning stehend, konzipierte Rivers bereits
Anfang der fünfziger Jahre Bilder und Collagen, in denen Bildfragmente alter Meister zitathaft eingebunden wurden. In den
sechziger Jahren verknüpfte er Ausschnitte aus Massenmedien und Konsumwelt mit Darstellungen volkstümlicher und
geschichtlicher Momente aus der amerikanischen Gründerzeit. Neben seinen Gemälden und Graphiken entstanden Skulpturen
und zahlreiche Arbeiten angewandter
Kunst. So entwarf er Bestecke, konzipierte
Bühnenausstattungen (u.a. für Strawinskys »Oedipus Rex«, New York 1960) und
Plakatwände für das New York Film Festival (1963), illustrierte Bücher, drehte Filme
und arbeitete für Fernsehproduktionen.
Seit 1970 gehören auch Videobänder zum
umfangreichen Œuvre Rivers', von dem
der amerikanische Schriftsteller Frank
O'Hara sagte, daß er sich »nie für eine
›reinliche‹ Trennung der Künste . . . interessiert« habe (1980).

Lit. u. a.: [Kat. Ausst.] Larry Rivers. Retrospektive.
Zeichnungen. Kestner-Gesellschaft. Hannover 1980
[dort weit. Lit.] – [Kat. Ausst.] Larry Rivers. Retrospektive. Bilder und Skulpturen. Kestner-Gesellschaft. Hannover 1980 [dort weit. Lit.] – Sparks
Esther, [Kat.] Universal Limited Art Editions. The Art
Institute of Chicago. New York 1989, 238–255,
468–502.

Larry Rivers, 1965

Als Vorlage für das Plakat diente eine Collage von
Zigarren- und Zigaretten-Etiketten (z. B. »Webster«
oder »Camel«) (vgl. das Plakat von 1980).
Lithographie (mehrfarbig); 86 × 60 cm
Auftragg.: The Jewish Museum, New York
Inv. Nr. 52/80
Lit. u. a.: Wichmann Hans, [Kat. Ausst.] Neu. Dona-
tionen und Neuerwerbungen 1980/81. Die Neue
Sammlung. München 1982, 15.

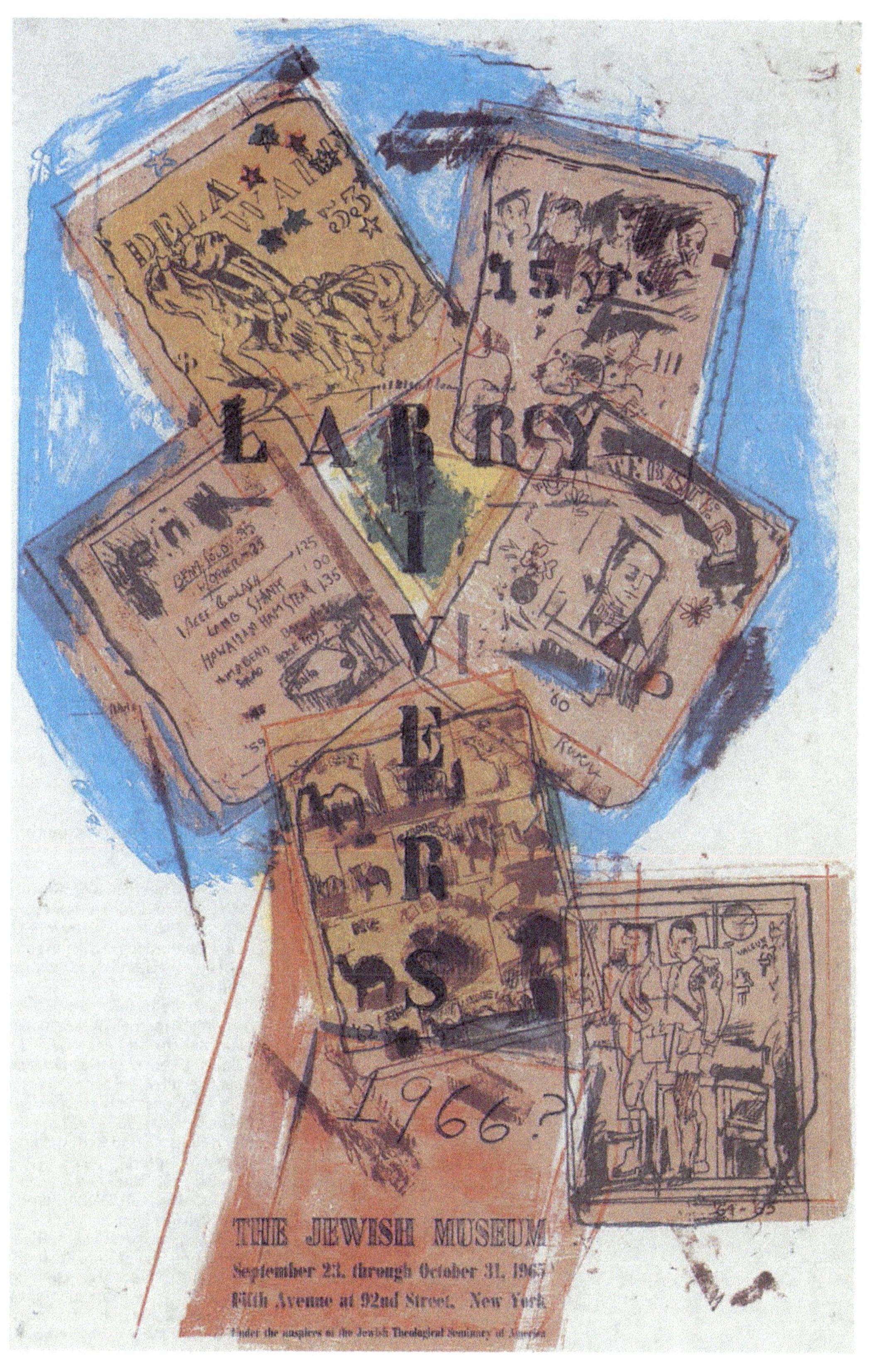
DEJA WAR '53
LARRY
15 yrs
RIVERS
1966.?
THE JEWISH MUSEUM
September 23 through October 31 1965
Fifth Avenue at 92nd Street, New York
Under the auspices of the Jewish Theological Seminary of America

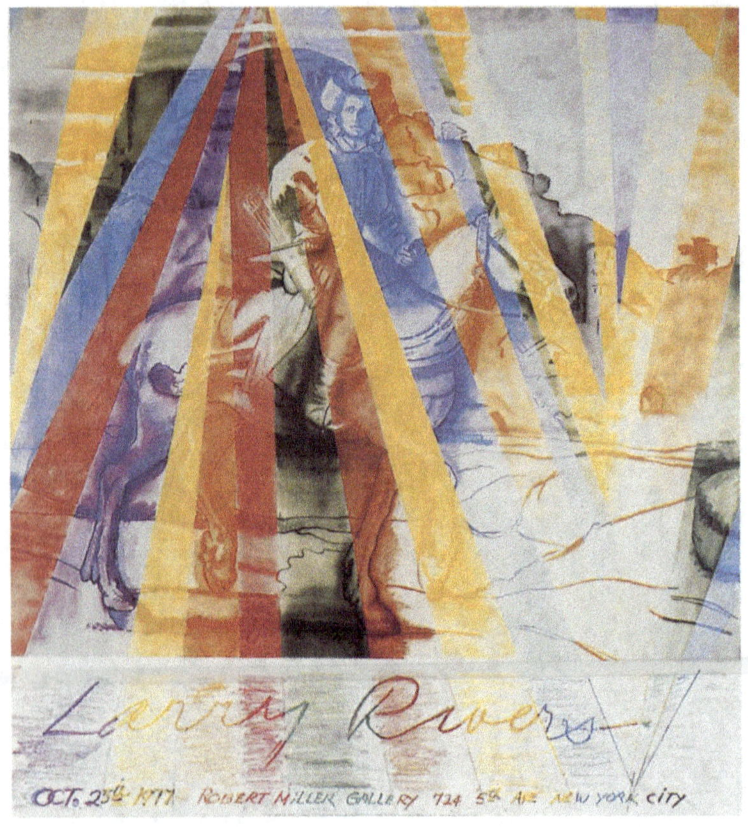

Larry Rivers, 1977

Wurde in zwei Auflagen unterschiedlichen Formats
(59 × 56 cm und 81,5 × 76 cm) gedruckt und ba-
siert auf einer Studie zu dem Gemälde »Rainbow
Rembrandt Painting from Rembrandt's Polish Ri-
der« (1977), das im Hirshhorn Museum, Washington D.C., bewahrt wird.
Offset-Lithographie (mehrfarbig); 59 × 56 cm
Auftragg.: Robert Miller Gallery, New York
Inv. Nr. 53/80
Lit. u. a.: [Kat. Ausst.] Larry Rivers. Retrospektive.
Bilder und Skulpturen. Kestner-Gesellschaft. Hannover 1980, Nr. 70 [Gemälde] – Wichmann Hans,
[Kat. Ausst.] Neu. Donationen und Neuerwerbun-
gen 1980/81. Die Neue Sammlung. München 1982,
15.

Larry Rivers Retrospective 1954–1979, 1980

Angeregt durch eine großformatige Plakatwerbung, setzte Rivers Anfang der sechziger Jahre das
»Dutch Masters«-Zigarren-Etikett, das seitenver-
kehrt Rembrandts »Staalmeesters« (1662) wiedergibt, in sein Gemälde »Dutchmasters with Cigars
Shaped« um.
In seiner Reihe »Golden Oldies«, in der er die bekanntesten seiner Werke der sechziger Jahre neu
verarbeitete, griff er das Motiv in dem Bild »Golden
Oldies: Dutch Masters« (1978) wiederum auf. Es
diente schließlich auch als Vorlage für das Plakat
von 1980, das die Retrospektiv-Ausstellung in
Deutschland (1980–1982 mit den Stationen Hannover, München und Berlin) begleitete.
Offset (mehrfarbig); 84 × 59,5 cm
Auftragg.: Kestner-Gesellschaft, Hannover/Kunst-
verein, München, Deutschland
Inv. Nr. 67/84
Lit. u. a.: [Kat. Ausst.] Larry Rivers. Retrospektive.
Bilder und Skulpturen. Kestner-Gesellschaft. Han-
nover 1980, 77 m. Abb. [Gemälde], Nr. Z132 m. Abb.
[Entwurf] – [Kat.] Künstler Plakate. Nr. 3. Galerie für
Moderne Kunst und Plakatkunst H. F. Lempert. Bonn
1983, Nr. 2004 m. Abb. [ohne Text], Nr. 2005 m. Abb.
[für Hannover].

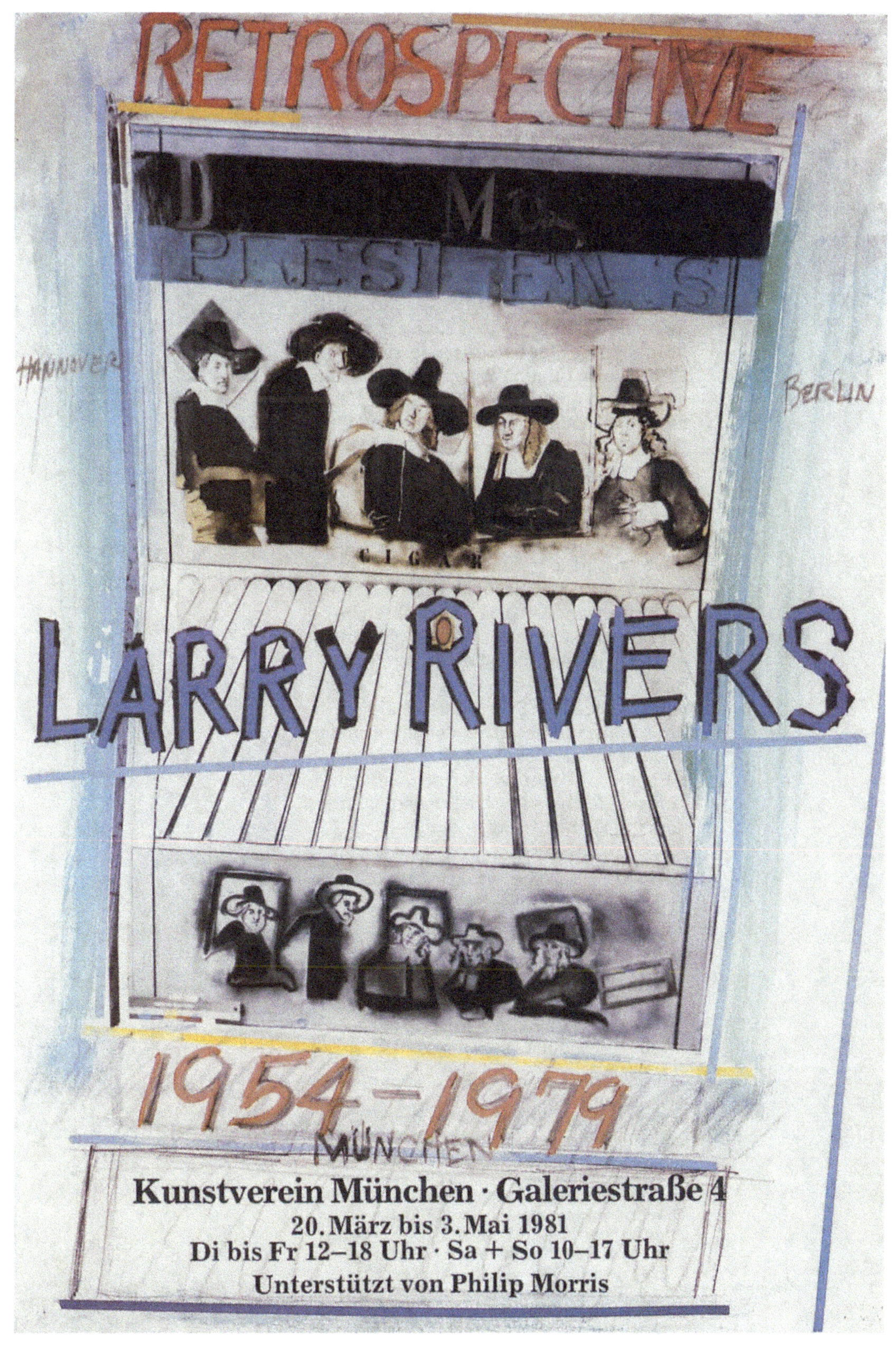

RETROSPECTIVE
HANNOVER
BERLIN
CIGAR
LARRY RIVERS
1954–1979
MÜNCHEN
Kunstverein München · Galeriestraße 4
20. März bis 3. Mai 1981
Di bis Fr 12–18 Uhr · Sa + So 10–17 Uhr
Unterstützt von Philip Morris

James Rosenquist

29.11.1933 Grand Forks/North Dakota –
lebt in Aripeka/Florida und New York
Studierte 1952–1954 an der University of
Minnesota in Minneapolis, 1954/55 an der
Art Students League in New York und be-
suchte 1957/58 die Zeichenklasse von Jack
Youngerman und Robert Indiana in New
York, wo er auch mit Robert Rauschen-
berg, Jasper Johns und Ellsworth Kelly zu-
sammentraf. Von 1952 bis 1960 arbeitete
Rosenquist als Industriedesigner und Pla-
katentwerfer. Sein Bekanntheitsgrad in
diesem Bereich war um 1960 so groß, daß
ihn mehrere New Yorker Zeitungen als
»Broadway's Biggest Artist« vorstellten.
Waren seine frühen Werke noch von Jackson Pollock und der amerikanischen neuen
Malerei beeinflußt, so begann er seit 1960
Objekte der Massenkonsumwelt und der
Werbung auf die Leinwand zu übertragen.
Dabei verwandte er häufig Fragmente un-
zusammenhängender Themen in Nahsicht
und überdimensionierter Größe. Der Betrachter wird so gezwungen, vertraute Gegenstände in gleichsam abstrakter Darstellung zu sehen. Das gleiche Verfahren bestimmt, in kleinerem Format, auch seine
graphischen Arbeiten. Seit seiner Zusammenarbeit mit Tatyana Grosmann von Universal Limited Art Editions beschäftigt sich
Rosenquist vorrangig mit der Lithographie
und dem Siebdruck, Techniken, die er auch
bei seinen Plakatentwürfen anwendet. In
jüngster Zeit befaßte sich Rosenquist zudem mit Film und Bildhauerei.

Lit. u. a.: [Kat. Ausst.] James Rosenquist. Gemälde –
Räume – Graphik. Kunsthalle. Köln 1972 – Goldman
Judith, James Rosenquist. New York 1985 – Sparks
Esther, [Kat.] Universal Limited Art Editions. The Art
Institute of Chicago. New York 1989, 256–269,
503–510.

James Rosenquist, 1968

Für eine James Rosenquist-Retrospektive in unlimitierter Auflage gedruckt.
Realistische Motive werden aufgrund starker Ver-
größerung ornamental-abstrakt. Nach eigener Äußerung beeindruckten Rosenquist vor allem die
Farben der Dinge: »... ich werde mich immer an
franko-amerikanisches Spaghetti-Orange erinnern,
ich kann es nicht vergessen ...« (1972).
Offset-Lithographie (mehrfarbig); 58,5 × 47 cm
Auftragg.: La Galerie Nationale du Canada, Ottawa,
Kanada; Inv. Nr. 34/74
Lit. u. a.: Tucker Marcia, [Kat. Ausst.] James Rosenquist. Whitney Museum of American Art. New York
1972, Nr. 7 m. Abb. – [Kat. Ausst.] James Rosenquist. Kunsthalle. Köln 1972 [Zitat].

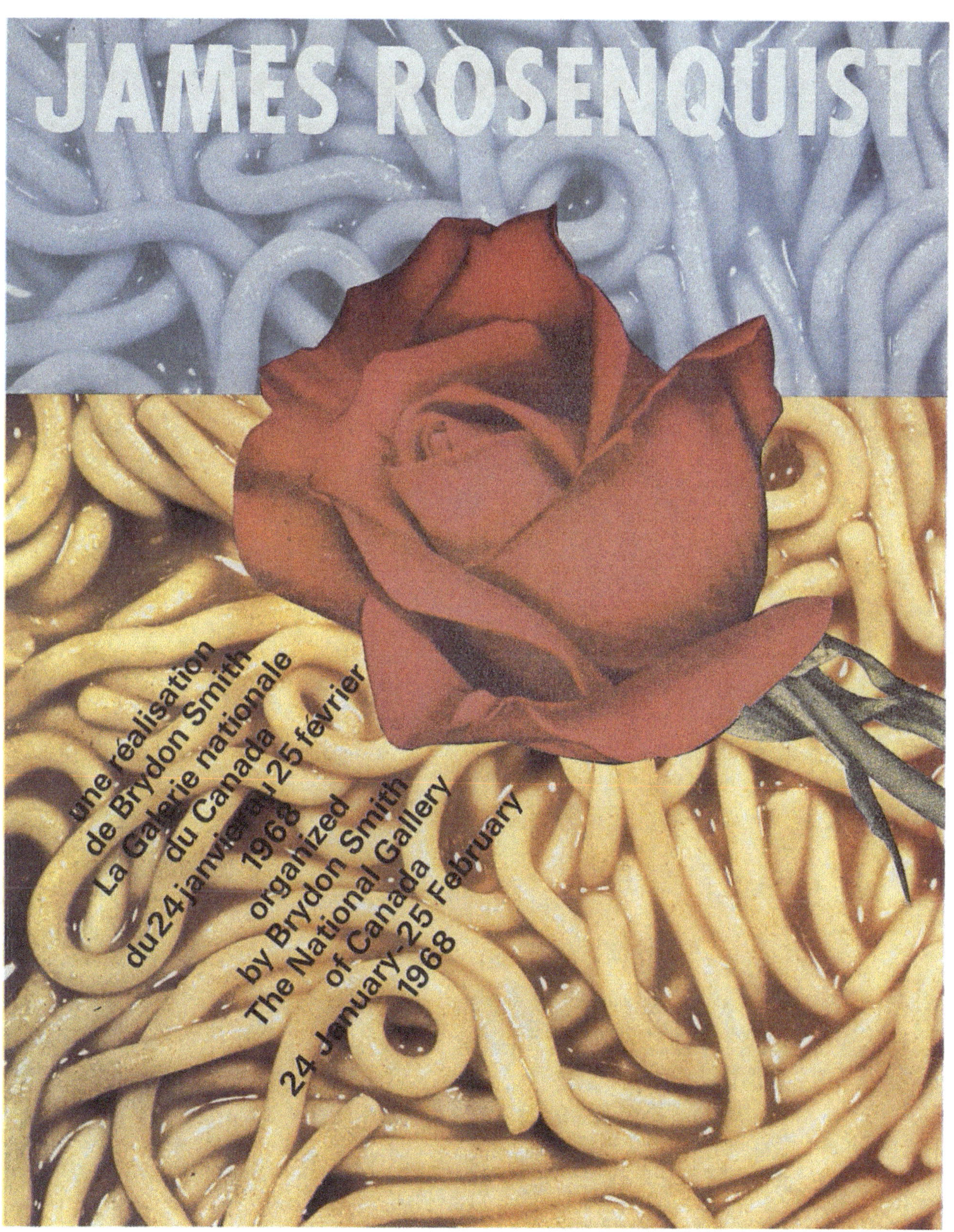

JAMES ROSENQUIST

une réalisation
de Brydon Smith
La Galerie nationale
du Canada
du 24 janvier au 25 février
1968

organized
by Brydon Smith
The National Gallery
of Canada
24 January-25 February
1968

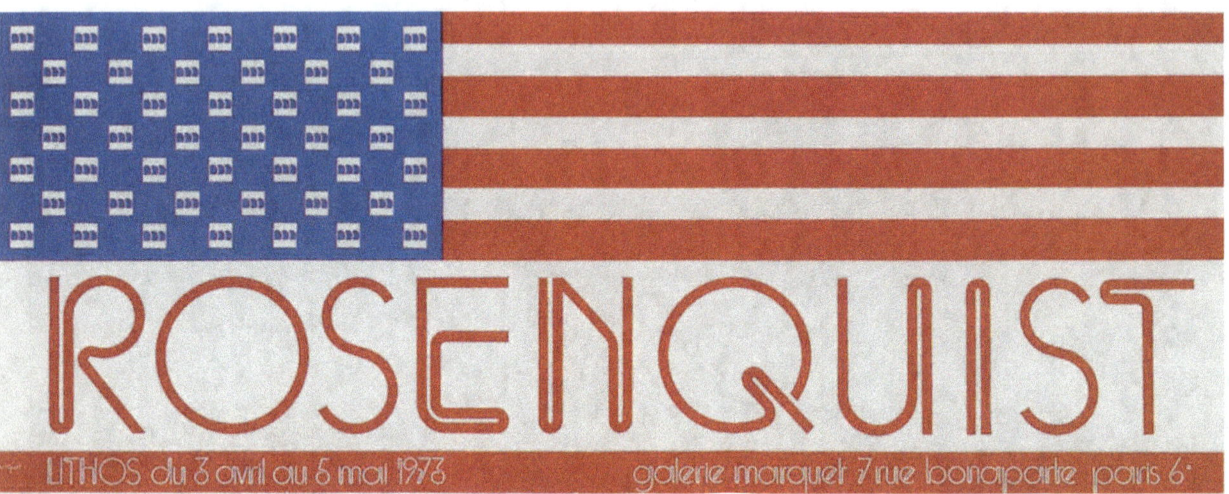

Rosenquist – Lithos, 1973

Die Ausstellung konzentrierte sich auf die Lithogra-
phien Rosenquists, die in seinem graphischen
Schaffen seit 1965 den Schwerpunkt bilden.
Siebdruck (blau, rot); 27,5 × 71,5 cm
Auftragg.: Galerie Marquet, Paris
Inv. Nr. 36/76
Lit. u. a.: [Kat.] Künstler Plakate. 1980. Galerie für
Moderne Kunst und Plakatkunst H. F. Lempert. Bonn
1979, Nr. 2053.

8th New York Film Festival, 1970

Anläßlich des durch die Film Society of Lincoln
Center durchgeführten, achten New York Film Festi-
vals in unlimitierter Auflage ediert.
Offset-Lithographie; 87,5 × 60 cm
Bez. r. u.: James Rosenquist
Auftragg.: List Art Posters/Lincoln Center for the
Performing Arts, New York
Inv. Nr. 92/74
Lit. u. a.: [Kat. Ausst.] James Rosenquist. Gemälde –
Räume – Graphik. Kunsthalle. Köln 1972, Nr. 118
m. Abb. – Tucker Marcia, [Kat. Ausst.] James Rosen-
quist. Whitney Museum of American Art. New York
1972, 134, Abb. 9.

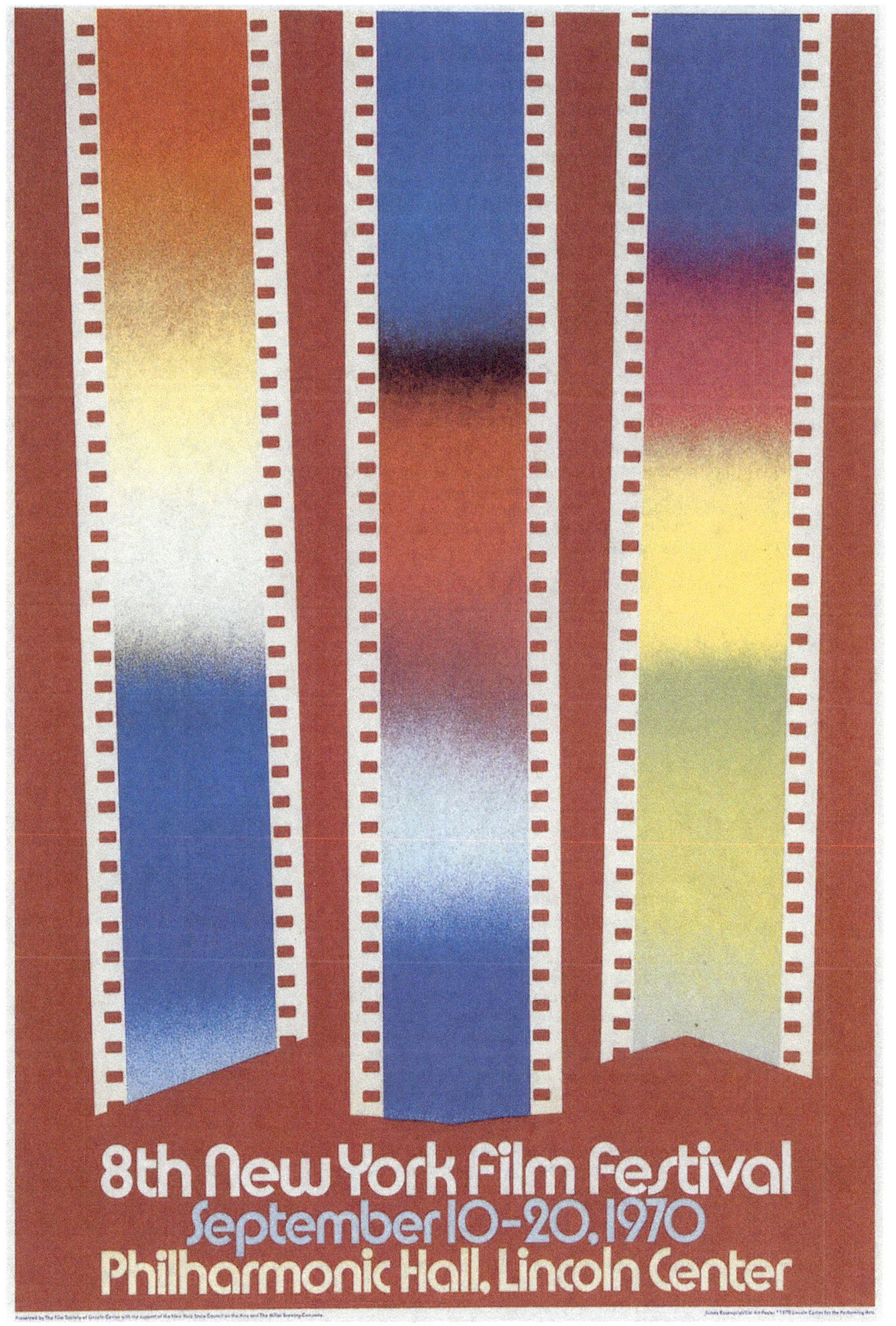

8th New York Film Festival
September 10-20,1970
Philharmonic Hall, Lincoln Center

Edward Ruscha

16.12.1937 Omaha/Nebraska – lebt in Los
Angeles
Ruscha studierte 1956–1960 am Chouinard
Art Institute in Los Angeles und trat 1963
erstmals mit einer Einzelausstellung an die
Öffentlichkeit. In seinen nach photographischen Vorlagen gemalten Bildern und Graphiken ironisiert er im Sinne der Pop Art
den Perfektionskult der Technik und über-
steigert Motive der kommerziellen Werbung. Oftmals wird dabei ein Schriftzug
oder auch nur eine Leerzeile für einen potentiell gedachten Schrifteindruck quer
über das Motiv gelegt.
Seit 1963 entstanden zahlreiche Fotopubli-
kationen (u. a. »Twenty-Six Gasoline Sta-
tions«) und Filme, aus denen Ruscha bewußt jeglichen Text verbannt.

Lit. u. a.: [Kat. Ausst.] Amerikanische Malerei
1930–1980. Haus der Kunst. München, 1981, 276 –
Fine Ruth E., [Kat. Ausst.] Gemini G. E. L. National
Gallery of Art, Washington D. C. New York 1984, 92,
234, 265 – [Kat. Ausst.] Edward Ruscha. Centre
Georges Pompidou. Paris 1989.

»America Whistles« aus der Serie »America: the third century«, 1975

Den Jubelgesang zu den Zweihundertjahrfeiern der
Vereinigten Staaten (zur Serie vgl. S. 204) symboli-
sierte Ruscha durch eine Vielzahl über das Plakat
gestreuter Noten. Der Schriftzug mit der Feststellung »America pfeift« spielt wohl auf den Flötisten
an, der jeweils den Paraden vorausgeht. (Man
könnte auch an »... pfeift aus dem letzten Loch«
denken und sich an »Watergate« erinnern.)
Offset-Lithographie, Siebdruck (mehrfarbig);
89 × 60,5 cm
Bez. u.: America Whistles by Edward Ruscha
Auftragg.: Mobil Oil Corporation, New York
Druck: Sanders Printing Corporation, New York
Inv. Nr. 103/77
Lit. u. a.: [Kat. Ausst.] Images of an Era. The Ameri-
can poster 1945–75. National Collection of Fine
Arts. Washington D. C. 1975, Nr. 254 m. Abb. – [Kat.
Ausst.] Graphic Works by Edward Ruscha. City Art
Gallery. Auckland 1978, Nr. 46 m. Abb. – Croft Virgi-
nia (Hrsg.), Posters made possible by a grant from
Mobil. Zürich 1988, 125 m. Abb.

AMERICA
MUSIC
America: the third century

28.10.1934 Pittsburgh/Pennsylvania – lebt
in Oakland/California
Saunders studierte u. a. an der Pennsylvania Academy of Fine Arts, an der University of Pennsylvania und am California College of Arts and Crafts. Er lehrte an verschiedenen Universitäten und Schulen in
den Vereinigten Staaten. Nach seiner ersten Einzelausstellung (1953) nahm er an
mehreren Gruppenausstellungen von
amerikanischen Künstlern schwarzer Haut-
farbe teil. In seinen Arbeiten verbindet er
Elemente der Pop Art, schablonierte Buchstaben, Zahlen, Comic-Figuren und Graf-
fiti, mit dem lockeren Pinselstrich und den
großen Farbflächen der Abstrakten Expressionisten. Seit den sechziger Jahren setzte
sich Saunders verstärkt mit Collage, Assemblage und Aquarellmalerei auseinander, die er häufig miteinander kombinierte
und als Grundlage für seine Plakatentwürfe verwendete.

Lit.: [Kat.Ausst.] Raymond Saunders. San Francisco
Museum of Art/Terry Dintenfass. New York 1971.

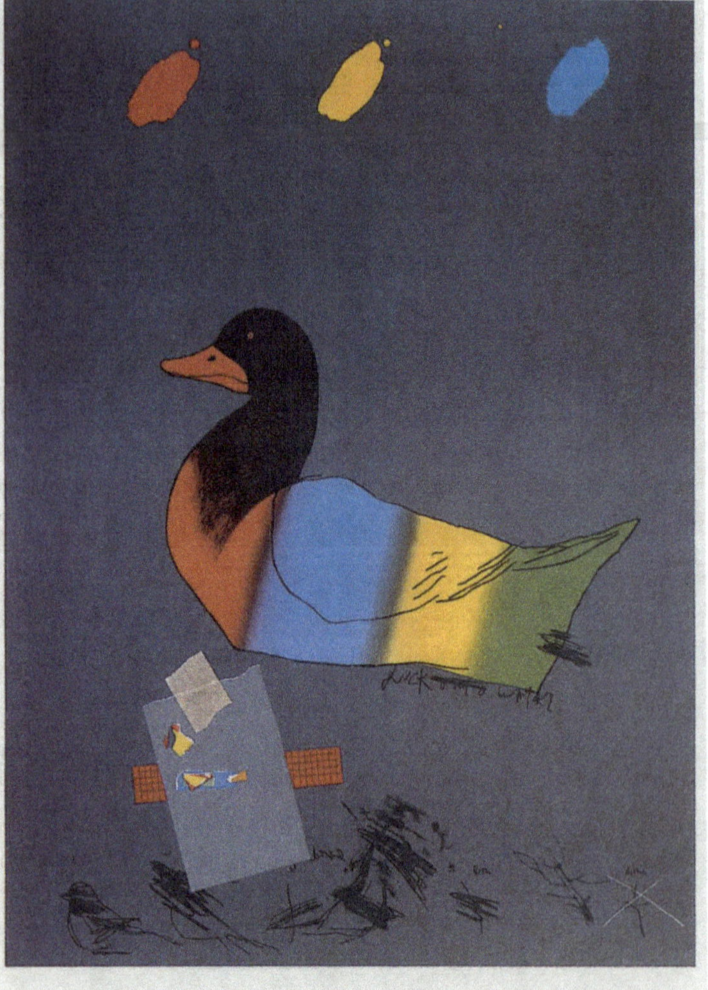

»Duck Out of Water« aus der Serie »America: the third century«, 1975

Veranschaulicht die für Saunders' Werke charakteristische Verbindung unterschiedlicher Techniken
und Stilelemente der Pop Art und des »Abstrakten
Expressionismus«. So kombiniert er hier Elemente
der Collage mit denen der Zeichnung, die flüchtige
abstrakte Skizze mit der peniblen realistischen Dar-
stellung und konfrontiert Tiefenwirkung mit Flä-
chigkeit.
Zur Serie vergleiche S. 204.
Lithographie (mehrfarbig); 89 × 60,5 cm
Bez. u.: Duck Out of Water by Raymond Saunders
Auftragg.: Mobil Oil Corporation, New York
Druck: Sanders Printing Corporation, New York
Inv. Nr. 103/77
Lit. u. a.: [Kat.Ausst.] Images of an Era. The Ameri-
can poster 1945–75. National Collection of Fine
Arts. Washington D.C. 1975, Nr. 255 m. Abb. – Gra-
phis 32, 1977, Nr. 187, 461 m. Abb. – Croft Virginia
(Hrsg.), Posters made possible by a grant from Mo-
bil. Zürich 1988, 127 m. Abb.

9.5.1942 Brooklyn/New York – lebt in New
York
Studierte an der Cooper Union School of
Art in New York. Anfänglich dem Abstrakten Expressionismus verpflichtet, wandte
er sich Ende der sechziger Jahre dem Hy-
per- bzw. Photorealismus zu.
Seine stillebenhaften Objektarrangements
und Figurenbilder basieren auf vielfältigen
photographischen Manipulationen der Sujets. Durch die montagehafte Schichtung
verschiedener, mit Hilfe wechselnder
Brennweiten und Kameraeinstellungen dif-
ferenzierter Bildebenen, durch Maßstabs-
verzerrungen, Nahsichtigkeit, perspektivi-
sche Umkehrungen und Verwischungen
entstehen surreal anmutende Effekte. Im
Verein mit der sorgsam abgestimmten,
häufig unrealen Objektfarbe wird eine
Übersteigerung der Bildsujets erzielt. Für
seine Plakate verwandte Ben Schonzeit
Motive seiner Gemälde.

Lit. u. a.: [Kat. Ausst.] Ben Schonzeit. Neue Galerie
Aachen. Berlin 1972 – Meisel Louis K., Photorealism. New York 1980, 399–428 [dort weit. Lit.].

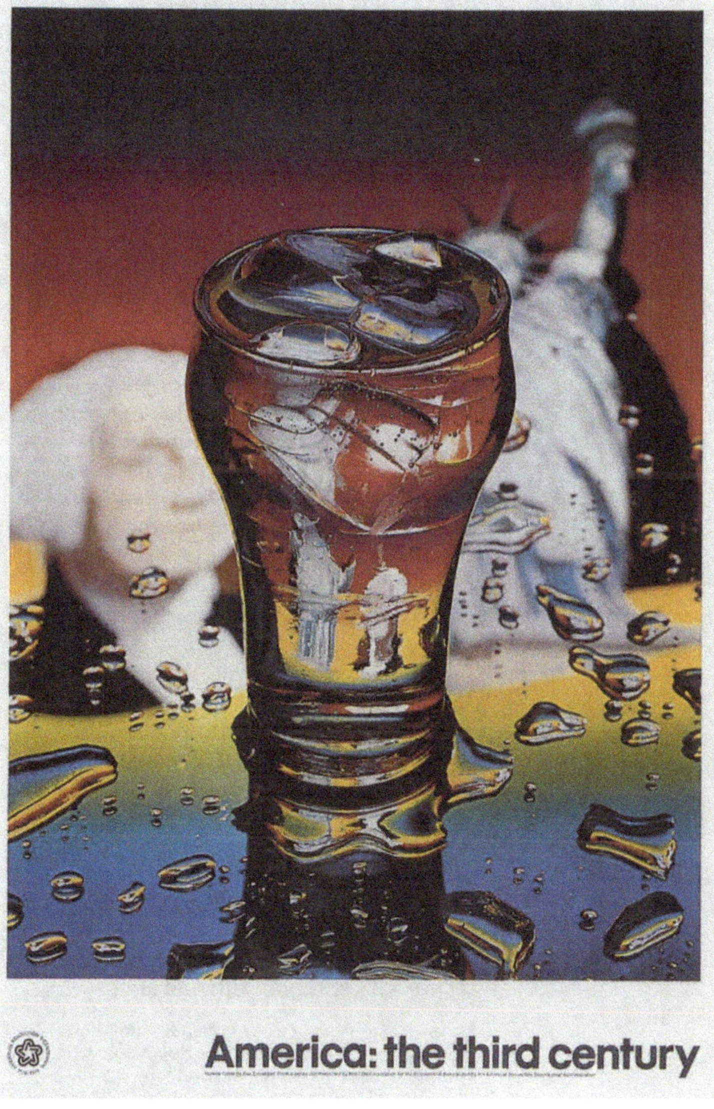

»Yankee Flame« aus der Serie »America:
the third century«, 1975

Die innerhalb der Plakatserie zur Zweihundertjahrfeier Amerikas (s. S. 204) edierte Arbeit Schonzeits
entstand mit Hilfe der Projektion unterschiedlich fo-
kussierter Diapositive nach eigenen Photographien
und wurde mit Spritzpistole in Acrylfarben ausgeführt.
Offset-Lithographie (mehrfarbig); 89 × 60,5 cm
Bez. u.: Yankee Flame by Ben Schonzeit
Auftragg.: Mobil Oil Corporation, New York
Druck: Sanders Printing Corporation, New York
Inv. Nr. 103/77-12

Lit. u. a.: [Kat. Ausst.] Images of an Era. The American poster 1945–75. National Collection of Fine
Arts. Washington D. C. 1975, Nr. 256 m. Abb. – Mur-
ken-Altrogge Christa, Werbung, Mythos, Kunst am
Beispiel Coca-Cola. Tübingen 1977, 48, Abb. 200 –
Croft Virginia (Hrsg.), Posters made possible by a
grant from Mobil. Zürich 1988, 124 m. Abb.

George Segal

26.11.1924 New York – lebt in North Brunswick/New Jersey
Studierte 1941–1946 an der Rutgers University, North Brunswick, wo er dem Künstlerkreis um Allan Kaprow, Lucas Samaras, Robert Whitman, Bob Watts und George Brecht angehörte. Seit 1947 Studium am Pratt Institute of Design in Brooklyn und an der New York University. 1950 Beginn seiner malerischen Tätigkeit. Er beteiligte sich 1956 in Zusammenarbeit mit Kaprow an ersten »Happenings«, die zeitweise auf Segals Farm stattfanden.
1961 wandte er sich von der Malerei ab und experimentierte zunächst mit weiß gefärbten, lebensgroßen Figurinen aus Draht, Gips und Jute; später waren es Gipsabformungen lebender Personen. Die Plastiken fügte er in »Environments« ein, die anfangs aus »ready-mades«, also industriell hergestellten Gebrauchsgegenständen (z. B. Coca-Cola-Automat), bzw. Architekturdetails bestanden, dann zu umfangreichen Szenerien erweitert wurden. Seit 1962 arbeitete Segal zudem mit sogen. »Tableaux«, Gipsreliefs von Personen oder stillebenhaften Objektarrangements, die er ähnlich den »ready-mades« in ein »realistisches«, begehbares Ambiente plazierte. Segals seit 1957 entstandenes graphisches Œuvre konzentriert sich vorwiegend auf Pastellzeichnungen, in deren Mittelpunkt ebenfalls die Darstellung der menschlichen Figur und ihre Isolierung in einer technisch geprägten Umwelt steht.

Lit. u. a.: [Kat. Ausst.] George Segal. Kunsthaus. Zürich 1971 – [Kat. Ausst.] George Segal. Kunsthalle, Tübingen. Lenbachhaus, München. [o. O.] 1972 – [Kat. Ausst.] George Segal. Pastels 1957–1965. The Art Galleries. California State University u. a. Long Beach 1977.

Auftragg.: List Art Poster/New York City Ballet Company, New York
Druck: HKL Ltd., New York
Inv. Nr. 145/90
Lit. u. a.: [Kat.] Künstler Plakate. Nr. 4. Galerie für Moderne Kunst und Plakatkunst H. F. Lempert. Bonn 1986, Nr. 1228 [Nr. 2127 m. Abb. zeigt eine ausführlicher beschriftete Fassung desselben Motivs].

New York City Ballet, 1968

Für die Ballett-Sektion des New York City Center zu dessen 25jährigen Jubiläum (s. auch das Plakat von Indiana, 1968). Thema von Segals Entwurf ist Don Quichote aus Cervantes' Roman »El ingenioso hildalgo Don Quixote de la Mancha« (1605/15).
Die in Weiß aus kreidig-schwarzem Grund ausgesparte, scharf angeschnittene Figur vor Gitterkreuzung spiegelt Segals zentrales Thema: den isolierten Menschen.
Siebdruck (schwarz, rot); 88,7 × 63,5 cm
Bez. l. u.: George Segal

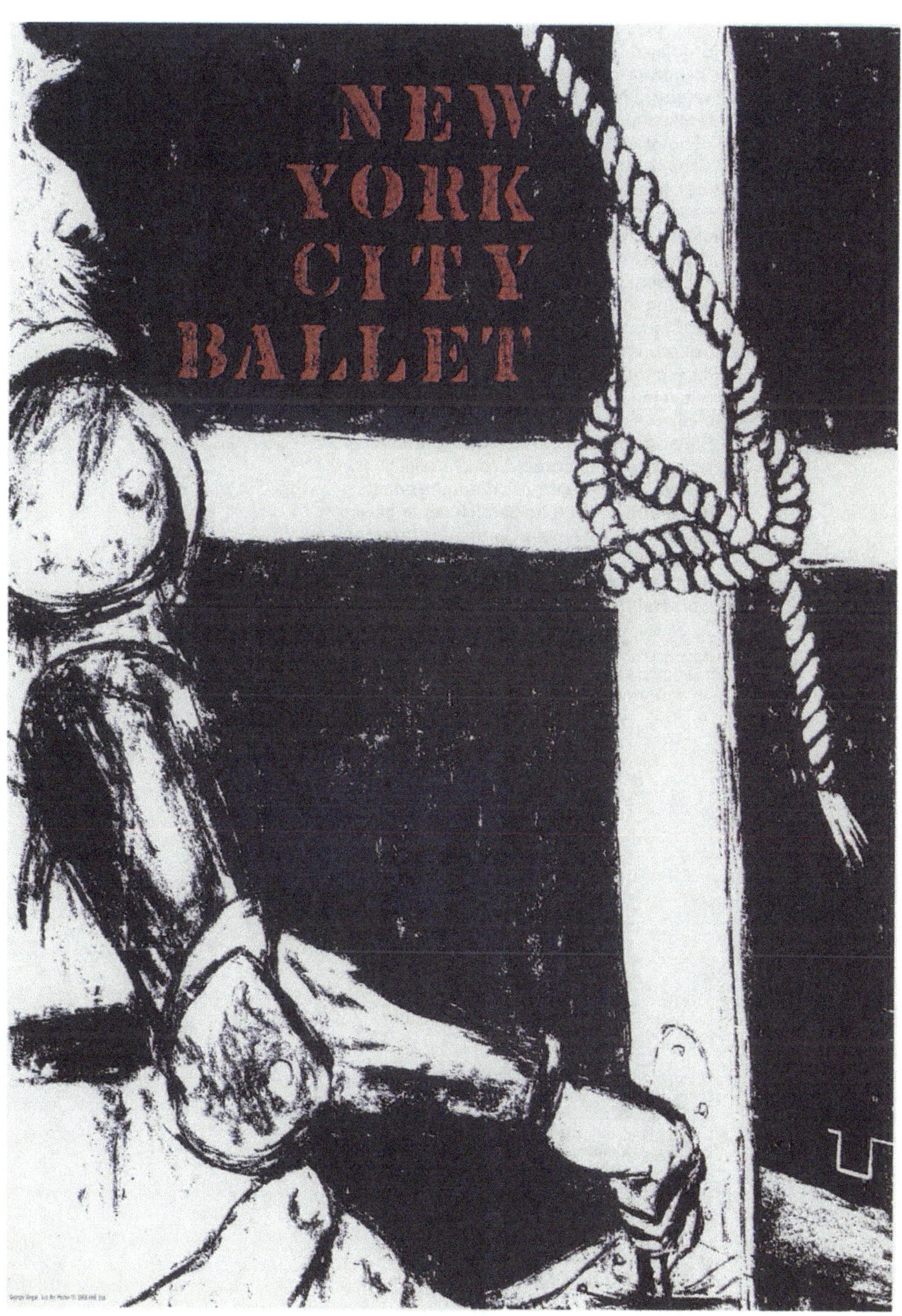

NEW
YORK
CITY
BALLET

Richard Serra

2.11.1939 San Francisco – lebt in New York
Studierte 1957–1961 an der University of
California und 1961–1964 an der Yale University in New Haven, wo er an der Veröffentlichung von Josef Albers' »Interaction
of Colors« (1963) mitarbeitete. Serra, der
sich mit Graphik, Malerei und Skulptur befaßt, kam 1964 auf einer Studienreise in
Italien mit der »arte povera« in Berührung,
die ihn zu Experimenten mit neuen Materialien (Gummi, Neonröhren) veranlaßte.
1968 begann Serra in seiner Auseinandersetzung mit dem Problem der Schwerkraft
großformatige, tonnenschwere Stahl-
skulpturen zu konzipieren. In diese Zeit fällt
auch der Anfang seiner Zusammenarbeit
mit dem New Yorker Galeristen Leo Castelli.
Die bis zum heutigen Tage sein graphisches Werk prägenden, ausschließlich in
Schwarz gehaltenen Zeichnungen entstanden erstmals 1971. Im Bereich der angewandten Kunst entwarf er neben Plakaten
auch Medaillen und konzipierte Filme (u. a.
Railroad Turnbridge, 1975; Thyssen Stahl-
werk Hattingen, 1975) und Videos.

Lit. u. a.: Fine Ruth E., [Kat. Ausst.] Gemini G. E. L.
National Gallery of Art. Washington D. C. New York
1984, 216–219 und passim – Janssen Hans, Richard
Serra. Drawings 1969–1990. Bern 1990.

Philip Glass, 1972

Für ein Konzert in den Räumen von Serras Galeristen Leo Castelli. Dem Plakat liegt eine in demselben Jahr entstandene Entwurfszeichnung
(75,6 × 104,8 cm) zugrunde. Serra lernte den amerikanischen Komponisten Philip Glass 1964 in Paris
kennen und arbeitete mit ihm seit 1966 zusammen.
Siebdruck (schwarz, grau); 79 × 104 cm
Auftragg.: Leo Castelli, New York
Inv. Nr. 98/74
Lit. u. a.: [Kat. Ausst.] Richard Serra. Drawings
1971–1977. Stedelijk Museum. Amsterdam 1977,
Nr. 4 m. Abb. [Zeichnung] – [Kat.] Künstler Plakate.
1980. Galerie für Moderne Kunst und Plakatkunst
H. F. Lempert. Bonn 1979, Nr. 2149 m. Abb.

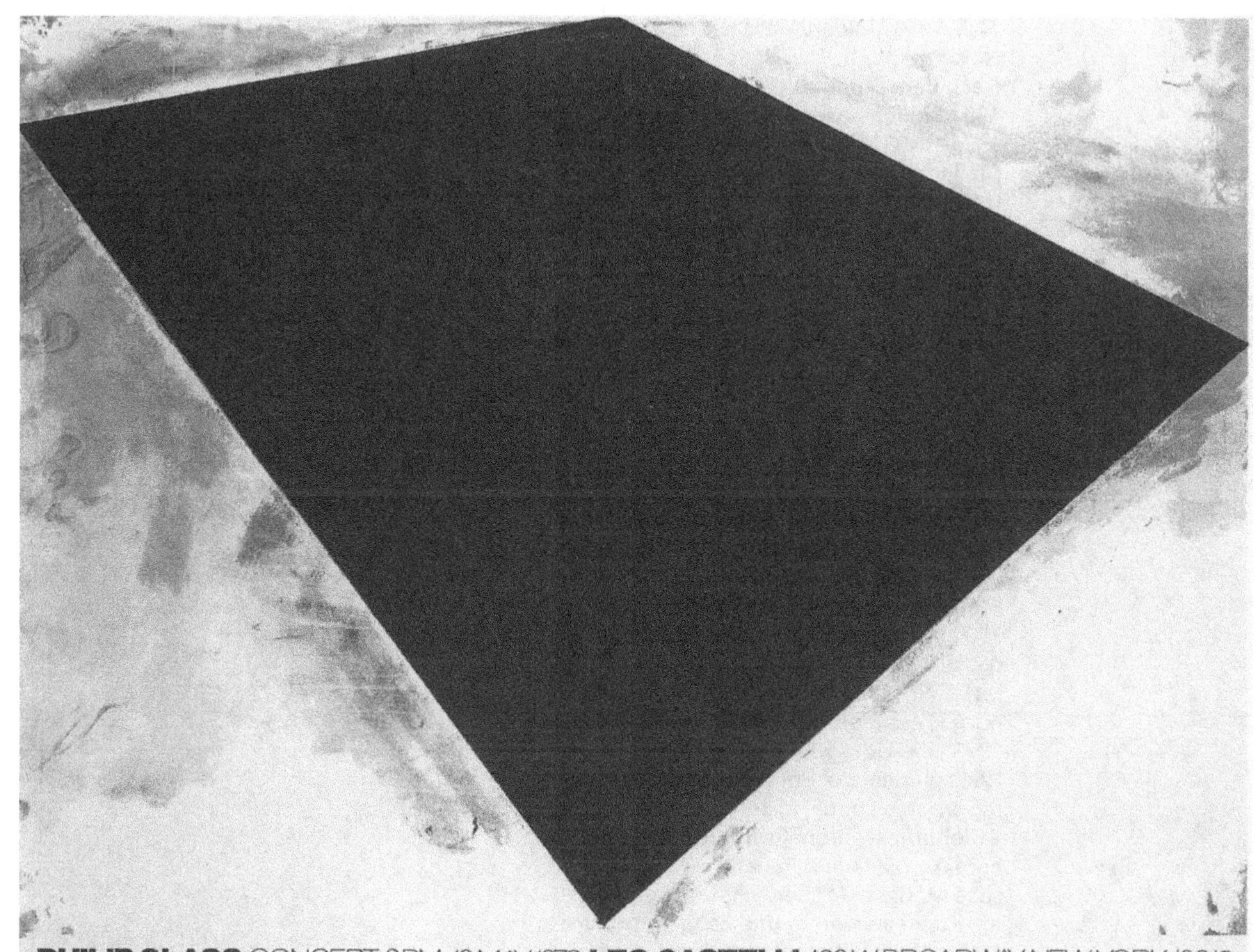

PHILIP GLASS CONCERT 3PM 13 MAY 1972 LEO CASTELLI 420 W BROADWAY NEW YORK 10012

12.5.1936 Malden/Massachusetts – lebt in
New York
Nach dem Studium der Malerei – 1950–
1954 Philipps Academy in Andover;
1954–1958 Princeton University – siedelte
Stella nach New York über. Er wird zu den
Hauptvertretern der sogen. »Farbfeldmale-
rei« und »Minimal Art« der sechziger Jahre
gerechnet. Bei seinen »Shaped Canvases«
– zunächst mit schwarzen, später mit farbigen geometrischen Parallelstreifen be-
deckte Leinwände – kehrte er die traditio-
nelle Bildauffassung um, bestimmten doch
die Formationen auf der Bildfläche die äu-
ßere Form der Leinwand. In den siebziger
Jahren wandte sich Stella von der geometrischen Malerei ab und konzipierte dominant buntfarbige, collageartige Bildreliefs
aus bemalten Metallteilen in häufig kur-
vierten Formen.
Stellas druckgraphische Tätigkeit begann
1967 auf Einladung von Kenneth Tyler in
dessen Druckerei Gemini G.E.L. (Los Angeles). Seit 1972 arbeitete er auch bei Petersburg Press (London, New York), die ihm
1973 eine Lithographiewerkstatt in seinem
Haus einrichtete. Bei seinen zahlreichen Lithographien und – in geringerem Umfang
– Siebdrucken transformierte Stella frü-
here Gemälde und Reliefs in das graphische Medium. Im Bereich der angewandten Kunst entwarf er u.a. Zeitschriftenumschläge (z.B. Titelblatt der ersten Ausgabe
von »Art in America«, 1959) und Plakate für
eigene Ausstellungen, für Museen und kulturelle oder politische Veranstaltungen.

Lit. u. a.: Axsom Richard H., [Kat. Ausst.] The Prints
of Frank Stella 1967–82. The University of Michigan
Museum of Art. New York 1983 – Goldman Judith,
[Kat. Ausst.] Frank Stella. Fourteen prints. The Art
Museum, Princeton University. Princeton 1983 –
Rubin Lawrence, Frank Stella. Paintings 1958 to
1965. New York 1986 – Rubin William, [Kat. Ausst.]
Frank Stella 1970–1987. The Museum of Modern
Art. New York 1987.

Lincoln Center Festival, 1967

Für das Plakat griff Stella auf seinen sogen. »Pro-
tractor« zurück. Dabei strukturierte er die Binnen-
formen von 31 geometrischen Grundmotiven nach
drei verschiedenen Systemen. Einmal wurden konzentrische Farbbänder zu »Interlace«-Mustern ver-
schränkt und verflochten, zweitens konzentrische
Segmentbögen zum »Rainbow« summiert und drit-
tens Halbkreise in fächerartig ausstrahlende Kreis-
sektoren unterteilt (»Fan«-Muster). Das erste Sy-

stem verwandte Stella in seinem Entwurf für das
»Lincoln Center Festival '67«. Ein Beispiel des
»Fan«-Musters stellt das Jubiläumsplakat für das
Metropolitan Museum von 1970 dar (s. Inv. Nr.
90/79).
Offset-Lithographie; 91,5 × 60 cm
Bez. r. u.: Frank Stella
Auftragg.: Lincoln Center/List Art Posters, New
York
Druck: Tanglewood Press Inc.
Inv. Nr. 114/77
Lit. u. a.: [Kat. Ausst.] Images of an Era. The Ameri-
can poster 1945–75. National Collection of Fine
Arts. Washington D.C. 1975, Nr. 68 m. Abb. – Gra-
phis 32, 1977, Nr. 187, 458 m. Abb. – [Kat. Ausst.]
Frank Stella Working Drawings. Zeichnungen
1956–1970. Kunstmuseum. Basel 1980, 152, 153
m. Abb. [mit Entwurfszeichnung] – Axsom Richard
H., [Kat. Ausst.] The Prints of Frank Stella. The Uni-
versity of Michigan Museum of Art. New York 1983,
Nr. A m. Abb. – [Kat. Ausst.] The Modern American
Poster. The Museum of Modern Art. New York
1983, 125 m. Abb. – Weill Alain, Plakatkunst International. Berlin 1985, 357 m. Abb.

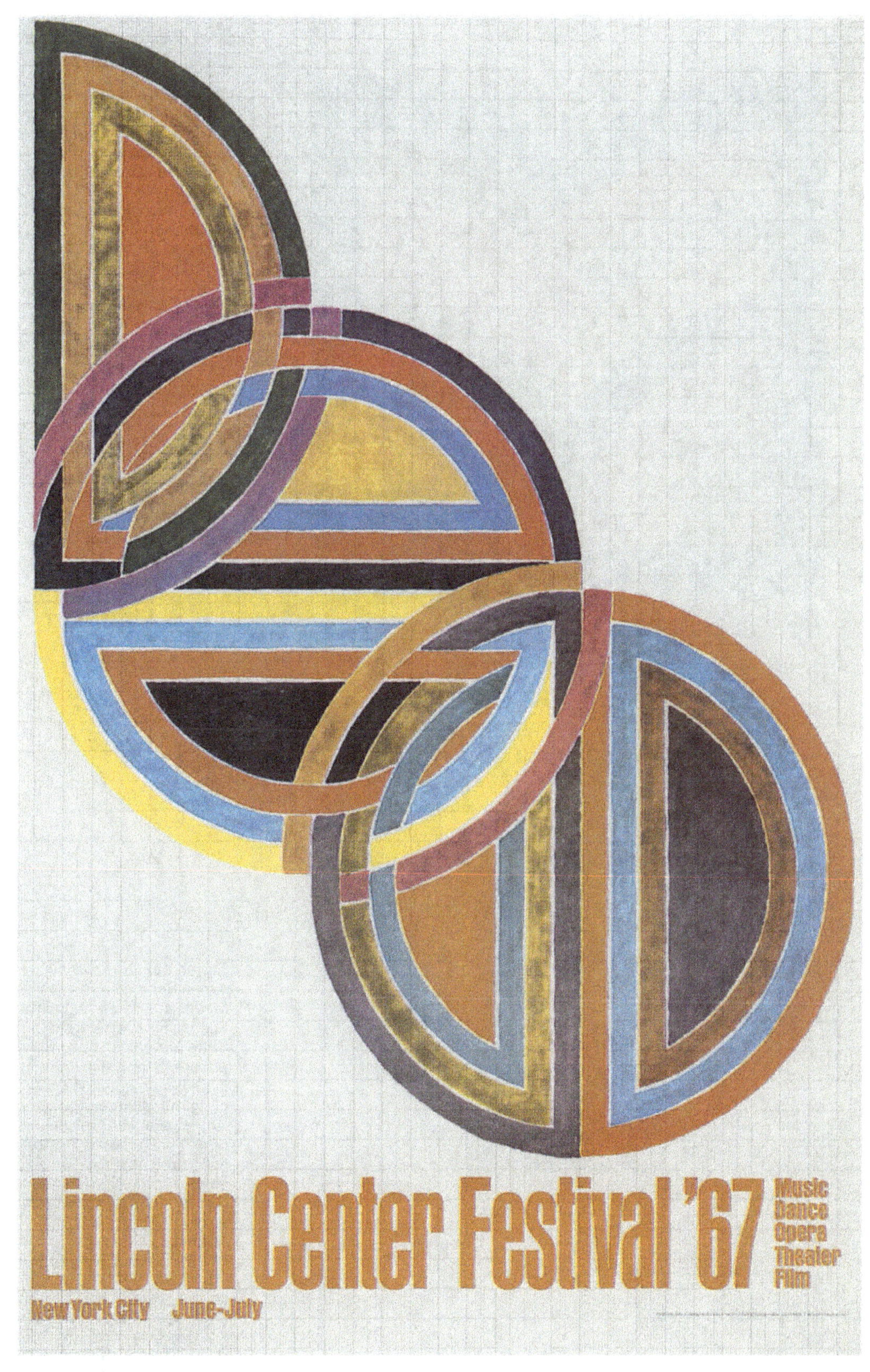

Lincoln Center Festival '67
Music
Dance
Opera
Theater
Film
New York City   June-July

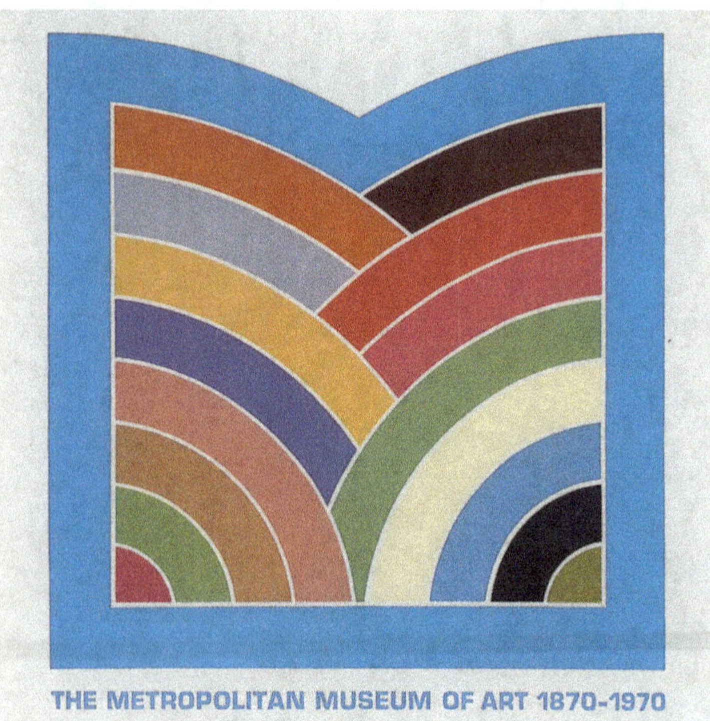

The Metropolitan Museum of Art
1870–1970, 1970

Das Bildmotiv des Plakats, von dem 350 Exemplare
durch den Künstler signiert wurden, ist dem Mittelteil des 1968 entstandenen Gemäldes »Agbatana II«
entnommen. Es gehört zu den »Protractor-Series«,
an denen Stella zwischen 1967 und 1970 arbeitete
(vgl. das Plakat von 1967, Inv. Nr. 114/77) – Siehe
auch Rauschenberg, »100 Years...«, 1969.
Lithographie (mehrfarbig); 88 × 88 cm
Bez. r. u.: FRANK STELLA
Auftragg.: Metropolitan Museum of Art, New York
Druck: A Poster
Inv. Nr. 90/79
Lit. u. a.: Axsom Richard H., [Kat. Ausst.] The Prints
of Frank Stella. The University of Michigan Museum
of Art. New York 1983, Nr. C m. Abb.

9th New York Film Festival, 1971

Basiert auf »Narowla I« aus der 1970–1973 entstandenen Serie der »Polish Village Paintings« (Mixed
Media, auf Holz oder Leinwand, z. T. reliefiert).
Für das Filmplakat transformierte Stella das in die
dritte Dimension ausgreifende Gemälde, dessen
äußerer Umriß den inneren Formen folgte, in die
Zweidimensionalität und betonte durch Hinterle-
gung mit Millimeterpapier – typisch für seine
Druckgraphiken (vgl. auch das Plakat von 1967) –
den Charakter einer exakten Konstruktionszeich-
nung, und damit zugleich auch die Gebundenheit
an die rechteckige Plakatfläche.
Offset-Lithographie (mehrfarbig); 117 × 79 cm
Bez. r. u.: FRANK STELLA
Auftragg.: Lincoln Center for the Performing Arts/
List Art Posters, New York
Inv. Nr. 38/76
Lit. u. a.: [Kat. Ausst.] Stella since 1970. The Fort
Worth Art Museum. Fort Worth 1978, 30 m. Abb.
[»Narowla I«] – Axsom Richard H., [Kat. Ausst.] The
Prints of Frank Stella. The University of Michigan
Museum of Art. New York 1983, Nr. E m. Abb.

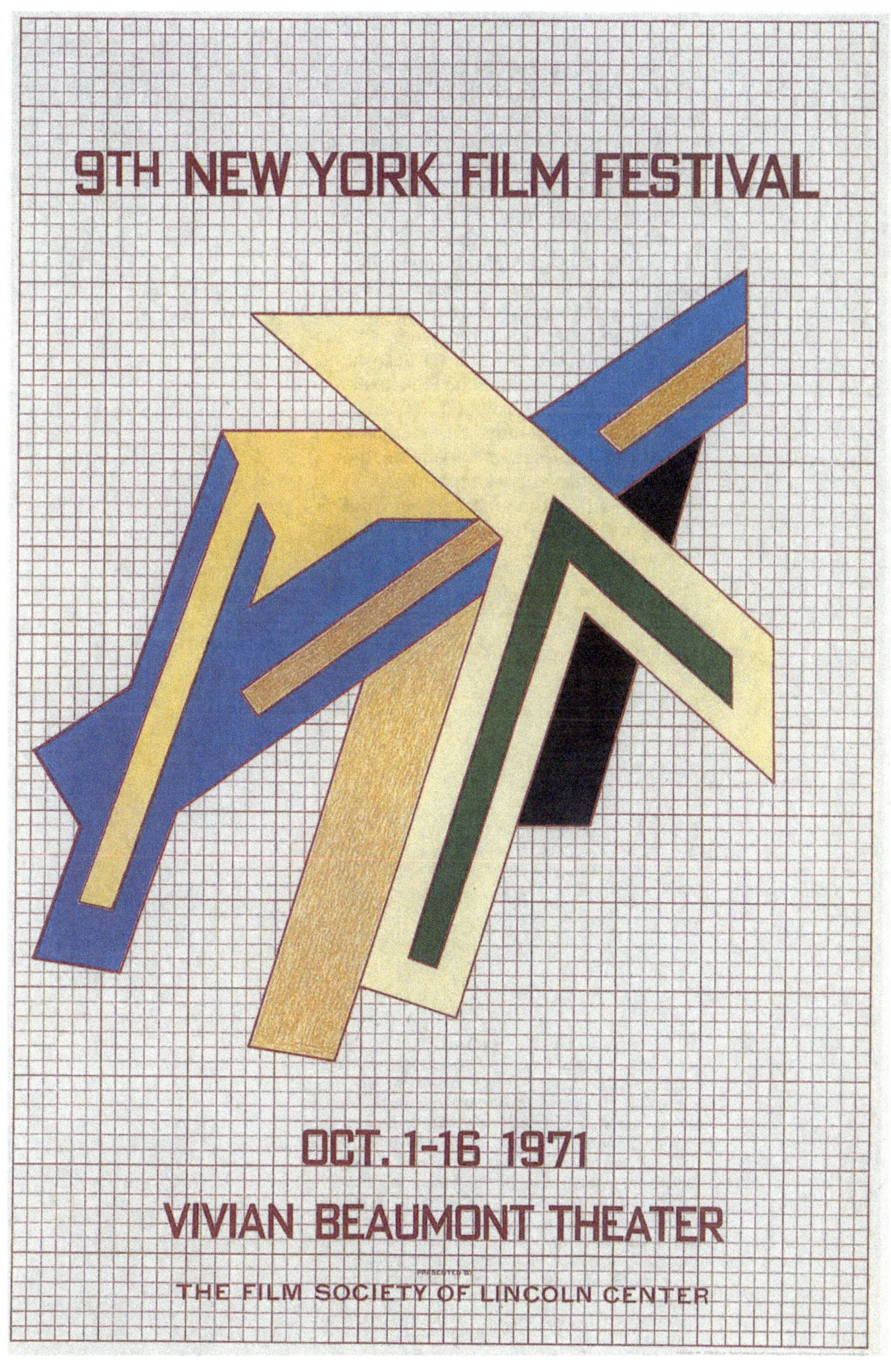

9TH NEW YORK FILM FESTIVAL
OCT. 1-16 1971
VIVIAN BEAUMONT THEATER
PRESENTED BY
THE FILM SOCIETY OF LINCOLN CENTER

26.12.1925 Kingston/New York – lebt in
Santa Cruz/California
Studierte u.a. 1948–1951 Druckgraphik
und Malerei am Bard College in Annan-
dale-on-Hudson/New York und besuchte
1950 und 1952 das College of Ceramic Design an der Alfred University in Alfred/New
York. Summers lehrte seit 1962 an verschiedenen New Yorker Schulen und Universitäten, u.a. am Pratt Graphic Art Center. In den sechziger Jahren entstanden
von kubistischer Raumauffassung beeinflußte Darstellungen aus dem Bereich des
häuslichen Lebens. Summers, der fast ausschließlich mit dem Medium Druckgraphik
arbeitet und auch zahlreiche Plakate entworfen hat, wurde bekannt durch »Landschaften« in leuchtenden Farben, die wie
seine frühen Holzschnitte abstrakte, bio-
morphe Formen aufweisen. Um bestimmte Farbwirkungen zu erzielen, ließ er
teilweise auch die Rückseite seiner Graphiken bedrucken.

Lit.u.a.: [Kat.Ausst.] Carol Summers: Woodcuts
1950–1967. San Francisco Museum of Art. San
Francisco 1967.

The New York Public Library, 1974

Der Plakatentwurf für die New York Public Library
verweist mit seinen flächig abstrahierten, zeichen-
haften Landschaftselementen – Gewässer, Berge,
Sonne – auf Summers' Beeinflussung durch die
Malerei der »biomorphen Abstraktion«, die sich un-
ter dem Einfluß von Picasso, Miró und Arp in den
USA seit den dreißiger Jahren entwickelt hatte.
Gleichzeitig lassen die scharf abgesetzten Farbflä-
chen in gesättigten Tönen seine Nähe zur »Hard
Edge«-Malerei erkennen. – Summers verwandte
das Motiv erneut in variierter Form auf einem 1980
entstandenen Plakat für eine Aufführung des San
Francisco Symphony Orchestra in der Davies Sym-
phony Hall.
Siebdruck auf Silberfolie (mehrfarbig); 77 × 61 cm
Auftragg.: The New York Public Library/Astor, Le-
nox and Tilden Foundations, New York
Inv.Nr.56/80.

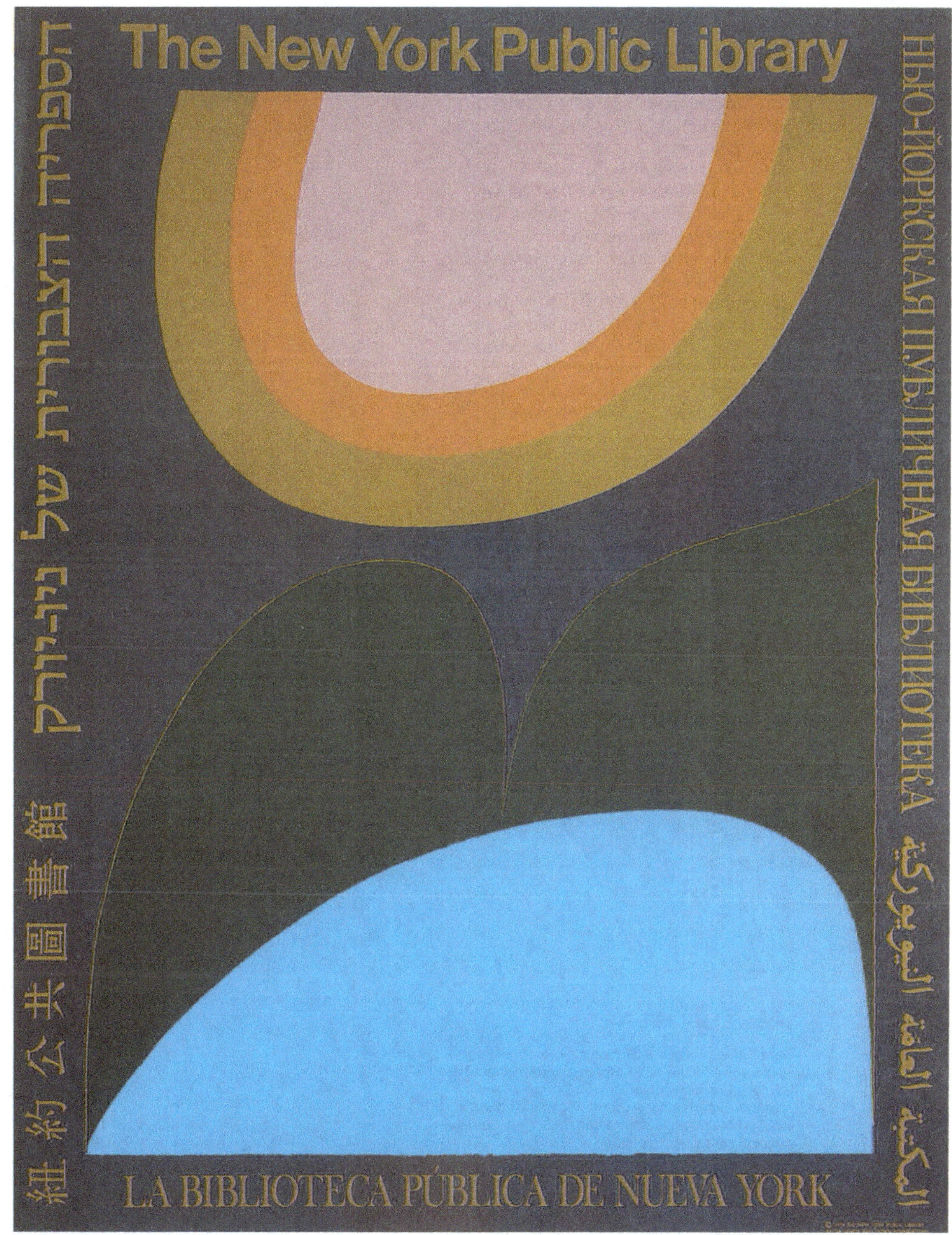

The New York Public Library
LA BIBLIOTECA PÚBLICA DE NUEVA YORK
НЬЮ-ЙОРКСКАЯ ПУБЛИЧНАЯ БИБЛИОТЕКА

19.2.1927 St. Louis/Missouri – lebt in St. Louis
Trova war Autodidakt; erste Ausstellung 1947 im St. Louis Art Museum. Seine frühen Arbeiten zeigen Einflüsse durch Dubuffet, de Kooning, Giacometti und Bacon. Anfang der sechziger Jahre fand er seine eigene Ausdrucksform, die der Pop Art nahesteht. Im Mittelpunkt seines Werkes steht das Motiv des »Falling Man«. Diese stilisierte Profilsilhouette eines subjektiver Merkmale enthobenen Menschens – reproduzierbar wie ein Maschinenerzeugnis – gab er in zahlreichen Variationen und Serien wieder, zunächst in Gemälden und Graphiken (Lithographien, Siebdrucke), sodann auch in Kleinplastiken aus hochglanzpoliertem Metall, die häufig als Multiples ediert wurden, und als Monumentalplastiken.
Im Bereich der angewandten Kunst entwarf Trova Möbel (Trova Chair, 1978), Kleidung und Uhren (Falling Man Wristwatch, 1969), Medaillen und Plakate, die vorwiegend auf seinen »freien« Druckgraphiken basieren. Neben seiner Tätigkeit als Zeitschriftenherausgeber (»Mood«, »Artist Slain« u. a.) konzipierte er auch Buch- und Zeitschriftenillustrationen, so z. B. 1970 für das »Playboy Magazine« eine »paper graphic sculpture«, die mit einer Auflage von 5,4 Millionen die größte Einzelausgabe eines Multiples darstellte.

Lit. u. a.: Bush Martin H., [Kat. Ausst.] Ernest Trova. Edwin A. Ulrich Museum of Art. Wichita State University. Wichita 1977 – Kagan Andrew, Trova. New York 1987 [dort weit. Lit.].

Trova at Pace, 1969

Dem Entwurf liegt der Siebdruck »Study/Falling Man« von 1965 (66 × 66 cm) zugrunde, der bei Pace Editions in einer Auflage von 50 Exemplaren erschienen war. Für das Ausstellungsplakat wurde die Graphik farblich variiert und mehrfach ineinander projiziert wiedergegeben.
Siebdruck (mehrfarbig); 68 × 65,5 cm
Auftragg.: Pace Gallery, New York
Druck: Pace Editions Inc., New York
Inv. Nr. 100/74
Lit. u. a.: Kagan Andrew, Trova. New York 1987, 325 m. Abb. [Siebdruck, 1965].

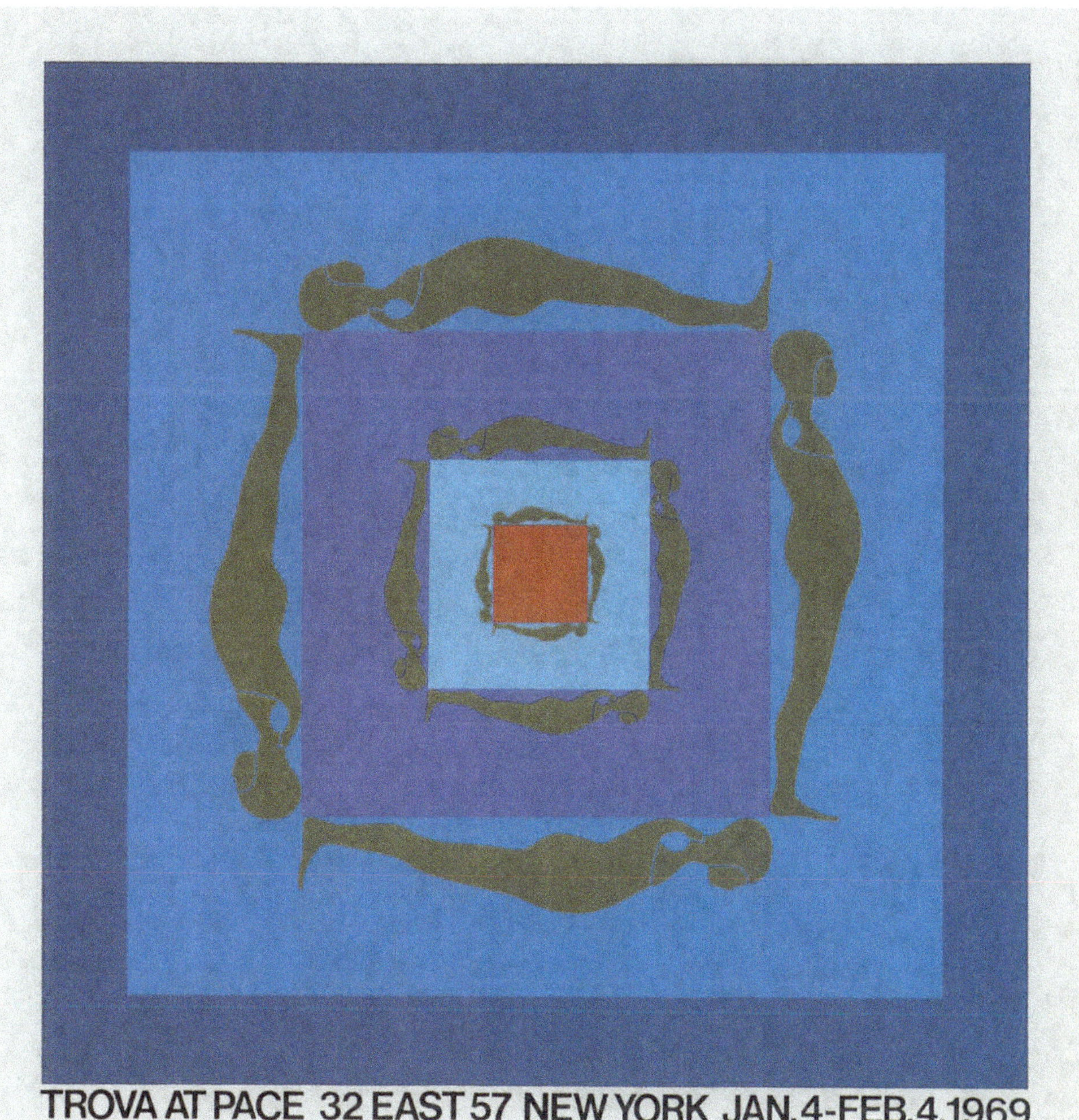

TROVA AT PACE 32 EAST 57 NEW YORK JAN. 4-FEB. 4,1969

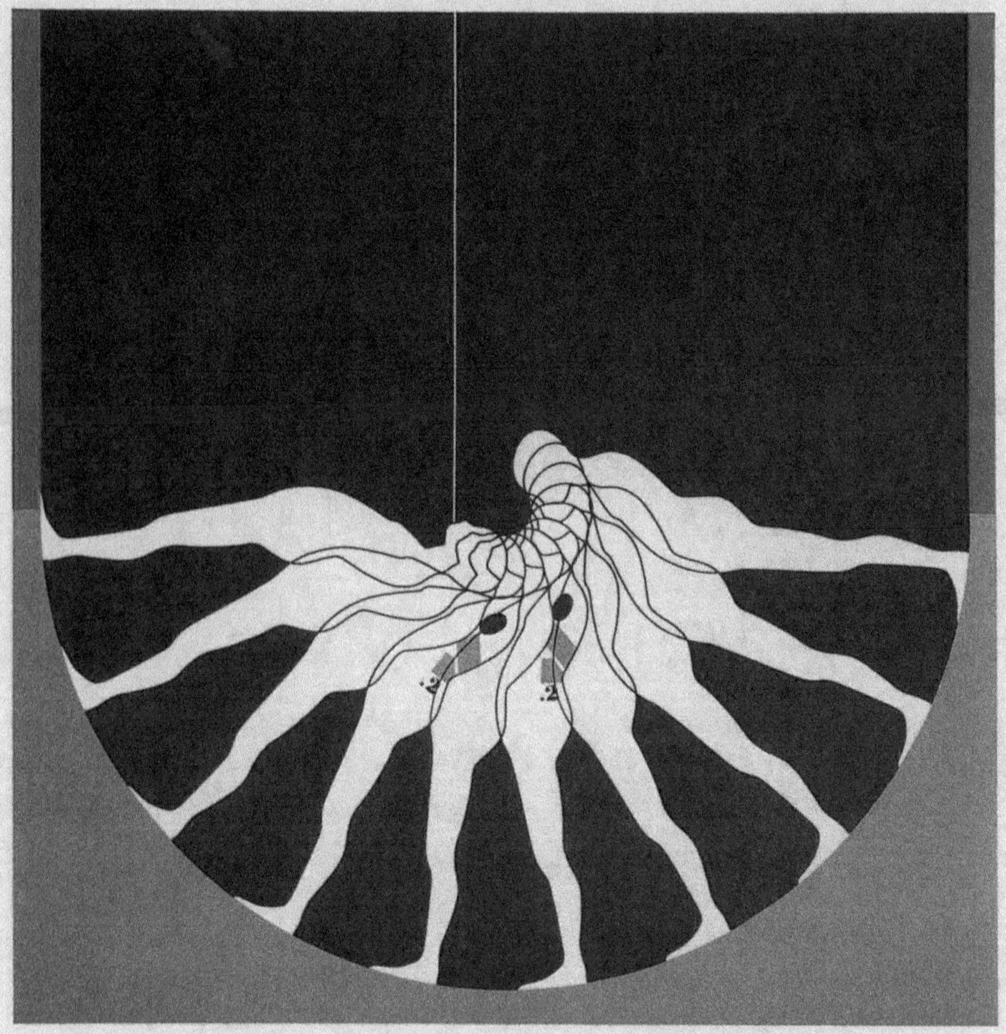

TROVA
AT PACE/COLUMBUS

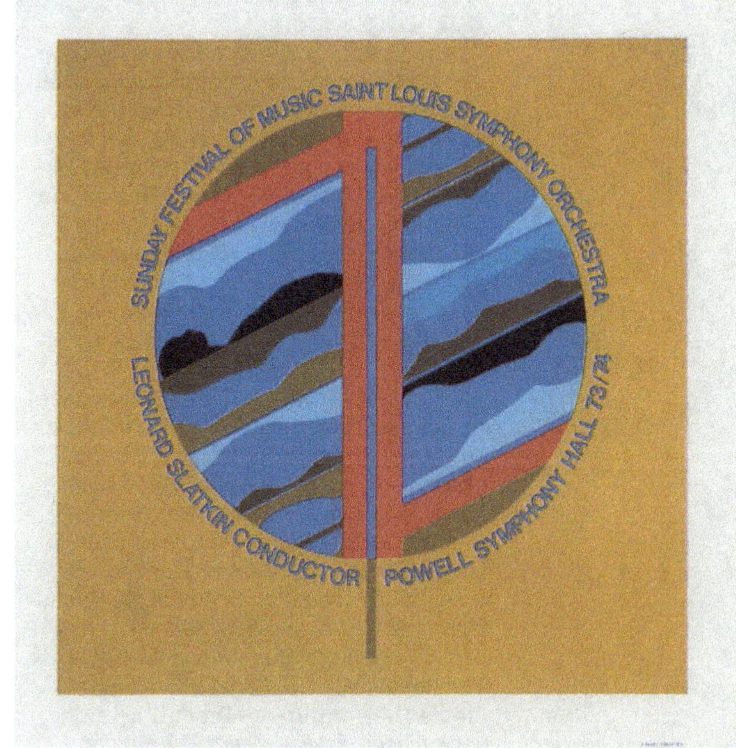

Trova at Pace/Columbus, 1970

Basiert auf dem Siebdruck »Falling Man Manscape«
(71,1 × 71,1 cm), der 1969 in einem zehn Sieb-
drucke umfassenden Portfolio gleichen Titels ediert
wurde (Aufl. 175).
Siebdruck (mehrfarbig); 89 × 64 cm
Auftragg.: Pace Gallery, Columbus/Ohio
Druck: Pace Editions Inc., New York
Inv. Nr. 59/78
Lit. u. a.: Kagan Andrew, Trova. New York 1987, 170,
Nr. 91 m. Abb. [Siebdruck, 1969].

Sunday Festival of Music 73/74, 1973

Das für eine Reihe von Sonntagskonzerten des
St. Louis Symphony Orchestra entworfene Plakat
variiert Motive aus der Gemälde- und Graphikserie
»Study/Falling Manscape« von 1967.
Siebdruck (mehrfarbig); 71 × 71 cm
Bez. r. u.: © Ernest Trova 1973
Auftragg.: Powell Symphony Hall, Saint Louis/Mis-
souri
Inv. Nr. 41/76
Lit. u. a.: Bush Martin H., [Kat. Ausst.] Ernest Trova.
Edwin A. Ulrich Museum of Art. Wichita State Uni-
versity. Wichita 1977, 84 m. Abb.

Andy Warhol (eigentl. Andrew Warhola)

6.8.1928 Pittsburgh/Pennsylvania –
22.2.1987 New York
Warhol, Leitfigur der amerikanischen Pop
Art, stellte durch ironisierende Stilisierung
und serielle Vervielfältigung von Konsum-
gütern und Trivialgegenständen die tradi-
tionelle Auffassung von Kunst und Ästhetik radikal in Frage. Durch den Einsatz von
Freunden und Helfern bei der Produktion
von Objekten in seiner »Factory« sowie
durch die Verwendung von Doppelgän-
gern bei seinen Aktionen versuchte er, den
Begriff des Originals ad absurdum zu führen.
Nach seinem Studium 1945–1949 am Carnegie Institute of Technology in Pittsburgh
ging er nach New York, wo er als Werbegraphiker u. a. für die Zeitschriften »Vogue«, »Seventeen«, »The New Yorker«,
»Harper's Bazaar« bzw. für die Häuser Tiffany's, Bergdorf Goodman, Bonwit Teller
und J. Miller tätig war. Er gestaltete Schau-
fensterauslagen, Werbeprospekte, Annon-
cen, Briefpapiere, Buchumschläge, Plakate
und Schallplattenhüllen. 1953 entwarf er
für die Theatergruppe »Theatre 12« Büh-
nenkulissen. Er gründete 1957 mit den
Andy Warhol Enterprises Inc. eine Firma
für seine Arbeiten im Bereich der angewandten Kunst mit eigenen Repräsenta-
tionsbüros in Philadelphia und Chicago.
1962/63 entstanden seine ersten Arbeiten
in Siebdrucktechnik und mit dem Motiv der
Campbell's-Suppendosen zugleich die erste Serie, die banale Gegenstände des täglichen Gebrauchs zum Inhalt hatte. In den
sechziger Jahren drehte Warhol zahlreiche
Filme und begann Zeitungsfotos bzw. Po-
laroidaufnahmen für seine stets in Serien
variierten Graphiken und Gemälde zu verwenden. Das Werk Warhols zeigt besonders deutlich die enge Verzahnung von
freier und angewandter Kunst.

Andruck einer anonymen kommerziellen
Anzeige für Speiseeis, USA, um 1950

Offset (mehrfarbig); 88,9 × 57,2 cm
Inv. Nr. 95/90
Plakatartige Abbildungen dieser Art, welche die
Reize der Konsumwelt drastisch vor Augen führen,
könnten auch Andy Warhol als Anregungen gedient
haben. Dies mehr im Sinne einer Auslöserfunktion,
um die allgemeine Übersättigung, die sich zuerst in
den USA abzeichnete, zu geißeln.

Lit. u. a.: Feldman Frayda u. Jörg Schellmann, Andy
Warhol Prints. München/New York 1989 – [Kat.
Ausst.] Andy Warhol Retrospektive. Museum Ludwig, Köln. München 1989 [dort weit. Lit.] – Kornbluth Jesse, Pre-Pop Warhol. München 1989.

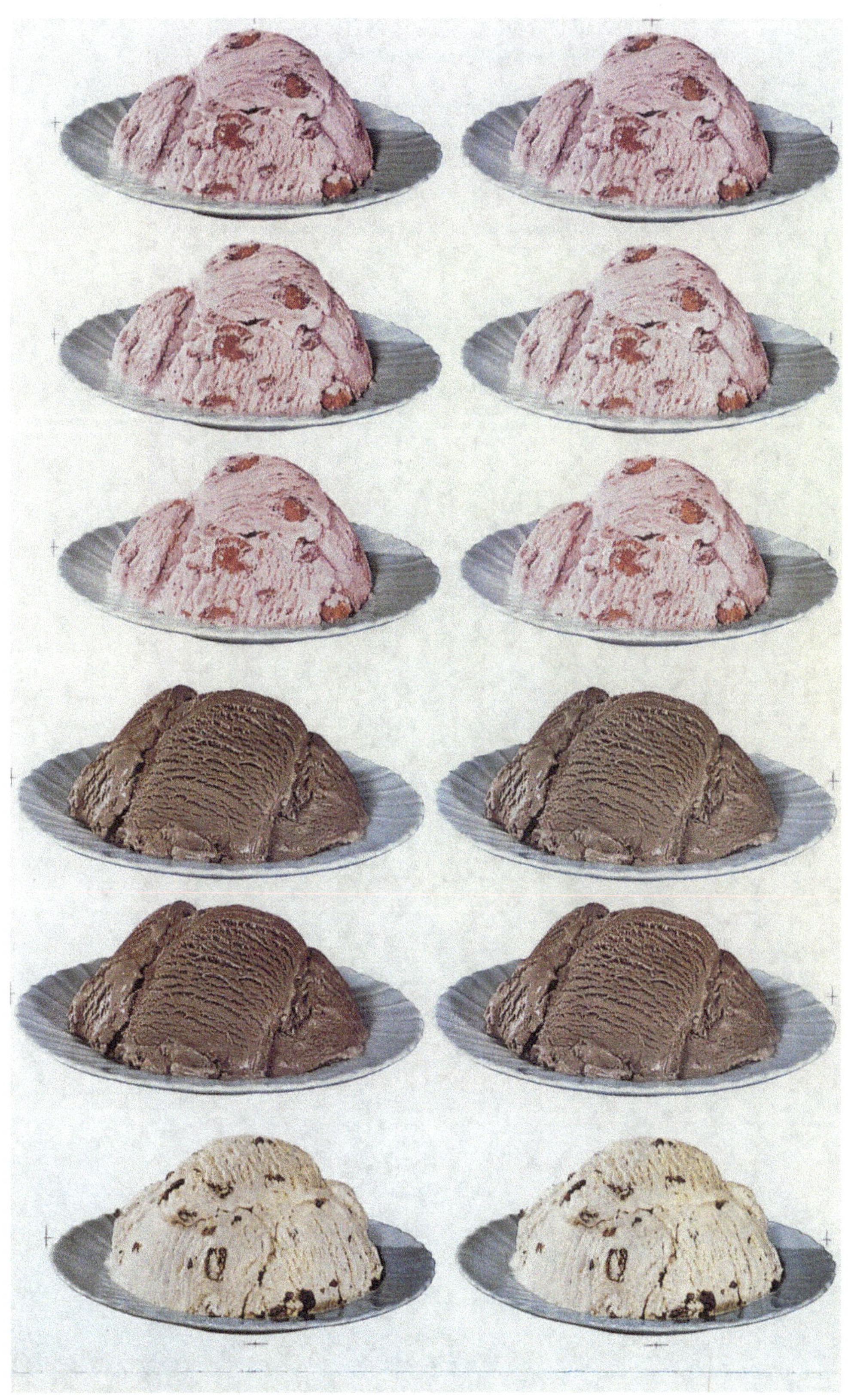

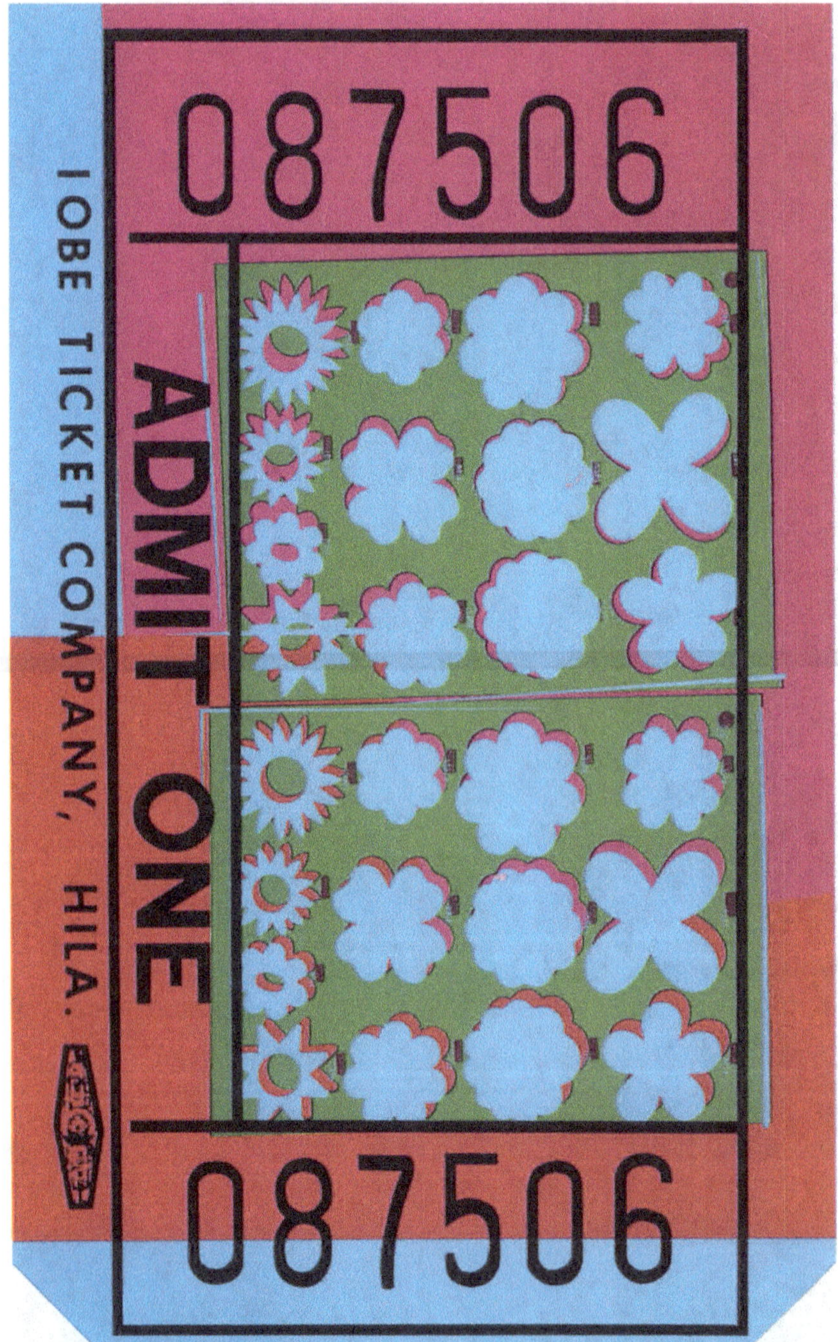
087506
IOBE TICKET COMPANY, HILA.
ADMIT ONE
087506
FIFTH NEW YORK
Film Festival·Lincoln Center
PHILHARMONIC HALL SEPTEMBER 20-30

Fifth New York Film Festival, 1967

Von der Auflage existieren 200 auf opakem Acryl
abgezogene Exemplare, auf der Rückseite mit dem
Grabstichel signiert und numeriert.
Das Motiv der Blumen taucht verstärkt seit etwa
1964 in Warhols Œuvre auf; so entstanden u.a.
1966/67 mehrere große Bilder des Titels »Flowers«
nach einer Photographie (Siebdruck auf Acryl auf
Leinwand; 293 × 293 cm u. 213 × 369 cm). Das Pla-

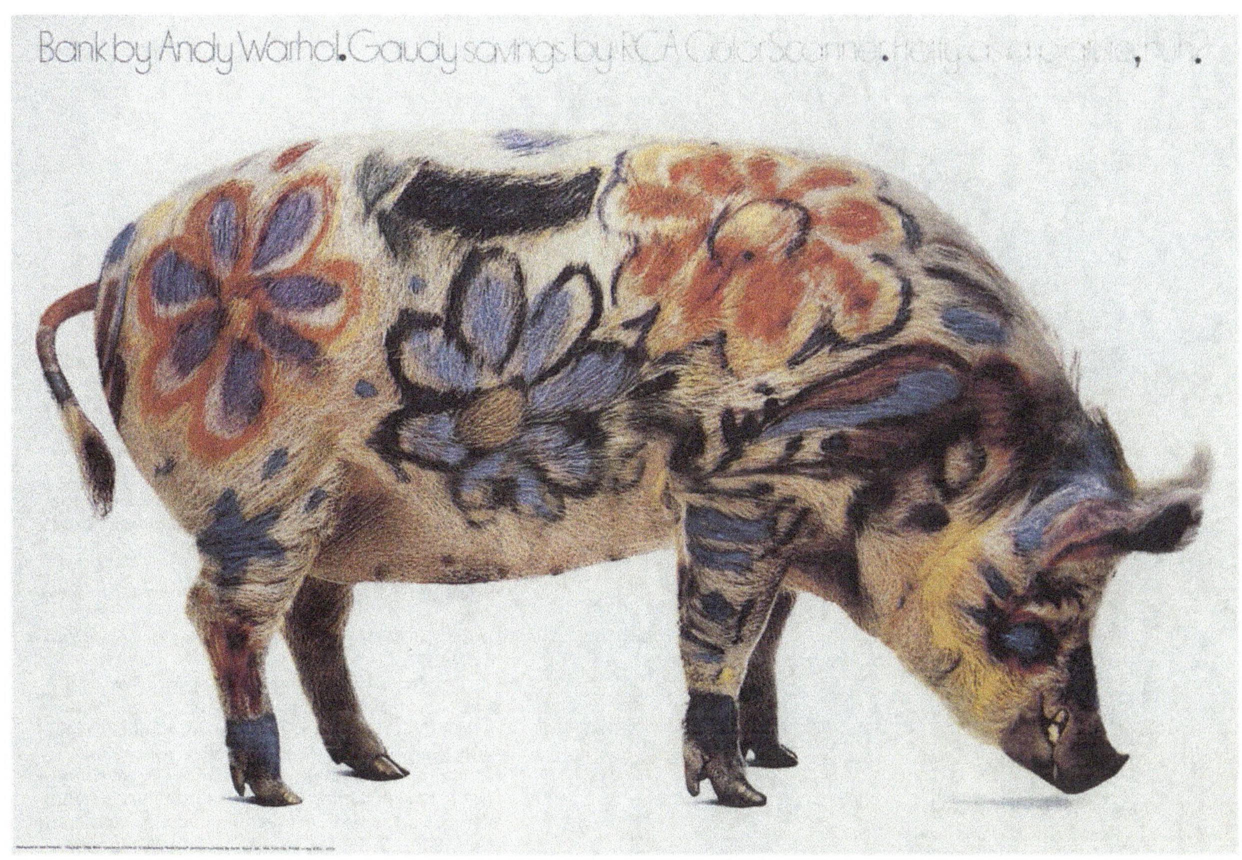

kat fand 1975 als Umschlag für den Katalog der
Wanderausstellung »Images of an Era. The Ameri-
can poster 1945–75« Verwendung.
Siebdruck (mehrfarbig); 114,3 × 61 cm
Bez. u.: Andy Warhol
Auftragg.: Lincoln Center for the Performing Arts/
List Art Posters, New York
Inv. Nr. 212/80
Lit. u. a.: Hölscher Eberhard, 2. Internationale Plakat-
Biennale. Warschau 1968: Gebrauchsgraphik 1968,
H. 10, 10, Abb. 1 – Spielmann Heinz, [Kat. Ausst.] In-
ternationale Plakate 1871–1971. Haus der Kunst.
München 1971, Nr. 704 – Müller-Brockmann Josef
u. Shizuko, Geschichte des Plakats. Zürich 1971,
Abb. 121 – [Kat. Ausst.] Images of an Era. The Ame-
rican poster 1945–75. National Collection of Fine
Arts. Washington D. C. 1975, Nr. 72 m. Abb. – Gra-
phis 32, 1977, Nr. 187, 458–459 m. Abb. – Wichmann
Hans, [Kat. Ausst.] Neu. Donationen und Neuerwer-
bungen 1980/81. München 1982, 15 – [Kat. Ausst.]
The Modern American Poster. The Museum of Mo-
dern Art. New York 1983, 101 m. Abb. – Wrede Stu-
art, The Modern Poster. The Museum of Modern
Art. New York 1988, 220 m. Abb. – Feldman Frayda
u. Jörg Schellmann, Andy Warhol Prints. München/
New York 1989, Nr. 19 m. Abb. – [Kat. Ausst.] Andy
Warhol. Retrospektive. Museum Ludwig, Köln.
München 1989, Taf. 306–310 [»Flowers«, 1965–67].

Andy Warhol und Irwin Horowitz (Photo)
Bank by Andy Warhol. Gaudy savings by
RCA Color Scanner, 1968

Wurde 1990 als Motiv für ein Konzertplakat einer
deutschen Rockgruppe wiederaufgegriffen.
Offset (mehrfarbig); 75,5 × 114 cm
Bez. l. u.: Photograph by Irwin Horowitz
Auftragg.: Radio Corporation of America (RCA)
Inv. Nr. 6979/82
Lit. u. a.: Kuh Hans, Spitzenleistungen amerikan.
Werbegraphik aus der 47. New Yorker Art Directors
Show: Gebrauchsgraphik 1969, H. 1, 52, Abb. 1
[Zeitschritenanzeige] – [Kat. Ausst.] Images of an
Era. The American poster 1945–75. National Collec-
tion of Fine Arts. Washington D. C., Nr. 90 m. Abb. –
Weill Alain, Plakatkunst International. Berlin 1985,
356 m. Abb. – Wichmann Hans, Industrial Design.
Unikate. Serienerzeugnisse. Die Neue Sammlung.
Ein neuer Museumstyp des 20. Jahrhunderts. Mün-
chen 1985, 345 m. Abb. – Wrede Stuart, The Modern
Poster. The Museum of Modern Art. New York
1988, 218 m. Abb. – Müller-Brockmann Josef u. Karl
Wobmann, Fotoplakate. Aarau 1989, 219 m. Abb.

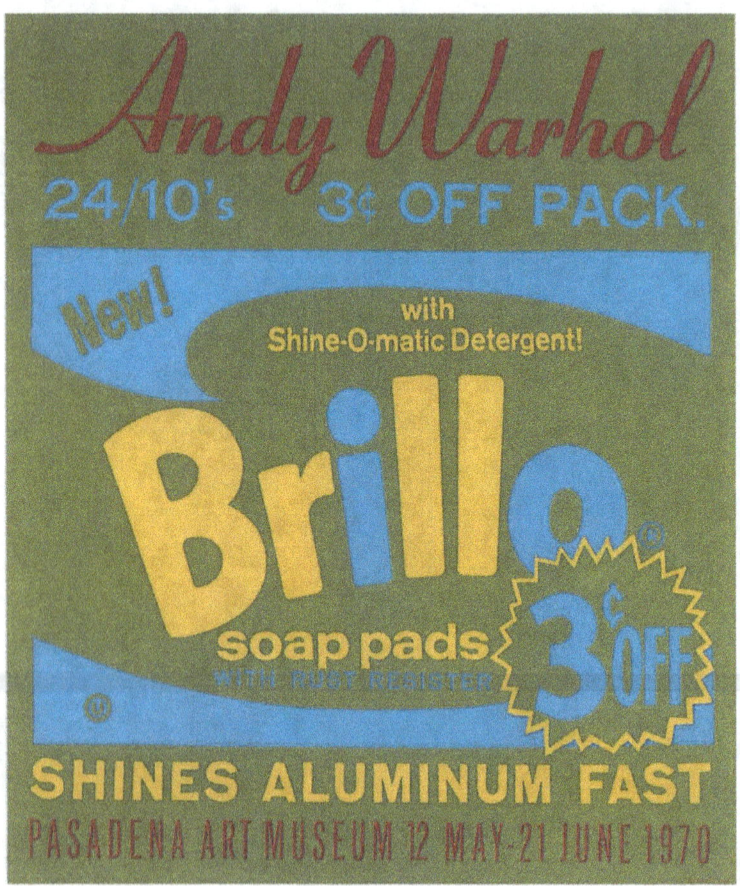

Andy Warhol – Whitney Museum, 1971

Dem Ausstellungsplakat liegt die serielle Graphik »Cow Wallpaper« (115,5 × 75,5 cm; Siebdruck auf Tapetenpapier) von 1966 zugrunde, mit der Warhol im selben Jahr einen Raum der Galerie Leo Castelli, New York, tapezieren ließ. Der ersten Fassung mit violetter Kuh auf gelbem Fond folgten 1971 und 1976 weitere Versionen in variierter Farbstellung. Siebdruck (blau, braun, schwarz) auf dickem kunststoffbeschichtetem Papier (Tapetenpapier); 116 × 75 cm
Auftragg.: Whitney Museum of American Art, New York
Druck: Bill Miller's Wallpaper Studio Inc., New York
Inv. Nr. 118/77
Lit. u. a.: [Kat. Ausst.] Andy Warhol. Moderna Museet. Stockholm 1968, [s. p.] m. Abb. [»Cow Wallpaper«, 1966] – Feldman Frayda u. Jörg Schellmann, Andy Warhol Prints. München/New York 1989, Nr. 11a m. Abb. [mit umfangreicherer Beschriftung], Nr. 11–12a [Varianten 1966–76] – [Kat. Ausst.] Andy Warhol Retrospektive. Museum Ludwig, Köln. München 1989, 53, 55, Taf. 303–305 [»Cow Wallpaper«, 1966, 1971].

Andy Warhol – Brillo, 1970

Der Entwurf variiert das Objekt »Brillo Box (Soap Pads)« von 1964. Es gehörte zu einer Serie von »Boxes« dieses Jahres, die – im Farb-Siebdruckverfahren auf Sperrholzkisten – bekannte amerikanische Verpackungskartons (neben »Brillo« u. a. »Campbell's Tomato Juice«, »Del Monte Peach Halves« und »Heinz Tomato Ketchup«) imitierten und erstmals 1964 in der New Yorker Stable Gallery gezeigt wurden.
Siebdruck (mehrfarbig); 96,2 × 66 cm
Auftragg.: Pasadena Art Museum, Pasadena/California
Druck: Poster Originals Ltd., New York (Copyrightvermerk: POL Nr. 94)
Inv. Nr. 22/73
Lit. u. a.: [Kat.] Künstler Plakate. 1980. Galerie für Moderne Kunst und Plakatkunst H. F. Lempert, Bonn 1979, Nr. 2391 m. Abb. – [Kat. Ausst.] Andy Warhol Retrospektive. Museum Ludwig, Köln. München 1989, Taf. 185 [Objekt], Taf. 181–190, Abb. 30 [»Boxes«-Serien].

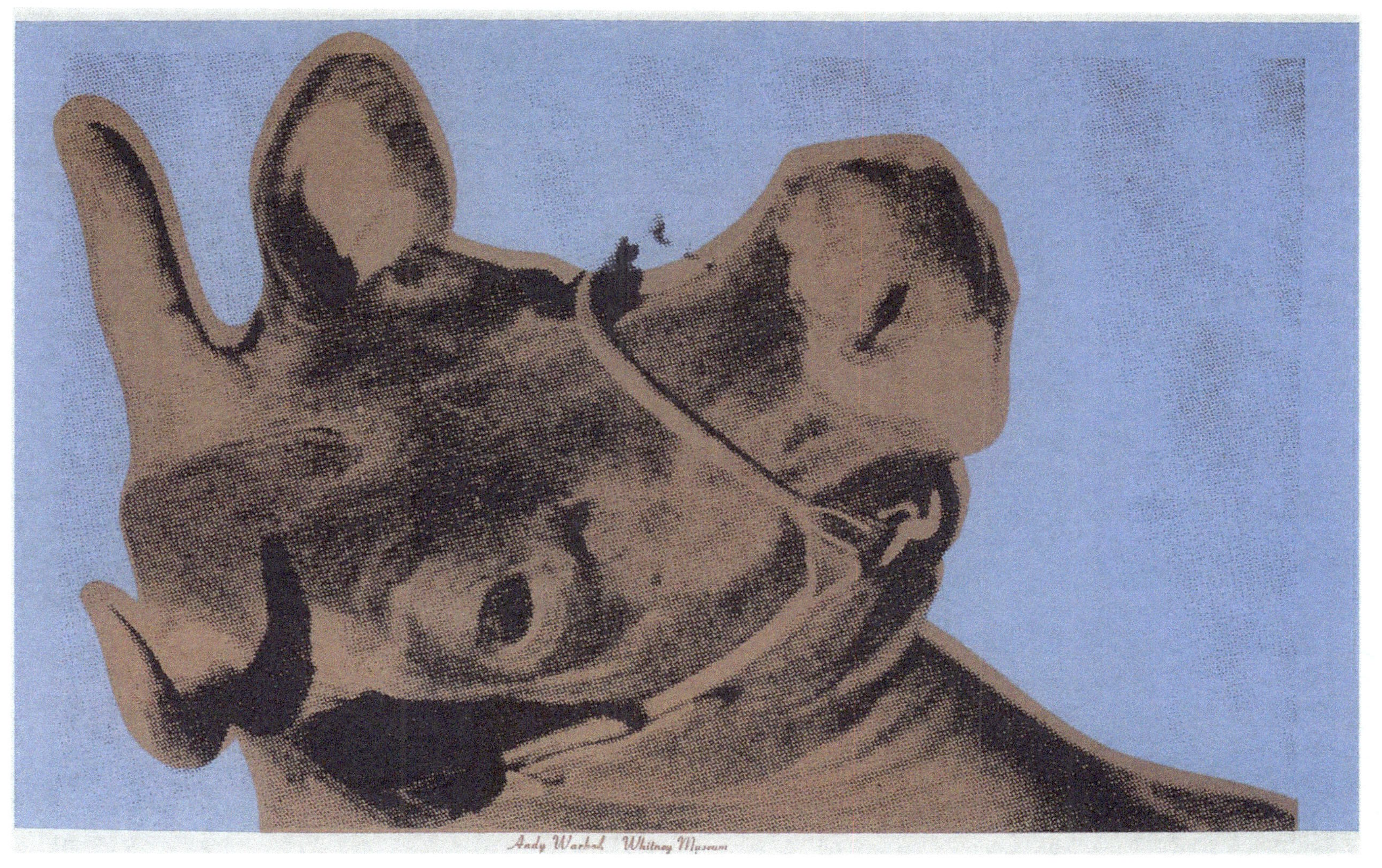

Andy Warhol   Whitney Museum

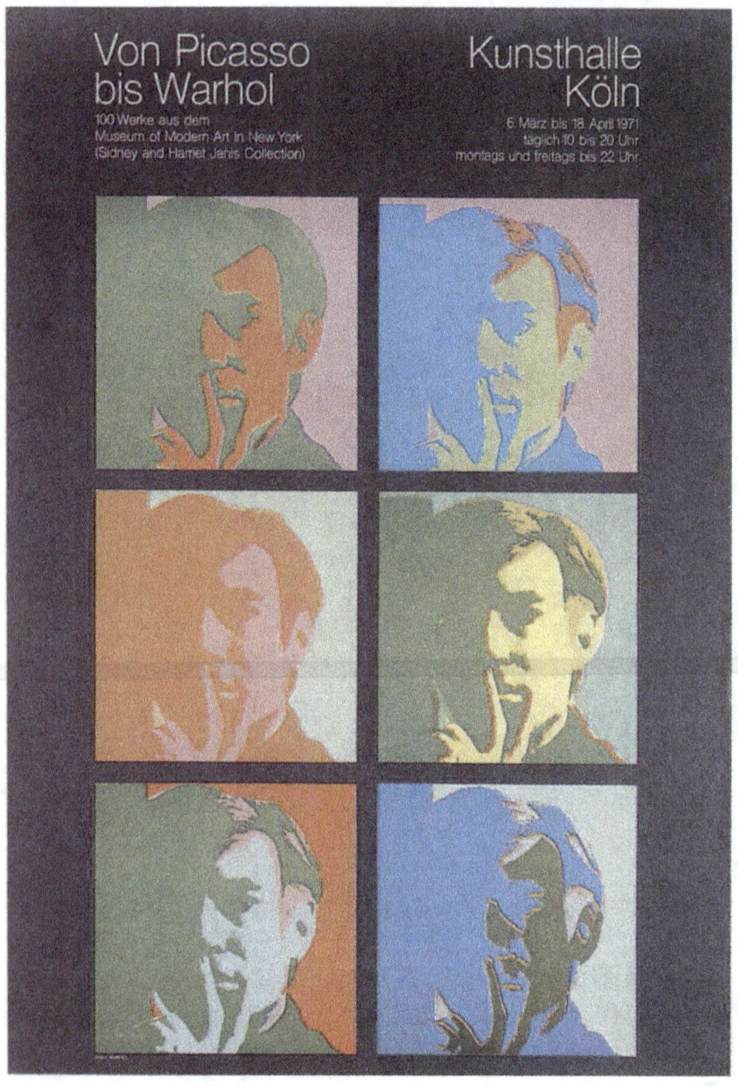

Von Picasso bis Warhol, 1971

Basiert auf dem 1966 entstandenen Selbstporträt
Warhols (Siebdruck, Emailfarbe, Acryl auf Lein-
wand; sechs Tafeln, je 57,5 × 57,5 cm), das im Mu-
seum of Modern Art, New York, bewahrt wird. 1967
wurde das Motiv in mehreren Farbvarianten und
Formaten wiederholt.
Offset (mehrfarbig); 83,8 × 59,1 cm
Bez. l. u.: Andy Warhol
Auftragg.: Kunsthalle, Köln, Deutschland
Inv. Nr. 557/86
Lit. u. a.: [Kat. Ausst.] Von Picasso bis Warhol.
Kunsthalle. Köln 1971, Nr. 93 m. Abb. – Feldman
Frayda u. Jörg Schellmann, Andy Warhol Prints.
München/New York 1989, Nr. 16 m. Abb. [»Self Por-
trait«, 1967] – [Kat. Ausst.] Andy Warhol Retrospek-
tive. Museum Ludwig, Köln. München 1989,
Taf. 4–10, Nr. 380–385 [»Self Portraits«, 1966/67].

Mao, 1974

Die Pariser Ausstellung zeigte Arbeiten aus War-
hols »Mao«-Serien, die seit 1972 entstanden waren.
Das Porträt, das in verschiedenen Formaten, Farb-
stellungen und Techniken, auch als Zeichnung und
Gemälde, vielfach variiert wurde, griff auf eine den
»Quotations from Chairman Mao Tse-Tung« als
Frontispiz vorangestellte Photographie zurück. –
100 Exemplare der unlimitierten Auflage wurden
1979 durch den Künstler mit Filzstift signiert.
Siebdruck (schwarz, violett) auf kunststoffbeschich-
tetem Papier (Tapetenpapier); 101 × 75,5 cm
Bez. l. u.: © 1974 Andy Warhol Mao; l. u. hand-
schriftlich signiert: Andy Warhol
Auftragg.: Musée Gallièra, Paris, Frankreich
Druck: Bill Miller's Wallpaper Studio, New York
Inv. Nr. 435/87
Lit. u. a.: [Kat. Ausst.] Andy Warhol. Bilder 1961 bis
1981. Kestner-Gesellschaft. Hannover 1981, Nr. 30
m. Abb. [Mao-Porträt] – Jahrbuch des Museums für
Kunst und Gewerbe. Neue Folge, Bd. 3. Hamburg
1984, 275 m. Abb. – Wichmann Hans, [Kat. Ausst.]
Neu. Donationen und Neuerwerbungen 1986/87.
Die Neue Sammlung. München 1989, 199 m. Abb. –
Feldmann Frayda u. Jörg Schellmann, Andy Warhol
Prints. München/New York 1989, Nr. 90–99 m. Abb.
[Mao-Portfolio, 1972], Nr. 125a m. Abb. – [Kat.
Ausst.] Andy Warhol Retrospektive. Museum Lud-
wig, Köln. München 1989, 69, Taf. 346, Taf. 347–363
[Mao-Serien, 1972–74].

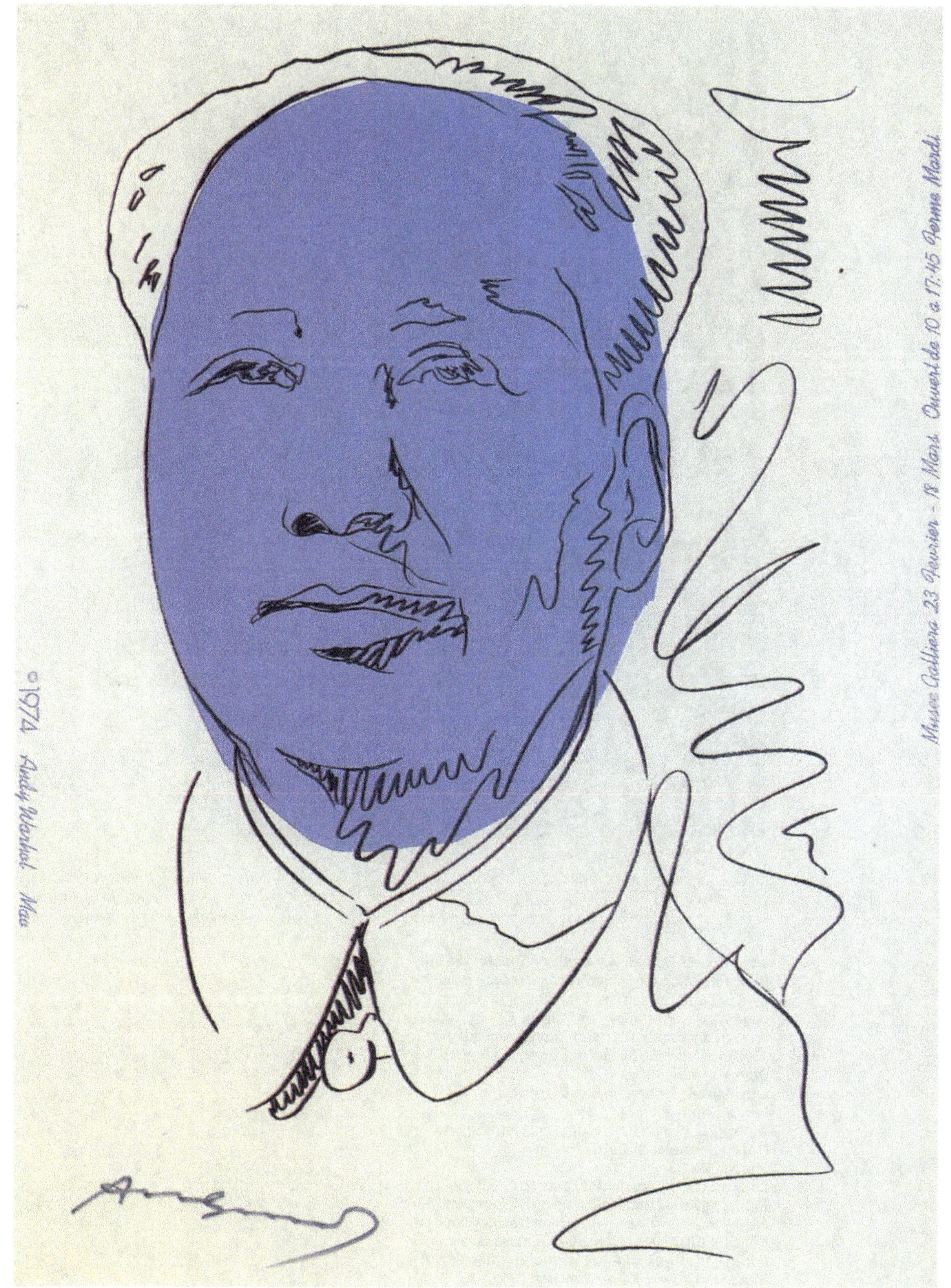

©1974 Andy Warhol Mao
Musée Galliera 23 Février – 18 Mars Ouvert de 10 à 17:45 Fermé Mardi

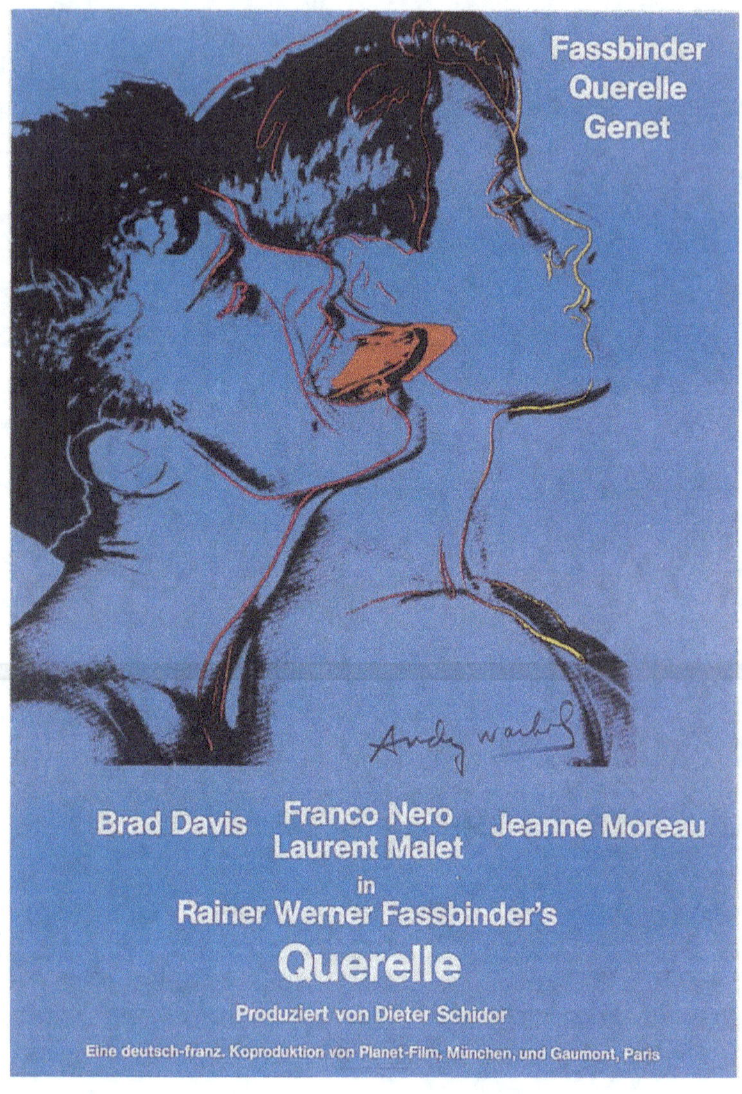

Querelle, 1982

Jean Genets Roman »Querelle de Brest«, 1947 in
Paris mit Zeichnungen von Jean Cocteau erschie-
nen, beeinflußte schon in den fünfziger Jahren die
sogen. »Boy Portraits« von Warhol. Der Plakatent-
wurf zu der Fassbinder-Verfilmung geht auf eine
1980 entstandene Bleistiftzeichnung »Untitled –
Boys kissing« zurück.
Offset (mehrfarbig); 84,5 × 59,5 cm
Bez. M: Andy Warhol
Auftragg.: Planet-Film, München, Deutschland
Druck: Spengler & Stulz, München
Inv. Nr. 389/83
Lit. u. a.: [Kat.] Künstler Plakate. Nr. 4. Galerie für
Moderne Kunst und Plakatkunst H. F. Lempert. Bonn
1986, Nr. 2409 m. Abb. – Bourdon David, Warhol.
Köln 1989, 372, Nr. 297 m. Abb. [Entwurfszeich-
nung] – [Kat. Ausst.] Andy Warhol Retrospektive.
Museum Ludwig, Köln. München 1989, 415.

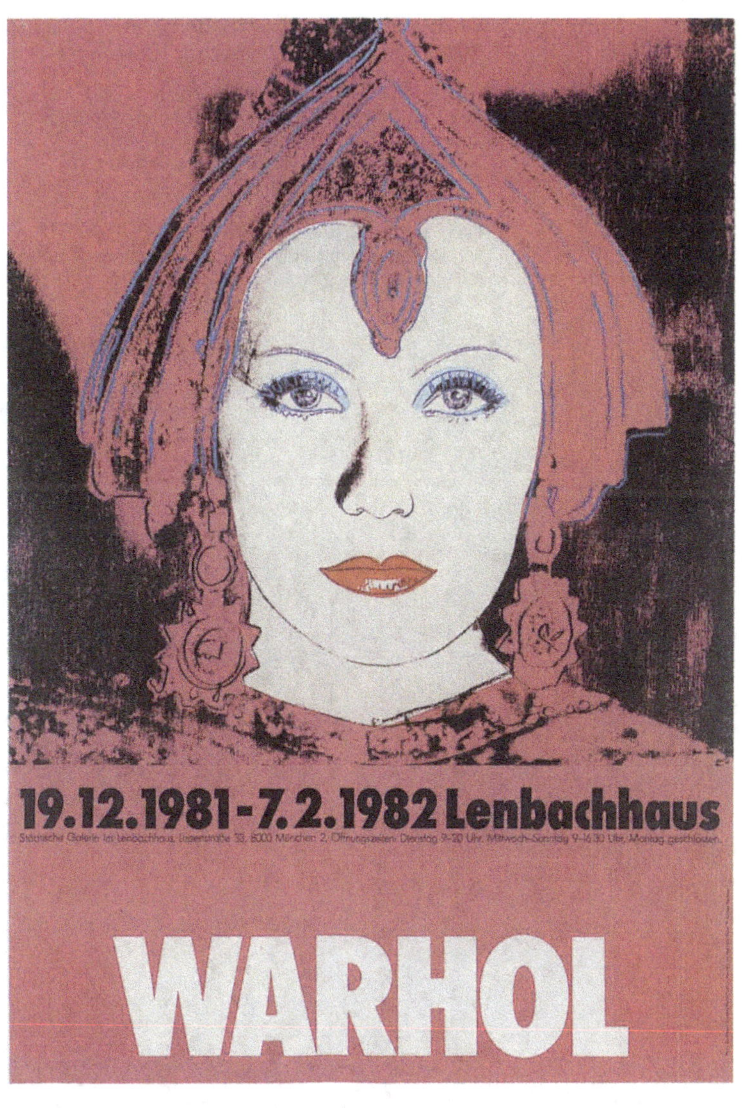

Warhol, 1981

Das Ausstellungsplakat geht auf das 1981 entstandene Gemälde »The Star« (Acryl und Siebdruck auf Leinwand; Ronald Feldman Fine Arts Inc., New York) aus der zehnteiligen Serie »Myths« zurück. Für das Motiv »The Star« verwandte Warhol eine Aufnahme von Clarence Sinclair Bull mit Greta Garbo als Mata Hari aus dem gleichnamigen Hollywood-Film (USA 1931, Regie: George Fitzmaurice). Für das Plakat der Wanderausstellung mit Stationen in Hannover und München wurde unter Verwendung unterschiedlicher Drucktechniken jeweils der Schriftblock ausgewechselt.
Offset (mehrfarbig); 84 × 59,5 cm
Auftragg.: Kestner-Gesellschaft, Hannover, Deutschland
Druck: Th. Schäfer, Hannover
Inv. Nr. 418/83
Lit. u. a.: [Kat. Ausst.] Andy Warhol. Bilder 1961 bis 1981. Kestner-Gesellschaft. Hannover 1981, Nr. 64 m. Abb. [Gemälde] – [Kat.] Künstler Plakate. Nr. 4. Galerie für Moderne Kunst und Plakatkunst H. F. Lempert. Bonn 1986, Nr. 2407 m. Abb. – Feldman Frayda u. Jörg Schellmann, Andy Warhol Prints. München/New York 1989, Nr. 258–267 m. Abb. [»Myths«-Portfolio] – [Kat. Ausst.] Andy Warhol Retrospektive. Museum Ludwig, Köln. München 1989, Taf. 387–389 u. Nr. 272 [»Myths«, 1981].

Andy Warhol und Keith Haring
20th Montreux Jazz Festival, 1986

Siebdruck (mehrfarbig); 100 × 70 cm
Bez. l. u.: Design Andy Warhol + Keith Haring New
York; l. u.: Andy Warhol; r. u.: Keith Haring
Auftragg.: Jazz Festival Montreux, Schweiz
Druck: Albin Uldry, Bern, Schweiz
Inv. Nr. 447/87
Lit. u. a.: [Kat.] Künstler Plakate. Nr. 4. Galerie für
Moderne Kunst und Plakatkunst H. F. Lempert. Bonn
1986, Nr. 2416 m. Abb.

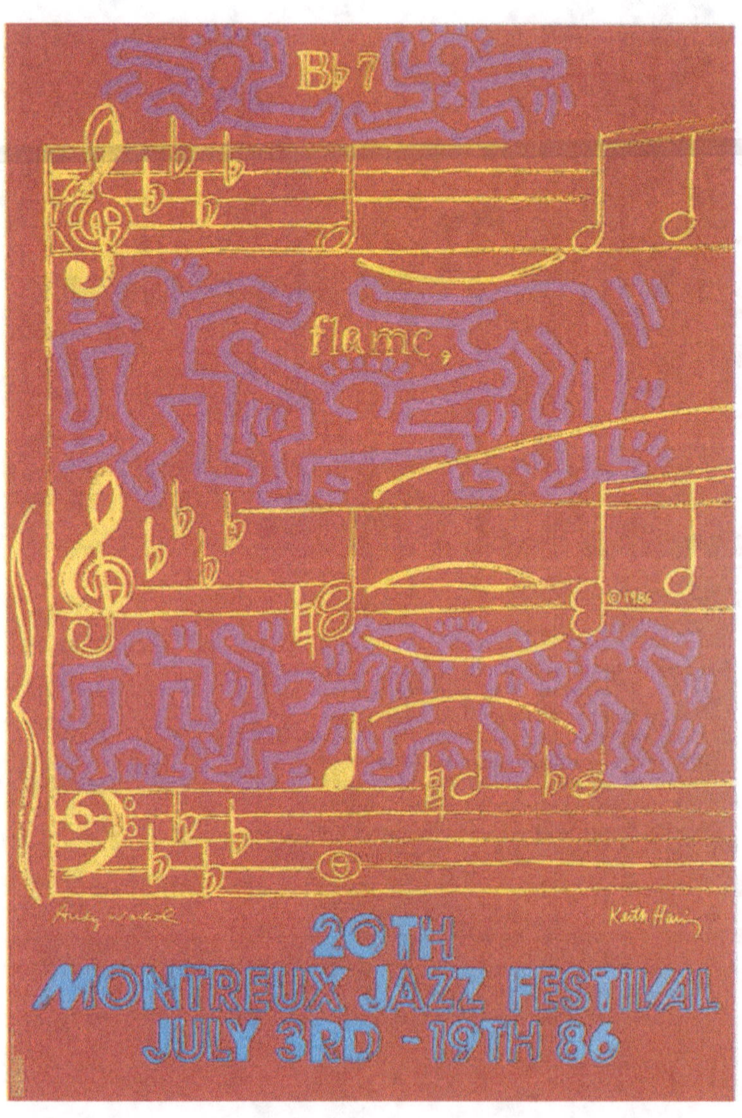

Andy Warhol – 10 Statues of Liberty, 1986

Zu Warhols frühen Experimenten mit den Möglichkeiten des Siebdruckverfahrens gehörten 1963 serielle Arbeiten mit dem Motiv der Freiheitsstatue in
den Komplementärfarben Rot und Grün. 1986
wandte er sich dem Sujet erneut zu und nahm u. a.
eine Kopfansicht der »Statue of Liberty« – versehen
mit dem Firmenzeichen »Le bons biscuits FABIS« –
in seine Serie »Camouflage (Tarnfarben)« auf. Die
Darstellung ist, bis auf die Farbigkeit, identisch mit
der auf dem Ausstellungsplakat wiedergegebenen
Fassung.
Offset (mehrfarbig); 100 × 68 cm
Auftragg.: Galerie Lavignes – Bastille, Paris
Inv. Nr. 357/89
Lit. u. a.: [Kat. Ausst.] Andy Warhol Retrospektive.
Museum Ludwig, Köln. München 1984, 68,
Taf. 239–240 [»Statue of Liberty«, 1963], Taf. 442
[»Camouflage Statue of Liberty«, 1986].

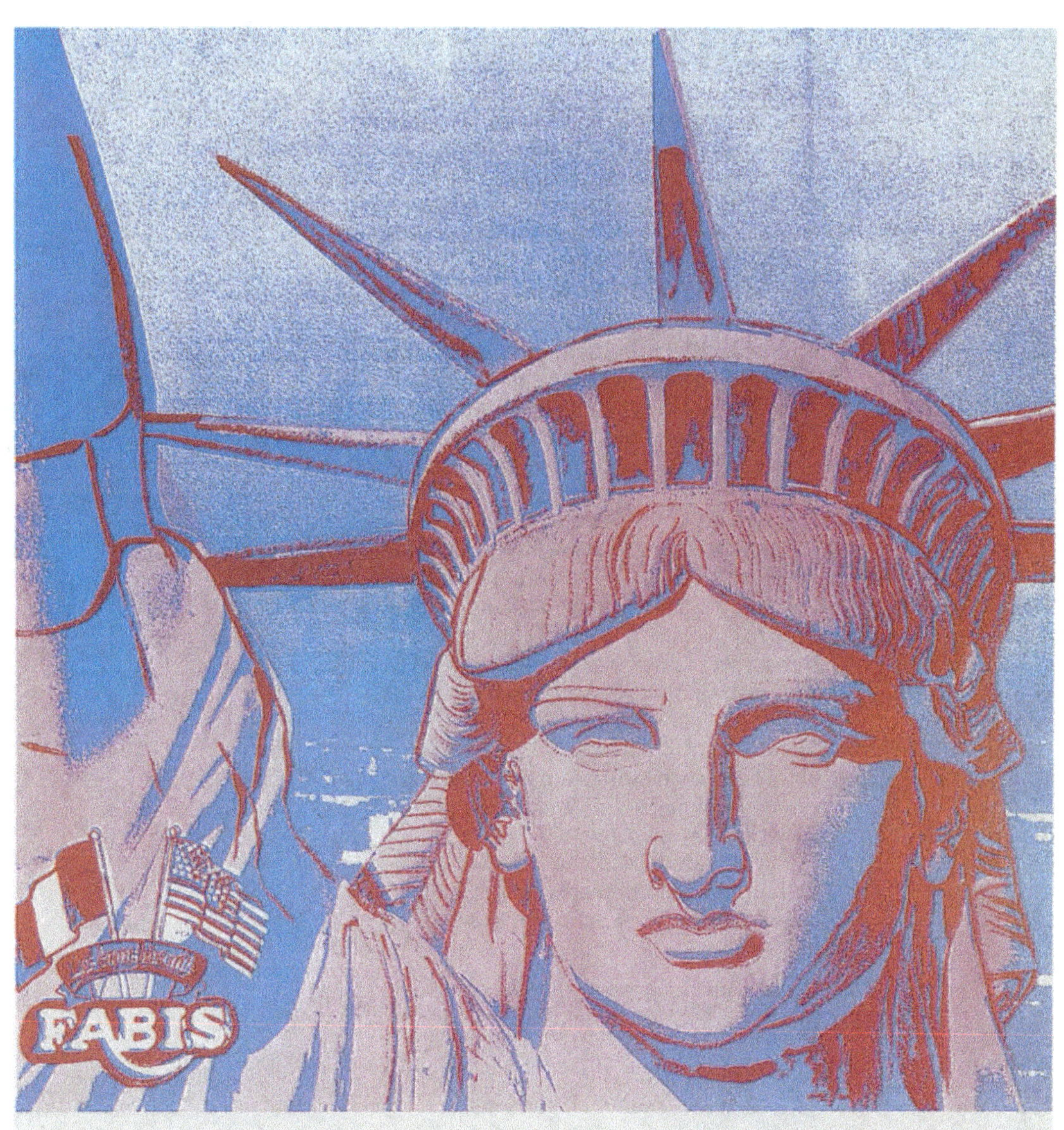

FABIS
ANDY WARHOL
10 STATUES OF LIBERTY 1986
8 AVRIL — 30 MAI 1986
LAVIGNES — BASTILLE
27, RUE DE CHARONNE - 75011 PARIS

23.2.1931 Cincinnati/Ohio – lebt in New
York
Nach Psychologiestudium setzte Wesselmann seine Ausbildung 1955/56 an der Art
Academy of Cincinnati und 1956–1959 an
der Cooper Union School of Art and Archi-
tecture in New York fort. Neben seinen von
de Kooning beeinflußten Gemälden im Stil
des Abstrakten Expressionismus entstanden etwa bis 1957 vor allem Cartoons, mit
denen er seinen Lebensunterhalt verdiente. Nach Experimenten mit abstrakten
Collagen beschäftigte ihn seit 1961 als Motiv insbesondere der weibliche Körper. In
zahlreichen Varianten entstanden Akte
bzw. Teilakte unter dem Serientitel »The
Great American Nude«. Dabei reduzierte er
Körper und Ambiente auf flache, einfache
Formen, bei denen weibliche Charakteri-
stika überdimensioniert hervorgehoben
wurden. Zugleich kombinierte er die Figur
bzw. ihre Ausschnitte mit Objekten der
Konsumwelt amerikanischer Prägung. Seit
1973 bezieht Wesselmann auch die Photographie in seine Arbeiten ein.
Seine graphischen Arbeiten, die 1965 mit
einer Folge von Lithographien einsetzten,
zeigen dominant – wie auch seine Plakatentwürfe – Motive seiner Gemälde. Seit
1977 bediente er sich auch des Aquatinta-
Verfahrens. Daneben entwarf er Design-
Objekte, so für die Porzellanfirma Rosenthal.

Lit. u. a.: Stealingworth Slim, Tom Wesselmann.
New York 1980 – [Kat. Ausst.] Tom Wesselmann.
Paintings 1962–1986. The Mayor Gallery. London
1988 [dort weit. Lit.].

Olympische Spiele München 1972, 1970

Das Plakat für die Edition Olympia (s. S. 151) er-
schien bereits 1970 im Rahmen der 3. Teilserie. Für
das Motiv griff Wesselmann auf die zwischen 1965
und 1968 entstandenen Serien »Seascape« und
»Bedroompaintings« zurück.
Lithographie (grün, fleischfarben, rosa);
101 × 64 cm
Bez. im Bild r. u.: Wesselmann 70
Auftragg.: Edition Olympia, München, Deutschland
Druck: Bruckmann KG, München
Inv. Nr. 565/81
Lit. u. a.: Stealingworth Slim, Tom Wesselmann.
New York 1980, 284 m. Abb. – [Kat. Ausst.] Kunst
und Design. Kultur Olympia. Orangerie. Kassel
1986, 36 m. Abb.

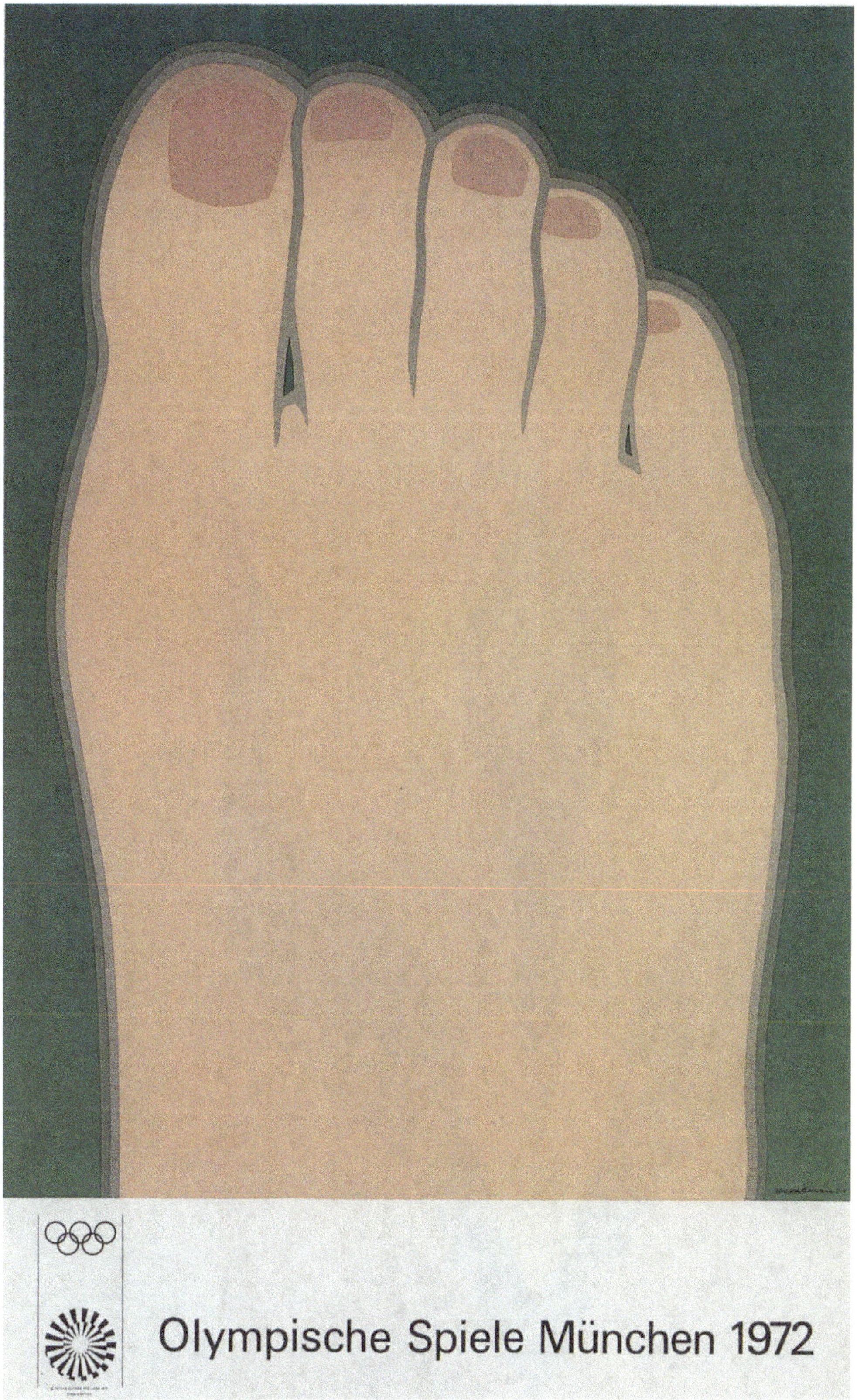

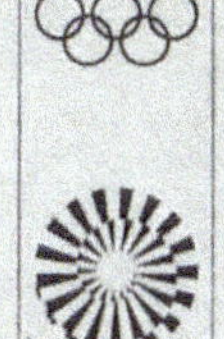

Olympische Spiele München 1972

The New School, 1969

Die zeichenhaft stilisierten Formen, die – wie bei
diesem Plakatentwurf – häufig an Blüten oder Flam-
men erinnern, führt Youngerman auf die Begegnung mit Graphiken von Matisse zurück: »This got
me away from constructivist work. Those Matisse
drawings lead almost immediately to a certain
number of things that I started doing, using what
you could call organic shapes. Which for me is the
basis of my work« (1965). In Unterscheidung zu den
anderen Malern des »Hard Edge« wurde er deshalb
als »›soft‹ hard-edge painter« charakterisiert.
Siebdruck (mehrfarbig); 89 × 63,5 cm
Bez. l. u.: JACK YOUNGERMAN
Auftragg.: wohl Juilliard School of Music/Lincoln
Center for the Performing Arts, New York
Druck: HKL Ltd., New York
Inv. Nr. 456/87
Lit. u. a.: [Kat. Ausst.] Paintings and Drawings by
Jack Youngerman. Worcester Art Museum. Worce-
ster 1965 [Zitate] – [Kat.] Künstler Plakate. Nr. 3. Ga-
lerie für Moderne Kunst und Plakatkunst H. F. Lem-
pert. Bonn 1983, Nr. 2426 m. Abb.

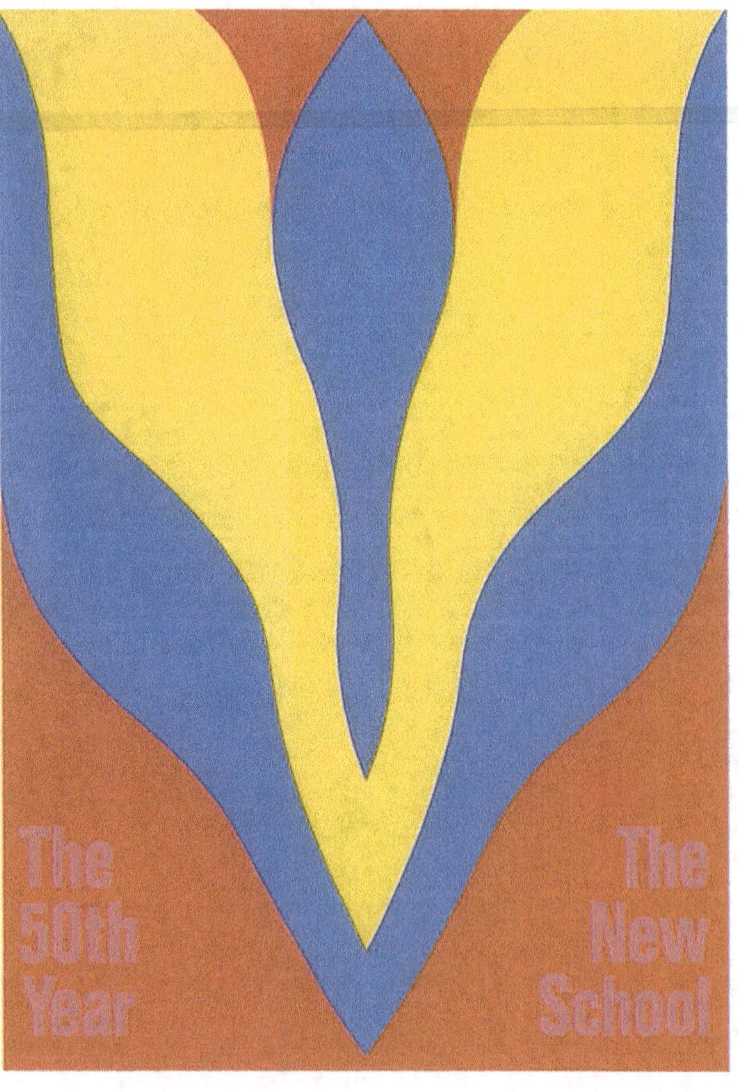

Jack Youngerman

25.3.1926 Louisville/Kentucky – lebt in New York

Nach Studium an der University of North Carolina (1944–1946) und an der University of Missouri (1947) lebte Youngerman bis 1956 in Europa. In Paris – dort befreundet mit Alexander Calder – besuchte er 1947/48 die Académie des Beaux-Arts. Zwischen 1952 und 1956 arbeitete er als Architekturassistent im Irak und im Libanon. Anschließend ließ er sich in New York nieder. Youngerman zählt mit Kelly, Stella und Noland zu den Hauptvertretern der sogen. »Hard Edge«-Malerei. Während seine frühen Arbeiten konstruktivistisch beeinflußt waren, wandte er sich später – angeregt durch das Spätwerk von Matisse – abstrahiert-organischen oder flammenähnlichen Formen zu.

Youngerman, der als Maler, Graphiker und Bildhauer tätig ist, entwarf daneben Plakate, die mit ihrer signalhaften Farbigkeit und großflächigen Formgebung seinen Gemälden nahestehen. Darüberhinaus konzipierte er Bühnenausstattungen, u. a. für Jean-Louis Barraults Inszenierung der »Histoire de Vasco« von George Schekade (Paris 1956) und »Deathwatch« von Jean Genet (New York 1958).

Lit. u. a.: [Kat. Ausst.] Paintings and Drawings by Jack Youngerman. Worchester Art Museum. Worchester 1965 – [Kat. Ausst.] Amerikanische Malerei 1930–1980. Haus der Kunst. München 1981, 294 [dort weit. Lit.].

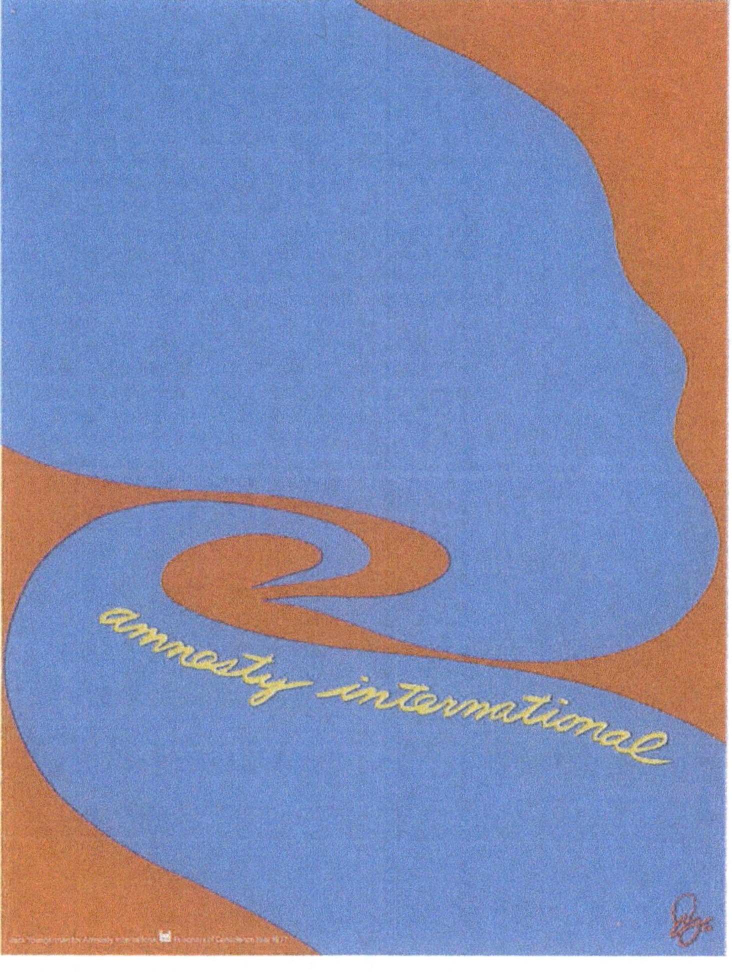
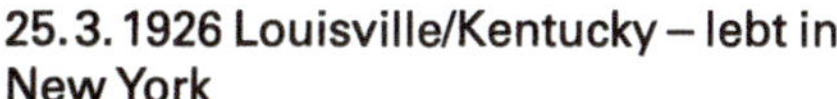

Amnesty International – Prisoners of Conscience Year 1977, 1976

Siebdruck (blau, rot, gelb); 81,5 × 64 cm
Bez. r. u.: JY 76; l. u.: Jack Youngerman
Auftragg.: Amnesty International
Inv. Nr. 621/84
Lit. u. a.: [Kat.] Künstler Plakate. 1980. Galerie für Moderne Kunst und Plakatkunst H. F. Lempert. Bonn 1979, Nr. 2452 m. Abb.

Florian Hufnagl, Dr., Leiter der Neuen Sammlung (geb. 1948).

Studium der Kunstwissenschaft, Archäologie und Neueren Geschichte in München. Promotion 1976. Anschließend Volontariat am Bayerischen Landesamt für Denkmalpflege, seit 1978 als wissenschaftlicher Mitarbeiter. 1977 Ausstellung der Bayerischen Akademie der Schönen Künste: Leo von Klenze; 1978 Ausstellung des Stadtmuseums München: Gottfried von Neureuther. Seit 1980 in der Neuen Sammlung tätig und Lehrbeauftragter für die Kunst des 19. Jahrhunderts am Kunsthistorischen Seminar der Ludwig-Maximilians-Universität, München.
Buchpublikationen u. a.: Baudenkmäler in Bayern, Bd. 12. Landkreis Fürstenfeldbruck. München 1978 – Gottfried von Neureuther. Leben und Werk. München 1979 – Leo von Klenze, Gemälde und Zeichnungen. München 1979 – Baualterspläne zur Stadtsanierung in Bayern, Bd. VI. Regensburg IV. München 1981 – Leo von Klenze. Sammlung Architectonischer Entwürfe. Worms 1983.

Corinna Rösner, Dr., Konservatorin der Neuen Sammlung (geb. 1955)

Studium der Kunstgeschichte, Archäologie und Völkerkunde in München. Promotion 1988. Anschließend Volontariat an den Staatlichen Museen in Bayern.
Publikationen u. a.: Das Book of Durrow im Spiegel der Forschung zur hiberno-sächsischen Kunst. München 1985 – Andreas Faistenberger (1646–1735). Leben, Werk und Stellung eines Münchner Hofbildhauers um 1700. München 1988.

Hans Wichmann, Dr. (geb. 1925)

Studium der Kunstwissenschaft, Archäologie, Literaturgeschichte und Volkskunde in München. Promotion 1955. Weiterhin handwerkliche Ausbildung und Ausbildung als Museumspraktiker. 1955 bis 1973 Leiter der Forschungsgruppe bei der Bayerischen Akademie der Wissenschaften; daneben 1960 bis 1980 Leiter des Werkbundes Bayern. 1980 bis 1990 Leiter der Neuen Sammlung. Ab 1990 Berater der Bayerischen Staatsregierung. 1976 Bundesverdienstkreuz; seit 1981 u. a. Mitglied des Bayer. Landesbaukunstausschusses.
Buchpublikationen u. a.: Toni Stadler. München 1955 – August Macke. Darmstadt 1959 – Max Beckmann. Darmstadt 1960 – Ursprung und Wandlung der Schachfigur in zwölf Jahrhunderten. München 1960. New York und London 1964 – Bibliographie der Kunst in Bayern. Bd. 1–4. Wiesbaden 1960 bis 1973 – Produktform. Made in Germany. Bd. 1–2. München 1966, 1970 – Die Zukunft der Alpenregion (Hrsg.). München 1972 – Kultur ist unteilbar. Starnberg 1972 – Ohne Vergangenheit keine Zukunft. Donauwörth 1976 – Wohnen im ländlichen Raum. Basel 1978 – Aufbruch zum neuen Wohnen. Basel 1978 – Drehpunkt 1930. Aspekte (Hrsg.). München 1979 – Der Sport formt sein Gerät. München 1980 – Architektur der Vergänglichkeit (Hrsg.). Basel 1983 – System-Design. Bahnbrecher: Hans Gugelot (Hrsg.). München 1984 – Festschrift Aloys Goergen (Hrsg.). München 1985 – Industrial Design. Unikate. Serienerzeugnisse. Die Neue Sammlung. Ein neuer Museumstyp des 20. Jahrhunderts. München 1985 – Sep Ruf. Bauten und Projekte. Stuttgart 1986 – Design-Process-Auto (Hrsg.). München/Basel 1986/87 – Reiz und Hülle. Gestaltete Warenverpackungen des 19. und 20. Jahrhunderts. Basel 1987 (mit E. Leitherer) – Italien: Design 1945 bis heute. München/Basel 1988 – Japanische Plakate. München/Basel 1988 – System-Design: Fritz Haller (Hrsg.). München/Basel 1989 – Armin Hofmann (Hrsg.). München/Basel 1989 – Von Morris bis Memphis. Textilien der Neuen Sammlung. Ende 19. bis Ende 20. Jahrhundert. München/Basel 1990 – Ernst Maria Lang. Bayern und Ereignisse der Welt. Karikaturen der Süddeutschen Zeitung (Hrsg.). München/Basel 1990 – Die Realisation eines neuen Museumstyps: Die Neue Sammlung. Bilanz 1980/90. München/Basel 1990 – Herausgeber der Buch-Reihe: »industrial design – graphic design«, Birkhäuser-Verlag Basel, 1987 ff.

Kataloge und Bücher
der Neuen Sammlung 1980/90

Im Rahmen des gleichen Erscheinungsbildes erschienen:

Wichmann Hans, Textilien, Silbergeräte, Bücher.
Eine Auswahl aus den verborgenen Depots.
München 1980. 40 S. m. Abbildungen
= Zeugnisse 1.

Wichmann Hans, Der Sport formt sein Gerät. Reiten, Schießen, Fechten, Klettern.
München 1980. 90 S. m. Abbildungen
= Blickpunkte 1.
Die behandelten Objekte bilden den Grundstock der Sportgeräte-Sammlungen des Museums.

Wichmann Hans, Warenplakate. Meisterplakate der Jahrhundertwende bis heute.
München 1981. 48 S. m. Abbildungen
= Zeugnisse 2.
Bestände der Neuen Sammlung.

Wichmann Hans (Hrsg.), Architektur der Vergänglichkeit. Lehmbauten der Dritten Welt.
München 1981, 160 S. m. Abbildungen und Zeichnungen = Blickpunkte 2.
Erschien 1983 überarbeitet und stark erweitert als Buch (Birkhäuser Verlag, Basel)

Wichmann Hans, Neu. Donationen und Neuerwerbungen 1980/81.
München 1982. 58 S. m. Abbildungen
= Zeugnisse 3.
Erstmals werden die neuen Sammlungsbereiche: Sekundärarchitektur/street furniture, Sportgeräte, Fahrzeuge und Systeme vorgestellt.

Wichmann Hans, Raymond Savignac. Werke des französischen Plakatkünstlers aus den Jahren 1948 bis heute.
München 1982. 58 S. m. zahlreichen Abbildungen
= Beispiele 2.
Mit Bibliographie, Vita und Äußerungen des Künstlers. Der Umschlag des Katalogs wurde von ihm entworfen.

Wichmann Hans (Hrsg.), System Design.
Bahnbrecher: Hans Gugelot 1920–1965.
München 1984. 130 S. m. Abbildungen
= Blickpunkte 3.
Enthält u. a. mehrere Aufsätze des Designers, ferner Werkverzeichnis und Bibliographie. – Zugleich Bd. 3 der Serie: industrial design-graphic design. Basel 1987.

Donation Agip.
München 1984. 18 S. m. Abbildungen.
Enthält eine Abhandlung über die durch das Unternehmen Agip der Neuen Sammlung dedizierten Objekte.

Wichmann Hans (Hrsg.), Kirche heute. Architektur und Gerät. Süddeutscher Raum.
München 1984. 108 S. m. zahlreichen, teils farbigen Abbildungen und Zeichnungen = Blickpunkte 4.
Enthält ein Glossar und Beiträge von Aloys Goergen, Günther Rombold u. a.

Wichmann Hans (Hrsg.), Polnische Plakate der Nachkriegszeit.
München 1985. 90 S. m. 104 teils farbigen Abbildungen = Zeugnisse 4.

Mit Viten der vertretenen Künstler und Bibliographien der einzelnen Plakate. Bestände der Sammlung.

Wichmann Hans, In memoriam Sep Ruf.
Stuttgart 1985. 240 S. m. 321 Abbildungen und Zeichnungen = Beispiele 4
Mit Beiträgen von A. Goergen, F. Hufnagl, K. Schneider und Äußerungen des Architekten, Vita, Werkverzeichnis und Bibliographie. Erschien 1986 auch in Buchform (DVA, Deutsche Verlagsanstalt).

Donation Braun.
Berlin 1985. 28 S. m. Abbildungen.
Enthält eine Abhandlung über die durch das Unternehmen Braun der Neuen Sammlung dedizierten Objekte.

Wichmann Hans, Neu. Donationen und Neuerwerbungen 1982/83.
München 1986. 90 S. m. 142 teils farbigen Abbildungen = Zeugnisse 5.
Gibt einen Ausschnitt von etwa 300 Objekten der in den Jahren 1982/83 erfolgten knapp 3000 Neuerwerbungen.

Donation Olivetti.
Frankfurt/M. 1986. 43 S. m. Abbildungen.
Enthält Abhandlungen über die durch das Unternehmen Olivetti der Neuen Sammlung dedizierten Objekte.

Olivetti, Corporate Identity Design.
Frankfurt/M. 1986. 63 S. m. Abbildungen.
Begleitende Veröffentlichung der gleichnamigen Ausstellung in der Neuen Sammlung während der Ausstellung »Neu«.

Wichmann Hans (Hrsg.), Design-Process-Auto. Zum Beispiel BMW.
München 1986. 203 S. m. 228 meist farbigen Abbildungen (Ln. geb. m. farb. Schutzumschlag).
= Blickpunkte 5.
Erste Abhandlung der Thematik. Enthält u. a. ein Glosssar. – Zugleich Bd. 1 der Serie: industrial design-graphic design. Basel 1987.

Bayerischer Staatspreis für Nachwuchs-Designer 1987.
München 1987. 40 S. m. Abbildungen.
Enthält u. a. Statuten, Würdigung der mit Preisen ausgezeichneten Arbeiten, Behandlung der prämiierten Entwürfe.

Wichmann Hans (Hrsg.), Mendell & Oberer, Graphic Design.
München 1987. 152 S. m. zahlreichen farbigen Abbildungen (Ln. geb. m. farb. Schutzumschlag)
= Beispiele 5.
Die wichtigsten Entwürfe Pierre Mendells. – Zugleich Bd. 2 der Serie: industrial design-graphic design. Basel 1987.

Wichmann Hans (Hrsg.), Donation Siemens an Die Neue Sammlung.
München 1987. 142 S. m. 158 meist farbigen Abbildungen (Ln. geb. m. Schutzumschlag).
Enthält Beiträge von Eugen Leitherer, Dieter Rams, Dankwart Rost und Herbert Schultes. Die Objekte der Donation werden jeweils unter den Aspekten: Konstruktion – Leistung – Gestalt behandelt.

Wichmann Hans, Neu. Donationen und Neuerwerbungen 1984/85.
München 1988. 130 S. m. 95 schwarz-weißen u. 11
farbigen Abbildungen (Ln. geb. m. farb. Schutzumschlag) = Zeugnisse 6.
*Überblick von ca. 320 Objekten aus den 2427 Neuer-
werbungen.*

Wichmann Hans, Italien: Design 1945 bis heute.
München 1988. 388 S. m. 125 farbigen u. 220
schwarz-weißen Abbildungen (Ln. geb. m. farb.
Schutzumschlag) = Blickpunkte 7.
*Mit einem Beitrag von Vittorio Gregotti, zahlreichen
Statements italienischer Designer, Daten und Fak-
ten und einer umfangreichen Bibliographie. – Zugleich Bd. 4 der Serie: industrial design-graphic design. Basel 1988.*

Wichmann Hans, Japanische Plakate. Sechziger
Jahre bis heute.
München 1988. 211 S. m. 106 farbigen u. 50
schwarz-weißen Abbildungen (Ln. geb. m. farb.
Schutzmschlag) = Beispiele 7.
*Mit einem Beitrag von Irmgard Schaarschmidt-
Richter. Arbeiten von 52 bedeutenden Entwerfern,
deren Viten zum Teil zum ersten Mal in Europa ver-
öffentlicht wurden; mit Bibliographie.*

Wichmann Hans, Neu. Donationen und Neuerwer-
bungen 1986/87.
München/Basel 1989. 207 S. m. 130 schwarz-wei-
ßen u. 62 farbigen Abbildungen (Ln. geb. m. farb.
Schutzumschlag) = Zeugnisse 7.
*Auswahl aus den 2025 Neuerwerbungen der beiden
Jahre.*

Wichmann Hans (Hrsg.), System-Design: Fritz Haller. Bauten-Möbel-Forschung.
München/Basel 1989. 304 S. m. 525 schwarz-weißen u. 87 farbigen Abbildungen (Ln. geb. m. farb.
Schutzumschlag) = Beispiele 8.
*Werkverzeichnis des 1924 geborenen Schweizer Ar-
chitekten und Forschungsvorhaben; mit Bibliographie. Zugleich Bd. 6 der Buchreihe: industrial design-graphic design. Basel 1989.*

Wichmann Hans (Hrsg.), Armin Hofmann.
Werk, Erkundung, Lehre.
Basel 1989. 224 S. m. 187 schwarz-weißen u. 11
farbigen Abbildungen (Ln. geb. m. farb. Schutzumschlag) = Blickpunkte 8.
*Monographie des bedeutenden Schweizer Graphi-
kers. Zugleich Bd. 7 der Buchreihe: industrial design-graphic design. Basel 1989.*

Wichmann Hans, Keramiken der Neuen Sammlung
im Internationalen Keramik-Museum Weiden.
München 1990. 128 S. m. 79 schwarz-weißen u. 32
farbigen Abbildungen (Ln. geb. m. farb. Schutzumschlag).
*Katalog des von der Neuen Sammlung eingerichte-
ten Zweigmuseums.*

Wichmann Hans, Neu. Donationen und Neuerwer-
bungen 1988/89.
München/Basel 1990. 314 S. m. 212 schwarz-wei-
ßen u. 98 farbigen Abbildungen (Ln. geb. m. farb.
Schutzumschlag) = Zeugnisse 8.
*Auswahl aus den 2680 Neuerwerbungen der beiden
Jahre.*

Wichmann Hans (Hrsg.) Ernst Maria Lang.
Bayern und Ereignisse der Welt. Karikaturen der
Süddeutschen Zeitung.
München/Basel 1990. 300 S. m. 296 schwarz-wei-
ßen Abbildungen (Ln. geb. m. farb. Schutzumschlag)
= Zeugnisse 9.
*Mit Beiträgen von Hans Heigert und Hellmuth Kara-
sek. Bei jeder Karikatur ist die historische Situation
erläutert; jedes Jahrzehnt wird von einem ge-
schichtlichen Abriß begleitet.*

Wichmann Hans, Die Realisation eines neuen Mu-
seumstyps. Die Neue Sammlung. Bilanz 1980/90.
München/Basel 1990. 348 S. m. 109 schwarz-wei-
ßen u. 125 farb. Abbildungen (Ln. geb. m. farb.
Schutzumschlag).
*Enthält Abhandlungen über Ausgangslage, Konse-
quenzen und Ergebnisse, über die mehr als 15 000
Neuerwerbungen, die Ausstellungen, die neuen
Strukturen und Methoden, weiterhin Rückblick und
Perspektiven zum Museumsbau. Aus den 23 Sam-
melgebieten werden daneben 111 neuerworbene
Objekte interpretiert.*

Sammlungs-Kataloge im Großquartformat (H. 30,5 cm; Br. 23,5 cm):

Wichmann Hans, Industrial Design. Unikate.
Serienerzeugnisse. Die Neue Sammlung. Ein neuer
Museumstyp des 20. Jahrhunderts. München 1985.
526 S. m. ca. 1200 teils farbigen Abbildungen.
(Ln. geb. m. farb. Schutzumschlag).
*Grundkatalog der Sammlung. Das Standardwerk
»zur Kunst, die sich nützlich macht« enthält etwa
600 Viten und mehr als 8000 Literaturzitate. Wurde
als eines der schönsten Bücher des Jahres 1985
ausgezeichnet.*

Leitherer Eugen und Hans Wichmann,
Reiz und Hülle. Gestaltete Warenverpackungen des
19. und 20. Jahrhunderts.
Basel 1987. 304 S. m. ca. 500 meist farbigen Abbil-
dungen = Sammlungskat. Bd. 2.
(Ln. geb. m. farb. Schutzumschlag).
*Behandelt die Verpackung unter sozio-ökonomi-
schen und formal-graphischen Aspekten. Durch
umfangreiche Bibliographien und Register das
Standardwerk zum Thema.*

Wichmann Hans, Von Morris bis Memphis.
Textilien der Neuen Sammlung.
Ende 19. bis Ende 20. Jahrhundert.
Basel 1990. 463 S. m. 746 zumeist farbigen Abbil-
dungen = Sammlungskat. Bd. 3.
(Ln. geb. m. farb. Schutzumschlag).
*Mit Beiträgen von Stephan Eusemann, Ildiko Klein-
Bednay, Jack Lenor Larsen. Enthält auch japanische
Stoffe der Neuen Sammlung, weiterhin Verzeich-
nisse, Register und Bibliographie. Standardwerk
zum Thema.*

GPSR Compliance
The European Union's (EU) General Product Safety Regulation (GPSR) is a set
of rules that requires consumer products to be safe and our obligations to
ensure this.

If you have any concerns about our products, you can contact us on

ProductSafety@springernature.com

In case Publisher is established outside the EU, the EU authorized
representative is:

Springer Nature Customer Service Center GmbH
Europaplatz 3
69115 Heidelberg, Germany